古代社会生活史手册

文艺复兴欧洲社会生活

HANDBOOK TO LIFE IN RENAISSANCE EUROPE

〔美〕桑德拉·塞德尔　著

徐波　译

商务印书馆
创于1897　The Commercial Press

2019年·北京

出版者的话

这套全方位介绍世界古文明的社会历史生活手册丛书分门别类地介绍了美索不达米亚、埃及、希腊、罗马以及玛雅等古文明社会生活的方方面面。上述古文明，不仅是人类文明的重要组成部分，且因历史久远，一般读者对其社会生活或鲜有了解，或知之不详。本丛书旨在通过大量翔实的史料，生动展示当时社会生活的方方面面。丛书既是广大普通读者了解这些古文明的入门读本，也是历史专业师生及历史爱好者研究世界古文明的案头工具书。

作为世界古文明史的入门读本，编者通过文字和图片的方式详细介绍了古文明的发生发展，勾勒了古文明时期社会生活的历史风貌。作为工具书，丛书汇集了当代古文明的研究成果，以及古文明研究涉及的重要内容与史料。编者通过大量的考古发现、历史遗存、器物图片等实证材料，最大限度地展示了古文明时期的社会历史生活场景，为古文明研究提供了重要参考。

在西方传统学术体系中，上述古文明的研究分别属于“亚述学”、“埃及学”、“古典学”、“玛雅学”等专门之学，其研究涉及考古、文字、历史、艺术等诸多学科，十分广泛。我们引进出版这套丛书，不仅是为读者提供一个深入了解世界古文明的窗口，也是为历史研究爱好者奉献一套研究世界古文明的工具书。

商务印书馆编辑部

谨以此书献给我的丈夫

目 录

插图列表

地图列表

致 谢

科林·艾斯勒、保罗·格伦德勒、小艾伯特·拉比尔和亨利·拉索夫阅读过本书最初的大纲，并提出了若干明智的修改建议，对此我深表谢意。另外，要感谢保罗·格伦德勒，他主编了一部卓越的著作《文艺复兴百科全书》，还要感谢戈登·坎贝尔，因为他编写了《牛津文艺复兴词典》，这两部著作是本书的重要资料来源。我的女儿阿比·塞德尔为编制本书的博物馆一览表做过很好的研究工作。最后，我要向出版本书的出版社的优秀编辑克劳迪娅·沙伯以及文字编辑苏珊·桑顿献上我的谢意。

序 言

文艺复兴的起源

文艺复兴所涵盖的时期因地区和讨论主题的不同而不同。文艺复兴于 14 世纪后半期发端于意大利北部，17 世纪初期在英格兰达到极盛。因而本书在时间上跨越两个世纪，从约 1400 年至约 1500 年，强调意大利起源对南欧以及北欧其他地区文艺复兴发展的影响。

19 世纪的批评家和历史学家把文艺复兴个人的观念夸大到了极端，但是，到 16 世纪人们确实更强烈地意识到个人的潜能。强调人的尊严（虽然不是妇女的尊严）把文艺复兴时期人的态度与中世纪相当谦卑的态度区分开来。在彼特拉克的爱情诗和但丁的《神曲》这些伟大的人类构想中起作用的是人的思想和行为。对人的形象的描绘是衡量文艺复兴艺术的标准，从乔托生动的湿壁画到凡·爱克的祭坛画和米开朗基罗高大的大卫雕像无不如此。在科学和医学领域，从宇宙结构学到人类解剖学，人类的宏观世界和微观世界都取得了研究和发现上的长足进步。地球本身也被探索，无畏的探险者越过非洲南端，占领部分东方地区，而且进入北美大陆寻求黄金和基督教的皈依者。麦哲伦的环球航行既界定也扩大了这个世界，它把欧洲人置于一个充满各种可能性的巨大世界之中。

“文艺复兴”（Renaissance）这一语汇的意思是“复兴”，这种现象最明显的实例就是对欧洲的古典罗马过去的重新发现。荷马和柏拉图等古希腊作家的重要文本，最早为西欧人知晓是在文艺复兴时期，但是，那时期的人们对古代希腊的文化知之甚少。在文艺复兴时期欧洲的古学复兴中居于支配地位的是罗马的历史、法律、文学和艺术。从阿拉伯文和希腊文译介各种希腊文本和著作的工作则有助于科学、医学和技术的进步。

虽然文艺复兴开始于意大利北部，但是，古典化因素却在其他地区被迅速吸收。到 16 世纪初，这些影响就在法国、西班牙、德国、尼德兰、奥地利、匈牙利和波兰等地的晚期哥特文化中导致了模仿和变异。16 世纪后半期，文艺复兴已成为一种融合多种因素的思想和行为的新方式。这本书旨在以一种综合的方法来论述文艺复兴的主要的起因和影响，因而聚焦西欧，偶或也论及东欧以及在东方和西方的欧洲殖民地。斯堪的纳维亚地区不在我们论述的范围内，因为文艺复兴风格直到 17 世纪才在那儿繁荣起来，而且，还为早期巴洛克风格的影响所冲淡。

在文艺复兴早期，人们把欧洲大陆等同于基督教世界，所以，“欧洲”的地理观念日益增强。由于北非和西班牙南部有穆斯林，东方有信仰希腊正教的斯拉夫人，还有土耳其人等穆斯林，因此，欧洲围绕其精神中心团结起来以对抗这些察觉得到的共同威胁。中世纪的十字军远征一再重复欧洲在反“异教徒”过程中的多方协作。另外，面对14世纪的生物医学灾难茫然不知所措的绝望，使欧洲的宗教热情得到提高。1347年至1350年间，大约有两千万人死于叫作鼠疫的疾病，若干世纪后人们称其为“黑死病”，因为得了这种疫病的人有可怕的腹股沟腺炎并呈黑色，这可能是炭疽病菌引起的（最近才发现的）。西欧失去了三分之一的人口。有25%的贵族可能死于黑死病，而农民的死亡人数大约占其总数40%。农民没有能力摆脱拥挤的居住环境，不能像贵族那样避入相对安全的乡间住宅。14世纪后半期若干较小的时疫又使人口进一步减少。

由于谷物和葡萄坏在田里无人收割，牲畜无人照看，步兵兵源锐减，幸存下来的农民发现自己处于一个新的、非常有利的讨价还价的位置。地主被迫提高全欧农民的生活标准，这使许多农民有能力赎回自由，成为自由民。不再依附于土地的农民能够到其他地方寻求一个可能更好的生活。此次瘟疫的一个影响深远的后果是，更多的个人流入了城镇和城市。这类劳动者对富裕商人家族的兴起是有贡献的，而富商家族将会为文艺复兴时期的文艺赞助提供许多资金。

14世纪的时疫造成许多教士和修士的死亡，部分原因是许多人生活在一起，所以，易于感染疫病。为保持修道院正常运作，许多较年轻的、未经培训的人都被允许进入修道院。虽然有受高等教育者可供招收，但许多新的教士无论就个人品格来说，还是就专业而言都没有为担任神圣教职做好准备。体制的弊端受到尖锐的批判，因为贪婪的教士利用教会财产管理的混乱，趁机聚敛财富。文艺复兴的另一个意思是指教会审查自身内部腐败的运动，其目的是要通过改革回归早期基督教的纯洁。到16世纪，已提出的改革被认为是不够的，新教徒分离出去，开始了自己的改革运动。

文艺复兴时期的哲学致力于对早期教会原初神学的理解。马西利奥·费奇诺（1433—1499年）的基督教柏拉图主义，以及他在佛罗伦萨的学术朋友们则是在基督教的语境中来阐释柏拉图的思想观念。这一新哲学被称为“新柏拉图主义”，它导致了深奥的象征主义以及对文学、艺术、建筑和音乐中的隐秘意义的探究。新柏拉图主义是文艺复兴思想中新哲学流派的重要范例。虽然受其直接影响的只是一些学者小团体，然而这些运动在15、16世纪的文化创新中一直作为潜在力量发挥作用。

虽然并非古典学术的创立者，然而，从东方来到意大利的希腊教师和学者提高了文艺复兴时期的古典学术水平。在14世纪晚期和15世纪早期就有不少人从君士坦丁堡移民出来，其中许多人去了威尼斯。随后在1453年君士坦丁堡落入土耳其人之手前后，出现了希腊人逃往意大利的较大的移民潮。一般说来，学者们都研究和校勘古代文本，包括圣经文本。这种文本校勘的方法必然导致对权威的质疑，其中既有罗马修辞学家的权威，也包括基督教教父的权威。

来自于15世纪意大利的新态度、新观念和新形象通过印刷业在整个西欧得到广泛传播。一些学者认为，是印刷术引发了文艺复兴，而另一些学者则指出，是文艺复兴导致了印刷术的传播。实际上，这个过程更多地是相互作用的成果，文艺复兴的创新和印刷机是彼此促进的。例如意大利艺术家的作品正是通过印刷版画才在北方为人所知晓，这又反过来促使弗兰德尔、荷兰和德国的艺术家去尝试绘画和版画制作。

总的说来，文艺复兴常被理解为复兴，但正如我们所见，更新的观念也反映了文艺复兴时期欧洲人们生活的文化基础的变化。欧洲在这一时期有若干崭新的开端，影响着本书所描述的人们生活的方方面面，而且它们常常是相互关联的。新教改革运动开始了一种对待婚姻的新的态度，它影响了成千上万新教徒的日常生活；军事冲突中火器的所谓进步使欧洲人在亚洲和美洲建立起新的帝国；配乐歌词这一创新的世俗音乐发展成为了歌剧，其又转而影响了17世纪初的戏剧作品；另外，医学方面关于人体的新知识不仅使文艺复兴时期人们的生活状况大有改善，而且，使人们有更多的生存机会。上述仅仅是15、16世纪欧洲人所经历的变革精神的几个典型实例。

政治边界

文艺复兴时期欧洲大陆的政治地图与今天相比是截然不同的，而16世纪的政治地图与前一个世纪相比差异也相当大。1400年法兰西王国的领土还不到1600年其拥有领土的一半，西班牙这时期被分成若干个王国，德国则散布着独立的诸侯国和城市，意大利有十多个城邦和共和国，教皇国横亘在中部，把整个半岛分成两半，1443年以后那不勒斯王国为阿拉贡王朝所拥有。15世纪初，尼德兰和弗兰德尔（大致相当于现今的比利时，再加上荷兰的泽兰地区）合并为一个王国，由勃艮第公爵控制，到1519年神圣罗马帝国的疆界从维也纳一直延伸到马德里。除了在彼此共同的边界上有些小冲突外，从文艺复兴时期至今，英格兰和苏格兰之间的边界没什么变化。

在意大利半岛，罗马教廷统治着教皇国，其领土从罗马一直延伸到亚得里亚海，同时，教皇还声称另有博洛尼亚。在文艺复兴时期的部分时间内，威尼斯共和国的领土包括了靠近威尼斯城的广大大陆地区，它控制着意大利半岛的东北部。热那亚共和国统治着半岛的西北海岸，佛罗伦萨共和国和锡耶纳共和国则统治着托斯卡纳的绝大部分地区。其他主要城邦和公国有米兰公国、费拉拉公国和萨伏依公国，还有曼图亚侯国和较小的摩德纳公国。

神圣罗马帝国囊括哈布斯堡家族拥有或声称拥有的全部土地。15世纪期间，德国是帝国的核心，后来由于宗教改革，好几个地区从帝国分离出去。既是神圣罗马帝国皇帝，又是西班牙国王的查理五世（1500—1558年）统治的领土有西班牙和那不勒斯王国，以及在东欧占有从蒂罗尔到匈牙利边境，从波西米亚（今天捷克共和国的部分地区）到威尼斯共和国广大领土的神圣罗马帝国。

15世纪早期法兰西王国的地理区域比弗朗西斯一世（1494—1547年）在位末期的法兰西王国小得多。富庶的勃艮第于1477年成为法国东部地区的一部分，土地广袤的布列塔尼（其是一个半岛，包括法国西北部的绝大部分）在1532年成为法国的一部分，东部的布雷斯地区在1536年也成为法国领土。法国在文艺复兴时期还统治着那瓦尔（与西班牙接壤）。在文艺复兴时期的很长一段时间内，法国的东北边境，包括阿尔萨斯和洛林，是有争议的地区。港口城市加莱直到16世纪中期都控制在英国人手里。

伊比利亚半岛仍然有一个穆斯林统治的飞地——格拉纳达王国（在今天西班牙的南部）。直到1492年西班牙人才征服那里的穆斯林。除了东北边的那瓦尔和地中海之滨的阿拉贡王国，西班牙的其余部分都归属卡斯蒂尔和莱昂。葡萄牙在文艺复兴时期已经有了它的近代边界，1580年至1640年它处于西班牙统治下。16世纪下半期西班牙势力控制着大部分尼德兰地区，意大利的整个南部地区以及西西里岛和撒丁岛也为西班牙所控制。

尼德兰（“低地国家”）在15世纪已成为勃艮第公国的一部分，其包括荷兰、比利时、卢森堡和法国东北部的几个地区。这片在16世纪初成为勃艮第区的土地，后来通过联姻被纳入了神圣罗马帝国的版图。1548年，查理五世正式宣称尼德兰成为帝国的一部分。宗教改革及其所引起的敌意，造成了16世纪后半期的荷兰起义，1609年的休战协定结束了起义斗争，到17世纪中期，联省共和国最终宣告独立。

文艺复兴时期的波兰幅员辽阔，将今天的白俄罗斯和乌克兰与波罗的海沿岸各国连成一片。到15世纪初，波兰与立陶宛结成王朝之间的联合，文艺复兴时期的大部分时间内，立陶宛大公同时也是波兰国王。

使用本书的方法

这本书的各专题涵盖文艺复兴的12个方面，而每一章就像反映生活的一个方面的透镜。总之，我们把从南到北的知识信息都呈现出来，并表现出意大利在文艺复兴发展中的突出作用。各章都有必不可少的对各专题的简要描述和阐释，要深入研究，读者可参阅各章结尾开列的推荐读物，这些书目指出了每一参考读物所论述的特定领域，除非论著或论文全面覆盖了这一章的内容。参考读物中的每一项都在文献目录中有完整引证，并且在其开头列出了关于文艺复兴的一般参考书（各章推荐读物目录中没有的）。第一章主要依据地理区域来组织内容，涉及历史、政府和社会。首先讨论意大利和神圣罗马帝国，然后讨论欧洲大陆的其他地区以及英格兰和苏格兰。第二章关于宗教，先论述天主教和罗马教廷，随后论及宗教改革，接下来是关于犹太教和伊斯兰教的简短讨论。第三章关于艺术和视觉文化，本章按照艺术门类来组织，分为绘画、挂毯、雕刻、版画和装饰艺术。第四章聚焦意大利和法国的建筑和城市规划，首先论述建筑师的兴起以及所提到的各个建筑师的主要作品。接下来的两个部分分析罗马的影响和教会建筑。世俗建筑按照要塞和城堡、庄园别墅和意大利建筑赞助的总体状况依次论述。最后还要描述意大利和法国以外的若干重要建筑。第五章关于文学和语言，开篇就讨论人文主义、语文学和出版业。紧接文学理论之后是对四种文学体裁的论述，它们是诗歌、散文、戏剧以及演讲和修辞学。最后一部分谈论图书收藏。第六章关于音乐，以谈论宗教音乐和世俗音乐作为开篇，然后论述音乐家的工作环境和创作资助。最后两个部分讨论乐器和音乐作品出版。

关于战争的第七章有六个部分，以论述主要战争、甲胄和传统武器作为开始。第四个部分讨论从军和作战环境，以讨论军事医学和防御两部分结束该章。第八章关于商贸，首先描述银行学和会计学。该章的其余部分依照商品生产的领域来组织，分为采矿、纺织、农业、酿酒（葡萄酒、啤酒和烈性酒）、手工艺、出版和奴隶劳动。第九章关于探险和旅行，这一章以地理学和制图学开篇，接着讨论旅行和旅行者。最后一部分讨论探险，带着读者从非洲到亚洲，然后再到美洲。第十章关于科学和医学，以天文学和占星术的宇宙论题作为开始，随后集中论述化学、数学和光学。最后两部分关于植物学和药物以及解剖学和医学，包括医疗知识。第十一章关于教育，以论述人文学校和大学的拉丁语教学开始。其他三个部分论述俗语教育、学徒制以及女童和妇女教育（既有用拉丁语也有用俗语的）。第十二章讨论若干日常生活领域，以关于时间和历法的内容开篇。对家庭生活的分析包括婚姻、儿童和住宅等方面的知识，而关于庆典仪式的部分则聚焦社会公共生活的各个方面。关于服装和化妆品的部分描述了社会不同阶级的服饰，接下来关于食物和烹饪的部分也讨论了社会各阶级的差异。最后一部分论述疾病和死亡。重要人物在若干章中都给予了介绍，同时还论及了他们对本书所强调的特定学科的贡献。

除了论述日常生活的第十二章，在各章推荐读物目录前都有对重要人物的简介，以及他们的生卒年代。所有具体的人物和主题可以通过涉及范围广泛的索引来查找，读者也可以使用术语汇编，它收录了大约185个专门术语，包括若干非英语词汇。

我写作本书的目的是要激发学生们对世界史上这段迷人而又发人深省的时代的兴趣。我希望他们会把本书作为一个跳板，使用它来进行自己的有意义的研究。

关于人名、文字拼写和文献目录的说明

鉴于本书主要针对的是以英语为母语的读者，所以，许多人名都采用其英语化形式，拼写和注音也用现代的。基于同样的理由，文献目录中开列的均是英语著作，包括原版为其他语言的英语译本。虽然有此局限，许多新近出版的有用的著作还是被包括进来。至于专名，本书都用姓氏，只有少数几个著名人物例外，如列奥纳多·达·芬奇，人们普遍知道他。

第一章

历史、政府和社会

欧洲的政府和社会在文艺复兴两个世纪中的变化，比此前五百年的变化还要大。中古封建社会主要由生活在大庄园里的贵族和农民以及居住在寺院里的僧侣组成。大多数中世纪城市的人口都相当少，由贵族、教士和市民组成，市民包括从商人到穷苦劳动者的城市居民。从中世纪起贯穿整个文艺复兴时期，人们几乎不可能改变自己的社会地位。甚至在文艺复兴时期，神职人员也被固定在各不相同的社会阶级中，从富裕的拥有土地的主教到贫穷乡村的教区神父。

到14世纪晚期，意大利城邦得益于与东方贸易往来的增加，开始走向繁荣。城邦的繁荣又导致金融业和货币贸易的发展。尽管在意大利的偏僻地区，尤其是南部和遥远的北方地区，整个文艺复兴时期的大部分时间内都存在封建社会，但是，行会和商人则左右着城邦和共和国的政局。财富开始向统治各个地区的城市集中，银行家和富裕商人这一新的社会阶级兴起了。大银行家族在别的国家，尤其是在像布鲁塞尔和塞维利亚这类地处商贸路线交汇点的城市开办了分支机构。因此，具有迅速增长的商业机会的城市吸引了居民。

在绝大多数人一如既往继续生活在乡村的同时，15世纪期间移居城市的自由农民为建筑业、工场作坊和交通运输，以及其他对城市发展至关重要的领域提供了劳动力。一方面城市社会在变得越来越复杂，具有更多的不安定因素；另一方面城市中的个人则具有通过经商、受教育或宗教训练来出人头地的潜在可能性。本书主要聚焦城市生活，因为绝大多数我们用以辨认文艺复兴的运动和事件，尤其是文学、音乐和艺术方面的运动和事件都发生在城市环境中。民族国家的统治者都将其宫廷成员聚集在欧洲各大城市及其周边地区，重要的政治领袖也居住在城市。到16世纪，城市成为了主要的政治和经济势力的中心。15世纪晚期和16世纪的意大利战争期间，来自北欧的势力入侵了那不勒斯、罗马和意大利北方各城市。因此，当意大利的艺术家、工程师、人文主义者、科学家和音乐家等逃避其故乡的经济破坏，到北方去寻求出路时，北欧各城市就成为了文艺复兴文化的中心。总的来说，意大利风格支配着时装、烹饪和日常生活的其他方面，社会变得更文雅了。

文艺复兴时期欧洲的政治结构，在意大利半岛是由城邦构成，在德国是由诸侯国构成，在欧洲大陆其他大多数地区则是由民族国家构成。在1400年至1600年间，若干国家，尤其是西班牙、法兰西和英格兰都发展成为统一的民族国家，具有组织有序的政府系统。这种统一使这类民族国家的统治者获得了声誉和权威，远远超过那些中世纪晚期的公国和地方性王国。君主的作用正在发生变化，这种发展将会导致专制制度在17世纪的兴起。许多贵族家族，如法国的贵族家族似乎是支持君主的，同时又要保持与外国的结盟关系，期望通过暴力或联姻来攫取王位。君主则通过与中产阶级结盟，开始获得更广泛的政治支持的基础。另外，教会大分裂和随后的新教改革运动降低了教皇的影响，而神圣罗马帝国的分崩离析又削弱了皇帝的影响。这样，近代欧洲的政治架构就逐渐形成了，由国家和地方行政官吏组成的官僚机构使一个新的叫作“文职官员”的职业阶层兴起。葡萄牙、英国、西班牙、法国和尼德兰等国政府都在欧洲之外有重要的殖民地。为了管理殖民者、土地划拨、商贸事务、船舶航运、案件诉讼以及与天主教会的司法争端，需要一个复杂的行政官吏网络。这些殖民地也为社会各阶层的年轻人提供了新的机会。例如许多西班牙征服者就是来自于西班牙西部边远地区的农民子弟。

随着政府的日趋复杂，就需要行政官员、秘书和书记人员来负责国家的财政、立法和司法等方面的事务。文艺复兴时期欧洲的许多政府都有某种代表机构，各自都以彼此不同的方式发挥作用。有一些实际上拥有制定法律的权力，而另一些则仅仅是世俗统治者的咨询机构。英国的国会（Parliament）有批准法律的权力，而法国的三级会议（the Estates General）则起着司法机构的作用。阿拉贡和卡斯蒂尔的议会（the Cortes）是西班牙的代表机构，而德国各地则有议会（diets）。这些机构在 15 世纪前就以某种形式存在了，但是，文艺复兴时期新的人文主义代议制政府的理想在某种程度上影响了有关它们的政治哲学。这些理想起源于意大利，文艺复兴的历史也从那里开始。

意大利

我们知道，直到 19 世纪，一个政治上统一的意大利是不存在的。在文艺复兴时期，

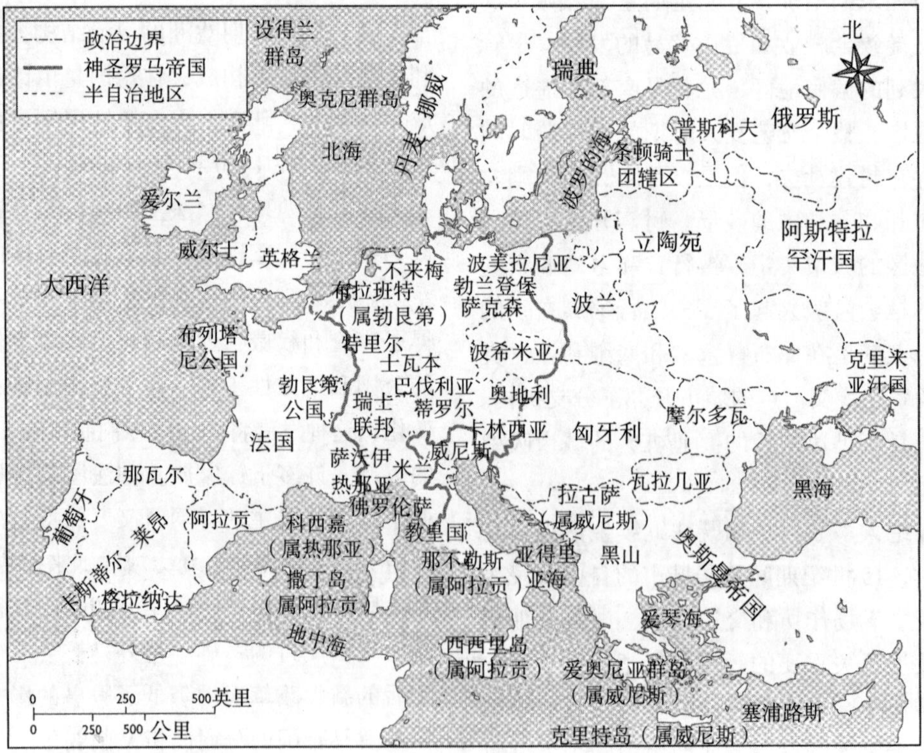

地图 1　约 1460 年的欧洲

意大利半岛四分五裂为各诸侯国、公爵领地、共和国以及教皇统治的教皇国，另外还有在这一时期的大部分时间内为西班牙和法国所控制的那不勒斯、西西里和撒丁岛。威尼斯以其古老的共和政体而闻名，佛罗伦萨紧随其后。锡耶纳与卢卡都是共和政体，统治热那亚的是一个强有力的寡头集团，而不是单独的个人。即便在专制统治的米兰，政权虽然牢固地控制在维斯孔蒂公爵家族和斯福扎公爵家族手中，但是，当最后一个维斯孔蒂公爵去世时，安布罗斯共和国还是持续了将近三年（1447—1450年）。然而，政府中从来没有出现过任何城市和市镇以外的代表，周围乡村的劳动者完全被当作没有权利的从属者。对于那些处于社会底层的人们，当地政体是选举产生的共和制还是一个世袭王公的统治并不重要。

在中世纪晚期，行会是一个重要的政治势力，比如像在博洛尼亚那样的好几个城市，行会成员为建立共和国起而反抗教廷官员。行会是新兴中产阶级最强有力的组成部分。行会是自治政府的一个缩影，它们有自己的制度法规、选举产生的官员和议事机构。文艺复兴时期的意大利具有自身强大的中古城市公社政府的历史传统，因而比西欧其他地区享有更多的自治权力。早期意大利人文主义者曾对亚里士多德的《政治学》进行了分析，他们将专制统治与政治统治做了区别，在政治统治下政府受到人民制定的法律的限制。在15世纪，有关政治哲学、修辞学和演讲的古代源流的知识大大增长了。这些学科都对形成文艺复兴时期共和主义的人文主义特征有贡献。

16世纪期间的意大利战争改变了半岛若干地区的政治结构。1494年，法国国王查理八世入侵意大利，第二年春天他进入了那不勒斯。由于与安茹家族的关系，查理八世声称那不勒斯是他继承的遗产的一部分。他的最终目的是要把那不勒斯港作为一个战略据点，由此出发去攻占君士坦丁堡，成为拜占庭帝国的皇帝（他没有达到他的企图）。查理八世在意大利战争中的主要对手是神圣罗马帝国皇帝马克西米连一世（1459—1519年），他拒绝承认法国对米兰公爵领地的权利要求。除了从1508至1511年的三年时间他与法国结盟抗击威尼斯外，马克西米连一世一直在意大利土地上尽其所能地继续进行哈布斯堡家族与华洛瓦家族之间的争斗。虽然缺乏德国诸侯对其征伐意大利的支持，马克西米连一世皇帝仍然试图攫取威尼斯共和国的大陆领土，该领域与哈布斯堡的领地接界。他还声称米兰是帝国的一个公爵领地。

1515年，弗朗西斯一世成为法国国王，他的目标之一是要维持法国对米兰和热那亚的行政控制，它们是法国与哈布斯堡王朝领土之间的重要缓冲地带。在随后的军事行动中，皇帝查理五世率领帝国军队于1521年占领了米兰，而且，法国还失去了热那亚。由于皇帝查理五世也是西班牙国王，所以，以前哈布斯堡王朝与法国在意大利北部，与西班牙在意大利南部，与意大利人在意大利中部所建立的均势，也因为法国这些损失而不复存在。而且，法国军队没有机会重新夺回失去的土地，因为教皇和英国国王都派遣部队来协助帝国军队。1524年，法国再次入侵意大利，攻占了米兰，但是，这一次法国人在帕维亚战役遭受决定性失败，弗朗西斯一世作为人质被押往西班牙。在《马德里条约》中，弗朗西斯放弃了他在意大利的权利要求，但是，一获释他就断然拒绝了达成的协议。

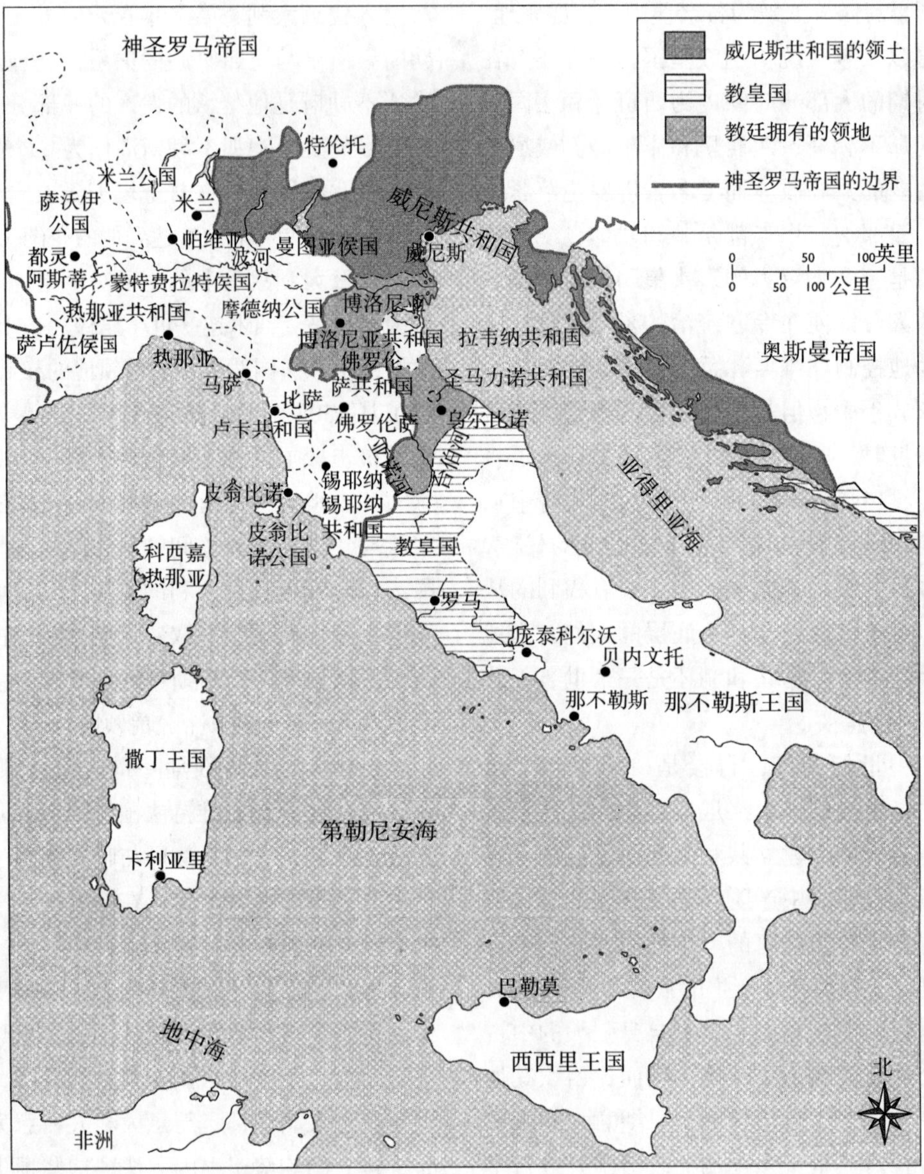

地图 2　约 1500 年的意大利

在后来的冲突中，查理五世率军于1527年洗劫了罗马城。1528年，热那亚海军将军安德烈亚·多里亚（1466—1560年）率领法军使那不勒斯遭受了围城之苦。可是，多里亚断定弗朗西斯一世出卖了他，所以，他回到热那亚缔造了一个受西班牙王权保护的共和国。1535年，米兰公爵没有指定继承人就去世了，查理五世通过任命一位钦定总督来掌控米兰。这样，皇帝和法国国王继续侵占意大利领土，各城邦也偶尔利用这些外国统治者相互攻击。例如1552年锡耶纳公民就曾请求法国保护他们免遭被驱逐出城的皇帝军队的蹂躏。1559年，法国国王亨利二世和西班牙国王腓力二世签订《卡托—堪布累齐和约》，最终结束了意大利战争。

意大利北部

威尼斯

在威尼斯拥有最大权力的统治机构是大议会（the Great Council），其于1297年就不再接收新成员，1381年唯一一次重新开启，允许增加了若干个成员。该机构由选举总督的贵族组成，总督终身任职，但不能传位后嗣。威尼斯与其他意大利共和国不同，它的大议会成员终身任职，而且是世袭的，这就使大议会成为相当封闭僵化的团体。我们以后会看到，在意大利其他地区短期官职被认为是成功的共和政体的一个重要因素。在文艺复兴时期，总计两千五百多名男性成员组成的大议会还选举产生元老院成员，元老院是主要的立法机构。这个规模更小，由大约两百人组成的内部机构为总督提供咨询，决定哪些事务要提交大议会审议。在元老院内部有一个核心顾问团，即十人委员会。总督及其六个顾问、刑事上诉法院的三位院长和16位部长共同组成最高委员会（the Collegio）。最高委员会以及十人委员会和三位总检察官来决定哪些事务要提交元老院定夺。这39人就是统治威尼斯的寡头集团，他们常常从一个职位轮换到另一个职位。威尼斯海上属地，如克里特岛的政体结构就反映了威尼斯本土的政体结构。克里特岛的总督由威尼斯大议会从威尼斯贵族中选举产生，而克里特岛又有它自己的大议会，由住留该岛的威尼斯人和该岛大议会选任的更小的官吏组成。

在15世纪期间，威尼斯扩张自己的版图，把一部分大陆地区囊括了进去。就像对待其海上属地一样，威尼斯政府尽可能少地干预当地的事务。各主要城市由威尼斯委派的地方长官，即督政官（the podesta）和军事指挥官共同管理。这两位官员从威尼斯元老院接受指令，在紧急情况下则听命于十人委员会。地方议会被委托根据当地法规负责处理一些细节性事务，如公共卫生、医疗事务、饮水供应以及交通运输等。只要商贸繁荣，又能保持和平，保证税收，威尼斯就不会插手当地事务。这个海岛共和国几乎没有田地，需要从其属地得到谷物和酒类的供应。

像在其他“共和国”一样，劳动阶级被看作统治者的奴仆，他们的权利是无人理会的。人文主义关于美德和服务的观念仅仅适用于贵族和受过良好教育的男性。上层阶级的这种态度在其他城市导致了民众造反和共和制度的昙花一现，但在威尼斯并非如此。威尼斯元老院声称对教士拥有司法管辖权，它反对教皇对威尼斯的一切干涉。到16世纪末期，威尼斯的权力与教皇的权力之间的冲突愈演愈烈，而且，在1606年至1607年，威尼斯共和国遭到教皇褫夺教权。（这不是威尼斯第一次被褫夺教权。）

佛罗伦萨

佛罗伦萨的统治阶级不像威尼斯的那样是完全封闭的，尽管有标榜开放的选举法规，佛罗伦萨仍然是一个由寡头控制的共和政体。虽然佛罗伦萨在15世纪确实有代议机构，但是，到15世纪30年代，美第奇家族变得足够强大，最终控制了政府。佛罗伦萨共和国的历史是与美第奇家族的历史纠缠在一起的。如在15世纪80年代，当城邦领袖们参加公开选举投票时，据说洛伦佐·美第奇（1449—1492年）就会威胁性地出现在投票处，指示每个人如何投票。佛罗伦萨城的最高行政机构是长老会议（the Signoria），它由选举产生的若干人组成，他们平等地代表城市的四个主要区。与其他许多有这种区划的北意城市一样，人口密度并不是一个要考虑的因素，所有"四分之一区"选派的代表数相同。每一个四分之一区又分成四个区，每区产生一名旗手（十六分之一），由此构成佛罗伦萨行政组织的基础。佛罗伦萨共和政府中最有权威的职位由长老会议成员和各种委员会的主席担任。还有若干协商机构为长老会议提供咨询。

洛伦佐·美第奇实际上是像君王那样统治着佛罗伦萨，而他的儿子皮耶罗·德·美第奇（1471—1503年）却没有赢得同样的尊重。当法国入侵北意，皮耶罗随后出逃之时，佛罗伦萨人民发动了起义。民众不是拿起武器来进行暴力反抗斗争，而是嘲笑他的胆小懦弱，从窗户向外吼叫，在街上推搡和羞辱他的家人，把他们驱逐出了佛罗伦萨城。市民们洗劫了美第奇宫，掠夺了美第奇银行高级职员的府邸。各主要家族组成的寡头集团迅速执掌了政权，公开绞死了负责公债的、不受欢迎的美第奇政府的官员。于是，佛罗伦萨共和国有好几年摆脱了美第奇家族的控制。一个重要的结果是那些被美第奇家族放逐了的贵族家族，开始返回佛罗伦萨，期望获得他们的社会和政治地位，归还他们被没收的财产。政治体制和行政管理结构都不足以应对1495年的动乱，改革显然势在必行。吉罗拉莫·萨沃纳罗拉（1452—1498年）就处在这种形势中，他是多明我会修士和著名的布道者，曾预言了美第奇家族最后的垮台。（参阅第二章有关宗教的内容以及第十二章有关他对日常生活的影响。）

由于得到众多追随者，其中包括许多中产阶级成员的支持，萨沃纳罗拉开始领导一场运动来制定一部新的宪法。他最初的目的是要缔造一个更有代表性的、更民主的政府。他用大议会取代了中古性质的会议，其效仿的榜样就是意大利最稳定的共和国——威尼斯。正像威尼斯那样，由大议会来选举产生新的元老院（八十人会议）。主要的行政机构有长老会议、正义旗手和八人执政团。每个官员任期只有两个月。这样就把威尼斯的立法制度与佛罗伦萨古老的行政制度结合在一起了，尽管彼此也有重大差异，即在佛罗伦萨是由更不方便的大议会及其咨询机构来决策。尤其是在缺乏一个像总督那样的权威人物的情况下，要想让佛罗伦萨政府行动迅速是不可能的。通过的第一条法律就受到萨沃纳罗拉的影响，作为一个严格的道德家，他反对赌博、渎神以及其他罪恶。

除了为佛罗伦萨的利益而努力外，萨沃

纳罗拉还创立了一个不被教廷认可的修士会，这引起教皇的不满。1497年，他被开除教籍，次年佛罗伦萨的当权者与教皇达成一致，认为必须逮捕萨沃纳罗拉。他在佛罗伦萨政治生活中的影响太大了，于是，他被绞死，尸体也被焚毁。

由于外来威胁以及新生的佛罗伦萨共和国在处理这些威胁时固有的软弱，1512年美第奇家族又被迎了回来。随着国家民兵和大议会的废除，寡头统治再次成为公众认可的政体形式。在1527年至1530年间，美第奇家族被逐出佛罗伦萨，一度恢复了共和国（“最后的共和国”），但是，美第奇家族借助哈布斯堡皇帝的帮助重掌政权，而且，科西莫一世（1519—1574年）成为了第一位托斯卡纳大公。在16世纪期间，政治稳定越来越依靠贵族统治。

图1.1 《科西莫一世·德·美第奇肖像》。布龙奇诺作坊的作品。（纽约大都会艺术博物馆藏，罗杰斯基金会1908年捐赠［08.262］）

米兰

米兰是由独裁的公爵领主统治的，1287年至1447年间统治米兰的是维斯孔蒂家族，1450年至1515年间、1521年至1525年间以及1529至1535年间则由斯福扎家族统治。有若干由指定成员组成的委员会为公爵们提供咨询，最重要的就是机要委员会和司法委员会。法国和神圣罗马帝国的军队曾分别短暂占领过米兰，米兰在1535年成为神圣罗马帝国的一部分，随后于1546年成为西班牙的属地。我们在此处要讨论一个短命的，但在历史上又令人关注的事件，那就是从1447年到1450年的安布罗斯共和国。最后一位维斯孔蒂公爵没有指定继承人，或者说没有安排好过渡政府。他死之后，米兰有影响的公民突然宣布成立圣安布罗斯共和国（安布罗斯是米兰城的守护圣徒）。这一行动不仅使社会各阶层对显贵政权的怨恨爆发出来，而且展示了民众政治倾向的暗流，使人联想到中世纪公社政府。就在公爵军队的将军们为继承问题争论不休之时，共和国诞生了。米兰民众聚集在大教堂附近，以真正革命的方式高喊：“自由！”

然而，新宪法的制定与平民大众完全不相干，它是由一个寡头集团秘密定下来的，该集团由一群具有政治经验的贵族和律师组成，在制宪过程中他们曾与著名的银行家和大行会首领协商。首先，寡头集团任命了一个二十四人首领委员会作为主要的行政机构，委员会成员任期为六个月。然后，教区长老被指派负责遴选900人会议成员，米兰城各区都有相同的代表数。财政问题，包括维斯孔蒂家族留下的巨额债务一直困扰着米兰。政府首领发布命令销毁税收文件（这就造成米兰档案不可挽回的损失），而且，试图创立一个公民可以投资的公共基金，结果是徒劳无益。米兰正在失去来自其领土内其他附属城市的收入，它们起而反抗安布罗斯共和国当局，企图建立它们自己的共和国，或者转向其他强大城邦寻求支持。1449 年冬天的谋反指控造成好几十人被处死。几个月后，就在选举前一天，民众发动反城市首领的起义，猛攻市政厅，杀死了一个首领，洗劫了其他首领的府邸。在这混乱之中，弗朗切斯科·斯福扎（1401—1466 年）又阻断了米兰的食物供应，居民逐渐陷入饥荒。安布罗斯共和国存在了 30 个月，因为贵族成员、富裕商人和前公爵顾问们投靠了雇佣军首领弗朗切斯科·斯福扎，共和国最终被征服。作为最后一位维斯孔蒂公爵的唯一后裔比安卡的丈夫，弗朗切斯科·斯福扎曾被许诺拥有米兰公国，因此，对于那些抛弃了共和国的人来说，斯福扎就是一个合理的选择。

图 1.2 《阿方索五世肖像》。15 世纪那不勒斯的绘画作品。（维也纳艺术史博物馆藏 / 布里奇曼艺术图书馆提供）

意大利南部

这儿所说的南意大利是指意大利半岛的南部（教皇国以南）以及相当大的西西里和撒丁两个海岛。这一时期撒丁岛先后为阿拉贡和西班牙所统治，其政治史相当简单。主要的政治机构是撒丁尼亚议会，还有一个 1487 年委派到该岛的总督。由于议会每隔十年才召开一次，政府为封建领主所掌控。1432 年至 1600 年间，西西里和撒丁岛一样，名义上先后为阿拉贡和西班牙所统治。1432 年初，西西里岛就设置了总督政府，因为该岛被认为是通向那不勒斯王国的重要跳板。阿拉贡的阿方索五世（即那不勒斯国王阿方索一世，1396—1458 年）在 1443 年至 1458 年间同时统治西西里和那不勒斯，但是，安茹王朝（来自法国的安茹）在他 1458 年去世时要求得到西西里岛，16 世纪的大部分时间内该岛的归属一直处于争论之中。从 1266 年直至 1442 年，那不勒斯本身也曾为安茹王朝所统治，并且常常与那不勒斯男爵和其他贵族家族成员发生冲突。1495 年至 1502 年期间，法国曾短暂统治那不勒斯，其后王国落入西班牙的控制，一直持续到 1707 年。

神圣罗马帝国

七个选帝侯拥有选举日耳曼国王的权力，

1508年以前，日耳曼国王还总是要去罗马加冕为神圣罗马皇帝。这七个选帝侯是波西米亚国王、莱因的巴拉丁伯爵、萨克森公爵、勃兰登堡侯爵，以及美因兹、科隆和特里尔的大主教。神圣罗马帝国被其臣民冠以“神圣”的称号是在12世纪，那时候皇帝与教皇正为争夺意大利北部而斗争。1273年之后，随着哈布斯堡的鲁道夫即皇帝位，神圣罗马帝国的版图就不再包括意大利的任何部分了。那时的神圣罗马帝国囊括现今的德国、法国东部、尼德兰、瑞士、奥地利、波兰等地，以及现代捷克共和国的领土范围。到1556年查理五世退位的时候，新皇帝斐迪南一世（1503—1564年）仅仅是德国各诸侯国联盟的有名无实的首脑（参阅本章“德国”）。在文艺复兴时期，帝国先是获得后又失去了在意大利、匈牙利、波西米亚和尼德兰的领土。

12世纪是帝国军事实力的极盛时期。到15世纪，皇帝的权威在逐渐衰落。大的战事需要结盟，而皇帝常常与教皇结盟。1400年至1600年间，皇帝与教皇的关系通常是在二者常有共同利益的军事和宗教事务上相互支持。皇帝与教皇以及其他同盟者结成神圣同盟与在意大利的法国人作战，同时抗击奥斯曼土耳其人。带着教皇的祝福和资助，帝国军队曾在北方多次与新教徒作战。虽然实际上没有得到教皇的加冕，但是，文艺复兴时期神圣罗马帝国的皇帝都得到了教皇的承认和同意。

最后一位在罗马加冕的皇帝是弗里德里希三世（1415—1493年），他是1440年由选帝侯推选为帝的。（查理五世是最后一位由教皇加冕的皇帝，加冕礼是在博洛尼亚举行的，因为1527年的洗劫使罗马成为一片废墟。）通过让自己的儿女与整个欧洲有势力的统治者联姻，弗里德里希确保了他的哈布斯堡家族将是欧洲政治未来的重要组成部分。从弗里德里希三世开始，哈布斯堡王朝就操控了皇帝选举。1519年，当法国国王弗朗西斯一世与西班牙国王查理一世（即皇帝查理五世）竞选皇帝时，查理一世属于哈布斯堡家族这一事实显然对他有利。

15世纪80年代，七个选帝侯之一的美因兹大主教试图在德国创立中央集权化的帝国政府。这个运动只取得部分成功，因为地方统治者不愿意放弃对其领地的控制，皇帝也因可能造成的地位身份下降而畏缩不前。七个世袭选帝侯是格外自治的，因为他们的家族被授予了特权。然而，保障法律和秩序的《普遍和平条例》以及帝国法院的建立，都是1495年帝国议会的结果。帝国法院不对皇帝负责，而是对帝国议会负责，它在整个帝国范围内拥有司法管辖权。可是，它不是一个执行机构，判决的执行常常有困难。最终于1500年设立21名成员组成的帝国摄政会议，来负责帝国管理的执行方面的事务。皇帝本人还创立了一个管理机构，即枢密院，用以行使高等法院的职责。

到16世纪初期，帝国版图包括德国、奥地利、匈牙利、波西米亚、意大利的几个地区以及勃艮第属尼德兰。虽然上述疆域听起来给人印象深刻，但实际上帝国名不副实。被称为“罗马人的国王”的日耳曼国王（即皇帝）甚至并不拥有对德国的统治，因为有太多的权力被授予地方诸侯和公爵们。事实上，他不可能从自己的国家征收到任何税收，与法国、西班牙和英格兰等欧洲“新”君主国的君主截然不同。哈布斯堡家族之所以被拥戴为王朝皇帝的一个重要原因是每一位皇帝都在自己的王国内有属于个人的领地，能带来可观的收入。日耳曼国王确实拥有政治影响，而诸侯们的影响却是地方性的，最多是区域性的。

法兰西

1515年，弗朗西斯一世一登上法国王位，立即让他的政治理论家克劳德·西塞尔（1450—1520年）写作一本论述法兰西君主国的著作。他的《伟大的法兰西君主国》（1519年）阐述了基督教准则、习俗惯例和地方规章是怎样约束王权的。事实上，法国国王在其加冕礼上被尊称为“最虔诚的”，这是文艺复兴时期正式得到的称号。西塞尔提到的“习俗惯例”就是习惯法，其盛行于法国北部，尽管争讼是由地方议会来裁决。在法国南部，罗马法的影响更大，而且常常根据当地政府的需要来加以修正。15世纪的法国国王认识到，立法和司法政策的不统一有碍于全国性的行政管理。由于各公国对王权的争夺，中央集权相当困难。华洛瓦王朝国王查理七世（1403—1461年）发起了一个记录汇编全法国习惯法的计划，直到1510年路易十二世统治时期（1462—1515年），第一部习惯法汇编才出版。这位16世纪初的君主开始把法兰西统一为一个中央集权的君主国。由于他集中精力于意大利战事，因而继续加强中央集权的事业就落到弗朗西斯一世肩上。

弗朗西斯一世

弗朗西斯一世统治法国三十多年，把一个拥有一千五百万居民，包括那些有离心倾向的贵族的广大领土统一起来。考虑到法国是一个欧洲强国，它需要一个不同于西塞尔所描述的封建体制的政权模式。纪尧姆·比代（1467—1540年）受到马基雅维利那本著名的论述文艺复兴君主的著作的影响，写作了《君主制》一书（1518年）。他在书中把国王解释为上帝在尘世的化身，人们对国王应该绝对服从。在承认咨询机构以及尊重法律和教会的必要性的同时，弗朗西斯一世常常试图像一个享有绝对权威的君主那样来进行统治。在其统治初期，他这样做是为了揭露腐败官员，尤其是那些能接近国库，一直在盗窃王国税收岁入的官员。非常重要的是，弗朗西斯坚定不移地相信只有国王才能做影响全国的政治决策，如签订条约等。在与巴黎高等法院的一次冲突中，法院院长告诉弗朗西斯一世，高等法院的权力是人民授予的。此次交锋之后，弗朗西斯发布了敕令，将高等法院的权力限制在司法范围内，禁止其成员涉足国家政治事务。与英格兰的君主（参阅本章“英格兰和苏格兰”）不同，法国国王发布敕令无须立法机构批准。

文艺复兴时期的法国没有，或声称有代议制政体。三级会议作为法兰西僧侣、贵族和平民三个等级的国民议会公然被国王弃之不顾。虽然国王的顾问会议成员数以百计，但这些被委派的顾问散居全国各地，从来没有作为单独的机构聚在一起过。行政事务由若干更小的委员会来负责，这些委员会彼此不相往来，权限常常相互交叠。法国的行政效率非常低下。部分因为体制太笨重拖沓，沟通不畅，所以，弗朗西斯一世在宫廷内有一个由12个人组成的、规模很小的核心顾问会议，成员都是他的近亲和宠信。该机构的结构预示了16世纪晚期法国的国务秘书机构。管理地方事务的地方长官由国王亲自选派。1515 年，法国有 11 个省，每个省由一位称为皇家政务官的地方长官全权代表国王行使权力。地方长官也被期望能维护本省内有钱有势者的利益，把政府官职和其他有利可图的位置出售给他们。文艺复兴时期的法国政治制度一方面给贵族和大资产阶级带来收入，另一方面却就食盐一类生活必需品向中产阶级和下层民众征税。

西班牙和葡萄牙

与大多数西欧其他地区的情况不同，伊比利亚，就是我们今天称为西班牙和葡萄牙的地区，中世纪期间一直在努力抗击定居于领土内的东方入侵者。在数世纪中，政府政策集中于驱逐穆斯林，社会被完全划分为“我们”和“他们”。伊比利亚是一个武士、教士和劳动者的社会，是一个骑士价值观到 16 世纪初还盛行不衰的社会。在文艺复兴发端之时，伊比利亚半岛被分成大的中心地区，东面有卡斯蒂尔、阿拉贡，西部是葡萄牙，北部有很小的那瓦尔（法国对其有领土要求），在卡斯蒂尔南部还有一个尚为穆斯林所占有的飞地格拉纳达。在 1492 年，穆斯林和犹太人先后被驱逐出西班牙领土。每一个伊比利亚的王国都有一个议会（贵族的立法机构）来实施统治，其成员有权通过法规，批准财政方案。阿拉贡的议会具有非常大的权力，充满了独立的加泰罗尼亚精神。每一个君主国还有许多负责各方面事务的委员会。地方长官或总督负责实施法律，他们中的一些人成为相当有权势的人。在西班牙国王查理 1519 年当选神圣罗马帝国皇帝后，国王顾

图 1.3 《弗朗西斯一世肖像》。约斯·凡·克莱弗作坊作品。（大都会艺术博物馆藏，弗里德萨姆家族收藏品，由迈克尔·弗里德萨姆 1931 年遗赠［32.100.120］）

问机构的数量增加了，权力也增大了，这是因为国王长期不在国内。从 1508 年起，西班牙君主的责任延伸到了葡萄牙，当时葡萄牙国王死后无嗣，所以，西班牙国王也就登上了葡萄牙王位。

西班牙和葡萄牙都发展出相当复杂的管理殖民地的机构。葡萄牙人在非洲经营有利可图的采矿业务和奴隶贸易，其帝国从中东的若干港口一直延伸到印度和中国。从这些海外领地输入香料、纺织品以及其他商品，就需要政府官僚机构来管理税收和商贸权利。西班牙的正在迅速成长的帝国是在西面，在所谓美洲新世界。塞维利亚的西印度公司是黄金、白银、农产品以及其他商品的交易所，奴隶运输遍及大西洋。葡萄牙和西班牙都需要许多监督员、收税员和书记员来管理海外殖民地，担任总督和其他殖民地官员的随员。

这些职位就为受过适当培训的平民提供了社会升迁的机会。

西班牙

伊莎贝拉一世和斐迪南五世

在文艺复兴时期，并不存在所谓西班牙王国，西班牙是由卡斯蒂尔王国（它包括莱昂）和阿拉贡王国组成。阿拉贡王国又包括那不勒斯和两西西里（西西里岛和撒丁岛）王国。西班牙南部的格拉纳达摩尔人王国由穆斯林首领统治，他们要向卡斯蒂尔纳贡。到15世纪，尽管格拉纳达以其文化和建筑著称于世，但穆斯林已不是什么强大的军事势力了。卡斯蒂尔的君主想把穆斯林王权逐出西班牙，使卡斯蒂尔的领土从半岛北部到南部连成一片。然而，那些通过掠夺穆斯林财产获取利益，从穆斯林的贡纳中得到好处的贵族不愿意破坏现状。他们享有各种特权，不仅免除了税收，而且，在由他们贵族主持的特别法庭上拥有审判权。然而，穆斯林对卡斯蒂尔认为自己拥有合法权利的领土的统治，是15世纪卡斯蒂尔人心中挥之不去的梦魇，他们崇尚的是效力于国王的军人的英雄典范。他们需要一个坚毅的君王，能使他们确信他们政府的主要目的就是为卡斯蒂尔收复格拉纳达。而这位君王结果是一位女性，即伊莎贝拉一世（1451—1504年）。

卡斯蒂尔议会发挥着地方性的权威，而且，它并不具有像阿拉贡议会那样的权威。在卡斯蒂尔，不要求君主定期召开议会会议，君主可以不经议会允许和参与而批准法律。然而，在阿拉贡的三个主要地区都有自己各自的议会。每一部新法律须经三个议会一致批准，议会定期召开会议。1469年，未来的阿拉贡国王斐迪南五世（1452—1526年，后来成为卡斯蒂尔和莱昂国王时称斐迪南二世）与未来的卡斯蒂尔和莱昂女王伊莎贝拉一世结为夫妻。在一次决定是否由伊莎贝拉继承王位的内战之后，她和斐迪南于1479年开始统治。之后，斐迪南在卡斯蒂尔度过了一生中的大部分光阴，以维护议会的宪法权利。1494年他批准创立了阿拉贡委员会，这是一个设在卡斯蒂尔很有权威的监督机构。斐迪南和伊莎贝拉都相信，君主应该直接参与政府管理，因此，他们的宫廷是巡回的，在整个统治范围内巡游。他们在社会各阶层中重新分配权力，从中产阶级的成员中委派王室官员。这些官员中的许多人都负责新的机构以及关注穷人的社会组织。伊莎贝拉是一个坚定的天主教徒，她赞成加强政府对教会收入的控制，支持国王拥有圣职任命权。通过达到这些目的，斐迪南和伊莎贝拉扩大了他们的权力基础。另外，他们得到教皇的许可对教士开征一种叫作“圣战税”（*cruzada*）的税收，公开宣布的目的是用来资助他们对穆斯林的讨伐。可是，在收复失地运动的最后阶段完成后，依然有源源不断的从该项税收得到的收入流入王室金库。1492年，在征服了穆斯林之后，伊莎贝拉把注意转向犹太人，让犹太人在四个月之内离开西班牙。至少有12万犹太人离开了，带走了他们的财产和技术，这对社会和商业造成了巨大损失。

1492年，伊莎贝拉任命日梅内兹·德·西斯内罗斯为她的忏悔牧师，此人是一个严格的方济各会修士。她完全信任他的判断，在国家事务上听从他的意见。因为这时期的宗教深深地卷入了政治，西斯内罗斯俨然成为一个重要的政治家，负责卡斯蒂尔当局与格拉纳达王国的穆斯林之间的关系。那些拒绝通过集体洗礼皈依天主教成为国王的忠实臣民的人被迫背井离乡。在菲利普一世死后，西斯内罗斯在1506年至1507年间摄政，统治卡斯蒂尔，随后斐迪南从阿拉贡回来，任命他为宗教法庭庭长。由于主教是这样一位有政治权势的人物，又有许多官员迎合他，所以，西斯内罗斯能放纵西班牙的宗教法庭，造成空前的后果（参阅第二章）。西班牙宗教裁判所最初由斐迪南和伊莎贝拉创立于1478年。

图1.4 《查理五世肖像》。约1520年尼德兰画家作品。（大都会艺术博物馆藏，弗里德萨姆家族收藏品，由迈克尔·弗里德萨姆于1931年遗赠［32.1000.46］）

查理一世（查理五世）

1506年卡斯蒂尔国王腓力一世（1478—1506年）去世时，他的儿子和继承人，即未来的查理一世（1500—1558年），年仅六岁。查理是神圣罗马帝国皇帝马克西米连一世（1459—1519年）的孙子，也是伊莎贝拉和斐迪南的孙子。因为斐迪南去了阿拉贡，所以，成立了以西斯内罗斯主教为首的摄政委员会。在1515年，查理一世统治着西班牙属地尼德兰，他在那儿度过了他的少年时代。斐迪南去世后第二年，他加冕成为卡斯蒂尔和莱昂国王。当时，这位年轻的国王不会说西班牙语，与他的伊比利亚臣民很疏远。他很难从议会筹到钱款，而在卡斯蒂尔和阿拉贡都有叛乱爆发，与此同时，他还在德国竞选神圣罗马帝国皇帝，后于1519年赢得皇位。（其后，他被称为皇帝查理五世。）例如巴伦西亚的反叛者就拒绝承认君主制，打算创立共和政体。1521年，王室军队打败了叛乱者，查理下令处死叛乱首领，但宽恕其他人。这种处理纷争的策略为国王赢得了许多追随者，他是在学着用外交手腕来处理社会动乱。在其统治期间的大部分时间内，查理都必须在西班牙和尼德兰之间两头跑，要处理北方的财政问题，又要应对北方新教徒日益增长的敌意。他一生的许多光阴消耗在来来去去的旅途中。因为国王不可能总是在场，所以，由皇家各委员会负责处理政务。这些委员会由大学培养出来的法学家和小贵族组成，到16世纪中期，西印度事务委员会具有极大的权力。该委员会负责西班牙在新世界的殖民地，由它任命总督、负责商贸、调停争端。

腓力二世

1555年，查理退位以便其子腓力二世

图 1.5　腓力二世的肖像，是 1572 年格拉纳达的一个写本中的插图。（经拥有该照片 2003 年版版权的索斯比公司的同意使用）

（1527—1598 年）继位，他留下了一个因与法国和土耳其的战争而耗费巨额开支，实际上破产了的西班牙。捐税负担压在普通民众身上，他们被逼到了悲惨的境地。1557 年，腓力宣布王国所有应付银行款项必须停止支付，以使国家度过财政调整阶段。腓力二世事必躬亲，尽可能地恢复权威，并把权力集中在西班牙范围内。他在马德里附近的埃斯科里亚尔宫殿群进行统治，这是近一个世纪中西班牙宫廷第一次集中在一个地点。1563 年，腓力二世建立意大利事务最高委员会，使全部西班牙的领土（包括米兰公爵国）都直接对中央政府负责。1580 年以后，他身兼葡萄牙国王，委派一个总督去里斯本负责管理。葡萄牙在立法、司法和财政等方面失去了自治权。

葡萄牙

15 世纪和 16 世纪的大部分时间，统治葡萄牙的是阿维斯王朝，该王朝创立于 1385 年。与西班牙的君权一样，葡萄牙的君主权力也受到代议制机构——其代表包括平民的议会——的制约。约翰一世（1357—1433 年）是国王的私生子，他是在王位继承人去世后经议会选举登上王位的。这样，议会就维护了其高于西班牙国王的权力，西班牙国王曾声称他对葡萄牙拥有权力。约翰一世统治时期，他对骑士理想的尊重在社会上得到充分表现。由于他的孙子阿方索五世（1432—1481 年）继位时只有五岁，因而由其母亲和叔叔摄政。后来，阿方索有扩张领土的野心，把国家政务交给议会负责，自己却冒险出去进行若干无益的征战。葡萄牙国王曼努埃尔一世（1469—1521 年）利用海外殖民地的收入，以他发起的教会建筑工程来为民众提供工作和振兴经济。当然，社会规划得益于资金的流入。同时，他的统治也有消极的一面，如他把犹太人从葡萄牙领土驱逐出去，这就失去相当大一部分技术工人和富裕的纳税人。还有其他人正在离开葡萄牙，虽然他们是作为殖民者到海外属地去的。这些冒险者不仅有助于充实国王的金库，而且也腾出了工作岗位，使其他人有活儿干，这就使社会保持流动和安宁。与西班牙不同，葡萄牙在这时期几乎没有发生什么内部骚乱。国王塞巴斯蒂安一世（1554—1578 年）对政事不感兴趣，将其委托给他的顾问和各事务委员会。1578 年，塞巴斯蒂安在一次战役中被杀，于是，内部骚乱和冲突的时机就成熟了。1580 年至 1640 年间，葡萄牙归属西班牙国王统治。

德国

德国是神圣罗马帝国的核心，帝国皇帝由它的七个选帝侯选举产生（参阅本章的皇帝在位时间表）。这些人组成了一个永久的选举机构，由他们来向未来的皇帝提出当政的条件。与其他德国诸侯一道，选帝侯要不断努力维护他们对皇帝的权威。事实上，他们使封建权威体制一直延续到了文艺复兴时代。16 世纪 20 年代，皇帝查理五世，同时也是西班牙国王，被拖进了意大利以及别的地方的冲突。由于这些战事分散了他的注意力，若干德国诸侯抓住机会皈依了新教，对抗皇帝权威。

在德国，新教的宗教改革和有势力的同业公会组织有助于民众政治改革的兴起。许多德国王公诸侯皈依新教以便仍然保持邦国首脑的地位，同时伴随着最小的内部冲突。德国有三百多个诸侯国和城市有各自世俗的或教会的统治者而不受集权控制，因而德国特别容易受到像新教那样的改革运动的影响。除了皇帝之外，根本不存在能迅速行动起来镇压抗议的集中权威，而皇帝又常常在欧洲大陆的其他地方还有要履行的责任。虽然城市直接对其领主负责，但是，有几个城市具有很大的独立性，它们仅仅对皇帝负责。帝国骑士这样的贵族也只对皇帝负责。德国的命运从历史上看就与神圣罗马帝国联系在一起，因为皇帝是由德国的选帝侯推选的，他同时是日耳曼国王。通过设立枢密院和帝国法院，马克西米连一世（1459—1519 年）促进了法律制度的近代化，然而这两个机构的管辖权常常是重叠的。枢密院的法官审理涉及帝国臣民的刑事诉讼案件，裁决采邑继承方面的争端，而帝国法院则审问大多数其他诉讼案。虽然马克西米连开始对包括奥地利在内的帝国领土进行集权化统治，但德国依然是一个由彼此不相关联的诸侯国和帝国城市组成的集团。尽管有各种改革运动，大部分德国还是处于封建法统治之下，勃兰登堡的霍亨索伦家族和巴拉丁的维特尔斯巴赫家族最有势力。

各个诸侯国之所以软弱，主要在于其领土相当狭小，而城市又对自己城墙之外的人口没有控制权。在 15 世纪，由于物价的上涨以及诸侯的税收贡纳的提高，农民阶级的生活条件恶化。地方首脑无心全国政治，只对扩大自己的权势感兴趣。

尼德兰

尼德兰各省包括半自治的城市（与意大利的城邦相似）、神圣罗马帝国统治下的省份（著名的有荷兰），以及法国声称对其拥有权力的省份。这些城市中的好几个都是通过国际贸易致富的，国际贸易为中产阶级提供了经济机会和社会升迁。15 世纪的大部分时期内，部分尼德兰领土为勃艮第公爵所统治。在北方省份，总督们从最富裕的市民中为市政议会选派地方长官。而在南方，城市宪法是由有权势的染工和织工行会制定的，它允许代议制政府，使平民有表达意见的权利。

甚至最专制的公爵也不得不与城市代表协商，以便征收商人们能够提供的钱款。要获得对一个地区的部分控制权的方法是要控制那里的主教，因此，勃艮第的历代公爵间或安插一个他们的子弟来担任主教，如在乌得勒支。整个16世纪初，尼德兰城市中的主教管辖的政府尽管有市政议会的制约，但由于得到贵族的支持，仍然很强大。造成这种情况的一个原因是，支持教士的贵族的名字常常被登入当地商人名册，这就使贵族在城市政府中有了发言权。然而，勃艮第公爵还常常召开尼德兰等级会议，其成员有一些是选举的，一些是指派的，他们代表各个省份。到1477年，等级会议就拥有了召集会议、批准王室婚姻、征税和宣战的权力。政府要得到基层市民的认可，任何重要提案被批准前，代表们都要回到家乡去游说地方议会。这样，尼德兰的市民就拥有很大的权力。只有勃艮第公爵控制的领地内实行的是世俗的集权统治。

神圣罗马帝国皇帝查理五世在尼德兰出生和长大，说弗兰德语，最初他得到等级会议的帮助。可是，1540年根特城爆发起义，他严酷地对待起义者，根特因此失去了特权。在接下来的十年中，尼德兰与帝国当局的关系日益恶化。当尼德兰成为西班牙国王继承的遗产的一部分时，他在尼德兰征收高额税收以资助他的军事征伐，因而使等级会议疏远了他。在16世纪60年代后期，西班牙国王试图通过派驻军队把专制统治强加给他的荷兰臣民。因此，联合省总督奥兰治的威廉一世（1533—1584年）召开了有泽兰和荷兰等省份参加的联省议会，成立了一个临时独立政府。后来，虽然南部尼德兰各省重申他们效忠于西班牙，但是，北方七省缔造了一个持续两个多世纪的共和国。这个新政府的首脑是奥兰治家族的成员。

波兰和匈牙利

位于欧洲东边的波兰和匈牙利两国的领土是由大片绵延不断的土地构成，与其他欧洲君主国截然不同，那些欧洲君主的领土是被外国属地所隔开的分散地区。这两个国家谷物和其他必需品的供应都非常丰富，几乎不需要从境外输入什么。由于贵族们统治他们自给自足的采邑，贵族组成的议会又具有很大权威，所以，波兰和匈牙利都认为一个强有力的集权政府或者一个连续的对外政策是不必要的。

波兰

波兰在文艺复兴政治史上具有一个特殊的位置，因为宗教自由在1573年已被纳入了波兰的政治原则。在16世纪，新教徒、穆斯林、犹太人和其他族群就像他们在15世纪一样共同生活在同一个城市，没有驱逐，也没有官方的迫害。一般说来，平民享受着比其他东欧地区更充分的个人自由。波兰议会是两院制，元老院（上院）由委派的成员组成，代表院（下院）由选举的代表组成。议会这一政治机构既是司法机构，也是立法机构，新的法律必须经过议会的批准。因为国王本人的行为要接受议会的审查，所以，文艺复兴时期的波兰是一个议会君主制国家。值得注意的是，波兰国王是由来自议会的选举人选举产生的。

1569年之后，立陶宛公国正式与波兰合并，其领土是今天法国领土的三倍。16世纪，波兰议会权力极大，那时候的各地方议会实际上也是自治的。虽然国王有权任命行政官员，但他却不能撤他们的职。这一规定鼓励了地方行政官员的独立态度，使政府不可能集权化。在1569年，当波兰的领土扩大了一倍的时候，它的全国性政府却摇摇欲坠。能使波兰成为欧洲政治中一个强大势力的政治统一从来不曾出现过。

匈牙利

直到1526年，匈牙利议会都是一院制，它是由该国的全部贵族组成，而不是由代表组成。马扎尔贵族还包括好几个城市中的有爵位的社团代表，他们全部都被要求出席议会会议。这一相当大的机构每年召开会议，但是，匈牙利没有真正全国性的领导。另一方面，议会试图维持行政、司法和立法等委员会之间的权力平衡，而且，绅士与旧贵族成员在枢密院有同等的发言权。虽然匈牙利是一个君主制国家，但是，其国王权力受到议会限制，也从未有过制定全国性对外政策的尝试。文艺复兴时期的大部分时间中，匈牙利都处在外来王朝的统治之下。最值得注意的匈牙利国王是马提亚·科尔温（1443—1490年），他是1458年被选为国王的。在1526年，神圣罗马帝国皇帝的兄弟斐迪南（他后来成为皇帝斐迪南一世）也曾当选匈牙利国王。然而，土耳其人于1541年占领了布达，匈牙利的大部分国土沦入土耳其人的统治。到1568年，匈牙利被瓜分了，其西部和北部归奥地利统治，中部和东部为土耳其所占领。

英格兰和苏格兰

15世纪期间，爱尔兰和威尔士名义上归属英格兰统治；威尔士正式并入英格兰是在1537年通过《威尔士与英格兰合并法案》完成的。到1540年，爱尔兰也归于英国统治。根据1542年的一个法令，确立了英国法律在威尔士的统治地位。爱尔兰和威尔士具有与英格兰同样的法律权利和责任，威尔士还在英国国会中有代表。虽然爱尔兰有它自己的议会，但是未经英格兰在位君主的同意，它不得召开会议。基尔代尔的伯爵们控制着大部分爱尔兰土地，以国王或女王的名义实施统治。16世纪期间爱尔兰若干次激烈的反抗斗争中，绝大多数都与强加英国国教作为法定宗教有关。斯图亚特家族统治着苏格兰，但他们的统治在15世纪初遭到反对。当苏格兰的封建主们起而维护他们的自治权时，国王被暗杀，内战使这个国家若干年扰攘不宁。另一个15世纪的苏格兰国王在其子攫取王位之后被囚禁了起来。在靠近英格兰的北方边境，苏格兰士兵多次与英格兰发生冲突，但是，苏格兰并没有扩张自己的领土。文艺复兴时期，苏格兰政治史不仅受到与英格兰的对抗的影响，而且也受到苏格兰封建主们的地方利益，以及越来越强大的平民，尤其是新教教派的影响。

英格兰

英格兰国会是（现在还是）两院制，由上议院和下议院组成。虽然下议院是代表城市市民的，但是，16世纪期间城市推选出来的自己的代表更多的是骑士而不是平民。直到亨利八世统治时期（1509—1547年在位），国会偶尔开会，通常一年开不了一次会。从1529年开始，国会花五年时间全面拟定王国改革的细目，特别是关闭修道院和没收修道院财产等事项。在1534年，亨利八世拒不承认教皇对英国的权威，自己起着英国国教会或英国圣公会（参阅第二章）首脑的作用。伊丽莎白一世（1558—1603年在位）统治期间，国会也曾长期开会来最终敲定英国教会独立的细节。直到17世纪的斯图亚特王朝，英国才出现了一个专制君主，他拒绝召开国会，后来，他在1649年被处死。

亨利八世

1509年，亨利八世（1491—1547年）登基之时，英国处在和平时期。亨利八世要求拥有法国王位，尤其是对诺曼底、居扬、加斯科尼和安茹等省份有领土要求。在他统治期间曾三次进攻法国，但是，他只保有加莱、图内和布洛涅等城市，法国国王则付给他一笔巨额年金，作为对其权利要求的补偿。港口城市加莱实际上是在1536年被授权作为英国的一部分（1558年又失去了这一权利），但是，其他两个城市仍然在法国国王统治之下。加莱城之外的地区称为佩尔（the Pale），在欧洲政治史上很重要，因为金帐原（the Field of the Cloth of Gold）就位于这个地区。1520年6月期间，弗朗西斯一世和亨利八世带着他们的全部随员和宫廷顾问在金帐原相会，这是一次前后持续三周的奢华的外交炫耀。弗朗西斯徒劳地试图劝说英国国王不要与神圣罗马帝国皇帝查理五世协作，因为他知道这样一个同盟除了西海岸之外，将全方位地威胁法国。

金帐原会晤提高了亨利八世的国际声誉，他在英国的权威也得到皇帝的支持。在16世纪20年代后期，他的主要政治行动与他努力获取教皇的离婚特许状有关，因为他要与第一个妻子阿拉贡的凯瑟琳（1485—1536年）离婚。凯瑟琳没有生育男性继承人，所以，亨利希望再婚。就此问题与天主教教会决裂后，亨利成了“国会的国王”（king in Parliament），这就使他拥有了一项特权，据此作为立法和司法机构的国会的行动须由国王和人民来批准。在他统治期间召开过九次全体国会会议，除此之外，他经常与大会议（由国王和上议院，以及国王宠信的贵族组成）会商。

国王还为下议院创建了40个新选区。国会批准了用于国防等特殊目的的款项，但是，亨利八世还是需要来自这些新选区的金钱。国王的随军牧师和大法官红衣主教托马斯·沃尔西（大约1474—1530年）提出了一个新的税收标准。与其他大多数西欧国家不同，英国不豁免贵族的税收。沃尔西提议由王室税务督察官确定财产估价，税收则应该以督察官所确定的数量为基础来征收。然而，税收频率是由国会表决决定的。因而正像上述事例表明的那样，国会以一种温和的民众政治的形式来对王权略加制约。

伊丽莎白一世是亨利八世与他的第二个妻子安妮·波琳（1507—1536年）所生的女儿。在她作为女王的漫长统治时期内，她使英国教会正式成为王国国教，而且，通过将新教强加于爱尔兰，她把政治与宗教融合在一起。国会通常是支持伊丽莎白的，她也承认在国内事务上与国会合作的重要性。

苏格兰

虽然有一些政治家鼓吹结束苏格兰与英

格兰之间劳民伤财的冲突的唯一办法，就是使两国共同拥戴一个君主，但是，直到1603年伊丽莎白去世，这一目的都还没有达到。文艺复兴期间，苏格兰是一个独立的西欧国家，它有自己的议会，地方上由一些凶悍的骑士来统治。詹姆斯四世与许多苏格兰骑士一道，为抗击英国战死于1513年的弗洛登战役。他的儿子詹姆斯五世（1512—1542年）登上王位后有一个漫长的未成年期，在这期间，苏格兰商贸繁荣，商人阶级的政治势力开始增长。新教与天主教竞争国教地位。因为新的宗教开始影响政治决策，所以，许多苏格兰人倾向于英国。由于敌视英格兰的亨利八世，詹姆斯五世助长天主教党的成员以及他的法国妻子洛林的玛丽（吉斯的玛丽，1515—1560年），把他们的女儿玛丽（1542—1587年）培养成一个天主教徒。苏格兰女王玛丽继承王位时还是一个婴儿，所以，她母亲摄政，掌握大权。英格兰常常企图通过外交谈判来取得对苏格兰的统治，但是，只有当伊丽莎白一世同意处死了她的表妹玛丽之后，英格兰才达到目的。玛丽的儿子詹姆斯六世（1566—1625年）后来成为英格兰和苏格兰两国的国王，但是，直到1707年这两个国家才统一成为一个王国。

主要统治者及其在位时间

意大利

威尼斯

弗朗切斯科·弗斯卡里，威尼斯总督	1423—1457年
皮耶特罗·莫切尼戈，威尼斯总督	1474—1476年
乔万尼·莫切尼戈，威尼斯总督	1478—1485年
阿戈斯蒂诺·巴尔巴里戈，威尼斯总督	1486—1501年
列奥纳多·罗雷丹，威尼斯总督	1501—1521年
安德烈亚·格里蒂，威尼斯总督	1523—1538年
弗朗切斯科·多纳托，威尼斯总督	1545—1553年

佛罗伦萨

老科西莫·德·美第奇，佛罗伦萨统治者	1434—1446年
皮耶罗一世·德·美第奇，佛罗伦萨统治者	1464—1469年
洛伦佐·德·美第奇，佛罗伦萨统治者	1469—1492年

朱利奥·德·美第奇，佛罗伦萨统治者 1519—1523 年
亚历桑德罗·德·美第奇，佛罗伦萨公爵 1531—1537 年
科西莫一世·德·美第奇，托斯卡纳大公 1569—1574 年
（佛罗伦萨统治者，1537—16 世纪 60 年代）

米兰

吉安·加利佐·维斯孔蒂，米兰公爵 1395—1402 年
（米兰君主，1378—1395 年）
乔万尼·马里亚·维斯孔蒂，米兰公爵 1402—1412 年
菲利波·马里亚·维斯孔蒂，米兰公爵 1412—1447 年
弗朗切斯科一世·斯福扎，米兰公爵 1450—1466 年
加利佐·马里亚·斯福扎，米兰公爵 1466—1476 年
卢多维科·斯福扎，米兰公爵 1494—1499 年
（米兰统治者，1480—1494 年）

费拉拉

尼科洛三世·德·埃斯泰，费拉拉侯爵 1393—1441 年
莱奥内洛一世·德·埃斯泰，费拉拉侯爵 1441—1450 年
博尔索·德·埃斯泰，费拉拉侯爵 1450—1471 年
埃尔科莱一世·德·埃斯泰，费拉拉公爵 1471—1505 年
阿方索一世·德·埃斯泰，费拉拉公爵 1505—1534 年
埃尔科莱二世·德·埃斯泰，费拉拉公爵 1534—1559 年
阿方索二世·德·埃斯泰，费拉拉公爵 1559—1597 年

曼图亚

吉安弗朗切斯科·贡扎加，曼图亚侯爵 1407—1444 年
卢多维科二世·贡扎加，曼图亚侯爵 1444—1478 年
吉安弗朗切斯科二世·贡扎加，曼图亚侯爵 1484—1519 年
费德里戈二世·贡扎加，曼图亚侯爵 1519—1540 年
（曼图亚公爵，1530—1540 年）

帕尔玛

奥塔维奥·法内塞，帕尔玛和皮亚琴察公爵	1547—1549年， 1550—1586年
亚历桑德罗·法内塞，帕尔玛和皮亚琴察公爵	1586—1592年

里米尼

西吉斯蒙多·马拉泰斯塔，里米尼君主	大约1433—1468年

乌尔比诺

费德里戈二世·达·蒙泰费尔特罗，乌尔比诺公爵	1474—1482年
圭多巴尔多一世·达·蒙泰费尔特罗，乌尔比诺公爵	1482—1508年
弗朗切斯科·马里亚一世·德尔·罗维雷， 乌尔比诺公爵	1508—1515年， 1521—1538年
圭多巴尔多二世·德尔·罗维雷，乌尔比诺公爵	1538—1574年

那不勒斯

安茹王朝

拉迪拉斯一世，那不勒斯国王	1400—1414年
乔安娜二世，那不勒斯女王	1414—1435年
安茹的勒内一世，那不勒斯国王	1435—1442年

阿拉贡王朝（西班牙统治下）

阿方索一世，那不勒斯国王 （阿拉贡的阿方索五世）	1443—1458年
费伦特一世，那不勒斯国王	1458—1494年

神圣罗马帝国

卢森堡王朝

西吉斯蒙德一世，神圣罗马帝国皇帝	1410—1437年

哈布斯堡王朝

弗里德里希三世，神圣罗马帝国皇帝 1440—1493年
马克西米连一世，神圣罗马帝国皇帝 1493—1519年
查理五世，神圣罗马帝国皇帝 1519—1556年
斐迪南一世，神圣罗马帝国皇帝 1556—1564年
马克西米连二世，神圣罗马帝国皇帝 1564—1576年
鲁道夫二世，神圣罗马帝国皇帝 1576—1612年

法国

法兰西

华洛瓦王朝
查理七世，法兰西国王 1422—1461年
路易十一世，法兰西国王 1461—1483年
查理八世，法兰西国王 1483—1498年

奥尔良王朝
路易十二世，法兰西国王 1498—1515年
（那不勒斯国王，1501—1503年）

昂古莱姆王朝
弗朗西斯一世，法兰西国王 1515—1547年
亨利二世，法兰西国王 1547—1559年
查理九世，法兰西国王 1560—1574年
亨利三世，法兰西国王 1574—1589年

波旁王朝
亨利四世，法兰西国王 1589—1610年

勃艮第（法国对其有领土要求）

华洛瓦王朝
大胆的菲利普，勃艮第公爵 1363—1404年
无畏的约翰，勃艮第公爵 1404—1419年

善良的菲利普，勃艮第公爵 1419—1467年
大胆的查理，勃艮第公爵 1467—1477年

西班牙和葡萄牙

西班牙

卡斯蒂尔和莱昂

约翰二世，卡斯蒂尔和莱昂［在西班牙］的国王 1406—1454年
亨利四世，卡斯蒂尔和莱昂［在西班牙］的国王 1454—1474年
伊莎贝拉一世，卡斯蒂尔和莱昂［在西班牙］的女王 1474—1504年

阿拉贡

阿方索五世，阿拉贡［在西班牙］的国王 1416—1458年
（那不勒斯的阿方索一世）
约翰二世，阿拉贡［在西班牙］的国王 1458—1479年
斐迪南五世，阿拉贡［在西班牙］的国王 1479—1516年
（卡斯蒂尔和莱昂的斐迪南二世，1474—1516年）

哈布斯堡王朝

查理一世，卡斯蒂尔和阿拉贡［西班牙］的国王 1516—1556年
（查理五世皇帝）
腓力二世，卡斯蒂尔和阿拉贡［西班牙］的国王 1556—1598年
（从1580年起为葡萄牙国王）

葡萄牙

阿维斯王朝

约翰一世，葡萄牙国王 1385—1433年
杜阿尔特一世，葡萄牙国王 1433—1438年
阿方索五世，葡萄牙国王 1438—1481年
约翰二世，葡萄牙国王 1481—1495年
曼努埃尔一世，葡萄牙国王 1495—1521年
约翰三世，葡萄牙国王 1521—1557年
塞巴斯蒂安一世，葡萄牙国王 1557—1578年

德国

德国国王

维特尔斯巴赫王朝

巴拉丁家族的鲁普雷希特，德国国王 1400—1410年

卢森堡王朝

西吉斯蒙德一世，波西米亚国王 1410—1437年
（也是皇帝）

哈布斯堡王朝

阿尔布雷希特一世，罗马人的国王 1438—1439年
弗里德里希四世，罗马人的国王 1440—1486年
（也是皇帝，称弗里德里希三世，1440—1493年）
马克西米连一世，罗马人的国王 1486—1519年
（也是皇帝，1493—1519年）
查理五世，罗马人的国王 1519—1558年
（也是皇帝，1519—1556年）
斐迪南一世，罗马人的国王 1558—1562年
（也是皇帝，1556—1564年）
马克西米连二世，罗马人的国王 1562—1575年
（也是皇帝，1564—1576年）
鲁道夫二世，罗马人的国王 1575—1612年
（也是皇帝，1576—1612年）

勃兰登堡

霍亨索伦家族

弗里德里希二世，勃兰登堡选帝侯 1440—1470年
阿尔布雷希特三世·阿希莱斯，
勃兰登堡选帝侯（断续地） 1470—1486年
约翰·西塞罗，勃兰登堡选帝侯 1486—1499年
约阿西姆一世，勃兰登堡选帝侯 1499—1535年
约翰·格奥尔格，勃兰登堡选帝侯 1571—1598年

黑森

菲利普，黑森伯爵 1504—1567 年
威廉四世，黑森伯爵 1567—1592 年

巴拉丁

维特尔斯巴赫家族
路德维希三世，巴拉丁选帝侯 1410—1436 年
路德维希四世，巴拉丁选帝侯 1436—1449 年
弗里德里希一世，巴拉丁选帝侯 1452—1476 年
（1449—1452 年为摄政）
正直的菲利普，巴拉丁选帝侯 1476—1508 年
路德维希五世，巴拉丁选帝侯 1508—1544 年
弗里德里希二世，巴拉丁选帝侯 1544—1556 年
奥托·海因里希，巴拉丁选帝侯 1556—1559 年

西默尔王朝
弗里德里希三世，巴拉丁选帝侯 1559—1576 年
路德维希六世，巴拉丁选帝侯 1576—1583 年
弗里德里希四世，巴拉丁选帝侯 1583—1610 年

萨克森

韦廷家族
大胆的阿尔布雷希特，萨克森公爵 1464—1500 年
约翰·弗里德里希一世，萨克森选帝侯 1532—1547 年
莫里斯，萨克森公爵 1541—1553 年
（萨克森选帝侯，1547—1553 年）

尼德兰

华洛瓦王朝

大胆的菲利普，勃艮第公爵 1363—1404 年

无畏的约翰，勃艮第公爵 1404—1419 年
善良的菲利普，勃艮第公爵 1419—1467 年
大胆的查理，勃艮第公爵 1467—1477 年

哈布斯堡王朝

英俊的菲利普 1482—1506 年
（勃艮第的玛丽与皇帝马克西米连一世之子）
奥地利的玛格丽特，尼德兰摄政 1507—1530 年
（以查理五世之名摄政）

奥兰治—拿骚王朝

威廉一世，荷兰执政 1572—1584 年
莫里斯，荷兰执政 1585—1625 年

波兰和匈牙利

波兰

立陶宛王朝

卡齐米尔四世，波兰国王 1446—1492 年
西吉斯蒙德一世，波兰国王 1506—1548 年
（1530 年起与其子西吉斯蒙德二世共同统治）
西吉斯蒙德二世，波兰国王 1530—1572 年
（1530 年至 1548 年与其父共同统治）

特兰西瓦尼亚王朝

斯特凡·巴托里，波兰国王 1575—1586 年

瑞典王朝

西吉斯蒙德三世，波兰国王 1587—1632 年

匈牙利

马提亚一世·科尔温，匈牙利国王 1458—1490 年

英格兰和苏格兰

英格兰

兰开斯特王朝

亨利五世，英格兰国王	1413—1422 年
亨利六世，英格兰国王	1422—1461 年， 1470—1471 年

约克王朝

爱德华四世，英格兰国王	1461—1470 年， 1471—1483 年
理查德三世，英格兰国王	1483—1485 年

都铎王朝

亨利七世，英格兰国王	1485—1509 年
亨利八世，英格兰国王	1509—1547 年
爱德华六世，英格兰国王	1547—1553 年
玛丽·都铎，英格兰女王	1553—1558 年
伊丽莎白一世，英格兰女王	1558—1603 年

斯图亚特王朝

詹姆斯一世，英格兰国王 （苏格兰的詹姆斯六世）	1603—1625 年

苏格兰

斯图亚特王朝

詹姆斯四世，苏格兰国王	1488—1513 年
詹姆斯五世，苏格兰国王	1513—1542 年
玛丽，苏格兰女王	1542—1587 年
詹姆斯六世，苏格兰国王 （英格兰的詹姆斯一世）	1567—1625 年

主要人物

阿尔布雷希特三世·阿希莱斯，勃兰登堡选帝侯（1414—1486年），霍亨索伦的弗里德里希一世之子。1473年，阿尔布雷希特三世发布了一个著名的敕令，根据该敕令，继承权由长子身份决定。由长子统治勃兰登堡边区，其他儿子共同继承法兰克尼亚的霍亨索伦家族领地。

教皇亚历山大六世（原名罗德里戈·德·博尔贾—多姆斯，1431—1503年），出生于巴伦西亚（西班牙），曾在博洛尼亚研究法律。他对意大利事务和外交事务的主要兴趣在于使自己的儿女与有权势的家族联姻，以促使自己的政治和领土目标的达成。在1494年的《托德西拉斯和约》中，他通过设定西班牙和葡萄牙两国在新大陆（今天的巴西）的领土要求分界线，从而影响了两国的对外政策。他曾资助罗马大学，修复圣安杰洛城堡，建造了在今天梵蒂冈的博尔贾塔楼，并委托平图里乔作画。

阿拉贡国王阿方索五世（那不勒斯国王，称阿方索一世，1396—1458年），一生的最后15年是在那不勒斯王国首都那不勒斯城度过的，其统治严厉而虔诚。作为学术和艺术的赞助人，他最著名的就是委托艺术家雕刻了作为其城堡入口的凯旋门，这座城堡俯瞰着那不勒斯海湾。这座凯旋门至今仍能看到。除了资助那不勒斯大学外，他还在卡塔尼亚（Catania）建立了一所大学，在墨西拿（Messina）创建了一所希腊语学校。

血腥玛丽 见“英格兰女王玛丽·都铎”条。

神圣罗马帝国皇帝查理五世（西班牙国王，称查理一世，1500—1558年），继承了自查理曼帝国以来欧洲最大的帝国。帝国幅员的辽阔，其西班牙臣民的敌视，以及他解决与德国和尼德兰新教领袖冲突的失败，这一切都阻碍了他要把帝国统一起来的努力。

法国国王查理七世（1403—1461年），由于他患有精神病的父亲被宣称不适宜当朝执政，因此，他于1418年摄政。1419年，他借助贞德的帮助加冕为王，但他后来没有从英国人手中解救贞德。他不信任贵族，因而他周围有一个来自市民阶层的顾问集团。贵族一旦反叛，国王查理能依靠下层臣民的忠诚来镇压他们。

法国国王查理八世（1470—1498年），当政期间拒绝召开三级会议（主要的权力机构），因而名声暧昧。（法国君主把这种专制举措一直持续到1560年。）1491年，查理娶了布列塔尼的安妮，这样就把布列塔尼公爵领地纳入法国的保护之下。1494年，他入侵意大利，要求得到那不勒斯王位，从而挑起了意大利战争。

法国国王查理九世（1550—1574年），一个软弱的君王，纵容其母凯瑟琳·德·美第奇插手国家决策，直接影响其臣民的福利。查理本人是一位诗人，曾奖掖七星诗社的作家，赞助巴黎的皇家学院。

勃艮第公爵大胆的查理（1433—1477年），渴望加冕为勃艮第国王，以便能与法国国王平起平坐。他是约克的玛格丽特的丈夫，所以得到其兄英国国王爱德华四世的支持。查理想成为勃艮第国王的企图没有成功，他的专制权威也受到限制。如果大胆的查理成为了国王，那么勃艮第宫廷与勃艮第贵族之间的联盟关系就会发生变化，这将带来无法预测的后果。

教皇克莱芒七世（原名朱利奥·德·美第奇，1478—1534年），最为人所感念的是他对文学和艺术的赞助，特别是他委托米开朗基罗为西斯廷小教堂绘制湿壁画。在1527年罗马遭到劫掠的时候，克莱芒被囚禁了起来。佛罗伦萨的美第奇家族的统治为共和政府所推翻是这次事件的一个结果。

孔塔里尼，加斯帕罗（1483—1542年），出生于威尼斯的一个贵族家庭，作为外交家效力于共和国，著有《论威尼斯的职官制度和共和国》。他在该书中列举了若干理由来说明威尼斯共和国为什么会延续12个世纪，它又为什么优于罗马共和国。后来，他成为了一个主张改革的红衣主教。

英国女王伊丽莎白一世（1533—1603年），统治期间英国社会安定，尤其是在其表妹玛丽试图夺权的混乱之后，她在统一英国社会的过程中起过重要作用，她因这两项业绩闻名于世。她在位时间漫长，这使她有机会统一英国新教教会，特别是颁布了《三十九条信纲》，同时，她还以赞助诗人和音乐家而著名。在处理与腓力二世的关系时，她表现为一个干练的外交家，她对像德雷克那样的“海盗”的鼓励则增强了英国在海上的主动权。

费拉拉公爵德·埃斯泰，阿方索一世（1486—1534年），曾遭到自己家族成员的反对，他们借助同情自己的显贵的支持来煽动了造反。虽然他镇压了反叛集团，但是，他与民众的关系长期不和，这使他的公国处于危险之中。阿方索研究兵器，精通火炮。作为教皇军队的统帅，他打败过威尼斯舰队，在1512年他还帮助法国人赢得了拉韦纳战役的胜利。在费拉拉宫廷，他奖掖艺术，委托提香和乔万尼·贝利尼作画。

神圣罗马帝国皇帝斐迪南一世（1503—1564年），查理五世的弟弟。根据1521年的《沃尔姆分割协议》，哈布斯堡王朝在奥地利和德国的领土由他控制，后来他又成为了匈牙利国王。他与波西米亚的圣杯派结成同盟，准许他们举行宗教圣餐圣礼，但是他却反对德国的路德派。他创立的管理体制一直沿袭到1918年，其中以枢密院、财政部、军事参议院最为重要。

西班牙［卡斯蒂尔和莱昂］的国王［女王的丈夫］斐迪南一世（阿拉贡国王，称斐迪南二世，1452—1526年），其统治受到三个议会的制约，而每一个议会对应一个较大的地区。议会作为定期召开会议的统治机构，任何新法都须经它们的批准。1469年，他娶了卡斯蒂尔的伊莎贝拉，他们的结合最终导致了伊比利亚的统一。斐迪南支持伊莎贝拉在西班牙实施宗教裁判、驱逐犹太人以及资助克里斯托弗·哥伦布的远洋航行。

那不勒斯国王费伦特一世（1423—1494年），在那不勒斯和西西里政府中，他是一个独裁者。那不勒斯贵族发动叛乱时，费伦特曾许诺大赦叛乱者，但后来还是谋杀了他们。为了提防法国国王的威胁，费伦特企图与教皇和米兰公爵结盟。可是，他失败了，在他1494年2月死后留下一个脆弱的那不勒斯。

法国国王弗朗西斯一世（1494—1547年），为应对政府的各种急难，曾设立了一个御前会议。虽然他对司法体制的权力集中有贡献，但是，他统治期间从未召开过三级会议。他资助过许多艺术家和人文主义学者，他的枫丹白露宫就以拥有若干意大利艺术家的绘画和雕刻作品而闻名。弗朗西斯想成为神圣罗马帝国皇帝，结果当选的却是查理五世。这两位统治者彼此的敌意导致了长达数十年的军事冲突，而英国国王亨利八世则摇摆于他们之间。

曼图亚侯爵吉安弗朗切斯科二世·贡扎加（1466—1519年），长期远离自己的宫廷。在他离开期间，他的妻子伊莎贝拉·德·埃斯泰（1474—1539年）成了宫廷政治文化中的重要人物。他们二人都曾赞助艺术和音乐，包括圣塞巴斯蒂安宫的修建。吉安弗朗切斯科还做过威尼斯、法国、佛罗伦萨和教皇的军队统帅。

曼图亚侯爵卢多维科二世·贡扎加（1412—1478年），接受过人文主义教育，是曼图亚善良而又受尊敬的君主。卢多维科卷入了威尼斯与米兰之间的冲突，率领军队为两边征战。1454年的《洛迪和约》签订后，他才能把注意力转向赞助人文学者和艺术家，如对人文学者弗朗切斯科·费莱尔弗和艺术家如曼泰尼亚等人的奖掖。他还委托阿尔贝蒂来设计曼图亚的圣安德烈亚教堂。

英国国王亨利七世（1457—1509年），都铎王朝的创立者。他是亨利六世的侄儿，由于他娶了约克的伊丽莎白，从而把约克家族和兰开斯特家族统一了起来。在他统治末期，他直接插手政府管理事务，英国良好的财政状况主要归功于他。

英国国王亨利八世（1491—1547年），因为与阿拉贡的凯瑟琳离婚一事同教皇长期不和，之后他利用自己作为君主的地位创建了英国国教会。他关闭了修道院，而其中许多是帮助穷人的，他的这一政策遭到人们的责难，导致了社会不安。虽然王室对修道院财产的攫取大大有助于充实国库，但是，亨利对法国和苏格兰的军事行动则耗空了王国的资源。

法国国王亨利三世（1551—1589年），为天主教集团所操纵，对胡格诺教派实施镇压。1576年，他同意媾和，但是，宗教战争并没有停息下来。他作战英勇，率领王室军队赢得过数次胜利。在巴黎被围期间，亨利遇刺身亡。（在其兄1574年去世前的短时期内，他曾做过波兰国王。）

法国国王亨利四世（1553—1610年），一个强有力的统治者，曾在全国范围内实行严厉的财政改革以加强王权。作为那瓦尔的亨利，他被培养成为一个新教徒。在他登基为王之后，他支持对新教实行有限的宽容。

西班牙［卡斯蒂尔和莱昂］的女王伊莎贝拉一世（1451—1504年），于1469年与阿拉贡的斐迪南二世结婚，并且把没有被摩尔人占领的西班牙连成一体。卡斯蒂尔议会没有阿拉贡议会那样的权威，所以，伊莎贝拉依靠包括其忏悔牧师在内的几个顾问来实施统治。伊莎贝拉是天主教的坚定支持者，因而她收复了格拉纳达，把犹太人从西班牙驱逐出去。她派遣克里斯托弗·哥伦布去远洋探险，不仅是为了寻求财宝，而且也是为了传播天主教。

教皇朱利乌斯二世（原名朱利亚诺·德拉·罗维雷，1443—1513年），以在外交事务中的成功斡旋而闻名，最早促使法国国王路易十二世和皇帝马克西米连一世协商解决勃艮第遗产之争。朱利乌斯二世也是一个伟大的艺术赞助人，他委托米开朗基罗来雕刻他的陵墓，绘饰西斯廷小教堂穹顶，同时，委托布拉曼特来为圣彼得大教堂设计一个新的会堂。他还在新大陆设立了第一个主教辖区。

教皇利奥十世（原名乔万尼·德·美第奇，1475—1521年）是洛伦佐·德·美第奇的次子。为支撑他慷慨的艺术和学术赞助，以及对土耳其人的战争的开销，他开征了圣职税。后来他又出售赎罪券，这是导致马丁·路德起而反对教士腐败的一个原因，结果教皇在1521年开除了路德的教籍。在意大利战争期间做教皇，这是利奥的不幸。根据1516年的《博洛尼亚协议》，他把皮亚琴察和帕尔玛让给了法国，但他力图为他自己的美第奇家族保留住佛罗伦萨。在罗马，他重建了罗马大学，设立了一间出版希腊语著作的印刷厂。利奥的艺术赞助包括拉斐尔和桑索维诺的作品。

法国国王路易十一世（1423—1483年），第一个把法国置于集权化管理之下的君主。他成功地扩张法国领土，使之与比利牛斯山脉相接，同时，通过向爱德华四世缴付贡纳来阻止英国在北部的入侵。虽然他的各种捐税，包括一种盐税，不得人心，但这些捐税却有助于稳定国家经济。路易只召开过一次三级会议，并且常常对巴黎高等法院的劝告置若罔闻。

法国国王路易十二世（1462—1515年），几乎不注意法国的国内事务，而集中精力于意大利战争，这场战争耗尽了他的国库。路易在位期间对意大利的入侵没有给法国带来什么实质性的利益，但是，接触到15世纪晚期和16世纪初期的意大利文艺复兴，却使法国文艺复兴文化获益匪浅。

昂古莱姆女公爵萨沃伊的路易丝（1476—1531年），弗朗西斯一世的母亲。只要弗朗西斯不在法国，她就以他的名义实施统治，另外，她本人还要负责管理弗朗西斯奉献给她的公爵领地。她是文艺复兴时期最有权势的摄政者之一。

萨沃伊的女公爵奥地利的玛格丽特（1480—1530年），从1507年孀居到死，一直是尼德兰摄政女王。在年轻时，她就有机会观察到法国政府（她在两岁时就被许配给了查理八世，是在法国宫廷中长大成人的）以及萨沃伊政府（她与萨沃伊公爵的婚姻前后有三年时间）的运作。玛格丽特是艺术家，尤其是作曲家的赞助人，那些作曲家们曾为她的诗歌谱曲。

帕尔玛女公爵玛格丽特（1522—1586年），从1559年到她1567年退位，一直是尼德兰摄政者。她的退位是她遵照腓力二世旨意，实行宗教裁判，招致强烈反对的结果。她有时只在名义上享有权力，因为西班牙国王要在她的统治范围内追逐自己的利益。西班牙国王苛政的结果就是尼德兰起义。

苏格兰女王玛丽（玛丽·斯图亚特，1542—1587年），苏格兰女王，曾短暂地做过法国王后（这是由于她与弗朗西斯二世的婚姻，他死于1560年）。她在位的绝大部分时间都消耗在努力争取足够多的天主教徒的支持上，以便从伊丽莎白一世（其许多天主教臣民并不承认她的合法性）手中夺取英国王位。一次发生在苏格兰的新教暴动迫使玛丽逃到了英格兰，她在那儿被逮捕。遵照伊丽莎白一世的旨意，她在1587年被处死。

英国女王玛丽·都铎（玛丽一世，或称血腥玛丽，1516—1558年），她从1553年至1558年在位统治。她是阿拉贡的凯瑟琳的女儿，接受的是天主教的教育。她的主要目的就是要在统治英国的过程中摧毁英国国教会，恢复天主教的国教地位。可是，由此导致的新教反抗使英国在玛丽死后更愿意接受伊丽莎白一世作为女王。

马提亚·科尔温（1443—1490年），于1458年当选为匈牙利国王。他把国内政务主要交由顾问们办理，与此同时，他试图把自己的权威延伸到波西米亚，将神圣罗马帝国军队逐出维也纳。他在布达和维也纳的宫廷都是人文主义宫廷。他接受过人文教育，是一个人文主义者，因而他亲自参与修建他的藏书丰富的图书馆，并且赞助艺术。

拿骚伯爵莫里斯（1567—1625年），荷兰联省共和国执政，从1618年起为奥兰治亲王。他担任国家最高行政长官，但是，政府由等级会议掌管。他当政期间，中产阶级对等级会议的影响日益增长。作为一个有经验的军事指挥官，莫里斯根据小规模军队的古典模式改组了他的军队，配备了特种炮兵队。在1588年至1598年间，他的军队把西班牙人逐出了北方各省。

神圣罗马帝国皇帝马克西米连一世（1459—1519年），在位的大部分时间都纠缠于与独立的德国诸侯和尼德兰等级会议的矛盾冲突中。在1495年的帝国议会上，他赞成设立一个法律机构和一个顾问机构，但力图阻止设立一个行政机构。马克西米连在北方的困扰使他在意大利颜面丧尽，而且，他建立集权化帝国管理体制的梦想也没有实现。马克西米连有一个辉煌的宫廷，这个宫廷赞助音乐家以及丢勒那样的艺术家。

法国王后凯瑟琳·德·美第奇（1519—1589年），其子在位时是一个有权势的人物，那期间的部分时间，她摄政施行统治。她年幼时成为孤儿，受到出身美第奇家族的教皇克莱芒七世的保护。教皇和弗朗西斯二世安排了她与法国王储亨利的婚姻。1559年亨利死后，凯瑟琳摄政统治多年。她起初对胡格诺教徒做出了若干重要让步，但后来她策划镇压他们，对1572年的圣巴托罗缪大屠杀要负部分责任。结果，新教民众转而反对她，凯瑟琳在宫廷的权力也为吉斯家族成员所篡夺。

佛罗伦萨公爵和托斯卡纳大公科西莫一世·德·美第奇（1519—1574年），著名的军队统帅乔万尼·德·美第奇的儿子。1537年，他被四十八人委员会推选为公爵。他的当选遭到一个贵族集团的反对，随后他挫败了他们，并且用死刑无情地平息了其他任何反抗。

洛伦佐·德·美第奇（1449—1492年），继承了美第奇银行的佛罗伦萨商贸大集团。洛伦佐操纵共和国政府机构，实际上像君王一样实施统治达二十多年。他被称为"尊贵的洛伦佐"（Il Magnifico），意指虽然他实际上并不是一个君王，但他起着国家首脑的作用。他本人是一位诗人，所以，他资助了许多艺术家和作家，包括波提切利、吉兰达约、列奥纳多、皮科·德拉·米兰多拉和博里齐亚诺。

乌尔比诺公爵费德里戈二世·达·蒙泰费尔特罗（1422—1482年），依靠其雇佣军统治乌尔比诺及其近郊地区的军阀。在他统治期间，他通过若干建筑和艺术规划来美化文艺复兴时期的乌尔比诺。他宫中有一个房间，整体都用逼真的镶嵌作品来装饰，在古比奥的宫殿中也有一个同样装饰的房间（现陈列于纽约大都会艺术博物馆）。

伊尔·莫罗 见卢多维科·斯福扎。

西班牙国王腓力二世（也是那不勒斯国王和葡萄牙国王，以及米兰公爵，1527—1598年），一个虔诚而严肃的人，还是一个苛酷的统治者。虽然1591年阿拉贡贵族曾发动叛乱反对他的统治，但是，他将他们的独立精神镇压了下去，正像他在1570年镇压格拉纳达的摩尔臣民一样。他对西班牙宗教法庭的传播是起了作用的，同时，他对尼德兰起义爆发负有直接责任。他给人印象最深的是建造了马德里附近的埃斯科里亚尔宫，它是一个包括修道院在内的宫殿建筑群。

黑森的菲利普（1504—1567年），德国诸侯，施马尔卡登同盟的首领之一。他理解新教宗教改革在欧洲政治中的巨大潜能，在其当政之初就皈依了路德派。1534年，当菲利普率军打败皇帝的军队时，他受到全德国新教徒的欢呼。他最初的目标是要彻底打败哈布斯堡王朝的皇帝，但在1541年，他被迫与查理五世签订了一个短命的条约。由于他很快又开始为新教事业而战斗，结果被俘入监。1522年他获释后，依然作为新教斗士度过余生。

勃艮第公爵善良的菲利普（1396—1467年），在他充斥着骑士贵族的宫廷中，坚持他父亲的骑士理想。他的宫廷是弗兰德斯音乐和艺术（如画家扬·凡·爱克的作品）的一个重要中心。菲利普还创建了金羊毛骑士团。

神圣罗马帝国皇帝鲁道夫二世（1552—1612年），由于需要资金来镇压尼德兰的造反和发动对土耳其人的战争，因而他对帝国各地，无论是新教的还是天主教的地区，做出重要让步，以换取各地统治者在资金上的支持。1573年，他把宫廷设在布拉格，赞助艺术和科学，在全欧收集艺术品和科学标本。布拉赫和开普勒都出入他的宫廷，开普勒1627年的《鲁道夫星表》就以这位皇帝命名。

葡萄牙国王塞巴斯蒂安一世（1554—1578年），到他战死沙场为止，在位只有十年时间。塞巴斯蒂安痴迷于神秘主义和圣战征伐，把国事委之他人，包括耶稣会会士，此时耶稣会会士已开始占据葡萄牙权位。他拒绝婚娶，这就为西班牙在他死后取得葡萄牙王位创造了条件。塞巴斯蒂安是在他第二次远征摩尔人时死于北非。

米兰公爵弗朗切斯科一世·斯福扎（1401—1466年），他是第一位斯福扎家族的米兰公爵。最初，他必须正视的对手是安布罗斯共和国（见本章的意大利部分）。他的宫廷吸引了著名的人文学者，而且，他还准许他的女儿伊波莉塔熟练掌握拉丁语。弗朗切斯科的建筑计划包括修建一条运河，以使米兰可通达阿达河以及马吉奥雷医院（现在是米兰大学的一部分）。

米兰公爵卢多维科·斯福扎（1452—1508年），虽然对米兰公国政府具有充分的权威，但是，由于他集中精力于军事事务，因而将政务委托给顾问们处理。因为米兰是一个让人垂涎的公国，所以，他深深地卷入了意大利战争。1500年，法国占领米兰，卢多维科失去了它，在囚禁中度过余生。一直到1499年，他对音乐、科学、艺术和建筑的赞助都是慷慨的。由他委托建造的非常著名的建筑是感恩圣玛利亚教堂，其穹顶为布拉曼特的作品，列奥纳多·达·芬奇为它绘制了《最后的晚餐》（现今该画仍在那里）。

波兰国王西吉斯蒙德一世（1467—1548年），在位的大部分时间是在率军作战。虽然得到贵族阶层的支持，但还是遭到议会中的小贵族的反对。在波兰，他要与条顿骑士团作战，并于1521年镇压了该骑士团，同时，还要在东部前线与伊凡四世的军队作战。

参考书目

法国

Baumgartner 1995: 16th-century politics; Bohanan 2001: nobility; Bosher 2000: New World colonies; Kelley 1981: society and ideology; Le Roy Ladurie 1994: society and the state; Stephenson 2004: Marguerite de Navarre and patronage.

西班牙和葡萄牙

Corteguera 2002: Barcelona; Elliott 1963: Spain and the empire; Gschwend 1998: Portugal (viceroy, 1583–1593); Hillgarth 2003: political history; Mulgan 1998: monarchies; Perrone 2001: clerical opposition; Von Barghahn 1985: symbols of monarchy.

德国

Barraclough 1984: Germany as a nation; Carsten 1959, parliaments; Eyck 1998: Christianity and politics; Wiesner 1998: gender issues in politics.

尼德兰

Darby 2001: Dutch revolt; Davids 1995: Dutch Republic; Gelderen 1992: Dutch revolt; Tilmans 2002: republicanism; Verlinden 1981: government and economic policy.

波兰和匈牙利

Balázs 1989: Magyars and the Hungarian nation; Friedrich 2000: Polish independent government.

英格兰和苏格兰

Burns 1996: Scotland (kingship); Donaldson 1983: Mary Stuart's politics; Edlington 1994: Scotland; Etty 2002: border disputes; Fleming 1998: English regionalism; Goodare 1999: Scotland (society); Mason 1998: politics in Reformation Scotland; Morgan-Russell 2002: More's *Utopia;* Ormrod 1996: political ramifications of the Black Death; Rae 1966: Scotland's frontier.

第二章

宗教

各种改革倾向的出现是文艺复兴时期宗教的特点，天主教的宗教裁判所与加尔文教的教规代表着宗教问题上的两个极端。这一冲突的根源可一直追溯到中世纪的基督教大分裂，即1054年基督教分裂为罗马公教和东正教——这是第一次教会大分裂。西方教会逐渐地半世俗化了，参与地产经营和军事行动。在12世纪，教廷与神圣罗马帝国皇帝长期处于冲突之中，不是为了宗教问题，而是为了争夺意大利的领土。教士成为富裕的领主，其中许多人都蓄养情妇，生活非常奢靡。教皇格列高利七世在这一时期着手改革教会，厉行教士独身的教规。在13世纪，教皇英诺森三世削弱皇帝权威，从而提高了教皇的权威。然而，随着帝国势力的衰弱，各民族国家的势力开始增强。法国国王拒绝向教皇缴纳任何贡金，结果导致教廷财政的崩溃，于1305年被迁往阿维尼翁。1378年和1417年之间（第二次教会大分裂时期），曾有敌对教皇被选出来对抗驻留阿维尼翁的教皇。康斯坦茨公会议推选出的教皇马丁五世有效地弥合了教会内部对立双方的罅隙，虽然之后若干年仍有极少数人分别支持两个对立教皇。从1417年起，教廷重新回到罗马。教会为实施其许多计划，比如15世纪至16世纪初罗马的建筑计划，积极筹措钱款，方法之一就是出售赎罪券。赎罪券是一种在他或她一旦受到宽恕，就能免除这个罪人的暂罚的证券。在新教改革运动初期，对于马丁·路德（1483—1546年）及其支持者，反对出售赎罪券似乎成为了号召因素。在中世纪只听从教皇指派的宗教裁判法庭，在这一时期被赋予了特权，负责侦察所有异端，包括可疑的人文主义者、新教徒，以及秘密放弃信仰皈依了的犹太人。

欧洲文艺复兴时期宗教的严肃性，造成了新教改革和天主教自身的改革运动。在15世纪和16世纪，人们生活的方方面面都受到宗教的影响，宗教主题和宗教象征在视觉艺术中居于支配地位。到16世纪中期，甚至朴实的家庭也要摆设用于祈祷的圣像，有的是印刷品，有的是小木雕像。文艺复兴时期的建筑主要是宗教建筑或对宗教建筑的整修。基督教教堂、犹太会堂和清真寺是一个社区中心，宗教上的考虑常常优先于世俗事务。

罗马教皇

文艺复兴时期的教廷有一个艰难的开头，因为1378年至1417年间，教廷分裂为罗马教廷和阿维尼翁教廷，敌对教皇与罗马的教皇相竞争。康斯坦茨公会议解决了这次教会大分裂，会议推举马丁五世为新教皇。虽然两个敌对教皇也要求得到承认，但是，西方教会拥戴马丁五世作为其领袖。

“Papacy”（教皇职位）源于意大利语“papa”一词，意思是“父亲”，所以，教皇就是西方教会的精神父亲。正像整个天主教会一样，15世纪的教皇也关注教廷内部的弊端。教皇庇护二世在1458年选举其为教皇的那次枢机主教团会议期间，就曾这样谴责腐败：“那些更富有、更有影响的枢机主教团成员怂恿其他成员，试图为他们自己或他们的朋友谋取教皇职位。他们乞求、许诺、威胁，一些人更把礼义廉耻置之不顾，为他们自己说情，自以为他们有权做教皇。”（Ross and McLaughlin, 1968, p. 631）庇护二世清楚地知道，教皇职位能带来财富和特权。教皇统治着教皇国，其由罗马尼阿、翁布里亚、马尔凯、坎帕尼亚、马里蒂马、罗马和圣彼得教产组成，另外，费拉拉还是教皇的附庸。（其中一些地区在不同的时期为其他人所拥有。）这些都是土地肥沃的农业地区，也生产纺织品和纸张，同时，切尔维亚有盐矿，托尔法有明矾。教皇国的收入归罗马教廷管理，由枢机主教团和教皇本人监督。文艺复兴时期的教皇更是形形色色，既有生养许多私生子的浪荡子，也有提倡神学研究圣徒似的学者。最著名的文艺复兴教皇将在以下部分讨论。

马丁五世

马丁五世（原名奥多·科隆纳，1368—1431 年）于 1417 年由枢机主教会议和康斯坦茨公会议的代表推选为教皇。虽然他并不愿意承认公会议的权威，但是，他提倡定期召开公会议，这一主张在他成为教皇后得到认可。他利用自己的职权委托修复了若干重要建筑，包括罗马的教堂。尤其值得注意的是，马丁五世似乎对犹太人有同情心，即便说不上尊重他们的律法，但对其抱一种宽容态度。他做教皇时消极的一面就是，他使自己的亲戚控制了教皇国大量的土地。

尼古拉五世

尼古拉五世（原名托马索·帕伦图切利，1397—1455 年）是在 1447 年成为教皇的，当时，教廷正面临严重的外交和财政困境。作为一个有教养的学者，他用了不少的外交技巧，努力在离心离德的统治者之间维持和谐。他也是一个精明的管理者，利用 1450 年的大赦年为教廷增加收入。其中部分款项被尼古拉用来雇用、委托艺术家和建筑师，让他们以自己的作品美化基督教世界的首都罗马城。他最伟大的文化成就是搜集了大约一千二百个古籍抄本，其中许多是教父著作，他命令对该部分著作进行翻译。他搜集的这些抄本构成梵蒂冈图书馆馆藏的基础。

庇护二世

庇护二世（原名埃利亚·西尔维奥·皮科罗米尼，1405—1464 年）于 1458 年当选为教皇，他把自己对人文学术的爱带进了教廷。他的拉丁语诗歌、历史和地理著作在他在世时就为人所称颂，他的自传使人们能深入了解 15 世纪中期的教廷。庇护是在君士坦丁堡落入土耳其人之手五年后登上宗座的，然而，组织一次十字军重新夺回该城是他终生未能实现的愿望。因为沉迷于这一目的，庇护没有顾及法国人对那不勒斯的要求，这就促使法国对教廷以及那不勒斯国王的敌意加深。

西克斯图斯四世

西克斯图斯四世（原名弗朗切斯科·德拉·罗维雷，1414—1484 年）于 1471 年登上宗座。他曾把自己的六个侄甥擢升为枢机主教，为其家族的其他成员在教廷中谋取职位。如此过度地任人唯亲很快就成为文艺复兴时期教皇的行为标准，这是教会公会议上讨论的滥用职权的现象之一。法国和西班牙都能够把自身的意愿强加于西克斯图斯，他没能在法国主张教会权威，又同意在西班牙实施宗教裁判。他还卷入各种意大利的密谋，结果导致包括罗马在内的好几个城市发生叛乱。然而，作为一个人文主义者，他鼓励经典学术研究，并且重建了梵蒂冈图书馆。同时，他通过拓宽和铺设街面来修缮罗马城。

英诺森八世

英诺森八世（原名乔万尼·巴蒂斯塔·齐博，1432—1492 年）于 1484 年当选教皇。他有文艺复兴时期最坏教皇的名声。英诺森做教皇的主要目的就是要为他的私生子提供收入，他通过鬻卖教廷官职来敛取财富。他绝罚那不勒斯国王，将其王国给予法国国王查理八世，这就铸成外交大错，几年后导致毁灭性的意大利战争（见关于战争的第七章）。最后，英诺森在宗教上唯一关心的似乎是他对所谓异端的仇恨。他在德国建立了宗教裁判所，下令烧死女巫。

亚历山大六世

亚历山大六世（原名罗德里戈·德·博尔贾-多姆斯，1432—1503 年）于 1492 年成为教皇。他有两个爱好，即金钱和女人，通过贿赂登上宗座，目的就是为了供养私生子。他也为其情妇的男性亲属谋取有利可图的职位。与无能的英诺森八世不同，亚历山大亲自参与国际外交活动，但常常是为了一己私利。他曾支持法国国王对那不勒斯王国的权利主张，然而，当他的一个儿子娶了那不勒斯国王的孙女时，他随即改变了立场。当那位国王（即那不勒斯国王费伦特一世）在 1494 年去世后，教皇为阿方索二世加冕。这一决定促使法国国王查理八世入侵意大利，亚历山大六世最终在 1498 年又转而支持法国。萨沃纳罗拉把教皇的滥用职权看作是“上帝之刀”要摧毁的一种罪恶，但是，这位讲道者本人反而被教皇亚历山大所打倒，遭受绞刑并被焚尸。

朱利乌斯二世

朱利乌斯二世（原名朱利亚诺·德拉·罗维雷，1443—1513 年）是教皇西克斯图斯四世的侄儿，于 1503 年当选教皇。最初，他反对教皇亚历山大六世，要求其退位，结果被迫逃往法国。后来，尽管不喜欢做教皇的那个人，他还是决定承认教皇权威，并且担任了教皇的外交官。就像亚历山大一样，朱利乌斯也是通过贿赂登上宗座的，但是，他后来避免像他的前任那样任人唯亲，真正成为了天主教会的斗士。在好几次战役中，他全副武装上阵作战，重新夺回被法国和威尼斯共和国等攫取的教皇国领土。（见关于战争的第七章有对朱利乌斯和神圣同盟的介绍。）朱利乌斯二世也是一位艺术的赞助人，他委托米开朗基罗为其雕刻陵墓，绘饰西斯廷小教堂，并且，让多纳托·布拉曼特（大约 1443/44—1514 年）为圣彼得大教堂设计一个新的会堂。

利奥十世

利奥十世（乔万尼·德·美第奇，1475—1521 年）是洛伦佐·德·美第奇的第二个儿子，1513 年成为教皇。尽管被培养成为一个人文主义学者，当其在孩提时就被指定要从事教会工作，但他在佛罗伦萨美第奇家族政府中还是有影响的。朱利乌斯二世曾签署过一个法令，禁止在教会政治中买卖圣职，但利奥还是把他的亲戚安插在重要职位上。意大利战争耗空了教皇的国库，因此，利奥开征了一种圣职税，为他计划的反土耳其战争筹措资金。为了支付圣彼得大教堂的修缮费用，他重新开始出售朱利乌斯二世许可的赎罪券。这一决定引发了新教改革运动。1512年，他绝罚马丁·路德，错误估计了路德及其支持者的潜在力量。

克莱芒七世

克莱芒七世（原名朱利奥·德·美第奇，1478—1534年）是由其伯父洛伦佐·德·美第奇抚养成人的，1523年成为教皇。他伯父

图2.1 《利奥十世肖像》（坐像）。1518年拉斐尔的作品。（意大利佛罗伦萨乌菲齐美术馆藏/布里奇曼艺术图书馆提供）

对艺术和学术的赞助影响了克莱芒，他雇用了像拉斐尔和米开朗基罗那样的艺术家，创作的作品包括西斯廷小教堂的湿壁画。他担任教皇曾经受到其与皇帝查理五世的敌对关系的阻碍，只有在克莱芒将一部分教皇国领土让与神圣罗马帝国后问题才得以解决。这种不和就是1527年帝国军队洗劫罗马，毁坏许多纪念性建筑和艺术品的原因之一。为寻求与法国国王的联盟，克莱芒把自己的侄孙女凯瑟琳·德·美第奇（1519—1589年）嫁给了弗朗西斯一世（1494—1547年）的一个儿子。她将成为法国王后，后又成为拥有权势的王太后，曾迫害胡格诺教徒和其他所谓异端。然而，面对北方的新教徒，克莱芒却一筹莫展。

保罗三世

保罗三世（原名亚利桑德罗·法内塞，1468—1549年）于1534年当选教皇。他姐姐是亚历山大六世的情妇，正是通过他的姐姐，他引起了罗马重要人物的注意。保罗与他自己的情妇育有四个孩子，1519年，他抛弃他的情妇，成为了一位教士。他确信，他的儿孙会因他做教皇而得益，他可以把教皇国的部分领土和其他教会财产授予他们。具有讽刺意味的是，他后来与这种腐败做斗争，成为16世纪著名的实施改革的教皇之一。保罗三世意识到，教会能够通过自身内部的变革来很好地应对新教改革。他组建了一个委员会来提出改革建议，其产生的报告构成了特伦托公会议讨论的基础。

保罗四世

保罗四世（原名吉安·皮耶特罗·卡拉

法，1476—1559年）是一个有权势的那不勒斯家族的成员，于1555年成为教皇。他是一个禁欲主义者，年轻时热爱人文学术，喜欢与有学问的朋友通信。1524年，他与人共同创立了一个新的宗教团体，被称为“戴狄诺公祷会”（the Theatines），成为了一位好斗的改革者，抛弃了人文学术。虽然他在位只有四年时间，但他完成了教廷和教会政策的重大改革。其中一项重要改革涉及修道院圣职，该职位不再能够授予在俗教士。因为他是一个卓越的改革家，人们就把他等同于天主教会，以至于虔诚的天主教徒都认为他们自己是教皇的支持者。（教会的敌人轻蔑地将他们称为教皇至上主义者。）可是，罗马人憎恨保罗四世，其对公众道德败坏的激烈谴责相当不得人心。他一去世民众就发动了暴乱，砸碎了宗教裁判所，释放了扣押在那里的囚犯。

庇护四世

庇护四世（原名乔万尼·安杰罗·德·美第奇，1499—1565年）于1559年圣诞之日登上宗座。他能够限制宗教裁判所的管辖权，并且于1564年重新发布了《禁书目录》，所列禁书更加适度。庇护四世还重开自1552年以来一直休会的特伦托宗教会议。他于1564年以教皇训令的形式发布了宗教会议通过的教令，并且敦促全欧天主教会贯彻教令。

庇护五世

庇护五世（原名安东尼奥·吉斯利耶里，1504—1572年）于1566年被选为教皇。他是一个多明我会修士，以担任帕多瓦大学神学和哲学讲师开始其职业生涯。随后于1551年被任命为宗教裁判所官员，所以，支持宗教裁判成为他做教皇的一个重要目的。他曾绝罚伊丽莎白女王，为法国打击胡格诺教徒提供资金援助。1571年在勒班陀战役打败土耳其军队的神圣同盟也有他的功劳。

格列高利十三世

格列高利十三世（原名乌戈·鲍孔帕尼，1502—1585年）于1572年当选教皇，把自己的职业生涯贡献给了严格贯彻特伦托公会议制定的反宗教改革政策。在其发起的提高教士和传教士的教育水平运动中，他创建了若干所学院。许多传教士受到培训，以便他们回到新教国家争取那些地区重新回归天主教。他试图在东欧扩大天主教的范围，而且成功地使波兰脱离东正教，转而与罗马教会和好。由于这位教皇集中全部注意力于改革，因而忽略了对教皇国的管理，结果，他在位的最后几年，好几个地区遭受盗匪骚扰。格列高利十三世因其对历法的改革而享有盛名，我们今天使用的就是格列高利历。（见关于日常生活第十二章对历法改革的叙述。）

西克斯图斯五世

西克斯图斯五世（原名菲利切·佩雷蒂，1525—1590年）于1585年成为教皇。在做教皇期间，西克斯图斯处死了教皇国的盗匪以及包庇他们的贵族。他还是一个著名的劝导者，支持从中国到南美的传教活动。西克斯图斯出售圣职，征收新税，为修缮教皇国的公共建筑和整修罗马城募集资金。这些修建活动包括一条新水道的建造以及圣彼得大教堂的完工。

天主教会

对于作为教会精神领袖的教皇来说，文艺复兴时期天主教会最为伟大和重要的活动就是在教廷领导下进行的教会内部的改革（20世纪以前罗马教廷都被称为“the Holy See”，而不叫作“the Vatican”）。新教改革的产生是对教会这一改革运动的明显缺陷的反应。1495年，佛罗伦萨的多明我会修士吉罗拉莫·萨沃纳罗拉（1452—1498年）在一次讲道中警告说：“主的剑很快就会来临世间。相信我，上帝之刀快来了。”（Elmer 2000, p. 286）这类极端的言辞抨击的是困扰教会当局和富裕的修道院的腐败。文艺复兴时期召开了五次重大的宗教会议，每一次都关涉改革事宜。惩罚异端、宗教裁判和发布《禁书目录》无不是为了保持教会及其宗教团体的纯洁。传教士被派往异国他乡去传播“一个真正的教会”的启示，而反宗教改革运动则强化了天主教新的教规和制度。

图2.2　安蒂雷克的圣玛格丽特传记写本中的整页彩饰插画《耶稣复活》，圣玛格丽特是以其呼唤感召贞德的圣徒之一。15世纪法国的作品。女修院图书馆常常藏有女圣徒的传记作品。（经拥有该照片2003年版版权的索斯比公司的同意使用）

教士

神职人员最重要的组成部分是主教和教士，他们认为自己受圣灵的召唤保持独身，服务于上帝。他们在世间的最高首脑是教皇。在天主教会等级制度中，主教在自己的主教区有充分的管辖权。他们有准许教士讲道和施行圣礼的权利（参见第38页至第39页）。圣礼是确保天主教宗教权威的关键，因为只有教士才被准许施行圣礼。教士的圣职授任也是一种圣礼，这项圣礼将教士置于俗人之上，同时把一个遭到新教改革运动攻击的等级制度神圣化了。主教和教士都是在俗教士，这就意味着他们是生活在世俗世界中的。戒律教士（或称“修士”）除了加入修会授任圣职要发愿外，还要发愿贫穷和顺从。这些人要按照自己教团（见下一节“修道会和其他宗教团体”）的某些教规（拉丁语拼作“regulae”）生活在修院或教团中。称为修士的戒律教士通常属于某个教堂或大教堂。教士是拥有特权的人，他们无须服兵役。另外，他们不缴纳普通税，只受教会司法权的管辖。（一项对有俸圣职征收的特殊税是用来资助征讨土耳其人的十字军的。）无论涉嫌什么罪，教士都不能在世俗法庭受审。

教士在天主教教堂主持礼拜仪式。中世

纪的教堂用屏风把祭坛和内殿的主要部分与教堂其余部分分隔开来，特伦托宗教会议后的文艺复兴教堂与中世纪教堂结构不同，这时期的教堂通常设计得更开放，欢迎所有有身份的天主教徒走到祭坛前领受圣餐。这时期建造的教堂只有一个祭坛栅栏把内殿最神圣的部分与信众隔开，而且，屏风也从许多中世纪教堂拆除。祭坛的采光来自穹顶，祭坛上和祭坛后放置有祭坛画或雕刻作品。反宗教改革后，受托管理的耶稣受难图和天主教宗教建筑、绘画和雕刻作品所用的守护圣徒像充满天主教的礼拜堂。礼拜仪式既有视觉也有听觉的刺激，以便加强人们的敬畏感。

修道会和其他宗教团体

15 世纪的修道会改革运动有不少先例，尤其是 14 世纪的修道会改革。在中世纪，修道院是知识生活和虔诚宗教生活的中心，在那儿，博学的缮写员保存了古代的、教会的、礼拜仪式的和圣经的典籍。随着大学的兴起，修道院越来越脱离社会，因而失去了一些声望和意义。许多修道院院长本人不是修士而是有权势的在俗教士，比如主教，他们主要感兴趣的是利用自己的职权牟取利益。另外，1347 年到 1350 年的瘟疫导致许多修士和修女死亡，这就削弱了修道会的管理组织。随着各种弊端的增长，在 14 世纪后半期，修道会本身也在采取措施实施改革。

最早的重要教团是本笃修道会（Benedictines），创建于中世纪。后来不久，从本笃修道会分离出另一个会规更严厉的修道会，即西多修道会（Cistercian）。西多修道会以其非常简朴的教堂和单色插图抄本而著名。僧侣最多的托钵修道会有多明我修道会（Dominicans）、方济各修道会（Franciscans）、奥古斯丁修道会（Augustinians）和加尔默罗修道会（Carmelites），他们都发愿生活在贫穷中。某些奥古斯丁修道会的戒律修士受到共同生活兄弟会的创始人格哈德·格鲁特（1340—1384 年）的学说的影响。共同生活兄弟会这个平信徒教团遵循的是新虔敬（*devotio moderna*）的训诫，强调冥思默想和个人祈祷。加尔默罗修道会集中注意力于圣经和教父学说。多明我修道会是伟大的传教教团，或者说“Ordo Predicatorum”（拉丁语，意思是传教教团），其成员名字后的 O. P. 即是此意。方济各修道会就是小兄弟修道会，或写作“Ordo Fratrum Minorum”（拉丁语，意即小兄弟修道会），该修道会于 1517 年分为小兄弟修道会和住院方济各修道会两派。另外两个方济各派修道会修士遵守着甚至更严格的方济各修道会会规，它们是最小兄弟会修士（the Minims）和嘉布遣会修士（the Capuchins），嘉布遣会修道士带的著名的尖风帽就叫“capuche”。耶稣会建立于 1534 年，该会的创建人中有伊纳爵·罗耀拉（1491—1556 年）和方济各·沙勿略（1506—1552 年）。他们效仿圣经中的使徒，传布耶稣的福音，并且，耶稣会最初的目的就是通过传教团来使异教徒皈依天主教。到 16 世纪末，有 8500 多人参加了耶稣会，他们在中小学、大学和海外传教团传教。

一直到特伦托公会议后，修女才被允许生活在隐修的团体中。文艺复兴时期的大部分时间内，出家妇女都从事慈善工作，如照料病人和孤儿，尤其是帮助穷人。虽然某些教团强迫其妇女成员在女修院隐修，但是，绝大多数修女没有被要求这样做，而且，许多修女也没有被要求发愿。要出家妇女过隐修生活，就使她们没有机会参与社会，这种现象出现在16世纪中期。在欧洲北部，新虔敬运动所倡导的朴素的宗教虔诚对某些妇女有吸引力，她们成为了共同生活姊妹会的成员，共同生活在平信徒的教团中。最终，她们中许多人发了出家誓愿，进入了女修院。正像许多欧洲北部的修道院一样，这些女修院绝大多数都毁于新教改革运动期间。贝居安女修会创建于13世纪，它是一个慈善和传道的妇女团体，成员除了要共同生活外，还要发愿贞洁，该团体与宗教教团没有正式的联系。除了教育孩子外，她们还照顾病人，清洗死人。贝居安女修会自谋生计，以她们制作的手工艺品著称于世。她们可被看作是维持长期禁欲传统的共同生活姊妹会的精神上的前辈。

图 2.3　方济各修道会资助的佛罗伦萨圣十字教堂。（经桑德拉·塞德尔同意使用）

16世纪创建的两个重要出家妇女团体，一个是圣乌尔苏拉女修会（Company of Saint Ursula），另一个是加尔默罗赤脚女修会（Disealed Carmelites）。阿维拉的特雷萨建立了加尔默罗修道会下属的赤脚女修会。在特雷萨的改革教团中，修女们身上穿的是粗糙的羊毛衣服，脚上也不穿一般的鞋子而是穿凉鞋，同时，在一个人们以肉为主食的时代严格坚持素食。（那些买不起肉食品的人常常到私人庄园和教会地产上去偷猎。）圣特雷萨的修女们要体验神秘而狂热的宗教启示，这与不那么戏剧性的祈祷和默想的形式形成对比。乌尔苏拉女修会创建于1535年，其修女公开宣称要守童贞，最初，她们是生活在自己家中，致力于照顾生病的妇女，教育贫穷家庭的女孩。在16世纪70年代，乌尔苏拉女修会被置于奥古斯丁修道会控制之下，在奥古斯丁修道会中，她们保持了从事教育的传统。乌尔苏拉会修女还担任传教工作，17世纪在加拿大建立了一个传教团。

兄弟会

兄弟会是俗人的宗教组织，被认为是行会组织。成员遵守严格的行为和虔诚规则，每一个兄弟会都致力于特定的善举。这些团体赞助医院，为穷人提供福利救济，照管孤寡，帮助那些因为债务而被监禁的人，甚至帮助被判死刑的囚犯。兄弟会成员还关心他们已故同行的灵魂，花钱为他们做弥撒和祈祷，并且为失业和生病的成员提供资助。兄弟会委托制作的艺术品给它们带来了非常大的名声。某些兄弟会保持着从地方宗教当局那里取得的自治权，而在北欧和英格兰兄弟会常常资助地方教区，为其支付修缮费和教堂音乐费用。宗教戏剧通常会得到兄弟会资助，其成员作为演员参与其中。在文艺复兴时期，据估计不属于贫穷阶层的个人有10%到20%是兄弟会成员，所以，这就使兄弟会成为各项社会计划和社区宗教生活的重要捐助者。托钵僧团也发起了许多兄弟会，它们的成员有一个见习过程，这与修道士和修女的见习期相似。在成为正式成员之前，要审查他们的市民资格和精神品格。总之，在新教控制的地区兄弟会受到压制。

外方传教活动

下面介绍的传教活动是与天主教会相联系的。大体说来，路德教和加尔文教都不支持传教活动，虽然让·加尔文（1509—1564年）允许他教会中的成员参与最初前往巴西的传教活动。（直到18世纪新教传教活动才在欧洲以外兴盛起来。）早在14世纪天主教传教活动就很活跃，但是，反宗教改革才是促使教会及其各教团把天主教教义传到世界各遥远角落的催化剂。外方传教是反宗教改革的（见本章“反宗教改革”）主要目的之一。从文艺复兴早期开始，传教布道就与关于奴隶劳动和殖民政策的争论纠缠在一起。随着葡萄牙人把基督教引入非洲、巴西和亚洲，西班牙人将其传到美洲和菲律宾，以及法国人在加拿大的传教，扩张主义者纷纷利用这些联系来促进他们自己控制殖民地经济和领土的目的。例如，耶稣会传教士就与在莫桑比克的葡萄牙商人有联系。葡萄牙人使非洲西海岸的许多非洲人皈依了基督教，包括刚果国王也改宗信仰了基督教，他的儿子维持着与葡萄牙有利可图的外交关系。在16世纪早期，就已有非洲人被送到葡萄牙接受训练成为教士，然后又作为传教士回到他们自己的人民中。然而，随着奴隶贸易加速发展，在刚果的传教活动逐渐停滞。耶稣会传教士的工作非常成功，这部分是因为他们既训练有素又愿意学习当地语言。在南美洲和墨西哥，方济各修道会的传教士积极用当地语言来与人沟通，这样他们就能成为更高效的教师。任何新的传教活动的第一步都是修建一座教堂和女修院，接下来就是建一所学校或学院，还要办一家医院。传教士建立了美洲最早的六所大学。美洲对西班牙传教活动的抵抗是徒劳的，因为它有西班牙军队的武力作为后盾。那些拒绝皈依，不愿做奴隶的土著美洲人遭到屠杀。虽然像巴托罗缪·德·拉斯卡萨斯（1474—1566年）那样正直的传教士尊重印第安人的人格（与他的许多同时代人不同），但是，他们对印第安人的宗教没有任何尊重，他们相信基督教对拯救土著人的灵魂是必不可少的。

1500年，葡萄牙海船把传教士带到印度，他们在那儿发现了一个很大的基督教社区，据称是从使徒时代就有了。虽然这些基督徒欢迎葡萄牙人，但是，直至耶稣会士到来之前都说不上有什么传教活动。方济各·沙勿略鼓励其同事学习印度习俗和语言，使自己适应印度的生活。他成为了文艺复兴时期最著名的传教士之一，因为他在印度和日本使成千人皈依基督教，这就为其他耶稣会士树立了榜样。利玛窦（1552—1610年）在中国应用沙勿略的方法，将基督教教义与孔子学说混合起来，允许皈依者继续保留祖先崇拜。他用这样的方法转移了对他布道的潜在抵制。

圣事

天主教的虔敬生活过去是（现在也是）基于七圣事的，这七圣事包括圣餐、洗礼、坚振礼、婚配、告解、终傅、神品（为教士授圣职）。圣餐（Eucharist）（源于希腊语汇，意为“感恩”）也称“Holy Communion”，它是弥撒仪式的一部分。信徒要领受葡萄酒和面包，而酒和面包被相信是神奇地变成了基督的血和身体。路德派相信该教义，但有所改变，加尔文派和慈温利派（见本章“反宗教改革”）则不信该教义。因为新教改革运动的绝大多数神学争论都涉及圣餐礼，这项圣事会在以后得到更详细的讨论。告解是向一个神父秘密而真诚地告明所犯罪孽，以便能得到宽恕，这是另一项要终身反复实行的圣事。星期五被划出来作为通常的告解日，在那天天主教徒禁肉食。告解是私人的圣事，而圣餐及其弥撒则是公共的圣事，在每个人领受圣饼（holy wafer）时，教堂中的全体会众共同参与圣餐礼。（天主教仪式更详细的情况见关于音乐的第六章。）

图 2.4　绘在折叠屏风上的圣方济各·沙勿略及其传教士。16 世纪的日本画。（法国巴黎吉美美术馆藏 / 布里奇曼艺术图书馆藏）

圣餐

圣餐起源于基督与其门徒共进的最后的晚餐，中世纪神学家托马斯·阿奎那曾详细讨论过圣餐礼。他解释了葡萄酒和面包的世俗属性转化为基督的“体”的过程，这一过程叫作“圣餐变体”。绝大多数路德派信徒相信同在论，即认为基督的体与葡萄酒和面包同在。他们不相信有一个葡萄酒和面包的属性的实际转化过程。这后一种由马丁·路德（1483—1546 年）所倡导的解释，就是天主教教义与新教教义之间的重要分歧之一。另外，到文艺复兴时期，天主教会众通常只领受圣饼，而把葡萄酒留给主持圣餐礼的神父专用。在印刷品以及绘画作品中，最后的晚餐是受人喜爱的图像，它出现在祷告书中，甚至作为基督教徒的古典著作评注的卷首插画。有一幅 16 世纪早期的木版画描绘的就是最后的晚餐，它被插在一幅耶稣受难图下面。

在画像视为神圣的天主教教堂中，圣餐礼的公共性质导致了精致圣体匣（monstrances，源出拉丁语“monstrare”，意为“展示”）的出现，盛于匣中的圣饼得到展示和尊崇。这些圣器相当大，用黄金或白银制成，饰以雕刻、宝石和水晶。整个圣体匣常常形似圣龛，圣饼盛在它教堂形状的匣中。每年圣体节期间，信徒的游行队伍会带着盛有圣饼的圣体匣穿过街道。圣餐及其弥撒的精神威力常被祈求来使信众免遭瘟疫、旱灾以及其他威胁，而且，为死者举行弥撒可以使他们顺利通过炼狱。

图 2.5　镀银圣体匣。约 1585 年克里斯托巴尔·贝塞里尔的作品。（经美国西班牙学会同意使用，R3019）

异端

“异端”（*heresy*）这个词来源于希腊语，意思是“选择”（choice）。在保罗书信中，这个词被用来指教会内部分裂不和的原因。与异端相对的是正统，或者对教会教义规则的信奉。天主教会迫害的主要有三类异端：第一类是基督教的异端诸说混合论，以及别的宗教、信仰或仪式，如犹太律法或巫术；第二类与教义有关，涉及对一个或更多的神学问题的否认，或者不可接受的强调；最后一类涉及像新教这样的运动，它们的目的是要改革教会本身。迫害异端并非始于文艺复兴时期，在公元4世纪它得到罗马皇帝君士坦丁的容忍，而且，早在公元385年就有持异端者被处死。13世纪镇压阿尔比派的十字军讨伐期间，曾有数千人在法国南部被屠杀。教会就是这样试图加强其统一和教皇的至上权威。在16世纪，新教也容忍对持异端的个人的迫害，例如对米夏埃尔·塞尔维特（1511—1553年）的迫害，让·加尔文（1509—1564年）并没有对在日内瓦处死他提出异议。

迫害女巫

虽然中世纪的宗教裁判所要审查巫术嫌疑，但是，直到1398年它都没有任何对涉嫌女巫的司法审判权。在15世纪后半期，两个德国宗教裁判所审问官，多明我会修士雅各布·施普伦格和海因里希·因斯蒂托里斯说服教皇英诺森八世（1432—1492年）授予他们对德国女巫审判的直接司法管辖权。英诺森同意授权的教皇训令是与这两位审问官的书籍《砸向邪恶的铁锤》（*Malleus Maleficarum*, 1486）一起发表的。《砸向邪恶的铁锤》被译成七种文字，当时受欢迎程度仅次于圣经，它主要抨击的是以后几十年将席卷欧洲的巫术中的歇斯底里症。大多数被猜疑实施巫术而被处死的个人都不是由宗教裁判所判决的，许多世俗当局，尤其是在乡村地区的世俗当局应该对这些行为负责。1484年的教皇训令仅仅是让所有德国北部这个训令中特别提到的地区的猎巫者自由行事。在15世纪有数千人，其中绝大多数是老年妇女，但也有男人和儿童遭受折磨和杀害。这些妇女中的许多人是接生婆和神医，她们用草药以及从她们的母亲或其他更年老的妇女那里传下来的实用医术来实施她们的“魔法”。据估计有五万到十万人，大多数是女性，被当作巫师遭到杀害，其中还包括1692年在马萨诸塞被杀的那些人。（所谓鸡奸者，即同性恋者，也受到与巫师同样严酷的迫害。）天主教会直到1736年才废除了关于巫术的法令。

反犹主义

对犹太人的迫害始于罗马时代，随后，早在7世纪就强迫犹太人接受洗礼。1215年第四次拉特兰公会议颁布法令，要求犹太人在衣着上与基督徒区别开来。1290年，英格兰把犹太人驱逐出去，而且，在14世纪初和14世纪末，法国也曾驱赶犹太人。许多德国人把14世纪的瘟疫归咎于犹太居民，若干城市禁止他们继续生活在城内。其他城市则强迫犹太人生活在犹太人隔离区。到16世纪，许多城市，如维也纳、罗马、布拉格，都把犹太人隔离起来。

虽然新教徒和天主教徒都因为犹太人的文化习惯和宗教信仰而攻击他们，但天主教徒对犹太教的恐慌更加根深蒂固，从而成为西班牙国王授予西班牙宗教裁判所特别权力的主要动因（见本章“宗教裁判所”）。在中世纪和文艺复兴早期，各种诽谤持续不断地用来攻击犹太人，其中最阴毒的是血腥诽谤和圣饼诽谤。血腥诽谤是说犹太人偷窃基督徒的婴儿和小男孩，杀死他们，把他们的血用于宗教仪式，包括烤制逾越节的无酵面饼。1475年，在一个犹太人被控谋杀了一个基督教男孩之后，特伦托的整个犹太社区居民遭到屠杀。圣饼诽谤则是说一个犹太人叫一个基督徒在做弥撒时偷圣饼，以便这个犹太人能贬损圣饼，从而折磨基督。这两个诽谤都与犹太人应该对基督之死负责这样一个控告相关。况且，正是以金钱帮助拯救了许多基督教徒企业的犹太人，因为他们擅长金融管理而被认为是不洁的。1492 年西班牙驱逐犹太人，三年后葡萄牙也驱逐犹太人，大量犹太家庭流入西欧其他地区，这样就导致了犹太人与基督徒之间的紧张关系。部分由于宗教裁判所对犹太人的处置，因而在偏执的心灵中，犹太宗教的“精神污染”就发展成为一项实际的对身体污染的指控。因此，文艺复兴时期的反犹主义不仅仅表现在言语上对犹太人的骚扰，而且也表现为犹太隔离区在许多主要城市的激增。

宗教裁判所和禁书目录

宗教裁判所

“Inquisition”这个词来源于拉丁语词“inquisitio”，意思是“审查”。天主教会在中世纪就有一套宗教审查程序。15 世纪的最后 25 年到 19 世纪初，西欧有四个既独立的又彼此相关的宗教裁判所在发挥作用。（第四个在拉丁美洲的宗教裁判所的活动直到 1834 年才正式结束，在 19 世纪初还有被控施行巫术者在那儿被烧死。）异端审查盛行于天主教国家，但是在像瑞士和波西米亚那样的地区就不那么成功，瑞士有加尔文教控制区，波西米亚则有强大的韦尔多派和其他教派存在。在 16 世纪早期，德国以其异端审判法庭著名，但是，随着新教改革运动支持者的增加，这些审讯后来也开始失去效力。在法国，宗教裁判所是被禁止的。然而，亨利二世（1519—1559 年）有他自己的迫害异端的机构，他希望使法国摆脱新教的威胁，为这个目的他设立了一个特别法庭。

西班牙宗教裁判所始于 1487 年，是奉伊莎贝拉一世和斐迪南二世统治的西班牙君主国的命令而建立的，它负责审查改宗者，即皈依基督教的犹太人和穆斯林。后者被称为“摩里斯科”（摩尔人），前者被称为“马拉诺”（猪）。卡斯蒂尔和阿拉贡对犹太人的大规模迫害几乎早在一个世纪前就已开始，高潮时期有成千上万的犹太人被谋杀，更多的人被迫皈依基督教。这些犹太基督徒及其子孙逐渐被融合进西班牙社会，在金融、银行和其他商贸行业中取得显赫位置。到 15 世纪中期，在卡斯蒂尔，对改宗者的仇视公开地表现出来，许多个人被指控暗中遵守着犹太教的仪式。到 16 世纪，新皈依基督教者被禁止在大学教书、参加军队或宗教教团以及在市政府工作。在艺术和文学中犹太人遭到嘲笑，而且，反犹主义的讽刺作品尤其恶毒。“血缘纯正”（*limpieza de sangre*）的观念支配着西班牙、葡萄牙和西属尼德兰的宗教审判法庭。枢机主教西斯内罗斯于 1507 年被任命为宗教法庭庭长，他要为世纪之交格拉纳达大规模的改宗负责。他是宗教裁判所的积极推动者，尤其是在他生命的最后十年。葡萄牙的宗教裁判所建立于 1536 年，其对改宗者尤为暴虐。15 世纪后半期，由于被逐出西班牙的犹太人的到来，这个国家的人口大约增加了 10%。那些在 1497 年没有被驱逐的犹太人被迫改宗，许多人仍暗地里遵行犹太教。因为许多改宗者移民到了果阿，所以，在那个印度城市有一个葡萄牙的宗教裁判机构。因为同样的理由，西班牙也批准在利马、墨西哥城和卡塔赫纳设立宗教法庭。

罗马的宗教裁判所建立于1544年，它是特别针对新教改革运动而做出的反应。这个宗教裁判所达到了它的主要目的，即阻止新教在意大利半岛的传播。罗马宗教裁判所的宗教法庭是由教皇设立的，而其他宗教裁判机构则是世俗当局发起的。因此，它的法庭的裁决就高于其他任何法庭，包括教会法庭的裁决。然而，在独立的城邦和共和国，世俗当局监视着宗教裁判所的活动，对被告的严厉惩罚或引渡罗马通常需要世俗当局的同意。例如在威尼斯，世俗陪审法官要参与宗教裁判法庭的审讯。可是，在绝大多数地区，观察员是不被允许接近有关文件的。对异端嫌犯的控告和审判总是由宗教裁判所的官员主持。假如被告拒不公开认错，审判进入宣判阶段，随后，案犯就将移交给世俗当局，由它来实施处罚。

宗教裁判所的审查程序通常以被告涉嫌信奉犹太教、伊斯兰教、新教、巫术和极端神秘主义开始。阿维拉的特雷莎（1515—1582年）就是文艺复兴时期最著名的神秘主义者，她恰好出身于一个改宗者家庭，这是有利于对她进行指控的家庭背景。特雷莎于1622年被封为圣徒，她曾经被加尔默罗修道会成员告到西班牙宗教裁判所。特雷莎脱离加尔默罗修道会，建立了赤脚加尔默罗女修会（“赤脚”，即穿凉鞋［sandals］，不穿一般的鞋子［shoes］）。所以，她是一个著名的虔诚基督教妇女的典范，曾经由于写作具有独立精神的著作而受到指控和监禁，只是靠有权势的朋友才免受严厉处罚。其他无数的人则没有那么幸运。宗教裁判所最著名的牺牲者或许是科学家伽利略·伽利莱（1564—1642年），他人生的最后九年一直被软禁在家。其他许多人的著作被查禁和销毁。烧死在火刑柱上的牺牲者有乔达诺·布鲁诺（1548—1600年）、艾蒂安·多雷（1509—1546年）和威廉·廷代尔（约1494—1536年）。

除了上面提及的那几类嫌犯外，利用职权谋取性好处的教士也要受到审查，有时甚至要受到处罚。任何与异端审查有关的犯罪的控方一直是匿名的，而且，如果嫌犯的财产被罚没，他们常常得到其中一部分。在西班牙、葡萄牙、印度和拉丁美洲，对宗教裁判法庭的判决是不能提起上诉的。然而，在罗马对宗教裁判所的判决可以向枢机主教团最高委员会提起上诉。

20世纪90年代完成的档案研究表明，关于宗教裁判所的渲染得耸人听闻的历史应该做一些修订。有成千上万的人的确被处死了，但有更多的人被轻判。初犯能得到法庭的宽恕，常常只要求付一小笔罚金。那些被监禁者在仅仅服部分刑期后也可凭誓获释。然而，累犯的麻烦就大了，那些拒绝公开认错的人会被处以火刑。那些在最后时刻公开认错的人将被斩首，或者在点火之前被绞死。公开执行火刑，这类对于我们今天的人来说非常可怕的事情会有大量民众在场，他们被迫见证这类“信仰的判决”，西班牙文叫作“autos-da-fe”。

禁书目录

书籍检查制度出现在基督教时代的初期。然而，从那时候直到15世纪“书籍”都是手抄的，众多的人根本不可能接触到书籍。随着印刷时代的来临，以及几十年之后新教改革运动的发生，天主教会官员以及像查理五世（1500—1558年）那样的世俗统治者开始发布命令，查禁了许许多多书籍。西班牙宗教裁判所发布的一些禁书书目就包括大约两千个作者的名字和书名。假如作者是知名人士，那么，他所写的所有东西都要被检查。著名人文主义者德西德里乌斯·伊拉斯莫（约1466—1536年）就是其名字被列入禁书令的作家的典型。在其他情况下则是列出特定著作的书名。到16世纪20年代，宗教裁判所的官员开始对图书馆和书店实施监管，这在绝大多数城市常常得到世俗当局的充分协作。对拥有禁书者的处罚是严厉的：判定有罪者要被开除教籍，有时还会处以死刑，他们的财产被没收。1544年，巴黎大学神学院发行了第一部印刷的禁书目录。

由于宗教改革得到人们的拥护，教廷惊恐地建立了一个委员会来编制《禁书目录》。这个目录发表于1559年，其严厉性在1564年的修订版中得到缓和。特伦托公会议批准了教廷发布基于1559年目录编制的《特伦托禁书目录》。该目录中的十条法规影响了以后所有关于禁书的决定，包括规定一些书在去掉了其中有伤风化的段落后方可发行。今天我们有许多文艺复兴时期的表面上无害书籍，例如词典之类，它们有被删去的段落，因为其中包含有"可疑的"内容。长期以来，书籍中任何涉及性部位、占星术以及其他禁忌主题的部分都要被宗教裁判所的检察官删除。天主教会的《禁书目录》一直到1966年才正式废除。关于禁书书目对文艺复兴时期的读者的影响，仍然有许多人在做这方面的研究。禁书书目没能阻止人们阅读禁书，或许反而刺激了更多人的好奇心，他们渴望读到的就是那些禁书。

教会公会议

教会公会议是讨论天主教会的争端和问题的会议，是冗长的具有国际意义的会议，出席会议的有修道院院长和主教等教士。会议的决议应该是有约束力的，甚至对于教皇也是如此。因为公会议会期如此漫长，所以，与会者通常来自富有阶级，或者得到有钱的个人或机构的资助。参加公会议的代表常常一去数月，到其他地方办事，这经常是留下来的人改变权力结构的机会。15世纪期间，最重要的公会议有康斯坦茨公会议、巴塞尔公会议和佛罗伦萨公会议。第五次拉特兰公会议和特伦托公会议则是16世纪特别值得一提的公会议。

康斯坦茨公会议（1414—1418年）

康斯坦茨公会议开始于三皇争位之时，它的主要目的就是要弥合天主教会大分裂。会议把三个教皇都废黜了，然后在1417年选举产生了教皇马丁五世（1368—1431年）。它的其他目的是消灭异端和着手某些改革，如在方济各修道会中实行的改革。反异端的行动包括亵渎英国宗教改革家约翰·威克利夫（约1328—1384年）的尸体，以及审判波西米亚持异议者扬·胡斯（约1372—1415年），并将其处以火刑。

巴塞尔公会议（1431—1449年，其间有若干次中断）

巴塞尔公会议除了是文艺复兴时期最冗长的公会议外，还由于其维护了它高于教皇的权威而为人所记忆。会议开幕后不久，教皇就下令闭幕以保护自己的无上权威，结果未能得逞。依靠皇帝、威尼斯共和国和其他世俗政权的支持，与会者重申了公会议决定教会政策的权力。这种态度是文艺复兴时期议会运动的一部分，通过这一运动，教会公会议成为了教会事务的最高权威。议会运动的一个重要方面是公会议将定期召开，不管教皇同意与否。由于教皇的敌视，巴塞尔公会议采取极端措施，选举产生了一位敌对教皇，但是，在1449年公会议闭幕后这位教皇退了位。那些参加会议的人投票表决，将选举敌对教皇的会议代表作为异端开除出教会。

佛罗伦萨公会议（费拉拉—佛罗伦萨公会议，1438—1445年）

佛罗伦萨公会议是在费拉拉开幕的，1439年移至佛罗伦萨，后于1442年转到罗马。会议的目的是试图统一拜占庭教会和罗马教会，它原本是巴塞尔公会议的一部分。然而，来自希腊的代表要求会议在一个更靠近其故乡的地点召开。拜占庭帝国皇帝约翰八世·巴列奥略（1390—1448年）及其随行人员参加了会议。因为他急需军事援助以抗击土耳其，所以倾向于接受会议决议。教义争论解决得相当容易，但是，关于教皇对拜占庭教会的权威的争论最终使拜占庭宗教会议拒绝了统一教令。佛罗伦萨公会议确定了一个原则，即教皇不仅对拜占庭教会有至上权威，而且对任何以后的公会议也有至上权威。

第五次拉特兰公会议（1512—1517年）

第五次拉特兰公会议（现在也这样称呼它）在罗马拉特兰宫举行，这次会议是由教皇朱利乌斯二世召开的，目的是要撤销无效的，而且是分裂性质的比萨公会议。比萨公会议（1511—1512年）是由法国国王路易十二世（1462—1515年）发起的，最初得到神圣罗马帝国皇帝马克西米连一世（1459—1519年）的支持，会议试图废黜朱利乌斯二世。1513年，朱利乌斯去世，他的继承人利奥十世（乔万尼·德·美第奇，1475—1521年）发誓继续第五次拉特兰公会议，取消比萨公会议做出的任何决议。出席这次公会议各次会议的高级教士平均约为110名，所以，在教会看来，会议显然是一项重要工作。除了批准如灵魂独立存在之类的信仰条款外，这次公会议设立了一个负责教会改革的委员会，提出了一个东征土耳其的计划。这次东征或有助于将基督教欧洲统一起来，其是本次公会议最大的成就。

就在公会议进行当中，利奥于1516年宣布出售赎罪券，这将成为路德反对的一个重要焦点。然而，1517年3月，第五次拉特兰公会议闭幕，这距路德在维滕贝格教堂门口贴出他的《九十五条论纲》只有七个月。这次公会议没有预见到新教会发展为一个主要对抗教派，而且这竟然是由教会内部发起的。

特伦托公会议（1545—1563年，其间有若干次长的中断）

特伦托（特伦托在意大利）公会议是16世纪第一次重要的反宗教改革的公会议。会议的焦点是反击新教的威胁，从教会内部来实施改革。会议开幕之初还希望能把路德派、加尔文派和慈温利派拉回天主教会，但是，如圣餐变体（见本章“罗马教皇”）之类的争论使这一目的不可能达到。和解不再可能。然而，这次公会议对天主教会内部改革的规划很成功，同时，还开始了该世纪结束前完成的对《通俗本圣经》、教义问答、每日祈祷书和弥撒书的修订。会议设立了审定《禁书目录》主教会议。教皇庇护四世（1499—1565 年）在位的最后几年都用在指导特伦托公会议上，后来以 1564 年教皇训令的形式发布了特伦托教义决议。

反宗教改革

特伦托公会议认可了反宗教改革方针政策，同时，宣布了一个审查制度的新时代的到来。卡罗·博罗梅奥（1538—1584 年）就是 16 世纪最著名的倡言改革的枢机主教之一，他对公会议的决议影响非常大，因为教皇重视他的意见。博罗梅奥不仅“纯洁”了教会音乐，而且拆除了米兰大教堂的大部分装饰，他本人是米兰主教。教会领袖们把这些政策叫作改革，“反宗教改革”（Counter-Reformation）这一术语是到 18 世纪才用来指称该运动的。除了反对新教，实际上是要在意大利半岛消灭它之外，反宗教改革试图通过对修道会和教士实施更严厉的教规，来制止教会管理上的弊端。教廷成为教会内部一个更强大的势力，天主教徒开始认为自己是教皇至上主义者。特伦托公会议也批准了传统的虔敬习惯，如对圣徒的尊崇和天主教的神秘主义。结果，许多艺术家从雕刻和绘制虔敬形象的委托中获益，建筑师也被雇来修建新的礼拜堂。

反宗教改革对某些文艺复兴艺术的影响是有害的，最著名的例子是西斯廷小教堂受到的审查。在 16 世纪早期，米开朗基罗和他的助手绘饰了西斯廷小教堂的穹顶，30 年后他又在祭坛后面的墙上绘制了湿壁画《最后的审判》，该作品完成于 1541 年。《最后的审判》引起了人们相当大的争议，部分原因就是反宗教改革时期严苛的审查。包括异端和下流在内的指控，很大程度上是基于绘画中若干男性人物没有遮蔽的生殖器。起初在 1564 年，是准备毁掉这幅壁画的。后来，又决定涂抹掉不雅的部分，但是，即便如此也还不能使教廷的每一个人满意。最后是在人物的下半部画上了适度的服饰（类似于浴衣），这样，整个壁画才被保留下来。

圣经

15 世纪和 16 世纪的人文主义学者大大提高了基督教圣经文本的准确性。（关于宗教改革圣经与希伯来圣经的讨论，见本章“新教圣经”和“犹太教”。）虽然《禁书目录》中包括某些新版的《新约》和整部《圣经》，但是，天主教会还是对纠正《通俗本圣经》中错误的新学术持欢迎态度。文艺复兴时期印刷的第一本书是《通俗本圣经》，时间是 1456 年，该印刷本根据其印制者的名字约翰内斯·谷登堡（约 1394/99—1468 年）叫作《谷登堡圣经》。通俗拉丁文圣经译本（即以通俗或通行的拉丁语翻译的）被认为是公元 4 世纪晚期或 5 世纪早期由圣哲罗姆译出，这个拉丁文译本是教会使用的标准版本。在文艺复兴时期，希腊语文学和希伯来语文学的进步有助于人们更好地理解圣经文本。并且，欧洲学者还得到了从前未曾研究过的抄本。例如，德西德里乌斯·伊拉斯莫（约 1466—1536 年）等新约研究者就曾参考过 15 世纪初从君士坦丁堡带到巴塞尔的希腊文圣经抄本。法国学者雅克·勒菲弗·德塔普尔利用他的人文训练，将版本分析的比较方法应用于《保罗书信》和《新旧约全书》的研究。他还出版了一部福音书注释和法文圣经译本，

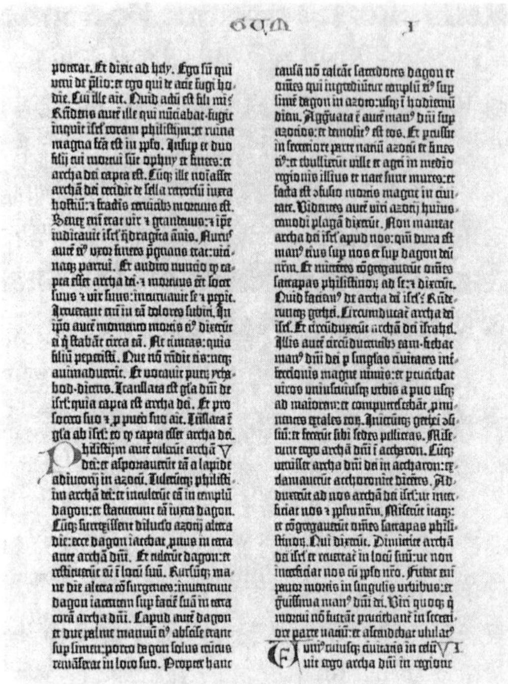

图 2.6　一页《谷登堡圣经》。约 1454 年到 1455 年印制于美因茨。（经拥有该照片 2003 年版版权的索斯比公司的同意使用）

该译本后来为加尔文所使用。勒菲弗·德塔普尔试图协调各种圣经版本，在这方面他是一个虔诚基督徒的典范。伊拉斯莫根据教父的神学著作来进行圣经学术研究，他的研究也为这位法国学者对圣经原文的尊重所缓和。

第一部重要的多语种印刷版圣经是若干学者和教士协作的结果，它就是《康普鲁顿合参本圣经》（书名得自编者们工作所在的那所西班牙大学的名字）。由于有枢机主教弗兰西斯科·德·西斯内罗斯（1436—1517 年）收集的许多抄本作为资料，这部 1522 年出版的六卷本大部头著作把通俗拉丁文《旧约》译本放在显要位置，将其与《旧约》希伯来文的各版本、七十子译本（《旧约》希腊文译本）和《旧约》阿拉米文本并排在一起。《新约》则既有通俗拉丁文译本，也有希腊原文文本。另一部著名的文艺复兴时期的多语种圣经，是 1572 年克里斯多弗·普兰丁在安特卫普编订出版的八卷本圣经，其包括希伯来文（为这部书新刻了希伯来文铅字）、希腊文、迦勒底文和通俗拉丁文等语种的圣经文本。在 1538 年到 1540 年，通俗拉丁文圣经本身的标准版本也由罗贝尔·艾蒂安（1503—1559 年）完成。他在 1544 年到 1551 年出版的希腊文《新约》，是第一部以每节编号的方式来安排章节的印刷版圣经。

宗教文学、戏剧表演和布道文

在文艺复兴时期，大多数非古典文学都有或隐或显的宗教成分。这里要讲述的是天主教文学，其包括灵修著作、祈祷书、宗教戏剧和布道文。虔信文学建基于这类作品牢固的中世纪传统中，同时也植根于因 14 世纪和 15 世纪初那些末日般的瘟疫和战争灾害而产生的关于死亡艺术（*ars moriendi*）的作品。许多这类出版物都配有可怕的木刻版画，死神之舞的骷髅是印刷品中流行的形象。总的说来，15 世纪的灵修书籍集中在个人的沉思冥想和精神净化上，而 16 世纪的作品则增添了包括慈善行为在内的实践活动。虔信文学的某些内容是适合从城市商人到隐修修女的每一个人的，商人可以通过阅读（或听别人朗读）一个荒漠隐修者的沉思冥想来暂时逃避城市的喧嚣，隐修修女则能够通过阅读阿维拉的特雷莎的《内心城堡》（*Castillo interior*，1588 年）之类的书籍来体验神秘的忘我境界。两个非常受人欢迎的灵修形象是基督和圣母，耶稣受难（耶稣经受折磨和死亡）是许多鼓励效仿基督的文章的主题。对于天主教徒来说，圣心和五伤特别灵验。许多这些形象的木刻作品被制作出来，而且，大多数天主教家庭，无论是多么朴素的家庭都装饰有这些内容的木刻版画或小幅绘画。圣母的虔敬这类主题的文章（献给圣母玛利亚的）常常描述无玷始胎，但不是说玛利亚怀耶稣，而是指玛利亚的母亲安妮蒙神恩怀上玛利亚。因为圣母与她母亲这种亲密的关系，所以产生了对安妮和她小女儿的描画，许多这类绘画都表现一个手捧书籍，显然在学习阅读的孩子。对安妮的尊重，尤其是在欧洲北部，有助于鼓励妇女的识字教育。

祈祷书是供个人灵修所用，而与教堂会众共用的礼拜仪式用书和讲述祈祷文相对。对天主教徒来说，最盛行的是日课书，在文艺复兴时期这类书籍有手抄本也有印刷本。日课书既有豪华的用大张精制羊皮纸手抄的彩饰写本，还有系在衣带上的微型"腰带书"，它们每天要被使用若干次。圣母八个祈祷时间中的每一个都与其一生中的特定形象相联系，通常以对应晨祷（清晨）的天使报喜开始，以圣母加冕（傍晚）结束。这些形象是圣母对虔诚的天主教徒的重要性的视觉提示物。

宗教戏剧既在教堂内也在教堂外表演。市民宗教剧盛行全欧，常常得到富裕的主办者，如兄弟会和一些个人的资助。宗教剧早在14世纪中期就开始了，它的主题包括耶稣受难、圣徒奇迹，以及善恶之间的斗争或者魔鬼撒旦操控人的企图。演出耶稣受难剧，又叫神秘剧，整个城市都参与其中，通常前后要持续若干天。这些在户外进行的多种多样的活动都要以基督或某个圣徒的一生中的一个事件为中心，或者要概括人类的整个精神生活。它们是非常考究、花钱很多的活动，参演者都穿着装饰性的、有寓意的戏装，还有音乐伴奏。圣周（复活节间一周）期间和某个守护圣徒纪念日，有最华美的宗教戏上演。道德剧描述的是善恶之间的斗争，其在16世纪格外流行，那时候教会当局开始禁止演出耶稣受难剧和奇迹剧了。当人文主义作家创作描述圣徒和圣经人物的拉丁语戏剧时，一种新型的宗教剧在16世纪出现了。尤其是在耶稣会和本笃会举办的文法学校中，这些戏剧一直到18世纪还在上演。

文艺复兴时期的布道者在准备布道词时，可以从好几个途径得到帮助。天主教徒和新教徒都使用讲经汇编，如关于善恶的文摘、模范传记、雅各布斯·德·沃拉吉内的《金色传奇》(*Golden Legend*)以及布道手册。布道手册得益于人文主义者关于古典雄辩术的论述，因为，布道被认为是雄辩演讲的神圣形式。人文主义者也编辑教父的讲经和布道汇编，使一些篇章第一次为人所见，同时也使另一些篇章更完善。文艺复兴时期的布道在经文讲解中还利用校正了的圣经文本。教会公会议曾提及错误百出的布道讲经的问题，尤其是第五次拉特兰公会议曾威胁要绝罚那些传播可怕预言的煽动者。主教们要为其主教区的布道者承担责任，奉令监视布道者的公共活动。16世纪是布道复兴的世纪，那时候一些主教本人也作为布道者闻名于世。

新教的宗教改革

马丁·路德幼时接受共同生活兄弟会的教育，后求学于爱尔福特大学，1507年被任命为牧师。在维滕贝格大学，他成为了圣经研究教授。作为奥古斯丁修道会的成员，他受托负责修道会的好几所修道院。1517 年，路德在维滕贝格教堂门口贴出他的《九十五条论纲》，反对出售赎罪券，作为基督教共同体的一员，他的目的是要改革时弊。他的论纲在全欧范围内被讨论，而且，在 1519 年莱比锡论辩会上，路德为捍卫论纲驳斥了著名神学家约翰·埃克。教皇被迫于次年开除了路德的教籍。在 1521 年的沃姆斯帝国会议上，路德大胆地陈述了自己的观点，之后他被判处死刑，但借助萨克森选帝侯的帮助，他避入了瓦特堡城堡。他在那里住了 10 个月，把圣经《新约》翻译成了德语，这或许是他在新教改革运动中最大的成就。12 年后，他的圣经全译本印刷出版。1524 年，路德断绝了与奥古斯丁修道会的关系，娶了一位还俗修女为妻。

图 2.8　一本插图本《创世记》中的诺亚方舟。贝尔纳·萨洛蒙的木刻版画。1558 年在里昂印制。这类插图本圣经故事不仅深受成人喜欢，甚至孩子也喜欢，他们读不懂拉丁语，但可以通过看图来学习。(经拥有该照片 2003 年版版权的索斯比公司的同意使用)

在晚年，路德集中精力向一般民众宣传其宗教改革思想。他把祈祷书翻译成德语，以便全体会众能与牧师一道吟诵，而且，他写赞美诗，可能还为其中几首谱了曲。路德是编写带有木刻版画插图、孩子们可以自学的教义问答小册子的第一人。有了它，孩子们可以自己独自学习教义问答，同时又从强化内容理解的简单木刻图像得到教育，而不再通过听牧师朗读教义问答来学习。在人生的最后 20 年，路德拥有大量追随者。新教赞美诗影响了德国诗人，他们许多人创作专门为宗教所用的抒情诗。虽然路德相信特定的个人应该被指定来施行某些宗教仪式，但是，他告诫人们，教会等级制度对于获得拯救是不必要的。灵魂的救赎却能在虔诚会众的亲密交流中得到。男人和女人同在一间教堂做礼拜，教堂中没有在许多天主教礼拜堂很盛行的奢华的灵修题材的绘画和雕刻。

图 2.7　1517 年马丁·路德在维滕贝格教堂门前。德国 16 世纪的木刻版画。(私人收藏 / 布里奇曼艺术图书馆提供)

支持马丁·路德的德国诸侯向斯佩耶尔的 1529 年帝国议会提交一份声明，该声明以“抗议”(*Protestatio*) 一词开头，抗议在他们的统治区禁止路德教。因此，由马丁·路德于1517年公开发起的宗教改革运动就以抗议派著称了。虽然信奉异端的个人在以前也曾背弃天主教会，但是，他们的追随者要么被消灭，要么决定公开认错，要么转入地下。16世纪宗教战争期间，在法国再次发生了暴力冲突。然而，路德以及让·加尔文（1509—1564年）和乌尔德利希·慈温利（1484—1531年）却成功地领导了整个北欧的宗教革命。

新教改革运动的成功有好几个原因，而之前企图脱离天主教会的尝试却失败了。直到1417年才结束的教会大分裂摧毁了教会体制的历史统一性。同时，黑死病又破坏了整个社会，使不合格的人被任命为地方宗教领袖。这两个事件导致了教士滥用职权，成了15世纪的宗教改革家猛烈抨击的对象。16世纪的宗教改革家被其对教士腐败的痛恨所驱使，并且从人文主义学者的圣经研究得到启示。路德的许多敌人，包括宗教裁判所的法官及其助手在前一个世纪也是某些人文主义者的敌人。最后，在德国这个新教改革运动首先成功的地方，地方诸侯通过支持马丁·路德这一新兴的民众势力来摆脱神圣罗马帝国，实行自治。路德的战略决策是不支持1524年的农民起义的，这样就提高了他在德国诸侯心目中的地位。

新教改革运动的传播

波西米亚

波西米亚的宗教改革植根于15世纪初新生的民族主义之中。被康斯坦茨公会议判处死刑的扬·胡斯（约1372—1415年）就主张建立一个无阶级的社会，鼓吹财产公有。他还在布道时大张旗鼓地反对教士的道德败坏，并且把教会查禁的一部威克利夫的著作翻译成捷克语。在胡斯战争（下面将要讨论）之后，一个被通称为“波西米亚兄弟会”或“兄弟联合会”的改革团体在波西米亚发展起来。他们相信共同生活，而且定居在乡村。16世纪30年代，兄弟会对路德的神学，尤其是他关于圣餐的学说产生了兴趣。兄弟会遭到皇帝的迫害，许多人逃到波兰，与那里的加尔文派结成同盟。（波兰欢迎各种宗教流亡者。）那些留在捷克的人在摩拉维亚设立其教会的总部，他们就是今天摩拉维亚兄弟信徒的精神先驱。他们遵循严格的改革新教的加尔文派教义。

胡斯战争　中欧的反抗斗争被称为“胡斯战争”，它是在波西米亚当地教区居民赶走天主教神父，以抗议谋杀胡斯的时候爆发的。随着抗议运动的发展，胡斯信徒的行动变得更大胆了。1419年，一群愤怒的胡斯信徒穿过布拉格街道来到市政厅，把市政官员抛出窗外。这次著名的布拉格“抛出窗外”（Defenestration）事件激化了冲突，所以，在1420年教皇宣战后，国王西吉斯蒙德率领十字军前来镇压波西米亚起义。尽管有帝国军队反复袭击，胡斯信徒依然坚守阵地。他们的代表曾应邀参与1433年召开的巴塞尔公会议，但是，参与起义的各派没能就和约达成一致。1436年的《布拉格协议》平息了冲突，协议承认了捷克民族教会，同时承认西吉斯蒙德为波西米亚国王。

德国

菲利普·梅兰希通（1497—1560年）是

路德派宗教改革的主要神学家，在路德避入瓦特堡期间，曾由他担任路德的领导位子。梅兰希通曾为那些用德语布道的人辩护，因为用德语讲道在当时是教会不允许的。1530年奥格斯堡帝国会议期间，路德批准了由梅兰希通拟定《奥格斯堡信纲》。这一历史性的文献提出了新的信仰声明，它历数了路德派要求矫正的教会的种种弊端。它还表明路德坚信，不是因善功，而是因信仰应得神恩。这一教义通常叫作“因信称义”。路德还认为，教士、修士和修女应该被允许结婚。1531年，《奥格斯堡信纲》的修订本被印刷出版，结果使路德派教义要点更易于传播。事实上，印刷出版机构是新教传播的主要力量。印在大幅纸张上的反教士的版画和图片就是从宣扬宗教改革的出版机构中传播出去的。教士常被描绘为丑陋不堪的人，或者是沉溺于淫亵之事的人。这些出版物是重要的宣传工具，尤其是在那些没有阅读能力的人之中更是如此。在狂欢节滑稽剧之类的民间德语诗歌中，讽刺诗常常越过教士而直接嘲讽教皇。

图 2.9　让·加尔文的书斋中其自己的肖像。1671 年加尔文著作中的版画插图。注意，图中的书籍是按文艺复兴时期的典型方法放置在书架上的，即书脊朝向墙。（经拥有该照片 2003 年版版权的索斯比公司的同意使用）

瑞士

由于让·加尔文（1509—1564 年）的领导，改革新教在瑞士法语区传播开来。加尔文曾在法国大学中接受过人文主义和罗马法训练，他是打算在教会干一番事业的。可是，《奥格斯堡信纲》发表之后，他为路德派教义所吸引，从而失宠于教会。加尔文从巴黎逃到巴塞尔，1536 年，他在那儿第一次出版了他的《基督教原理》（*Institutio religionis christianae*）。他应邀去日内瓦帮助传播宗教改革，却陷入了与慈温利信徒（下文要讨论）的争论之中。慈温利信徒的总部在伯尔尼，他们不同意加尔文提出的太严厉的教会宗规，于是，加尔文转赴斯特拉斯堡。加尔文在那儿讲道和写作三年，并把《基督教原理》翻译成法语。最后，他定居日内瓦，在日内瓦建立了一个专断的政府，它是公共道德的监督者。

乌尔德利希·慈温利（1484—1531 年）在瑞士德语区促进改革新教的传播。1518 年，慈温利去了苏黎世，被任命为苏黎世大教堂的神父，次年，由他做了瑞士联邦的第一次宣传宗教改革的讲道。慈温利开始出版宣传新教的小册子，谴责主教和教皇的权威。慈温利断绝与教会的关系最初是由于教士独身问题的争论。在 1523 年的公开辩论之后，他说服苏黎世议会采纳他的观点，宣布苏黎世独立于天主教会权威。在与教皇拥护者的论辩中，慈温利成功地维护了详述自己信仰的67个命题。在1531年，忠于天主教的瑞士各州进攻苏黎世，慈温利阵亡。

尼德兰

尼德兰的宗教是多种多样的，包括在阿姆斯特丹还有一个很大的皈依基督教的犹太人社区。被路德认为是异端的再浸礼教徒（其名称意即“再次洗礼”）在尼德兰分成若干派。他们相信，婴儿时期的洗礼是不够的，要求对成人施洗礼。作为和平主义者，他们拒绝宣誓效忠或服兵役。成千上万的再浸礼教徒由于他们离经叛道的教义和非正统的行为而被处死。门诺·西蒙斯（1496—1561年）是荷兰再浸礼教徒的一位领袖。西蒙斯抛弃了多妻制和公开裸体之类的做法（这些行为使再浸礼教徒声名狼藉），要求他的追随者温顺地生活，远离尘世纷扰。尼德兰以外的再浸礼教信徒，如瑞士兄弟会成员，也加入门诺教以逃避迫害。

尼德兰两大宗教改革集团是路德教信徒和加尔文教信徒，而后者居于支配地位。荷兰的加尔文教徒似乎接受了强烈的加尔文教义的道德观念，并且将其转化为一个针对西班牙国王派来的天主教军队的积极主动的武装抵抗运动。在尼德兰，加尔文教有助于使联合省在17世纪走向独立。

英格兰

一种经过改造的新教在英格兰的确立要归因于英格兰国王亨利八世（1491—1547年）。因为他的妻子阿拉贡的凯瑟琳（1485—1536年）不能给他生育一个继承人，所以，国王想娶安妮·波琳（1507—1536年）为妻。当教皇拒绝准许他离婚或宣告他的婚姻无效时，亨利则不承认教皇在英格兰的全部权威，1534年，他自己成为英格兰教会（英国圣公会）的首脑。圣公会的教义是新教教义和天主教教义的折中，其仪式在《公祷书》（1549—1559年，见本章稍后的“新教圣经”）中有说明。在亨利背弃天主教会后，政治家托马斯·克伦威尔（约1485—1540年）成为他的秘书和英格兰教会的总督察。1536年至1540年间，克伦威尔策划解散了英国修道院，同时，修道院的绝大多数财产被没收来分配给贵族。巨额财产的重新分配是确保英格兰宗教改革成功的最重要的因素。克伦威尔使迈尔斯·科弗代尔（1488—1568年）的圣经英文译本在1535年得以出版，他还委派科弗代尔负责编辑出版1539年的《大圣经》。

在玛丽一世（1516—1558年，在位时间1553—1558年）统治期间，新教在英格兰遭到迫害。玛丽一世是一位西班牙公主的女儿，又是西班牙国王（腓力二世）的妻子，在一个严格的天主教家庭中长大成人。她做女王的主要目的就是要根除新教造反，使英格兰回归天主教。她去世之后，伊丽莎白一世（1533—1603年）使自己成为英格兰教会的首脑，恢复了新教。在她统治的头十年，有一群宗教改革家抱怨英格兰教会在教义和行为标准上不够严格。由于他们在道德和信仰方面的纯洁，所以被称为“清教徒”。

苏格兰

加尔文教盛行于苏格兰，这就为17世

纪初苏格兰与英格兰在政治上的统一铺平了道路。苏格兰女王玛丽是一个虔诚的天主教教徒，由于加尔文教日益兴盛，她的臣民绝不能接受她。对在苏格兰确立新教贡献最多的是约翰·诺克斯（约 1513—1572 年）。他在玛丽成为女王后逃往欧洲大陆，曾在日内瓦面会加尔文。因为他的一本相当不讨人喜欢的著作《反对可怕的女人统治的第一声疾呼》，伊丽莎白禁止诺克斯进入英国，但是，他在苏格兰的影响非常大。他帮助编订了《苏格兰公用仪式书》。

法国

法国的新教徒被称为胡格诺教徒，奉行加尔文教义。他们的第一次教会会议于 1559 年在巴黎召开。弗朗西斯一世（1494—1547 年）统治期间，部分是因为其姐姐那瓦尔的玛格丽特（1492—1549 年）有福音派的倾向，她的宫廷还为持不同意见者提供保护，所以，他宽容宗教改革者。然而，1534 年的招贴事件使国王用无情的迫害来回敬新教。谴责弥撒仪式的宣传品贴满了整个巴黎，包括国王寝宫门上都有。该事件表明了法国新教的激进性质，在此之前这一性质都没有被充分认识到。十年后，弗朗西斯准许屠杀普罗旺斯的韦尔多派，该派正式背弃了天主教会。这些对法国宗教改革者的暴行就为宗教战争（下一部分将会讨论）做了准备。

法国宗教战争 法国国王都与教廷和天主教会有紧密联系，他们的加冕宣誓就包括要发愿根除异端，维护天主教信仰。事实上，国王的头衔之一是“最虔诚的基督教国王”。为了理解导致法国 1562 年至 1598 年之间八次毁灭性宗教战争的各种势力，人们必须考察若干个家族之间的人际关系。1559 年亨利二世去世后，发生暴力的可能性已经存在，亨利二世就曾打算迫害异端，尤其是胡格诺教徒。他的儿子弗朗西斯二世（1544—1560 年）登基为王时年仅 15 岁。弗朗西斯的妻子苏格兰女王玛丽（1542—1587 年）碰巧又是吉斯家族两兄弟，即洛林主教吉斯的查理（1525—1574 年）和吉斯公爵诺林的弗朗西斯（1519—1563 年）的甥女。吉斯公爵是一个好战的天主教徒，在弗朗西斯在位的最后两年，他支配着法国宫廷政治，这促使一帮新教徒密谋在 1560 年绑架年轻的国王。他们的阴谋败露后，有数百人被处以绞刑，许多人的尸体悬挂于安布瓦兹宫的窗台上示众多日。这次大屠杀刺激了出身贵族的胡格诺教徒以及那些中、下阶层的胡格诺教徒。

在弗朗西斯二世死后，他的兄弟，一个十岁的男孩加冕为王，称查理九世（1550—1574 年）。他们的母亲凯瑟琳·德·美第奇（1519—1589 年）摄政，甚至在查理成年后她依然控制朝政。直到 1588 年，她都是国王背后握有实权的人。起初，凯瑟琳·德·美第奇还试图在新教和天主教之间建立某种妥协，她允许新教徒享有公开布道的自由。这种温和的方法结果只是强化了有权势的天主教家族的敌意，他们利用印刷机来对胡格诺教徒展开宣传攻势。战争是最终结果，天主教军队遵照政府的要求，在新教徒聚集城外做礼拜时残杀了他们。胡格诺教徒再次密谋绑架国王，他惊慌失措，于是命令暗杀巴黎的胡格诺教派领袖。国王的命令在执行中被扩大化，结果在 1572 年 8 月 24 日，巴黎有大约两千人被杀，这就是声名狼藉的圣巴托罗缪日大屠杀。下一个四分之一世纪的大部分时间，法国都处于宗教骚乱中。1574 年查理九世去世，他的兄弟即位，称亨利三世（1551—1580 年），亨利三世没有生育男性继承人。最近的继承人是那瓦尔的亨利（1553—1610 年），他是新教徒的一个首领，曾经与胡格诺教徒的总指挥科利尼的加斯帕尔并肩战斗。当亨利三世于 1589 年被刺身亡后，那瓦尔的亨利作为凯瑟琳的女婿得到了王位，称亨利四世。他皈依了天主教，有名言："为了巴黎，值得做弥撒。"

新教运动的神学要义

胡斯教徒是"饼酒同领"教义（Utraquism，源于拉丁短语"sub utraque specie"，意即"两种的"）的信奉者，因为他们要求在领圣餐时既领圣杯里的酒，也领圣饼。根据这一教义，他们并不认为自己背弃了天主教教义。正好相反，胡斯教徒认为他们尊奉的是更纯洁的早期教会传统。事实上，巴塞尔公会议也准许他们领酒，但是，这一决议未得到教皇批准。在关于领圣餐时酒和饼变为基督的血和身体的教义（路德派对圣餐的解释是天主教教义的变种）上，路德派是不同于加尔文派和慈温利派的。加尔文派和慈温利派不相信酒和饼竟然被转化了。在他们关于圣餐的解释上，慈温利派与路德分道扬镳了，慈温利认为圣餐仅仅是纪念性的（这种教义那时称为圣餐象征论）。加尔文教是新教的严格的形式，它要求到教堂做礼拜，禁止大多数世俗享乐，强调预定论。再浸礼教徒分成若干派，他们要求对成年人行洗礼，甚至那些在婴儿时候行过洗礼的，成年后也要再行洗礼。各派都有特定的教义规则。例如瑞士兄弟会就与世俗政府没有联系，信仰慈温利派的圣餐仪式，只允许那些再行过洗礼的信徒参与圣餐仪式，而且要求信徒断绝所有世俗享乐。英国圣公会是新教教派中最接近于天主教的，英格兰国教会被认为是两种重要思想观念之间的中道。《公祷书》尊奉教义，表述谨慎，没有对圣餐仪式或其他圣事带来破坏，被颠覆破坏的是教皇作为教会首脑的最高权威，这是一场政治变革，而不是一次宗教革命。

教会等级制度

根据路德派教义，教皇或任何中央权威都是多余的，因为牧师是由他们教区的教徒或地方路德派世俗领袖选派的。慈温利尊奉这一模式，同时也强调牧师作为看护羊群的牧羊人的作用。他还打算在得到神启的牧师与领受其教训的教区教徒之间做更进一步的区分。然而，到 16 世纪末，一个路德派的等级制度建立起来了，它由牧师及其教长组成，二者都有相对应的管理机构。加尔文教有若干教牧职位：负责讲经的牧师，照看穷人的执事，以及当教区教徒需要训导时与牧师一道工作的教会长老。加尔文是依照圣经新约创设其教牧组织机构的。与欧洲大陆的新教教派不同，英国圣公会的牧师不由教区教徒选举。英国君主任命主教，再由主教任命全部牧师，无须征求教区教徒或世俗官员的意见。英国君主是教会首脑，但他不是一位神父，所以不能给主教祝圣。

早期路德教教堂比天主教教堂俭朴，但是，它们也有一个举行圣餐仪式的祭坛。祭坛常常是一张铺有桌布的桌子，上面放置圣餐仪式需要的圣餐盘和圣杯。许多路德教教堂没有精致的祭坛画，但有一个简单的耶稣受难雕刻作品。圣餐仪式是真正的公共经历，因为每一位教区教徒都被允许领受饼和酒。领圣餐者还被鼓励参与唱赞美诗。

新教圣经

新教与天主教决裂的方面包括圣经的使用。新教徒相信，圣经是唯一神圣权威，个人有权以其母语阅读经文（或至少听人朗读它）。由于个人研读圣经被推荐作为人们精神生活的一部分，宗教就日益成为个人私事了。正如所述，路德的德文圣经全译本出版于1534年，但是，自1522年以来其各部分已经出版了。好几个作者又将路德的高地德语翻译成低地德语，由此把德文本圣经传播给了许多别的读者。1541年到1550年之间，最早的瑞典文和丹麦文圣经出版了，然而，荷兰新教徒的荷兰语圣经直到1637年才出版。

16世纪初，印刷一本翻译成英语的圣经在英格兰是不被允许的。威廉·廷代尔（约1494—1536年）迁至安特卫普，把圣经翻译成英语，因此被处以火刑。迈尔斯·科弗代尔（1488—1568年）翻译的英文本圣经是1535年在欧洲大陆出版的，其在英国销售。后来，英国教会当局要他编辑一个新版译本，这就是著名的《大圣经》（1539年）。玛丽一世统治时期，几位从英国逃出来的人文主义学者到了日内瓦，在那儿翻译出版了《日内瓦圣经》（1553—1558年）。这个英文译本就是在文艺复兴时期余下时间得到认可的版本。1568年的《主教版圣经》有非常奢华的木刻插图，先后再版过好几次。最后，1611年的《钦定本圣经》成为近四个世纪以来的标准英文译本。大多数译本都是基于廷代尔译本的。

宗教文学和《公祷书》

圣经解释推动了宗教改革。因为新教教义和日常仪式是以圣经为根据的，所以，正确解释圣经至关重要。理解旧约被认为对全面了解耶稣是必要的，而且，像路德（讲解《诗篇》）、加尔文（讲解《雅歌》）之类的宗教改革领袖也出版关于圣经的注释著作。总之，路德在出版宗教改革著作方面尤其多产。例如，1523年德国出版的大约五百篇宗教改革文献中，有四百多篇出自路德之手。日内瓦和里昂（位于法国东南部）成为了新教印刷出版中心。新教诗人热衷于翻译《诗篇》，圣经中著名的男人和女人则给剧作家以灵感。对教皇等天主教人物的讽刺也是宗教改革的有效工具。其中一些是以公开表演的形式嘲讽教会当局的剧本。最后，到16世纪后半期，关于宗教改革的历史著作开始出现，著名的有约翰·诺克斯1587年的《苏格兰宗教改革史》（未完成版）。

《公祷书》最初的出版时间是在1549年，1552年出了修订版。由坎特伯雷大主教托马斯·克兰默（1489—1556年）在国王钦定的一个委员会的协助下编订成书。（该书直到1662年才定稿。）第一版是仿效路德派教义编写的，但在措辞上使人想起天主教的弥撒仪式。这种措辞在1552年版得到更改。牧师只能与教堂会众一道举行圣餐仪式，会众全体都要领取饼和酒。为死者祷告在1549年还被包括在《公祷书》中，这些东西在随后的版本中连同任何对炼狱或祭坛的提及一道被删除，祭坛被叫作圣餐桌。最后，在1552年修订版中，圣餐仪式就仅仅是纪念性的了，这种改动就使英国圣公会与欧洲大陆的改革新教结成了同盟。

偶像破坏

虽然暂时性的印刷图像和文本适合于宗教改革的目的，但是，路德及其支持者都公开反对教堂里的装饰性画像。如在 1522 年的一封信中，他写道：“我谴责偶像……因此不会相信偶像，迄今为止是这样，将来仍然是这样。假如有教养的民众知道，偶像在神看来什么也不是，它们就会自动崩塌。”（Elmer 2000，p. 341）新教的偶像破坏导致了拆除祭坛或拆毁祭坛装饰。路德打算建立起神、人之间纯洁的交流，祭坛被换做一张铺有桌布的桌子，就像一张餐桌。慈温利教派在偶像破坏上与加尔文教派一样严格，因此，苏黎世教堂里的所有艺术品被拆除，弥撒仪式也被禁止。能在天主教堂里看见的镀金雕像、彩色玻璃等各种装饰品在新教教堂里是没有的。

这种反对偶像崇拜的态度导致了对无数艺术品的大规模的毁坏，这在北欧和英格兰尤甚。正是由于新教，英格兰和尼德兰丧失了其大部分哥特和早期文艺复兴的宗教艺术品。约翰·威克利夫信徒罗拉德派是热切的反对偶像崇拜者。这种毁掉英格兰天主教艺术品和建筑的热情，在 1534 之后或在罗拉德的同情者身上表现了出来。

犹太教

本书涵盖历史时期在西欧居于支配地位的宗教是天主教，这部分就讨论在此期间与天主教相关联的犹太教。（关于犹太教与基督教冲突的背景，可详见前面的“反犹主义”。）丰富的欧洲犹太教传统（这里并不论述）将

图 2.10　一本彩饰本希伯来文圣经中的《约书亚书》的第一页。15 世纪装饰于卡斯蒂尔或安达卢西亚。（经美国西班牙学会同意使用，MS. B241）

为进一步的研究提供优越的条件。对于天主教会来说，成千成万的西班牙和葡萄牙犹太人强制皈依基督教，由此产生了一个信仰真诚的问题，而且，这一问题促使西班牙建立了宗教裁判所。另外一个疑难问题是方济各会修士要求禁止犹太人放高利贷或靠借贷牟利。（通常利息是 20%，这就引起了文艺复兴时期的借贷者的义愤。）教皇不得不谨慎处理犹太银行家的问题，因为教廷的财政不能养活一个破产的社区。部分由于这一原因，罗马的犹太人比他们在教皇国其他地方的同行的处境要好一些。直到 16 世纪 80 年代都没有强迫犹太人参加天主教的讲道活动。最后，把犹太人迁入犹太居民区的决定是在文艺复兴时期做出的，但它并不是故意要将犹太家庭集中在一起，以便于未来的反犹袭击。

这时期建立犹太居民区的主要目的是要将犹太人迁出基督教社会，以免他们“玷污”天主教，而且，某些犹太社团还愿意被隔离开来——犹太居民区使他们有安全感。

圣经

犹太人非常尊重神圣经典。文艺复兴时期最特别的抄本是抄写在羊皮纸或厚型纸上的彩饰希伯来文圣经写本，当然指的是《旧约》及其相关书籍。这些写本的一些装饰是由基督教艺术家制作的。《旧约》各卷的首页常常是一幅矩形彩绘画，烫金首字特别醒目，烫金图案中布满不同颜色的几何图形，还有孔雀等飞鸟以及蝴蝶和花卉构成的装饰边。与天主教圣经不同，大多数希伯来圣经都避免使用人的形象。其余书页通常只有希伯来文圣经正文，书写考究，排列工整。甚至在16世纪印刷本希伯来文圣经出现后，漂亮的手写本还在继续生产。“托拉”或称“摩西五经”，即《旧约》的前五卷是（现在也是）圣经最神圣的部分，其被抄写在大开本的羊皮纸或皮革上，是给人以深刻印象的书卷。

图2.11　雷根斯堡犹太会堂门厅。1519年阿尔布雷希特·阿尔特多费的蚀刻版画。根据图上的说明文字，制作时间是2月21日，因而艺术家是在这座具有历史意义的犹太会堂被毁，即2月22日之前一天描绘了它。（大都会艺术博物馆藏，哈里斯·布里斯班·迪克基金捐赠，1926［26.72.68］）

犹太会堂

每一个会众团体都有其会堂，拉比是会堂首长。与天主教不同，犹太教没有（现在也没有）教会领导的等级制度。每个拉比在自己的会堂具有自治权，一小群在会众中非常受尊重的人为他提供咨询。文艺复兴时期的犹太会堂在传统上结构都相当小，是服务于当地社区的。15世纪晚期和16世纪初期，成千上万的犹太人的迁居和流散使他们把以前居住地（西班牙、德国、意大利等）的礼仪习惯带到了他们迁入的社区。（英格兰和法国都没有犹太社区，因为在中世纪他们就被驱赶了出去。）除了星期六的犹太安息日，通常每一种仪式各有其举行的会堂。天主教的安息日是在星期天。正像天主教堂有一个祭坛放置圣饼，犹太教会堂也有一个诵读托拉的平台和一个安放托拉的藏经柜。一些会堂把藏经柜和诵经台置于建筑物的同一端，另一些则把藏经柜放在一头，诵经台放在另一头。藏经柜前面有装饰性吊灯。男人和女人都参与仪式，但按照性别分开坐。男人坐在接近托拉的地板上，妇女则坐在男人上方的楼厅里。

托拉卷轴是会堂中最珍贵的东西，其次是藏经柜。在绝大多数犹太会堂里，托拉的装饰物、建筑物的冠顶装饰物和尖顶装饰物等都是纯银的。还有一根银棍用来指示被阅读的托拉，因为神圣经典是绝不允许用手触摸的。托拉和藏经柜覆盖的精致绣饰出自犹太妇女之手，是她们把这些饰品奉献给会堂。对于基督教徒，无论是天主教徒还是新教徒来说，圣经绝不会成为这样一个神奇法宝。虽然对圣经还是有某些禁忌，如绝不能将圣经置于地板上一类，但是，主持教堂仪式的天主教神父和新教徒都有他们自己的圣经复制本，以便每天阅读。

讲经

犹太教通常用俗语讲经，但是预备稿常常用希伯来文来写。从已发表的讲经证据来判断，我们可以认为那些在会堂里的讲经人还是相当保守，使用的是中世纪的布道讲经的方法。基督教布道者也遵从同样的传统。人文主义学者伊扎克·阿布拉巴内尔（1437—1508年）的圣经注解曾引起基督教学者的兴趣，甚至他在布道时也遵照保守的方式。阿布拉巴内尔在世期间，年轻的犹太人已经开始在他们的希伯来文学校的课程中受到古典修辞学教育了。到16世纪初期，古罗马作家昆体良和西塞罗已是有影响的了，同时，曼图亚的一位拉比朱达·莫斯卡托（约1530—1593年）已把神话类推法引入讲经课本。他折中的讲经风格是把来自于《塔木德经》（犹太律法汇编）、神秘主义作家、亚里士多德和犹太哲学家的解释融为一炉。犹太讲经者是知识分子，他们在拉比的论辩中得到训练。

宗教仪式

在欧洲不同的地区，宗教仪式的特殊细节差异会相当大。然而，在绝大多数犹太社区，三个最重要的仪式，即那些将犹太教与基督教截然区别开来的全部仪式通常是得到遵守的。这些仪式包括男性婴儿的割礼、妇女经后洗浴礼和周五安息日前夜的家庭庆典。即便在那些跳舞被禁止的社区，割礼临近前的几夜，这条禁令也是被解除了的。男性婴儿的出生在犹太人家庭和基督徒家庭都是值得庆祝的事，而女孩的出生则没有庆典。事实上，一个新生女婴的父亲常常会收到朋友们送来的慰问帖。而对于基督徒来说，真送去一张慰问帖是不恰当的。犹太妇女的仪式性的洗浴礼也与基督教的完全不同，犹太妇女被要求做全身的浸礼。在文艺复兴时期，这样一种浸礼并不常举行（见第十二章，日常生活）。

卡巴拉

卡巴拉（cabala，也拼作“kabbalah”或“cabbala”）是犹太神智学的主要组成部分，它用神秘的秘传方法来解释圣经《旧约》，常常使用密码和首字母缩拼词。最神秘的是译解表示上帝的四字母词的意思。重要的卡巴拉学校在西班牙（1492年之前）、意大利和以色列（尤其是萨法德的卡巴拉学校）。基督教徒也研究卡巴拉，用它来阐述对圣经《旧约》的基督学解释。或许是在看了著名的卡巴拉经典《光明篇》（*Zohar*）的一个抄本后，哲学家皮科·德拉·米兰多拉（1469—1533年）对卡巴拉有了了解。在1486年，他写作了关于卡巴拉教义的著作《卡巴拉的结论》（*Conclusiones cabalisticae*），而神学家约翰内斯·罗伊希林于1517年出版了他的《论卡巴拉的技艺》(*De arte cabalistica*)。这些作家是以一种综合解释的方式把卡巴拉与新柏拉图主义融合在一起。最有影响的基督教卡巴拉学家是纪尧姆·波斯特尔(1510—1581年),他是一个卓越的法国学者,专门从事东方典籍的研究。波斯特尔被宗教裁判所监禁,因为他提出了一个宏大的关于世界和平的思想,他认为所有教派都应该统一于一个普世宗教中。他对犹太教和伊斯兰教的宽容被认为特别具有颠覆性。

伊斯兰教

图2.12　跪毯。16世纪晚期土耳其的作品。中间部分描绘的是清真寺里的祷告壁龛(大都会艺术博物馆藏,詹姆斯·F. 巴拉德收藏品,由詹姆斯·F. 巴拉德赠,1922[22.100.51])

这部分讲述的是西班牙的穆斯林,西班牙是西欧唯一一个有相当数量的伊斯兰教徒的地区。虽然在公元8世纪阿拉伯征服之后,伊斯兰统治着伊比利亚半岛的大部分地区,但到15世纪早期,只有格拉纳达王国仍在穆斯林控制之下。在1453年土耳其人占领君士坦丁堡之前,西班牙人一直宽容穆斯林的存在。然而,奥斯曼穆斯林威胁着整个地中海以及东欧边境地区的稳定。君士坦丁堡的陷落使人们对各地包括西班牙和北非的穆斯林持怀疑和仇视的态度。他们成为可怕的"异教徒",甚至那些在西班牙和平居住了几代,对西方文化的贡献为人所熟知的穆斯林也被这样看待。中世纪征讨土耳其的十字军从来未被遗忘。

清真寺

正像犹太教一样,伊斯兰教从前没有(现在也没有)宗教等级制度。每个清真寺都有指定的阿訇(圣人)负责管理,有精神教师协助他教导受他管理的穆斯林。清真寺的理念源于622年先知穆罕默德在麦地那的寓所。清真寺通常的建筑设计是由一个庭院环绕的带有列柱的厅堂。因为当穆斯林祈祷时要面向麦加(现在依然这样做),所以,清真寺里朝向麦加那道墙用一个米哈拉布(mihrab),即一个装饰精致的壁龛或别的东西标示出来。在西班牙,这种装饰常常是光瓷花砖。在米哈拉布的前面,有一道屏风,使苏丹以及其他高官在此秘密进行祈祷。还有一个供妇女祈祷的区域,是用屏风隔开的,不允许妇女与男信徒在一起。像许多基督教教堂一样,要登上一段楼梯才到讲经坛。各个清真寺至少有一个尖塔,信徒能听到从那上面传来的叫拜声。虽然穆斯林通常一周要去一次清真寺做礼拜，但是，清真寺每天要叫拜五次。到时候穆斯林被要求停止活动，朝向麦加，低头跪拜。犹太教和基督教都不做这样严格的公共礼拜仪式。清真寺的庭院里有泉水或水井，因为穆斯林在进入清真寺之前，要求施行洗礼，包括洗手、洗脸和洗脚。（对于任何一个伊斯兰教徒的欧洲同时代人来说，伊斯兰教徒的洗浴传统似乎是过分的。）清真寺瓷砖、大理石或木刻做有华美的墙面装饰。然而，没有任何对自然中人和动物的形象的描绘，因为伊斯兰教禁止表现这些。

格拉纳达和科尔多瓦的那些清真寺是西班牙最重要的清真寺。科尔多瓦大清真寺建于中世纪，到10世纪，科尔多瓦城有700座清真寺。穆斯林城科尔多瓦或许是当时最伟大的文化资源，城里有大约七十家拥有自己的抄写员、艺术家和学者的图书馆。在中世纪晚期，基督教军队征服科尔多瓦之后，大清真寺的外观被允许保留下来。它是如此巨大，以至于在其中间建起了基督教大教堂。1492年收复格拉纳达后，绝大多数清真寺都被毁掉了。

伊斯兰教哲学

伊斯兰教的经典是《古兰经》（或叫《可兰经》），它被相信是真主（神）给穆罕默德的启示。伊斯兰的另一本基本经典是《圣训》，它是穆罕默德和其他圣人的言行录，被当作宗教权威的一个渊源来查阅。伊斯兰教不是一个劝人改宗的宗教，因此，在中世纪西班牙的穆斯林能够与他们所征服的犹太教徒和基督教徒和平相处。托莱多、科尔多瓦和格拉纳达的著名哲学学院以一种典型的知识全球化态度，欢迎（男性的）持各种信仰的学生。西班牙穆斯林学者的开放的思想态度，源于伊斯兰教徒对人类与最高神的关系的探究。在中世纪晚期和文艺复兴早期，人类理智被尊崇为探寻永恒真理的有力工具。这是伊斯兰教给予文艺复兴科学、数学、医学和哲学的遗产。

主要人物

（关于文艺复兴时期的各个教皇，见本章“罗马教皇”）

阿布拉巴内尔，伊扎克（1437—1508年），犹太学者，曾服务于葡萄牙和西班牙宫廷，1503年定居威尼斯。他的圣经注释为基督教学者所研究。

阿格里帕·冯·内特斯海姆（1486—1535年），著名的哲学家和卡巴拉学者。著有受欢迎的关于魔法的论文《神秘学》（*De occulta philosophia*，1501年）。

阿默巴赫，约翰内斯（约1445—1513年），瑞士人文主义者，1484年，他在巴塞尔创办了一家重要的出版社。他所编辑的教父作家，尤其是圣奥古斯丁的著作，为文艺复兴出版业设定了新的标准。

安谢塔，何塞·德（1534—1597年），曾在现今巴西圣保罗所在地区建立了一所耶稣会传教学校。他公开反对对土著美洲人实行的奴隶制。

阿奎维瓦，克劳迪奥（1543—1615年），担任耶稣会总会长34年，不只是会员数翻了一番以及耶稣会向亚洲和美洲殖民地的扩张，还有更多的事情主要归功于他。

阿里亚斯·蒙塔诺，贝尼托（1527—1598年），因编辑《多语种合参本圣经》而非常著名。他也在埃斯科里亚尔宫讲授东方语言，是埃斯科里亚尔宫图书馆馆长。

阿米尼乌斯，雅各布斯（1560—1609年），曾为修订（加尔文派的）荷兰改革教会的教义宣言而工作。他也卷入了神学争论，被指控是贝拉基主义者，因为他不相信得救预定论。

阿恩特，约翰（1555—1621年），路德派神秘主义者，他强调真正的信徒与基督的协调一致。

巴内兹，多明戈（1528—1604年），西班牙多明我会修士，托马斯·阿奎那著作的研究者。他还担任特雷莎·德·阿维拉的宗教顾问。

巴罗，彼得（1535—1599年），法国神学家，皈依了加尔文教。他逃到英格兰，在剑桥大学讲授神学。

红衣主教贝拉尔米诺，罗贝托（1542—1621年），曾在罗马耶稣会学院讲授神学。他在《通俗本圣经》的修订工作中是有影响的。

阿维尼翁伪教皇本笃十三世（原名佩德罗·达·卢纳，约1328—1423年），曾拒绝被废黜。因为西班牙、葡萄牙、苏格兰和西西里承认他为教皇，所以，他使教会大分裂延长了许多年。

红衣主教贝萨里昂，巴兹尔（1403—1472年），希腊学者，赞成罗马教会与希腊教会重新统一。在皈依天主教之后，他成为了红衣主教。贝萨里昂毕生研究希腊语和拉丁语抄本，把他丰富的收藏留给了威尼斯共和国。

贝扎，泰奥多尔·德（1519—1605年），神学家和历史学家。他是逃到瑞士的新教徒。他曾在日内瓦教书，出版了好几本加尔文教的著作。他的圣经《新约》拉丁文译本出版于1556年。

博尔贾，弗朗西斯科·德（1510—1572年），放弃西班牙南部的一个公爵领地，加入了耶稣会。作为国王斐迪南和教皇亚历山大六世的曾孙，博尔贾给耶稣会带来巨大的政治声誉。博尔贾担任了耶稣会第二任总会长。

红衣主教巴罗梅奥，卡罗（1538—1584年），1610年被封为圣徒。他帮助改革教会音乐，曾主持部分特伦托公会议。作为米兰主教，他执行严格的特伦托教令，拆除了一些米兰大教堂的装饰。巴罗梅奥还改革宗教教团，迫害女巫和其他异端。

布鲁诺，乔尔达诺（1548—1600年），因其泛神论神学观点和异端思想被宗教法庭判罪后，在罗马被处以火刑。

比塞，马丁（1491—1551年），新教改革家。他在定居英国，执教剑桥大学讲授神学之前，参加过若干次宗教会议。女王玛丽一世命令亵渎其陵墓，焚毁其尸体，然而，伊丽莎白一世后来又重建了他的陵墓。

布林格，海因里希（1504—1575年），新教论辩家。曾就圣餐教义等论题与路德争论。他的布道文集有德文、拉丁文和英文本出版。

圣卡耶坦（原名加埃塔诺·蒂内，1480—1547年），创建了戴狄诺公祷会，目的是弘扬使徒时代的纯洁。

红衣主教卡耶坦，托马索（1469—1534年），托马斯·阿奎那著作的研究者。他担任多明我修道会总会长和教皇使节。卡耶坦之所以失宠是因为他对路德教的宽容。

加尔文，让（1509—1564年），加尔文教的创立者，在日内瓦度过了大部分成年光阴。在最初与慈温利信徒的争论后，他成为了日内瓦城市政府的首脑。他的拉丁文本《基督教原理》（1559 年）成为了宗教改革的标准教科书。

坎皮恩，埃德蒙（1540—1581 年），英国的耶稣会士，1578 年在罗马任圣职。曾执教布拉格，之后协助率领耶稣会传教团到英格兰。他在那儿被新教当局所逮捕，遭受折磨，被处以死刑。

卡诺，梅尔希奥（1509—1560 年），西班牙的多明我会修士。腓力二世与教廷就教会税收问题发生冲突时，他支持腓力二世。他是萨拉曼卡大学的神学教授。

卡兰扎，巴托洛梅·德（1503—1576 年），卓越的西班牙多明我会修士。他的一生摇摆于国王和皇帝之间，结果遭到宗教裁判所的长期监禁。他曾几次倡言教士改革，写有一篇有争议的关于教义问答的论文。

卡桑德，格奥尔格（1513—1556 年），天主教神学家。由于他试图调和天主教和新教的教义立场，结果遭到双方的唾弃。

凯瑟琳·德·美第奇（1519—1589 年），法国王太后，随后摄政到 1560 年。起初她支持对法国新教徒的宽容，然而，到 1572 年她又主张迫害新教徒。她操纵法国王权直到 1588 年。

洛林红衣主教吉斯的查理（1525—1574 年），吉斯公爵的兄弟。他激烈反对宗教改革，尤其是加尔文教。

开姆尼茨，马丁（1522—1586 年），新教神学家，梅兰希通的学生。他是一位重要的路德派论辩家，捍卫路德关于圣餐的教义，批判特伦托公会议。

红衣主教西斯内罗斯，弗朗西斯科·日梅内兹·德（1436—1517 年），女王伊莎贝拉一世的忏悔神父。他勉强接受了主教任命，但依然过着俭朴的生活。他还担任卡斯蒂尔和莱昂（西班牙）的宗教法庭法官。

科利尼的加斯帕尔（1519—1572 年），法国胡格诺教派军队的总司令。死于圣巴托洛缪日大屠杀。

科弗代尔，迈尔斯（1488—1568 年），曾利用威廉·廷代尔的新约译本，把全部圣经译为英语。

坎特伯雷大主教克兰默，托马斯（1489—1556 年），亨利八世在位期间修订了英国教会的礼拜仪式，对《公祷书》头两卷有贡献。他在玛丽一世统治时期被处以火刑。

克伦威尔，托马斯（约 1485—1540 年），亨利八世的秘书。他策划解散了英国修道院，并对修道院财产进行劫掠。

德佩里耶，博纳旺蒂尔（约 1500—1544 年），曾协助第一部法语圣经的翻译。他是那瓦尔的玛格丽特宫廷的成员。

多雷，艾蒂安（1509—1546 年），法国人文主义者。由于他喜欢古典作家的怀疑论，因而否认灵魂不朽。索邦神学院的神学家宣判他有罪，他被处以火刑。

埃克，约翰（1486—1543 年），天主教神学家。他激烈反对路德。一生致力于打败新教，奔走于罗马和德国之间。

英国国王爱德华六世（1537—1553 年），继位为王时年仅九岁。他的大臣们继续巩固英国国教会，出版了第一版《公祷书》。

英国女王伊丽莎白一世（1533—1603 年），在位的时间是 1558 年至 1603 年。虽然在她统治期间有若干不信国教的天主教徒被处死，但她对不威胁其权威的天主教徒持宽容态度。

伊拉斯莫，德西德里乌斯（约 1466—

1536年），奥古斯丁修道会教士，著名的人文主义者，曾与路德就人类的意志自由等许多论题进行争论。他还编辑了希腊语的圣经《新约》。

埃拉斯图斯，托马斯（1524—1583年）是慈温利教的神学家，埃拉斯图斯主义即从他得名。埃拉斯图斯主义声称，在教会事务上，国家高于教会。

红衣主教费希尔，约翰（1469—1535年），剑桥大学名誉校长。他强烈反对亨利八世的离婚要求，因为拒绝承认英国国教会的权威而被处死。

弗拉齐乌斯·伊利里库斯（1520—1575年），新教神学家。他是路德教拥护者，又是路德的朋友。他因其博学的圣经注释而闻名。

丰塞卡，佩德罗·达（1528—1599年），葡萄牙的耶稣会会士，埃武拉大学名誉校长，后又在罗马为教会工作。

福克斯，约翰（1516—1587年），著有一部有影响的关于英国新教殉教者的著作《殉教者列传》（1554年）。玛丽一世统治时期，他流亡国外，伊丽莎白一世成为女王后，他重返英国。

吉斯公爵洛林的弗朗西斯（1519—1563年），洛林的红衣主教的哥哥。意大利战争和宗教战争期间，他为天主教一方作战。他率领的军队在1562年杀了一群胡格诺教徒，由此挑起了宗教战争。次年，公爵死于枪伤。

谷登堡，约翰内斯（约1394/99—1468年），用活字印刷的新技术成功地印刷了第一本书。那本书就是以"谷登堡圣经"一名著称的《通俗本圣经》。

法国国王亨利四世（1553—1610年），在一个新教家庭长大成人。由于他在1572年被迫放弃了自己的新教信仰，因而在逃脱软禁后，他又改宗新教，参加了胡格诺起义。然而，在1593年成为国王后，他皈依了天主教。

英国国王亨利八世（1491—1547年），在教皇拒绝同意他离婚后，他断绝了与天主教会的关系。他创建了英国国教会，没收了天主教会的财产，并且关闭了修道院。

胡克，理查德（约1554—1600年），英国神学家。他的多卷本著作《教会组织法》成为了英国圣公会的基石。

胡斯，扬（约1372—1415年），生于波西米亚，曾在布拉格大学研究神学。他因在布道时批评教士而受到指责，随后教廷的政治斗争使他陷入了更大的不利。1411年，他被开除教籍，禁止与教会成员有任何联系，而且，被放逐出布拉格。带着一张皇帝发放的通行证，他来到康斯坦茨公会议，就开除他的教籍提起上诉，然而，根据教皇的命令，他被火刑处死。他的追随者用胡斯战争来回应这一暴行。

拜占庭帝国皇帝约翰八世·巴列奥略（1390—1448年），试图统一东西方教会。他出席了佛罗伦萨公会议，同意两个教会和解的1439年教令。该协议遭到拜占庭教会的拒绝。

尤尼乌斯，弗朗西斯库斯（1545—1602年），新教神学家。他费时多年把圣经《旧约》翻译成拉丁语。他是神学和希伯来语教授，在莱登大学终了其职业生涯。

诺克斯，约翰（1513—1527年），苏格兰新教徒。他致力于编订第二版《公祷书》。诺克斯因为攻击女性统治者而声名狼藉。虽然他为英国教会效力，但由于著有《反对可怕的女人统治的第一声疾呼》一书，他被伊丽莎白一世禁止进入英格兰。

拉蒂默，休（约1485—1555年），新教改革家，亨利八世的皇家随军牧师。玛丽一世在位期间他拒绝改变信仰，结果被火刑处死。

莱内斯，迭戈（1512—1565年），第二任耶稣会总会长。他在特伦托公会议上捍卫教皇权威。他还促进耶稣会的传教活动。

勒菲弗·德塔普莱，雅克（约1460—1536年），法国人文主义学者，曾研究和校正圣经文本。这一工作使他受到索邦神学院的怀疑，但是，他得到国王及其姐姐那瓦尔的玛格丽特的保护。

洛皮塔尔，米歇尔·德（1505—1573年），法国的掌玺大臣，支持宗教宽容，试图把国家利益置于宗教利益之上。他最终因为教会的反对而被迫辞职。

罗耀拉，圣依纳爵（1491—1556年），西班牙人，耶稣会的创立者。1540年，耶稣会得到教皇保罗三世的承认。圣依纳爵的《神操》（1548年）最初是以西班牙文出版的，该书是耶稣会出版的第一本书。

路德，马丁（1483—1546年），不满意教士和教皇的腐败。他起初的批评是企图从天主教内部来改革天主教会，然而，他很快就从批评转向提出新教义。路德发起了新教改革运动，把圣经翻译成了德语。

迈尔，格奥尔格（1502—1574年），曾在维滕贝格大学受教于梅兰希通和路德。作为路德教的神学家，迈尔告诫道，除了路德宣扬的因信称义外，善功对于得救是必要的。

英国女王玛丽一世（玛丽·都铎，1516—1556年），被称为“血腥玛丽”。她无情地迫害新教徒。她嫁给了西班牙腓力二世，但没有生育一个继承人，因而使得伊丽莎白成为了女王。

苏格兰女王玛丽（玛丽·斯图亚特，1542—1587年），曾嫁给法国王位继承人弗朗西斯二世，然而，他在婚后不久就去世了。她逃脱了苏格兰的新教军队，但却为她的表妹伊丽莎白所囚禁，并最终被处死。

梅兰希通，菲利普（1497—1560年），新教改革家，试图使路德教、加尔文教和慈温利教实现和解。梅兰希通实际上是一个具有宗教协作观点的人文主义学者，这使他与许多新教徒疏远开来。

莫利纳，路易斯·德（1535—1600年），西班牙的耶稣会会士。他一生的绝大部分光阴都在葡萄牙执教。莫利纳主义就是从他得名的，其关涉神恩神学。

莫尔，托马斯爵士（1478—1535年），1529年成为英国大法官。然而，他反对亨利八世离婚，结果被处死刑。

莫蒂利尼亚，托里比奥·德（约1490—1569年），在墨西哥的西班牙传教士。他有关阿兹特克人的著作是关于他们的宗教仪式的重要的早期资料。

闵采尔，托马斯（约1489—1525年），德国神学学者和天主教教士。他是一位宗教空想家。他由于其极端的信仰为路德所抛弃。农民战争期间，闵采尔曾率领一支军队，后来被俘虏并处以死刑。

库萨的尼古拉（1401—1464年），生于德国城市库萨（他的名字即由此得来），写有许多拉丁文论著，包括宗教和哲学著作。他最著名的论著是《论有学识的无知》（*De docta ignorantia*，约1440年），该书论述人类对上帝的理解。

厄科兰帕迪乌斯，约翰内斯（1482—1531年），德国的新教徒，主张参与教会管理。他与慈温利一道说服伯尔尼州采纳新教。

奥西安德，安德烈亚斯（1496/98—1552年），新教改革家，曾就因信称义与路德争论。

普费弗科恩，约翰内斯（1469—1524年），皈依了天主教的犹太人，试图说服马克西米连一世销毁所有犹太著作。希伯来学者罗伊希林却劝说皇帝别那样做。

西班牙国王腓力二世（1527—1598年），同时控制着尼德兰，作为其勃艮第遗产的一部分。他试图通过派遣西班牙军队来镇压尼德兰1567年的起义。这一行动只是强化了新教徒的独立愿望，冲突一直持续到1609年休战协议的签订。

红衣主教波尔，雷金纳德（1500—1558年），坎特伯雷大主教。他反对亨利八世，支持教廷。由于他进行反英国王权的宣传，他的家庭受到迫害。玛丽一世成为女王后，教皇保罗三世派波尔作为赴英格兰的教皇使节。

罗伊希林，约翰内斯（1455—1522年），是人文主义者和希伯来学者，曾劝说皇帝马克西米连一世不要下令全部销毁犹太书籍和抄本。

利玛窦（1552—1610年），一位在中国传教的耶稣会传教士。他的工作是有争议的，因为他允许皈依天主教者奉行祖先崇拜。

塞尔维特，米夏埃尔（1511—1553年），上帝一位论者。他反对上帝三位论，受到加尔文的谴责。根据加尔文教的大本营日内瓦城市议会的命令，塞尔维特在瑞士被处以火刑。

匈牙利和波西米亚国王西吉斯蒙德（1368—1437年），于1433年由神圣罗马帝国皇帝加冕为王。在其王权稳固确立起来之前，他不得不与胡斯信徒打了17年的仗。

西蒙斯，门诺（1496—1561年），曾经是天主教教士，后参与了再浸礼教派，成为一位牧师。他深受路德著作的影响，宣称人们应该过一种修行的生活，提倡平和安宁。门诺派信徒就是从他得名的。

施通普夫，约翰内斯（1500—1578年），瑞士的新教神学家，他的许多教区居民与他一道皈依了新教。

阿维拉的特雷莎（1515—1582年），西班牙的神秘主义者。她创建了加尔默罗修道会的一个改革教团，通称为赤脚加尔默罗女修会，她们过着一种严格的清贫生活。正规加尔默罗修会的成员将特雷莎告到宗教裁判所，所以，她被迫拿起笔来为自己辩护。在1970年，圣特雷莎成为第一位被授予教会博士称号的妇女。

蒂内，加埃塔诺　见圣卡耶坦。

肯皮斯的托马斯（约1380—1471年），灵修作家，可能是家喻户晓的《效仿基督》（*Imitatio Christi*）一书的作者。

廷代尔，威廉（约1494—1536年），将圣经翻译成英语。他在尼德兰因为异端罪被处死刑。

红衣主教沃尔西，托马斯（约1474—1530年），曾担任亨利七世和亨利八世的随军牧师。作为大法官，他被委派负责谈判国王亨利八世的离婚事宜。谈判失败后，他被指控犯有叛逆罪。沃尔西死在他能承担法律责任前。

沙勿略，方济各（1506—1552年），西班牙耶稣会会士，依纳爵·德·罗耀拉的门徒。他一生的绝大部分时间是在远东传教，在果阿等地建立了传教区，把天主教传给了许许多多的人。他死后葬于果阿，但他享有其右臂被取回安葬在罗马耶稣会教堂的身后荣耀。

威克里夫，约翰（约1328—1384年），在牛津大学受过教育。在他批评教士腐败，宣讲圣经是教义知识的最高源泉后，他曾得到政府的宽容。然而，他攻击圣餐仪式，认为其是迷信行为的根源，结果，在 1382 年被命令离开牛津大学的岗位。威克里夫的追随者罗拉德派信徒原来是贵族成员，但是，威克里夫的失宠使这一运动在上层阶级中销声匿迹。它沉入中、下阶层，在 16 世纪早期或许都还有星火未息。

慈温利，乌尔德利希（1484—1531 年），瑞士宗教改革时期一位重要的神学家。他因教士婚姻问题断绝了与罗马教廷的关系，又由于其对圣餐的解释与路德分道扬镳。慈温利教派即从他得名，该教派宣称圣餐礼仅仅是纪念性的仪式。

参考书目

罗马教廷

D' Amico, *Renaissance Humanism*, 1991: papal Rome; Grendler 1999: Bologna; Hallman 1985: cardinals and reform; McGinness 1995: Counter-Reformation; O'Malley 1979: reform in Rome; Partner 1972: the Papal States; Partner 1990: papal service; Prodi 1987: papal monarchy; Signoretto 2002: politics in Rome.

天主教会

Alden 1996: Jesuit missions; Black 1989: confraternities; Crowder 1977: heresies in the 15th century; DeMolen 1994: religious orders; Donnelly 1999: confraternities; Hay 1977: Italy in the 15th century; Housley 2001: holy wars; Kloczowski 2000: Poland; Oakley 1979: early Renaissance; Peters 1988: Inquisition; Racaut 2002: French Counter-Reformation; Raitt 1987: spirituality; Tedeschi 1991: Inquisition; Weinstein 1970: Florence.

新教改革运动

Bainton 1952: mostly Germany; Belloc 1992: impressionistic description of Reformation individuals; Bergsma 1999: Netherlands; Diefendorf 1991: Paris in the 16th century; Holt 1995: wars of religion in France; Oberman 1994: effects of the Reformation; Pelikan 1996: the Bible; Stadtwald 1996: antipapalism in Germany; Unghváry 1989: Hungary; Waite 2000: drama and propaganda.

犹太教

Bonfil 1990: rabbis; Frojmovic 2002: Jewish–Christian relations; Gitlitz 1996: crypto-Jews; Langmuir 1990: anti-Semitism; Meyers 2001: *conversos;* Mulsow 2004: converts to Judaism; Oberman 1984: anti-Semitism; Reinharz 1982: Jewish intellectual history; Roth 1959: (general study); Ruderman 1981: Jewish culture; Ruderman 1992: Italy.

伊斯兰教

Armour 2002: conflicts; Beckingham 1983: travelers; Blanks 1997: Islam as the "other"; Burnett 1999: Italy; Cardini 2001: general study; Fuller 2001: English converts to Islam; Mastnak 2002: Islam and Western politics; Miller 2000: Luther on Islam.

第三章

艺术和视觉文化

直到20世纪，文艺复兴艺术主要指绘画、雕刻和建筑，包括书籍抄本装饰画。艺术史方面的学术著作由于受乔尔乔·瓦萨里的《艺苑名人传》(*Delle vite' de' più pitori, scultori, ed architettori*, 1550) 的影响，主要聚焦上述艺术表现方式的意大利艺术作品。18世纪和19世纪早期的艺术市场为学者、收藏家的鉴赏能力所支配，所以，瓦萨里所描述过的艺术家统治着艺术市场。瓦萨里的《艺苑名人传》仍是对文艺复兴时期艺术生活的卓越洞察，但是，瓦萨里的对佛罗伦萨艺术家的偏爱常使他贬损锡耶纳和威尼斯等其他地区的艺术作品，当然北欧的艺术家根本不在其著作的叙述范围内。我们今天对那个时期有非常全面的了解，我们可以更好地欣赏欧洲各地的文艺复兴艺术的视觉表现风格。另外，我们现在还看到，在某些艺术表现形式的发展中，北欧艺术起了重要作用，尤其是木刻、油画、版画制作和金属艺术品制作等方面。19世纪和20世纪初的若干展览和出版发行使学者和收藏家对文艺复兴时期的尼德兰艺术有了充分了解，所以，我们今天对15世纪和16世纪北欧和南欧的艺术作品有更公允的评价。20世纪后半期的学术研究还探究了西欧文艺复兴艺术与其他文化的艺术作品之间的关系，如在受伊斯兰教影响的伊比利亚半岛发展起来的两种文化交融的艺术形式。

现在的文艺复兴研究者考察的是艺术家生活和工作于其中的视觉文化的方方面面。当然，我们仍钦佩四百年来体现文艺复兴艺术特性的那些绘画、雕刻和建筑杰作。然而，我们知道许多创作上述艺术品的那些艺术家也为别的艺术表现方式，如版画、奖章、刺绣和挂毯等设计草图，也雕刻镜子、珠宝和家具饰品一类小型作品，这一知识使我们对他们的钦佩之情既得以加强又受到节制。从文艺复兴时期的观点来考察艺术，我们应该明白，挂毯，尤其是那些弗兰德尔和意大利的挂毯常常比绘画更被看重。这些方便携带的纺织墙饰艺术品，能够从一个住所带到另一个住所，而壁画终归要留在绘制它们的墙上，大型雕刻也离不开它们的底座。

除了公共建筑和教堂里的视觉艺术外，大多数人看不到文艺复兴艺术的杰作。许多重要的艺术品是教皇、君王或地方官员为其私人邸宅或私家庭院委托制作的，或者是行会等私人机构委托定制的。艺术家被委托来为节庆和葬礼活动设计和绘制木制凯旋门、游行队伍的装饰物、旗帜和纹章等，所以，城市居民能在节庆和葬礼期间欣赏到艺术作品。在15世纪，生活在乡村的许多人一生都在中古教堂里做礼拜，他们对文艺复兴艺术是漠然的。然而，到16世纪，印刷品和带插图的书籍甚至进入了最小的城镇。图像的激增影响到西欧的社会和文化稳定，使人们质疑政治等级、社会分层和宗教的思想观念。

新的视觉文化对新教改革运动起了很重要的作用，它依靠印刷品和插图书籍来扩大自身的宣传，特别是在下层民众之中。

由于意识到宗教图像的威力，所以，新教领袖们主张捣毁偶像，这就引起了对天主教的耶稣受难像、彩色玻璃、绘画、雕刻、雕塑、祷告书和唱诗书的大规模毁坏。某些北欧新教地区逃过这一劫，而英格兰就没有那么幸运了。在亨利八世（1491—1547年）和爱德华六世（1537—1553年）统治时期，英格兰几乎失去了所有重要的天主教艺术，其中绝大多数是哥特艺术，一些是新近从欧洲大陆输入的。15世纪晚期和16世纪早期，许多受弗兰德尔画家影响的英国艺术家在英国本土进行创作。他们的绝大多数宗教题材的艺术品都被毁掉了。除了石膏塑像和肖像画，尤其是微型人像画，英国的宗教改革既阻碍了绘画艺术，也不利于雕刻艺术。当然，意大利没有遭受这样的损失，所以，文艺复兴艺术史就在那儿开始。

绘画

为了鉴别早期文艺复兴绘画（很大程度上是指北部意大利艺术）与最终被取代了的中古的（或哥特的）绘画之间的差异，我们必须认识到，中古绘画水平相当低，人物呆板，没有立体感。虽然个别对象能够描绘得栩栩如生，但整幅绘画通常类似于拜占庭的圣像绘画风格。作品常常没有背景，只是偶

图3.1 将三维物体转化为两维图的仪器。阿尔布雷希特·丢勒的木刻版画，1525年发表。（私人收藏/布里奇曼艺术图书馆提供）

或在镀金的表面装饰冲压或雕刻的图案。乔托·迪·邦多内（1267—1337年）在1305年和1308年之间为帕多瓦的阿雷纳礼拜堂绘制的壁画《圣母子》，人物比例匀称，姿态生动，是最早的新艺术风格的作品之一。实际上，瓦萨里在其《艺苑名人传》中基于乔托绘制了阿西西的圣方济各高教堂壁画的假定，认为他是文艺复兴绘画的开创者。现在大多数学者相信，是另外一个艺术家绘制了那些作品，但是，瓦萨里对乔托的评价还是恰当的。湿壁画或墙画是文艺复兴时期的艺术家擅长的第一种艺术表现方式，接下来是木版画和抄本彩饰画。文艺复兴绘画上最伟大的成就是对透视画法的理解，到15世纪中期，南欧和北欧的艺术家都应用了透视画法。另一个重要成就是对表现形体，或者说在两维空间中使人物有"雕塑"感的方法的新理解。

莱昂·巴蒂斯塔·阿尔贝蒂的《论绘画》（*De pictura*，1435）是第一部已出版的论及单点透视，或叫直线透视的著作。阿尔贝蒂在描述用这种方法在一个平面上造成一种深度的错觉时，提到了"中心点"（没影点或"灭点"）。他和建筑师菲利波·布鲁内莱斯基（1377—1446年）或许在佛罗伦萨一起探究这一概念。因为直线透视法可以用来将人和神话人物恰当地置于画面中，所以，它是文艺复兴艺术最重要的进步之一。阿尔贝蒂强调指出，绘画的主要目的是讲述故事，或者说是叙事，而故事是通过人物来表现的。他假定艺术家精通解剖学，这对创作是至关重要的："在为一个人画上衣服前，我们必须先要画出他的裸体，然后再来为他画上衣饰。因此，在画裸体时，我们要先画骨骼和肌肉，再以皮肉覆盖，这样，要知道皮肤下的每一

块肌肉在什么位置就不难了。”（Alberti 1966, p. 73）一种全新的精确观念由于阿尔贝蒂的著作而进入了艺术家的语汇，因为绘画构图是根据测量以及人物和建筑的准确比例来做的。阿尔贝蒂鼓励画家通过使用对应姿势来引入动态感，这种对应姿势能在古代雕像中见到：一条稍微向前迈出的腿，有相应头的转向或伸出的手臂来使之平衡。这种特殊的姿势不仅对于文艺复兴绘画艺术，而且对于雕刻艺术都是重要的。在意大利，到16世纪20年代，许多艺术家在创作以扭曲和夸张的人物形象为特征的作品时，用戏剧性的布光和结构来突出这些按照被称为“风格主义”的手法塑造出来的人物，而风格主义对16世纪后半期的其他文艺复兴艺术有影响。到世纪之交，风格主义已演变为繁复的巴洛克艺术。

图 3.2　木刻建筑内部空间直线透视的说明图。见1546年在法兰克福出版的希罗尼穆斯·罗德莱尔的《透视画法》。（经拥有该照片2003年版版权的索斯比公司的同意使用）

壁画

壁画或墙画通常是以湿壁画方法来绘制的打算持久保留的图像，是用溶化在水中的粉状颜料来作画。“湿壁画”（fresco）一词源于意大利语，意思是“新近的”，制作方法就是要在刚抹上的灰泥上作画，以便颜料能随着灰泥变干而与其结为一体。画作细节可以在灰泥干后，以干壁画方法（dry work）来添加，而且，蓝色通常也必须待灰泥干后再上，因为那种颜料不能完全溶于水。绝大多数文艺复兴时期的壁画都创作于意大利，但通常不在威尼斯，因为潮湿的气候环境会破坏壁画表面。最著名的文艺复兴时期的壁画是米开朗基罗（1475—1564年）在罗马绘制的西斯廷小教堂穹顶壁画。乔托在帕多瓦绘制阿雷纳（斯克罗维尼）礼拜堂壁画则是最早的壁画之一（见前述）。如一般艺术家一样，壁画家绝大多数是男人，但是，某些女修院里的宗教壁画是由修女绘制的。

早期文艺复兴时期的湿壁画是一种要求很苛刻的艺术表现方式，它要求画家有出色的视觉记忆，而且是一个确实可靠的快手。画家在灰泥底子上勾画草图，要决定哪一部分在特定哪一天绘制，因为必须在灰泥干之前上颜料。然后，在要作画的那部分墙面上抹一层薄而平滑的灰泥覆盖掉草图，画家要记住草图，这样，实际绘画过程才能开始。到15世纪中期，壁画家已学会了在纸上勾画原尺寸草图，然后用刺针沿草图线条刺孔标示或用尖笔轻压的方法把草图转印到抹了最后一层灰泥的那部分墙面上。某些艺术家还把布片贴在湿灰泥上，防止它在作画之前变干。因为湿壁画颜料（某些蓝色颜料除外）真正与灰泥结为一体，所以，它们的色彩能保持鲜艳明亮，画中形象的视觉效果也由于其与墙面或穹顶融为一体而加强。这些绘画作品不为画框所局限或限定：天使们似乎在绕着穹顶飞翔，人们也像在沿墙行走。与绝大多数木版画和画布画不同，湿壁画无须再上一层清漆和其他保护涂料。绝大多数文艺复兴时期其他种类的画作恰恰就因为那些用来保护它们的材料而变得色彩暗淡或褪色了，而许多湿壁画则鲜亮如初，或者能够通过清洗重新展现原貌。湿壁画提供了一个保持鲜艳色彩的好方法，这必定会用于那时期的其他种类的绘画中。

因为壁画的规模可以很宏大，所以，画中人物可以如真人大小，也能轻易地在画中加入叙事。在佛罗伦萨，如同其他重要城市一样，许多修道会常常委托绘制壁画作品，以保存和纪念其组织机构的历史，从而创造一种团体记忆。修道院的回廊是绘制这类壁画的最佳场所，因为修士或修女以及修道院的来访者习惯在这里漫步，而且，作为开放中心的回廊有阳光照亮画作，带屋顶的凉廊又使壁画免遭恶劣天气的侵害。在中世纪，修道院回廊装饰是由富裕家族，即该修道会的施主挑选适合他们的要求的，他们有权死后葬于该修道院中。然而，在佛罗伦萨，到1420年，这类有助于公共观念和教团集体记忆的绘画就开始由修道会构想了。湿壁画组图也讲述圣母和基督的生平，或者有钱的个人施主或行会的守护圣徒的生平之类的故事。曾担任乔托的助手达24年之久的塔德奥·加迪（鼎盛于1325年，死于1366年），在佛罗伦萨的圣十字教堂的巴隆切利礼拜堂绘制有壁画组图《圣母的生平》（1332—1338年），以及该教堂的其他一些壁画作品。可是，在瓦萨里的《艺苑名人传》中却将这些作品说成是乔托的作品。重要的是，要理解文艺复兴时期的读者是通过瓦萨里的眼睛来看他们自己的艺术史的。

15世纪壁画作品举例

第一幅文艺复兴绘画作品描绘的是一个骑手雕像，它是保罗·乌切洛（约1397—1475年）为佛罗伦萨大教堂绘制的一幅湿壁画（1436年）。作品模仿古代罗马雕刻，颂扬了一个曾经为佛罗伦萨作战的英国雇佣兵约翰·德·霍克伍德。作品遵循直线透视法，高近30英尺。瓦萨里曾赞扬所绘马匹的几何比例和整幅作品："保罗以透视法画了一个巨大的石棺，似乎尸体就放在里面，然后，在石棺上方描绘了一个身着指挥官盔甲的骑马男子像。这幅作品过去是，现在也仍然被认为是非常精美的画作。"（Vasari 1998, p. 80）骑马雕像以及用绘画和版画形式来描绘的骑马雕像将成为文艺复兴艺术中受统治者喜爱的主题。

马萨乔（1401—约1428年）在佛罗伦萨圣玛利亚·德尔·卡尔米内教堂的布兰卡奇礼拜堂绘制的壁画组图，是他短暂一生中的晚年为一个私人赞助人创作的。虽然曾在18世纪遭火灾损坏，随后又得到修复，但它至今仍在。湿壁画对这位创造性地利用光线的艺术家来说是完美的表现方式，尽管他在塑造人物时模仿古典榜样。瓦萨里在15世纪的艺术家中把马萨乔置于一个崇高的位置，而且，文艺复兴时期的佛罗伦萨艺术家都研究他在布兰卡奇礼拜堂的作品。瓦萨里称赞他的写实主义风格："马萨乔始终试图创作充满生气、类似原貌的最逼真的人物形象。他的草图和绘画作品都是以这样一种现代风格来完成的，与其他画家的作品截然不同，他的作品在构图和色彩方面完全能够与现代作品媲美。”（Vasari 1998, p. 103）在瓦萨里用“现代”一词时，他指的是一种受古典榜样影响的新的风格，其与古老的哥特风格相对立，他称那种古旧的风格为“日耳曼的”风格。这样，正如在文艺复兴文化的其他方面一样，古典榜样成为了“现代的”典范。

大约1455年到1460年之间，皮耶罗·德拉·弗朗切斯卡（1415—1492年）在阿雷佐圣方济各教堂的高坛绘制了组画《真十字架传奇》。该作品被完好地保存至今，它在文艺复兴时期确实很有名，这可以通过瓦萨里过火的奉承看到：“然而，皮耶罗的才能和技巧表现得最为突出的是他对黑夜的描绘，他画了一个在空中飞翔的按透视法缩短的天使，其头部在画面的最前方……以他对黑夜的描绘，皮耶罗使我们认识到模仿真实事物、描绘真实事物是多么重要，因为它们出自现实本身。”（Vasari 1998, pp. 165—166）这种对自然主义的追求将成为15世纪后半期的画家们十分重要的目标，它将由弗兰德尔画家来达成。许多其他15世纪的意大利艺术家都创作湿壁画，包括安德烈亚·曼泰尼亚（1430/31—1506年）、多梅尼科·吉兰达约（1448/49—1494年）和桑德罗·波提切利等人，他们的木版画也很有销路。

16世纪的壁画作品举例

教皇西克斯图斯四世委托建造的梵蒂冈宫西斯廷小教堂自建成之日起，就一直是教皇历史的焦点。红衣主教团在此选举每一任新教皇。1481年到1483年间，在礼拜堂墙上绘制壁画的艺术家有波提切利、吉兰达约和佩鲁吉诺（约1440—1523年）。在16世纪早期，米开朗基罗及其助手绘饰了穹顶，30年后，他又在祭坛后的墙面上创作了壁画《最后的审判》。《最后的审判》引起了人们相当大的争议，部分是因为反宗教改革的拥护者的严苛（参见关于宗教的第二章）。西斯廷小教堂穹顶是错视幻觉建筑风格和各种尺寸的相互作用的人物绘画作品的最好实例。在20世纪，这些绘画作品接受了一次有争议的清洗，展现出人们期望在文艺复兴时期的湿壁画中看到的那种明亮色彩（若干专家相信色彩过分鲜艳了）。最近的学术研究表明，穹顶的图像设计出自人文主义神学家埃吉迪奥·达·维泰博（1469—1532年）之手，他与米开朗基罗一道工作。犹太卡巴拉神秘主义哲学被用作象征表现的资源，相信把数字占卦术、神秘象征符号和基督教图像结合在一起，就能构想出一个人间天国。在当时只有梵蒂冈教廷官员和人文主义精英或许了解这种基督教语境下对卡巴拉的应用，但是，米开朗基罗无疑是知道的，因为他年轻时候在美第奇宫廷就应该熟悉基督教新柏拉图主义和卡巴拉了。然而，瓦萨里对这一神圣壁画组图的犹太因素全然不知。

很久以前，瓦萨里曾指出16世纪中期的艺术家将会以西斯廷小教堂穹顶画作为榜样，拉斐尔（1483—1520年）就是这样做的。教皇委派拉斐尔用壁画装饰梵蒂冈宫的房间（the Stanze），拉斐尔在礼拜堂观摩了米开朗基罗的作品，因而改变了自己的形象塑造。例如拉斐尔在绘制《圣彼得出狱》（1511—1514年）这一作品时，就像米开朗基罗那样强调了戏剧性效果。这幅壁画作品对拉斐尔

MICHELAGNOLO BVONARRVOTI 717

MICHELAGNO BVONAR. PIT.
SCVLTORE ET ARCHITET.

Vita di Michelagnolo Buonarruoti Fiorentino Pittore, Scultore, & Architetto.

MENTRE gl'industriosi, & egregij spiriti col lume del famosissimo Giotto, & de seguaci suoi, si sforzauano dar' saggio al mõdo, del valore, che la benignita delle stelle, & la proportionata mistione degli humori, haueua dato agli ingegni loro: & desiderosi di imitare cõ la eccellenza dell'arte, la grandezza della natura, per venire il piu che poteuano a quella somma cognizione, che molti chiamano intelligẽza uniuersalmẽte, ancora che indarno, si affaticauano: il benignissimo Rettore del Cielo, volse clemente gli occhi alla terra. Et veduta la uana infinità di tante fatiche, gli ardentissimi studij senza alcun frut

Ssss

图 3.3　米开朗基罗的肖像画。见 1588 年在佛罗伦萨出版的乔尔乔·瓦萨里的《艺苑名人传》。（经拥有该照片 2003 年版版权的索斯比公司的同意使用）

的独创性是一个挑战，因为它必须被设计为一个弧形，有一扇窗户的顶部会插入进来。米勒德·迈斯在他 1970 年出版的《壁画的伟大时代》一书中，解释了拉斐尔是怎样通过在相当阴暗的画面上（那就壁画来说是阴暗的）画出四个光源，来把人们的注意力从窗户引开的。拉斐尔得到人们赏识是因为其画作的“甜美风格”，在罗马法内西纳别墅绘制的赞美海洋女神伽拉忒亚的古风壁画（1513 年）中，不难看到这种风格。

科雷乔（1494—1534 年）绘饰了帕尔玛圣乔万尼福音教堂的穹顶。这一作品大约绘于约 1518 年与 1522 年之间，穹顶顶部（上面没有灯，因而没有来自上方的光）距教堂地面大约有一百英尺。他画的主题通常称为《圣约翰的幻象》，画中描绘了看到被门徒簇拥的基督升天的圣约翰。科雷乔因为帕尔玛大教堂圆顶壁画而得到著名的威尼斯画家提香的赞扬，这幅作品叫《圣母升天图》（1526 年），与圣乔万尼福音教堂的基督升天图相似。在基督升天图中，科雷乔通过描绘基督飞升永恒的闪耀着金色和银色光辉的天国，来造成有“光”来自穹顶的效果。

维罗内塞（1528—1588 年）是一位技艺精湛的错视幻觉画家，他在若干私人别墅，尤其是安德烈亚·帕拉迪奥（1508—1580 年）在马塞尔（维内托）建造的巴尔巴罗别墅绘制的壁画就是例证。由于壁画是墙体的一部分，所以，壁画易于为描绘虚构的三维立体建筑助一臂之力。在巴尔巴罗别墅，维罗内塞用其视觉上的机智绘制了一段虚假的栏杆，远处可以看到“乡村景色”，画中有一位妇女手持一把似乎凸出于墙面的小提琴，一个小姑娘打开一扇门，向房间里面张望，还有其他类似的有趣的逼真的形象。到 16 世纪 60 年代早期，就是维罗内塞绘饰这座别墅的时候，人们欣赏画家们的技艺，也同样欣赏他们的才智。

在卡斯蒂尔（今天的西班牙），胡安·德·博尔戈纳（从 1495 年进入鼎盛，卒于 1535 年）为托莱多大教堂设计了若干幅壁画，包括向花园打开的“窗户”，透过窗户看到花园中充满鲜花、绿树和小鸟。在 1514 年，他还亲自绘制了三幅大的战争场景画，以颂扬他的赞助人弗朗西斯科·日梅内兹·德·西斯内罗斯（约 1436—1517 年），1509 年西斯内罗斯曾在摩洛哥率军与穆斯林作战。博尔戈纳原籍是勃艮第（正如他的姓氏所暗示的），显然，他曾在罗马研习绘画三年。他的壁画作品表明他了解直线透视方法和古典人物造型方法。在他的奥兰战争场景画上方的拱顶上，博尔戈纳以完美的意大利风格绘制了逼真的花格镶板装饰的天花板。

枫丹白露的皇家狩猎山庄有最华美的、绘有壁画的文艺复兴时期室内装饰的典范之一，即山庄舞厅的室内装饰，它充满了神话寓言故事。它是国王亨利二世（1519—1559年）委托弗朗切斯科·普里马蒂乔（1504/05—1570年）和尼科洛·德尔·阿巴泰（约1512—1571年）在1551年到1556年期间绘制的。起初，普里马蒂乔与伊尔·罗索一道为狩猎山庄绘制壁画，制作灰泥墙装饰，后来，在现今所谓枫丹白露画派中，他成为这一装饰工程的主管。在他的工作室中有若干来自南欧和北欧的助手和见习艺术家。这些艺术家在意大利老师的指导下，把色彩、写实和感官刺激结合起来给予充分展现。普里马蒂乔在枫丹白露最伟大的壁画作品是尤利西斯画廊，该作品在后来维修时被路易十五毁掉了。虽然画廊中的形象得到文艺复兴时期艺术家的高度评价，但它还是不适合后世的趣味。

木板画

对于文艺复兴时期的画家来说，木版是便于携带又较为廉价的绘画材料。在表面涂上一层白色的石膏后，木版上就可以用鸡蛋清调出的水性蛋彩或油彩来作画。木版表面也可以绷上布，然后再用石膏处理。画家切尼诺·切尼尼（约1370—1440年）在他写于15世纪初的《艺术手册》（*Il Libro dell' Arte*）一书中，对木版的处理以及在木版上的描图作画给予了详细说明。这本非常实用的论著包括对艺术家有用的配方和秘诀，例如："当石膏被完全刮平后，看上去就像象牙一样，你首先要做的就是勾画草图，用那些我认为你应该预先准备好的柳木炭笔来勾画。但是，炭笔要绑在一个小竹竿或木棍上，使它与手指有一定距离；因为它对你画画有很大帮助。"（Cennini 1954, p. 75）

木版画的艺术方法与湿壁画技术截然不同。甚至对于多块木版拼接而成的大幅祭坛画来说，木版画的画幅通常也比壁画小得多，而且，艺术家可以更从容地来创作木版画，因为他不必为灰泥的干湿担忧。切尼尼认为，木版画家可以在工作过程中停下来考虑构图，然后再拿起画笔继续作画。因为艺术家可以在自己的画室绘制木版画，然后再将画作转交给买主，所以，赞助人和其他顾客常造访画家的画室，而不像壁画艺术家要去到作壁画的建筑。这样，顾客除了委托制作特定的作品外，还能够从艺术家的画店购买画作。壁画没有安装问题，而木版画与壁画不同，它必须要张挂或者用别的方法来安装以供展示。艺术家们在送交画作给顾客的同时常常要附带安装说明。例如阿尔布雷希特·丢勒（1471—1528年）在1509年就曾送出过如下安装说明："假如要张挂这幅画，那么，让它向前倾斜两三指，考虑到耀眼的阳光，这样使它能很好地被观赏。"（Holt 1981, p. 335）虽然木版画有好几种类型，我们将集中论述祭坛画和肖像画这两种对文艺复兴非常重要的绘画类型。像波提切利的《春》（现藏佛罗伦萨乌菲齐美术馆）之类的神话场景和历史场景是流行题材。我们将注意到，许多单片的基督教题材的木版画最初可能是一幅祭坛画的一部分。由于新教宗教改革、法国大革命和其他破坏性的活动，许多祭坛画被拆散或毁坏了。现今有些历史上有名的祭坛画，其主要部分和其他次要部分分别在不同的国家，或者甚至在不同的半球。

祭坛画（或雕刻）

祭坛画（或雕刻）是基督教教堂的至上的荣光。它们是表现耶稣受难或其他基督教主题的木版画或雕刻作品，被放置在教堂或礼拜堂的祭坛上、祭坛后或祭坛上方。人们用不同的词来指称祭坛画（或雕刻），拉丁语叫“retablum”（意为“祭坛后”）。在英语中用“retable”和“reredos”（源自法语，意为“祭坛后”）；后者还常常指大型木刻或石雕饰屏，只有极少数是绘饰的。许多文艺复兴时期的祭坛画是由三块木版拼接在一起的（即三幅一联组画），还有一些是四块以上的木版拼接成的（即多幅一联组画）。教堂里的木版画用两块木板拼成的（即两幅一联组画）相当少，但是，两幅一联的木版画显然被用作私人灵修目的。祭坛画虽然置于祭坛旁边，但它并不是正式的整个仪式的组成部分。祭坛画的画像通常是赞颂与各教堂有联系的圣徒，而且，反宗教改革的政策也支持这类基督教艺术。在南欧，尤其是意大利，早期文艺复兴的祭坛画通常是由一幅大木版画组成，或者是中间一幅主画，两侧有固定的画幅。在北欧，人们更喜欢把各幅木版画用合叶连接在一起成为活动的画屏，到15世纪后半期，这种方法也在意大利流行开来。用合叶连接在一起的木版使艺术家有机会在侧版外表面绘制场景画。当这样一组祭坛画被收起来时，这些场景画就是唯一可见的部分，除非该祭坛画有底座，即一个沿建筑的水平地基建造的窄窄的画架。在如下部分，我们将描述祭坛绘画作品，祭坛雕刻作品以后再讨论（见稍后的“木雕”、“石雕”）。

15世纪的祭坛画举例

宏伟的《根特祭坛画》（即1432年？绘于根特圣巴沃大教堂的祭坛画《羊的祭礼》）可能出自胡伯特·凡·爱克和扬·凡·爱克兄弟之手。扬在胡伯特去世后完成了这幅画。考虑到画作顶部和底部人物尺寸的巨大差异，扬·凡·爱克或用他哥哥死后留在画室的画拼成了这幅著名的祭坛画。它是现存最大的文艺复兴时期的祭坛画，这幅作品被认为是惊人的奇迹。最近的学术研究指出，《根特祭坛画》是根特圣约翰教堂（现今叫圣巴沃教堂）委托制作的，它并非简单地展示在一个木画框内，而是装配有精致的画框，画框形状可能就像一座大教堂。这样一种展示会使《根特祭坛画》更加富丽堂皇。

《波尔蒂纳里祭坛画》（现藏佛罗伦萨乌菲齐美术馆）是弗兰德尔画家雨果·凡·德尔·戈斯的作品，是15世纪最有影响的祭坛画之一。它是1474年到1475年期间在布鲁日委托制作的，尺寸大约为101×121.5英寸（253×304厘米）。这种风格的文艺复兴绘画作品中只有《根特祭坛画》比它大。《波尔蒂纳里祭坛画》的主题是朝拜初生基督，通常朝拜圣婴的主题都集中于东方三贤来拜，而不像凡·德尔·戈斯画中描绘的是牧人来拜。《波尔蒂纳里祭坛画》无论在肖像绘制还是宏大的尺寸上都是同时代祭坛画中很突出的，而且，画中的牧羊人是那样真实地被凸显出来，所以，作品的表现方法也令人震惊，与众不同。这幅祭坛画是意大利商人所委托的

图 3.4 祭坛画（祭坛后的装饰画）《圣母的礼赞》。祭坛画通常是在中间描绘圣母或基督，两边和底部描绘圣徒和捐赠人。15 世纪晚期西班牙艺术家的作品。（经美国西班牙学会同意使用，A13）

宗教艺术的重要实例，捐赠者的肖像以后再来讨论。凡·德尔·戈斯及其同时代人的弗兰德尔写实主义风格对 15 世纪后半期的欧洲画家产生了巨大影响。

在法国，1498 年左右，称为“穆兰的大师”的画家（姓名不详，鼎盛期大约是 1480—1500 年）在现在的穆兰大教堂绘制了三幅一联的祭坛画。该画的主题是圣母无玷始胎，又在两个侧板外表面上用灰色模拟浮雕画法（*grisaille*）绘制了天使报喜的场景画。捐赠人的肖像将在以后论及。（无玷始胎论声称，圣母本人是无罪受孕，她的母亲安妮是蒙受天恩的。）这幅祭坛画之所以值得注意是因为它那非常明快的色彩。画中坐着的圣母脚下是一弯新月（无玷始胎的象征），在她身后是由苍白而明亮的同心圆变成的太阳似的金色星球。因此她就成为了太阳的夫人，这是一个流行的北方文艺复兴的形象。

16 世纪的祭坛画举例

《伊森海姆祭坛画》(1515 年，现藏科尔马丹特兰博物馆）出自德国艺术家马蒂亚斯·格吕内瓦尔德（约 1470—1528 年）之手，是为伊森海姆一家医院绘制的。这幅祭坛画描绘了医疗圣徒和身患重病者，作品表现了文艺复兴时期人们所谓最佳治病的方法，即祈祷和虔诚的默想。对于身患重病的人来说，他们没什么痊愈的希望，所以，这幅祭坛画能消除他们对死后得救的疑虑。与该章讲述的其他祭坛画不同，整幅伊森海姆的祭坛画是一个复杂的活动结构，它有三组用合叶连接在一起的侧板。在祭坛画逐渐打开的过程中，这些侧板就提供了若干展示面，最后一个侧板的里面是一个木刻镀金彩绘神龛，是尼古劳斯·哈根瑙尔（鼎盛期在 1494 年到 1538 年前）的作品。该修道院的守护圣徒圣安东尼院长也供奉在这个神龛中。

皮耶罗·迪·科西莫（1461/62—1521 年）为费索莱的圣方济各教堂绘制了祭坛画《无玷始胎图》，它可能创作于 1510 年后不久。这幅祭坛画是典型的意大利风格，其绘在单块木板上。皮耶罗·迪·科西莫的出名显然不是因为这幅祭坛画，而是因为世俗的神话题材绘画作品。这幅祭坛画今天之所以闻名是由于它特殊的构图，画中的圣哲罗姆和方济各都跪在一个石板上，各自举着一个铭文牌，似乎是在讨论无玷始胎说。这幅画最初是要放在祭坛后面的，所以，石板似乎是从画的底边向后伸入画面，它就好比是祭坛的后面部分。在画面中能看到左右两边的圣徒身体的四分之三（从头部到大腿），而他们的脚却“站在”实际画面之下。因此，他们就好像站在这座教堂里一样。对于文艺复兴时期的信徒来说，在一个只有蜡烛照明的幽暗空间中，这样一种交互式绘画作品的灵修效果必定是强有力的。

祭坛画《圣亲属》(或叫《圣安妮》壁画，1507—1509 年）出自安特卫普画家昆廷·梅特西斯（1466—1530 年）之手，是由卢万圣安妮兄弟会为装饰他们的圣彼得教堂而委托制作的。在 16 世纪早期，安特卫普成为斯海尔德河上一个重要港口，经济增长迅猛。安特卫普的艺术和商业都很繁荣，产生了许多有影响的艺术作品。梅特西斯的这幅祭坛画具有典型的弗兰德尔注重细节的风格，作品色彩柔和，如同时代的威尼斯绘画，其背景画法也能在许多意大利作品中见到。画中圣母的母亲安妮被安排在门廊下，她旁边是圣母玛利亚和圣婴耶稣，另外，还有两位女性亲属。在他们的后面是安妮的男性亲属，站在仿古凉廊中，凉廊外有伸向远方的风景。这样奇妙的风景画不久将成为北欧风格主义绘画的流行因素。在这座兄弟会的教堂中，伸向无尽远方的风景画或许能够提升信徒内心的想象，以超越世俗建筑的限制。

人像表现艺术

我们今天通常认为肖像是复制准确逼真的人像以记录人生特定阶段的形象的。文艺复兴时期的肖像稍微更复杂一些，这对于一个还没有照相术的时代是可以想见的。在弗兰德尔写实主义支配欧洲肖像之前，生动自然是一幅成功的肖像画的主要目标，即便画作并不准确与模特儿相像。准确的形似并不必然是肖像画的目的，艺术家常常把模特儿作为典型来处理，结果可能就是庄重的或高尚的面貌，而与实际外表不相吻合。对于妇女来说，美和“美德”是重要的品质，因而有了对面部特征的精巧处理，尤其是在送给未来的追求者的肖像中要这样。年龄的表现，尤其是表现有权势的妇女的年龄对大多数艺术家来说都是疑难问题。在这一情况下，画家被命令照着模特儿年轻时的肖像来画，而不是画年老的模特儿。最后，有一种制作人像的风格接近于照相似的准确，这就是面模，它是用活人和刚死去的人的面部模制成的。死者的面模常被用来制作陵墓雕像的面部。

文艺复兴时期人像表现方法包括素描、颜料画、版画、写本插画、雕刻和徽章浮雕等。这部分论述的是肖像颜料画，除素描以外的其他表现方法以后再讨论。我们在此集中讨论木板肖像画，会顺便提及湿壁画肖像。一般说来，早期文艺复兴时期的意大利画家都绘制侧面肖像画，这或许是受钱币和徽章上罗马皇帝侧面像的影响。虽然侧面肖像可以赋予被画对象帝王般的庄严，但是，侧面肖像看起来与观画者显得疏远，似乎毫不相关。弗兰德尔和法兰西—弗兰德尔画家用更亲切、更具描绘性的展现四分之三面孔的方法来处理头部，这样一种绘画姿势到16世纪中期盛行整个西欧。北方肖像画传统在其他方面影响了南方艺术家：整幅作品常常被复制，而在复制品中描绘有一个不同的个人来做区别。最负盛名的一种肖像画是在祭坛画中表现捐赠人及其家族，这样雄心勃勃的计划会费时若干年。其他重要的肖像画类型是王室肖像画、新娘或嫁妆肖像画以及结婚肖像画。

绘制肖像画的情况是多种多样的，既可以是模特儿坐着让画家来画，也可以根据另一个画家送来的草图来绘制，还可以完全根据记忆来画肖像。有人需要新的先祖肖像，以及没有肖像传世的著名人物的肖像，这时，画家不得不依赖的方法是：把被画者表现为某种特定的典型；根据对被画者的文字描写来作画，或用某个人（多半是其后人）作为模特儿来画。当然，那时没有专业的照明装置。依靠从窗户射进的阳光来画肖像画，会造成光的处理往往生硬刺目，而用烛光或灯光来画肖像画，画面又会显得太阴沉暗淡。艺术家学会了用各种方法来弥补这一难题，他们用亚麻布窗帘来使阳光漫射开去，还用镜子和浅色的墙来增强烛光。最后，一旦被画者对肖像画满意，艺术家常常不得不绘制副本。许多学艺术的学生和学徒通过复制肖像来学习绘画技巧，因为如果需要副本，师傅通常只画面部和手。西欧，尤其是16世纪的西欧对肖像画的需求非常旺盛，那时候的收藏家对绘制精美的肖像画，甚至是匿名模特儿的肖像画，出手阔绰。小幅肖像画（在这部分的最后来讨论）特别招人喜欢。肖像美学开始于文艺复兴时期。

祭坛画中捐赠人的肖像

《根特祭坛画》的捐赠人肖像绘在侧板外表面上，《波尔蒂纳里祭坛画》与其不同，它将波尔蒂纳里家族肖像画在两块侧板的内表面上，画中的波尔蒂纳里家族成员向圣母跪拜祷告。虽然捐赠人和他的孩子是侧板内表面场景画的一部分，但是，由于他们与圣母不在同一个木板上，所以还是远离圣母。左侧板上描绘的是托马索·波尔蒂纳里，他1477年前一直负责管理布鲁日美第奇银行，画中与他在一起有他的大儿子安东尼奥和小儿子皮杰罗，他们分别由他们的守护圣徒圣安东尼院长和圣托马斯陪伴。右侧板上画的是站在她女儿玛格丽塔后面的玛利亚·抹大拉，同时，在她的母亲玛利亚身后是圣玛格丽特。波尔蒂纳里家族的肖像画几乎与真人一般大小，这幅画作使这个家庭被永远呈现在他们的家族教堂圣埃吉迪奥教堂的祭坛后面，在画作的前景还有同样是真人大小的被描绘为天使的孩子。自然，这幅祭坛画被委托绘制为宗教艺术，它可以铺平波尔蒂纳里家族上天堂的路。然而，它也明显是托马索·波尔蒂纳里的地位的象征，他正与自己的对手佛罗伦萨银行家安杰洛·塔尼（也是一位艺术赞助人）在商业上和金融上展开激烈竞争。整个西欧的新兴商人阶层委托绘制精美的祭坛画，作为社会地位的象征以及他们对教会忠诚的表示。

在穆兰的大师（前文已论及）大约1498年绘制的祭坛画中，捐赠人及其女儿的肖像都画在两块侧板的内表面上。就像波尔蒂纳里祭坛画一样，这一作品产生的动机也是竞争，而且在风格上更为相似。波旁公爵约翰二世（卒于1488年）曾为穆兰大教堂委托制作了一个祭坛，以及以赞美圣母无玷始胎为主题的彩色玻璃窗户拼图。约翰二世去世后，他的兄弟皮埃尔二世即位为公爵，皮埃尔则为大教堂的礼拜堂委托制作了这幅祭坛画。画中公爵身后绘有他的守护圣徒圣彼得，头戴饰有宝石的金色教皇三重冠冕，身穿精美的袍服，这大大提高了公爵自己的地位。皮埃尔二世及其全家画得非常逼真，甚至他小女儿的病态、他妻子的倦态都描绘了出来，这表明北欧看重的是写实主义肖像画。甚至天使也表现得像是有个性的孩子，面貌各不相同。

赞助人常常被画在一幅祭坛画主要的中板上，而不是画在侧板上。如汉斯·梅姆林（约1430—1494年）的《多恩三联祭坛组画》（*Donne Triptych*），实际上就把捐赠人画在圣母的膝边，他们的衣服都触到了圣母地毯的边缘。这样的构图可能有护身祛邪的性质，它实际上给捐赠人一个幻觉，似乎他们接触到圣母的纯洁，以及她为他们的罪孽代祷的力量。葡萄牙画家努诺·贡萨尔维斯（鼎盛期是1450—1471年）是阿方索五世（1432—1481年）的宫廷画家，他受到弗兰德尔新画风的影响，这可能由于扬·凡·爱克曾在1428年赴里斯本做外事访问。贡萨尔维斯绘制的《圣文森特多联祭坛组画》（约1465年，现藏里斯本国家博物馆）充满了逼真人物像，其人物面貌各具特点，似乎他曾给每一个人画过肖像。人们认为画中人物是他的赞助人——葡萄牙王室成员。

王室和其他贵族的肖像画

在文艺复兴时期，拥有权势者的肖像画使人显得有身份，而权势者展示自己的肖像画则可以使自己更具威严。王室和公侯家族画肖像不仅仅是他们自己家庭所需，而且用来作为外交礼物。教皇肖像在天主教徒中具有最崇高的地位，而拉斐尔就是最杰出的文艺复兴时期教皇肖像画家之一。在1511年或1512年，他曾画过一幅教皇朱利乌斯二世（1443—1513年）的肖像，作品活灵活现，几乎乱真（现藏伦敦国家美术馆）。瓦萨里认为，观画者实际上对其逼真的面孔感到害怕。在英格兰，除了微型肖像画家外，肖像画家都是弗兰德尔人或德国人，最著名的是小汉斯·霍尔拜因（1497/98—1543年）。他绘制过若干幅亨利八世（1491—1547年）及其宫廷成员的肖像。他画过一幅著名的亨利八世的肖像，画中的国王身着饰有珠宝的天鹅绒华服，魁伟的身躯占据整个画面，两眼冷酷地凝视前方。这幅画对于文艺复兴时期的人们就像对于今天的观众一样是令人望而生畏的（该画现藏罗马国家美术馆）。荷兰艺术家安东尼斯·莫尔（约1516/20—1576/77年）效力于在尼德兰的西班牙宫廷。莫尔对哈布斯堡家族和西班牙贵族，包括腓力二世（1527—1598年）的妻子玛丽·都铎（1516—1558年）的冷峻而逼真的描绘，使其跻身于肖像画家的先驱者之列。女艺术家索芙尼斯巴·安奎索娜（1532—1625年）以其宫廷肖像作品获得了国际声誉。在马德里作画期间，安奎索娜还为王后华洛瓦的伊丽莎白讲授艺术，伊丽莎白本人也是一位天才的肖像画家。

新娘或嫁妆肖像和结婚肖像

尤其是在15世纪的意大利，丈夫委托艺术家绘制新娘肖像，不仅要展示新娘的美丽，而且还要展示新娘作为嫁妆带过来的或丈夫作为彩礼送给她的珠宝的价值。这些肖像只描绘年轻妇女，她们的理想年龄大约为16岁。我们能够辨别她们是已婚妇女，因为她们的头发被束了起来，而未婚妇女是随意的垂发。除了象征性地与妇女的贞节（对已婚妇女则是忠诚）和生育力一类美德相联系之外，这些肖像中所描绘的珠宝还有助于巩固丈夫的社会地位。对于画这类肖像的艺术家来说，被画对象佩戴各种珍珠宝石的考究发型，以及她们的美好青春，都为一些最美丽的文艺复兴时期妇女肖像的创作提供了极好机会。画这类新娘肖像值得注意的艺术家有皮萨内罗（约1395—1455/56年）、弗拉·菲利波·利皮（约1406—1469年）和安东尼奥·德尔·波拉约罗（约1432—1498年）。纪念婚礼的结婚肖像画描绘的是结婚的夫妇，这类肖像画在北欧和南欧都很流行。最著名的例子是扬·凡·爱克画的《阿尔诺菲尼结婚肖像》（1434年，现藏伦敦国家美术馆），作品描绘了乔万尼·阿尔诺菲尼和他的妻子。画中的夫妻二人拉着手站在卧室内，室内有枝形吊灯和豪华的橙色床罩。他们的这幅肖像画是全身肖像，展示了他们穿着的饰有毛皮的奢华长袍。大多数其他文艺复兴时期的结婚肖像不是全身像，背景常常都很朴素。

其他类型的肖像画

上述各种肖像画使这种绘画形式受到富裕的中产阶级的欢迎，这样，就促使那些希望自己的家人名声不朽的丈夫、父母以及其他人委托艺术家绘制肖像画。今天，最著名的文艺复兴时期的个人肖像是《蒙娜丽莎》（现藏巴黎卢浮宫博物馆），它是列奥纳多·达·芬奇（1452—1519年）在16世纪初绘制的。列奥纳多传世的肖像作品都是妇女的肖像画（这对当时来说是不多见的）。起初，列奥纳多可能还仅仅是受模特儿的丈夫委托而作画，后来或许对自己的作品有些着迷了。这幅画在16世纪迅速出名，部分原因是瓦萨里所发表的评论："她嘴唇微翕，使红唇与脸颊的肌肤相连，嘴唇画得如此逼真，似乎就是真实的肌肤而非绘画之功。任何人凝神观看她喉头的凹陷处，就会看到她的脉搏在跳动……在这幅列奥纳多的肖像作品中，有一种微笑如此可爱，似乎比人类的微笑还要神圣，这是一个杰作，它与它模仿的活的原型的微笑一样生动。"（Vasari 1998, p. 294）

托马斯·莫尔爵士在其《乌托邦》（1516年）一书中建议，著名个人的肖像应该在市场上展示，以便他们的子孙后代能记起他们

图 3.5 《圣母头像》。15 世纪晚期或 16 世纪早期列奥纳多·达·芬奇的素描。（大都会艺术博物馆，哈里斯·布里斯班·迪克基金会捐赠，1951［51.90］）

的美德，以他们为榜样。这样做是要通过观赏肖像来激励观众趋向高贵思想和行为。另外一种文艺复兴时期的肖像则有不同的目的，即当艺术家把某个人描绘为一个圣徒或神话中的神祇时，这样就能使模特儿具有特定圣徒和神祇的品质。例如阿尼奥罗·布隆齐诺（1503—1572 年）就曾把伟大的海军将领安德烈亚·多里亚（1466—1560 年）描绘为海神尼普顿。肖像画还被引入壁画叙事作品，例如拉斐尔在梵蒂冈宫的房间绘制的湿壁画。在绘制历史上知名教皇的肖像时，这位艺术家利用了其赞助人，即文艺复兴教皇们的肖像。艺术家们常把自己的肖像画入这类群像场景中，通常两眼凝视观众。家系肖像图是一种受欢迎的肖像类型，它是由头部肖像来组成环状或其他形状的图形。虽然先祖的肖像常常是理想化的，但是，文艺复兴同时代人的肖像是写实的。微型肖像在下一节来讨论。

犊皮纸和羊皮纸上的绘画

艺术家绘制微型肖像画喜欢选用犊皮纸和羊皮纸。（犊皮纸和羊皮纸的写本插图在第五章讨论。）宫廷画家汉斯·霍尔拜因也创作微型肖像画，包括一幅到肩的自画头像，作品用水彩画在直径不到两英寸的犊皮纸上（现藏伦敦华莱士收藏馆）。有好几个女艺术家擅长画微型画，但不能确定她们各自作品的归属。最著名的英国文艺复兴时期微型肖像画家是尼古拉斯·希拉德（约 1547—1619 年），他创作了王室微型肖像画。除了绘制常见的微型胸像外，希拉德还画有全身微型肖像，一些作品高不足六英寸。我们没有传世的 16 世纪 20 年代以前以活人为模特儿绘制的微型肖像画，但是，15 世纪的绘画目录为微型肖像画的存在提供了文献证据，一些微型肖像是画在象牙上，而不是犊皮纸上。与壁画肖像和木版画肖像相比，微型画更多地是私人肖像，它们是纪念品，常常是打算送给爱人的礼物。一些微型画绘在胸针上或小金盒里，受礼者将其作为具有情感意义的珠宝饰物来佩戴。

挂毯

在 14 世纪后半期，重要的挂毯作坊建立在勃艮第公爵领地，该公爵领地包括弗兰德尔和法兰西北部。推动此项生产的是四个兄弟：法国国王查理五世、勃艮第公爵、贝里

图 3.6 《最后的晚餐》。由贝纳尔特·凡·奥利设计的挂毯，1530 年在弗兰德尔可能由彼得·德·潘内马克织成。（大都会艺术博物馆藏，罗伯特·莱曼收藏品，1975［1975.1.1915］）

公爵和安茹公爵。他们的委托支撑起许多挂毯织工的生活，尤其是在阿拉斯、图内和布鲁塞尔。到 16 世纪，布鲁塞尔与其他如布鲁日、根特和里尔等弗兰德尔城市一道，成为最重要的欧洲挂毯生产中心之一。除了生产挂毯外，其中一些作坊还培训外国挂毯织工。经营于 16 世纪 60 年代在英格兰建立的著名的谢尔顿挂毯作坊的织工就曾在弗兰德尔学艺。意大利的挂毯作坊是在各城邦的保护下建立起来的，其中以佛罗伦萨、米兰和费拉拉的最为重要。这些奢侈的墙面装饰品还用来保暖防潮，常常一套挂毯就有十几块或者更多。成套挂毯中的单块挂毯常常高达 15 英尺，长达 30 英尺。整个王宫走廊都有成套的挂毯覆盖墙面，既给人以视觉娱乐，也使人感到温暖和威严。艺术家通过为顾客勾画草图来设计挂毯，世俗图像，尤其是涉及古典神话故事的图像几乎与宗教图像一样受人欢迎。一旦草图得到顾客同意，图样就被制成足尺底图。织挂毯是一个辛苦的过程，因为织工必须不断核对被复制的底图。还有顾客要求用挂毯来复制壁画的个别例子，其中最著名的是1540年左右制作的那组挂毯，它复制了枫丹白露弗朗西斯一世长廊中的壁画（这组挂毯现藏维也纳美术史博物馆）。许多挂毯的构图设计都反映了著名画家的风格，一些画家本人就设计挂毯图样。因为挂毯便于携带，所以，它们被从一个住处带到另一个住处，而且，它们还被用作礼仪目的。教皇利奥十世（1475—1521年）委托的由拉斐尔设计图样（于1515年到1519年，在布鲁塞尔织成）的挂毯，就被用来在特定时候装点西斯廷小教堂的墙面。意大利文艺复兴艺术，尤其是别具一格的图案表现形式和直线透视法，对16世纪的弗兰德尔的挂毯设计有重要影响。由于挂毯是用奢侈的材料织成，所用材料包括精纺毛线、丝线，常常还要用金线和银线，也由于制作过程相当费时，所以，挂毯是文艺复兴时期最昂贵的、最值得拥有的艺术品。国王亨利八世拥有两千多块挂毯。（要了解更多关于挂毯的知识，请参阅第十二章，关于庆典仪式的论述。）

弗兰德尔挂毯

就文艺复兴时期的审美趣味来说，像绘画一样的挂毯设计成为了更受人喜爱的时尚，早期的挂毯就受到像罗吉尔·凡·德尔·维登（约1400—1464年）这样的艺术家的宗教作品的影响，维登的画室在布鲁塞尔。叙事性设计非常流行，尤其是因为挂毯能为表现故事场景提供宽阔的画面。深受欢迎的是狩猎场景图，这类作品常常在充满鲜艳色彩的服装的画面上描绘象征性的图像。16世纪的大部分时间内，弗兰德尔叙事题材的挂毯充满了许多人物和动物，因为哥特趣味盛行北方。拉斐尔和布隆齐诺等意大利艺术家也开始设计挂毯草图，他们在自己的画纸上设计挂毯，图中人物真人般大小，并且常常是按照直线透视法来描绘的。16世纪的意大利版画为弗兰德尔挂毯设计者提供了很多参考资料，尤其是马坎托尼奥·雷蒙迪（约1470/82—1527/34年）版画制作，他曾在罗马以精细的版画形式复制了著名的文艺复兴绘画作品（见“版画”）。弗兰德尔艺术家伯纳尔特·凡·奥利（约1492—1542年）是北方挂毯制作中新“罗马风格”的最佳代表，他受到拉斐尔为教皇设计的挂毯草图的影响。奥利效力于哈布斯堡家族，尤其是为尼德兰的摄政者奥地利的玛格丽特（1480—1530年），以及她的继承人皇帝查理五世（1500—1556年）的妹妹——匈牙利的玛丽（1505—1558年）工作。他既设计宗教的，也设计世俗的挂毯，其中包括《马克西米连狩猎图》（现藏巴黎卢浮宫博物馆），该作品是为颂扬奥地利的玛格丽特的父亲——皇帝马克西米连一世（1459—1519年）而作。由于16世纪60年代以及16世纪后半期西属尼德兰的政局不稳，许多弗兰德尔织工都把他们的作坊迁到德国境内，有一些移民到英格兰或法国。

意大利挂毯

意大利的挂毯作坊是在特定个人的赞助

下建立起来的，而且受到这些个人的直接资助，所以，一旦城邦王朝灭亡或被征服，织工常常不得不关门歇业或迁往异地。一般说来，与北欧的大规模工场相比，这种作坊系统规模更小，更少独立性。意大利作坊的市场是地方性的，而弗兰德尔的作坊却是国际顾客光顾的地方。意大利较有生产能力的三家作坊在米兰、费拉拉和佛罗伦萨。1450 年，米兰公爵弗朗切斯科·斯福扎（1401—1466 年）建立了该城邦的挂毯作坊。大约同时，费拉拉君主莱奥内洛·德·埃斯泰（1407—1450 年）在其去世前不久在费拉拉创建了一家挂毯作坊，到 16 世纪它仍然在生产。弗兰德尔织工尼古拉斯·卡彻（鼎盛于 1517 年，卒于 1562 年）和他的兄弟扬一道在这家作坊工作。他们制作的非常著名的一组挂毯是以拉丁诗人奥维德创作的神话故事为主题的。在一度效力于曼图亚的贡扎加宫廷后，卡彻来到佛罗伦萨，于 1546 年在科西莫·德·美第奇（1519—1574 年）的赞助下建立了一家挂毯作坊。他制作的 20 幅一组的挂毯作品《约瑟夫的经历》（1546—1552 年，现藏佛罗伦萨旧宫）中，就有雅科波·达·彭托尔莫（1494—1557 年）及其学生阿尼奥罗·布隆齐诺的设计。

雕塑

文艺复兴雕塑是受古代形式影响最明显的艺术表现方式，因为意大利艺术家忠实地依照古典风格来创作雕塑。由于古代的雕塑和建筑上的彩色已经剥蚀，所以，意大利艺术家以为古人没有对雕塑进行彩饰，因而他们的仿古雕塑通常不施色彩。在 15 世纪，许多北方雕塑家以及生活在意大利以外的南方雕塑家都沿袭中古做法，对自己的作品施与色彩。如绘画一样，雕塑的复兴也开始于北部意大利，那儿的艺术家把弗兰德尔的写实主义风格与对人体解剖学和立体空间中人体运动的理解结合了起来。意大利 15 世纪的雕塑家从古典雕塑得到灵感，促成了“优雅的现代风格的开端”（瓦萨里就是这样描述吉贝尔蒂的作品的，见 Vasari 1998, p. 92）。佛罗伦萨的金匠和雕塑家洛伦佐·吉贝尔蒂（1378—1455 年）收藏有古代雕刻，包括青铜雕塑。在 1401 年，他在艺术上取得了不朽的成就，赢得广为人知的为佛罗伦萨洗礼堂建造青铜门的竞赛，这是意大利文艺复兴时期第一个重要的雕塑工程委托。这类在整个文艺复兴时期一直都有的竞赛是必要的，因为一项重要雕塑计划的赞助人是在时间和材料上进行重大投资。例如从采石场运输石料的费用就非常之高。绘画或挂毯可以根据设计草图来决定委托，而雕塑则与它们不同，三维立体的雕塑就像建筑一样，通常要求艺术家提交模型和预算。到 15 世纪中期，重要的工程委托都要求提交模型。一点儿也不奇怪，这类竞赛的公开性质不仅提高了胜利者的声誉，而且在总体上有助于提升雕塑家的地位。

木雕

德国、尼德兰和英国的木雕师以其技艺闻名于世，尤其体现在祭坛木雕饰屏上，镂空由许多宗教人物雕像组成的雕细工结构非常复杂。质地较轻、柔韧性强的木头使木雕师能创作出构思精巧的大型祭坛木雕饰屏。菲特·施托斯（约 1438—1533 年）是一位德国的雕刻家，1477 年他移居波兰，接受克

图 3.7 士瓦本（德国）椴木雕刻《圣母与圣婴》。圣婴基督和圣母是全欧流行的灵修雕像。15 世纪后半期汉斯·穆尔切尔圈子的艺术家的作品。（经拥有该照片 2003 年版版权的索斯比公司的同意使用）

拉科夫德国商会的委托，为克拉科夫圣母教堂制作祭坛木雕饰屏。这件有两个侧屏的木雕饰屏是 15 世纪最有雄心的木雕祭坛饰屏之一。作品有彩饰，这或许是另外一个艺术家所为。当一件作品需要彩饰的时候，雕刻家常常与画家合作。施托斯似乎是要完全回避文艺复兴风格，他将垂直的哥特式风格与躁动的巴洛克表现主义结合在一起。他对衣饰的处理使得这个巨大的木雕饰屏从整体看起来栩栩如生。15 世纪和 16 世纪的许多艺术家，尤其是北欧的那些艺术家，直至我们所谓文艺复兴末期，在他们的作品中依然保留有哥特因素，认识到这一点是很重要的。

蒂尔曼·里门施奈德（约 1460—1531 年）既是一个木雕大师，也是一个石刻大师，他曾创作有三屏一组的椴木木雕饰屏，至今仍在原址，即圣雅各布教堂（罗滕堡）的圣血祭坛木雕饰屏，而且，圣主教堂（克雷格林根）的圣母升天祭坛木雕饰屏也出自他之手。椴木有一个非常好的特性，即在它上面雕刻细节要比用可塑性较差的木料容易得多。这两件祭坛饰屏证实了里门施奈德的独创性，特别是他对衣饰的流畅处理，衣饰与立体人物的举止和谐一致。两件饰屏都具有文艺复兴时期的空间特征，居中的人物置于一个后面开有小“窗户”的礼拜堂内，使光线能照耀雕像的后背，映照他们脸部的侧面，这就产生一种栩栩如生的效果。这些祭坛饰屏正像许多里门施奈德的作品一样是没有施彩饰的，所以还能欣赏到漂亮的木纹。两件作品中更神圣的是圣雅各布教堂的圣血祭坛木雕饰屏（1501—1505 年），因为它上面有基督血的遗迹和对最后的晚餐的描绘。这件作品中的人物都相当大，按合同要求人物须有四英尺高。绝大多数雕刻师制作较小的木雕作为货品，于是，人们在市场或货摊上购买基督受难像和圣母像之类的灵修雕像。这些木雕中的一部分是为大众消费而制作的，因而相当粗糙，但是，它们甚至让下层阶级的人们能在自己家里拥有一件灵修用品。新教改革运动使许多这类物品连同木雕祭坛屏饰和神龛等更重要的艺术品一道被烧毁。

石雕

对于石雕来说，大理石很受重视，因为大多数种类的大理石都非常持久，而且能够像古罗马雕像那样很好地打磨抛光。文艺复兴时期的雕刻家喜欢的其他石材有石灰岩石和沙岩石。制作浮雕就常常把大理石和石灰石结合起来使用。在某些时候，艺术家仿效古罗马建筑遗迹或真正的罗马雕刻作品来创作文艺复兴雕刻作品，如米开朗基罗在美第奇家族陵墓创作的作品。采自比萨附近密度较大的卡拉拉大理石被认为是意大利最好的大理石。1495 年，米开朗基罗曾亲自到卡拉拉采石场挑选了一块巨大的大理石，他要用它来为圣彼得大教堂雕刻《圣母怜子》作品。虽然绝大多数石雕艺术家是男性，但是，瓦萨里也曾赞扬过一位女性雕刻家，她就是普罗佩尔齐娅·德·罗西（约 1490—1530 年）。她在其家乡博洛尼亚工作，创作教堂雕塑也制作人物胸像。瓦萨里在论及这位艺术家的那一章中对妇女整体做了有趣的评论："如无数实例轻易能证明的那样，任何时代的妇女在她们有心从事的技艺和事业中，总是能取得令人钦佩的成功，成为非常有名的人物，这是令人惊奇的。"（Vasari 1998, p. 338）

陵墓雕刻成了许多 15 世纪和 16 世纪从事石雕创作的雕刻家的工程委托。中古时期的陵墓通常在墓主死后数年甚至数十年后才装饰。与中古时代不同，许多文艺复兴的顾客在他们还活得非常好的时候，就已经完成了自己的陵墓雕饰。哥特式陵墓常在安装于教堂地面上的一块石板上或石棺上雕刻仿佛睡着似的墓主像，同时，要刻上辨别墓主的家族纹章和肖像性质的面部雕像。可能还要有一座看上去像墓主活着时一样的雕像。在意大利，陵墓雕刻通常安装在地面上的一个壁龛里，有石雕花边或帘幕来作为壁龛的装饰框。王室和其他显贵的陵墓常常有"哀悼者"的雕像，包括象征性人物和先辈。从 1521 年到 1534 年之间米开朗基罗建造的美第奇家族陵墓（在佛罗伦萨圣洛伦佐教堂）在其同时代陵墓建筑中是著名的。洛伦佐·德·美第奇并没有被表现为死人，而是被雕刻为一个沉思中的戎装男子，坐在石棺上的壁龛中。两个裸体寓意性人物，一男一女半倚在古典石棺上。瓦萨里评论美第奇家族陵墓的雕像说："这些雕像姿态优美，肌肉雕刻得非常精巧，即便雕塑艺术失传了，凭这些雕像就足以使它恢复原初的辉煌。"（Vasari 1998, p. 456）

通过意大利雕刻作品的输入，在意大利之外工作的意大利艺术家，以及在意大利雕刻作坊中学艺的外国艺术家，以古典雕刻为榜样的文艺复兴雕刻艺术传播到欧洲其他地区。例如，若干西班牙雕刻家就曾在那不勒斯学艺，那不勒斯是西班牙王国的一部分。门多萨家族的成员喜爱意大利风格的艺术，而且，1473 年成为红衣主教的佩德罗·贡萨雷斯·德·门多萨（1428—1495 年）就赞助文艺复兴人文主义者和新兴古典文艺。他在托莱多大教堂的陵墓显然出自一位意大利雕刻家之手，陵墓有一个罗马风格的庄严的凯旋门。到 15 世纪后半期，法国的葬礼纪念品开始有了古典因素，而在 16 世纪初期，若干出自意大利艺术家之手的重要陵墓，就把中古卧姿墓主雕像与古典风格的石棺结合起来了。安放死者心脏的容器常常与陵墓本身分别开来，委托给不同艺术家来制作。法国艺术家皮埃尔·邦当（约 1512—1570 年）曾制作了一个古典型制的瓮来装弗朗西斯一世的心脏（他葬于巴黎附近的圣德尼修道院）。瓮及其长方形底座上都有文艺复兴风格的带状涡卷装饰，瓮上是椭圆形涡卷，而底座上则是圆形涡卷，还雕刻有寓意性的人物像，分别代表艺术和科学。

世俗石雕包括喷泉、寓意性人物雕像、骑马人物雕像和肖像性质的雕像（尤其是半身雕像）等园林雕刻，还有瓮和方尖碑一类古典形制雕刻。花园中常常有置于高高的底座上或圆柱上的半身雕像，使在园中漫步的人能观赏这些面孔。园林雕刻既有古代作品，也有现代作品。若干重要的意大利别墅，如法内塞别墅都有一个“神秘园”，或叫“情爱园”。放置这些怪异、色情和滑稽的雕像以及碑文的目的在于使参观者惊异或愉悦。若干别墅都有一个仙女泉（nymphaeum），即一个戏水池或小游泳池，如同古罗马私人邸宅中那些小水池。戏水池底是用玻璃和瓷砖做成的拼花图案，池中常常有水仙宁芙的雕像。

青铜雕塑

文艺复兴时期的青铜雕塑并非如木雕和石雕那样雕刻成的，而是用熔模铸造方法浇铸的。根据熔模铸造方法，先用一种耐高温材料把蜡模型紧紧包裹起来，然后加温让蜡熔化。这样就得到一个模型，再将熔化了的青铜液注入模型。待青铜液冷却后，把包裹在外的耐高温材料除去即可。青铜是铜和锡的合金，其质地优于黄铜（铜和锌的合金）。艺术家可以对青铜塑像和装饰物进行如镀金之类的润饰，而且，青铜上的自然的绿锈为文艺复兴时期的收藏家所珍视。吉贝尔蒂是文艺复兴时期第一位伟大的青铜雕塑家，佛罗伦萨另一位艺术家多那泰罗（1386—1466年）紧紧追随吉贝尔蒂，他的青铜雕塑《大卫》是第一个文艺复兴风格的真人大小的独立裸体雕塑（1430—1432年，现藏佛罗伦萨巴尔杰罗博物馆）。多那泰罗曾以一种形式化风格创作了圣经人物石雕像，把那些人物刻画得像是罗马人一样，但大卫的姿态自在均衡，非常写实。多那泰罗在佛罗伦萨和罗马都有委托，包括圣彼得大教堂的雕塑工作。

在文艺复兴时期，青铜墓碑得到很高的评价。从15世纪后半期直至1549年，纽伦堡的菲舍尔铸造工场很活跃，该工场老板的两个儿子曾访问过意大利，并受其影响。这家工场因其青铜墓碑而著名，产品出口到波兰、匈牙利等地。意大利雕塑家莱昂内·莱奥尼（约1509—1590年）居住在米兰，他为哈布斯堡家族和西班牙王室成员制作青铜塑像。（那时候国王腓力二世也是米兰公爵。）莱昂内的儿子庞佩奥·莱奥尼（约1533—1608年）曾创作了一组著名的镀金青铜塑像，构成埃斯科里亚尔的王室陵墓雕塑（1597—1600年）。

莱昂内·莱奥尼也制作著名的同代人，

图3.8　萨沃伊的菲利贝尔二世的妻子约兰塔·卢多维卡的肖像。15世纪晚期或16世纪早期的银币。（俄罗斯圣彼得堡遗产博物馆藏／布里奇曼艺术图书馆提供图片）

如米开朗基罗、提香和安德烈·多里亚等的圆形青铜像章。由于他具有为若干城邦造币厂刻制钱币的技能，所以，他对这类小型作品也驾轻就熟。在1439年，皮萨内罗铸造了第一枚著名的文艺复兴时期的像章，即神圣罗马帝国皇帝的像章。在15世纪初，收藏古罗马像章和钱币以及这类东西的中古仿制品，就已经在贵族中成为很流行的活动。因为罗马皇帝及其同时代人的头像总是侧面的，所以，文艺复兴时期的像章也描绘侧面头像。考虑到许多文艺复兴时期的像章的个性化外貌，我们设想它们在某种程度上是准确地描摹了人物头像。有好几个这样的实例，即有素描肖像留下来的人也有他们的像章传世，而且，多数情况下肖像与像章十分相像。文艺复兴时期的像章除了提供教皇、君主和雇佣兵首领等名人的相貌信息外，它们还有助于为现已不再存在或已经改建的建筑提供文献证明。例如出自阿尔贝蒂之手的马拉泰斯塔圣堂的正立面被保存在一枚纪念西吉斯蒙多·马拉泰斯塔的钱币上，圣堂就是由他委托建造的（参见关于建筑的第四章）。

因为青铜是制造大炮的好材料，所以，在随后的世纪中，许多文艺复兴时期的青铜器被那些急需得到枪炮的军事首领熔化了。其中一些失传了的艺术品上的人像又在素描、版画和艺术家和收藏家的文字描述中得到文献证明。

陶瓷雕塑

卢卡·德拉·罗比亚（1400—1482年）是文艺复兴时期第一位重要的陶瓷雕塑家。陶土是地球上储量非常丰富的原料，在意大利，从有文字记载的历史开始，它就一直是

图3.9　彩绘耶稣受难珐琅徽章。16世纪后半期产于法国利摩日。（经拥有该照片2003年版版权的索斯比公司的同意使用）

艺术表现的材料。德拉·罗比亚发明了给陶瓷上釉使其能防水的方法，这样，模型制成的、陶轮制成的和雕刻成的陶瓷雕塑才能被包括在耐久的建筑装饰中。因为在烧制过程中色彩已渗入黏土，这与绘画颜料的使用截然不同，所以，尤其在北部意大利相当温暖的气候条件下，它非常不容易褪色。由于这门技术的改进，陶瓷艺人的艺术家地位得到了提高。蓝色底子上有浮雕似的白色圣母和圣婴，周围是花环装饰图案，这一构图成了德拉·罗比亚的标识，因而成为许多文艺复兴时期建筑的一个标准组成部分。法国艺术家贝尔纳·帕利西（约1510—1589年）造出了一种白色珐琅来作为陶瓷釉料，以便提高其陶瓷器色彩的耐久性。帕利西是一个著名的自然主义者，他用模型为其花园工程和陶器作品制作了逼真的蛇、鱼等其他动物陶塑装饰。凯瑟琳·德·美第奇曾委托他为巴

黎杜伊勒利花园造了一个陶瓷洞室（约1573年）。因为陶土是非常廉价的材料，所以，工匠们就生产常用物品，尤其是灵修塑像，在集市上和商店里出售。例如廉价的小件陶瓷浅浮雕，其中许多描绘圣母和圣婴的就是乌得勒支和科隆一种受人欢迎的出口商品。

版画

最早的欧洲版画是木刻凸雕的，而现存最早的传世版画是扑克牌和灵修图画。15世纪的木版书是像版画那样生产出来的，每一页图画和正文都刻在单块木板上。因为在14世纪后半期，造纸工场在北部意大利很好地建立了起来，所以，文艺复兴早期的印刷商有了方便的纸张供应。到15世纪，金属凹雕版画已成为可行的了。若干最优秀的版画制作者学过金匠手艺，金匠的技艺如同版画制作一样要求精确注意细节。本节要讨论几个艺术家，他们是文艺复兴时期重要的版画家。（参见关于宗教的第二章，该章有更多的宗教版画的资料；参见关于建筑和城市规划的第四章，该章论及了建筑视图；参见关于文学和语言的第五章，该章有插图书籍的资料；参见关于探险和旅游的第九章，该章有印刷版地图和异域图像的资料。）

马丁·施恩告尔（1435/50—1491年）虽一生以画家出名，但是现在却以他的版画为人所记忆。这个北方艺术家的风格是哥特式的，因为他的许多宗教画像由纷乱的人物像构成。然而，他以清晰的线条、精美的表现改进了版画技术。另外一个重要贡献是他的装饰物版画，其中一些确实为随后要叙及的创作装饰艺术的工匠们所利用。随着这类版画的出现，艺术家们不再需要画自己的图谱来作为装饰设计资料了。施恩告尔的作品对年轻的阿尔布雷希特·丢勒有巨大影响，丢勒曾赴科尔马（当时是德国的一部分），打算师从施恩告尔，但是，他在施恩告尔死后才到达。以其出版于1498年的《启示录组图》中的15幅大型木刻版画为起点，丢勒通过在国际市场上销售自己的版画而成名。他的这一组版画的风格是把哥特风格与绘画空间的巧妙利用结合在一起。丢勒的版画《亚当与夏娃》中的亚当裸像意味着他在北方人物表现形式方面迈出了大胆的一步，事实上，他把亚当变成了罗马神祇。他的许多版画作品都为他赚到了可观的收入，也为他与卢卡斯·凡·莱登和拉斐尔等其他艺术家进行交流提供了媒介。

虽然只有几幅出自贡扎加宫廷画家安德烈亚·曼泰尼亚（1430/31—1506年）之手的版画传世，但是，它们表现出他对古典仪式，特别是狂欢仪式的精通。这些版画也证明了他利用版画这种单色表现方式，通过人物表情来表现情感的能力。拉斐尔与马坎托尼奥·雷蒙迪合作把自己的绘画作品制作成版画发表，这是一次非常有利于版画家马坎托尼奥的合作。雷蒙迪开办了一家作坊来以版画形式复制艺术品，而且，为他的学生规定了严格的标准。他促使版画制作在作坊体制内成为一个职业。雷蒙迪的版画把文艺复兴画家的构图设计传播到世界各地，为工匠们提供了新的模仿图样。提香利用木版画和铜版画来使其作品拥有更广大的市场，同时为其绘画作宣传。学者们认为，提香本人或许直接就在木板上画图样以便雕刻，而不是让其他人来把他的图样摹绘到木板上供刻制。考虑到提香绘画作品的色调，灵敏度更大的凹雕版画更适合他的风格，到16世纪中期，他就在出版其版画画像了。

装饰艺术

装饰艺术品是世俗的物品，它们既因为外表给人带来视觉享受而被珍视，也同样因为其制作材料本身的价值而被看重。虽然一幅卓越的祭坛画或许是漂亮的，但它不是装饰性的，因为这种艺术品要服务于更高的目的。同样，宣传性的和政治性的艺术也不是装饰艺术，因为它的主要价值在于其煽动力。文艺复兴时期的贵族和富裕商人阶级渴求舒适的物质生活条件，希望自己家里有精美的物品。艺术家和工匠制作出金银餐具、精致的手绘陶瓷器、华美的玻璃器皿、雕饰彩绘的家具和精巧的绣品来满足这一市场需求。

金银器

贝维鲁托·切利尼（1500—1571年）为弗朗西斯一世制作的饰有神话人物的金制盐瓶，或许是文艺复兴时期最著名的金属装饰艺术作品。由于贵金属，尤其是金银的昂贵，所以，只有上层阶级才支付得起这样的物品。然而，王室却委托制作全套金银餐具。有银制的有柄杯子和无柄酒杯供应商品市场，北方艺术家还用珐琅或雕花图案装饰这些器皿。大多数英国银匠的产品是供应地方市场的，他们制作了一些不同寻常的餐具，如动物形状的盐瓶。餐具用纯银制作，其价格比金子便宜得多。由于金子价格非常昂贵，所以，它常常与紫铜、黄铜或别的较便宜的金属熔炼成合金来使用。金子即使含一点黄铜，其色泽仍然光亮。金子还被熔成糊状，涂在另一种熔点较高的金属上。再经过烧制，金子就与作为底子的金属熔合在一起，从而生产出一种“金色的”物品。多那泰罗就曾如15世纪的其他金匠一样用过这种方法。

陶瓷器

在文艺复兴时期被极其珍视的意大利马略尔卡陶瓷在欧洲发端于西班牙南部，而且，它起源于伊斯兰世界。它的名字“马略尔卡”（*majolica*）就得自西班牙的马略尔卡岛（Majorca）的名字。阿拉伯的陶瓷匠人发明了一种方法，即在瓷器上釉过程中涂上氧化锡，以使瓷器表面更光亮。因为玻璃器皿是非常奢侈的物品，所以，与玻璃相似的瓷器和陶瓷就有了需求。在15世纪，意大利的陶瓷作坊并不知晓造虹彩陶瓷的方法，但到16世纪初，翁布里亚地区（位于意大利中部）德鲁塔陶瓷工场发明了一种更有利可图的生产虹彩陶瓷的方法，即对陶瓷器进行两次烧制。随着15世纪与东方贸易的发展，陶瓷工场如同德鲁塔工场一样，因新颜料的输入有了更多色彩可供选择。由于具有制造虹彩陶瓷的新技术，德鲁塔陶瓷工场在16世纪的陶器出口量超过其直到20世纪初的任何一个世纪的出口量。这家工场是少数几个有详尽历史记载发表的陶瓷工场之一，它是文艺复兴后期意大利陶瓷器惊人的市场需求的例证。在这时期，德鲁塔的彩绘图案把该工场标志性的鱼鳞图案与古典人像（得自版画的）、纹章图案和叶状图案结合起来。

意大利和西班牙都生产瓷砖，到16世纪末，在葡萄牙也有极少量的地方产品。虹彩瓷砖最昂贵，在墙面装饰上有少量使用，几

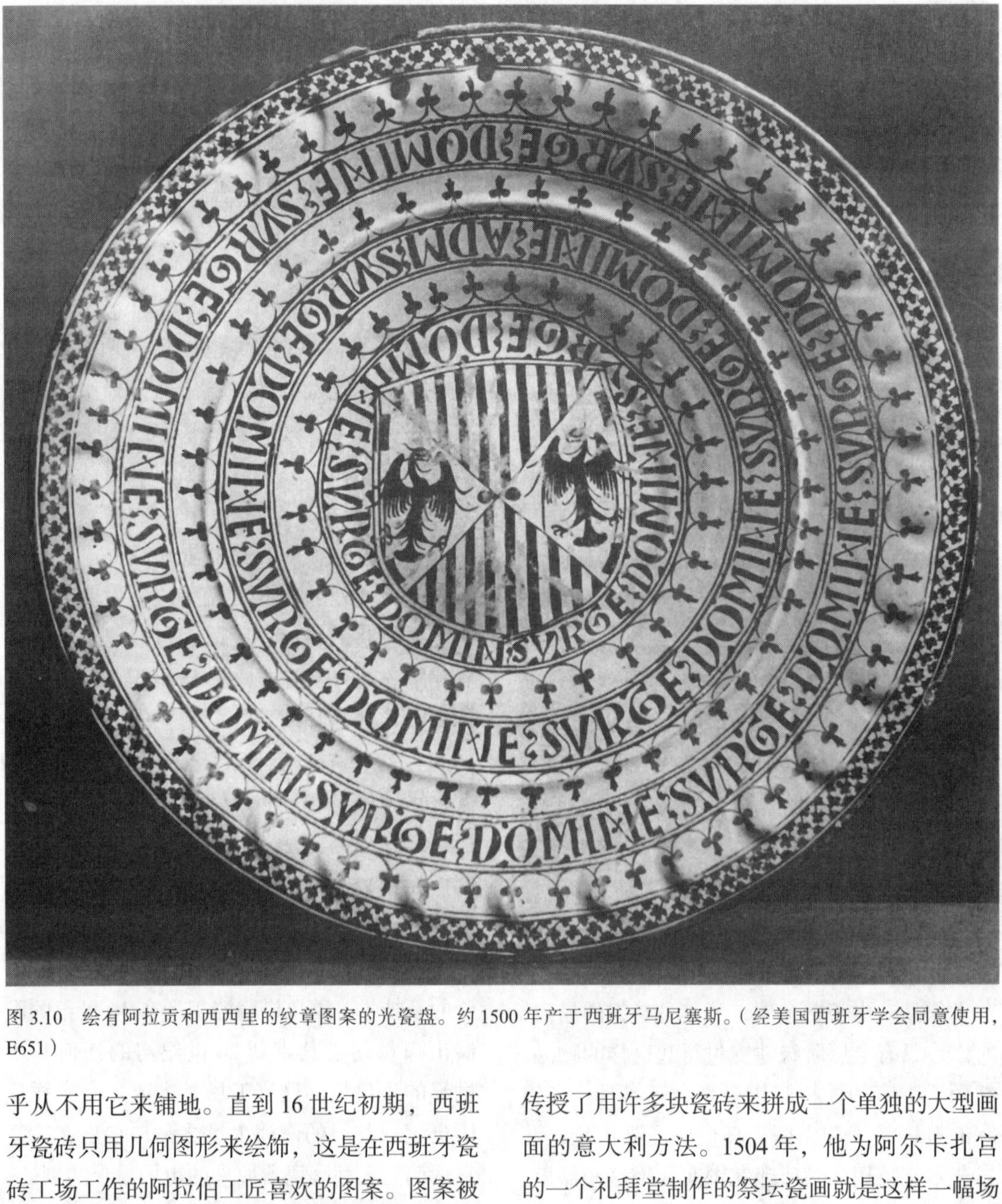

图 3.10　绘有阿拉贡和西西里的纹章图案的光瓷盘。约 1500 年产于西班牙马尼塞斯。（经美国西班牙学会同意使用，E651）

乎从不用它来铺地。直到 16 世纪初期，西班牙瓷砖只用几何图形来绘饰，这是在西班牙瓷砖工场工作的阿拉伯工匠喜欢的图案。图案被绘在瓷砖上，或者用凸印模和凹印模印在瓷砖上。在接近 15 世纪末时，一个意大利陶工弗朗西斯科·尼库洛索（“埃尔·皮萨罗”，卒于 1529 年）把意大利文艺复兴陶瓷装饰图案引入塞维利亚。他对伊比利亚陶瓷的主要贡献是传授了用许多块瓷砖来拼成一个单独的大型画面的意大利方法。1504 年，他为阿尔卡扎宫的一个礼拜堂制作的祭坛瓷画就是这样一幅场景画，配有风格奇异的边框装饰。

玻璃器

威尼斯的玻璃器，包括玻璃珠子，在西

欧声誉最隆。威尼斯的玻璃镶嵌画国际知名。在13世纪后半期，威尼斯的玻璃器制造者成立了行会以保护他们的技术秘密。也就从那时起，玻璃器制造者定居于他们自己的穆拉诺岛，那儿的玻璃厂到今天还在继续生产。到15世纪晚期，欧洲出现了其他玻璃制造中心，其中一些是从穆拉诺迁出去的工匠建立的。例如巴黎附近圣日耳曼昂莱的玻璃工场就接受法国王室的委托。随着应用科学方面取得的各种进步，好几种装饰艺术材料都有了新的优质标准。就玻璃而言，纯净透明的水晶玻璃的发明使威尼斯有了市场优势。文艺复兴时期的趣味偏好有装饰的玻璃器，如法国王后凯瑟琳·德·美第奇（1519—1589年）就青睐上珐琅釉和镀金的玻璃器，她的偏好影响了宫廷贵族的趣味。还有从背面对玻璃器进行绘饰的，如玻璃大浅盘，是先将图样印在盘底，然后再来手绘。虽然可以在彩绘上盖一层透明物质加以保护，但是，它不能加热，那样就相当容易破碎。用这种技术，肖像、纹章图案和古典人物像都能被绘在纪念性器皿上，如纪念婚礼的大型杯子。来自著名的文艺复兴画作的人像偶尔也被复制和描绘在玻璃器上。透明的或者单色玻璃器可以饰以肋状或别的简单图案，器皿边缘可以镀金和上珐琅釉。这里描述的装饰性玻璃器皿主要是为上层阶级生产的，一个贫寒家庭即便有也只不过是一件纪念性的杯子或碗而已。

家具

在这时期，木刻家接的活儿种类繁多，从祭坛木刻到储物柜。他们常常拥有一家大型作坊，由家族成员来管理或由一个艺术家来担任监工。木制家具需求旺盛，因为每一个中产阶级家庭都需要一些基本家具，如床、储物柜、装饰柜、桌子和椅子等。橡木和胡桃木是人们较为喜欢的木材。随着季节的变化，贵族要定期从一处邸宅迁往另一处邸宅，所以，大多数家具都做成由各部分组合而成，便于拆开由马车运输。装有软垫的家具那时还没有发明，人们就在桌上、床上和椅子上，连同软垫上都铺上毡毯，这样，既能给居室添彩，又能提供一些软坐垫。储物柜和装饰柜上都有彩绘人物场景画或木刻图案。富裕家庭的家具或许还有镀金细部。用不同色彩的小木块镶嵌而成的细木镶嵌装饰是一种耐久的平面装饰形式，它可以用来装饰桌面或其他平滑表面。某些细木镶嵌装饰艺术家把这门技术发挥到极致，他们接受委托建造纯粹引起错视的房间，房间中每面墙上都有用木头

图3.11　乌尔比诺公爵书斋中的嵌饰镶板。15世纪后半期（1492年以前）巴乔·庞泰利设计。（意大利乌尔比诺公爵宫藏／布里奇曼艺术图书馆提供图片）

图 3.12 黑天鹅绒底金丝绣礼服。16 世纪西班牙的作品。（经美国西班牙学会同意使用，H3920）

镶嵌成的“绘画”作品。佛罗伦萨家具制作者也用龟甲、象牙和珍珠母制作镶嵌图案。

绣品

除了用来做漂亮的小窗帘的花边外，用作室内装饰的最流行的绣品是绣毯（用钩针引线在粗糙的网状织物上绣成）和刺绣。到 16 世纪初，钢针的出现大大有助于文艺复兴时期的绣工生产出精美的绣品。妇女做绣品是为家用，但是，行会成员则为供应市场生产大量的绣品。最奢华的家庭绣品是装饰床罩和床帷的绣品，而且，带天篷的床有精美的镶饰，它常常把刺绣与绗缝工艺结合在一起。许多画家，包括拉斐尔和波拉约罗都为绣品设计图案或绘制底图。虽然这项技艺的大部分作品是用彩色纱或线在非彩色的背景上绣成，但是，亚麻布雕绣作为一种受人欢迎的制作桌布的技艺，则是在白底子上雕绣白色图案。

主要艺术家

阿巴泰，尼科洛·德尔（约 1512—1571 年），以在博洛尼亚绘制墙面装饰和肖像开始他的艺术生涯，后于 1552 年到法兰西协助枫丹白露宫的绘画工作。他的神话风景画给 17 世纪的法国艺术家以启示。

埃特森，彼得（约 1507/08—1575 年），在阿姆斯特丹和安特卫普主要绘制大型作品，大多数是静物画（尤其是食物画）。他绘制的祭坛画没有一幅完整无损地留下来。

阿戈斯蒂诺·迪·杜乔（1418—约 1481 年），佛罗伦萨雕塑家，也曾在里米尼的马拉泰斯塔圣堂（原圣方济各教堂）工作。他的浅浮雕作品风格独特，关于他的教育没有史料记载。

阿拉里-鲍纳科尔斯，皮耶尔·雅科波·迪·安东尼奥 见安蒂科。

阿尔贝蒂，莱昂·巴蒂斯塔（1404—1472 年），画家、建筑师、音乐家，他还具有许多别的才能。1435 年，他写作了文艺复兴时期第一部关于绘画理论的论著《论绘画》，并于次年将其翻译为意大利语。虽然他的绘画和版画作品没有传世，但是，若干不朽的建筑证明了他在建筑上的技能。

阿莱格里，安东尼奥 见科雷乔。

阿尔特多费，阿尔布雷希特（约 1480—1538 年），德国画家和建筑师。他一生的大部分时间是在其家乡雷根斯堡度过的。风景画是他的专长，在这方面，他既受到北方艺术家也受到南方艺术家的影响。

安德烈亚·德尔·萨尔托（1486—1530年），佛罗伦萨画家，曾在皮耶罗·德·美第奇的画室学艺。他因在佛罗伦萨的修道院以灰色模拟浮雕画法绘制的宗教题材的壁画而享有盛誉。

安杰利科，弗拉（弗拉·乔万尼·达·菲耶索莱，1395/1400—1455年），多明我修道会虔诚的成员，一生的大部分时间在佛罗伦萨工作。因为他只画宗教题材，所以，他被称为“安杰利科兄弟”，或弗拉·安杰利科。他的绘画作品在简单而自然的构图中应用了透视画法。

安圭斯乔拉，索芙尼斯巴（1532—1625年），西欧第一个有国际声誉的女画家。她师承贝尔纳迪诺·康皮，在马德里和西西里从事创作。安圭斯乔拉创作了大约50幅画作，其中大部分是肖像画。

安蒂科（皮耶尔·雅科波·迪·安东尼奥·阿拉里—鲍纳科尔斯，约1460—1528年），意大利雕刻家，主要从事金、铜等金属雕刻。他的名字“Antico”（意大利语，意为“古代的”）得自于他“再造”的只有残片传世的古代雕像的小雕像，其风格与古罗马风格非常近似。

阿尔钦博尔多，朱塞佩（约1530—1593年），在米兰他自己家族的画室学习绘画，尤其是他还同时协助米兰大教堂的艺术工作。他的作品包括挂毯设计和彩色玻璃装饰设计。1562年，阿尔钦博尔多开始在维也纳和布拉格效力于神圣罗马帝国宫廷。

巴尔多维内蒂，阿莱西奥（约1425—1499年），佛罗伦萨画家，同时也从事彩色玻璃装饰和镶嵌画制作。

巴尔东·格赖因，汉斯（约1484—1545年），在丢勒的作坊工作时，得到格赖因（或格林）的名字。他绘制的祭坛画以其超自然的题材和明亮色彩而非常有名。

巴尔巴雷利，乔尔乔　见乔尔乔内。

巴尔巴里，雅科波·德（约1440—1516年），出生在威尼斯，在北欧，人称雅各布·瓦尔希，其一生大部分时间在那里工作。作为一个版画家和画家，他一度成为马克西米连一世的宫廷画家，后来又在布鲁塞尔为奥地利的玛格丽特效力。

巴托罗梅奥，弗拉（巴乔·德拉·波尔塔，1472—1517年），佛罗伦萨的多明我会修士，担任圣马可作坊的总监。他曾在罗马待过两年，这段经历影响了他的绘画风格。

贝利尼，真蒂莱（约1429—1507年），雅科波·贝利尼的儿子，以其关于宗教游行的画作而非常有名。他曾在君士坦丁堡苏丹宫廷工作了三年。

贝利尼，乔万尼（吉安贝利诺，约1431/36—1516年），雅科波·贝利尼的小儿子。他的姐姐嫁给了曼泰尼亚，所以，吉安贝利诺的早期作品受到曼泰尼亚作品的影响。新颖的用光和神韵气质是他后期画作的特色，这些对于后来的艺术家，如乔尔乔内等，将成为重要因素。

贝利尼，雅科波（约1400—1470年），真蒂莱·贝利尼和乔万尼·贝利尼的父亲，出生在威尼斯，曾在真蒂莱·达·法布里亚诺门下学艺。他在威尼斯的作坊负责了这个城市一些非常重要的绘画装饰工程。

贝宁·桑德斯（贝尼格，卒于1519年），弗兰德尔写本插图画家，西蒙·贝宁的父亲，工作在布鲁日和根特。《勃艮第的玛丽的祈祷书》插图（现藏维也纳国家美术馆）被认为出自他之手。

贝宁，西蒙（贝尼格，约 1483—1561 年），桑德斯·贝宁的儿子，也是弗兰德尔插图画家。《格里米亚尼的祈祷书》插图（现藏纽约皮尔庞特·摩根图书馆）是其非常杰出的作品。

贝鲁格特，阿隆索（1488—1561 年），西班牙画家佩德罗·贝鲁格特的儿子。他与其父一道工作，也曾赴意大利学习古典榜样。贝鲁格特成为了一位风格主义大师，这尤其表现在他绘饰的祭坛作品中，这些作品以带有浓重镀金装饰的浅浮雕雕像为特色。

贝鲁格特，佩德罗（约 1450—1504 年），阿隆索·贝鲁格特的父亲，效力于斐迪南和伊莎贝拉的西班牙宫廷画家。他也曾在乌尔比诺公爵图书馆工作。

贝托·贝尔纳迪诺·迪　见平图里乔。

邦当，皮埃尔（约 1512—约 1570 年），曾在枫丹白露协助普里马蒂乔制作装饰雕塑。这位雕塑家为弗朗西斯一世制作了心脏容器，并且根据菲利贝尔·德洛姆（见第四章关于建筑和城市规划）的设计，为弗朗西斯一世制作陵墓雕像（这些作品都在巴黎附近的圣德尼修道院）。

博戈纳，胡安·德（从 1495 年起进入鼎盛期，卒于 1535 年），西班牙画家，主要在托莱多及其附近工作。他的主要作品是托莱多大教堂的湿壁画。

博斯·科尔内利斯（约1510—约1566年），荷兰版画家，可能曾在罗马学艺。他的大多数作品是复制那个时代意大利的绘画作品。

博斯，希罗尼穆斯（杰罗恩·博斯，约 1450—1518 年），荷兰画家，以宗教题材的超现实主义人物绘画，尤其是对罪人及其所受惩罚的描绘而著名。

波提切利，桑德罗（亚里桑德罗·菲利佩皮，1445—1510 年），曾在佛罗伦萨的安德烈亚·德尔·维罗基奥门下做学徒，15 世纪 80 年代协助绘饰西斯廷小教堂。除了宗教题材的作品外，波提切利也画神话场景画。

布洛涅，让　见吉安博洛尼亚。

布茨·迪里克（约 1400—1475 年），荷兰画家，一生的大部分时间都在卢万工作。他以其风景画和宗教题材绘画中明亮的色彩而著名。他的两个儿子都成为了艺术家。

布隆齐诺，阿尼奥罗（阿尼奥罗·托里·迪·科西莫·迪·莫里亚诺，1503—1572 年），佛罗伦萨诗人和画家，曾在雅科波·达·彭托尔莫门下学艺。他因画宫廷人物而非常有名。

老勃鲁盖尔，彼得（人称“农夫勃鲁盖尔”，约 1520—1569 年），弗兰德尔画家，擅长表现乡村景色和村庄中的农民。他的儿子彼得和扬也是画家。

卡利亚里，保罗　见维罗内塞。

康皮，贝尔纳迪诺（1522—约 1591 年），克雷莫纳的画家，不要将他与卒于 1573 年的同名金匠相混淆。康皮现在因其是索芙尼斯巴·安圭斯乔拉的老师而著名。他主要从事教堂湿壁画绘制。

康平，罗伯特（约 1375/79—1444 年），弗兰德尔艺术家，现在人们以为他就是“弗莱马莱的大师”（the Master of Flemalle），他画个人肖像也画祭坛画。

卡拉瓦乔（米开朗基罗·梅里西·达·卡瓦拉乔，1573—1610 年），一生中大部分时间是在罗马度过的，他擅长用写实主义手法表现宗教题材。卡瓦拉乔晚年遭到流放，在那不勒斯、西西里和马耳他从事绘画。到暮年时，他的风格转变为巴洛克风格。

卡鲁奇，雅科波 见雅科波·达·彭托尔莫。

切利尼，本维鲁托（1500—1571年），出生在佛罗伦萨，是一位大理石雕刻家和金匠。他最初在罗马工作，后来赴枫丹白露从事创作，最后回到佛罗伦萨工作。他的自传中有对自己同时代人的生动描述。切利尼为弗朗西斯一世制作的刻有神话人物的金盐瓶是一件艺术杰作（现藏维也纳艺术史博物馆）。

切尼尼，切尼诺（约1370—约1440年），曾在塔德奥·加迪的儿子阿尼奥罗门下学艺，写作了文艺复兴时期第一本关于绘画技法的论著。他自己没有绘画作品传世。

克里斯图斯，佩特鲁斯（约1420—1472/73年），弗兰德尔画家，受扬·凡·爱克和罗吉尔·凡·德·维登的作品的影响。克里斯图斯是最早运用直线透视画法的北方画家之一。

克卢埃，弗朗索瓦（约1516—1572年），让·克卢埃之子，风俗场景和肖像画家。

克卢埃，让（约1485—1540/41年），在勃艮第开始他的绘画生涯，后来成为效力于弗朗西斯一世的宫廷画家。

克罗维奥，朱利奥（朱利耶·克罗维奇，1498—1578年），克罗地亚插图画家和画家，在维也纳、罗马和神圣罗马帝国宫廷从事创作。《法内塞的祈祷书》的写本插图（现藏纽约皮尔庞特·摩根图书馆）是其杰作之一。

科雷乔（安东尼奥·阿莱格里，1494—1534年），主要在帕尔玛从事创作的画家，其绘画受到曼泰尼亚的影响。他既画神话题材也画宗教题材。

老克拉纳赫，卢卡斯（1472—1553年），德国画家和版画家，效力于萨克森选帝侯，为皇帝马克西米连一世和未来的皇帝查理五世绘制肖像。他是马丁·路德的朋友，所以，其画作常常处理宗教改革主题。他的三个儿子都成了艺术家。

克里维利，卡罗（1430/35—约1495年），出生于威尼斯，在中部意大利偏僻的阿斯科利皮塞诺度过了一生。他的装饰性很强的宗教题材绘画以为数众多的装饰图案为特色。

大卫，杰拉德（约1460—1523年），荷兰画家，在布鲁日和安特卫普从事创作。他专长于描绘基督的家庭生活场景，这是一个为许多他的同时代人仿效的流行主题。

德拉·罗比亚，安德烈亚（1435—1525年），卢卡·德拉·罗比亚的侄子，陶瓷艺术家和雕塑家。他为布鲁内莱斯基在佛罗伦萨著名的育婴堂制作了蓝白色的圆形装饰瓷砖。他的五个儿子都在德拉·罗比亚陶瓷作坊工作。

德拉·罗比亚，卢卡（1399/1400—1482年），安德烈亚·德拉·罗比亚的叔父，第一个主要的制作瓷雕的文艺复兴时期的艺术家。他发明了一种给陶瓷上釉使其能防水的方法，而且，他制作的环形花饰中的蓝底白色圣母和圣婴圆形装饰瓷砖成为了文艺复兴装饰物的典范。

多那泰罗（多那泰罗·德·贝托·迪·巴尔迪，1386—1466年），佛罗伦萨雕塑家，他一生的大部分时间用来完成科西莫·德·美第奇委托的工程。他也曾在罗马圣彼得大教堂从事创作。多那泰罗以其青铜雕塑《大卫》而闻名，这是文艺复兴时期第一座真人大小的独立裸体塑像（1430—1435年，现藏佛罗伦萨巴尔杰罗博物馆）。

丢勒，阿尔布雷希特（1471—1528年），画家和版画家，既制作木版画也制作铜版画。他出生于纽伦堡，旅行意大利期间受到南方艺术家的影响。他曾为皇帝马克西米连一世创作作品，而且，他还著有关于人体比例、透视学、几何学以及筑城学方面的论著。

爱克，胡伯特·凡（约1370—1426年），或许是扬·凡·爱克的哥哥。他没有画作传世，但是，根特祭坛画显然是他设计的。

爱克，扬·凡（1385？—1440/41年），或许是胡伯特·凡·爱克的弟弟，胡伯特教会了他怎样画画，扬显然完成了胡伯特所设计的根特祭坛画。他是勃艮第公爵的宫廷画家，创作宗教题材的作品，而且，他是用油彩作画的最初的主要欧洲画家之一。

菲利佩皮，亚里桑德罗　见波提切利，桑德罗。

弗莱马莱的大师　见康皮，罗伯特。

丰塔纳，拉维尼亚（1552—1614年），普罗斯佩洛·丰塔纳的女儿，文艺复兴时期第二个以绘画闻名的妇女。她既画肖像也创作历史场景画。

丰塔纳，普罗斯佩洛（1512—1597年），出生于博洛尼亚，以画肖像知名。丰塔纳的非常有才华的学生是其女儿拉维尼亚。他曾在罗马、佛罗伦萨和枫丹白露等地协助装饰建筑。

富凯，让（约1415/1420—约1481年），法国插图画家和画家，旅居罗马数年的经历对他有影响。他一生的大部分时间担任法国的宫廷画家。

加迪，塔德奥（鼎盛于1325年，卒于1366年），担任乔托的助手长达二十多年，他也曾在比萨和皮斯托亚从事创作。他的一些绘画是为佛罗伦萨圣十字教堂创作的，今天仍能在那儿欣赏到它们。

格特根·托特·辛特·扬斯（鼎盛期1475—1495年），荷兰画家，为哈勒姆的宗教团体圣约翰兄弟会工作。

真蒂莱·达·法布里亚诺（约1370—1427年），在威尼斯开始他的绘画生涯，雅科波·贝里尼是他在那儿的一个学生。真蒂莱既画湿壁画也创作木版画。他创作的祭坛画被认为是杰作，尤其是他1423年绘制的《三贤朝拜图》（现藏佛罗伦萨乌菲齐美术馆）。

吉贝尔蒂，洛伦佐（1378—1455年），出生于佛罗伦萨，是早期文艺复兴最著名的雕塑家之一。为佛罗伦萨洗礼堂的门制作了青铜镶板。

吉兰达约，多梅尼科（1448/49—1494年），有才华的佛罗伦萨肖像画家，在他的某些祭坛画中有他对同时代人的描绘。米开朗基罗是他的学生之一。

吉安贝利诺　见贝里尼，乔万尼。

吉安博洛尼亚（让·布洛涅，1529—1608年），以喷泉雕塑闻名的弗兰德尔雕塑家。他主要在佛罗伦萨工作，而且，他的作品可与米开朗基罗的媲美。

吉安鲁齐，朱利亚诺　见罗马诺，朱利奥。

乔尔乔内（乔尔乔·达·卡斯泰尔弗朗科或者乔尔乔·巴尔巴雷利，约1477—1511年），出生于威尼斯。他因把画中人物置于让人触景生情的风景中而非常出名。在乔尔乔内死于瘟疫后，他的许多绘画作品由提香完成。

乔托·迪·邦多内（1267—1337年），出生于佛罗伦萨城附近，被认为曾与中古画家奇马布埃（大约卒于1302年）一道学艺。乔托的生动构图，尤其是他在帕多瓦阿雷纳洗礼堂绘制的湿壁画《圣母和基督生平》，是文艺复兴艺术最早的预示之一。

乔万尼·巴蒂斯塔·迪·雅科波　见菲奥伦蒂诺，罗索。

朱利奥·罗马诺（朱利奥·皮皮或朱利亚诺·吉安鲁齐，约1499—1546年），出生于罗马，曾在拉斐尔门下学艺。他既是建筑师也是画家，主要在罗马工作，也效力于曼图亚宫廷。

戈斯，雨果·凡·德尔（约1440—1482年），弗兰德尔画家，从在布鲁日设计节庆葬礼艺术开始其艺术生涯。后来，他作为在俗成员住在布鲁塞尔洛德修道院，为修道院作画。他非常著名的作品是《波尔蒂纳里祭坛画》（现藏佛罗伦萨乌菲齐美术馆）。

贡萨尔维斯，努诺（鼎盛期1450—1471年）效力于阿方索五世的葡萄牙画家，逼真的写实是其画作的特色。

格雷科，埃尔（多梅尼科斯·提奥托科波罗斯，约1541—1614年），出生于希腊的克里特岛，先在威尼斯工作，后去罗马创作。1557年定居托莱多，在西班牙度过余生。埃尔·格雷科以风格主义艺术著称，所以，他描绘非常引人注目的光照之下拉长的人物形象。

格里恩，汉斯·巴尔东　见巴尔东，汉斯。

格吕内瓦尔德，马蒂亚斯（马蒂亚斯·戈特哈特·尼特哈特，约1470—1528年），曾作为工程师和画家效力于两任美因茨大主教。他在伊森海姆祭坛画（1515年，现在科尔马）中描绘的宗教人物形象被认为是宗教人物画的极致之作。

黑姆斯克尔克，梅尔滕·凡（1498—1574年），荷兰画家，16世纪30年代在意大利工作。他的后期作品受到米开朗基罗的强烈影响。

希拉德，尼古拉斯（约1547—1619年），英国微型肖像画家，也是金匠。他非常有名的微型画是王室肖像画。

赫夫纳格尔，约里斯（1542—1600年），出生在安特卫普，以其关于城镇和城市的素描和绘画而著名。他关于城市的许多画作在其有生之年就制作成版画，发表于《世界的城市》（*Civitates orbis terraarum*, 1572—1618年）一书中。

霍尔拜因，小汉斯（1497/98—1543年），曾在奥格斯堡他父亲老汉斯·霍尔拜因的画室学艺。他在巴塞尔皈依了新教，随后，他只画了几幅宗教题材的画作。霍尔拜因为托马斯·克伦威尔工作，也效力于英国宫廷，尤其是在肖像画方面。

雅科波·德拉·圭尔恰（约1374—1438年），出生于锡耶纳，是一位宗教艺术雕塑家。他曾在锡耶纳洗礼堂从事雕塑工作，还为托斯卡纳各教堂的陵墓、门及其他部分制作装饰板。

琼斯，伊尼戈（1573—1652年），建筑师和戏剧布景设计师，游历意大利期间受到帕拉迪奥设计的建筑的影响。他自己的设计有助于帕拉迪奥风格的建筑在英国的流行。

胡安·德·弗兰德斯（约1465—约1519年），效力于伊莎贝拉的弗兰德尔画家，曾在若干西班牙城市绘制宗教题材的画作。

朱利耶·克罗维奇　见克罗维奥，朱利奥。

拉弗雷里，安东尼奥（1512—1577年），勃艮第的版画家，他一生的大部分时间在罗马度过，其作品描绘了罗马城的景色。他的许多同时代人都是通过他的眼睛来看罗马的。

劳拉纳，弗朗切斯科（约1430—约1502年），达尔马提亚雕塑家，在那不勒斯阿方索五世宫廷从事创作，也在法国效力于那不勒斯国王安茹的勒内。

列奥纳多·达·芬奇（1452—1519年），工程师、建筑师、画家和雕塑家，名画《蒙娜丽莎》（现藏巴黎卢浮宫博物馆）是他的作品。他在米兰度过了一生中的大部分时间，为米兰公爵卢多维科·斯福扎工作，而且，他的湿壁画《最后的晚餐》也是为米兰的一间教堂绘制的。

莱奥尼，莱昂内（约 1509—1590 年），金匠和青铜雕塑家，在定居米兰之前，他为教廷和神圣罗马帝国宫廷工作。除了制作雕像外，他还雕刻钱币和纪念章，他的许多钱币和纪念章上雕有同时代统治者的像。他的儿子庞佩奥曾在他的铸造作坊学习青铜铸造。

莱奥尼，庞佩奥（约 1533—1608 年），莱昂内·莱奥尼的儿子，大部分时间作为雕塑家在西班牙工作。他曾为埃斯科里亚尔的主祭堂制作镀金青铜陵墓雕塑，并且回米兰铸造这些塑像。

兰堡兄弟（生卒时间不详），包括埃内坎、埃尔曼和波尔等三人，他们都是法国的插图画家，效力于各公爵宫廷。他们为贝里公爵绘制插图装饰的祈祷书《华美祈祷书》（*Tres riches heures*，现藏尚蒂伊孔戴博物馆），是 15 世纪欧洲最著名的带插图装饰的写本。

利皮，弗拉·菲利波（1406—1469 年），出生于佛罗伦萨。他创作宗教题材的绘画，尤其以绘制优雅别致的圣母像而著名。他对透视画法的运用表明他对同时代弗兰德尔绘画的了解。

洛马佐，乔万尼·保罗（1538—约 1590 年），米兰的画家和诗人。在他 33 岁成为盲人后，他通过口述完成两本艺术史上里程碑式的理论著作：《绘画殿堂的观念》（*Idea del tempio della pittura*，1590 年）和《论绘画艺术》（*Trattato dell'arte della pittura*，1584 年）。

隆巴多，皮耶特罗（约 1435—1515 年），在威尼斯度过了他一生的大部分时光，创作了具有仿古因素的大理石雕刻作品。他的儿子图利奥也是一位威尼斯雕塑家。

隆巴多，图利奥（约 1455—1532 年），创作的雕塑比他父亲皮耶特罗的作品具有更纯粹的古典风格。

洛伦泽蒂，安布罗乔（鼎盛期大约是 1317—1348 年），锡耶纳画家，他也在佛罗伦萨从事创作。他在市政大厦（锡耶纳）的湿壁画《好政府与坏政府》，被认为是意大利艺术家创作的最重要的风景画。洛伦泽蒂的兄弟皮耶特罗也是一位画家。

洛伦佐，皮耶特罗·迪　见科西莫，皮耶罗·迪。

卢奇亚尼，塞巴斯蒂亚诺　见皮奥姆博，塞巴斯蒂亚诺。

马卢埃，让（或者马埃尔瓦埃勒，约 1365—1415 年），弗兰德尔画家，在去勃艮第宫廷前他在巴黎从事创作。他作为宫廷画家，效力于勃艮第公爵大胆的菲利普和无畏的约翰。

曼德尔，卡雷尔·凡（1548—1606 年），弗兰德尔诗人和画家。他一生的大多数光阴都在哈勒姆度过，他在那儿与别人共同创立了一所艺术学校。他写作的《艺术家手册》（*Het schilderboeck*）出版于 1604 年。

曼泰尼亚，安德烈亚（1430/31—1506 年），曾在曼图亚弗朗切斯科·斯夸尔乔内的画室学艺。他在曼图亚成为了贡扎加家族的宫廷画家，在那儿，他的错视艺术及其运用透视画法的技巧为他赢得了国际声誉。

马米翁，西蒙（约 1425—1489 年），法裔弗兰德尔画家，他的画作以色彩丰富和人物众多而著名。

马萨乔（托马索·迪·乔万尼·迪·西蒙内·圭迪，1401—约 1428 年），在佛罗伦萨开始其绘画生涯，后于 1428 年定居罗马。他因对透视画法的运用和古典风格的人物受到瓦萨里的赞扬。马萨乔的大多数画作都没有传世，他非常著名的作品是佛罗伦萨布兰卡奇礼拜堂的湿壁画组画。

马索·迪·巴托罗梅奥（1406—1456年），青铜雕塑家，也在建筑工程方面与多那泰罗和米开朗基罗有合作。

马佐拉，弗朗切斯科 见帕尔米吉亚尼诺。

梅姆林，汉斯（约1430—1494年），最初是在罗吉尔·凡·德尔·维登的指导下工作，后来大约在1467年迁往布鲁日。他是一个受人欢迎的肖像画家，在其有生之年就赢得了国际声誉。

梅茨西斯，昆廷（马特西斯或马西斯，1466—1530年），生活在安特卫普的弗兰德尔画家。他既绘制祭坛画也画肖像，其作品明显受到意大利绘画的影响。

米开朗基罗·鲍纳罗蒂（1475—1564年），文艺复兴时期最著名的艺术家之一，他既是建筑师和诗人，也是雕塑家和画家。在跟随多梅尼科·吉兰达约学艺之后，米开朗基罗又在洛伦佐·德·美第奇的宫廷学校学习。大理石雕刻《大卫》是他最出色的雕刻作品，西斯廷小教堂穹顶壁画则是他最著名的绘画作品。

莫尔·凡·达肖斯特，安东尼斯（安东尼奥·莫罗，约1512/25—1575年），荷兰画家，他游踪甚广，为若干统治家族的成员绘制肖像画。

莫拉莱斯，路易斯·德（约1520—1586年），西班牙画家，居住在埃斯特雷马杜拉边远的西部地区。他主要绘制灵修题材的画作。

莫里亚诺，阿尼奥罗·托里·迪·科西莫·迪 见布隆齐诺。

穆兰的大师（姓名不详，鼎盛期大约是1480—1500年），法国画家，其作品风格独特，具有雕塑风味，若干绘画作品，包括穆兰大教堂的肖像画和祭坛画，都被认为是他的作品。

内格罗利，菲利波（鼎盛期是1531—1551年），出身于米兰著名的兵器甲胄制造商家庭。他为皇帝查理五世雕饰的仪仗队甲胄是其非常著名的传世作品。

尼特哈特，马蒂亚斯·戈特哈特 见格吕内瓦尔德，马蒂亚斯。

奥利，贝纳尔特·凡（约1492—1542年），布鲁塞尔艺术家，主要效力于奥地利的玛格丽特和匈牙利的玛丽。除了画宗教题材的画作和肖像画外，他还设计挂毯和彩色玻璃装饰。

帕利西，贝尔纳（1510—1589年），法国的制陶工匠，也是一位陶瓷艺术家，曾被培养为玻璃装饰画家。他发明了一种新型白色珐琅作为釉彩，改进了陶瓷器的表面装饰。凯瑟琳·德·美第奇曾委托他为巴黎杜伊勒利花园制作一个陶瓷洞室（约1573年）。

保罗·迪·多诺 见乌切罗，保罗。

帕尔米吉亚尼诺（弗朗切斯科·马佐拉，1503—1540年），蚀刻艺术家和画家，出生在帕尔玛（其名字即由此而来）。他画的人物以拉长了的手和脖子而著名。在制作蚀刻版画的过程中，帕尔米吉亚尼诺显然制作了第一幅运用明暗对比法的木刻画。

帕斯蒂，马泰奥·德（约1420—1467年），出生在维罗纳，是一位奖章制作者、建筑师和插图作者。他少数传世的小型作品就是他制作的像章。里米尼的马拉泰斯塔圣堂的室内雕塑也是他完成的。

佩莱格里尼，佩莱格里诺 见蒂巴尔迪。

佩鲁吉诺（皮耶特罗·迪·克里斯托弗罗，约1440—1523年），出生于佩鲁贾附近，曾在佛罗伦萨学习油画。他被选派来管理在西斯廷小教堂画湿壁画的艺术家。

皮耶罗·德拉·弗朗切斯科（1415—1492年），既画湿壁画也画祭坛画，著名的有阿雷佐圣方济各教堂的湿壁画组画《真十字架传奇》（约1455—1460年）。他未付印的论著《论透视画法》（*De prospectiva pingendi*）是用意大利语写成（虽然标题是拉丁语）。

皮耶罗·迪·科西莫（皮耶罗·迪·洛伦佐，1461/62—1521年），在佛罗伦萨学艺，受到列奥纳多的作品的影响。他因神话题材的画作、肖像画以及为菲耶索莱圣方济各教堂画的祭坛画《无玷始胎图》而闻名于世。安德烈亚·德尔·萨尔托是他的一个学生。

平图里乔（贝尔纳迪诺·迪·贝托，约1452—1513年），出生在佩鲁贾，是佩鲁吉诺的学生，协助他在西斯廷小教堂画湿壁画。他的主要作品是在梵蒂冈和锡耶纳大教堂的湿壁画组画。

皮皮，朱利奥 见朱利奥·罗马诺。

皮萨内罗（安东尼奥·皮萨诺，约1395—1455/56年），成长于维罗纳，随后，与真蒂莱·达·法布里亚诺一道在威尼斯画湿壁画，而且，完成了他的同事在罗马的一些湿壁画。皮萨内罗以像章制作和肖像画闻名。

皮萨诺，安德烈亚（约1270—1348/49年），雕塑家，在佛罗伦萨从事创作，尤其是参与了佛罗伦萨洗礼堂的青铜门制作。他还为佛罗伦萨的钟楼制作了浮雕装饰。

皮萨诺，安东尼奥 见皮萨内罗。

波拉约罗，安东尼奥（约1432—1498年），与其兄弟皮耶罗一道在佛罗伦萨他们的画室工作。皮耶罗主要从事绘画，而安东尼奥则既是一个画家、金匠、雕塑家，同时也为祭服设计刺绣图案。他为两位教皇的陵墓制作了青铜塑像。

彭托尔莫，雅科波·达（雅科波·卡鲁奇，1494—1557年），在安德烈亚·德尔·萨尔托门下学艺，一生都在佛罗伦萨度过，从事祭坛画和湿壁画创作。他的作品是风格主义的，画中有扭曲的人物姿态和拉长的人物形象。

波尔塔，巴乔·德拉 见弗拉·巴托罗梅奥。

普里马蒂乔，弗朗切斯科（1504/05—1570年），出生在博洛尼亚，主要在枫丹白露从事创作。他既绘制神话题材的作品，也参与建筑设计工作。

皮塞勒，让（约1300—约1355年），法国的插图画家，他掌管着巴黎一间重要的画室。他的作品受到意大利艺术的影响。

圭尔恰，雅科波·德拉 见雅科波·德拉·圭尔恰。

雷蒙迪，马坎托尼奥（约1470/82—约1527/34年），博洛尼亚的版画家，在威尼斯从事版画制作，后定居于罗马，他在那儿用版画复制了许多那个时代的名画。

拉斐尔（拉斐罗·桑奇奥或拉斐罗·达·乌尔比诺，1483—1520年），作为画家著称于世。他曾跟随皮耶特罗·佩鲁吉诺学习绘画，后来到佛罗伦萨，以画圣母像赢得声誉。他在梵蒂冈宫（签字厅）为教皇朱利乌斯二世绘制了不朽的湿壁画，其中包括描绘古代哲学家的《雅典学园》。

里门施奈德，蒂尔曼（约1460—1531年），多才多艺的雕塑家，既制石雕、大理石雕，也制木雕，包括祭坛装饰木雕。在班贝格大教堂，他为皇帝亨利二世和皇后库尼贡德制作的大理石陵墓雕像是其大理石雕像的杰作。

罗布斯蒂，雅科波 见丁托雷托。

罗西，普罗佩尔齐亚·德（约1490—1530年），是意大利第一位被承认为雕塑家的妇女，她曾为其出生地博洛尼亚的圣佩特罗尼奥教堂制作了大理石装饰板以及两个天使的雕像。她也雕刻半身像，制作铜版画。

罗索，费奥伦蒂诺（乔万尼·巴蒂斯塔·迪·雅科波，1494—1540年），出生在佛罗伦萨的画家，以其与普里马蒂乔在所谓枫丹白露画派中的合作而非常著名。

桑谢斯·科埃罗，阿隆索（约1531—1588年），出生在西班牙，父母是葡萄牙人，曾追随安东尼奥·莫罗担任腓力二世的宫廷画家。他的专长是肖像画。

萨塞塔（斯泰法诺·迪·乔万尼，约1400—1450年），是一位锡耶纳画家，主要画祭坛画。

施恩告尔，马丁（1435/50—1491年），画家和版画家，在他的出生地科尔马（当时是德国的一部分）度过了一生的大部分光阴。他以宗教题材的版画闻名于世。

塞巴斯蒂安·德尔·皮昂博（塞巴斯蒂安·卢奇亚尼，1485/86—1547年），初在威尼斯学做音乐家，后来，跟随乔万尼·贝利尼和乔尔乔内学习绘画。他在罗马度过了他一生的大部分光阴，以肖像画成名。

西蒙内·圭迪，托马索·迪·乔万尼·迪 见马萨乔。

西蒙内·马尔蒂尼（约1284—1344年），出生在锡耶纳，为意大利若干城市绘制了祭坛画。1333年，他为锡耶纳大教堂绘制的祭坛画《圣母领报图》（现藏佛罗伦萨乌菲齐美术馆），是最早的叙事主题的意大利祭坛画。

斯鲁特，克劳斯（约1360—1406年），效力于勃艮第宫廷的来自于哈勒姆的雕塑家。他致力于修建第戎附近著名的沙尔特勒·德·尚波修道院，该修道院是建造来作为勃艮第公爵家族陵园的。

斯夸尔乔内，弗朗切斯科（1395—1468年），出生在帕多瓦，在作为裁缝工作了几十年之后，成为了一位画家。他栽培过包括曼泰尼亚在内的若干个画家，但是，没有他独立完成的作品传世。

斯泰法诺·迪·乔万尼 见萨塞塔。

施托斯，菲特（约1438—1533年），德国雕塑家。从1477年到1489年，他在克拉科夫（波兰）为圣母教堂制作祭坛木雕，这一作品被认为是他的杰作。1489年之后，他在纽伦堡为该城各教堂制作了几件木雕作品。

蒂巴尔迪（佩莱格里诺·佩莱格里尼，1527—1596年），建筑师、画家和雕塑家，曾完成过红衣主教卡罗·博罗梅奥的若干委托，还担任米兰大教堂的建筑师。他最后的作品是在埃斯科里亚尔为腓力二世绘制的湿壁画。

丁托雷托（雅科波·罗布斯蒂，1519—1594年），主要作为画家在威尼斯从事创作，为威尼斯总督绘制过许多作品。他非常著名的画作是为圣罗科经院绘制的圣经故事组图。丁托雷托的儿子多梅尼科也是一位画家。

提香（蒂齐亚诺·维切利奥，约1489—1576年），曾在威尼斯的乔万尼·贝利尼门下学艺，是一位多产的画家，他既绘制祭坛画、肖像画，还创作神话题材的场景画。他作为色彩专家在同时代人中颇有声望。

提奥托科波罗斯，多梅尼科斯 见格雷科，埃尔。

乌切洛，保罗（保罗·迪·多诺，约1397—1475年），画家和马赛克设计者，师承吉贝尔蒂。佛罗伦萨大教堂有好几幅画作是他的作品。乌切洛通晓透视画法，所以，他在《森林狩猎图》(约1460年，现藏牛津阿什莫尔博物馆）中运用了这一画法。

瓦萨里，乔尔乔（1511—1574年），建筑师和画家，曾跟随米开朗基罗和安德烈亚·德尔·萨尔托学习。他非常著名的建筑设计是佛罗伦萨的乌菲齐宫。瓦萨里的《艺苑名人传》(*Delle vite de'piu eccelenti pittori, scultori, et architettori*, 1550年）是一部非常珍贵的文艺复兴艺术家传记著作。

维切利奥，蒂齐亚诺　见提香。

维雷齐亚诺，多梅尼科（全盛期约1438—1461年），显然在佛罗伦萨度过了他画家生涯的大部分时光，他在那儿因用油彩绘制圣埃吉迪奥教堂的湿壁画《圣母生平组画》(现失传）而闻名。他的圣露西祭坛木版画虽然传世，但散落各处。

维罗内塞，保罗（保罗·卡利亚尼，1528—1588年），出生在维罗纳，在威尼斯开设了他的作坊，并在那里完成了若干重要作品。他还为别墅制作装饰画，其中著名的有帕拉迪奥设计的巴尔巴罗别墅。在他的弟弟和儿子们的协助下，维罗内塞晚年还为一位国外顾客完成了作品。

老菲舍尔，彼得（约1460—1529年），纽伦堡重要的青铜铸造工场的工场主。他的三个儿子都在那儿学习青铜雕塑，并在其父死后管理作坊业务。他的两个儿子曾游历意大利，把古典题材引进到纽伦堡制作的雕塑作品中。

维瓦里尼，安东尼奥（约1415—1476/84年），与其内弟乔万尼·达莱马尼亚一道在威尼斯画祭坛画以及其他作品。安东尼奥的兄弟巴托罗梅奥和儿子阿尔维塞也是画家。

弗里斯，阿德里安·德（约1560—1626年），荷兰的雕塑家，曾在吉安博洛尼亚门下学艺。他在罗马和布拉格从事创作，专长于喷泉雕塑。

瓦尔希，雅各布　见巴尔巴里，雅科波·德。

维登，罗吉尔·凡·德尔（罗谢·德·拉帕斯蒂尔，约1399—1464年），曾在罗伯特·康平门下学艺，大约于1435年在布鲁塞尔开设了自己的画室。他的宗教题材的绘画影响了下一代艺术家，如汉斯·梅姆林就是他的学生之一。

维茨，康拉德（约1400/10—1445/47年），德国画家，主要在瑞士从事祭坛画创作。

沃尔格穆特，米夏埃尔（1434—1519年），因曾是阿尔布雷希特·丢勒的老师而闻名，他在家乡纽伦堡经营一家重要的画室。沃尔格穆特画祭坛画，也制作木刻版画。

祖卡罗，费德里科（约1540—1609年），塔德奥·祖卡罗的弟弟，在塔德奥死后接手其画室，继续完成他的作品。在完成英国宫廷肖像画后，他赴西班牙，在埃斯科里亚尔制作了若干幅祭坛画。祖卡罗后来回到罗马，建立了圣路加学院（专为艺术家而设立）。他的论著《画家、雕塑家和建筑师的理念》(*L'idea de' pittori, scultori ed architetti*）出版于1607年。

祖卡罗，塔德奥（1529—1566年），画家，他在罗马有一间足够大的画室，使他能够创作宏伟的历史题材画布油画。因为历史画是他的专长，所以，祖卡罗得到若干设计装饰性成套马略尔卡陶器的重要委托，其中包括一套描绘儒略·恺撒生平的餐具，是送给西班牙的腓力二世的礼物。

参考书目

绘画

Babelon 1968: fresco (Fontainebleau); Barolsky 1998: naturalism; Blunt 1991: France; Brown 1991: fresco (Toledo); Campbell 1990: portraiture; Franklin 2001: fresco, portraiture; Holt 1981; Hood 1995: fresco; Kempers 1992: patronage; Lübbeke 1991: Germany; Meiss 1970: fresco; Rodrigues 2000: Italian influences in Portugal; Sagerman 2002: Sistine Chapel ceiling; Snyder 1985: panel painting, portraiture in northern Europe.

挂毯

Campbell 2002: many illustrations of tapetries; Domínguez Ortiz 1991: Spanish royal collection; Hunter 1912: (general history); Snyder 1985: tapestries in northern Europe.

雕塑

Blunt 1991: France; Böker 1999: emblematic influences; Chapuis 1999: Riemenschneider; Decker 1969: Italy; Goldschneider 1952: portrait medals; Martín González 1991: Spain; Mulcahy 1994: sculpture (Escorial); Snyder 1985: sculpture in northern Europe; Welch 2000: Italy.

版画

Johnson 1999: social context; Landau 1994: (general survey); Stock 1998: printmaking in Antwerp; Woodward 1996: maps as prints; Zigrosser 1939: (general survey).

装饰艺术

Amico 1996: Palissy; Baskins 1998: *cassone* painting; Jourdain 1924: England; Kavaler 2000: Netherlands; Raggio 1996: Gubbio studiolo; Welch 2000: Italy; Wells-Cole 1997: England.

第四章

建筑和城市规划

文艺复兴建筑的古典形式和装饰性建构源于意大利，随即迅速传入法国，这两个地区是15世纪和16世纪新风格的主要代表。本章主要讨论意大利和法国，其他地区的建筑将在随后论及（见本章“意大利和法国之外的建筑”）。文艺复兴建筑的特征表现为受罗马风格影响的建筑设计的激增，以及负责整个建筑工程的作为单独个人的建筑师的重要性的增强。在文艺复兴时期，即便是若干位建筑师协作进行的一项重要工程，这一建筑也通常是一个人想象的结果。中世纪的伟大建筑，尤其是大教堂，需要长期的设计，常常要持续至少75年到100年。这些建筑是集体的成果，通常没有个别的天才来指导建筑工程。由于政治上或财政上的需要以及工程在时间上的延长，超过了它原初的建造者的寿限，所以，中世纪大教堂的设计方案在建造过程中常常被改动。中世纪建筑方案的成就给人深刻印象，但是，它们与构想统一的文艺复兴建筑是截然不同的。15世纪最重要的修建计划是佛罗伦萨的整修。在16世纪，由于教皇的赞助，罗马成为城市重建的焦点。本章的第一节概述建筑师和文艺复兴建筑的总体发展，第二节讨论各种类型的建筑的具体实例。

本章也要论及建筑风格从纯粹古典文艺复兴风格向一直盛行到16世纪后半期的风格主义（古怪或机智的艺术奇想）的转化。因为第三章包含了建筑和花园布置中的雕塑的内容，所以，本章集中概述建筑，而不涉及雕塑装饰的细节。关于武器的第七章讨论要塞和军事工程。港口和运河放在第九章关于旅行的部分来论述。

建筑师的兴起

作为一个既设计一幢建筑又亲历该建筑的全部建造过程的独立个体的建筑师的概念，直到16世纪才开始形成。在15世纪，建筑师（architect）这一头衔能用来指若干个人，如一幢建筑的设计者或负责支付工程款的人。建筑设计者偶尔也让一个从事建筑材料、雕塑或其他修建工作的同行来负责现场监督。在一定距离之外监督工程的建筑师包括莱昂·巴蒂斯塔·阿尔贝蒂（1404—1472年），他著有《建筑十书》（*De re aedificatoria*，约1450年），该书是文艺复兴时期的第一部建筑论著。到16世纪初，建筑师与出资人的合作更紧密，出资人通常对他们自己的工程进行现场监督。然而，他们常常根据别人，尤其是宫廷艺术家所提供的图纸来工作。正如我们将看到的，宫廷艺术家或雕塑家常常成为建筑师。这一节阐述作为一个文艺复兴现象的建筑师的发展过程。

意大利北部

布鲁内莱斯基

菲利波·布鲁内莱斯基（1377—1446年）参与建造佛罗伦萨大教堂是文艺复兴建筑兴起的重要一步。佛罗伦萨大教堂始建于1296年，到1420年工程已经进展到需要建造一个穹顶来覆盖其东端巨大的八边形空间的阶段。该穹顶在1436年被祝圣。在与若干同行的协作中，布鲁内莱斯基设计了一个复杂的八边形的穹顶，该穹顶不需要任何中间的支撑，因为全部压力都控制在穹顶本身的双层墙体中。在穹顶的内外墙体中则是砖砌环形结构，由它来平均地分配重力。布鲁内莱斯基还建造了特殊的起重装置，用来使穹顶各部分构建到位——这些装置就15世纪来说也是工程学奇迹。虽然穹顶或许是效仿了古罗马的万神殿（布鲁内莱斯基可能研究过它），但是，他的成就还是被誉为是革命性的。居住在佛罗伦萨或访问该城的任何一个明眼人都不会对这一辉煌的城市景观视而不见，从大教堂的底层仰望穹顶曾经是（现在还是）一个令人振奋的经历。阿尔贝蒂在其论著《论绘画》的前言中是这样赞扬布鲁内莱斯基（即“皮波”）的：“谁竟然如此不怀好意或妒火中烧，看到这样宏大的建筑而不赞扬建筑师皮波呢？它高耸云霄，阴影足以遮蔽全部托斯卡纳人，而且，它建造时没有借助任何拱架或大量木材。既然这一工程在我们自己的时代似乎是不可能完成的，假如我判断正确，它对古人来说或许就是意想不到的。”（Alberti 1966, p. 40）

虽然佛罗伦萨大教堂的穹顶令人难以忘怀，但是，由于其技术的复杂性和宏大的规模，它不是一个易于效仿的榜样。布鲁内莱斯基还设计了另一幢建筑，即美第奇教区圣洛伦佐教堂的老圣器收藏室（the Sacrestia Vecchia），该建筑的穹顶为其他建筑师提供了效仿的榜样。圣器收藏室的设计完全是集中式的，它由建在一个立方体上的半圆穹顶构成。穹隅支撑拱（连接立方体四角的拱架）支撑着穹顶的环形基座。这一和谐设计的几何图形细节由深色石材与浅色灰泥墙面的搭配而凸现出来，该项有效的技术也为其他建筑师所效仿。布鲁内莱斯基建造的佛罗伦萨育婴堂大约开工于1409年，该建筑是宏伟建筑的优雅典范，它影响了15世纪的其他建筑师。育婴堂带有圆形立柱的拱廊、柱头上科林斯风格的叶饰、雕工精细的中楣装饰以及古典式对称设计都是新古风（*all'antica*）建筑的极好的范例，是早期文艺复兴建筑的特征。

米凯洛佐

米凯洛佐·迪·巴托罗梅奥（或叫米凯洛齐·米凯洛佐，1396—1472年），通常人们叫他米凯洛佐，他主要在佛罗伦萨工作。他是一位天才的雕塑家，因而美第奇家族成员委托他制作艺术品。布鲁内莱斯基是第一位从雕塑家转行成为建筑师的人，而在当时“建筑师”刚开始被承认为一个独立的职业。一代人以后，米凯洛佐轻易地完成了同样的转变。布鲁内莱斯基的影响如此深远，以至于我们最近才知道，在过去数世纪中被归之于他名下的一些建筑可能是其他人设计的。佛罗伦萨圣十字教堂的帕齐礼拜堂就是一个实例，它可能是由米凯洛佐设计的。米凯洛佐在世时就因为设计了若干著名建筑，如佛罗伦萨的美第奇宫而享有盛誉。美第奇宫大约始建于1445年，它是老科西莫·德·美第奇（1389—1464年，不要将其与出生于1519年的公爵科西莫一世·德·美第奇混淆）建造的其在佛罗伦萨的府邸。这项建筑工程是雄心勃勃的，拆除了不少于二十幢房屋来为它的修建做准备。三层楼的外墙面非常粗糙，砌墙的石头凿得不规则，以便外表显得苍劲有力。这幢显赫的宫殿矗立在两条繁忙街道交汇的开阔的拐角处，它显示了米凯洛佐的天才，是佛罗伦萨新兴统治阶级建造的若干宫殿中的第一座。美第奇宫有四十多间房间，同时建有花园、凉廊和带柱廊的庭院，柱廊效仿了布鲁内莱斯基的育婴堂。天顶边缘下的装饰华美的古典式上楣有助于使美第奇宫成为一幢真正的文艺复兴建筑，其以罗马共和时期建筑风格的因素为特色。米凯洛佐设计的这幢建筑影响了受托在佛罗伦萨建造其他私人府邸的建筑师。米凯洛佐还把文艺复兴建筑引进到伦巴第（托斯卡纳以北）。大约在1462年，他设计了米兰圣埃乌斯托乔教堂的波尔蒂纳里礼拜堂。

阿尔贝蒂

莱昂·巴蒂斯塔·阿尔贝蒂在世之时就已作为一个极具天才的文艺复兴人物而闻名。阿尔贝蒂关于建筑的论著初次出版于1485年或1486年，人文主义学者和诗人安杰洛·波利扎诺（1454—1494年）在为该书所作的序言中写道："他能够把握古典建筑的每一条原则，并且能用实例来使它获得新生……另外，他作为画家和雕塑家都享有崇高声誉……他对所有这些不同门类的艺术的精通，超过了只有少数人才能在某一门艺术中所达到的程度。"（Alberti 1997, p.［1］）除了写有建筑方面的专论外，阿尔贝蒂还有其他著作，包括在第三章已论及的关于绘画的论著。他通过这些著作，尤其是把制作精美的著作写本呈献给教皇尼古拉五世这类赞助人，提高了自己作为具有多方面才艺的艺术家的地位。阿尔贝蒂的论著不是建筑规则手册，而是富于灵感的人文主义者的著作，目的是要颂扬伟大的建筑和建筑师（不会忘了他自己），鼓励创造性的建筑方法，支持他自己的时代所发起的革新。

阿尔贝蒂承担的非常重要的建筑委托证明了他是一位卓越的建筑师。这些建筑委托包括约1450年修建里米尼的马拉泰斯塔圣堂（为中古的圣方济各教堂建造一个新的正立面），以及1470年开始建造的曼图亚圣安德烈亚教堂。阿尔贝蒂对圣方济各教堂的人文主义改造迎来了建筑史上的一个新时代，而且，圣安德烈亚教堂已完工的部分则对其他文艺复兴时期的教堂的建造有重要影响。虽然两座建筑都不是根据阿尔贝蒂的设计方案完成的，而且，它们都经过翻新和重建，但是，现存证据充分证明了阿尔贝蒂的创造力以及他作为建筑师的独创精神。"圣堂"（Tempio）这个名字源于拉丁词"templum"，正是它把这座建筑与古典古代联系了起来。圣堂入口正立面就暗示了里米尼实际存在的罗马奥古斯都凯旋门。圣堂是由里米尼君主西吉斯蒙多·马拉泰斯塔委托建造的，献给他和他的情妇伊索塔·德利·阿蒂，目的是要使他们永远结合在一起，虽然在教会看来他们当时并没有结合。这座圣堂将是他们俩的合葬墓，阿尔贝蒂相信，陵墓是把名声传之后世的有效方法。该建筑和谐平衡的正立面和古典风格的装饰不仅成为了他的赞助人的纪念碑，而且也是阿尔贝蒂作为建筑师的天才的丰碑，虽然修建时他并不在建筑现场。阿尔贝蒂传世的书信中有他给负责修建圣堂的雕塑家马泰奥·德·帕斯蒂（约1420—1467年）的指示。帕斯蒂在现场工作，负责监督工人，同时，在罗马的阿尔贝蒂也指导着工程进行。甚至在一封传世的书信（该信现藏纽约皮尔庞特·摩根图书馆）中，阿尔贝蒂画了一个天顶装饰的细部，但是，他显然并未去远在亚得里亚海岸的里米尼检查圣堂建筑进度。帕斯蒂根据阿尔贝蒂的建筑设计模型来监督工程，设计模型准确地展现出根据绘画和数学比例得来的成比例的建筑外观。

圣安德烈亚教堂是曼图亚侯爵卢多维科·贡扎加（1412—1478年）委托建造的，他既是一个战士又是一个人文主义者，当其年轻时在著名的“快乐之家”（Casa Giocosa，在关于教育的第十一章中要论及）师从的恰好就是维托里诺·达·费尔特雷（1378—1446年）。卢多维科既为威尼斯也为米兰作战，而且他娶了皇帝西吉斯蒙德的侄女勃兰登堡的巴巴拉。在1454年解决意大利冲突的《洛迪和约》签订之后，卢多维科得以和平地统治二十多年，其间他的赞助惠及许多艺术家和人文主义者。他也成为阿尔贝蒂的主要赞助人之一。1470年，当阿尔贝蒂致信卢多维科建议修建圣安德烈亚教堂之时，这位建筑师已经参与贡扎加的建筑工程近十年了（然而，学者们对他准确的参与程度众说纷纭）。圣安德烈亚教堂的设计方案必须配得上一座其主要圣物据称是基督真血的教堂，因此，它必须有足够大的空间来安全地容纳每当圣物展示时就会蜂拥到教堂的大量人群。圣安德烈亚教堂的工程委托为阿尔贝蒂提供了一个机会，使他能在建筑师生涯的鼎盛时期设计一整座教堂。该教堂是他的最高成就，是他所设计的最大的建筑。圣安德烈亚教堂的内部设计效仿了罗马古老的马克西米会堂，该会堂有巨大的中殿，并有进入旁边空间的宽阔通道。圣安德烈亚教堂的正立面的宽度与其高度相等：根据阿尔贝蒂关于比例的理论，这是完美匀称的比例，也是他的设计的明确标识。

塞尔利奥

虽然塞巴斯蒂安·塞尔利奥（1475—约1554年）设计的建筑留下来的只有一座城堡和一条门道，但是，由他所著的附插图的论述建筑的书籍却在建筑师的兴起过程中有巨大影响。在博洛尼亚，他的父亲把他培养成了一位画家，然而，他却在罗马开始了他的建筑生涯。1527年，在罗马遭到洗劫之后，他逃到了威尼斯，在那个北方共和国一直工作到1541年，之后，受法国国王之邀转赴法国，在枫丹白露从事创作。他的《建筑学》一书有若干卷出版于1537年至1547年之间。因为塞尔利奥在罗马待过许多年，所以，他关于建筑的著作都以拉斐尔和布拉曼特之类著名大师的作品为例，这样就把他们的仿古风格传播到了整个西欧。文艺复兴时期，塞尔利奥的著作被翻译成法语、西班牙语、荷兰语和英语。他的著作是最早出版的关于五种建筑“柱式”的文艺复兴时期的文献，包括列柱及其柱头等的设计方法在其著作的第四卷也有描述。虽然关于维特鲁威的文艺复兴版本以及阿尔贝蒂的论著都讨论了柱式，但是，出版详细的建筑图例，塞尔利奥是第一人。五种柱式（稍加简化）包括托斯卡纳柱式（朴素的意大利风格）、陶立克柱式（朴素的古代风格）、爱奥尼亚柱式（在柱头的两端有反向涡卷）、科林斯柱式（柱头有叶形装饰）和混合柱式（通常是爱奥尼亚柱式与科林斯柱式的结合）。每一种柱式都被认为各有其独有的特点。塞尔利奥是这样描述托斯卡纳柱式的：“宏大和粗糙的建筑柱式，即托斯卡纳柱式，最质朴、最坚固，同时也最不优雅，最不好看。”（Holt 1982, p. 45）建筑师们认为，每一种柱式都适合于特定类型的建筑，

图 4.1　意大利帕尔玛圣乔万尼·埃万杰利斯塔修道院回廊局部。圆形装饰是典型的文艺复兴装饰，而且拱廊也具有古典风格的比例。（照片由本书作者拍摄）

而且，建筑立面的列柱应该是柱头装饰简朴的排列在第一层楼，爱奥尼亚柱式排在第二层楼，科林斯柱式或混合柱式排在第三层。遵循上述古典样式的建筑师表明他们受过良好教育，是依照古典先例来工作的。

帕拉迪奥

安德烈亚·帕拉迪奥（1508—1580年）比16世纪任何别的建筑师都更坚持由罗马建筑师和工程师维特鲁威（鼎盛期是公元前46—前30年）所提出的建筑规则。帕拉迪奥在威尼斯和威尼托工作。他设计的建筑统一连贯、高贵端庄，常常是集中式的，并且有古代神庙似的门廊。这些门廊带有若干圆柱，圆柱柱头上有一个装饰性的偏平柱头盘（类似于一个平顶），柱头支撑着一个装饰带和三角装饰墙，三角墙的顶端和左右两端都有小雕像。这类建筑是对古典建筑设计的再现，并且，一直到最小的细节。帕拉迪奥把他取得的建筑师声誉归功于吉安·乔尔乔·特里西诺（1478—1550年）的赞助，后者是一位诗人和剧作家（他的著作将在关于文学和语言的第五章讨论）。特里西诺对帕拉迪奥很友好，他就在这位诗人的故乡——北部意大利的维琴察长大成人，并在那儿做石匠和建筑师。特里西诺曾在罗马当过教皇的外交官，随后又得到梵蒂冈教廷的资助。1545年，特里西诺把他的朋友带到罗马，帕拉迪奥在那儿对古代建筑遗迹进行了研究。借助于这第一手的知识，帕拉迪奥于1547年在维琴察一座宫殿的重建工程的重要竞争中获得胜利，这座宫殿后来被称为帕拉迪奥宫。在取得这一成就后，他作为建筑师的生涯进入全盛。帕拉迪奥的若干其他建筑设计将在后面述及。

罗马

布拉曼特

多纳托·布拉曼特（约1443—1514年）在乌尔比诺作为画家开始其职业生涯，大约1479年，在米兰统治者斯福扎家族赞助下，布拉曼特在那儿作为建筑师继续自己的职业生涯。20年后，法国人占据米兰，布拉曼特逃到罗马。在罗马，教皇朱利乌斯二世（1443—1513年）于1503年选派布拉曼特修整和重建教皇宫（梵蒂冈的教皇宫），这就提高了他作为建筑师的地位。他在罗马设计的第一座建筑是和平圣玛利亚修道院，其建筑式样得自马尔塞鲁斯剧院那样的古罗马建筑。虽然布拉曼特在他死之前没能实现他提出的圣彼得大教堂的希腊十字设计方案，但是，他设计的宏大的教皇宫观景楼庭院提供了一个仿古带平台庭院的典范。表演区包括一套水力装置，用来向围起来的场地灌水，以便能上演模拟海战，这与古代那些表演类似。正是塞尔利奥那样的权威称赞布拉曼特复兴了建筑艺术，他指的是后者对古典风格的文艺复兴解释。

拉斐尔

拉斐尔（1483—1520年）作为画家享有盛誉（见第三章，艺术和视觉文化）。部分因为他善于画图，他于1514年被选派为圣彼得大教堂的建筑师。拉斐尔完成的建筑包括1518年的马达马别墅，以及大约1516年的人民圣玛利亚教堂的奇基礼拜堂。

米开朗基罗

米开朗基罗·鲍纳罗蒂（1475—1564年）是一个特例，因为在40岁时开始从事建筑设计（见第三章）之前，他作为画家和雕塑家已声名远扬。他对雕塑的擅长使他成为设计建筑正立面的适当人选，所以，教皇利奥十世（乔万尼·德·美第奇，1475—1521年）委托米开朗基罗为其在佛罗伦萨的家族教区教堂圣洛伦佐教堂设计一个新的立面。虽然这一设计方案从没有实现，但是，米开朗基罗完成了一个新圣器收藏室，它与布鲁内莱斯基的旧圣器收藏室相称，使该教堂有了两间对称的厅堂。由于该项工程，米开朗基罗使自己与布鲁内莱斯基早年的创造能力相媲美，从而提高了自己作为建筑师的地位。到米开朗基罗晚年，教皇保罗三世（1468—1549年）委托他完成圣彼得大教堂。教堂巨大的半球形穹顶是在他死后才完成的，而且，那个尖顶并非他原初设计的一部分。

维尼奥拉

贾科莫·达·维尼奥拉（1507—1573年）曾在博洛尼亚学习建筑，之后于1530年到罗马。在那儿，成为了效力于教皇朱利乌斯三世（1487—1555年）的建筑师。维尼奥拉为教皇保罗三世的圣安德烈亚小教堂设计了一个椭圆形的穹顶，这在欧洲是首创，因此，他引起了在罗马从事艺术的所有人的注目。他设计了始建于1568年的耶稣会教堂，该设计确保了他在同行中的地位。教堂的正立面是贾科莫·德拉·波尔塔（约1490—1577年）在维尼奥拉死后设计的。光线透过教堂侧廊新颖别致的天窗照射进来，使维尼奥拉设计的非常宽敞的内部空间（中殿宽约60英尺）和优雅的形式显得更为突出。因为该耶稣会教堂为全世界耶稣会组织所效仿，所以，维尼奥拉享有国际声誉。1562年，他出版了《五种建筑柱式设计规则》（*Regole delle cinque ordini d'architettura*），该书紧扣一个塞尔利奥论述过的最有意义的主题。这本书奠定了维尼奥拉作为文艺复兴时期建筑领域权威的地位。

图4.2　意大利阿雷佐的中古圣玛利亚教堂的16世纪翻新立面。由乔尔乔·瓦萨里负责翻新工程。（该教堂名中的“della Pieve”意为“有洞室的”[of the holes]，源于教堂内部有许多侧厅耳室，经桑德拉·塞德尔同意使用）

瓦萨里

乔尔乔·瓦萨里（1511—1574年）因其《艺苑名人传》（*Vite de'piu eccelenti architetti, pittori e scultori*）而享有盛誉，该书初次出版于1550年，1568年做过很大增订。他也是一位著名的画家，且尤其因为设计了乌菲齐宫，所以他也是一位相当重要的建筑师。这幢仿古建筑是修来供大公科西莫一世·德·美第奇的行政管理机构办公所用（“uffizi”在意大利语中意为“政府机关”）。瓦萨里相信文字将为后世提供关于伟大作品的可能是最好的纪录，时间证明在许多情况下他是正确的。

法国

德洛姆

菲利贝尔·德洛姆（1514—1570年）是一个石匠的儿子，16世纪30年代中期曾在罗马度过几年时光。这是一个文艺复兴建筑令人振奋的时代，因为在1527年被洗劫后，罗马城开始重建，逐渐恢复生机。德洛姆以后的建筑设计受到他在罗马研究过的建筑的影响，这一影响使他在他的祖国获得了一个作为建筑师的崭新地位。他出版的著述，尤其是1567年出版的《论建筑》一书，以及他的建筑设计对16世纪后半期的法国建筑是重要的。不幸的是，他所设计的绝大多数建筑都已毁掉了，其中包括凯瑟琳·德·美第奇（1519—1589年）在他晚年委托他设计的巴黎杜伊勒利宫。

迪塞尔索

雅克·安德鲁埃·老迪塞尔索（约1515—

1585年）是一个建筑师、雕刻师和工程师家庭的家长。他的儿子巴蒂斯特（约1545—1590年）负责建造卢浮宫，还修建了新桥（Pont Neuf，这是现存巴黎最古老的桥）。1539年，雅克·迪塞尔索出版了法国第一部《建筑手册》（*Livre d'architecture*）。对于后世的建筑师来说，他最重要的著作是《法国的最佳建筑》（*Les plus excellents batiments de France*，1576年和1579年），它不仅为建筑而且为建筑附带的花园提供了文献资料。雅克·迪塞尔索的建筑风格富于装饰，这一点在他的建筑雕刻中表现明显，这种风格有助于将风格主义引入法国。以在外观装饰和设计上非常程式化的细节为特征的风格主义是16世纪晚期在法国居于支配地位的艺术风格。

罗马的影响

罗马城在两个方面影响了文艺复兴建筑：其一是古罗马的遗迹和历史，它们在建筑设计和主题上给后世建筑师以启示；其二是16世纪罗马的建筑设计，它提供了一个城市重建的当代榜样。例如威尼斯就可与古罗马媲美，尤其是总督宫。1527年，罗马遭到帝国军队的洗劫，城中许多建筑被摧毁，从而在16世纪余下的年代中有罗马城的重建和复兴。

罗马的遗迹：15世纪

我们看到，15世纪和16世纪获得声誉的大多数建筑师的某些非常有名的建筑即使不是与现存的罗马遗迹有关，也与古罗马有关。在15世纪初，罗马实质上是一个很大的中古城镇，羊儿在草地上吃草，山丘一片荒芜。目之所及只有几座古建筑和城墙的断垣残壁，即便这些东西也正在被摧毁，因为居民们在那儿取石材修筑自己的房舍，或者将石料捣碎，烧制成石灰。罗马数世纪以来就是教皇国的一部分，但是，从1309年到1447年教皇尼古拉五世当选之间，教廷的动荡使这座城市得不到任何认真的关注。从1309年到1377年，教皇一直滞留亚威农（这一时期称为大分裂时期或“亚威农之囚”，见第九章），而且，一连串敌对教皇造成的分裂在意大利又持续了70年。在14世纪末期，彼特拉克考察了罗马城，并且在其诗中颂扬了它（见第五章，文学和语言），但是，他对古代遗迹的鉴定充满谬误。然而，他对罗马城的描述启发了博古学家和建筑师，促使他们开始对罗马的古代遗迹进行认真的研究。在这一工作中，他们得到教皇和神圣罗马帝国皇帝的支持，许多人认为神圣罗马帝国皇帝与古罗马帝国皇帝，尤其是奥古斯都·恺撒，是对等的。

当尼古拉五世成为教皇时，罗马的境况非常糟糕，1413年，那不勒斯国王麾下的军队劫掠和部分摧毁了罗马城。意大利分裂成若干相互竞争的城邦，尤其值得注意的是与教皇对抗的米兰和博洛尼亚。尼古拉五世利用1450年的大赦年庆典，把罗马提升到基督教的中心地位，因而他促进了意大利城邦的团结和教皇国的稳定。在15世纪中期，随着成千上万的朝觐者能够安全地来去罗马，意大利历史上这段相对和平的年代为罗马带来了急需的收入。尼古拉在位期间，罗马的文化遗产研究开始繁荣起来，并得到波基奥·布拉乔利尼（1380—1459年）等人文主义者的指导。波基奥（现在他通常被这样称呼）是在佛罗伦萨受的教育，1403 年移居罗马，曾效力于八位教皇。他的学术研究集中于古代写本的发现和拉丁古典文献的校订。波基奥常与教皇随行人员一道游历欧洲，这使他有极好的机会去像圣加仑修道院那样的大修道院的图书馆访书，并且常常把寻访到的写本带回教廷图书馆。这些拉丁文献中有对罗马的描述和碑刻铭文，因此，在空闲时间，波基奥遍访罗马城，考察和描述古代遗迹，以期理解这些文献。更重要的是波基奥痛惜古罗马所遭受的劫掠，强调留存的古迹需要保护。

人文主义者庞波尼奥·莱托（1425—1498 年）创建了罗马学会，他继承了伟大历史学家洛伦佐·瓦拉在罗马文法学校的拉丁语教席。与佛罗伦萨的柏拉图学会、那不勒斯的庞塔诺学会一道，罗马学会也是具有悠久传统的意大利学术团体中最早的团体之一。罗马学会对古典建筑研究是有影响的，因为莱托就对古代城市——它的遗迹和文学十分着迷。他和其同事遍访罗马，深入到地下墓穴，记载碑刻铭文和其他文物古迹。莱托在大学发表关于古罗马遗迹的演讲，把他对古代遗址的解释告知许多学生，同时还引证古代博古学家瓦罗的著作。莱托在考古研究上比以前的学者更系统，他帮助其同时代人理解古代建筑的目的、遗址内建筑物之间的关系，以及其他对建筑师效仿古典建筑有用的资料。最后，他教导他的学生要联系古代文献的历史背景来研究古代建筑（反之亦然），这是一个大胆的跨学科的方法，把历史的真实性引入早期文艺复兴的建筑规划。另一个考古学的先驱是教皇的秘书弗拉维奥·比昂多（1392—1463 年），他精心写作了罗马地形学著作。他通过对实际遗迹的实地研究来增补古典资料，他的《复兴的罗马》一书在长达一个多世纪中被艺术家和建筑师当作参考资料来查阅。

教皇西克斯图斯四世（1414—1484 年）于 1471 年登上宗座，1474 年，他在卡皮托山上建造了一座博物馆。在那时，收藏古物的狂热有助于保护个别雕像、碑铭和建筑装饰，但是，这同时也使这些作品被挪离它们原来的位置，从而使历史记载难于理解。虽然有的收藏者注明了他们的收藏品的发现地，但是，其他收藏者更感兴趣的是向参观者炫耀他们收藏的宝贝。西克斯图斯四世通过委托包括拓宽和铺设街道方面急需的改进在内的建筑工程计划，大大改善了罗马城的基础设施。在建设过程中虽然部分遗迹被毁或者挪动了位置，但是，工程也使更多的中古和古代罗马城遗迹被发掘出来，使下一代人能够对其进行研究。在 15 世纪和 16 世纪，除了像皮恩扎教皇城那样的个别事例外，城市规划本身在罗马以外并没有什么进步。在罗马，教皇利用他们的权威来清除古代遗迹、居民住宅和小型公共建筑，这样既使罗马城也使罗马教区焕然一新。然而，在其他城市，通常是像美第奇家族、鲁切莱家族和斯福扎家族的那样的赞助人说了算，豪华私人府邸的建造不大考虑城市整体的现代化，甚或具体的邻居。文艺复兴时期的城市的主要公共广场是显著的例外，因为人们都努力用互补的建筑来框定这些空间。威尼斯是城市规划这方面最好的实例（参见本章“图书馆和博物馆”）。

我们应该注意到，罗马的文物古迹并非是文艺复兴时期罗马建筑师能得到的唯一宝藏。罗马皇帝曾经把若干巨大的方尖碑运到罗马，而且，在文艺复兴时期，圣彼得大教堂附近的方尖碑仍然还在。西克斯图斯五世

（1525—1590 年）对罗马古代遗产的保护一点也不重视，他想把方尖碑从圣彼得教堂旁边移至中心广场（至今它还在那儿）。针对这一宏大举措所需的水利工程，罗马的建筑师有过长时间的讨论，这一讨论提高了水力学知识水平。然而，甚至米开朗基罗都没能承担起这项工程，它最终是由多梅尼科·丰塔纳（1543—1607 年）完成的。

重建罗马：16 世纪

教皇利奥十世委托拉斐尔绘图载录罗马遗迹，并且提出保护建议。拉斐尔还被任命为古物管理官，这一职位使他有充足的机会为了他自己的建筑设计而研究古代建筑和遗存。借助教皇的支持，罗马在 16 世纪 20 年代作为一个建筑艺术的中心繁荣起来。然而，在 1527 年，意大利战争的阴霾逼近了罗马城。在战争中，教廷与法国、威尼斯和米兰公爵结盟对抗皇帝查理五世，皇帝的大约由三万名士兵组成的德国和西班牙军队于 1527 年 5 月侵入罗马，对该城进行了一连数月的劫掠，并摧毁了古代遗迹。外国军队的占领持续了九个月，其间罗马城被蹂躏，钱财遭洗劫。正如我们所看到的，这次入侵引起著名建筑师从罗马逃到其他地区。他们把自己所受的古典教育及其对古风的爱好带到了其他城市，若没有这次事变，那些城市是不可

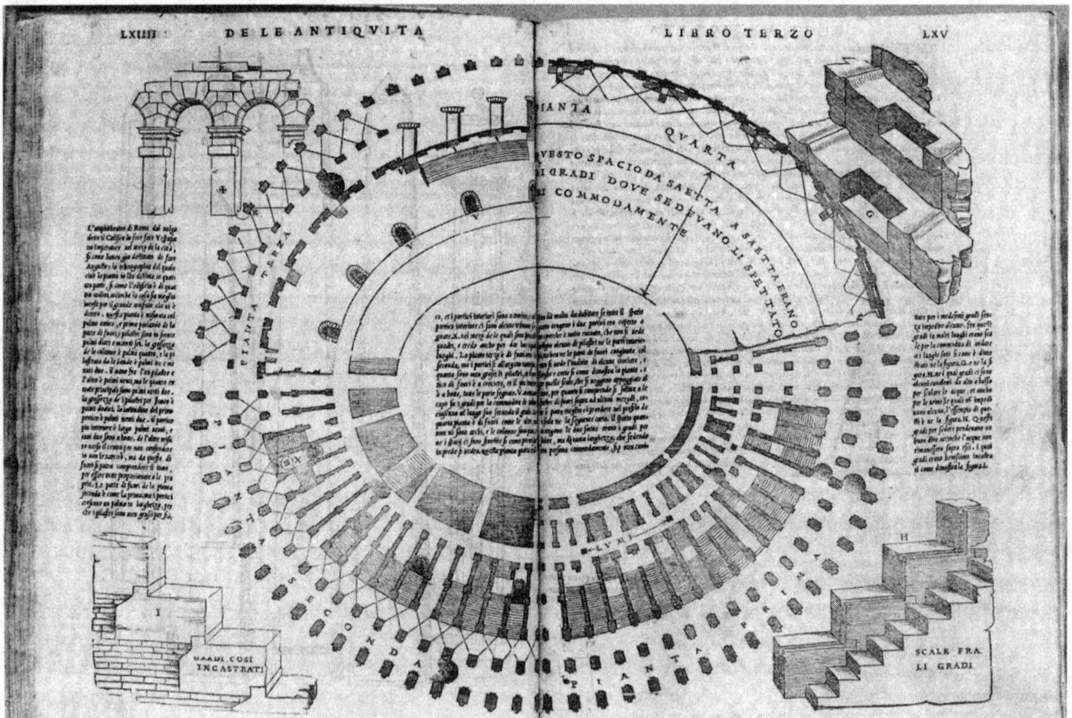

图 4.3　罗马大角斗场废墟的平面、立面和断面图。塞巴斯蒂亚诺·塞尔利奥的木刻版画，见其 1540 年出版的《建筑学》第三卷。该卷有罗马古迹图解和描述，许多加图示的文艺复兴时期的建筑学书籍都效仿他的这卷书。（经拥有该照片 2003 年版版权的索斯比公司的同意使用）

能见识到他们的技术专长的。可是，罗马几十年都没有从1527年至1528年的事变中恢复过来。

许多在罗马学习古典风格和建筑的艺术家都在他们的研究中绘制遗迹的素描。这种文献记载使我们能清楚地知道到文艺复兴时期还存在的重要古代遗迹的状况。例如法国画家艾蒂安·迪佩雷（约1525—1604年）就曾于1550年旅行到罗马。他在随后30年中画的素描，尤其是他于1575年出版的版画集《罗马的古代遗迹》（*Vestigi dell'antichita di Roma*），提供了宝贵的历史记录。另外一个建筑师和城市规划者的工具是出版于16世纪的罗马地图，包括古代遗址地图和视图。虽然这类地图是15世纪阿尔贝蒂等人绘制的，但是，16世纪的地形印刷图却使全欧的建筑师有更多的机会接触到这一视觉资料。这些地图也有助于提高博古家和学者们对保护古代城市遗迹的兴趣。

建筑碑刻

碑铭学，或碑铭研究，使文艺复兴时期的人文主义者欣喜不已。他们花许多时间在其学会里争论拉丁碑刻的解释，思考那些残缺不全的碑刻在古罗马时期曾经可能在什么地方。文艺复兴时期的建筑师和艺术家对刻印符号，尤其是刻在除所述之外没有装饰的墙上和柱头盘上的符号，有视觉兴趣。而且，这类拉丁文碑刻出现在建筑上会使建筑显得更庄严，因为它们使人想起古罗马遗迹。威尼斯的圣方济各·德拉·维尼亚教堂是文艺复兴建筑上“古风”碑刻的完美实例。

教会建筑

佛罗伦萨大教堂穹顶是15世纪典型的文艺复兴教会建筑。把布鲁内莱斯基安葬于大教堂内，并有墓志铭称颂他为“建筑师菲利波”，这就是要永远铭记他的功绩。文艺复兴时期的建筑师对公共建筑评价是划分等级的，根据这一等级划分方法，市政建筑居于最低等级，宫殿府邸高于市政建筑，教堂得到最高评价。最大的荣耀是设计和建造一座教会建筑，尤其是大教堂。位于罗马教区中心的圣彼得大教堂是16世纪最宏大的宗教建筑。早在15世纪中期，教皇尼古拉五世就计划建造该教堂，但直到1614年才修建完工。设计和修改大教堂建筑方案的建筑师包括布拉曼特以及艺术家拉斐尔和米开朗基罗。尼古拉五世临终前说，他委托建造的各教堂都是为了广大公众的，他们应该为教堂的宏伟所震慑，进而充满敬畏之心。

意大利

圣玛利亚·诺维拉教堂（佛罗伦萨）是13世纪中期建造的多明我修会教堂。教堂主要楼层以上的正立面从来没有完工，中央拱顶和侧面耳堂的斜顶凸出于立面之上。圣玛利亚·诺维拉教堂是鲁切莱家族的教区教堂，所以，该家族委托阿尔贝蒂来为教堂上层设计正立面。文艺复兴时期的建筑师常常被雇请来完成或者修复中古建筑。阿尔贝蒂根据其建筑比例的标准化方法设计了教堂正立面，用绿色和白色大理石镶嵌成的条格图案，在外形和色彩方面都对原设计给予了补充（大约1458—1470年）。教堂正立面上层装饰有

图 4.4　15 世纪意大利佛罗伦萨帕齐家族礼拜堂门廊的嵌饰天花板。（经桑德拉·塞德尔同意使用）

一个仿古人字墙，其下是一个有碑刻的装饰带，而且，在装饰带下方两边各有一个三角墙，墙头是长长的斜涡卷形装饰。后者的形状成为了文艺复兴古风正立面的流行的组成部分。

帕齐礼拜堂或许是米凯洛佐设计的，用作圣十字教堂的方济各修道会成员的会堂。安德烈亚·德·帕齐是一个富裕的佛罗伦萨人，美第奇家族的敌人，是他委托建造了这座礼拜堂，其是帕齐家族的陵墓礼拜堂。帕齐礼拜堂正面朝向庭院，它是一个有穹顶的矩形建筑，以带列柱的门廊入口和三层拱形天花板的门廊为特色。门廊中央天花板用彩色瓷砖装饰得非常奢华，侧面的筒形拱顶是以文艺复兴时期的花卉和几何图案的方形镶板精工装饰。礼拜堂内部用镶板装饰的两边筒形拱顶天花板与门廊的设计形成呼应。淡黄色的灰泥墙面，深色的几何形细部，以及圆形蓝白色上釉赤陶使徒浮雕像，这一切都使帕齐礼拜堂的内部装饰成为 15 世纪建筑设计的光辉典范。米凯洛佐还将四个巨大的绘有《福音书》作者的彩色圆形结构安置在穹隅以支撑穹顶，这是他的一个创新。礼拜堂的曲线形的装饰和结构，包括四处墙上的弧形碑刻和门上的圆形装饰，使空间协调一致，使它显得既充满生气又宁静安详。帕齐礼拜堂是文艺复兴建筑的瑰宝。

布拉曼特设计的蒙托里奥圣皮耶特罗教堂（在罗马）的小礼拜堂是一个革命性的建筑。圆形的小礼拜堂并没有严格追随像万神殿那样的罗马榜样，它的直径只有 15 英尺。然而，由于其高耸的穹顶和深深的壁龛，它是献给殉教者圣彼得的一个非常有力的纪念物。小礼拜堂给人的印象就是一座圣像，因为它被设计得从外面看像是一个三维人像，而不仅是一个可进入的建筑物。

安德烈亚·帕拉迪奥于 1554 年出版了《罗马的文物古迹》（*Le antichita di Roma*）一书，从 1562 年到 1577 年间，他曾为威尼斯共和国设计了三座教堂。它们都有与古代神庙一样的古典门廊，这是一种被认为是典型的帕拉迪奥式的文艺复兴风格。圣方济各·德拉·维尼亚教堂是其中一座，它因使用了建筑碑刻而著名。1564 年，帕拉迪奥曾为一座 30 年前根据桑索维诺的设计建造的教堂设计正立面。（同意桑索维诺的设计方案的委员会成员包括塞尔利奥，那时候他住在威内托。）教堂正立面上庄重的青铜刻字与雕像一道构成了一个象征性的文本，其表明该教堂是仿效人体"圣殿"来建造的。把建筑结构和文本结构与人体联系起来是文艺复兴人文主义的基本原则。

法国

15 世纪意大利的仿古风格从南方进入法国，1475 年至 1481 年修建的马赛大教堂的圣拉扎尔礼拜堂是第一个实例。这座礼拜堂是那不勒斯国王安茹的勒内委托建造的，它以其正立面顶部的壳形壁龛和古风浮雕，以及上面有柱头盘的混合式柱头为特色。礼拜堂的建筑师是弗朗切斯科·劳拉纳（约 1430—约 1502 年），他曾效力于若干个人文主义宫廷，尤其是那不勒斯的阿拉贡的阿方斯五世宫廷。在法国，仿古风格被称为“la mode italienne”（即意大利风格），因为从意大利战争中归来的法国贵族引进意大利建筑师和工人来建造和整修他们的城堡。

就教堂这样的宏大建筑而言，直到 16 世纪中期，哥特式风格在法国依然盛行。然而，由于塞尔利奥的建筑使用手册在 16 世纪 30 年代的传播，罗马文艺复兴建筑（盛期文艺复兴）的古风因素开始影响赞助人和建筑师，从而引起了对古典风格的爱好。1528 年至 1535 年建造的卡昂（北部法国）圣皮埃尔教堂的高坛外部代表了罗马风格在法国的漫长历程的早期阶段。装饰华丽的古色古香的表面和镂空石雕为光洁平展的表面和相当朴素的仿古外形所取代。

1549 年至 1552 年，菲利贝尔·德洛姆为阿内城堡建造的阿内礼拜堂是法国第一座圆形教堂。正如我们所知，德洛姆曾在罗马研究古代建筑。就这座礼拜堂来说，他把理论知识付诸实际应用，设计建造了这样一座建筑，它有镶板装饰的穹顶（法国第一个半圆形的穹顶）、柱身有凹槽的科林斯式壁柱（陡然从墙面凸出的矩形扁平柱），以及装有向外翘起的上楣的斜壁角。德洛姆把所有这些古风要素融合在一起，成就了一个法国古典主义的杰出范例。

从要塞和城堡到文艺复兴宫殿

许多中古要塞或城堡实际上是小的设防城镇（“castle”一词源于拉丁词“castrum”，意即要塞）。从外表看，全凭它们的规模给人深刻印象，它们有又高又厚的石头垒成或者有时是砖砌成的墙，有唯一的装有大门的入口，城壕之上通常有一座吊桥，整座城堡只有几个小而狭窄的窗口。城堡常常有一个前院和过了吊桥的第二道门，这样，在允许来访者进入城堡庭院前，就能对他们进行严格的检查。最早的欧洲要塞是在古罗马要塞的基础上建造起来的，通常是方形或长方形的。在中世纪，第二道甚至第三道设防卫墙把城堡的保护范围扩大到最初的建筑以外。随着房舍、商铺、学校和其他建筑在卫墙内和卫墙间修建起来，这些城堡卫墙发展成为许多中古城镇和城市的设防城墙。在整个欧洲，部分这些旧城墙和城门今天还能看到。在一些像中部意大利的锡耶纳和法国西北部的迪南这样的历史名城，它们几乎被完好地保留下来。在文艺复兴时期，建筑师面临把荒芜了的、被战火蹂躏的或被焚毁的城市中心转变为更开放、更宽敞的城市生活环境的艰巨任务。私人府邸和王室宫殿的入口处有台阶，其对称设计的正立面以列柱或壁柱为特色，窗户开间较大，建筑装饰非常精美，这些建筑在文艺复兴时期的城市中造就了一种新的建筑美学标准。新兴的商人阶级乐于为许多私人府邸付账，与此同时，王室金库也为许多其他建筑工程提供资金。

意大利

大约建于1460年的鲁切莱宫与同时代的佛罗伦萨宫殿府邸，如上文讨论过的美第奇宫不同，因为它的正立面是真正优雅的文艺复兴风格。与其他府邸非常粗糙质朴的正立面不同，或许是由阿尔贝蒂设计的鲁切莱宫，却将石料的粗糙表面磨光，以便使立面外观更加华贵。另外，有三层壁柱来装饰门和所有窗户，壁柱是层层重叠的。结果建成了一座比例对称、外观悦人的雄伟大厦。

罗马的马达马别墅是一座宏伟的宫殿，它是16世纪20年代由小安东尼奥·达·桑加罗（1483—1546年）根据拉斐尔的设计建造的。宫殿得名于奥地利的玛格丽特（人称“Madama”，即“夫人”），她于1536年嫁给亚里桑德罗·德·美第奇，并得到这座宫殿，它原来是为红衣主教朱利奥·德·美第奇（1478—1534年）建造的。朱利奥是一位艺术赞助人，也是一位博古学家，1523年他当选教皇，称克莱门七世。马达马别墅是为适合他的古风趣味而设计的，宫殿有此前文艺复兴府邸从未使用过的圆形穹顶。虽然宫殿只有花园凉廊留存至今，但是，它的绘有壁画的拱顶和高耸的支柱（方形支柱）仍然使人想起皇帝尼禄古老的黄金屋，宫殿明显是根据黄金屋设计的。

16世纪40年代早期，桑加罗正作为建筑师效力于教皇保罗三世（原名亚里桑德罗·法内塞，1468—1549年），当时他被委托对罗马的法内塞宫（不应将该建筑与下文要描述的法内塞别墅混淆）进行改建。在米开朗基罗开始监管宫殿的整修后，他通过用一个很大的从屋顶轮廓线伸出到立面之上的佛罗伦萨式上楣，来使建筑更厚重、更雄伟，以突显其雕塑性质。桑加罗设计庭院时的古风灵感由巨大的砖石支柱表现出来，其与竞技场那样的罗马遗迹相似。法内塞宫至今仍屹立在罗马，俯视着一个宽阔的广场。该广场显然是同时设计来陪衬宫殿的，这是文艺复兴时期罗马一个引人注目的城市规划实例。（这座建筑今天是法国大使馆。）

法国

在法国，“hotel”这个词被用来指豪华的城市府邸，而在城市之外的宫殿被叫作“chateau”（该词单复数发音不变，重音在第二个音节）。这些奢华的建筑为文艺复兴时期的建筑师提供了一个试验不同风格、展现自己娴熟技艺的机会。最好的城堡是王室及其核心集团委托修建的。许多王室档案在法国大革命期间被毁，所以，遗憾的是我们对受托建造了许多建筑的建筑师都一无所知。

巴黎的卢浮宫（现在为法国国家博物馆）最早是13世纪的一座中古要塞，国王弗朗西斯一世（1491—1547年）开始委托建筑师对其整修翻新。城堡塔楼及其地下室中的地牢被拆除建成一个庭院。虽然在16世纪末之前建成的仅仅是其建筑师皮埃尔·莱斯科（1510/15—1578年）所构想的卢浮宫的一小部分，但是，他的意大利风格的方形庭院对其他法国文艺复兴建筑有巨大影响。莱斯科设计的俯视方形庭院的西侧楼立面完成于1546年。与雕塑家让·古戎（约1510—约1565年）合作建造的这个立面是古典建筑风格的杰作，其列柱柱身有凹槽，列柱之间有雕塑壁龛。另外，较低矮的三楼窗户之间的空间充满了浮雕装饰，就像古代人字墙上的装饰一样。这样，构成了一个生动而又和谐的整体。

在1528年，弗朗西斯一世委托法国建筑师吉勒·德·布雷东（约1500—约1552年）着手对规模不大的中古枫丹白露城堡进行整修翻新，该城堡位于巴黎东南约四十英里的森林里。我们知道塞尔利奥曾在枫丹白露工作，他也被法国国王招到那里进行城堡翻修。意大利风格内部装饰的弗朗西斯一世长廊已在第三章论及，它是文艺复兴风格的典范。枫丹白露在当时就以其花园，包括一个在意大利很流行的洞室而闻名。这是法国最早的花园洞室之一，它至今还在。

对位于卢瓦尔河流域的法国布洛瓦王宫的翻修开始于1514年。弗朗西斯一世令添建的意大利式侧楼有布拉曼特风格的要素，如直棂方窗以及窗两侧的壁柱。这座建筑独具特色的是它的外部螺旋楼梯，其俯视着整个庭院。楼梯是六边形的，构造非常精巧，部分在室内，部分在室外，楼梯上方加有漂亮的古典式栏杆。即使城堡屋顶轮廓线和正立面的其他部分依然有中古要素，由于有这样一个楼梯，建筑的正立面也显出宏伟的罗马式建筑的风采。

图4.5　15世纪下半叶建造的法国朗热城堡。虽然其入口处被设计为一个中古城堡，但是，它朝向花园的正立面是过渡性的早期文艺复兴风格。注意它成排的直棂窗户。（经桑德拉·塞德尔同意使用）

尚博尔城堡也位于卢瓦尔河流域，紧邻布洛瓦，从1519年起，国王弗朗西斯一世要求整修翻新这座城堡。这一座非常壮丽的建筑是由狩猎山庄改建而来，它直到1550年才最后完工。中央主建筑被设计为希腊十字楼面布局，在四个角上各建一幢圆形建筑。由于这样一种平衡的楼面布局在意大利的别墅宫殿中早已流行，所以，学者们认为，它的建筑师是意大利人。尚博尔城堡最突出的特色是通往三楼屋顶的中央双螺旋楼梯。它是完美对称的意大利风格的楼梯，使用楼梯的人可以彼此看得见，但不能从一个楼梯到另一个楼梯。

阿内城堡大约在巴黎以西50英里，建于1546年至1552年之间。这一建筑杰作是迪亚娜·德·普瓦捷（1499—1566年）的城堡，是她的爱人法国国王亨利二世送她的礼物。它的建筑师是菲利贝尔·德洛姆，他宏大的构想把城堡与园林纳入一个单一的设计方案。这样的设计对意大利建筑师来说是常见的，但是，阿内城堡却是此种意大利风格的建筑设计在法国的第一个实例。虽然我们今天看到的只是阿内城堡的部分，但是德洛姆对建筑柱式、凯旋门和古典粗线脚的运用表明原来的城堡是法国古典主义建筑的典型。

山庄别墅

意大利词“villa”（别墅）和“palazzo”（宫殿）是可以混用的。虽然“villa”通常指一座乡村房屋，而“palazzo”通常指一座城市中的大型邸宅，读者会发现我们偶尔在城市中会用“别墅”，在乡村中会用“宫殿”。我们这里要讨论的是在乡村建成静居修养地的别墅（被称作宫殿的城郊别墅已在上文论及）。帕拉迪奥设计了文艺复兴时期最完美的古典别墅和宫殿。

乡村住宅

到15世纪末，壮丽的景观已成为别墅设计的重要组成部分，几乎与房屋本身一样重要。大约在1450年，阿尔贝蒂写道，别墅应该“望得见城市、城镇、海岸或平原的景色，或者它应该看得见某些著名山丘或山岳的顶峰，有宜人的花园，还有迷人的狩猎和垂钓之处”（Alberti 1997, p. 145, book 5. 16）。别墅还要能眺望部分庄园农田，因为乡村美景正是别墅生活不可或缺的部分。老科西莫·德·美第奇在卡雷吉（佛罗伦萨附近）有一座别墅，据说他在那儿居住时，清晨起来修剪葡萄园，还阅读教父著作抄本。

乔万尼·薄迦丘的《十日谈》中的故事就是佛罗伦萨贵族在乡村别墅讲述的，他们居住在花园别墅里悠闲自在，远离嘈杂、肮脏、瘟疫周期性发生的城市。故事讲述者以文学追求作为有趣的消遣，这是文艺复兴别墅宾主所喜好的休闲娱乐活动的典型。古罗马人认为，别墅就是“locus amoenus”（快乐的地方），有阳光灿烂的花园、辛香的树丛和令人心旷神怡的喷泉或溪流，这一观念肯定对文艺复兴时期的贵族有吸引力。为了充分利用花园，别墅设计常常与城中府邸设计截然相反，城中府邸通常有一个露天的中央庭院，临街的是厚实的院墙。别墅至少有一边是面向花园的有屋顶的凉廊，花园有中央开阔地。罗马和中北部意大利温暖、干燥的气候使这种半开放式的设计成为可能。

然而，当委托建造城堡的人觉得土匪、雇佣军或政敌可能对他们是威胁时，具有城堡防御功能的（像城堡的）那种14世纪的设防别墅就会继续存在。这样的设计不仅有实际的防御作用，而且它还吸收了历史上与力量和权势相关的因素，特别是小窗户、厚院墙和高塔楼。虽然我们认为城堡实际上是中古建筑形式，别墅是文艺复兴建筑现象，但是，在15世纪，许多别墅建成城堡形状。正如我们从本书其他章节知道的，中世纪与文艺复兴在许多方面是交叠在一起的。这种交叠没有哪个领域比建筑领域表现得更明显，中古形式和文艺复兴形式完全是并置的。卡雷吉的美第奇别墅就是这样一种混合式建筑的很好实例。在1457年，建筑师米凯洛佐（1396—1472年）为这幢庄园住宅增添了一个通向花园的双层凉廊，保留了绝大多数设防外观，从而把它改建成了一座别墅。

帕拉迪奥风格的别墅

帕拉迪奥既受过人文主义教育，也被培

养成一个石匠。1567年，帕拉迪奥开始建造维琴察的圆形别墅，这是他最有抱负的别墅之一。这座别墅仿效罗马万神殿来设计，中央有一个圆形穹顶，四个方向各有一个带圆柱的门廊。帕拉迪奥不仅研究其同时代人建造的建筑，而且研究古代建筑和遗迹。他设计的别墅是在威尼斯共和国统治的威尼托地区，尤其是在维琴察附近。维琴察城的若干富人委托帕拉迪奥为他们设计古典风格的乡村别墅，它们有带列柱的门廊和对称的比例。这些别墅意在再现古典罗马别墅，由此产生了一种新的风格，叫作“帕拉迪奥风格”。

其他别墅

位于曼图瓦附近的泰岛上的泰宫（the Palazzo Te）是贡扎加家族（统治曼图瓦公爵家族）委托建造的。这一别墅建筑群是由艺术家朱利奥·罗马诺（约1499—1546年）设计的，于1527年至1534年之间作为餐饮娱乐所用的乡村休闲地而修建的。正像许多其他文艺复兴建筑设计一样，建筑师不得不与先前存在的中古建筑做斗争。在这儿，建筑师把中古的、古典的以及富于幻想的各种形式熔为一炉，成为令人惊叹的风格主义艺术组合。朱利奥·罗马诺也不认真对待古典形式。例如柱顶过梁（沿立柱顶上的柱头盘底部的横梁）上的雕饰时常也有部分放在梁下。这样就以一种明显的非古典方式破坏了正立面的稳定性。贡扎加别墅有教养的宾客当然会把这样的风格主义作为建筑学上的笑话来看待。

红衣主教亚历桑德罗·法内塞（1520—1589年）曾委托贾科莫·达·维尼奥拉在罗马郊外卡普拉罗拉设计建造一座豪华别墅。因为有宏大的邸宅、宽阔的花园，所以，它常常被称为法内塞宫，这就将其与罗马城内的法内塞宫混淆了，后者是为一个更早的红衣主教法内塞修建的。法内塞别墅完工于1583年，它是一座带有地下室的四层建筑。在更早的五边形建筑地基上，维尼奥拉的设计用一座桥把住宅与花园连接起来，这样就别出心裁地使二者成为一个整体。另外，阶梯式花园经由一系列马蹄形宽阔台阶优雅地通向别墅邸宅。

花园

许多意大利的别墅花园都打算复制古代罗马花园，园内栽种扁柏、桃金娘、石榴、无花果和黄杨等树木，还有薰衣草、迷迭香、水仙和紫罗兰等辛香或芳香的花草。虽然没有古代花园本身留存至文艺复兴时期，但是，赞助人和建筑师能在古代文献中读到罗马花园。（今天我们关于罗马园林的视觉知识很大程度上得益于18世纪发现的庞贝城。）西塞罗曾提到，他的乡居旁边临近台伯河的花园的宁静；奥维德也声称，在他的花园里工作时他充满灵感。古代作家对园艺的若干方面都有详尽描述。例如老普林尼就记载了林木修剪在古代别墅花园中的盛行。在15世纪，这种园艺在意大利得到复兴，产生了装饰性的园林造型，如船舰和动物。在法国和英国的文艺复兴花园，这些造型灌木常常是几何形而不是具象的。塞尔利奥在他1537年关于建筑的论著中有一部分论及园林设计，主要是几何形花圃的图示。

在为意大利别墅花园设计的花圃中，水起着重要的作用。附近有沟渠的城郊别墅能够用管道把水引进来，允许建造若干喷泉，栽种青葱的草木。更偏远的别墅并非总是有靠得住的、源源不断的水源。它们的花园需要有更大的树木和能够支撑几个旱季的地被植物。然而，即便在偏远地区，意大利别墅花园通常至少建有一个带古典风格雕塑装饰的喷泉。这类雕塑中的一些被做成随水流而动的自动装置。法国花园的用水量比意大利花园少，部分原因是法国的别墅和宫殿被设计建造在相当平坦的地区，允许水流从一个水平面流向另一个水平面的地方较少。当条件允许的时候，意大利花园偏爱用水造瀑布，即使不是激流，而法国花园在用水方面就受到更多的限制。早期文艺复兴时期的法国别墅花园的另一个差异是花圃（有为它们自己设计的独立区域）的建造，花圃常常带有一个观景楼或小亭子，通常可以从别墅望见它。若干重要的意大利别墅，如法内塞别墅，都有一个“神秘园”、“奇异园”或“情爱园”。它们的装饰已在关于建筑的第三章中提及。

意大利城市建筑中的赞助

正如我们所见，佛罗伦萨的美第奇家族、罗马的教皇都是文艺复兴建筑艺术的卓越赞助人，他们委托进行了许多新建和整修建筑工程，至今这些工程还是布鲁内莱斯基、米开朗基罗、阿尔贝蒂、布拉曼特及其同行的艺术天才的证据。教皇对城市建筑的影响远远超出了罗马城的范围。例如博洛尼亚大学的第一幢永久性建筑就是1562年根据教皇庇护四世的命令委托修建的（即阿尔基吉纳西奥宫，今天是市图书馆）。教皇庇护二世出生在一个叫科尔西尼亚诺的偏远乡村，他根据自己的法号将这个村子重新命名为皮恩扎。整个村子被重新设计，修建了对称的街道和建筑，还建有把大教堂、宫殿和市政厅置于显著位置的中心广场。这种夸富竞奢的做法，尤其是在意大利北部刺激了其他个人和机构委托修建建筑，以使自己的名声和地位不朽。学校、行会会堂、市政厅、图书馆、剧院以及其他建筑，特别是医院及其邻近的教堂都得益于这种竞争性的刺激。被称为兄弟会的宗教团体常常得到世俗成员的资助，他们也为麻风病人、穷人以及其他下层民众修建医院。

医院

佛罗伦萨新圣玛利亚医院是13世纪由波尔蒂纳里家族修建，1334年扩建时，修建了一间十字形的病房。十字形的房间中间设立了一座祭坛，从祭坛向四面延伸成四个侧厅，在15世纪和16世纪，这样一种医院的新颖建筑式样在其他地方，远到英国和西班牙都有效仿。在以前，绝大多数医院都相当小，只有一两间开着门的房间。在意大利，医院的十字形设计成为了现代化医院建筑的基础。大约在1475年，教皇西克斯图斯四世委托重建热那亚的帕马托内医院时，建筑设计也是十字形的。费拉雷泰（安东尼奥·阿维尔利诺，约1400—1469年）是一位佛罗伦萨建筑师和雕塑家，他在罗马开始了自己的雕塑家生涯。他设计了米兰马吉奥雷医院（即大医院），该建筑始建于1457年，由米兰公爵弗朗切斯科·斯福扎委托建造。这将是15世纪最有抱负的医院建筑设计，整幢建筑有两个十字形的部分，由中央一个小礼拜堂将它们连接在一起。虽然没有像费拉雷泰所想象的那样实现其原初设计，例如留下一个较矮的柱廊来流通新鲜空气，但是，这幢建筑是斯福扎家族艺术赞助的一个纪念碑。它是始建于文艺复兴时期的最大的医院，其正立面大约有一千英尺长。

银行和交易所

14 世纪后半期以前银行本身在西欧并不存在。甚至进入 15 世纪后，商人银行家还是在他们自己的私人府邸进行货币交易。意大利的最初一批银行修建在银行家的总部以外的城市，银行家资助这些城市的建筑，部分原因是为了给其他商人留下深刻印象。大约在 1455 年至 1460 年，或许是米凯洛佐设计了美第奇银行，在费拉雷泰关于建筑的论著中有一幅素描描绘了它。这幢两层高的大厦装饰精美，雕刻有古典风格的叶状垂花饰和假面装饰。这座银行大厦也是皮加罗·波尔蒂纳里的居所，他当时是米兰美第奇银行主管。直到 16 世纪晚期，公共的、世俗的银行（就像我们今天所说的银行）才产生。

市政厅

欧洲的市政厅起源于开放式市场拱廊上方有围墙的两层建筑中的会议室。到 13 世纪中期，拱廊区也常常被围起来，以使在底楼有另外一个供开会和市议会办公的场地。中古式样的佛罗伦萨市政厅是这类新建筑风格的最初的重要实例。文艺复兴时期的市政厅通常仿效中古式样，拱廊上方的一层楼是会议厅。虽然费拉雷泰在 15 世纪 60 年代初期曾设计了一个商业广场，广场中央是市政厅，两边是市场，但是，这一设计方案从没有实现过。佛罗伦萨的乌菲齐宫满足了若干民事功能。瓦萨里为美第奇家族设计了这一通常用来办公的建筑群，而在 16 世纪后半期，乌菲齐宫成为了行会和著名城市官员的办公用地。帕拉迪奥 1547 年为维琴察城设计的市政厅包括对拉吉奥内宫的整修翻新，该宫是市议会举行会议的地方。正如我们所知，帕拉迪奥本人称这幢建筑为巴西利卡（Basilica，这里指古罗马时期用于审判和集会的大厅。——译者注），因为其风格与罗马的市政大厦相似。帕拉迪奥重新设计了两层的凉廊以使开间宽度相同，这样，建筑就具有了完美的文艺复兴风格的对称。

剧院

直到文艺复兴时期，正如演员常常从一地巡回演出到另一地，戏剧演出也通常是露天活动。宗教剧也在教堂和其他场所演出。随着古典戏剧，包括相对固定的在观众面前高谈阔论的演员的复兴，对古典式样剧院的需求产生了。文艺复兴时期这类剧院的最佳实例是维琴察（威尼斯附近）的奥林匹克剧院。它是帕拉迪奥最后的作品，始建于 1580 年，是古典剧院的复制品。该剧院是奥林匹克学会修建来供其成员娱乐的。留存至今的奥林匹克剧院的固定舞台布景是按照直线透视法设计为真实的建筑物，这是它最突出的特点之一。透过前台布景的拱门，观众能看到逐渐消失在远方的建筑正立面。这些按透视法建成的布景是由温琴佐·斯卡莫齐（1522—1616 年）设计的，他曾在帕拉迪奥门下求学，继承其师的事业，于 1584 年完成了奥林匹克剧院。由于这座古风剧院是仿照古典样式修建的，所以，沿观众席后是很有特色的弧形柱廊，列柱顶上有雕像。

图书馆和博物馆

出身于美第奇家族的教皇克莱芒七世委托米开朗基罗为圣洛伦佐修道院修建一座图书馆，以便收藏美第奇家族收集的抄本。1524 年洛伦佐图书馆的建筑工程开始，1559 年工程由包括瓦萨里在内的其他几位建筑师，根据米开朗基罗从罗马送来的模型和文字资料完成。阅览室是按照 15 世纪重视线条的佛罗伦萨风格来设计的，它是用一个亮色的背景来衬托暗色几何形结构，而入口处的楼梯是一个辉煌的雕塑式装饰的杰作。楼梯建在一个小而高的空间内，由三部分组成。两侧生硬的边楼梯因宏大的中间楼梯而充满生气，中间楼梯的弧形台阶的两端有涡卷装饰。这个图书馆入口预示了巴洛克建筑具有的生机勃勃的雕塑特质。

雅科波·桑索维诺为避罗马劫掠出逃后，于 1529 年成为威尼斯城市建筑师。1536 年，威尼斯城委托他修建一幢建筑，该建筑将隔着圣马可广场（小广场）与中世纪建造的总督宫（威尼斯城邦总督官邸）正对面。这是一个棘手的任务，因为总督宫是一幢富丽堂皇的带有东方色彩的建筑。桑索维诺必须设计一幢当代文艺复兴风格的建筑，它将与总督宫一道俯视着经水路进入该城的主要门户。在 1537 年，总督决定新建筑中应该有收藏馆，以便收藏保管在总督宫里的抄本，使它们能为学者们研究所用。这座图书馆被称为桑索维诺图书馆。（现在叫洛杰塔钟楼，是考古博物馆所在地，而马尔奇亚纳图书馆很久以前就迁往邻近的一幢建筑。）桑索维诺利用其对古罗马建筑形式的知识，建造了一个两层的复式凉廊，其顶部是带有雕塑的华丽回栏，以此来与总督宫的屋顶轮廓线的细部形成对称。由置于两边支墩上的石柱支撑的拱形开间赋予建筑一种厚重的、雕塑般的感觉，这又与总督宫高耸的开放式立面形成对称。另外，上下雕饰带都雕刻非常华美的圆形和叶状垂花饰，适合威尼斯建筑富于装饰的外观。

文艺复兴期间，绝大多数博物馆（museum，源于“Muses”一词）是收藏和展览古代文物的场所。因此，博物馆常常被称为古物陈列馆，而且许多由个人所有。除了在花园或凉廊，如马达马别墅展示雕塑外，收藏家还委托建筑师设计专门的陈列馆。例如从 1583 年至 1590 年之间，斯卡莫齐就在萨比奥内塔（曼图瓦附近）为温琴佐·贡扎加修建了一个陈列馆。这幢近三百英尺长的狭长建筑采光很好，阳光照耀在一面墙以及另一面墙上陈列雕塑的壁龛上。早在几年前，罗马的美第奇别墅扩建就包括修建一个雕塑陈列馆。其他别墅有以收藏肖像画或同时代个人的半身雕像为特色的陈列馆，但是，我们对它们的建筑设计知之甚少。

意大利和法国之外的建筑

在 15 世纪和 16 世纪，哥特式建筑风格仍在意大利以及整个法国以外盛行，而且，某些地区根本就没有文艺复兴。意大利文艺复兴风格通常局限于立面的装饰细部，例如约 1517 年，在梅赫伦重建的奥地利的玛格丽特的宫殿所用的垂花饰和涡卷装饰。然而，特别是在贸易中心和受意大利艺术和建筑影响的宫廷，也修建一些著名的文艺复兴风格的建筑。下文将描述叙述几个意大利和法国以外的最佳实例。可是，并非所有这些建筑都是按照通常代表文艺复兴建筑特性的那种古典样式建造的。

教会建筑

在意大利和法国之外，把从古代风格来的文艺复兴建筑式样用于教会建筑的支持者寥寥无几，实际上在法国也不多。到15世纪早期，各大教堂已修建起来，而且，翻新或扩建也依照哥特建筑风格或哥特风格的地方性变异来完成。这样一种地方性变异的例子是得名于葡萄牙国王曼努埃尔（1495—1521年）的曼努埃尔建筑风格，这是文艺复兴时期在葡萄牙发展起来的最具特色的建筑风格。曼努埃尔建筑风格是根据被称为“仿银器装饰风格”（Plateresque）的西班牙文艺复兴风格变化而来，而仿银器装饰风格的特点是把与一幢建筑的结构要素毫不相关的华丽的哥特式、摩尔式和意大利式外观装饰堆砌在一起。曼努埃尔建筑风格通过积极主动地吸收各种装饰形式来改变建筑结构。例如窗框用大量雕刻的缆索和珊瑚来装饰，而且天体结构的浑天仪似乎支撑着上楣。许多装饰形象来自海洋，以颂扬葡萄牙人的探险和海外殖民。在葡萄牙托瓦尔，迪奥戈·德·阿鲁达（约1470—1531年）设计的基督女修院（the Convento do Cristo）建于1510年至1514年之间。该女修院的西立面是曼努埃尔建筑风格的杰作，以船帆、缆索、海草等来自海洋的装饰形象为特色。

宫殿

在1526年，皇帝查理五世访问了格拉纳达，于是，决定在阿尔罕布拉建筑群（一座摩尔风格的城堡）内建造一座文艺复兴风格的宫殿。佩德罗·德·马舒卡得到了这一工程的委托，他曾经作为画家在意大利工作过若干年，大约1520年定居格拉纳达，以绘制祭坛画为业。他对文艺复兴古风形式以及拉斐尔和布拉曼特的建筑范例的感受，影响了这座简朴的意大利风格的宫殿建筑。虽然工程断断续续从1526年持续到1568年，但是，这座宫殿从没真正完工。它现存的雄伟庄严的建筑，如有弧形列柱装饰的圆形庭院，证明了意大利文艺复兴对马舒卡艺术想象的影响力。既然皇帝必定批准了这一设计，所以，皇帝也为古典罗马庄严的风格所吸引。

埃斯科里亚尔宫，这座马德里城外的乡村离宫是由腓力二世（1527—1598年）委托胡安·德·埃雷拉（1530—1597年）和胡安·鲍蒂斯塔·德·托莱多（卒于1567年）于1563年至1582年间修建的。这座宫殿是一个巨大的有围墙的建筑群的一部分，该建筑群还包括一座教堂和一座修道院。托莱多

图4.6　西班牙埃尔埃斯科里亚尔修道院鸟瞰图。见布劳恩和霍根贝格的《世界的城市》（约1572年）。（私人收藏/斯特普尔顿家族收藏/布里奇曼艺术图书馆提供图片）

在工程初期阶段就去世了，他的助手埃雷拉继续完成他的设计方案，只做了几处改动。托莱多曾经在罗马居住过一段时间，曾在那里协助米开朗基罗修建圣彼得大教堂，这一经历以及对古典建筑样式的了解都将影响他在西班牙的建筑设计。在埃斯科里亚尔宫的建筑工地，托莱多目睹了他所设计的埃万热利斯塔斯庭院（Patio de los Evangelistas）的完工，该庭院是仿效罗马的法内塞宫设计的。埃斯科里亚尔宫运用了柱式（使用了五种柱式），建筑布局是对称的，而且它的正立面实际上没有装饰，这迎合了国王和王后的禁欲的偏好。

罗伯特·史密斯森（约1535—1614年）是以设计英国乡间别墅著名的建筑师。在1580年至1588年间，他在诺丁汉郡为弗朗西斯·威洛比爵士（约1546—1596年）建造了沃拉顿府邸。这幢府邸是集中式设计，可能从塞尔利奥的一个设计得到灵感，装饰风格得自16世纪其他建筑论著。直到17世纪早期，随着伊尼戈·琼斯（1573—1652年）的设计的出现，文艺复兴建筑才在英国繁荣起来。琼斯曾游历意大利，后来成为了英格兰的“帕拉迪奥”。虽然他的作品超越了本书的编年范围，但是我们还是要特别提到，琼斯设计了格林威治的王后别墅，这是一幢意大利文艺复兴风格的别墅。而且，在1623年至1625年间，他还在圣詹姆斯宫设计建造了英国第一座仿古教堂——王后礼拜堂。

城市建筑

文艺复兴风格的安特卫普（比利时）市政厅是由小科内利斯·弗罗里斯·德·弗里恩特（约1513/14—1575年）设计的，修建于1561年至1565年间。弗罗里斯明显受到布拉曼特作品的影响，他建造了一幢雄伟的四层大厦，左右两侧楼是对称结构，有独具特色的两侧带壁柱的十字直棂窗户。大厦的中间部分有带扶栏的拱形窗户，这部分的高度被抬升到五层楼，这样就建成一个顶上是神庙形结构（人字形神庙结构）的塔楼。支撑整幢大厦的底层是由厚重的、粗面石砌成的支柱的拱廊。安特卫普市政厅作为最具古典风格的北欧文艺复兴城市建筑是非常著名的。

正如我们所见，佛罗伦萨新圣玛利亚医院的对称十字形设计对文艺复兴时期的医院设计有重大影响。在西班牙第一座这样设计的医院是西班牙西北的朝圣目的地圣地亚哥德孔波斯特拉的王室医院。建筑师是恩里克·埃加斯（鼎盛期大约在1480—1534年），他也在从事托莱多大教堂的建造工作。他的家族源自布鲁塞尔，15世纪移民到托莱多，从中产生了好几位建筑师。1501年至1511年之间，埃加斯建造了圣地亚哥德孔波斯特拉的这座医院，使它成为伊比利亚半岛上第一座现代医院。这座医院的装饰是十足的佛罗伦萨风格。他继续在托莱多和格拉纳达建造了其他医院。

伦敦的天鹅剧院大约建造于1595年，是为体育运动和戏剧表演而设计的。与绝大多数伦敦其他剧院不同，它显然是企业家而不是剧团负责人委托修建的。这座无顶的木结构建筑是圆形的，有一个砖砌的地基。其舞台的木柱上有仿大理石的古典风格绘饰，以雕饰精美的柱头和巨大的柱础为特色。伊尼戈·琼斯（他没有参与天鹅剧院的设计）曾设计了一座帕拉迪奥风格的剧院，名叫“宫廷斗鸡场剧院”（Cockpit-in-

Court），它是一个方形场地中的八角形建筑。它建于 1629 年。

为适应伦敦作为贸易中心的日益增长的重要性，1566 年建成了伦敦皇家交易所。托马斯·格雷沙姆（1519—1579 年）爵士担任伊丽莎白一世女王在安特卫普的财政顾问约二十年，是他筹集钱款来建造了皇家交易所。原建筑是一座优雅的佛罗伦萨风格的建筑，有一个中心庭园，中心庭园底层是凉廊，凉廊上还有两层楼的建筑环绕。有趣的是，在该建筑群毁于 1666 年大火之后，它又几乎按照原设计重建起来。这座建筑的一个不合常规的、与文艺复兴建筑设计相抵牾的明显错误是入口处不适当的凯旋拱门，其上还建有一个不成比例的塔。这样一些后来添建的部分破坏了前面论及的若干建筑的那种纯净的文艺复兴风格。

花园

在英国，第一座值得注意的文艺复兴风格的花园是 15 世纪末建于里士满的王宫花园。依照后来在英国流行的式样，这座花园建有画廊和有屋顶的廊道。16 世纪的宫殿花园，如汉普顿宫花园以融合法国和意大利的建筑设计要素为特色。花园通常有一个区域是严格呈几何形的，被划分为四等分，每一部分中有一个结纹园（Knot garden）。结纹园源于法国，由交织在一起的植物带构成一种地毯似的图案。特别是在贵族府邸的相当大的花园中，山丘和曲径也很流行。在波兰，意大利花园设计最为盛行，阶梯式花坛是若干文艺复兴花园的主要特征。正像在意大利一样，波兰贵族也喜欢从住所的两面向外伸展的花园，这样在室内若干地点都能观赏宜人的花园景色。直到 16 世纪后半期，意大利和法国的园艺书籍被翻译成德语后，文艺复兴花园才在德国流行开来。德国花园的特色是既有意大利风格要素，如人工洞室；也有法国园林建筑风格，如花园凉亭。重要的德国花园在慕尼黑和海德堡以及奥地利若干城市。由于阿拉伯传统的影响，葡萄牙和西班牙的花园都有喷泉和大大的沉思池（reflective pool）。通常这些花园设计为几何形，池塘边上建有凉爽的拱廊，建筑物表面绝大多数用彩色瓷砖装饰。塞维利亚的阿尔卡扎堡花园是现存最好的实例。

主要建筑师

阿尔贝蒂，莱昂·巴蒂斯塔（1404—1472 年），画家、音乐家和作家，同时具有许多别的才能。他写作了关于文艺复兴建筑的第一部论著《建筑十书》（*De re aedificatoria*）。他设计的建筑是基于人文主义完美比例的理想。被认为出于他之手的重要建筑设计有佛罗伦萨圣玛利亚·诺维拉教堂的立面的上半部分、米兰圣安德烈亚教堂和里米尼的马拉斯泰塔圣堂。

布拉曼特，多纳托（约 1443—1514 年），出生于乌尔比诺，可能在当地公爵宫廷受到艺术家的影响。他开始时以绘画为业，后来作为建筑师效力于米兰公爵，为公爵翻新改建了好几座重要教堂。布拉曼特为梵蒂冈教皇宫设计了观景台，圣彼得大教堂的希腊十字形设计方案也出自他之手。

布鲁内莱斯基，菲利波（1377—1446 年），工程师和建筑师，最初被培养为金匠。

布鲁内莱斯基承接的所有建筑工程都在佛罗伦萨，包括育婴堂、圣灵教堂的中殿和高坛，以及圣洛伦佐教堂的旧圣器收藏室。他最著名的成就是佛罗伦萨大教堂的穹顶。

德洛姆，菲利贝尔（1514—1570年），石匠的儿子，他曾访问罗马，并且满怀着建筑设计的古典理念回到法国。他最完美的建筑是巴黎城外的阿内城堡，以其礼拜堂是法国第一座圆形教堂为特色。

老迪塞尔索，雅克·安德鲁埃（约1515—1585年），著有《建筑手册》（*Livre d'architecture*, 1539），是法国出版的第一部这类著作。他以版画家著称于世，在其著作中他载录描绘了当时的建筑和装饰，其中许多现在已不为我们所知。

费拉雷泰（安东尼奥·阿维尔利诺，约1400—1469年），是著名的雕塑家和金匠，为罗马老圣彼得大教堂制作了青铜门（即现在圣彼得大教堂的西门）。他留下的重要建筑遗产是始建于1456年的米兰马吉奥雷医院。

小弗罗里斯·德·弗里恩特，科内利斯（约1513/14—1575年），通常称为科内利斯·弗罗里斯，是一个画家和建筑师家庭的成员之一。弗罗里斯设计了安特卫普16世纪宏伟的市政厅。他还以出版意大利装饰素材版画而著名。

丰塔纳，多梅尼科（1543—1607年），受教皇西克斯图斯五世委托重建罗马城。是他的工程队把埃及方尖碑安置于现在圣彼得大教堂的外面，而丰塔纳作为建筑师则是因为设计了今天称为梵蒂冈图书馆的建筑，它完工于1590年。他也是参与完成圣彼得大教堂穹顶建造的建筑师之一。

埃雷拉，胡安·德（1530—1597年），早年被培养成为数学家，拥有科学文献藏书。1563年，他开始在胡安·鲍蒂斯塔·德·托莱多的指导下参与埃斯科里亚尔宫的修建，托莱多去世后由他监管工程。他的其他重要贡献包括塞维利亚交易所和瓦罗多利德大教堂的修建。

莱斯科，皮埃尔（1510/15—1578年），法国建筑师，在巴黎及其附近承接建筑工程。他的代表作是留存至今的卢浮宫意大利风格的庭院，以及圣婴喷泉（1547—1549年），该建筑曾被改建。

米开朗基罗·鲍纳罗蒂（1475—1564年），文艺复兴时期最著名的艺术家之一，也是一位建筑师，在其设计中提出了雕塑似的建筑形制的新观念。在佛罗伦萨，他设计了圣洛伦佐教堂的新圣器收藏室以及洛伦佐图书馆。1546年，他开始参与圣彼得大教堂的修建工作，但到他18年后去世时，他事实上并没有完成教堂穹顶的建造。

米凯洛佐·迪·巴托罗梅奥（或叫米凯洛奇·米凯洛佐，1396—1472年），早年作为雕塑家在佛罗伦萨从事创作。美第奇家族曾委托他翻新他们在卡雷吉的别墅，在1444年，他设计了美第奇宫，为其他佛罗伦萨府邸提供了榜样。他的主要作品有佛罗伦萨圣马可女修院，特别是它优雅的图书馆，帕齐礼拜堂也可能出自他之手。

帕拉迪奥，安德烈亚（安德烈亚·迪·皮耶特罗·德拉·贡多拉，1508—1580年），把罗马古典风格带到了威尼托地区，设计了带有柱廊和人字墙的仿古别墅。他设计的最著名别墅是维琴察的圆形别墅，该别墅由斯卡莫齐建造完成。帕拉迪奥在建筑立面设计上受到拉斐尔和布拉曼特的影响。

佩鲁齐，巴尔达萨雷（1481—1536 年），于 1503 年从锡耶纳迁到罗马，协助修建圣彼得大教堂占去了他一生的大量时间。他也设计别墅，如罗马的法内西纳别墅，该别墅是锡耶纳一个有权势的银行家阿戈斯蒂诺·奇基（1465—1520 年）委托设计的。

拉斐尔（拉斐罗·桑奇奥，1483—1520 年），最著名的画家之一。1514 年，他成为了圣彼得大教堂的建筑师，几年后他设计了马达马别墅。绘制湿壁画来装饰建筑墙面是他建筑作品非常重要的特点。

罗塞利诺，贝尔纳蒂诺（约 1407—1464 年），早年以雕塑为业，随后 15 世纪 50 年代在罗马担任教皇的工程师。一回到佛罗伦萨，他就负责按照阿尔贝蒂的设计修建鲁切莱宫，并且设计了佛罗伦萨大教堂穹顶灯塔。罗塞利诺是教皇庇护二世挑选出来的建筑师，委托他把皮恩扎改造为文艺复兴城市。

小桑加罗，安东尼奥·达（1483—1546 年），由其叔父们培养成为建筑师。在 1516 年，他接替他们中的一位担任修建圣彼得大教堂的建筑师，在这个岗位上工作了 30 年。桑加罗设计了罗马法内塞宫，还为卡普拉罗拉的法内塞别墅打了地基。

桑索维诺，雅科波·塔蒂（1486—1570 年），一生的绝大部分时间都在为威尼斯城工作，尤其是他设计的桑索维诺图书馆（或者叫老图书馆）更得到帕拉迪奥的赞扬。他还设计或者整修翻新了若干教堂和府邸，包括圣方济各·德拉·维尼亚教堂，帕拉迪奥曾为该教堂设计了立面。

斯卡莫齐，温琴佐（1522—1616 年），帕拉迪奥的学生，完成了若干帕拉迪奥设计的建筑。他写作过两本关于建筑的论著，即《论罗马的古迹》（*Discorsi sopra le antichita di Roma*, 1582 年）和《普通建筑理念》（*L'idea dell'architettura universale*, 1615 年）。

塞尔利奥，塞巴斯蒂安（1475—约 1554 年），最初在佩鲁齐的设计室学习建筑，了解到古代罗马建筑。他写作的关于建筑的书籍非常有影响，尤其是因为它们包含木刻插图。塞尔利奥最早出版了论述建筑柱式的著作。

托莱多，胡安·鲍蒂斯塔·德（卒于 1567 年），埃斯科里亚尔宫的设计者。曾为西班牙在那不勒斯的总督效力，之后于 1599 年回到西班牙，成为王室建筑师。他非常重要的教会建筑是马德里的皇家赤脚女修院的教堂立面。

瓦萨里，乔尔乔（1511—1574 年），具有多方面才能的艺术家和作家。他非常重要的建筑设计是佛罗伦萨乌菲齐宫，而且他还参与了朱利亚别墅的设计工作。瓦萨里写作的同时代人的传记初次出版于 1550 年，增订版出版于 1568 年，该书是记载这些人的生活和工作的珍贵文献。

维尼奥拉，贾科莫·达（1507—1573 年），既是建筑师又是园艺设计师。1530 年，他成为教皇朱利乌斯三世的建筑师，设计了若干罗马的教堂，包括著名的耶稣会教堂。他 1562 年出版的关于柱式的论著被认为是这方面最精彩的论述。

弗雷德曼·德·弗里耶，扬（1527—约 1606 年），在北欧从事建筑设计。他主要是一位园林建筑设计师。他把画廊和其他建筑纳入其园林设计。弗雷德曼·德·弗里耶出版有透视画、园林设计和装饰素材的图谱，他自己的设计作品包括布拉格的文艺复兴风格的皇家花园。

参考书目

建筑师的兴起

Heydenreich 1996: Italy; Payne 1999: architectural treatises; Trachtenberg 2002: (general study).

罗马的影响

P. F. Brown 1995: Venice; Claridge 1998: Rome; Giedion 1967: (part of a general study on influences); Grafton 1993: Rome and Renaissance culture; McDonald 2002: the Pantheon; Serlio 1982: (facsimile of his Renaissance treatise).

教会建筑

Ackerman 1971: Michelangelo; Heydenreich 1996: Italy; Sparrow 1969: inscriptions; Trachtenberg 2002 (general study); Wittkower 1971: humanistic influences; Serlio 1982: (facsimile of his Renaissance treatise).

从要塞和城堡到文艺复兴宫殿

Blunt 1991: France; Heydenreich 1996: Italy; Trachtenberg 2002: (general study).

山庄别墅

Alberti 1997: (translation of his Renaissance treatise on building); Lillie 1995: humanism; Trachtenberg 2002: (general study).

意大利城市建筑中的赞助

Ackerman 1971: Michelangelo; Heydenreich 1996: Italy; Howard 1997: techniques and materials; Martines 1988: city-states; Pevsner 1976: (general history); Trachtenberg 2002: (general study).

意大利和法国之外的建筑

Pevsner 1976: (general history); Trachtenberg 2002: (general study).

第五章

文学和语言

在中世纪，文学著作常常被大声朗读和背诵，因为绝大多数人不能读或写，而且手抄本相当昂贵。集体朗读在整个文艺复兴时期继续存在，但是，它通常是在宫廷、沙龙或咖啡馆等场合进行，在这些场合朗读成为一种社交活动。到16世纪，个人为怡情和学习而诵读（常常可能要读出“声音”来，而不是默读）对受过教育的阶层来说是平常之事。总的说来，在1400年至1600年间，整个西欧的年轻男性的识字率有很大增长，而在一些零零星星的地区，女性也在学习阅读（见关于教育的第十一章）。随着印刷书籍的传播，文学作品成为容易获得的东西，甚至对于中等阶层的成员也是如此。带木刻版画或铜版画插图的书籍有助于普及历史、传记、小说、戏剧和若干类型的诗歌作品。在16世纪，印刷书籍图书馆开始得到重视，正像那些著名的抄本图书馆在15世纪那样，而且，若干藏书楼起着作为上层社会的公共图书馆的作用。

古典书籍和文艺复兴时期用新拉丁语（很少用新希腊语）写作的著作，在书市上与中古传奇故事、通俗民谣、探险游记、医书、祈祷书和纹章书，以及许多其他各种在15世纪晚期和16世纪非常繁荣的文学著作一道出售。尽管文艺复兴是以拉丁语作为欧洲通用语言开始的，尽管若干著名人文主义者倡导以拉丁语作为优先选用的文学语言，但是，俗语文学依然繁荣。同时，文艺复兴拉丁语对俗语也有影响，尤其是在诗歌创作上。本章要讨论诗歌、散文、戏剧和演讲等文学形式，包括非小说类写实散文，广义地使用“文学”一词。虽然本章不可能考查这两百年间每一位作者的著作，但是，每一种文学体裁的杰作会得到论述。另外，有一个主要作者名单用来介绍许多值得注意的作家。若干关于宗教、艺术、建筑、音乐、战争、旅游和科学的著作分别在各专题章中论述。《圣经》和圣经文学已在第二章给予了讨论。

人文主义、语文学和出版业

文艺复兴时期文学的作家和编辑自然关注他们的文本的准确性和恰适性。在文艺复兴早期，对文本准确性的关注主要针对古希腊、古罗马作家的著述，以及圣经文本和教父著作。到16世纪晚期，这样的语文学意识不仅涉及古典著作和15世纪创作的文学作品，而且也包括新的著述，因为作者们要查阅辞典、字典、语法书籍以及人文主义者编写的其他工具书来提高语言文字能力。文艺复兴时期的翻译者常常在前言中强调文学语言中修辞的力量和语言本身的力量，以此来为自己所使用的语言方法辩护。在若干重要著作，如弗朗索瓦·拉伯雷（1483—约1553年）的小说中，语言文字如同观念一样也是文学形象塑造的因素。文艺复兴时期的人文主义是新兴的重视文本的趋势的主要推动力，尤其对于拉丁文著作来说，拉丁文是有教养者的通用语言。因为与早期15世纪写本书籍市场相比，印刷机使书籍能为更广大的读者所得到，所以，俗语文学越来越受欢迎。有

图 5.1 恺撒被刺的场景，来自古罗马诗人贺拉斯著作的第一个插图版。贺拉斯的《恺撒颂》的木刻插图。该书于 1498 年在德国出版，也是在德国（实际上是斯特拉斯堡，当时是属于德国的城市）由印刷商出版的第一本贺拉斯的著作。（经拥有该照片 2003 年版版权的索斯比公司的同意使用）

学识的个人在争论用俗语（托斯卡纳地区所说的意大利语就是最早的俗语）写作，而不是用西塞罗及其同时代人的古典拉丁语来写作的正当性。随着各种民族文学开始融汇形成它们的现代形式，在欧洲若干地区的类似争论导致了在书面语言上英语最终压倒苏格兰的凯尔特语（盖尔语），法语最终取得对布列塔尼的凯尔特语（布雷顿语）的优势等诸如此类的情况。其他争论涉及古典拉丁语本身是否适合作为文学语言。

作为文学语言的拉丁语

法国皇家图书馆馆长纪尧姆·比代（1467—1540 年）的一本散文著作就是一个古典拉丁修辞影响文艺复兴时期人文主义写作的很好实例，这种影响既在内容上也在形式上。他的《论语文学》（*De philologia*, 1532 年）以对话形式写成，是法王与作者的席间谈话，该书使用的是拉丁语而不是法语。比代使用高尚的语言和夸张的词语来使国王相信雄辩的力量，他把荷马作为他的一个榜样。他把文艺复兴时期的人文主义作家比作半人半神的赫拉克勒斯，认为他们理应为自己的国家也为他们自己赢得荣誉。同时，通过使用演讲修辞方法，如古典的《赫伦纽斯修辞学》（*Rhetorica ad Herrenium*，在文艺复兴时期该书被认为是西塞罗的作品）中所教授的那些方法，以及通过展示自己的书面拉丁语的能力，比代确保了自己作为文人的地位。15 世纪和 16 世纪的许多有学识的作家确实相信，只有拉丁语会作为文学语言盛行开来。别的作家，其中一些没有熟练掌握拉丁语的则继续使用俗语写作。许多著名作家，如拉伯雷和卢多维科·阿里奥斯托（1474—1533 年）既能用拉丁语也能用自己的母语自如地写作。拉丁语诗歌和拉丁语演讲是作家们展示自己熟练掌握西塞罗和卡图鲁斯所用语言的方式。荷兰作家约翰内斯·泽孔杜斯（1511—1536 年）是最受欢迎的拉丁语诗人之一，他用拉丁语写颂诗、挽歌和墓志铭，得到神圣罗马帝国皇帝的赏识。他的情诗《吻》（*Basia*）被翻译成若干种语言。

对文艺复兴来说，问题是，该使用哪一种拉丁语？洛伦佐·瓦拉（1407—1457 年）在其六卷本的《拉丁语的优雅》（*Elgantiarum linguae latinae libri sex*，该书写于 1440 年，出版于 1471 年）一书的前言中，提倡一种虽保守却灵活的拉丁语使用方法。瓦拉坚持拉丁语是人文学科唯一适合的语言，所以，他解释说学者们正在重新学习这门古典语言，其语法规则已随着罗马帝国的衰落而部分失传了。经院哲学家与人文主义者之间进行的争论集中于三个焦点。文艺复兴时期的经院哲学家，尤其是神学家，抵制变革，害怕异教的古典著作会败坏基督教读者，所以，他们反对精致的文学语言。他们更喜欢用朴素的语言来表达虔诚的思想。例如，德西德里乌斯·伊拉斯莫（约 1466—1536 年）的一部对话著作中就提到人文主义的批评者把贺拉斯、维吉尔和奥维德描绘为穷凶极恶的人物。在各主要大学，人文主义者与经院哲学家为教席所进行的竞争使这一争论更趋激烈。而且，受异教著作的语言和风格影响的同时代作家已对现状构成威胁。虽然这一争论在某些方面与古代的哲学与修辞学之间的争论类似，但是，反人文主义修辞学的论点中的基督教成分把一个极端主义因素引入了论争，在宗教改革时期尤其如此。

从我们现代的观点来看，争论的双方都有其道理，而瓦拉提出的拉丁语使用的妥协方案盛行于 16 世纪。正像宗教改革时期的神学家的那种武断的极端观点，如把古典作家驱逐到地狱深渊的论调没有触动 16 世纪有学识的个人一样，15 世纪严格的古典主义也远离许多同时代的作家。15 世纪的激进人文主义者试图从拉丁语中清除所有的现代语汇，在他们的新拉丁语文学中造成相当荒谬的结果，例如 *nun*（修女）成为 *Vestal Virgin*（维斯太贞女），*violin*（小提琴）成为 *lyre*（里拉琴）。很大程度上是因为耶稣会的各学院提倡一种能够吸收合理新词的适度的古典拉丁语，所以，那种新拉丁语才在欧洲知识界传播开来。新拉丁语文学从意大利传到北欧、东欧、不列颠，最后传到斯堪的纳维亚和丹麦。拉丁语文学的主要优势是它能够为全欧有教养的人所阅读。另外，它把作家置于一个享有盛誉的古典作家的传统中。新拉丁语文学一直都是欧洲文化中的推动力，直到 17 世纪，俗语作家们的新古典作品完全起到了同样的作用。

拉丁语与俗语之争

弗朗切斯科·彼特拉克（1304—1374年）是第一位意大利文艺复兴诗人，用拉丁语写作了他的绝大多数作品。彼特拉克不可能相信后世尊重他并不是因为他的拉丁语史诗作品，而是因为他用他的母语托斯卡纳语写成的赞美劳拉的爱情诗。他在世之时，意大利有许多方言（现在依然如此），托斯卡纳语只是其中一种。彼特拉克去世后很久，托斯卡纳语的首要地位才形成。虽然伟大的中世纪诗人但丁用托斯卡纳语写作他的杰作，但是，在彼特拉克之前没有其他意大利诗人因为用俗语写作而闻名。正像其作为天主教会和宫廷的语言称雄一千二百多年一样，拉丁语在15世纪享有至高无上的权威。

瓦拉把拉丁语看作是西方世界的文明力量："因为这种语言……使所有人开始从事被称为自由的各学科；它传授最好的法律，为所有知识学问铺平道路；它使他们能不再被称为野蛮人。"（Ross and Mclaughlin 1968, p. 131）在描述拉丁语对被罗马征服的民族所用俗语的影响时，瓦拉写道（当然是用拉丁语）："他们承认……拉丁语增强和美化他们自己的语言，正如后发现的酒不是取代水，丝绸不是取代羊毛和亚麻，或者金子不是取代其他金属，而是为它们添彩。"（Ross and Mclaughlin 1968, p. 132）瓦拉及其有学识的同时代人相信，拉丁语优于俗语，拉丁语是"金子"，日常所用的俗语是贱金属。许多人文主义者不承认母语的语言丰富性，或者不明白在拉丁语确实"增强和美化"了欧洲各俗语之后，俗语会超越拉丁语本身。假如文学只限于上等阶层，拉丁语就可能永远占据优势。其实，直到19世纪，拉丁语在大学中，在科学和法律领域以及在教会中，都占据着统治地位。然而，就文学来说，印刷机不仅使只粗通拉丁语的中等阶层，而且使居住在只有教士才真正懂拉丁语的偏远地区的人们都能得到文艺复兴作家的作品。很大程度上是因为廉价的印刷书籍的激增，俗语文学才在16世纪盛行起来。在16世纪初，甚至专为少数贵族赞助人印制的豪华版拉丁语著作，也常常把俗语文本同时印在拉丁主文本旁边。题词或序言也可以用俗语来写，这就使该书对预计的读者有一个来自编者或作者的更具个性的说明。

印刷书籍

直到15世纪中期，要得到一本文字书籍的复本，除了亲自抄写外，唯一方法是购买或者委托人抄写一个手写本。在修道院中的写经坊提供许多宗教书籍的同时，大学和宫廷的抄写员也在抄写世俗书籍和某些宗教著作。在印刷时代初年，印制的书籍主要是针对宗教和学术市场（圣经、文法、教会法和教父著作等）。在人文主义研究的影响下，人们对语文学标准给予了更多的注意，尤其是在印制用希腊语和拉丁语写作的教会教父和古典作家的著作及其译本时更是如此。欧洲印刷术始于德国，然而，在导致1462年洗劫美因茨的两位大主教之间的战争之后，印刷术传到意大利和法国。起初，绝大多数贵族收藏家更喜欢写本，特别是那些抄写在昂贵的精制犊皮纸和羊皮纸上的有烫金和彩绘插图的精装写本。可是，到15世纪70年代中期，印刷商已在他们的正文印版中为手工添加装饰性首字母留下空间，同时，留出宽边以便至少在书籍第一页和章节分隔页可以根据购买者的趣味来添加装饰。到15世纪70年代末，若干印刷商都在增添木刻首字母、页边装饰以及地图和科学图示之类的插图，少数印刷商在实验金属雕版插图。虽然一些15世纪的收藏家不喜欢收藏印刷书籍，但是，新的印刷技术也得到赞扬，特别是因为印刷油墨的耐久性。1466年，一个曾经在早期印刷作坊工作过的作家写下了一段稍微有些偏颇的颂词："当花同样的钱……就能使你拥有一个复本，为什么还要劳神费力花钱去借书（即抄本书籍）呢？这个真正的复本不会被印错：用始终如一的印刷排版能生产出成千完美的复本。而且，经过腐蚀性的蜡和酸性水的检验证明，印刷油墨不易褪色。没有一条肮脏的溪流能洗掉一个字母，纸张也同样经久不坏。"（Barker 1999, p. 198）

1465年，德国的印刷商斯韦恩海姆和潘纳茨在罗马附近建立了一间印刷作坊，后来又将其迁入罗马城。他们的出版社印刷了十部最重要的拉丁语古典著作版本，排版用的不是长而尖的中世纪手书哥特体字母，而是意大利人文主义者喜爱的呈圆形的手书体字母。这种字体风格今天仍然叫罗马体，它使古典风格在书籍设计中保持永久，而且到16世纪末成为了规范字体。我们或许会认为罗马体字母更易于阅读，而这就是它们为什么最终比哥特体更受人喜爱的原因。到15世纪末叶，书籍以千册以上的数量源源不断地印刷出来，结果是许多种图书的价格下跌。威尼斯的出版商的书籍印刷量特别大，在1500年前就已经印刷出版了大约四千版书籍。其他主要出版中心包括里昂、巴黎、科隆、奥格斯堡、纽伦堡和巴塞尔等。对带插图的印刷书籍的早期尝试在上述和其他印刷出版中心发展成为一个新兴产业。许多以俗语出版的书籍的市场因为插图而得以扩大，插图使书籍内容对一般读者公众来说更有趣，更易于理解。

文学理论

在1400年至1600年间出版的古代文献中，亚里士多德的《诗学》对文学理论和文学批评的发展最为重要。亚里士多德对文艺复兴作家很重要，因为他是已知的第一位系统阐述诗学术语和标准的古代作家。他同时举出且描述了各种文学体裁，文艺复兴作家和批评家对他提出的悲剧法则特别感兴趣。《诗学》的翻译和编辑产生了最早的文艺复兴时期重要的文学理论，其以解释亚里士多德思想的序言和评注的形式出现。在要么支持拉丁语，要么支持俗语作为适当的文学语言的论著中，其他文学理论也得到讨论。古罗马作家贺拉斯的《诗艺》（*Ars poetica*）为吸引着许多文艺复兴作家的文学提供了一个修辞学标准。最后，除了拉丁语和俗语孰优孰劣之争外，文论家还争论作家们是应该遵循古典文论的要求，还是应该追随卢多维科·阿里奥斯托和托尔夸托·塔索（1544—1595年）等流行作家的实际做法。

亚里士多德的《诗学》

亚里士多德《诗学》的中古文本可能连亚里士多德本人都不认识。它们都源自错误百出的、不完整的抄本，都基于12世纪的伊斯兰哲学家阿维罗伊对亚里士多德的错误解释。由阿维罗伊解释的《诗学》被翻译成拉丁语，最早出版于1481年，它给文艺复兴时代带来一种基于逻辑和修辞的诗歌理论，它是从希腊原文转译两次而来。阿维罗伊所增添的部分虽然从中古观点来看在哲学上是有趣的，但是，它们对任何一个试图精心创作一部文学作品的人显然是无用的。15世纪的批评家试图把亚里士多德与阿维罗伊增添的内容区分开来，所以，到15世纪末有了一个好的拉丁语译本。不过，亚里士多德是与贺拉斯联系在一起来考察的，所以，情节的概念是在说服的修辞学框架内来加以研究的。人文主义学者皮耶特罗·维托里（1499—1585年）在佛罗伦萨讲授拉丁语和希腊语，专门从事亚里士多德著作的注释。1560年，他出版了《亚里士多德〈诗学〉注释》（*Commentarii in primum librum Aristotelis de arte poetarum*），该书最终把关于悲剧的各部分适当地分了类。在16世纪余下的时间内，若干个带注释的《诗学》俗语译本相继问世，这使人们更重视悲剧中的情节因素而不是人物因素，提高了戏剧情节的地位。罗多维科·卡斯泰尔维特洛（1506—1571年）的《亚里士多德〈诗学〉译注》（*Poetica d'Aristotele vulgarizzata et sposta*, 1570年）中有对戏剧一致性的评注。亚里桑德罗·皮科罗米尼（1508—1578年）的《诗学》意大利语译本出版于1572年，他的《亚里士多德〈诗学〉注》（*Annotationinel libro della Poetica d'Aristotele*）则于1575年出版。后者提高了作者对俗语意大利文学的兴趣。关于《诗学》的上述著作和其他论著，包括以下部分要讨论的若干著作影响了整个西欧的文学理论。

文艺复兴时期的文论著作

在法国，早期七星诗社（见关于诗歌的那部分）的三个成员写作了重要的文论著作，这三名成员是佩尔杰、迪·贝莱和龙沙。雅克·佩尔杰（1517—1582年）在为自己1541年译出的贺拉斯《诗艺》（*Ars poetica*）写的序言中，鼓励法国作家用法语而不是用希腊语或拉丁语写作。他的这篇序言是对作家们发出的战斗号令，他们肩负着使自己本国的文学语言更加辉煌的责任。他自己的《诗艺》（*Art poetique*）出版于1555年，该书在详细阐述诗歌的神圣性质、文学中模仿的作用以及各种诗歌体裁的同时，深化了他早年的观点。约阿基姆·迪·贝莱（1522—1560年）著有《保卫和荣耀法语》（*La Defence et illustration de la lanque francaise*, 1549年）一书，它成为了法国文艺复兴时期最著名的诗学论著。迪·贝莱以热情的，甚至是煽动性的语调写作该书，他使同时代的作家们相信法语能够增强诗的表现能力。他的论著从总体上促进了俗语文学，因为它阐明法国作家不仅应该精通古典文学，而且应该熟习值得注意的用现代欧洲语言写作的文学。皮埃尔·德·龙沙（1524—1585年）是七星诗社的领袖，他于1565年出版了《法语诗艺手册》（*Abrege de l'art poetique francais*）。这本手册为年轻诗人提供了具体的指点，包括对古典语言的欣赏。朱利乌斯·恺撒·斯卡利杰（1484—1558年）是一个定居法国的意大利学者，他写有一部冗长的论著《诗学七卷》（*Poetices libri septem*, 1561年），强调文学创作中要严格遵循古典规范。他的亚里士多德派的观念对17世纪法国戏剧作品有巨大影响。

使文艺复兴时期的文论家感到碍难的两个文学体裁是传奇故事和悲喜剧，部分原因是古典文学不包含它们，因而他们就无规则可遵循。一些作家公开将悲喜剧作为一种混杂形式加以拒斥。菲利普·锡德尼爵士（1554—1586年）在他的《为诗歌辩护》（约1583年）一书中指出，诗歌是传授道德的有效工具，而悲喜剧背离这一目的："所有他们的剧作［他的同时代人的作品］既不是好的悲剧也不是好的喜剧；把丑角和国王混在一起……既不符合礼仪也缺乏审慎。"（Preminger 1965, p. 693）乔万尼·巴蒂斯塔·瓜里尼（1538—1612年）曾创作了非常受欢迎的田园剧《忠实的牧羊人》（*Il paster fido*, 1590年），他清楚地意识到他在用这部悲喜剧冒犯文学规范，与严格的文论家相对抗。瓜里尼在表示自己写作仅仅是为了娱乐读者时言语支吾，他认为一些牧羊人高贵的品性在批评家看来可能是对该作品的一个补救。

意大利文论家主要争论的主题是史诗的结构和风格，特别是就阿里奥斯托和塔索的著作展开讨论。吉安巴蒂斯塔·琴蒂奥（伊尔·琴蒂奥，1504—1573年）试图把骑士传奇作为一种可与史诗媲美的英雄叙事诗体裁，而且托尔夸托·塔索在其《论史诗》（*Disorsi del poema epico*）一书中写道，史诗应该关注基督教骑士。这一论战在英国诗人中有反响，16世纪的英国诗人正在努力创作史诗以回应自己国家的民族主义热情。国王（或女王）的英语适合宫廷对话，但是，民族史诗是否适合英语是有争论的。埃德蒙德·斯宾塞（约1552—1599年）的《仙后》（1590，1596）由于其对乡村语汇和骑士传奇的使用而惹怒了锡德尼，使剧作家本·琼森（1572—1637年）惊呼斯宾塞"根本没有语言表达能力"。然而，为斯宾塞和莎士比亚等作家巧妙利用的俗语的灵活性保证了英语作为文学语言的生命力。

诗歌

在中古时期，诗歌既在修辞学科也在文法学科中被研究，这种联系一直持续到文艺复兴。例如在弗兰德尔和荷兰的城市，"修辞室"（chamber of rhetoric）是俗语作家们聚在一起朗诵各自作品和谈论各种艺术的沙龙的正式称呼。在法国，早期文艺复兴的诗人们被称为"修辞家"（*rhétoriqueurs*），意指他们是在自己的作品中使用精巧的修辞方法的人。文艺复兴时期对诗歌的界定相当宽泛，包含全部想象的文学作品，而且"诗学"论著也论述各种表现形式的想象性文学作品。本节讨论的只是用有韵和无韵诗体写成的非戏剧文学作品。当代拉丁诗体学论著影响了许多诗人的著作，而且，古典诗歌的长短步韵律把不自然的规则强加给了欧洲俗语的抑扬音调韵律。其结果是使诗歌常常显得呆板而笨拙。然而，关于拉丁诗体学的讨论增强了作家们对自己语言中诗歌格律的韵律效果的认识。另外，某些类型的中古俗语诗歌也在文艺复兴时期得到升华和发展。到16世纪，若干诗歌体裁，如田园诗和讽刺诗都带有木刻插图。例如《愚人船》（*Das Narrenschiff*, 1491年；见下文的讨论）的许多版都重印了原版木刻图画，以此来提高该书的吸引力。

史诗

文艺复兴时期的诗人们了解荷马的史诗也了解维吉尔的史诗，但是，维吉尔的《埃涅伊德》比《伊利亚特》和《奥德赛》对他们有更大的吸引力。首先，《埃涅伊德》可以用拉丁原文阅读，而荷马的希腊语绝大多数作家都不能阅读。更重要的是，维吉尔的史诗歌颂意大利祖先的命运，赞美罗马城，这就提高了《埃涅伊德》对早期意大利人文主义者的吸引力。荷马记载伟大的英雄人物的故事，而维吉尔则讲述一个伟大民族的历史。西欧的民族主义趋势使诗人们把维吉尔看作他们的榜样。正像中世纪的寓言作家所解释的那样，维吉尔也被认为是一个前基督教时代的作家，但丁挑选维吉尔作为他通过《神曲》中的地狱的向导。不过，荷马受到尊重，因为他是用神圣的史诗的形式创作诗歌的第一人。安杰洛·博里齐亚诺（1454—1494年）是一位著名的古希腊研究者，也是一位用拉丁语和意大利语写作的诗人，他不仅把荷马翻译成拉丁语六韵步诗（《埃涅伊德》所用韵律），且首次讲课的内容就是关于荷马的著作。诗人吉安·乔尔乔·特里西诺（1478—1550年）曾在1547年出版的无韵体诗作《被解放的意大利》（*Italia liberata*）中模仿荷马。作家们在讨论史诗时常提到荷马，常把自己的作品构思得格外像《埃涅伊德》。诗人们甚至试图规划自己的创作，以效仿维吉尔的人生历程，即在青年时代创作田园牧歌，然后再打算写一部史诗。部分因为史诗是一种使人望而却步的体裁，所以，只有几个人勉力成功。史诗所要求的长篇故事以及其中不变的韵律就被认为是一件艰巨的任务。法国七星诗社的领袖皮埃尔·龙沙（1524—1585年）好不容易才完成了《法兰西亚德》的头四卷，而他曾计划写一部20卷的史诗。

路易斯·德·卡蒙伊斯（1517年至1524年间—1580年）的《卢苏斯的儿子们》（*Os Lusiadas*），是葡萄牙文艺复兴时期的伟大民族史诗，是欧洲文学中最成功的史诗之一。《卢苏斯的儿子们》全诗共十章，效仿《埃涅伊德》写成，它通过讲述探险家瓦斯科·达·伽马（约1460—1524年）1497年至1498年间远航印度的故事来叙述葡萄牙的历史。古代诸神也被卷入这次远航，维纳斯支持这次远航计划，而巴克斯则试图破坏它。这部史诗丰富多彩，充满对海洋景物和东方奇观的描绘。卡蒙伊斯的个人经历增加了他的葡萄牙语史诗的吸引力。他曾在里斯本因为斗殴被监禁，1553年作为士兵被派往印度，最后效力过八任总督，还在澳门（中国）待过一段时间。他是在印度写成《卢苏斯的儿子们》的，曾幸运地逃过一次海难，并且打捞起了他的书稿。假如不是在1580年西班牙控制了葡萄牙，《卢苏斯的儿子们》或许会在1655年前就被译成英语，这样，它便可能影响斯宾塞的史诗《仙后》（前文曾论及）的创作。虽然卡蒙伊斯的史诗在文艺复兴晚期就闻名全葡萄牙，但是，它在欧洲其他地区则不那么著名。

其他文艺复兴作家根据骑士传奇创作了一种新的长篇叙事诗。阿里奥斯托以八行诗体写成的《疯狂的奥兰多》（*Orlando furioso*，1516年，1521年，1532年）是这类诗作中最受欢迎的。该诗不仅在结构上是一部史诗，而且是一部戏仿作品，是为回应马泰奥·博亚尔多（1441—1494年）的未完成的传奇《恋爱中的奥兰多》（*Orlando innamorato*，1495年）而作。虽然《疯狂的奥兰多》的风格是介于传奇和史诗之间，但是，许多与阿里奥斯托同时代的这部诗作的评论者却赞扬它的史诗特性。作者以查理曼时代为历史背景，用诗歌作为载体来评论当代问题，如军事同盟和战争方法等问题。到1600年，《疯狂的奥兰多》出版了一百多个版本，成为文艺复兴时期最畅销书籍之一。正如一些批评家指出的，这一诗作实际上比古典史诗更好，阿里奥斯多的诗歌作品达到了经典作品的水平。16世纪后半期出版的这一作品的各个版本甚至加有评注、历史注释和其他附录，这些是通常在出版古代希腊语和拉丁语作家的著作时才会有的。

抒情诗

十四行诗

彼特拉克风格，即对待爱情的新柏拉图主义态度给1374年彼特拉克死后两个多世纪的抒情诗人以灵感。彼特拉克的十四行诗特别重要，这既因为其结构上的创新，也因为其对女士的美以及健全的道德品质在视觉上的描绘。在15世纪，由于滥用修辞方法、使用生硬的韵脚以及对恋人的过度赞颂，彼特拉克风格被推向了极端。皮耶特罗·本博（1470—1547年）于1525年出版了《论俗语》一书，他在书中提出了文艺复兴意大利语的新标准，把彼特拉克推崇为抒情诗的典范。然而，本博认为，当代诗人也应该在遵循彼特拉克诗风总原则的前提下，表现自己个性化的经验，避免陈词滥调和一成不变的旧框框。隔行押韵的十四行诗格律容易被任何一种拉丁语系的语言所吸收，因为在拉丁语系的语言中同韵词的出现很自然，尤其是名词形式的同韵词。以拉丁语系的语言写作十四行诗的杰出作家有用法语写作的龙沙、用葡萄牙语写作的路易斯·德·卡蒙伊斯、用西班牙语写作的胡安·博斯坎（约1490—1542年），以及用意大利语写作的维托里亚·科隆纳（1492—1547年）。虽然用其他欧洲语言写作十四行诗对诗人来说要更困难一些，然

图5.2　法国16世纪一位十四行诗作家路易丝·拉贝的肖像画。1555年迪布谢的版画。（私人收藏作品 / 巴黎罗歇–维奥莱持有 / 布里奇曼艺术图书馆提供）

而，若干作家用英语写作十四行诗也非常成功，如托马斯·怀亚特（1503—1542年），还有威廉·莎士比亚赞美一位“黑夫人”的十四行组诗（1564—1616年）。在16世纪，十四行诗在波兰、尼德兰、德国、丹麦、瑞士和俄罗斯都成为流行诗体。虽然十四行诗也用拉丁语写作，但是，对于拉丁语来说最高贵的诗歌体裁是颂诗。

颂诗

颂诗是庆典仪式上使用的诗歌体裁，以严肃的，常常是热情的语调写成。贺拉斯的更个人化的颂诗一般说来是对人生的思索，

是富于哲理的，而古希腊诗人品达的那些颂诗则是为竞技胜利之类特定的公共庆典活动所作。因为颂诗是一种严肃的使用高贵语言的诗歌体裁，所以，它也被认为是容易拿来作为戏仿和讽喻的对象。品达体的颂诗要求复杂的韵律，对于文艺复兴时期的诗人来说是难以达到的。法国七星诗社的诗人在龙沙的指导下，率先出版了颂诗作品，其完全与品达所写的那些颂诗（第一次印刷出版是在1513年）的流畅而回旋的结构相一致。年轻时，龙沙曾学习和模仿过贺拉斯更易于理解的拉丁语颂诗。他也阅读那些试图复制品达风格的意大利诗人写的拉丁语颂诗。龙沙认为贺拉斯和品达是影响他自己的创作的两位风格不同的竖琴师。他懂音乐，因而把品达的原文颂诗和着音乐来吟唱（不幸的是音乐我们已不得而知）。龙沙去世时，他的同代人哀叹道，品达随斯人去矣。然而，事实并非如此，因为他的颂诗为其他国家的诗人所研究，如贝尔纳多·塔索（约1493—1569年）就研究他的颂诗，有助于继续品达体颂诗在西欧的传承。

其他抒情诗体裁

十四行诗和颂诗是在包括源于中世纪的多种律诗体裁中唯一的两种抒情诗。一些诗人创造了他们自己的诗体，如约翰·斯凯尔顿（约1460—1529年）的“斯凯尔顿诗体”，也叫“翻滚”（tumbling）诗。斯凯尔顿诗体或许来自盎格鲁-撒克逊诗歌，它是以短诗行、无交替用韵、常常若干诗行同韵为突出特征。虽然荷兰的抒情诗到17世纪才繁荣起来，但是，在文艺复兴时期，荷兰的即兴诗由于采用了得自民谣的韵律而有生气。波兰最伟大的文艺复兴诗人扬·科恰诺夫斯基（1530—1584年）出版有两部诗集，即配乐即兴诗集，以及模仿希腊作家阿那克里翁的诗作写成的讽刺短诗集（*Fraski* 或 *Trifles*, 1584年）。葡萄牙和西班牙诗人都受到1516年出版的《诗歌全书》的影响，该书是大约两百位西班牙和葡萄牙诗人的作品汇编，这些诗人大多是15世纪和16世纪早期的诗人。这些诗作中还特地收入了伊比利亚的诗歌体裁，如坎蒂加（cantiga, 一种抒情短歌。——译者注）。在德国，许多抒情诗都是赞美诗或为其他宗教目的而作的诗歌，马丁·路德的作品是最佳实例。

讽刺诗还可以超越诗歌体裁的规则，如果以对话形式写成，它可以是半戏剧性的。实际上，规则和体裁本身常常是文艺复兴诗歌讽刺和戏仿的对象，如故意用平淡乏味的手法来写作的田园诗。就像古典讽刺诗人一样，文艺复兴时期作者通常把诗中的述说者描绘为一个本意良好的正派人，他唯一的目的就是用华丽的辞藻向世人通报一桩严重的罪过，或者一个非常邪恶的个人。塞巴斯蒂安·布兰特（1458—1521年）主要写讽刺诗。他的《愚人船》（*Das Narrenschiff*, 1491年）在他在世期间就印了若干版并有若干个译本出版，之所以对新教徒有吸引力是因为他抨击天主教会的弊端。不出所料的是，文艺复兴时期的当权者清楚地认识到不受约束的讽刺作品对国家，或许甚至对他们自己都是危险的。在伊丽莎白时代的英格兰，讽刺诗的印刷遭到禁止，像约翰·马尔斯顿（1576—1634年）那样的著名作家的讽刺诗被公开焚毁。讽刺诗也嘲讽社会所有阶层，把低等阶层也把贵族阶层，尤其是廷臣作为嘲弄对象；斯凯尔顿的《宫廷之舟》就是后者的一个好例子。讽刺诗人还取笑宗教、政府、商业以及其他可能的社会的令人厌倦和腐败的方面的严肃性。例如弗朗索瓦·维永（约1431—1463年后）的《大遗嘱》就嘲讽了人们立遗嘱的过程。

田园诗

古希腊诗人忒俄喀里图斯的《田园诗》（*Idylls*）和维吉尔的《牧歌》（*Eclogues*）是文艺复兴时期田园诗的主要榜样。写作田园诗的着眼点是优雅，是在适当的乡村背景中描绘牧羊人的生活。通过扩大内容范围，田园诗常常包括其他乡村主题，如渔夫，或者偶然进入乡村的骑士之类的人物。因为亚里士多德不曾将田园诗作为他的一个标准诗体，所以，文艺复兴时期的文论家对把写田园诗当作一项严肃的创作事业的正当性有争论。对田园诗的一个批评，事实上是对整个田园文学作品的一个批评，是它的矫揉造作。忒俄喀里图斯在西西里乡村长大成人，他在亚历山大宫廷写作《田园诗》时，可能真正思念，或看起来像是思念乡村生活的简朴。维吉尔的《牧歌》从一个文雅的罗马人的观点升华了忒俄喀里图斯的情感，而绝大多数文艺复兴时期的诗人是通过维吉尔这面磨光透镜来了解忒俄喀里图斯的。文艺复兴时期的人文主义者孕育了田园诗，是他们把忒俄喀里图斯的作品翻译成拉丁语，并且写作了他们自己的田园诗。但丁、彼特拉克和乔万尼·薄迦丘（1313—1375年）都写田园诗，而且时常在他们的诗中添加挽歌式的悲叹。文艺复兴时期最著名的和最有影响的田园诗是斯宾塞出版于1579年的《牧人日历》。他通过让人物说简朴的乡土语言，增强了人物的现实性。田园诗容易遭到戏仿，宫廷人物也在伪装成田园诗的稍微含蓄一点的讽刺诗中被嘲笑，在田园戏（下文将讨论）中甚至更是如此。

寓言画

寓言画主要为说教而作，一幅寓言画由格言、画作（木刻版画或铜版画）和说明性的诗句或诗节组成。虽然也可用一小段散文取代诗句，但是，绝大多数寓言画有诗歌形式的评论。在内容和目的上，寓言画都与格言、警句和寓言有关系。虽然“device”和“emblem”这两个词常可交换使用，但是，在文艺复兴时期，一个“device”是个人的标志，而一个“emblem”则有更多方面的象征性质（两个词都有“图案”的意思，但“device”多指家族纹章图案，“emblem”主要用来指寓意图案。——译者注）。第一本印刷出版的寓言画册是安德烈亚·阿尔奇亚蒂（1492—1550年）的拉丁语《寓言画》（1531年），该书的许多版本及其俗语译本都成为非常受欢迎的书籍。文艺复兴时期作家绘制的新颖的寓言画册在16世纪的30年代开始出版，到17世纪初，几乎每一种西欧俗语都有自己的寓言画册。西班牙语的寓言画册专门画宗教和灵修题材，荷兰作家偏好关于爱的题材（包括人类的爱情和神的爱），而最早的英语寓言画册本质上关注的是宗教。寓言画册在各阶层读者中受到欢迎，因其图文的巧妙结合曾给斯宾塞那样的诗人、拉斐尔那样的画家以及像刺绣工那样的无名装饰艺术家以灵感。

散文

文艺复兴期间，散文文学是重要的，因

为它不仅伴随着民族语言的发展，而且，它也有助于确立新的文法、词汇、拼写和文体的新标准。与诗歌不同，甚至与许多戏剧作品也不同，散文文学常常用口语语体写成。出版于1580年至1595年的米歇尔·德·蒙田（1533—1592年）的法语自传大概是这一现象的杰出实例。文艺复兴历史学家证实，15世纪和16世纪的作家感到他们自己处于一个文化的十字路口，他们回顾中古过去，期待现在或未来的黄金时代。这一文学黄金时代的一个表现方面是小说的发展，尽管该文学体裁吸收了中世纪骑士传奇的因素。讽刺散文作家使用了所有文学叙述的方式来构思他们的作品，他们作品中的幽默从身体功能的描写到人情方面的双关语一应俱全。下面各节要讨论的主要散文体裁有历史著作、小说和讽刺散文。

历史著作

在文艺复兴时期，历史意味与以前时代截然不同的某种东西。不管怎样，文艺复兴时期的人文主义者认为他们处于一个关键的历史时期，是一个黄金时代，完全优于刚刚逝去的“哥特”精神。过去所发生的事被认为不仅在性质上不同，而且在程度上也不同。划分历史时期开始于文艺复兴时期，15世纪的意大利历史学家相信，罗马帝国结束于迁都君士坦丁堡。因为他们关注的是罗马和罗马文明，所以，他们拒绝承认大多数中古文化为文明社会的有效表现，尽管中古骑士传奇还是这时期最受欢迎的文学形式。文艺复兴时期的作家认为，他们自己有资格解释历史，而不仅仅是像中古编年史家那样按年代顺序记述历史。与其他文学形式一样，历史学家的榜样还是古典作家，李维是一个最早的重要资料来源，15世纪下半期，塔西陀受到推崇。因为人文主义作家研究古代历史文献，所以，他们学会了质疑第二手资料和识别不可靠的证据，而且开始理解行为模式和动机因素。在一些文艺复兴作家的历史解释受到民族主义热情影响的同时，另一些作家则专注于历史著作提供的训诲，因为博学的历史著作能教导所有有教养的读者。

第一部文艺复兴历史著作当然是用拉丁语写成的。列奥纳多·布鲁尼（1370—1444年）奉献了最早的文艺复兴历史著作《佛罗伦萨人民史》（*Historia florentini populi*, 1610年才印刷出版），该书的许多副本以写本形式得到传播。他为历史这一著作体裁在文体和历史证据的理解方面确立了高标准。大多数15世纪的历史著作都以西塞罗式的庄重而精致的拉丁散文写成。用俗语写成的历史著作常常保留有中古特征，如语言上的拟古和形式上的松散等。让·勒迈尔·德·贝尔热（约1473—1525年）的《高卢的荣耀和特洛伊的特性》（*Les illustrations de Gaule et singularites de Troie*）是文艺复兴时期最好的哥特风格“历史”著作之一，它是传奇和历史事实参半的著作。到16世纪中期，所有历史著作都以近当代历史为主题。如保罗·乔维奥（1483—1552年）的《他的时代的历史》（*Historiarum sui temporis libri*, 1550—1552年）主要记述的是正在蹂躏意大利的战争。许多意大利作家试图分析和理解意大利战争，包括1527年罗马被劫掠的原因和结果。尼科洛·马基雅维利（1469—1527年）因其在《君主论》（*Il Pincipe*）中为统治者提供实用性忠告而闻名于世，他也写有一部重要史著《佛罗伦萨史》（*Istorie fiorentine*, 出版于1525

年，以意大利语写成）。这部著作颂扬了佛罗伦萨共和国，对佛罗伦萨现时的困境予以合理解释，认为其起源于美第奇家族的管理不善。弗朗切斯科·圭查迪尼（1483—1540年）著有著名的《意大利史》（*Storia d'Italia*, 在他身后于 1561 年出版），他利用佛罗伦萨档案作为他的主要资料。

菲利普·德·科敏纳（约 1446—约 1511年）是一位弗兰德尔历史学家，著有一部法国君主制编年史，以《回忆录》为书名出版（1524 年）。该书被翻译成若干种文字，为欧洲了解早期文艺复兴时期的法国做出了贡献。在法国，雅克·奥古斯特·德·图（1553—1617 年）的《他的时代的历史》（*Historia sui temporis*, 1604 年第一部出版）是人文主义历史的杰作，该书从学术的和相当公正的观点出发来讨论宗教战争。在西班牙，15 世纪后半期斐迪南五世（1452—1516 年）和伊莎贝拉一世（1451—1504 年）统一了阿拉贡和卡斯蒂尔，这唤醒了人们对西班牙历史编纂的兴趣。然而，到 1592 年才有一部完整的西班牙历史著作出版，它是西班牙哲学家和法学家胡安·德·马里亚纳（1536—1623/24 年）的《西班牙历史纪事》（*Historiae de rebus Hispaniae*）。这部综合性著作最初以拉丁语出版，很快被翻译成西班牙语。在德国、尼德兰、英格兰和苏格兰，历史著作写作受到宗教改革的强烈影响。在英格兰和德国，历史著作新教统治者被用来为其教会的"复兴"辩护。应该提及犹太人的历史编纂，尤其是犹太人 1492 年被逐出伊比利亚半岛之后写就的。这一驱逐犹太人的事件与文艺复兴人文主义新的研究方法相结合，促使人们从真正历史的观点来思考种族迫害。犹太学者也试图协调犹太律法文献中的矛盾。

传记和自传著作

传记和自传是特殊的历史著作体裁，而且，只要学者把他们的赞助者的家谱和传记纳入历史分析，那些赞助文艺复兴作家的有权威的统治者会很满意。奇怪的是，虽然关于个人生平的历史著作被写作来作为善恶品性的榜样，但是，"biography"（传记）这个词在文艺复兴时期并不为人所知。统治者的传记常常有对传主的"生动描绘"，其中许多是理想化的描写，而不是真实个人的如实描写。古典作家，特别是希腊作家色诺芬和普鲁塔克为写作个人传记提供了榜样。传记，虚构的和真实的传记都与历史交织在一起。自传的作者常常是靠不住的，如在艺术家本维鲁托·切利尼（1500—1571 年）自传中的夸大叙述。他的自传直到 1728 年才出版，书中包含许多残暴场面，而在这些场合，切利尼总是高人一筹，总被证明是正确的。虽然其艺术创作过程和宫廷生活的细节非常有趣，从历史观点来看也很有用，但是，这部半虚构的自传与其说是一部个人生平的历史记录，还不如说是一部小说。米歇尔·德·蒙田写作了文艺复兴时期最著名的自传，出版于 1580 年至 1595 年之间，像他《随笔》那样的晓畅而沉稳的散文风格为其宗教宽容和新斯多葛主义的哲学观点提供支撑。他法语散文的质量或许有助于提高 16 世纪后半期散文作品的水平。在其著作中，蒙田讨论了其他著作体裁，如书信，他亲自写信而不是向秘书口授："我从不重新誊清书信，且使认识我的卓越的通信人习惯容忍我的涂改，容忍我写得重重叠叠的字迹……那些我最费力改写过的东西结果是最糟的。"（Montaigne 1999, pp. 146—147）

自传书信集在文艺复兴时期被认为是准文学形式，它们记载了日常生活情况和上流社会所要求的礼仪，所以，对今天的学者很重要。例如皮耶特罗·阿雷蒂诺（1492—1556年）就留下了许多关于威尼斯生活的深刻见解："马车已经就位！轿子恭候着喜欢它们的人！骑马准倒霉！……而小小的贡多拉船能叫你轻松舒适，使你恬然入睡，使你的身心得到安慰。"（Aretino 1967, p. 320）对于妇女史来说，书信为文艺复兴时期生活的一个重要的亚文化提供了文献证据。许多在其他方面不为人所知的妇女却留下了大量的书信。其中有几个书信集在文艺复兴时期已经出版，著名的有维托里娅·弗朗科（1546—1591年）的《与各种男士的友好通信》（*Lettere famiglia a diversi*, 1580年）。这些书信为那些遭遇爱情困扰的许多有权势的著名男士提供忠告。在书信这一著作形式中，虚构的书信也因为其博学和机智受到人们的喜爱。西班牙作家弗雷·安东尼奥·德·格瓦拉（约1480—1545年）的《友情信札》（*Epistolas familiares*, 1539—1542年）是一个很好的实例。他是一位方济各会修士，作为作家和修道士效力于西班牙国王宫廷。他非常有名的著作是《君王宝鉴与马可·奥勒留的金书》（*Reloj de principes y libro aureo de Marco Aurelius*, 1529年），书中有基督教统治者的典范。这本书以书信形式写成，声称是罗马皇帝马可·奥勒留写的书信。随着虚构书信集的出现，"历史"写作开始向长篇小说或短篇小说靠近，小说是一个起源于文艺复兴时期散文的重要亚类型。

小说

长篇小说和短篇小说是散文体虚构文学作品，然而，对于许多文艺复兴时期的读者来说，事实与虚构的界限并没有我们今天那么固定。骑士小说和传奇式流浪汉小说（下文要论及）不仅提供了文学上逃避现实的方法，而且提供了人们该怎样做（或根据具体情况不那样做）的行为榜样。在一个身披铠甲的骑士跨着骏马参加马上比武的时代，人们很容易相信骑士小说中的女士及她们的勇士都真实存在。至于传奇式流浪小说中做出一个又一个滑稽行径的流浪汉，欧洲城市中有太多的小偷、无赖和骗子因而使这类人物在文学上成为可信的。在1531年或1532年，拉伯雷的法语小说《巨人传》出版了，它讲述高康大及其儿子庞大固埃的故事。在读者公众的心中，拉伯雷的著作是与塞巴斯蒂安·布兰特（1458—1521年，上文已论及）的长诗《愚人船》那样的讽刺作品相关的，然而，拉伯雷的著作远远超越了讽刺作品。它是一部伟大的、枝蔓横生的和充满想象的创作，把流浪汉小说、骑士传奇、淫秽故事、人文主义和福音说教融为一体。作为法国国王的姐姐那瓦尔的玛格丽特的门客，同时又是红衣主教让·迪贝莱的密友，拉伯雷能够自由地写作。与巨人作战的故事和奇异的情景描写使他的著作成为第一部我们现代意义上的真正的小说。在1559年，那瓦尔的玛格丽特本人也出版了短篇小说集《七日谈》，该书以故事讲述者之间对两性关系的坦率讨论而闻名。

在西班牙的黄金时代行将逝去之时，世界文学中最伟大的小说之一《堂吉诃德》（*Don Quixote*, 现代西班牙语拼作"Don Quijote"）出版了，它的作者是米盖尔·德·塞万提斯·萨阿维德拉（1547—1616年），全书分两部于1605年和1615年分别出版。甚至

图 5.3　绘在一个意大利屉柜（储物柜）镶板上的小说场景。15 世纪后半期或 1527 年 /29 年之前利贝拉莱·达·韦罗纳的作品。（大都会艺术博物馆藏，格温·安德鲁斯基金会捐赠，1986［1986.147］）

在他完成小说第二部之前，第一部的西班牙语版本就重印了四次（分别在三个国家），并被翻译成英语和法语。第一部基本上是一个机智巧妙的喜剧，而第二部就稍微更严肃些，但仍然具有喜剧成分。小说的主人公是一个满脑子空想的贵族堂吉诃德·德·拉·曼查，他与其随从桑丘·潘沙的愚笨形成绝好对比。从阅读中古骑士传奇得到启示，堂吉诃德要出外探险，结果只是挥枪攻击风车。塞万提斯的故事有娱乐性的插科打诨和丰富多彩的人物，包括一些有趣的女性，这些故事对社会各层次的读者都有吸引力。拉伯雷创造了长篇小说，塞万提斯使这一体裁进入了现代。

一些文艺复兴小说把骑士传奇和流浪汉小说两种体裁结合起来，例如朱亚诺特·马托雷尔的《白脸蒂朗特》（*Tirant lo Blanc*，1490 年出版，用加泰罗尼亚语写成）。在仍然采用中古散文小说体裁的同时，这类作品常常为该叙述方式带来新的手法。马托雷尔在同一个场景中使有教养者的对话变换为下层民众的对话，这一定使读者感到震惊。在德国，俗语散文小说更大程度上是基于民间话本之类的民间文学，民间话本是中古传奇诗的散文改写本。当话本以连续的形式写成时，它们就有了正式的小说的样子。在 16 世纪期间，这些书籍中最受欢迎的是无名氏的

《蒂尔·厄伦史皮尔格》(题目是一个滑稽的农夫的名字，故事由他串联起来)。这个爱搞恶作剧的主人公拿富人开玩笑，其与西班牙流浪汉小说中的流浪汉(*picaro*)相似。

流浪汉小说

西班牙作家厌倦了当时出版的田园风格的故作多情的传奇故事，所以，他们开始创作以一个流浪汉为主人公的小说。虽然不完全是对个别田园风格小说的戏仿，但是，流浪汉小说一般是对田园小说的嘲讽。第一部重要的流浪汉小说是无名氏的《拉扎里洛·德·托尔梅斯》(题目是流浪汉的名字，出版于1554年)，1560年该书被翻译成法语，它对16世纪后半期许多国家的作家有影响。(我们应该注意到，"picaro"一词要到16世纪晚期才与这类小说联系在一起。)在《拉扎里洛》中，"主人公"实际上是一个仆人，他讲述了他在各个主人手下的可笑遭遇，他的主人们显然尊重与他们同等地位的人，而不尊重他们的奴仆。因为拉扎里洛是一个流浪汉，所以，读者总是面临有趣的任务，即判定是否相信他用第一人称讲述的故事。若干流浪汉小说的流浪主人公是女性(*picaras*, 女流浪者)。这类小说中最流行的是费尔南多·德·罗雅斯(约1465—1541年)的《卡利斯托和梅利比亚的悲喜剧》(*La tragicomedia de Calisto y Melibea*，也叫《塞莱斯蒂娜》[*La Celestina*], 1499年出版)。贪欲的老太婆塞莱斯蒂娜经营的女流浪者的卖淫勾当支配着整个小说叙事，这部小说表明故事所发生的社会中存在着厌女者。由《塞莱斯蒂娜》这类小说看来，文艺复兴时期的作家们是在尽量远离骑士理想。在16世纪末，马泰奥·阿莱曼(1547—1614年)发表了《古兹曼·德·阿尔法拉谢传》(*Guzman de Alfarache*, 或《流浪汉传》，1599年第一部出版；1604年第二部出版)，它是这时期最优秀流浪汉小说之一。作者以一个名叫古兹曼的划桨奴隶为主人公，叙事手法是让一个弃邪归正的流浪汉讲述他一生无法无天的故事。这本书非常流行，甚至被翻译成拉丁语(1623年)，这对流浪汉小说来说相当难得。

骑士传奇小说或宫廷传奇小说

骑士传奇小说源于中古关于查理曼宫廷和亚瑟王及其圆桌骑士的诗歌和故事。("chivalric"[骑士]一词源自法语，意思是马，因为骑士们骑于马背上。)这些故事有助于增进优雅行为、高尚礼仪、军事威力、基督信仰和封建忠诚。虽然文艺复兴时期社会在变化，但是，军事统帅们仍支持这些理想，而且新的骑士团也被建立起来。最值得注意的是勃艮第公爵于1431年建立的金羊毛骑士团。这一骑士团的成员包括神圣罗马帝国皇帝。骑士的概念也有扩大，以至于新贵们可以花钱购买兄弟会或骑士团成员资格。在比武会、加冕礼以及类似的公共活动中，同属一个骑士团的人要佩戴各自骑士团的徽章列队游行。

迭戈·德·圣佩德罗(约1437—约1498年)的西班牙语小说《爱的囚牢》(*La carcel de amor*, 1492年出版)是最流行的骑士传奇之一。只在16世纪期间，它就有20个译本，影响了无数的作家。《高卢的阿马迪斯传奇》(*Amadis de Gaula*, 1515年出版)最早是以西班牙语印刷出版的，这本书在15世纪有许多流传的抄本。这部骑士传奇或许最早是用加利西亚语或葡萄牙语写成，它关于兰斯洛特爵士的

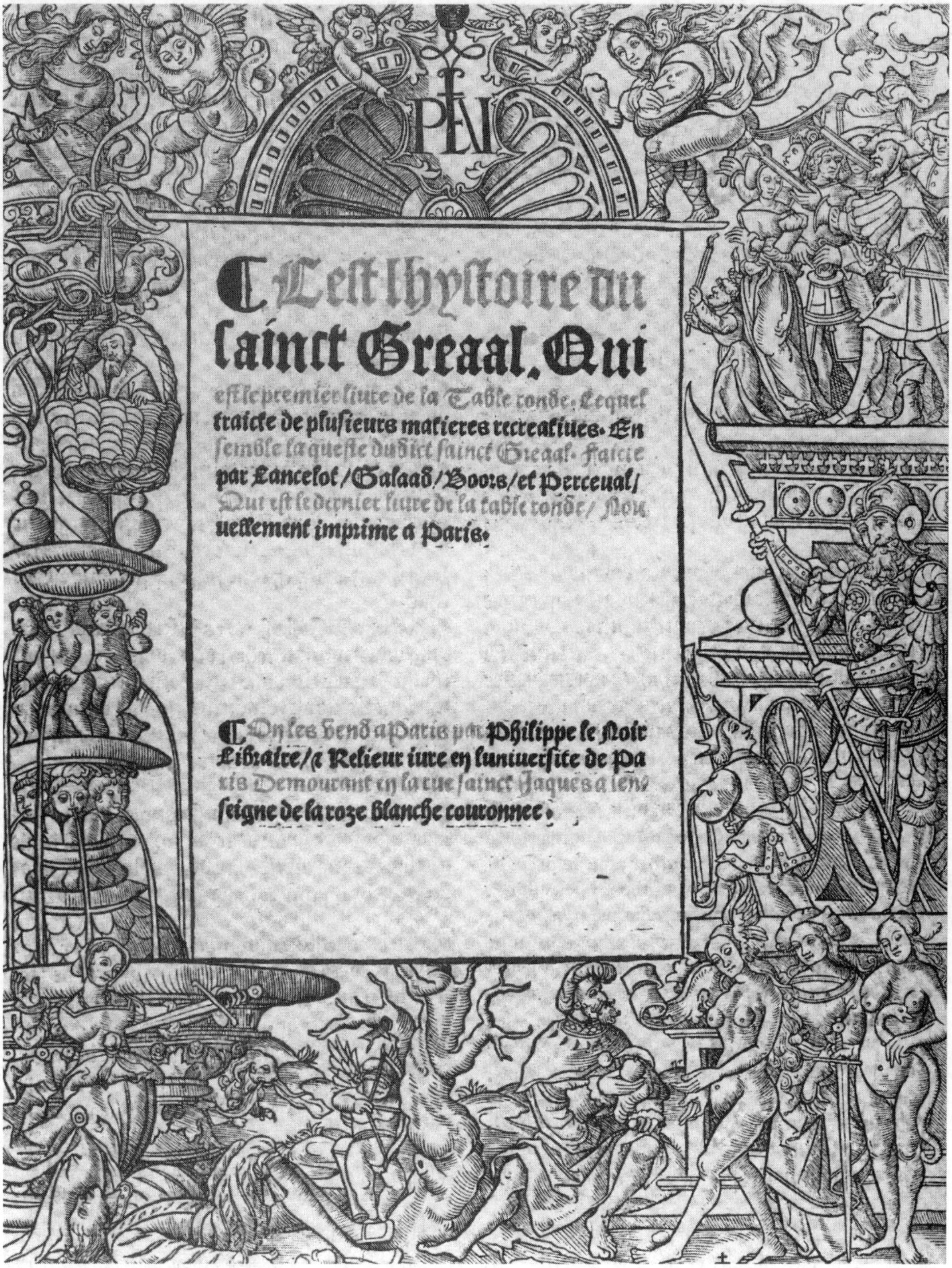

图 5.4　一本有关亚瑟王寻求圣杯的法文书的扉页。若弗鲁瓦·托里的木刻边饰，见 1523 年出版的《圣杯史》。（经拥有该照片 2003 年版版权的索斯比公司的同意使用）

故事源于法国中古故事。它对若干文艺复兴时期写作骑士传奇的作家有影响。在西班牙读者中，骑士传奇小说是16世纪最畅销的书籍，国王查理五世事实上也醉心于骑士传奇。在葡萄牙，效仿西班牙榜样的骑士小说整个16世纪都在出版。骑士传奇小说使中古豪侠骑士行为以及对王权的忠诚传之永久。重新兴起的对十字军东征的兴趣也是这种骑士风尚的重要部分，因为同时期土耳其人对南欧的威胁重新唤醒了对东方各种势力的敌视。

田园传奇小说

田园传奇小说中常常把歌谣、诗歌与散文叙事混在一起，这种体裁与田园诗（见前文的论述）有同样的乡村背景。效力于那不勒斯宫廷的雅科波·桑纳扎罗（1458—1530年）的《阿卡狄亚》（*L'Arcadia*, 1504年出版）是文艺复兴时期第一部重要的田园传奇小说。若热·德·蒙特马约尔（1519—1561年）是一个用西班牙语写作的葡萄牙作家，他的《狄安娜》（约1559年出版）是根据桑纳扎罗的著作写成的。1547年，《阿卡狄亚》被翻译成西班牙语，哺育了整整一代效仿他写作田园传奇小说的作家。《狄安娜》及其各语种译本对文艺复兴时期的田园传奇小说有重要影响。像菲利普·锡德尼和洛佩·德·维加·卡尔皮奥（1562—1635年）之类的作家笔下的景色优美的"阿卡狄亚"都是对桑纳扎罗和蒙特马约尔的模仿。田园传奇小说的重要主题之一是必须在宫廷中以及在城市的喧嚣和诱惑中讨生活的城市世故之徒的品性与纯朴乡下人率真的品性之间形成对比。这种人格类型的冲突为文艺复兴时期的剧作家提供了吸引人的素材（下文将讨论）。

讽刺和幽默作品

文艺复兴时期的讽刺和幽默作品确实是来自别的社会，而与今天我们自己社会的截然不同，当研究它们时，我们常常难于确定别的文化可能认为是幽默的东西。一般说来，文艺复兴时期的幽默比我们的更粗俗。厕所幽默，甚至淫秽笑话显然为社会各阶层读者所喜好。肆无忌惮的淫秽作品以及类似的讽刺读物，在我们看来似乎是怪诞丑陋的，而在文艺复兴时期则是十分有趣和机智的。喜剧作品，尤其是笑话集、短篇故事以及较长的散文讽刺作品是16世纪出版的散文文学中最流行的作品。讽刺诗歌和戏剧常常会通过短小而机智的段落或插科打诨的情节来达到目的，而讽刺散文可以有长篇叙事情节或对话。作品主题可以是世上任何东西。约翰·菲沙尔特（1546—1590年）曾将拉伯雷的作品相当随意地翻译成德语，他本人写作带有新教道德家的偏见讽刺作品。他的作品主题包括跳蚤与女人之间的关于厌女症的争论以及关于痛风病的幽默故事。医疗条件和医生常常是讽刺对象，律师也常遭到讽刺。虽然一些讽刺作家以一种充满憎恨的语调写作，但是，绝大多数流行散文讽刺作品都是风格较为轻松的。在意大利和法国讽刺短篇故事特别流行，英国作家则擅长带有警句妙语的短篇逸闻趣事。托马斯·莫尔的中篇小说《乌托邦》（*Utopia*, 1516年出版）本质上属于讽刺类作品。乌托邦这个文明开化的小岛具有深刻的人道精神，是民主政体的典范，既同情穷人，也尊重知识学术。作者越是颂扬这个理想社会，就越是对现实世界中相反状况的讽刺。

戏剧

戏剧文学清楚地表明以俗语和传统中古文学形式写作的人文主义作品得到同样的发展，这些文学形式在文艺复兴时期稍加修改后被继续使用。在题材上偶尔有交叠，如中世纪戏剧中常见的圣经题材被用在16世纪的悲剧中。悲剧的榜样是塞涅卡、索福克里斯和欧里庇得斯。喜剧的古代典范是普劳图斯和泰伦斯。虽然欧洲每一种民族语言在16世纪有其剧作家，但是，许多剧作都缺乏独创性，因为写作古典悲剧和博学喜剧的目的是仿效古代作家的作品。宫廷剧在意大利和法国占优势。除了即兴喜剧在街头表演外，戏剧主要是为贵族写作的。然而，大多数德国戏剧是写来吸引新教信众的，具有许多露骨的宗教意义。戏词没有固定的模式，剧作家们既用散文写作，也用若干种诗体来写作。这时期，欧洲剧院正在逐渐形成。除了在广场、酒店庭院、大厅堂和流动舞台表演的戏剧外，在16世纪后半期，新的戏剧作品开始在固定的剧院表演。这些有常驻的剧团的建筑有助于使戏剧写作和戏剧表演合法化，成为一项严肃职业。

幸运的是，我们从同时代人的记叙，尤其是个人书信中获得了一些关于早期文艺复兴戏剧表演和舞台布景的知识。例如在1513年，《廷臣》（*Il cortegiano*, 1528年出版）的作者巴尔达萨雷·卡斯蒂利奥内（1478—1529年）就曾经记述过在乌尔比诺宫廷初演的一场喜剧的舞台布景。该喜剧是贝尔纳多·多维齐，即红衣主教比比耶纳的作品《云雀》，该剧成为了16世纪早期最受欢迎的喜剧之一。根据卡斯蒂利奥内的记载，建造下列舞台布景花了四个月时间：一面带有两个塔楼的城墙；一座壁垒；挂在一层层座位上方的描绘特洛伊战争的壁毯；一根由舞台上楣伸出的铁丝串起13个巨大的雕刻字母，每一个字母都带有照亮舞台的火炬；依照“舞台透视法”制作的浮雕建筑立面；一座装饰精美的八边形的神殿；一座带有骑马雕像的凯旋门以及其他布景。文艺复兴时期的戏剧演出有幕间休息，幕间休息时，有通常伴随音乐和舞蹈的滑稽短戏表演。卡斯蒂利奥内也描绘了这场乌尔比诺戏剧演出的幕间插入表演，其中一个节目是女神朱诺的战车：“拖这辆车的两只孔雀是那么漂亮，那么逼真，我简直不敢相信我的眼睛，我之前已看见过它们，而且我本人还对如何制作它们提出过看法。”（Ross and McLaughlin，1968）虽然许多舞台布景绝没有如此精致，但是《云雀》的舞台布景是文艺复兴时期有权势的宫廷委托制作的戏剧舞台布景的典范。

下面要讨论的主要戏剧体裁包括悲剧、喜剧和假面戏。对通常表演喜剧的即兴喜剧团我们有专节讨论它。宗教剧是另一个重要的戏剧体裁，已经在第二章讨论过了，而剧院建筑在第四章已论及。

悲剧

起初，古代悲剧是作为纯粹的文学体裁复兴起来的，所以，许多文艺复兴时期的悲剧是用诗体写成。直到15世纪，人们了解的大多数古典悲剧只是节选或片断。实际上，人们对舞台表演一无所知，而且，早期人文主义者是否知晓古典悲剧是由不同演员公开表演的，这一点确实不清楚。部分因为这种混乱状态，最初的文艺复兴悲剧是用对话叙事体写成，强调的是情节而不是舞台表演。特里西诺1515年出版的《索芙尼斯巴》（*Sofonisba*）是第一部俗语悲剧，该剧直到1562年才搬上舞台表演。其他16世纪的悲剧在发表和第一次演出之间也有一段很长的时间间隔。吉安巴蒂斯塔·琴蒂奥·吉拉尔蒂（1504—1573年），这位重要的文艺复兴时期的剧作家于1541年上演了第一部意大利悲剧，即他的《奥尔比凯》（*Orbecche*）。主要的古典榜样是小塞涅卡的和古代希腊的剧作。亚里士多德的《诗学》（前文已论及）直到16世纪晚期才开始有影响。塞涅卡的戏剧对血腥恐怖、幽灵鬼魂和女巫等其他惊悚题材的表现容易为16世纪的剧作家所吸收。罗伯特·加尼尔（1535—1590年）取材《圣经》故事写成的《犹太女人》（*Les Juives*）是效仿塞涅卡的最好的悲剧之一。随着作家们对处理悲剧情景更有经验，剧作家常常以更倾向于用心理描绘的方法来让剧中人物把暴力内在化。

除了特里西诺的作品外，其他著名的悲剧作品有路易吉·阿尔马尼（1495—1556年）改编自索福克利斯的《安提戈涅》（*Antigone*, 1566年出版），皮耶特罗·阿雷蒂诺的《奥拉齐亚》（*Orazia*, 1546），以及托尔夸托·塔索的《国王托里斯蒙多》（*Re Torrismondo*, 1587年）。就德国而言，有理由在这儿提及多产的汉斯·萨克斯（1494—1576年）。他以写作歌谣而著名，但他却是一位没受过任何人文主义教育的皮匠。他还写作了58部德语悲剧，对新教戏剧有重大贡献（萨克斯写作的喜剧下文再论）。16世纪德国俗语戏剧受人文主义影响很重，例如《圣经》题材被构思得像古典戏剧一样。用德语写作的瑞士作家创作的戏剧比大多数德国作家的作品具有更丰富的动作情节，而德国作家更喜欢对话而不是动作。在西班牙，塞万提斯试图依照亚里士多德模式创作一种民族戏剧，其在悲剧和喜剧之间有清晰界限。他的爱国主义悲剧《奴曼西亚》（*Numancia*）就根据古典样式写成，是关于公元前2世纪被罗马摧毁了的一个西班牙城市的故事。然而，西班牙作家更愿意忽略亚里士多德的限制。剧作家洛佩·费利什·德·维加·卡尔皮奥（1562—1635年）创作了三百多部戏剧作品，他全然不顾古人，在西班牙确立了相当简明的戏剧法则，没有在悲剧与喜剧之间做正式的区分。所有种类的戏剧作品都被称为“comedias”（喜剧），其中许多部非常成功。弗朗西斯一世圈子内的法国人文主义者在16世纪后半期精研古代典范，创作了新古典悲剧。通过乔治·布坎南（1506—1582年）16世纪40年代在法国教书期间写作的拉丁语剧作，他们熟悉了悲剧的结构和风格。泰奥多尔·德·贝扎（1519—1605年）在1550年发表了第一部法语悲剧《亚伯拉罕的献身》（*Abraham se sacrifiant*），该剧以《圣经》故事为题材，而雅克·格雷万（1538—1570年）在1561年写作了第一部法语历史悲剧《恺撒》（*César*）。也有对希腊悲剧家索福克勒斯和欧里庇得斯的剧作的改编。法国和意大利的作家们都对新发现的古代悲剧作品进行翻译，这些悲剧包括索福克勒斯的《俄狄浦斯王》（*Oedipus Rex*）和《伊莱克特拉》（*Electra*），以及欧里庇得斯的《伊菲革尼亚在陶里斯》（*Iphigenia in Tauris*）和《赫卡柏》（*Hecuba*）。这些新的译本的出版大大刺激了同时代作家，促使新的戏剧作品的出现。总的来说，文艺复兴时期的悲剧追随古代榜样，集中表现强有力的国家与个人的权利之间的

图 5.5　古罗马剧作家泰伦斯的剧作插图。1496 年出版于斯特拉斯堡。（经拥有该照片 2003 年版版权的索斯比公司的同意使用）

紧张关系。

威廉·莎士比亚（1564—1616年）的杰作使文艺复兴时期英国的悲剧达到极盛，他的前辈们把“悲剧”这一戏剧体裁引入英语。从一开始起，英国的悲剧读者就与天主教国家的稍有不同。正像德国的部分地区和尼德兰一样，到托马斯·诺顿（1532—1584年）和托马斯·萨克维尔（1536—1608年）于1561年左右上演第一部英语悲剧《戈博达克》（*Gorboduc*）时，英国已是一个新教国家，当时伊丽莎白女王（1533—1603年）还出席了演出。在新教国家，通常几乎没有文化的下层阶级是戏剧表演观众的重要组成部分。他们购买的是站票，比有座位的人花钱少些，但多少还是付了一些钱。在英国，剧作家知道，他们的作品要么必须与逗熊一类其他低级娱乐竞争，要么就得为常光顾那类场合的人们提供同样水平的娱乐。在意大利和法国悲剧是为贵族写的，而英国的剧作家就没有那种奢侈。在英国文艺复兴末期，假面戏倒可能为宫廷观众而写（下文将论及）。在16世纪后半期，悲剧不得不以粗俗的笔调来写以吸引民众。悲剧通常要包含道德说教和家庭命运，正像在无名氏的《法弗沙姆的阿登》（*Arden of Faversham*, 1589—1592年）和《给漂亮女人的一个警告》（*A Warning for Fair Women*, 1598—1599年）中那样。匿名作者写作的历史剧也很流行，著名的有《亨利五世的著名胜利》（*The Famous Victories of Henry V*, 1583—1588年）。莎士比亚的部分才华是他具有将更早的戏剧作品和故事改编为情节复杂有趣、人物令人难忘的作品的能力。例如，他根据单薄的历史人物亨利五世塑造了哈尔王子的形象，同时强化福斯塔夫这个戏剧人物的紧张程度。他的三部主要悲剧《哈姆雷特》、《奥赛罗》和《李尔王》写于1601年至1605年间，正值伊丽莎白统治的末期和詹姆斯六世（1566—1625年，1603年以前称英格兰的詹姆斯一世）统治的初期。

喜剧

因为悲剧是非常严肃而高贵的形式，主要对有教养的阶层有吸引力，所以，在整个欧洲，悲剧都不像喜剧那么流行。虽然下等阶层的人们或许领会不到每一句戏剧对白的微妙之处，但是，他们能欣赏大多数作品中随处可见的滑稽表演和粗俗幽默。文艺复兴喜剧开始于意大利人文主义者用拉丁语写成的作品，它们很大程度上是根据普劳图斯的古典喜剧来创作的。在这些戏剧表演中，虽然剧中大多数人物都遭到嘲笑奚落，但故事都结束得庄重得体。在英国，尼古拉斯·尤德尔（约1505—1556年）在其《拉尔夫·罗伊斯特·多伊斯特》（*Ralph Roister Doister*, 出版于1566年，上演时间更早）中使普劳图斯塑造的爱吹牛的士兵的人物形象传诸永久。仿效普劳图斯那些作品的意大利喜剧受到费拉拉的德·埃斯泰宫廷的青睐，而且，伊莎贝拉·德·埃斯泰（1474—1539年）就资助过卢多维科·阿里奥斯托写作的最早的俗语喜剧《珠宝盒》（*La cassaria*, 1508年出版）和《骗子》（*I suppositi*, 1509年出版）。特别是在博里齐亚诺校订了泰伦斯的《安德烈亚》，并由马基雅维利将其翻译成俗语后，泰伦斯的拉丁语喜剧也成为有影响的作品了。文艺复兴时期博学的喜剧通常关注家庭情景，描写妻子与丈夫的对立或者孩子与父母的对立，剧中还有只会使剧情更曲折、情节更丰富的“劝架者”。这种有限的故事范围使时间和地点的古典统一容易达到，因为剧情是一天中的一段时间发生在一个地点的。这种结构上的统一在博学喜剧中很盛行，该类喜剧中的剧情发展分为五幕。

在中世纪法国，笑剧是一种随意的低级喜剧形式，为一般民众喜闻乐见。拉伯雷在做医学学生时，或许参与过学生笑剧表演，这种学生笑剧在整个文艺复兴时期都一直存在。那瓦尔的玛格丽特曾写过一个笑剧作品，而且，在16世纪期间巴黎有表演笑剧的团体。与笑剧有关的是用法语写成的傻剧（*sotties*），这种戏剧是为狂欢节和忏悔节表演而写的。在德国，狂欢戏被称为“Fastnachtspiele”，在15世纪后半期涌现出了一些优秀的作品。只在四旬斋前几天，天主教徒被允许嘲笑教会权威，一般说来还允许行为放肆。这些德国狂欢戏的大师是汉斯·萨克斯。他写作了一百多部狂欢戏，剧中充满监视邻里的靠不住的教士，还有其他既幽默又机智的人物。虽然萨克斯用道德教训来结束他的喜剧，但是，与第二章讨论的狂欢戏不同，他写作的这些喜剧不是反教皇的。

文艺复兴时期的喜剧会有差异极大的各种“喜剧”结局。莎士比亚的喜剧以轻松愉快的语调来结束，而声称是喜剧的其他剧作却有更严肃的结局。例如在本·琼森（1572—1637年）出版于1606年的《福尔蓬奈》（*Volpone*）中，一个剧中人物被鞭打，被罚做划船苦工，而且福尔蓬奈本人也被投入大牢。悲喜剧常被若干文学理论家批评为是一种混合体裁，它常常以出乎意料的或（批评家所说的）不适当的方式结尾。然而，悲喜剧却为道德作家所喜爱，他们希望表现通过苦难得到智慧或救赎的过程。最终，悲喜剧在田园剧的伪装下被接受，其剧情距离日常生活也有些远。乔万尼·巴蒂斯塔·瓜里尼（1538—1612年）的《忠实的牧羊人》（*Il pastor fido*, 1589年出版）就是最好范例之一，这部作品为整个欧洲大陆的剧作家所效仿。

假面戏

虽然假面戏源于意大利，但它们却是在英国达到极盛，尤其是在詹姆斯六世统治的初年。詹姆斯六世著名的王后丹麦的安妮（1574—1619年）就是宫廷委托创作假面戏的资助人。作为丹麦国王弗雷德里克二世（1534—1588年）的女儿，随着她于1589年嫁给詹姆斯，她把奥克尼和谢特兰群岛的永久所有权给予了苏格兰。由于没人理会她参与政治的努力，安妮便轮换着佩戴各种珠宝，穿着她从伊丽莎白女王那里继承来的大约六千套衣服，对出席各种宫廷庆典活动极感兴趣。由于热衷于使宫廷变得轻松愉快，安妮本人也参与假面戏表演，扮演过从仙女到黑人妇女的各种角色。本·琼森（1572—1637年）的《黑色假面戏》是应她之邀而作，其中的一个黑人妇女就由她扮演。因为假面戏主要由假面、诗歌、舞蹈和音乐等构成，所以，假面戏可以有业余演员参与。假面戏或许除了一个简单的田园故事外，几乎没什么戏剧情节。琼森引入了“幕间或幕前滑稽表演”（*antimasque*），其中常常有怪诞或粗鲁的人物，这种滑稽表演大概是作为假面戏本身所描绘的正面社会的反衬。然而，他的实际目的也许是活跃越来越呆板的表演。由于滑稽表演要求更高的表演技巧，所以，它通常有专业演员参与。与伊丽莎白宫廷的吝啬小气不同，詹姆斯宫廷在这些辉煌戏剧表演上不吝惜钱财。建筑师伊尼戈·琼斯（1573—1652 年）就设计了许多假面戏的精巧舞台布景。

即兴喜剧

“即兴喜剧团”（*commedia dell'arte*）是出现较晚的一个语词，意指 16 世纪和 17 世纪意大利的巡回剧团，他们大多数时候根据自己的素材即兴表演。这些剧团的成员有女人也有男人。据文献记载，他们曾巡游到德国、法国、西班牙、英国和波兰。演员们都扮演保留角色，一个即兴喜剧团需要的角色有年轻的情人、女仆（通常是一个相当老的）、一个名叫格拉齐亚诺的疯癫学者、一个称为潘塔洛内的傲慢贵族、许多小丑（*zanni*）以及别的为故事情节所需的演员，这取决于所演剧目是悲剧（通常是悲喜剧）还是喜剧。他们所演的戏剧常与法国的笑剧相当类似。演员常常兼演两角，丑角则要扮演从吉普赛人到森林之神的所有角色。除了情人和女仆，即兴喜剧的演员都要戴面具或者做其他类的面部修饰。服饰也非常艳丽，如丑角穿的杂色衣。舞台布景的规模非常小，常常是在广场上搭建一个戏台，把一幢住宅的二楼当作一般阳台布景。即兴喜剧演员是多才多艺的，在大多数表演中，他们既唱歌跳舞又演奏乐器。演员们也相当机智，对他们同时代人的剧本进行即兴发挥。在某些情况下，这些即兴之作还被收编入该剧的修订本。两个很著名的巡回剧团是杰洛西剧团和阿切西剧团，它们都曾为王室观众表演过。

演讲和修辞学

演讲也是一种要由个人单独来表演的文学形式。虽然文艺复兴时期的演讲者想让各位听众以为每一篇演讲都是专门针对他们的，虽然一个好演讲者能使听众相信他是在做即席演讲，但是，文艺复兴时期的演讲通常是精心写作的作品。假定 15 世纪的演讲者是在按照西塞罗的要求行事，那么，他们强调的就是演讲的风格方面而不是他们的论点的逻辑发展。在西塞罗的成熟的演讲著作被人文主义者发现之后，有一个观点变得清晰起来，即一篇好的演讲必须基于合理的论点，文辞风格是促使听众接受演讲者的推理的修饰。

古典修辞学著作

亚里士多德在其《修辞学》一书中写道，一篇演讲必须有两个部分，即对所持论点的陈述和对自己观点的论证。这种相当平实的演讲方法对文艺复兴时期的演讲者没有吸引力，他们更愿意遵循他们所认为的西塞罗的要求，即伪西塞罗的《赫伦纽斯修辞学》（*Rhetorica ad Herennium*）和西塞罗自己的《论选题》（*De inventione*）中提出的观点。文艺复兴时期雄辩的演讲使作家们有机会公开展现他们的古典学识和机智。除了亚里士多德对论点和证据（或反证）的安排的论述外，拉丁文著作也有关于记忆、风格和演讲方式的详细论述，把演讲风格分为上、中、下三等。早期文艺复兴时期的演讲术强调的是演讲的文辞风格方面以及触动人情感的演讲方法。在 15 世纪，人文主义学者发现了西塞罗关于演讲术的主要著作，如《论演说家》（*De oratore*）和《布鲁图斯》（*Brutus*），以及昆体良的《雄辩术原理》的全本。这些著作提供了一个关于古代演说实践的更完整的图景，尤其是这些著作都认为条理清晰的论证是必不可少的。

人文主义修辞学和演讲

鲁道夫·阿格里科拉（1444—1485 年）是一个荷兰的人文主义者，他写作诗歌、演说词，从事古典著作翻译和评注。他的《论逻辑论证的运用》（*De inventione dialectica*）对文艺复兴时期修辞学的发展是重要的。那些研究阿格里科拉的人认识到，为达到说服的目的，安排得当的条理清晰的论证与文辞风格和演说方式同等重要。彼得吕斯·拉米斯（或者皮埃尔·德·拉·拉梅，1515—1572 年）曾用拉丁语著书论述亚里士多德在修辞论证中对逻辑的运用，并于 1555 年出版了关于逻辑推论的著作《逻辑论证》（*Dialectique*），这是对文艺复兴修辞学的重要贡献。作为第一部关于一个重要哲学主题的法语论著，《逻辑论证》一书对作家们有巨大冲击，尤其是因为它是用俗语写成的。

人文主义演讲常常使用修辞性比喻来就所论及的对象进行褒奖或抨击，特别是把古代世界与现代世界拿来相对比。例如 1508 年在西斯廷小教堂发表的一次演讲，当时教皇朱利乌斯二世也在场，演讲辞就讨好地将教皇统治下的罗马拿来与古希腊相比："您，至高无上的朱利乌斯二世教皇陛下创建了一个新的雅典，您唤醒了萎靡不振的文学界，就像把它从死亡中拯救出来，而且遵照您的旨意……这样一个新雅典以及她的竞技场、剧院和神殿又被重建。"（Rowland 2000, p. 157）这种修辞法的目的是要使罗马的文化与土耳其人的"野蛮"性质形成对比，因而罗马这块知识学问的"海绵"会擦去土耳其人"古老的罪恶"，会从根上将其"割去"（circumcised）。这样刻毒的言辞最终是要把演讲引向此次演讲的具体场合，即割礼节。这样一种风格上的迂回手法是 15 世纪和 16 世纪早期人文主义演讲的典型。

在 16 世纪期间，作家争论的问题是：用俗语发表正式演讲是否适当？如果适当，那么该用哪一类语汇？在 1553 年，托马斯·威尔逊发表了《雄辩术》一书，倡导平易晓畅的演说，避免"学究气"的词汇。他反对他的同时代人根据拉丁语，常常是希腊语造出的新词。为了英国民族主义利益，甚至有几个古典学者都参与了"墨水瓶之争"（Inkhorn Controversy），他们支持威尔逊的观点。然而，根据拉丁语和希腊语造的新词最终进入了公共演说，因而进入了西欧俗语词汇。

布道

布道甚至比人文主义演讲更直接地诉诸听众的情感。已发表的 16 世纪的布道词保存了文艺复兴时期伟大的布道者的言论，但是，没能保存他们演讲时的激情。红衣主教和人文主义者埃吉迪奥·达·维泰博（1469—1532 年）就是这样一位布道者。他是奥古斯丁修道会的成员，后成为该会总会长。同时代的关于他布道的记载使人们能对他的雄辩才能有一些了解："众人中还有谁似乎如此不同凡响，生来就是要说服，要赢得意大利人的心呢？他的演讲洋溢着文学的优雅，以至于他高度和谐的言语能把所讲内容的全部精髓展现无遗，而且，随着声音的起伏变化，他的演讲流畅、柔和而有韵律，听起来就像鲁特琴在弹奏。”（Rowland 2000, p. 145）正像其他巡回天主教布道团成员一样，他富有成效地向各种听众布道，针对不同阶层的听众使用不同的修辞方法。新教布道者许多被培养为牧师或受过人文主义教育，他们也使用古典修辞方法来劝导他们的听众。那些与《圣经》经文有关的布道词（给人以启示的言语）既使天主教布道者也使新教布道者有机会用可理解的、切实的语汇来构思有说服力的布道内容。

图书馆藏书

文艺复兴时期的图书馆藏书，其馆藏构成、使用和流散等都反映文艺复兴文化史的莫测变化。从米兰公爵的伟大的抄本收藏（后被作为战利品到了法国）到法国皇家图书馆的用新设计的活字印刷的古希腊文献，图书馆保存了对文艺复兴时期的读者很重要的文学名著。这些名著不仅包括新创作的作品，而且包括新近校订的对文艺复兴时期的作家有影响的古典文学著作。文艺复兴时期最早的对文学具有重要意义的图书馆是人文主义学者的藏书室，开始于弗朗切斯科·彼特拉克的图书收藏。红衣主教贝萨里昂（1403—1472 年）的藏书有一千多册，其中绝大多数是希腊抄本。另一个重要的人文学术藏书是乔万尼·皮科·德拉·米兰多拉（1463—1494 年）的藏书室，它藏有同时代文学作品的抄本。在 15 世纪，宫廷图书馆是声望和赞助人身份的象征，如那不勒斯、乌尔比诺、曼图亚、费拉拉和米兰的宫廷图书馆就是如此。在德国，著名的公爵图书馆是在慕尼黑和沃尔芬比特尔的那些图书馆。维也纳的帝国图书馆藏有丰富的勃艮第插图抄本，这是作为嫁妆得来的，该馆到 16 世纪后半期才开始成为读者可以进入的图书馆。常常只有学生和教员才能使用的大学和其他机构的图书馆，到 16 世纪末也开始向有教养的公众开放。例如牛津大学博德利图书馆从 1602 年起对外开放。正如人们所料，私人藏书倾向于集中收藏与所有者专业兴趣相一致的书籍。常见的收藏对象是法律、医学、自然史和技术等论著，而不是文学书籍。

人文主义者和宫廷的藏书室

从书籍目录、写在书籍页边的注释以及同时代人的书信等的记载，我们了解到若干人文主义者的藏书室的收藏内容，这些藏书室作为独立图书收藏已不复存在了。最早的人文主义者的藏书室是彼特拉克的，他收藏的拉丁文著作包括西塞罗和塞涅卡的著作、历史书籍和诗歌。虽然彼特拉克不能阅读希腊文，但是他曾得到一本荷马的《伊利亚特》（*Iliad*）的抄本作为礼物，他非常珍视它。在那个许多人只有几本书（当然是抄本）放在大衣柜中或搁板上的时代，彼特拉克的两处宅邸都有独立的房间用作书斋和藏书室。收藏家尼科洛·尼科利（1363—1437 年）曾就古典抄本的来源为佛罗伦萨统治者美第奇家族提供咨询，他本人的图书收藏很著名，拥有大约八百本抄本，这些书籍最终遗赠给了佛罗伦萨洛伦佐图书馆。到 15 世纪早期，人文主义者及其代理人到东方和欧洲那些偏远的修道院去购买和“借阅”古典作家的希腊抄本。

在古罗马时代，图书馆是重要的文化中

心，而文艺复兴时期的君王、公爵以及其他有权势的人物都非常了解他们自己宏富藏书的古代榜样。罗马的教皇图书馆拥有文艺复兴时期宫廷图书馆（见下文的论述）中给人印象最深的收藏。许多宫廷图书馆是对读者开放的，因而对上层阶级来说它们起着公共图书馆的作用。甚至于可以从一些图书馆借出书籍，包括借出来制作副本。文艺复兴时期的宫廷图书馆在两个多世纪中是王公贵族收藏家的典范。下一节中将讲述几个这样的图书馆。

宫廷图书馆举例

梵蒂冈图书馆

今天的梵蒂冈图书馆，或称教皇图书馆，最早是在教皇尼古拉五世（1397—1455 年）指导下发展起来的，尼古拉五世本人就是一位偏好古代希腊作家的人文主义学者。他早年原名叫托马索·帕伦图切利，曾为科西莫·德·美第奇（1389—1464 年）效力，担任过佛罗伦萨圣马可修道院的图书管理员，该修道院图书馆起着能外借图书的公共图书馆的作用。他提出了一套系统的馆藏图书分类方法，这种方法也被用于其他意大利图书馆。从 1447 年至 1455 年短暂的教皇任期中，尼古拉五世实际上创建了一个新的教皇图书馆。他把教廷组建为一种类似学院的机构，所以，他延揽拜占庭和意大利的图书校订者和翻译家，而且，委托洛伦佐·瓦拉把希腊历史学家的著作翻译成拉丁语。在 15 世纪后半期，教皇图书馆聚集了有知识创造力的人才，由他们校订和翻译出来的古典的和教父的著作文本为若干印刷商和出版商所使用。这些抄本，包括一些插画精美的样本的借阅者有教士、学者和抄写员。随后的教皇又为图书馆增添了文学藏书，并继续允许藏书对读者开放。

法国皇家图书馆

法国国王查理五世（卒于 1380 年）收藏的抄本是欧洲君主国中最宏富的收藏之一。他还委托人把拉丁语著作翻译成法语。他欢迎克里斯蒂娜·德·皮桑这样的作家使用他的图书馆，而且，国王本人也花时间到图书馆读书。在国王查理六世（卒于 1422 年）和王后伊莎博统治时期，他们允许许多藏书借出，结果再也没有归还。在 1424 年，皇家图书馆的这些抄本中的大多数被担任法国摄政王的英国贝德福德公爵装船运到了英国。查理八世在 1491 年入侵意大利时，他又攫取了那不勒斯国王阿方索的绝大多数人文学术藏书。这些抄本包括不为法国学者所知的古希腊悲剧文本。在路易十二世入侵米兰，把部分维斯孔蒂—斯福扎家族藏书掠回法国后，更多的意大利文学战利品被纳入法国皇家收藏。1515 年，弗朗西斯一世（1494—1547 年）登上法国王位时，藏有全部这些珍贵抄本的皇家图书馆被安置于布卢瓦宫。纪尧姆·比代（1468—1540 年）是第一位皇家图书馆馆长，他说服国王将图书馆迁入在枫丹白露的王宫。在弗朗西斯一世漫长的统治时期，即从 1515 年至 1547 年，皇家图书馆不仅为学者和作家服务，而且服务于创造新型活字以及为希腊语、拉丁语和俗语书籍创造一种文艺复兴新风格的设计者。

奥地利帝国图书馆

维也纳的奥地利国家图书馆，或称皇家图书馆，是由荷兰人文主义者雨果·布洛修斯组建的，于1575年开放。皇帝马克西米连二世（1527—1576年）拥有七千多卷藏书，这是从14世纪晚期以来历代神圣罗马帝国皇帝的全部藏书。与这个时代的其他君王不同，皇帝马克西米连二世并不鼓励宫廷外的人士使用这些书籍和抄本。布洛修斯决定要使这个图书馆适应时代需要，使它在特定的规章制度下对读者开放，但他显然没有成功。被皇帝鲁道夫二世（1552—1612年）运到他在布拉格的皇宫的抄本再没有回到维也纳，而且，布洛修斯本人允许借给个人的书籍也没有再归还。布洛修斯并不因此气馁退缩，他继续允许读者使用藏书，他说："一个大门紧闭的图书馆就像木桶里的蜡烛，虽然点着了，但是没有光。"（Staikos 2000, p. 440）他做了许多努力来增进收藏，尤其是他试图获得帝国特许出版的每一本书的一个复本。特许出版的书籍要向官方图书馆呈缴样本，这一制度始于文艺复兴时期，一直延续到今天。

主要作家

阿布拉巴内尔，朱达·本·伊扎克 见莱奥内·埃布雷奥。

阿恰尤利，多纳托（1429—1478年），佛罗伦萨的学者，他把普鲁塔克的《希腊、罗马名人传》翻译成拉丁语，并著有古代人物传记著作。

阿格里科拉，鲁道夫（1444—1485年），荷兰学者，在意大利从事研究，后来发表有诗歌、演说词、古典著作翻译和评注。他的《论逻辑论证的运用》对文艺复兴时期的修辞学有贡献。

阿拉马尼，路易吉（1495—1556年），佛罗伦萨的人文主义者，从事讽刺诗文、诗歌和戏剧创作。他模仿维吉尔的《农事诗集》（*Georgics*）写出了非常受人欢迎的无韵诗《农耕诗集》（*La coltivazione*）。

阿尔奇亚蒂，安德烈亚（1492—1550年），米兰人，在亚威农、布尔日和北部意大利讲授法学。除了写作人文主义法学论著外，他还普及推广寓言画，发表了第一本寓言画册《寓言画》（*Emblemata*, 1531年出版），该书有许多版本和翻译本。

阿莱曼，马泰奥（1547—约1614年），出生于塞维利亚，在墨西哥度过了若干年。他写作的《古兹曼·德·阿尔法拉谢传》（1599年出版第一部）是文艺复兴时期最伟大的流浪汉小说之一。

安布洛吉尼，安杰洛 见博里齐亚诺。

阿米约，雅克（1513—1593年），法国人文主义者，以翻译古希腊作家的著作而闻名。他最著名的译著是普鲁塔克的《希腊、罗马名人传》（1559年）这本译著不仅影响了法国文学散文，而且，该书的英文转译也为莎士比亚的罗马历史剧提供了历史素材。

阿拉戈纳，图莉娅·德（约1510—1556年），高级妓女和诗人，以其写作的书信体十四行诗以及一本新柏拉图主义的著作《关于爱的无限的对话》（*Dialogo della infinita di amore*, 1547年出版）而著称于世。

阿雷蒂诺，皮耶特罗（1492—1556年），多才多艺的意大利作家，先后在罗马和威尼斯生活，出版有剧作、讽刺诗文和艳情十四行诗等作品。他的书信反映了一个不虔诚的文艺复兴人的生活和时代。

阿里奥斯托，卢多维科（1474—1533年），剧作家、讽刺作家和诗人，效力于埃斯泰宫廷。他的剧作（大多数是喜剧）在费拉拉的一座由他帮助设计的剧院上演。阿里奥斯托的代表作是《疯狂的奥兰多》（1516年第一部出版）。

阿沙姆，罗吉尔（1515—1568年），著有《教师手册，或简易完美的儿童拉丁语教学法》（1570年出版），曾担任过玛丽一世女王（玛丽·都铎，1516—1558年）的拉丁语秘书，后又担任伊丽莎白一世和爱德华六世的家庭教师。他还写过一本箭术手册《箭术爱好》（*Toxopholus*, 1545年出版），是一部典型的对话体著作。

巴伊夫，让-安东尼内·德（1532—1589年），出生在威尼斯，父亲是法国人，母亲是威尼斯人。他成为了一位著名诗人。他是七星诗社的成员，在1570年创建了诗歌和音乐研究会。

巴克利，亚历山大（约1476—1552年），英国的翻译家和诗人，其作品具有讽刺意味。他的《田园诗》（*Eclogues*, 约1513年出版）是英国第一部田园诗体裁的诗集。

巴尔齐扎，加斯帕里诺（约1360—1431年），曾于15世纪初在帕多瓦建立古典拉丁语学校。1407年至1421年之间，他在帕多瓦教学生拉丁语，学生都寄宿他家。他的拉丁语书信成为其他人文主义者的文辞风格的范文。

博蒙特，弗朗西斯（1584—1616年），英国剧作家，曾与约翰·弗莱切合作，一起创作了几十部传奇戏剧和喜剧。

贝莱，若阿基姆·迪（1522—1560年），七星诗社成员，1549年发表了最早的法语彼特拉克式的十四行诗。其著作包括拉丁语诗歌和讽刺诗文。在1549年，他还写了重要的理论著作《保卫和荣耀法语》。

邦博，皮耶特罗（1470—1547年），出生在威尼斯，从事诗歌创作和文论写作。他曾参与了16世纪初的语言之争，建议14世纪薄迦丘和彼特拉克的托斯卡纳语应该作为16世纪意大利文学语言的典范。

比金斯，安娜（1493—1575年），出生在安特卫普，曾发表三部重要的诗集，为荷兰俗语文学确立了新标准。她在其中两部诗集（1538年和1567年出版）中对马丁·路德提出了批评。

比昂多，弗拉维奥（1392—1463年），考古学研究的先驱。在其所著的一本历史著作《论拉丁语》（*De verbis Romanae locutionis*, 1435年出版）中，他把意大利语和拉丁语紧密联系起来。

薄迦丘，乔万尼（1313—1375年），出生于意大利北部，在那不勒斯接受教育。他的《十日谈》（*Decameron*）是一部著名的短篇小说集，该书是第一部重要的意大利语（托斯卡纳语）散文写作范本。薄迦丘的诗歌还为乔叟（乔叟被认为是一位英国中世纪作家，而薄迦丘的书则是文艺复兴前期的著作）提供了素材。

博卡利尼，特拉伊亚诺（1556—1613年），意大利讽刺作家，他曾痛斥整个意大利社会，尤其是在意大利的西班牙人。

博亚尔多，马泰奥·马里亚（1441—1494年），效力于费拉拉宫廷。他创作有喜剧、十四行诗以及一部未完成的传奇小说《恋爱中的奥兰多》（*Orlando innamorato*, 1495年出版）。

博斯坎，胡安（加泰罗尼亚的胡安·博斯卡-达尔莫加韦尔，约1490—1542年），出生在巴塞罗那，用卡斯蒂利亚西班牙语从事写作。他创作的八行体诗（西班牙语拼作“octava real”）有助于使卡斯蒂利亚语作为伊比利亚主要的诗歌语言取得优势地位。

布拉乔利尼，波基奥（1380—1459年），曾在教皇文书房工作多年。1453年，他回到佛罗伦萨，成为城邦执政团秘书长。波基奥倡导把拉丁语作为一种适合现时环境的活的语言来使用，反对洛伦佐·瓦拉所主张的严格西塞罗风格的拉丁语。他与瓦拉就拉丁语有过著名的争论。瓦拉认为，拉丁语已被固定在其古典用法中了，而波基奥则认为，新词汇和古字的新用法都是可能的。

布兰特，塞巴斯蒂安（1458—1521年），德国诗人，主要写作讽刺作品。他的诗作《愚人船》（*Das Narrenschiff*, 1491年出版）在其在世时就出版了好几个版本和翻译本。

布鲁尼，列奥纳多（1370—1444年），曾担任教皇的秘书，于1415年回到佛罗伦萨。1427年，他成为佛罗伦萨执政团秘书长，并且从这样一个有权威的位置来支持人文主义学术研究。布鲁尼曾把若干古希腊作家的著作翻译成拉丁语，还根据古典修史方法写成重要的《佛罗伦萨人民史》。

布坎南，乔治（1506—1582年），苏格兰人文主义者，曾在法国和葡萄牙的大学任教。他是一位新拉丁诗人和哲学家。作为未来的英国国王詹姆斯五世的家庭教师，布坎南是有权势的人，但是，他反对任何形式的专制。

比代，纪尧姆（1467—1540年），人文主义法学家，曾担任法国国王路易十二世（1462—1515年）派往教皇利奥十世（1475—1521年）教廷的使节，后来在国王弗朗西斯一世时代，任枫丹白露的皇家图书馆馆长一职。他是一位著名的古典语文学家，发表的著作内容涉及罗马法、度量衡和希腊语。

卡姆登，威廉（1551—1623年），英国历史学家，著有一部全面概述不列颠古代风俗制度的著作，以及一部伊丽莎白一世女王统治时期的编年史。

卡蒙伊斯，路易斯·瓦斯·德（约1517/24—1580年），出生于里斯本，是葡萄牙文艺复兴时期最重要的诗人之一。他曾经从军，在印度和其他葡萄牙的亚洲殖民地度过了近二十年光阴。他的伟大史诗《卢苏斯的儿子们》（*Os Lusiadas*, 1572年出版）歌颂了葡萄牙人的海外探险。

卡罗，阿尼巴莱（1507—1566年），效力于法内塞家族的若干成员。卡罗是一位诗人、剧作家和讽刺作家，曾把《埃涅伊德》翻译成意大利语无韵诗（到1581年才出版）。

卡索邦，伊萨克（1559—1614年），法国胡格诺教徒和希腊语学者，他校订出版了若干古代作家的著作版本。

卡斯塔涅达，费尔南·洛佩斯·德（卒于1559年），曾经在印度和摩鹿加群岛（“香料群岛”）度过了十年光阴，著有《葡萄牙人发现和征服印度的历史》（*Historia do descobrimento e conquista da India pelos Portuguese*, 出版于他去世后）。这一多卷本著作的摘要的各种译本是欧洲人关于该时期葡萄牙历史的知识的根据。

卡斯泰维特罗，卢多维科（1506—1571年），曾参与语言之争，也写文论著作。他在其对亚里士多德的《诗学》进行研究的著作中，对戏剧“三一律”有重要的论述。

卡斯蒂利奥内，巴尔达萨雷（1478—1529年），从事诗歌写作，但最著名的还是他的对话体著作《廷臣》，该书针对的是乌尔比诺宫廷。

卡斯蒂莱约，克里斯托巴尔·德（约1491—1550年），西班牙诗人，与博斯坎等人的意大利诗风相比，他更喜爱质朴的卡斯蒂利亚诗歌形式。他是一位犀利的、讽刺宫廷生活的作家。

卡斯特罗-贝尔维斯，吉伦·德（1569—1631年），写作了许多剧作，包括根据塞万提斯的著作进行的戏剧改编。他是瓦伦西亚文学会的创办人之一。

策尔蒂斯，康拉德（1459—1508年），历史学家和拉丁语诗人。1487年，他成为第一位帝国桂冠诗人，这是一项授予优秀的拉丁语诗歌作者的荣誉。

塞万提斯·萨阿维德拉，米盖尔·德（1547—1616年），可能是西班牙黄金时代最伟大的作家，他写作戏剧、诗歌和小说。他最著名的作品是《堂吉诃德》（1605年出版第一部）。

克里斯蒂娜·德·皮桑（约1364—约1430年），出生于威尼斯，是一个占星家的女儿。因为她父亲被任命为法国国王查理五世的皇家占星家，所以，克里斯蒂娜在法国宫廷长大成人。她成为了一位诗人，在文艺复兴前的法国，她维护妇女的事业，倡导给青年妇女平等的教育机会。

琴蒂奥，伊尔　见吉拉尔蒂，吉安巴蒂斯塔·琴蒂奥。

科隆纳，弗朗切斯科（1433—1527年），意大利的多明我修道会修士，写作有一部渗透新柏拉图哲学的寓言传奇作品《寻爱绮梦》（*Hypnerotomachia Polifili*, 1499年出版）。这本书的语言是拉丁语和意大利语的混合，它的第一版有精美的木刻插画。自第一次刊印以来，它就一直是收藏家竞相追求的珍品。

科隆纳，维托丽娅（1490—1547年），文艺复兴时期意大利最重要的女诗人之一。她的十四行诗有的情感炽热，有的富于哲理，冷静超然。

科米纳，菲利普·德（约1446—约1511年），弗兰德尔历史学家，所著法国君主国编年史以《回忆录》（*Memoires*, 1524年出版）为名出版。这本书被翻译成若干种语言，有助于欧洲人对早期文艺复兴时期法国的了解。

库尔赫特，德克·沃尔克茨祖恩（1522—1590年），曾把若干古典作品和意大利作品，包括薄迦丘的故事翻译成荷兰语。他也是一位诗人、剧作家和版画家。

奎瓦，胡安·德·拉（1543—1610年），出生于塞维利亚，曾在墨西哥度过若干年光阴。他创作诗歌和戏剧，尤其是讽刺作品和历史剧。

但丁·阿利格里（1265—1321年），佛罗伦萨的爱国者，意大利诗人的榜样。他的代表作是《神曲》，用托斯卡纳方言写成。

德索泰尔，纪尧姆（1529—1581年），法国诗人，七星诗社成员。他也写作关于时事和正字法的著作。

德波特，菲利普（1546—1606年），出生于沙特尔，曾卷入法国宗教战争。他写作彼特拉克体的十四行诗，并用诗体翻译了圣经的《诗篇》。

德·图，雅克·奥古斯特（1553—1617年），法国历史学家。他的《他的时代的历史》（*Historia sui temporis*, 1604—1620年出版）记述了1545年至1584年的法国历史，包括宗教战争。

多尔切，卢多维科（1508—1568年），意大利剧作家，他根据圣经的和古典的题材写作悲剧。

多恩，约翰（约 1572—1631 年），一位新教诗人，以其宗教诗和"玄学"诗而著名。他还是一位布道师，担任着伦敦圣保罗教堂的教长一职。

德雷顿，迈克尔（1563—1631 年），是一位多才多艺的英国诗人，创作十四行诗、田园诗和其他体裁的诗歌。

迪巴尔塔斯，纪尧姆·德·沙吕斯特（1544—1590 年），写作《圣经》题材的法语史诗和加尔文派的诗歌。他是一位外交家，又是一位为那尔瓦的亨利而战斗的军人，他死在战场上。

迪贝莱，若阿基姆 见贝莱，若阿基姆·迪。

埃利奥特，托马斯爵士（约 1490—1546 年），写作了《统治者》(*Book Named the Governor*, 1531 年出版）一书，阐释人文主义教育怎样有益于国家。托马斯爵士翻译了若干关于治国之术的论著，并且作为外交家效力于英国国王。

伊拉斯莫，德西德里乌斯（约 1466—1536 年），生于鹿特丹，出身卑微。伊拉斯莫被培养成为人文主义者，他主张在天主教内部实施改革。他的语文学著作中包括他为阿尔杜斯·马努蒂乌斯等出版商校订的文献。

埃尔西拉-祖尼加，阿隆索·德（1533—1594 年），出生于马德里，既是一位诗人又是一个军人。16 世纪 50 年代，在阿劳科（智利）和秘鲁作战期间，他创作史诗《阿劳卡纳》(*La Araucana*, 1569 年第一部出版），描绘了这次冲突。

艾蒂安，亨利（1528—1598 年），法国希腊语学者和印刷商，校订了若干古希腊作家的著作。他关于希腊警句的著作对七星诗社的成员有很大影响。

埃弗拉尔茨，扬·尼古拉厄斯祖恩 见塞孔杜斯，约翰内斯。

费雷拉，安东尼奥（1528—1569 年），葡萄牙的剧作家和诗人，以古罗马诗人贺拉斯的古典风格用葡萄牙语进行创作。

费奇诺，马尔西利奥（1433—1499 年），在科西莫·德·美第奇的资助下从事讲学和写作。文艺复兴时期佛罗伦萨的新柏拉图主义的捍卫者。他对柏拉图和其他希腊作家的著作的拉丁语翻译为文艺复兴人文主义学术确立了卓越的标准。

菲沙尔特，约翰（1546—1590 年），德国讽刺作家，以其对拉伯雷小说的精巧翻译而非常著名。

弗莱彻，约翰（1579—1625 年），英国剧作家，曾与弗朗西斯·博蒙特合作写作了几十部剧作和喜剧作品。

弗洛里奥，约翰（约 1553—1626 年），因宗教迫害而举家迁居英国的意大利人。他因为把蒙田的《随笔》翻译成英语而著称于世。

丰泰，莫德拉塔（1555—1592 年），威尼斯贵族妇女，她为音乐作品配写戏剧诗，还创作宗教诗歌。

弗朗科，维罗妮卡（1546—1591 年），威尼斯一个老鸨的女儿，后成为一位高级妓女和诗人。她常出入文学沙龙，出版了自己的著作，同时还编辑她的同时代人的诗集。弗朗科以其在诗歌和书信中对性的率直态度而著名。

加尔西拉索·德·拉·维加（约 1501—1536 年），出生在托莱多，是一位在皇帝查理五世军队中服役的诗人。他曾经游历那不勒斯，在那儿结交了若干意大利诗人，受到意大利诗歌风格的影响。他的田园诗和爱情诗是西班牙文艺复兴的诗歌杰作。

加尔西拉索·德·拉·维加，埃尔·印加（1539—1616年），父亲是西班牙人，母亲是一位库斯科（秘鲁）公主。他写作的秘鲁和佛罗里达的历史是对欧洲人关于新大陆的西班牙殖民地的知识的重要补充。

加尼耶，罗贝尔（约1545—1590年），用法语写作诗歌和剧作，尤其是他的悲剧作品都效仿古典榜样。

加斯科因，乔治（1525—1577年），在军队服役的诗人，也写作戏剧和短篇小说。

乔维奥，保罗（1483—1552年），效力于美第奇家族，包括教皇克莱芒七世。他的作品有传记、历史和一本关于题铭的著作。乔维奥还收藏古物、肖像和其他作品。

吉拉尔迪，吉安巴蒂斯塔·琴蒂奥（伊尔·琴蒂奥，1504—1573年），写作文论、戏剧和短篇小说。从1542年到1559年效力于费拉拉宫廷。

戈伊斯，达米昂·德（1502—1574年），曾作为外交家效力于葡萄牙宫廷。他的历史著作叙述了文艺复兴时期的几位葡萄牙国王的统治。

贡戈拉-阿尔戈特，路易斯·德（1561—1627年），出生于科尔多瓦，以其晦涩的语言和比喻，即西班牙语所谓“culteranismo”（矫饰风格）而著称。这种出现在17世纪初诗歌创作中的矫饰风格被称为“贡戈拉风格”。

戈尔尼基，卢卡斯（1527—1603年），是波兰随笔作家，曾在意大利接受教育。他最重要的著作是《波兰廷臣》（*Dworzanin polski*, 1566年出版），该书是对卡斯蒂利奥内的《廷臣》的效仿。

格兰戈尔，皮埃尔（约1475—1538年），是法国剧作家和诗人，也是一位演员。他写作神迹剧和喜剧。

瓜里尼，乔万尼·巴蒂斯塔（1538—1612年）出生在费拉拉，是效力于埃斯泰宫廷的诗人和剧作家。他的田园剧《忠实的牧羊人》（*Ilpaster fido*, 1590年出版）在整个欧洲有影响，有若干语种的翻译本。

格瓦拉，弗雷·安东尼奥·德（约1480—1545年），西班牙的圣方济各修道会修士，作为作家和布道者效力于王室宫廷。他非常著名的著作是《君王宝鉴与马可·奥勒留的金书》（*Reloj de principes y libro aureo de Marco Aurelius*, 1529年），书中有对理想的基督教统治者的论述。

圭查迪尼，弗朗切斯科（1483—1540年），出生于佛罗伦萨，著有《意大利史》（*Storia d'Italia*, 于1561年他去世后出版），该书涵盖1494年至1534年前后四十年的历史。这本书很快被翻译成各主要的欧洲语言。

哈林顿，约翰爵士（1561—1612年），英国诗人，曾把阿里奥斯托的作品翻译成英语，从事警句和讽刺诗歌的写作。他因为发表讽刺作品《埃阿斯的变形记》（*Metamorphosis of Ajax*, 1596年出版）而在英国宫廷声名狼藉。这本书解释了为什么英格兰需要抽水马桶。

哈维，加布里埃尔（约1545—1630年），文学批评家，写作有关于诗歌和修辞学的著作。

赫雷拉，费尔南多·德（1534—1597年），出生在塞维利亚，主要是诗人。他非常有名的作品是三首歌颂同时代英雄的颂诗。赫雷拉还写有一部托马斯·莫尔传记。

海伍德，约翰（约1497—约1580年），写作戏剧和讽刺诗。他还在英国宫廷唱歌和演奏维金纳琴。

霍林斯谢德，拉斐尔（卒于1580年），编辑了第一部英文的不列颠史全史《英格兰、苏格兰和爱尔兰编年史》（1577年出版）。

豪威尔特，让·巴普蒂斯塔（1533—1599年），布鲁塞尔修辞协会的成员，效力于布拉班特的公爵宫廷。他发表有若干神话题材的剧作。

乌尔塔多·德·门多萨，迭戈（1503—1575年），诗人、历史学家、翻译家、军人和外交家。他曾参与镇压格拉纳达的摩尔的反抗，这使他写作了他非常重要的历史著作《格拉纳达战争》（*La guerra de Granada*, 1610年出版）。

胡滕，乌尔里希·冯（1488—1523年），德国人文主义者，用拉丁语著有若干对话形式的讽刺作品，并将其翻译成德语。这些作品有助于对话形式作为一种文艺复兴文学体裁的普及。

若代勒，艾蒂安（1532—1573年），诗人和剧作家，七星诗社成员。他的《被俘的克莱奥帕特拉》（*Cléopâtre captive*, 约1552年出版）是最早的法语悲剧之一。

琼森，本（1572—1637年），诗人、演员和剧作家，莎士比亚的朋友和竞争对手。他是詹姆斯一世宫廷的主要剧作家，其写作的假面戏由伊尼戈·琼斯搬上舞台。

科恰诺夫斯基，扬（1530—1584年），波兰诗人和剧作家，以用波兰语而不是拉丁语创作诗歌而出类拔萃。他效力于国王西吉斯蒙德二世宫廷。

基德，托马斯（1558—1594年），写作了许多剧作，都是匿名发表的。复仇剧《西班牙悲剧》（1589年出版）是他非常有名的作品。

拉贝，路易丝（1524—1566年），有影响的诗人，以写作哀歌和爱情十四行诗而知名。她鼓励妇女们要注重文化教养而不是珠宝和时装。

兰迪诺，克里斯托弗罗（1424—1504年），意大利语文学家和诗人，评注古典作家著作，并将他们的著作与基督教教义和新柏拉图主义学说联系起来。

莱布里雅，安东尼奥（也叫安东尼奥·内布里雅，1442—1522年），曾在萨拉曼卡大学和博洛尼亚大学学习。一生的大部分时间在埃纳雷斯堡大学讲授古典文学，他在那里成为了西班牙非常著名的人文主义学者。另外，莱布里雅还写作了第一本卡斯蒂利亚西班牙语语法著作（1492年出版）。

勒迈尔·德·贝尔热，让（约1473—1525年），出生于埃诺，主要从事诗歌写作。他杰出的散文著作是关于法国的起源传说的《高卢的荣耀与特洛伊的特性》（*Les illustrations de Gaule et singularites de Troie*, 1510—1513年出版）。

莱昂内·埃布雷奥（朱达·本伊萨克·阿布拉巴内尔，约1460—约1521年），犹太学者伊萨克·阿布拉巴内尔的儿子。莱昂内·埃布雷奥是一位葡萄牙哲学家，逃往那不勒斯后受到新柏拉图主义的影响，以其关于神秘的新柏拉图主义学说的著作《爱的对话》（*Dialoghi d'amore*, 1535年出版）而闻名于世。

利普西乌斯，贾斯特斯（1547—1606年），出生于布鲁塞尔附近，是文艺复兴时期基督教斯多葛主义的主要代表人物，主张政治事务中的妥协调和。他还出版有对古典作家塞涅卡和塔西陀的著作的校订本。

洛佩·德·维加·卡尔皮奥，费利什（1562—1635年），多产的西班牙诗人和剧作家，他有三百多部剧作传世。这些戏剧作品的灵感得自中世纪故事和古代素材。

洛佩斯，费尔南（约1380—1460年），受葡萄牙国王委托编写往昔王朝的编年史。他的历史著作是早期葡萄牙语散文的典范。

洛佩兹·德·戈莫拉，弗朗西斯科（1511—1566年），曾担任埃尔南·科尔特斯的秘书，是一位历史学家，其关于西班牙人在墨西哥的活动的著作《西印度群岛史和墨西哥的征服》（*Historia de las India y conquista de Mexico*）出版于1552年。

路易斯·德·莱昂，费雷（约1527—1591年），西班牙奥古斯丁修会修士，诗人和翻译家，曾根据贺拉斯诗体用西班牙语写作古典风格的颂诗，其作品到1631年才印刷出版。他生前以教师和圣经学者著称。

黎里，约翰（约1554—1606年），以写作《尤弗伊斯：理智的解析》（*Euphues: The Anatomy of Wit*, 1578年出版）而闻名，该书是一部散文传奇作品，从它产生了尤弗伊斯体（*euphuism*，见术语汇编）这一术语。他还是一位剧作家。

马基雅维利，尼科洛（1469—1527年），政治理论家和剧作家，以写作《君主论》（*Il principe*, 1513年出版）而非常出名。他还写作喜剧、讽刺作品、诗歌和古典作家著作评注。

马勒布，弗朗索瓦·德（1555—1628年），出生在诺曼底，是亨利四世的宫廷诗人。他清晰的古典风格与早期诗人的夸饰形成对比，受到17世纪批评家的欢迎。

曼里克，戈麦斯（约1412—约1490年），军人、诗人和剧作家，写作一些文艺复兴时期西班牙最早的戏剧作品。他是约热·曼里克的叔叔。

曼里克，若热（1440—1479年），军人，也是诗人，以写作抒情诗和一首悼念他父亲的挽歌《祭父词》（*Coplas por la muerte de su padre*，于1492年他身后出版）而著名。他是戈麦斯·曼里克的侄儿。

马尔希，奥西亚斯（1397—1459年），加泰罗尼亚诗人，他的作品受到但丁和彼特拉克的影响。

马洛，克里斯托弗（1564—1593年），写作诗歌和戏剧，他的剧作对莎士比亚的戏剧写作有影响。马洛的无韵体长诗《赫罗与勒安得耳》（*Hero and Leander*, 1598年出版）是他最有名的作品之一。

玛格丽特·德·那瓦尔（也叫玛格丽特·德·昂古莱姆，1492—1549年），那瓦尔的王后，弗朗西斯一世的姐姐。她是学术和艺术的赞助人，自己也写作有宗教诗歌以及探究两性关系和妇女社会地位的故事集《七日谈》（*Heptameron*, 1558年出版）。

马里亚纳，胡安·德（1536—1623/1624年），西班牙历史学家和哲学家，耶稣会会士，著有《西班牙史》（*Historiae de rebus Hispaniae*, 1582年出版）。在1605年，他将该书扩写，涵盖了三个最近的国王的统治时期。

马罗，克莱芒（1496—1544年），新教诗人和翻译家，在那瓦尔的玛格丽特保护下从事写作。他一生的部分光阴是在法国以外的流亡中度过的，他写作辛辣的讽刺诗，也创作爱情诗和十四行诗。

马斯顿，约翰（1576—1634年），剧作家和讽刺作家，他非常有名的作品是1604年出版的《愤世者》（*The Malcontent*），是一部讽刺宫廷腐败的悲喜剧。

彭布鲁克女伯爵玛丽·赫伯特（1561—1621年），菲利普·锡德尼的妹妹，当之无愧的诗人。在其兄去世后，她完成了他对

《诗篇》的翻译。

梅纳，胡安·德（1411—1456年），诗人和翻译家，以其诗作《三百诗节》（*Las trescientas*, 1444年完成）著称于世。这首长诗是西班牙在当代诗歌作品中使用古典引文的最早尝试。

桑蒂拉纳的侯爵德·门多萨，伊尼戈·洛佩兹（1398—1458年），诗人和文论家，也是一位杰出的政治家。他的十四行诗是以这种诗体写成的最早的著名西班牙语诗歌。

蒙田，米歇尔·埃康·德（1533—1592年），法国文艺复兴时期最著名的随笔作家。在1580年至1595年间，他出版了明白晓畅、沉着有力的散文作品《随笔》（*Essais*），以支持宗教宽容和哲学上的新斯多葛主义。

蒙特马约尔，若热·德（1519—1561年），用西班牙语写作的葡萄牙诗人和翻译家。他非常有名的作品是田园传奇《狄安娜》（约1559年出版）。

莫拉莱斯，安布罗西奥·德（1513—1591年），著有《西班牙编年史》（*Cronica general de Espana*, 1574—1577年出版）。他用现代分析的方法来处理历史文献，而不是重复中古编年史家的传奇故事。

莫尔，托马斯爵士（1478—1535年），英国政治家，因写作讽刺小说《乌托邦》（*Utopia*, 1516年出版）而著称于世，该书把一个新词汇和一种关于生活可能性的新观念引进英国。虽然莫尔忠实地效力于亨利八世，但是，他对教皇至上权威的维护使他被处死。

穆尔内尔，托马斯（1475—1537年），德国的方济各修士，他那一代人中最刻薄的讽刺作家。他讽刺的主要目标是马丁·路德。穆尔内尔也从事古典作家著作的德语翻译，著名的有《埃涅伊德》的翻译。1505年，他被授予“帝国桂冠诗人”的称号。

纳什，托马斯（1567—1601年），英国讽刺作家，他抨击当代社会。他还曾在一个早期戏剧作品写作过程中与马洛·克里斯托弗合作。

努特，扬·巴普蒂斯特·凡·德（1539—1595年），是弗兰德尔诗人，他在诗歌写作中效仿七星诗社的诗人。

佩尔捷·迪芒，雅克（1517—1582年），翻译家和诗人，同时还是一位数学家。作为七星诗社成员，佩尔捷·迪芒在翻译贺拉斯的《诗艺》后，写作了一部诗歌宣言《诗歌艺术》（*Art poetique*, 1555年出版）。

佩雷斯·德·古斯曼，费尔南（约1378—约1460年），西班牙诗人，以其对同时代名人的叙述而著称于世。

彼特拉克，弗朗切斯科（1304—1374年），提供了第一个意大利语（托斯卡纳语）诗歌写作的典范。他也用拉丁语写作，包括寓言对话。1341年，彼特拉克因其拉丁语诗歌而被加冕为桂冠诗人。

皮科罗米尼，埃利亚·西尔维奥 见庇护二世。

皮克罗米尼，亚历桑德罗（1508—1578年），出生于锡耶纳，是哲学家、诗人和剧作家。他把亚里士多德的《诗学》翻译成意大利语（1572年），而且在1575年出版了对该书的评注。

皮科·德拉·米兰多拉，乔万尼（1463—1494年），人文主义者和有争议的哲学家。他出版的著作中有一本是对占星学家的冗长的抨击。

皮科海默，维利巴尔德（1470—1530年），德国人文主义者，把古希腊著作翻译成拉丁语的翻译家，也是一篇著名的关于痛风的幽默随笔《为痛风辩护或痛风颂》（*Apologia seu podagrae laus*, 1510 年）的作者。

庇护二世（埃利亚·西尔维奥·皮科罗米尼，1405—1464 年），于 1458 年至 1464 年任教皇，是人文主义者。他是一位著名的拉丁语学家，著作包括一部著名的自传、同时代人的传记、历史、小说、诗歌和其他作品。

博里齐亚诺（安杰洛·安布洛吉尼，1454—1494 年），在佛罗伦萨的美第奇家族的赞助下度过了一生的大部分光阴。作为一位优秀的人文主义者和语文学家，他能同样轻松自如地用希腊语、拉丁语和意大利语写作诗歌。他非常著名的诗作是未完成的《尊贵的朱利亚诺（·德·美第奇）马上比武歌》（*Stanze per la giostra del Magnifico Giuliano*, 1478 年）。

庞塔诺，乔万尼（1426/1429—1503 年），效力于那不勒斯宫廷的人文主义者。作为一位多才多艺的新拉丁作家，他写作诗歌、随笔、历史和对话等作品。那不勒斯研究院后来为了纪念他改名为庞塔诺研究院。

拉伯雷，弗朗索瓦（1483—约 1553 年），人文主义者和医生，主要写作讽刺作品。他的讲述高康大和庞大固埃的故事的小说中包含着一些法国文艺复兴时期最有创造性的、最独具风格的散文作品。

拉米斯，彼得吕斯（皮埃尔·德·拉·拉梅，1515—1572 年），用拉丁语著书论述亚里士多德对逻辑的运用，并于 1555 年出版了关于逻辑推论的著作《逻辑论证》（*Dialectique*），是一本文艺复兴时期修辞学方面的重要著作。这本书是第一部印刷出版的法语哲学专著。

罗雅斯，费尔南多·德（约 1465—1541 年），出生于托莱多一个皈依基督教的犹太人家庭，主要因为写作文艺复兴时期的畅销书《塞莱斯蒂娜》而著称。小说的主人公是一个叫塞莱斯蒂娜的老鸨，这位老太婆具有令人吃惊的智谋。

龙沙，皮埃尔·德（1524—1585 年），七星诗社的领袖，文艺复兴时期法国最重要的诗人之一。他的古典风格的颂歌和彼特拉克体的十四行诗非常受人欢迎。在 1565 年，龙沙出版了他的诗歌创作手册《法语诗艺手册》，鼓励诗人们用俗语写作。

萨·德·米兰达，弗朗西斯科·达（约 1481—1558 年），葡萄牙诗人，也从事卡斯蒂利亚西班牙语写作，曾游历意大利，把意大利诗歌，如十四行诗体引入葡萄牙。他也是一位剧作家。

萨克斯，汉斯（1494—1576 年），出生于纽伦堡，是一个鞋匠和诗人，其作品体裁多样，包括戏剧作品。他因所创作的歌曲为纽伦堡工匠歌手协会搬上舞台而非常出名。

圣热莱，梅兰·德（1487—1558 年），最早写作十四行诗的法国诗人之一。他还翻译了同时代的意大利文学作品，写作了若干个剧作。

萨卢塔蒂，科卢乔（1331—1406 年），曾担任佛罗伦萨城邦执政团秘书长长达三十年，把人文主义学者，如曼纽尔·克里索罗拉斯等，吸引到佛罗伦萨来。萨卢塔蒂根据古典素材创作诗歌，写作道德哲学著作，同时也写作古典风格的书信。

萨姆布卡斯，约翰内斯（雅罗斯·萨姆布基，1531—1584 年），匈牙利人文主义者和医生，效力于维也纳的哈布斯堡宫廷。他的著作题材多样，包括寓言画，其很受欢迎的《寓言画册》出版于1564年。

桑纳扎罗，雅科波（1458—1530年），一生的大部分光阴是在那不勒斯宫廷赞助下度过。他既创作拉丁语诗歌，也写作意大利语诗歌，最有影响的作品是田园传奇《阿卡狄亚》（*L'Arcadia*, 1504年出版）。

圣佩德罗，迭戈·德（约1437—约1498年），西班牙政府官员，著有《爱的囚徒》（*La carcel de amor*, 1492年出版），这是一本非常流行的宫廷传奇小说。

塞比耶，托马斯（约1512—1589年），著有重要的文论著作《法语诗艺》（*L'Art poetique francais*, 1548年），在其中他认为中古典范和古典榜样都会是有用的。

塞夫，莫里斯（约1510—1564年），写作法语爱情诗和田园诗。他非常著名的著作是十四行诗体组诗《黛丽，最崇高道德目标》（*Delie, objet de plus haute vertu*, 1544年出版），该书配有寓言木刻插画。

泽孔杜斯，约翰内斯（扬·尼古拉斯祖恩·埃弗拉尔茨，1511—1536年），荷兰作家，用拉丁语写作颂诗、挽歌和警句。他的名叫《吻》的情诗被翻译成了若干种语言。

莎士比亚，威廉（1564—1616年），即便不是所有时代，那么，也是文艺复兴时期最著名的剧作家。他也是一位诗人，他写作了一些那个时代最优秀的爱情十四行诗。

锡德尼，菲利普爵士（1554—1586年），写作有十四行诗、一部散文传奇和《为诗歌辩护》（约1583年出版）一书。在《为诗歌辩护》中，他认为诗歌是传授道德的有效工具。

斯凯尔顿，约翰（约1460—1529年），英国诗人，以连韵诗体写作诗歌，这种诗体被称为“斯凯尔顿体”。作为亨利八世的宫廷诗人和王子亨利的老师，斯凯尔顿写作颂扬王权的作品，同时也写作讽刺作品，如《埃莉诺·拉明当垆歌》（*The Tunning of Elynour Rummyng*, 约1521年）。

斯宾塞，埃德蒙德（约1552—1599年），女王伊丽莎白一世时代最著名的诗人之一。他的诗作《仙后》（*The Faerie Queene*, 1590年，1596年）就是为赞颂女王的统治而作。

斯蓬德，让·德（1557—1595年），法国人文主义者和诗人，从事诗歌写作，还著有一篇论《诗篇》的论文。

斯塔姆帕，加斯帕娜（1523—1554年），意大利诗人，所写诗歌受到彼特拉克诗歌的启发。她是威尼斯的佩莱格里尼学会的成员。

萨里（亨利·霍华德，萨里伯爵，1516—1547年），英国诗人，十四行诗体的早期写作者。他还将部分《埃涅伊德》译成无韵诗。

塔索，贝尔纳多（约1493—1569年），托尔夸托·塔索的父亲，一位以贺拉斯的作品为榜样从事创作的诗人。

塔索，托尔夸托（1544—1595年），贝尔纳多·塔索的儿子，诗人和剧作家。他多年生活在费拉拉的埃斯泰宫廷，在那儿创作了他的关于第一次十字军东征的史诗作品《被解放的耶路撒冷》（*Gerusalemme liberate*, 1581年）。

泰拉奇纳，劳拉（1519—约1577年），居住于那不勒斯，出版有诗歌和《论〈疯狂的奥兰多〉的开头篇章》（*Dicorso sopra il principio di tutti i canti d'Orlando furioso*, 1549年）。

蒂亚尔，蓬蒂斯·德（1521—1605年），七星诗社的成员，出版有随笔和三卷十四行诗。

特里西诺，吉安·乔尔乔（1478—1550年），诗人和剧作家，主要活动于教皇宫廷，16世纪初期曾参与语言之争。他自己的著作包括颂歌、十四行诗和悲剧《索芙尼斯巴》

(*Sofonisba*, 1515 年)，这部悲剧是仿效希腊榜样而不是塞涅卡的榜样。他 1547 年发表的《被解放的意大利》(*Italia liberata*) 是效仿贺拉斯用无韵诗写成的。

瓦尔德斯，阿方索·德(约 1490—1532 年)，胡安·德·瓦尔德斯的哥哥，效力于神圣罗马帝国皇帝查理五世宫廷。他写作讽刺作品来为皇帝的政策辩护。

瓦尔德斯，胡安·德(约 1490—1541 年)，阿方索·德·瓦尔德斯的弟弟，人文主义者，一生的大部分光阴在那不勒斯度过。他以捍卫西班牙语作为文学语言而著称。

瓦拉，洛伦佐(1407—1457 年)，最著名的意大利人文主义者之一，他称颂拉丁语是雄辩演讲的适当语言。他是文艺复兴早期语言之争的关键人物。

维吉尔，波莱多尔(约 1470—约 1555 年)，侨居英国的意大利人，历史学家。他因写作《英国史》(*Anglicae historiae libri* XXVI, 1534—1555 年出版) 而非常出名。

维莱纳，恩里克·德(1384—1434 年)，曾将但丁的《神曲》和整部《埃涅伊德》翻译成西班牙语。他还是一位厨师，著有关于刀具的用法的论著。

维永，弗朗索瓦(约 1431—1463 年后)，被认为是一位声名狼藉的诗人，在 1463 年被逐出巴黎后，维永就从历史文献中消失了。他最优秀的作品是讽刺诗，如《大遗嘱》(*Grand Testament*, 1461 年出版)，诗中拟人的遗产嘲弄了遗嘱这样严肃的文件。

维斯切尔，皮特·罗默(1547—1620 年)，出生于阿姆斯特丹，他依照古典方式写作荷兰语诗歌。更为重要的是，他家庭的人文主义氛围造就了两位 17 世纪著名诗人，即他的女儿安娜和玛丽亚。

怀亚特，托马斯爵士(1503—1542 年)，英语诗体的十四行诗的重要革新者。

萨姆布基，雅罗斯 见萨姆布卡斯，约翰内斯。

祖里塔，热罗尼莫·德(1512—1580 年)，西班牙历史学家，阿拉贡的官方编年史家。他的历史著作是基于档案研究而不是传奇故事。

参考书目

Elsky 1989: England; Hampton 2001: France; Herman 1999: cross-cultural influences; Kinney 2000: England; Lewis 1954: England, nondramatic literature; Whinnom 1994: Spain.

人文主义、语文学和出版

Barker 1999: printing; Birnbaum 1985: humanism in Hungary and Croatia; Hankins 1993: papacy; Lewis 1954: England; Nichols 1979: Neo-Latin; Rowland 2000: Rome in the 16th century; Rummel 1998: humanism and Scholasticism; Trapp 1983: manuscripts; Winn 1983: presentation manuscripts (patronage).

文学理论

Baldwin 1959: classicism; Holyoake 1973: France; Preminger 1965: (terminology); Quint 1983: originality; Schmitt 1983: Aristotle; Weinberg 1961: Italy.

诗歌

Baldwin 1959: classicism; Binns 1999: England; Navarrete 2000: Italian influences; Preminger 1965: (terminology); Silver 1981: France; Sullivan 2001: Germany; Willett 2004: (translations of three Renaissance prefaces to French poetic works); Wright 2001: metrics.

散文

Aretino 1967: (translation of his Renaissance letters); Cox 1992: the dialogue; Ferguson 1986: gender issues; Fowler 1997: consideration of the New World; Hannay 1985: Tudor women; Montaigne 1999: (translation of his Renaissance autobiography); Rhodes 1997: England; Shepherd 1985: women pamphleteers.

戏剧

Adams 2001: Spain; D'Amico 1991: England (images of the Moor); Foster 2004: tragicomedy; McKendrick 1992: Spain; Robinson 2002: England (history plays); Ruiter 2003: Shakespeare (images of fasting and festivity); Taunton 2001: England (war imagery).

雄辩和修辞

Le Sylvain 1596: (translation of a Renaissance handbook); Mack 1994: (general study).

图书馆收藏

Grafton 1993, 3–46: Vatican Library; Staikos 2000: (survey of great libraries).

第六章

音乐

直到15世纪，不管是宗教的还是世俗的中古音乐表现形式，在西欧都还有人继续写作和演奏。虽然现在被认为是“文艺复兴风格”的文学和艺术到15世纪早期已经开始，但是，文艺复兴风格的音乐仍处于其发展的初级阶段。音乐上的一些进步开始于英格兰，同时，15世纪期间欧洲大陆的法兰西—弗兰德尔作曲家也因其在风格上的创新而受到赞扬。随着许多北方音乐家南迁进入意大利、西班牙、葡萄牙和普罗旺斯，他们既在那些主要宫廷创作和演奏，也为教皇工作，因此，文艺复兴音乐的中心转移到了意大利。到16世纪，意大利已成为西欧乐坛的支配力量。从中古到文艺复兴在音乐上的最重要的转变是越来越多地使用器乐，这要归因于乐器制造上的技术进步以及印刷乐谱和音乐理论书籍的激增。在文艺复兴时期的声乐演唱中，人声通常是被用来强调歌词，其紧随歌词的意义，从而打动听众的心灵。中古音乐是对音乐关系的一种深奥超凡的抽象，而文艺复兴音乐则试图突出歌词的意义。

宗教音乐

15世纪和16世纪期间，圣歌和弥撒仪式配乐（常常是大规模的复调音乐）在天主教礼拜仪式的宗教音乐中处于支配地位，而宗教音乐的曲调既有得自世俗歌曲的，也有来自宗教素歌（sacred plainsong）的。如同中古音乐一样，这时期所有宗教音乐的基础是教堂唱诗班。唱诗班的成员只有男性，它提供“天国的”声音，目的是振作会众的精神。天主教音乐与新教音乐的主要差异是，在新教音乐中，圣歌和赞美歌是用俗语而不是拉丁语写的，而且会众也参与唱诗。路德派音乐普及了赞美歌，因为它是由全体会众一起演唱的。严格的加尔文派教堂禁止使用乐器。

图6.1　乐器制作师的作坊。约斯特·安曼的版画，约1570年。乐器制作师本人被描绘为在演奏鲁特琴。（私人收藏品/吉罗东/布里奇曼艺术图书馆提供）

天主教礼拜仪式

与大多数其他文艺复兴时期的文化创新不同，音乐中的变化源于北欧，进而影响了在意大利半岛和伊比利亚半岛为宫廷、教会和城市机构写作的作曲家。在15世纪，用拉丁语演唱的法兰西—弗兰德尔复调歌曲回响在欧洲各大教堂，由于它是由若干歌手演唱不同的声部，这就把新的结构因素引入为弥撒仪式而作的仪式乐曲。弥撒仪式的各部分，如荣耀颂和信经颂、三圣颂和神羔颂在音乐上或在仪式上（经文上）都是被成对提及的。这些成对仪式音乐可能各首都以同样的曲调起始或者有同样的素歌旋律声部（基本旋律）。一首单独的齐唱的素歌（*cantus firmus*）常常为乐曲伴唱。上述创新中的一些起始于英国作曲家，尤其是莱昂内尔·鲍尔（卒于1445年）、约翰·邓斯泰伯（约1390—1453年）和他们的同时代作曲家。邓斯泰伯的音乐很大程度上基于三音和声音程，被称为甜美的新风格。鲍尔则因为在弥撒曲中把相关的赞美歌与组歌结合起来而著称于世，他还为克拉伦斯公爵和坎特伯雷基督教堂培训教堂唱诗班。

西欧的作曲家有很多机会聆听彼此的教堂音乐，就如同康斯坦茨公会议（1414—1418年，见关于宗教的第二章）期间那样。15世纪和16世纪期间的各次教会公会议都使主教、红衣主教以及其他教会官员聚在一起，并且他们通常是带着他们自己的作曲家、音乐家和歌唱家与会。教廷和罗马自然是宗教音乐演奏的重要场所，作曲家们把担任教皇任命的助理教士或唱诗班指挥看作美差。到大约1550年，在意大利宗教音乐中居于支配地位的一直是非意大利人，如阿德里安·维拉特（约1490—1562年）。后来，在1562年，特伦托公会议委派红衣主教卡洛·博罗梅奥领导一个委员会，负责"清除"宗教音乐中的世俗音乐的影响，如牧歌（见"世俗音乐"）。乔万尼·皮耶尔路易吉·达·帕莱斯特里纳（1525/26—1594年）成为了最有影响的新改革风格的宗教音乐作曲家。

新教礼拜仪式

路德派

16世纪后半期的德国新教教堂的宗教音乐与天主教教堂音乐相当近似，尤其是赞美歌的演唱。这些曲调悦耳的声乐作品在新旧教徒中都非常受欢迎。然而，在新教宗教音乐的内容上有改变。颂赞圣母玛利亚的歌词被改来强调基督，而颂赞各圣徒的圣歌则被从新教礼拜仪式中略去。最重要的是，甚至较大城市和大学的宗教仪式中拉丁语依然还在使用的时候，许多拉丁语歌词就被翻译成了德语。许多作曲家既为天主教也为新教写作宗教音乐。路德维希·森夫（约1486—1542/43年）主要效力于皇帝马克西米连一世，但他也为接受了路德派的普鲁士的阿尔布雷希特公爵写作赞美歌，还为马丁·路德写作了两首赞美歌。1530年，奥格斯堡帝国议会召开时，怀着徒劳的弥合宗教纷争的希望，森夫创作的一首歌颂统一和兄弟情谊的拉丁语歌曲被演唱。

马丁·路德（1483—1546年）会演奏鲁特琴，唱歌也小有名气，他既写歌词也为他创作的赞美诗谱曲。作曲家约翰·瓦尔特（1496—1570年）曾与路德合作，创作适合于德语歌词的素歌。在天主教弥撒音乐中，管风琴变得越来越重要，而与此不同，路德派的教堂音乐依靠的是人声。通过路德派的音乐，随着全体会众参与唱赞美歌，无伴奏（只用人声演唱）合唱渐渐变得流行起来。对于路德来说，歌词和音乐以及演唱方法都源于人们的母语。另外，路德要求把实用的音乐训练包括在牧师教育中。

加尔文派

让·加尔文明显没有受过正规的音乐训练，但他从自己所受的人文主义教育中推断出音乐具有影响人的行为的潜能。加尔文派的教堂音乐如其宗教本身一样严格。不允许使用乐器，音乐是单音调的，因为复调被认为会损害歌词，而且歌词必须用俗语写成。在 1542 年，所谓《第一部日内瓦诗篇歌集》就使《诗篇》的单音调配乐能为广大加尔文派信徒得到。曲调与歌词之间的关系甚至比在路德派音乐中还更重要，因为曲调要紧扣字词的音节。随后出版的加尔文派圣经诗篇歌集在德国和尼德兰逐渐受到欢迎，最终还为路德派所采用。圣经诗篇歌集的复调版本则被用于私人的和家庭的礼拜仪式，通常作为四声部合唱赞美歌来用。

世俗音乐

在 15 世纪期间，法国的音乐体裁叙事歌和歌谣支配着世俗音乐。到 16 世纪早期，法国的回旋歌和意大利的牧歌渐渐流行起来，这两种乐曲中常常有从很著名的宗教音乐得来的旋律。除了诙谐作品和痛惜失恋的音乐外，16 世纪的世俗音乐包括抒情作品，这些抒情作品受到文艺复兴时期人文主义者的研究和著作的影响，被认为是基于古希腊调性音乐的。牧歌是 16 世纪后半期欧洲世俗音乐中最流行的音乐体裁。

主要音乐体裁

叙事歌谣

虽然叙事歌谣（*ballad*）曾被用来翻译法语词“ballade”，但是，叙事歌谣（*ballad*）是一种截然不同的音乐作品体裁。起初，叙事歌谣与叙事歌（*ballade*）在形式和作为民间舞蹈音乐的功能上都相似，到 14 世纪叙事歌谣成为单独一种独唱的叙事民歌。这些歌谣过去是（现在还是）叙事性的，歌谣的每一节表示故事发展的一个阶段。它们最常见的诗歌韵律是抑扬格或扬抑格，而且诗歌形式与曲调紧密交织在一起。

叙事歌

叙事歌（*ballade*）是法国中世纪一种配乐诗歌形式，其韵式通常为 AAB，而且在 15 世纪作为伴舞音乐非常流行。这种音乐形式由三节组成，每节都有同样的叠句。虽然叙事歌是写来颂扬赞助人或纪念历史事件的，但是，最常见的叙事歌还是情歌。

歌谣

“Chanson”是法语词，意即“歌曲”，它指若干种声乐形式，实际上包括了任何一种世俗音乐作品。宫廷里演唱的祝酒歌和高雅歌曲是实例。在形式僵化的叙事歌、回旋歌和维勒莱歌渐渐消亡之时，更有创造活力的歌谣（*chanson*）在 16 世纪逐渐流行起来。16 世纪 30 年代和 40 年代兴起了巴黎歌谣（the Parisian *chanson*），它赋予歌谣这一音乐体裁一种新的优雅和朴实。由于没有固定韵式，所以，16 世纪的巴黎歌谣允许更自由地表现音乐重复。

牧歌

在 16 世纪，复调式声乐的牧歌非常受人赏识，它开始于意大利半岛，一直传播到英国。许多早期牧歌以把彼特拉克风格的诗歌配上节奏庄严的音乐为特色（见第五章，文学与语言）。16 世纪后半期，牧歌以更富色彩、更富戏剧性的表现方法来写作。更晚期的牧歌允许作曲家和表演者延长一个乐句，以使结构变得轻快，或者使歌曲以其他某种方式变调以便愉悦或回应听众。几乎任何一种风格的诗歌，包括色情的、田园的、史诗的、哲理的等都可以拿来配乐。牧歌是女王伊丽莎白一世（1533—1603 年）喜爱的音乐，由威廉·伯德的学生托马斯·莫利将其普及开来。虽然大多数牧歌作者是男性，但是，有若干妇女一生以写作牧歌和其他世俗音乐而著名，她们通常也是有才华的歌手，演唱的乐曲许多是她们自己的作品。马达莱娜·卡苏拉纳（约 1540—约 1590 年）创作的四首牧歌收入了 1566 年出版的一个歌曲集，这是最早印刷出版的妇女的音乐作品。到 16 世纪 80 年代，演唱牧歌的女性名歌手在意大利许多宫廷受到欢迎。

赞美歌

“赞美歌”（*motet*）是中世纪非常普通的一个音乐术语，在文艺复兴时期赞美歌发展成为一种重要的复调音乐形式。在结构上，中古的赞美歌通常以一个男高音来确定旋律，同时，用更高的声部以稍微快一些的速度唱出歌词。到 15 世纪，若干种赞美歌都以不同程度的繁复结构为特点，有三组或更多的男高音，还有为歌手伴奏的乐器。

回旋歌

回旋歌（*rondeau*）是带有叠歌的歌曲，该词来源于“ronde”（回旋），意指在每节诗歌结尾部分反复出现的叠句。在 15 世纪，回旋歌是西欧居于支配地位的固定的歌曲形式，而且它们的回旋式结构也反映其最初伴唱的舞蹈的形式。叠歌部分是歌曲的中心，即便它的歌词常常相当短，但还是要用完整的旋律来表现。

维兰西科歌

维兰西科歌（*villancico*, 源于西班牙语“农夫”一词）是西班牙的配乐民谣。在 16 世纪，牧歌曾对其复调式附加部分有影响。虽然维兰西科歌用传统旋律，但是，它们适于诗歌的结构是相当灵活的。大约到 16 世纪末，在反宗教改革的影响下，它们的内容变得更具宗教性质（到今天维兰西科歌就完全是一种圣诞歌曲了）。

维勒莱歌

维勒莱歌（*virelai*）是 15 世纪流行于法国的一种配乐诗歌形式，其韵式通常是 AB-BAA。它或许源于阿拉伯歌曲，12 世纪时由普罗旺斯行吟诗人传入。从其词根“virer”（意为“旋转”）来看，维勒莱与舞蹈是密切相关的。这种体裁由于其在音乐的第一部分有若干叠歌，因而能与叙事歌区分开来。

人文主义与音乐

约翰内斯·德·廷克托里斯（约 1435—1511 年）所著的音乐著作涉及许多古典作家，如亚里士多德、柏拉图和普鲁塔克，该书作为音乐理论和实践的资料非常受重视。人文主义作曲家追随柏拉图的《理想国》第三卷中的一段话，他们相信音乐的目的是要以歌手清晰唱出的歌词来吸引听众。廷克托里斯曾效力于那不勒斯国王费伦特一世（1423—1494 年），担任国王女儿比特丽丝的家庭教师。曾师从于著名人文主义者洛伦佐·瓦拉（1407—1457 年）的费伦特一世尊重人文主义教育方法，赞助廷克托里斯的工作。虽然廷克托里斯关于音乐起源的论著遗失了，但是，他有十几本著作传世，其中包括最早印刷出版的音乐术语词典。在担负其他外交任务的同时，费伦特一世还委派他负责游说效力于法国宫廷的歌手离开法王查理八世（1470—1498 年）到那不勒斯宫廷。

在 15 世纪期间，巡回各地的法国王室宫廷带着歌手和音乐家随从，住在卢瓦尔河沿岸的行宫中。到 1500 年，宫廷才固定设在巴黎城内和巴黎附近。1515 年弗朗西斯一世（1494—1547 年）加冕后不久，在杰出的古希腊语学者纪尧姆·比代（1467—1540 年）的领导下，人文主义学术研究开始繁荣起来。弗朗西斯一世的姐姐那瓦尔的玛格丽特（1492—1549 年）赞助了新教诗人克莱芒·马罗（1496—1544 年，见第五章，文学与语言），他的配乐民谣就是他那代人的歌谣（*chanson*）典范。另一方面，法国国王也鼓励人文主义者复兴古希腊歌曲或颂歌的工作。被称为“Pléiade”的七星诗社用“古代”格律来写作诗歌（见第五章）。七星诗社的名字得自于七位生活在希腊化时代的古希腊诗人组成的诗社，他们曾根据昴星团七星（*Pléiade*）来命名他们的诗社。文艺复兴时期用古代格律写诗的典范之作是出版于 1552 年的皮埃尔·龙沙（1524—1585 年）的《情歌集》（*Amours*），通过与若干位音乐家合作，这部诗集还被配乐成为歌谣。与马罗及其同时代作曲家的质朴的歌谣不同，新的人文主义歌谣要求严格紧扣歌词。1571 年，诗歌和音乐协会在巴黎成立，其宗旨是促进“新”形式，维护他们的新标准。奥兰多·迪·拉叙斯（1530/1532—1594 年）就是受到这种旋律风格影响的作曲家之一。

到 16 世纪中期，曾研究过可获得的古希腊音乐论著的意大利人文主义者努力复兴古希腊音乐，或者努力通过他们自己的创作来复兴它。采用古代格律写作的新诗注定是要被配上古代调式的音乐的。温琴佐·伽利莱（16 世纪 20 年代后期—1591 年）是科学家伽利略·伽利莱和鲁特琴演奏家米开朗基罗·伽利莱的父亲，他著有一本题目叫《关于古代音乐和现代音乐的对话》（*Dialogo della musica antica et della moderna*）的书，出版时间是 1581 年。他和他在佛罗伦萨的同事，包括歌唱家朱利亚诺·卡奇尼（约 1545—1618 年）和作曲家雅科波·佩里（1561—1633 年）组成了一个叫卡梅拉塔（the Camerata）的社团，他们在乔万尼·德·巴尔迪伯爵家聚会。伽利略的《对话》一书的目的之一是要批判他的同时代人，尤其是他的老师——著名音乐理论家吉奥塞弗·扎尔利诺（1517—1590 年）关于古代音乐的错误假设。扎尔利诺是威尼斯圣马可教堂唱诗班指挥，他于 1558 年出版有《和声原理》（*Le istitutioni harmoniche*）一书。虽然他的和谐而并不完美的和音方法是对文艺复兴时期声乐的重要贡献，但是，他对他所研究的许多古代资料有误解，伽利略予以了指出。

扎尔利诺利用了瑞士人文主义者海因里希·格拉雷亚（1488—1563 年）的调式体系，但他并没有对其来源致谢。格拉雷亚曾在科隆大学学习，并于1512年在科隆的一次集会上演唱过一首他自己的作品，因而得到皇帝马克西米连一世的赏识。格拉雷亚与伊拉斯莫过从甚密，他曾在巴塞尔教授音乐和古典语言，后来又在弗莱堡从教。在研究了古希腊语和拉丁语抄本资料后，格拉雷亚于1547年出版了他很有影响的著作《十二和弦法》(*Dodecachordon*)。这本书的主要价值是发现了希腊爱奥尼亚调式就是大音阶（这在他的时代的大多数音乐中非常流行），而伊奥利亚调式则等同于自然小音阶。格拉雷亚对古代调式音乐的解释有利于那些试图把自己的作品与“最新的”古代资料联系起来的作曲家的工作。

创作环境和赞助

对音乐的赞助与对其他艺术形式（绘画、雕刻、建筑和服装）的赞助不同，赞助其他艺术形式，赞助人就是购买一件产品，其后不再需要艺术家到场，而音乐则既需要歌唱家也需要音乐家来表演和演奏许多委托创作的作品。这些人是宫廷随从的一部分，成为了各个宫廷地位的象征，公爵、国王、皇帝和教皇都争相延揽最著名的作曲家、音乐家和歌唱家。

赞助

西欧各帝王宫廷和主要公爵宫廷都赞助宗教音乐的作曲家，而音乐家对效力于教廷趋之若鹜，因为教皇的唱诗班是西欧最好的唱诗班之一。15世纪期间，勃艮第公爵宫廷（控制着法国北部的大部分地区和尼德兰地区）是全欧最重要的音乐赞助者之一。哈布斯堡王朝的历代君王中，皇帝马克西米连一世是文艺复兴时期因赞助音乐而享有国际声誉的第一位君王。通过他的第一任妻子勃艮第的玛丽（1457—1482年），马克西米连一世接触到了来自尼德兰的音乐，又通过他的第二任妻子比安卡·玛丽亚·斯福扎，他了解到意大利音乐。在维也纳和因斯布鲁克的帝国宫廷音乐家和作曲家包括以其复调赞美歌闻名的路德维希·森夫和雅各布·奥布雷希特（约1450—1505年）。帝国乐队（Kepelle，即教堂唱诗班和管弦乐队）具有特色的是小号、鲁特琴、长号、大鼓、双簧管、双簧弯管、笛子，当然还有歌手。除了乐器之外，唱诗班还有音乐书籍，通常由唱诗班成员共有。

皇帝查理五世（1500—1558年）于1516年成为西班牙国王，他把宫廷从布鲁塞尔迁到西班牙，但是，他还是常常带着庞大的随从巡游到其他宫廷活动中心。查理五世各次遍及全欧的巡游都有他的弗兰德尔唱诗班跟随。他的唱诗班指挥包括科尔内耶·卡尼斯（·德·翁特，卒于1561年），他以采用对位法而著名。尼古拉·贡贝尔或许是著名作曲家若斯坎·德普雷（约1440—1521年）的最著名的学生，他担任帝国男童唱诗班指挥达十多年。该唱诗班的声望，尤其归于人们能在若干城市的大教堂亲耳聆听他们的演唱，有助于在16世纪大部分时间内宣传弗兰德尔歌唱家的演唱技艺。当查理五世把西班牙王位让与其子腓力二世（1527—1598年）时，他也将他的弗兰德尔唱诗班传给了新国王。查理五世在同时代人中因其宏博的音乐知识和对优秀音乐的鉴赏力而著称，许多音乐作品是题献给他的，如德普雷创作的歌曲。

宫廷赞助人资助了许多作曲家的创作，他们委托作曲家为特定场合写作作品。皇帝查理五世的姑母奥地利的玛格丽特（1480—1530 年）特别喜欢若斯坎·德普雷的音乐。玛格丽特本人也是一位有才华的键盘乐器的演奏者。1506 年至 1515 年和 1519 年至 1530 年，她两次担任尼德兰的摄政女王，她在梅赫伦（在今天的比利时境内）建立了一个充满生气的、文雅的宫廷。玛格丽特自己写作的一些诗歌也由她的宫廷作曲家谱上了曲。活跃于梅赫伦的作曲家包括风琴演奏家亨利·布雷德梅尔斯和歌唱家兼作曲家皮埃尔·德·拉吕埃。在玛格丽特统治的初期，未来的皇帝查理五世和他的妹妹未来的匈牙利的玛丽（1505—1558 年）都在他们这位姑母指导下接受音乐和其他艺术教育。布雷德梅尔斯是他们的音乐家庭教师。1531 年，在玛格丽特去世后，玛丽担任了尼德兰摄政女王，她继续赞助宫廷音乐家和作曲家。

梅赫伦宫廷是西班牙哈布斯堡帝国的一部分，而西班牙帝国控制着尼德兰、西西里、那不勒斯、西班牙以及在美洲的西班牙殖民地。在 1521 年，整个哈布斯堡帝国分成西班牙和奥地利两个王朝。奥地利哈布斯堡王朝的皇帝斐迪南一世（1503—1564 年）在维也纳和其他宫廷驻地城市提倡音乐，到马克西米连二世（1527—1576 年）1564 年登基成为皇帝时，帝国乐队扩大到有 83 位乐师和歌手。他的乐队指挥雅各布斯·费特（卒于 1567 年）和菲利普·德·蒙泰（卒于 1603 年）受马克西米连的鼓励，指挥过许多世俗音乐演奏活动，如狂欢节和马上比武赛会等节庆活动。在 16 世纪后半期，意大利音乐家在维也纳、因斯布鲁克和格拉茨等宫廷驻地

图 6.2　来自一本合用唱诗书的三位天使唱诗图，合用唱诗书是教堂唱诗班的通常做法。画中细节来自波提切利的画作《圣母、圣婴与施洗礼者约翰》，15 世纪后半期。（罗马博尔格塞花园藏 / 布里奇曼艺术图书馆提供）

非常受欢迎，这就为 17 世纪意大利歌剧在奥地利哈布斯堡帝国繁荣开辟了道路。

意大利半岛的宫廷赞助人有佛罗伦萨的美第奇家族、曼图亚的贡扎加家族、费拉拉的埃斯泰家族、米兰的斯福扎家族、威尼斯的历任总督以及那不勒斯的历代国王。加利佐·马里亚·斯福扎（1444—1476 年）是米兰的第二任公爵，他八岁时就学习唱歌。到他成年时，据说他喜欢音乐表演胜过了其他任何娱乐。在修建他的礼拜堂以及雇请北方歌唱家和音乐家的过程中，由于他招诱别人的优秀音乐家而招致许多同时代人，如萨沃伊女公爵约兰达的怨恨。公爵虽然曾付给若斯坎·德普雷相当可观的每年 160 杜卡的酬金（在当时一杜卡可购买 10 只鸡），但

是，人们应该注意到，其他音乐家和歌唱家除了固定的工资外，还有非货币的奖赏，如马匹等。公爵也支持教皇西克斯图斯四世（1414—1484年）当选，这位教皇是一位重要的音乐赞助人，他修建了西斯廷小教堂，建立了西斯廷小教堂唱诗班。

歌唱和表演

贵族成员，尤其是年轻妇女要学习唱歌和演奏乐器。例如苏格兰的女王玛丽就是一位天才的鲁特琴演奏者。好几位作曲家是有名的歌唱家，奥克格姆就以其深沉的男低音而著名。在15世纪晚期，宗教音乐常常以男低音歌手的演唱为特色，尤其是歌手的演唱还要符合对位法。吟游诗人维持着中世纪的民谣歌手或行吟诗人的传统。这些非常受欢迎的作曲家通常是男人，他们吟唱他们自己写作的音乐。到16世纪中期，音乐手册都集中于音乐装饰音方面的内容，特别是供那些在较高的音域演奏长笛或其他乐器的音乐家所用的。因为人声也能在这一音域演唱，所以，同样的装饰原则能适用于歌唱。虽然音乐手册原本是用于像赞美歌那样的宗教音乐的，但是，装饰音的艺术也出现在牧歌和其他世俗音乐体裁中。

曼图亚的女侯爵伊莎贝拉·德·埃斯泰是一位有才华的鲁特琴和键盘乐器的演奏者，同时也是一位天才的歌手。她还有给人印象深刻的乐器收藏。然而，在她那个时代，音乐是主要写来供男性歌手演唱的。在16世纪后半期，女高音成为作曲家的一个新宠。女高音声部被写到高音G。装饰音的流行和各声部音域的增大最终导致在1575年至1600年左右出现的对精湛技巧的过分追求。这种风格主义的发展虽然使作曲家惊慌失措，他们几乎辨认不出他们自己的作品了，但同时却对早期歌剧音乐语言有贡献。第一部歌剧是1598年在佛罗伦萨上演的，它的音乐和歌剧脚本都没有传下来。雅科波·佩里的戏剧《欧律狄克》也被配上音乐，在1600年首次上演。剧场听众和教堂会众都希望体验更高八度音的精湛演唱技巧，这就导致了另外一后果，即阉割男童（即去掉他们的睾丸）以防止他们变声。因为不允许女性在教堂唱诗班演唱，所以，阉伶歌手就演唱女高音声部。（事实上，一直到20世纪早期在欧洲还有阉伶歌手。）

工作条件和社会地位

当然，音乐家和歌手的工作条件根据他们的社会地位以及如气候等不可控因素而各不相同。对于唱诗班男童这个最大的歌手群体来说，他们的生活取决于他们作为宗教音乐的演唱者的地位。他们生活在一起，他们所效力的大教堂、学院或其他机构为他们提供住宿，但是，唱诗班指挥常常必须为他们提供别的生活必需品。一份1546年的都铎时代的文献记载，一个叫理查德·法兰特的王后礼拜堂唱诗班指挥从礼拜堂得到提供给他的住宿以及配给他的一名管风琴手和一名办事员，同时每年付给他的薪金大约是81镑。而法兰特必须要为唱诗男童“提供的不仅有服装和食物而且还有卧具，必须如提供膳宿一样使他们有衣穿”（*Scott Tudor Age*, pp. 103—104）。另外，假如有一个男童不能表演，唱诗班指挥必须在一月内找一个男童来替换，否则要被教堂罚款。唱诗班男童的社会地位比职业独唱歌手低得多，前者只是为讨口饭吃而唱歌，后者则享有与贵族交往的机会，能通过演唱得到报酬。总之，在文艺复兴时期，职业歌手比音乐家得到更好的待遇，有更高的社会地位。

一些乐器被认为比另一些更高贵，声音响亮的吹奏乐器被认为非常低俗，以至于直到16世纪后半期妇女都被禁止演奏这类乐器。除了吹奏乐器发出的声音尖利刺耳外，当其演奏时会有古怪的面部表情，这被认为是不适宜于妇女的。在1514年，卡斯蒂利奥内称赞廷臣们伴着鲁特琴唱歌，而看不起吹奏乐伴奏，因为其声音非常令人不快。演奏吹奏乐器的乐师不会得到歌唱家那样的地位，部分原因是吹奏乐器演奏者不可能一边演奏一边伴着乐声唱歌，这类乐器需要吹气才能演奏。

许多城市政府和宫廷都有特别的管乐队，意大利语叫作“piferri”。人们能够在这个名称本身中听到噗噗的吹气的声音，而该词的意思就是“牧笛”。在15世纪早期，许多管乐队（*piferri*）都只有古双簧管演奏者（见“管乐器”）。后来，在1450年左右，为了乐队有更宽广的音域而增加了长号。这些管乐队比军队的军号队更富音乐性，它们有更多的用途，可以在外交仪式、婚礼一类地方庆典仪式以及其他节庆场合演奏。最重要的是，它们为舞蹈提供伴奏音乐。宫廷管乐队与周围所有其他音乐家和歌手一道通常享有比城市政府乐队更高的社会地位。因为各个宫廷竞相招揽最优秀的乐师，音乐家的薪酬与艺术家、宫廷医生和其他专业人士同等水平。管乐队也演奏宗教音乐，教廷有一个管乐队和一个号队。

从1580年开始，埃斯泰家族在费拉拉赞助了第一个女子职业歌队，其成员有安娜·瓜里尼、莉维娅·德·阿尔科、塔尔圭尼娅·莫尔扎和劳拉·佩维拉拉。莫尔扎还写作音乐，主要为竖琴、六弦提琴和鲁特琴写曲子。随着这一歌队的名声传播到意大利其他城邦，在公众场合表演世俗音乐的女性歌手渐渐能为社会所接受。虽然妇女仍然不被允许在教会的教堂唱诗班中演唱，但是，在文艺复兴晚期，在公众场合表演的大门已经对有身份的妇女打开。然而，学者们怀疑是否这些妇女真正从她们相当可观的薪酬中得益，薪酬可能直接落入她们的父亲、伯父或丈夫手中。著名的男性作曲家和音乐家常常得到宫中豪华房间和乡村住宅的赏赐，而女性作曲家和音乐家显然只能得到薪酬、嫁妆或赏钱。

乐器

如果没有乐器制造上的创新，器乐复调音乐的传播是不可能的。木管乐器、铜管乐器和弦乐器等乐器“家族”是被发明来为从男低音到女高音整个音域的人声提供补充的。这种调性分组促进了器乐合奏音乐，增强了器乐为人声提供伴奏的能力。许多中古乐器，尤其是铜管乐器，由于冶金术和其他技术加工方法的进步而得到改进。另外，这时期有新的乐器，如大键琴和小提琴被发明。

打击乐器

在文艺复兴时期，许多中古时期就在使用的同类打击乐器继续在流行。现代关于文艺复兴时期打击乐器演奏方法的推测，很大程度上是依据图像资料和文献说明。从我们通过这些途径所能确定的东西来看，打击乐器是用来为唱歌和跳舞打音乐节拍的，而且通常不加装饰音或装饰颤音。在军乐中与今天的情况一样，鼓乐器是被用来维持行军节奏的。除了在音乐中使用鼓外，还常常在战斗开始前强劲地擂响鼓乐。（14 世纪期间，撒拉逊人的战鼓就以其发出的恐怖声音而著名。）

小鼓和铜鼓发明于文艺复兴时期，这两种鼓在 16 世纪逐渐流行起来。与只用一根鼓槌演奏的中古单面小鼓不同，小鼓是用两根鼓槌演奏的。这一创新使鼓乐演奏更加灵活多变，而且滚奏和渐弱进入了军乐的演奏目录。铜鼓用紫铜或黄铜制作，直径大约平均是两英尺，鼓身有一英尺高。德国的乐器制造者用双箍来制作鼓面，即先将兽皮蒙在木箍上，然后再沿其边缘用金属箍固定。木箍边缘的调节旋钮让音乐家能更好地控制乐器的音色，使铜鼓能发出低音部的悦耳声音。在庆典仪式音乐中，铜鼓带来一种以前在宫廷中未曾听过的庄严的感觉。在 1542 年，英国国王亨利八世（1491—1547 年）不仅要求得到来自维也纳的铜鼓，而且要求得到擅长演奏铜鼓的人。

其他文艺复兴时期欧洲流行的打击乐器

图 6.3　1550 年法王亨利二世进入鲁昂城的仪仗队。绘在羊皮纸上，约 1550 年。军乐是王室赞助的一个重要方面。（法国鲁昂市立图书馆藏 / 吉罗东 / 布里奇曼艺术图书馆提供）

包括铃鼓、三角铁、钹和响板，所有这些乐器在今天仍在演奏，只是略有改动。木琴和钟铃既由于它们的打击音乐性质，也因为它们能演奏旋律而受到重视。定好调的钟铃没有铃舌，用一个小锤来敲击，能发出清晰而尖锐的声音。钟铃的形状像倒置的茶杯，可以制作成各种尺寸的，最大的用来为教堂唱诗班提供伴奏。较小的成套钟铃可用于帮助学生学唱音阶。

管乐器

文艺复兴时期的吹奏乐器有铜管乐器、管风琴和木管乐器。在《廷臣》一书中，巴尔达萨雷·卡斯蒂利奥内（1478—1529 年）称赞键盘乐器，因其能发出甜美的和声，到 16 世纪中期，管风琴就能产生最响亮的和声。尤其是在德国，笨重的中古教堂管风琴的重要地位为更精致的管风琴所取代，为了有更好的共鸣以及更便于控制，这种新管风琴安装了音栓和簧管。阿诺尔特·施利克（约 1460—约 1521 年）的《管风琴制造者和演奏者宝鉴》（*Spiegel der Orgelamacher und Organisten*, 1511 年出版）内容包括管风琴制作说明，以及演奏指法和踏板操作法手册。

文艺复兴时期三种主要的铜管乐器是短号、小号和萨克布号（长号），其长度和复杂程度各不相同。特别是对于小号和萨克布号来说，因为它们的形状弯弯曲曲，所以，文艺复兴时期冶金术的进步会有助于它们的改进。新的铸造技术和合金使乐器制造者能生产音色更好的乐器。德国城市纽伦堡是铜管乐器制造的重要中心。铜管乐器对于庆典活动是非常重要的，例如 1558 年女王伊丽莎白一世（1533—1603 年）加冕典礼时，就有 17

只小号和6只萨克布号参与仪式音乐的演奏。

在15世纪和16世纪，木管乐器兴盛起来。它们在北方各宫廷，如皇帝马克西米连一世和英国国王亨利八世的宫廷，相当流行。然而，威尼斯是木管乐器制造的重要中心，在那儿，木管乐器是分等匹配成套制作的，以此来保证它们的音调是互补的。主要的木管乐器有古双簧管、双簧弯管、风笛、舌簧八孔直笛和长笛。舌簧八孔直笛是今天人人都将其与早期音乐相联系的木管乐器，的确，它们事实上既在宗教场合也在世俗场合演奏。例如，西班牙的塞维利亚大教堂就有若干只舌簧八孔直笛，据说它们能使音乐富于变化，而且，在1549年，危地马拉一所新大教堂曾得到一箱大型舌簧八孔直笛。长笛通常有三个规格，分别是A、D、G三个音调的。在乐队合奏中使用长笛在法国渐渐流行起来，伊丽莎白一世派往法国宫廷的使节就把长笛手包括在随行音乐家中。文艺复兴时期的文献常常把竖笛与舌簧八孔直笛混淆，但是，这种错误与贴着脸边横吹的长笛（即我们今天的所谓长笛）无关。风笛基本上是一种独奏乐器，在军队典礼仪式上和战斗期间也用若干风笛一起演奏。亨利八世的财产清单中开列有八只象牙笛管的风笛，这些或许是军事场合中使用的。在16世纪，风笛开始与苏格兰和爱尔兰紧密联系在一起，而且作为质朴的民间音乐的一部分。双簧弯管（即“弯号”）的形状是一个简简单单的J字弯形，它是最早的有簧管套的木管乐器。黄杨木做成的弯管形状是装饰性的，没有什么实际意义。用双簧弯管为舞蹈和牧歌演唱提供伴奏特别流行，如1539年美第奇家族婚礼庆典期间表演的六声部牧歌演唱。古双簧管装有一个宽大的竹簧管，这使音乐家能吹奏出尖厉的音调。因为古双簧管的声音高亢明亮，所以，它是受人喜爱的在户外演奏的乐器。（今天西班牙部分地区仍然用它们来为传统舞蹈伴奏，以及在户外乐队中使用它们。）

弦乐器

除竖琴外，文艺复兴时期的弦乐器都安装有定音档子，演奏方法有弹奏、拨奏和琴弓演奏。我们或许认为鲁特琴是典型的文艺复兴时期的弦乐器，无论是文艺复兴时期的听众还是音乐理论家都会对此首肯。鲁特琴起源于摩尔人，其形状是一个竖着剖开的梨，琴背是圆形的，这样可以产生悦耳的共鸣声。琴弦如同中古时代一样用金属或羊肠线做成。所用金属是黄铜或钢。直到17世纪琴弦才用黄铜包芯线来做，这改善了较低音调的音色。虽然鲁特琴可用拨子（来拨奏）或用指头来演奏，但是，到15世纪中期，人们更多选择用指头来弹拨演奏。鲁特琴被认为是理想的乐器，因为音乐家能准确控制琴弦，以产生尽可能纯正的乐音，这得到一位16世纪听众的见证，他是这样描述一位鲁特琴演奏家的演奏的：“他以如此引人入胜的技巧，使弦音在他的手指下庄重地、一点点地渐渐减弱。听众为如此令人愉悦的感伤而激动不已……他们如痴如醉，似乎沉浸于某种神圣的狂喜中。”（Smith 2003, p. 135）

由于鲁特琴的低音不令人满意，所以，在16世纪中期产生了稍微大一些的双首鲁特琴和大得多的基塔隆尼琴，由它们来为鲁特琴伴奏。一幅彭布罗克女伯爵玛丽·赫伯特（卒于1622年）在彭斯赫斯特乡间别墅的肖像描绘了她手持着竖立的基塔隆尼琴，那琴几乎与她一样高。西特琴要比鲁特琴稍微小一些，是一种常被用于独奏的中古乐器。文艺复兴时期的音乐家继续以中古拨奏的方式来演奏它。鲁特琴家族的其他成员包括较小的曼陀林琴，是一种很流行的演奏舞蹈音乐的乐器，另外有一种叫科拉西尼奥内琴。

比尤埃拉琴和吉他相当类似，两种乐器都有由缠绕着羊肠弦的指扳构成的档子。吉他更多地用来演奏流行音乐和民间音乐，而比尤埃拉琴则是西班牙和意大利南部贵族阶层喜爱的乐器。到16世纪末，吉他胜过了比尤埃拉琴，成为全欧都在演奏的乐器。文艺复兴时期的弓弦乐器有维奥尔琴和小提琴，前者有六根琴弦，后者有四根琴弦。部分由于比尤埃拉琴与中音提琴在音调和形状上非常相似，所以，人们认为维奥尔琴是15世纪后半期起源于西班牙的。直到16世纪后半期，小提琴才达到其完备形式。小提琴曾是（现在也是）置于下巴下或肩上来演奏，而演奏各种维奥尔琴的音乐家是坐着把琴置于地上或两腿之间。在文艺复兴时期，小提琴几乎只为职业音乐家所用，特别是用来演奏舞蹈音乐和戏剧幕间休息时的表演。

大键琴在15世纪臻于完善，与现代钢琴不同，它是由引起琴弦拨动的按键来演奏的，而现代钢琴则是通过敲击琴弦发声的。伊丽莎白一世喜欢的乐器是维金纳琴，是属于大键琴类的乐器。在16世纪早期，意大利是大键琴生产的一个重要中心，现存最早的大键琴是1521年制造的（现存维多利亚和阿尔伯特博物馆）。到16世纪末期，安特卫普，尤其是那里的鲁克尔斯父子琴行，由于大键琴生产而越来越著名。大键琴盒子是优雅的家

图6.4 有彩绘琴盖的复式维金纳琴。老汉斯·鲁克尔斯制作，1581年。（大都会艺术博物馆藏，B. H. 霍曼赠，1929［29.90］）

具，常常有天鹅绒衬里，琴盒外表嵌饰木板或彩绘装饰，包括各种语言的音乐格言。维金纳琴无疑是宫廷艺术赞助人的乐器。

音乐书籍的出版

直到 16 世纪早期，“出版”音乐资料通常是以抄本的形式进行的。这些包括礼拜仪式上所用的乐谱抄本，它们的尺寸要足够大，以便一个小唱诗班能共同读一本乐谱。甚至于在印刷音乐书籍得到相当广泛传播后的 16 世纪，许多世俗音乐还以抄本形式流传。直到 16 世纪早期，音乐书籍才用木刻版来印刷，而且素歌印刷达到极高的技术水平。然而，带有节拍符号的乐谱（通常是写在四条线内）的印刷则遇到更多的困难，这些难题于 1501 年在威尼斯得到解决，而且，威尼斯人的方法迅速传到了欧洲其他地区。巴黎的皮埃尔·阿泰尼昂是用雕版印图的方法来印刷文艺复兴乐谱的第一人。

抄本

今天能看到的礼拜仪式用的多卷成套乐谱其厚度接近三英尺，如托莱多大教堂的乐谱。这类抄本通常是在修道院的作坊抄写和装订的，它们真正是心甘情愿劳作的结果。15 世纪期间制作的最漂亮的抄本是手抄羊皮纸礼拜仪式音乐书，带有八英寸见方的显耀首字母装饰，上面描绘有圣徒和圣经人物。演奏竖琴的大卫王是手抄《诗篇》唱本上常见的人物形象。与供应较大市场的大量生产的印刷乐谱不同，抄本只能为十分特定的读者制作。各个天主教主教辖区和修道院都有自己富于地方特色的歌词和音乐，这就使印刷商非常难于提供祈祷书的标准版本。而且，唱诗班乐谱的尺寸也使印刷费用非常昂贵。直到 18 世纪，唱诗班用的礼拜仪式乐谱仍然是手写抄本。这些豪华的彩饰抄本受到重视，被作为礼物来赠送。例如，一本带有奥地利的玛格丽特的纹章装饰的唱诗班乐谱，或许就是她将其作为礼物赠送给了教皇利奥十世（1475—1521 年）。

就世俗音乐而言，歌手常常有每一次表演的特定部分的乐谱抄本。这类所谓分部乐谱也有印刷出版的版本。事实上，到 1600 年，大多数印刷乐谱都是以这种形式出版，而不是以我们今天通常想到的总谱的形式出版。直到 17 世纪，抄写员还被雇来抄写乐谱，特别是歌剧表演所用的谱子。

印刷书籍

在 15 世纪期间，印刷商曾试验了若干种用木刻版印刷乐谱的方法，到 1473 年左右，实验取得了成功，这从一本传世的弥撒圣歌集（祈祷书的一部分）得到了证明。15 世纪后半期，随着印刷商开始在市场上销售音乐作品，地方宗教习俗，如在圣餐仪式上的差异，使人们必然需要拉丁文歌集。这些歌集没有曲谱，但留有手写插入本地曲谱的位置。也有宗教音乐书籍只刊印乐谱，但允许随意插入俗语歌词。在印刷时代早期的这个阶段，音符是用木刻版来印制的，是与歌词分别印制而成。增添五线谱，就需要三次印刷。奥塔维亚诺·佩特鲁奇在威尼斯发明了一种用活字而不是用木刻版印刷乐谱的方法，通过印刷机来减少操作工序。终于在 1527 年或 1528 年，皮埃尔·阿泰尼昂在巴黎用一次印刷的方法印制的第一本音乐书《四声部曲谱新歌集》(*Chansons nouvelles en musique a quatre parties*)诞生了。他的成就有助于使人们更能购买得起音乐书籍。

16世纪上半期，由于印刷书籍的传播，新教教堂能够为它们的会众个人提供全部的赞美歌曲集和其他灵修作品。宗教音乐不再是一个受过训练的唱诗班围着一本巨大的合唱乐谱抄本，或共同分享几本手抄乐谱来演唱了，而是能够由以个人身份参与教堂仪式的单独的信徒来演唱。这是在文艺复兴时期的欧洲印刷术促进新教传播的唯一的方式。

除了前面讨论过的书籍外，接下来的部分所描述的书目是文艺复兴音乐史上特别重要的印刷书籍。路易斯·德·米兰（约1500—约1561年）是一个生活在瓦伦西亚的西班牙作曲家，他于1536年出版了他的《比尤埃拉琴曲集》(*Libro de musica de vihuela de mano intitulado El maestro*)。这本书包含有舞曲，它之所以重要，是因为书中标示了速度。迭戈·奥尔蒂斯（约1510—约1570年）的《论装饰音》论述了装饰音的使用。他是效力于那不勒斯西班牙总督的教堂管弦乐队和合唱队的指挥，他写作了这本弓弦乐器演奏的教学手册。正如我们所知，弓弦音乐的音的时值使其装饰音的知识可用于歌手的训练。

图6.5　三个音乐家及其乐谱。半身像大师的作品，时间在1500年至1533年间。（俄罗斯圣彼得堡遗产博物馆藏/布里奇曼艺术图书馆提供）

没有印刷书籍，有的思想观点或许只会在专家的小圈子中流传，温琴佐·伽利莱所著《关于古代和现代音乐的对话》是印刷书籍如何有助于传播这类思想观点的最好实例。伽利莱论著中的许多观点都基于与人文主义者吉罗拉莫·梅伊（卒于1594年）的共同研究，梅伊曾广泛研究过古希腊音乐的调式，但从没有发表过他有关当代音乐的那部分研究。这些观点中最重要的是梅伊对复调音乐的批判，为了突出歌词的意义，他认为复调音乐是混乱而低劣的。然而，他支持素歌(*cantus firmus*)，并以强调歌词内容来进一步发展它。通过伽利莱的书，梅伊对主调音乐（依照单一的旋律来歌唱的音乐）的提倡有助于在西方音乐中导致一种创新，而这种创新将会对歌剧的诞生有贡献。

主要作曲家

班苏瓦，吉勒（约1400—1460年），在他的时代最重要的三位音乐家之一，其他两位是迪费和邓斯特布尔。在15世纪20年代晚期，班苏瓦成为了勃艮第公爵的宫廷礼拜堂的成员，他在那儿担任作曲家和歌手长达30年。他的作品代表了勃艮第宫廷音乐，给他带来了荣耀，他创作的许多旋律被用于15世纪其他作曲家的作品中。因为勃艮第宫廷重视传统，所以，也不鼓励班苏瓦在作品中引入创新。他还是一位回旋歌的大师，它是15世纪居于支配地位的世俗歌曲形式。由于英国和勃艮第宫廷之间有文化交流，所以，班苏瓦的一些歌曲在英国也有名。

伯德，威廉（1543—1623年），英国文艺复兴时期的作曲家。所有著名的文艺复兴时期的作曲家都为天主教教会礼拜仪式写作，他们中大多数也写作和演奏世俗音乐。多才多艺的英国作曲家威廉·伯德从1563年到1570年一直是林肯大教堂的管风琴演奏者和唱诗班指挥。在此期间，他学会尝试各种体裁和形式，以便融汇古今，创造他自己的个人风格。伯德或许发明了被称为有独唱部的赞美歌的独特英国体裁：他的一些《诗篇》韵文配乐以纯粹的合唱结束的段落为特色。在1570年至1580年期间，作曲家伯德为皇家礼拜堂（伦敦）工作，在那里，他的天才受到有影响的贵族和王室成员，包括女王伊丽莎白一世的赏识。伯德曾为一首颂扬英国打败西班牙无敌舰队的诗歌谱曲，该诗是女王的作品（题目是《主啊，请您向下看，仔细听》）。在新教的英国，伯德所发表的大部分作品都没能取得大的成功，原因是它们的天主教色彩。然而，在1588年，他的《歌曲集》（*Psalmes, Sonets, and Songs*）发表了，使"人人学唱歌"，成为相当流行的歌曲集。被称为的《伯德的摇篮曲》的歌集中包含有宗教音乐。

德普雷，若斯坎（约1440—1521年），祖籍法国，据文献记载，1459年至1472年期间，他曾是米兰大教堂唱诗班的歌手。15世纪80年代和90年代，他是罗马教皇唱诗班的成员。到世纪之交，德普雷非正式地效力于法国国王路易十二世，他为法王写作圣歌和歌曲，同时，他还为费拉拉宫廷延请弗兰德尔歌手。从1503年至1504年，他不仅在费拉拉担任宫廷礼拜堂唱诗班指挥，而且是一位杰出的歌唱家，所得薪酬比费拉拉宫廷以前任何一位歌唱家都高。德普雷作为歌唱家兼作曲家的生涯结束于法国北部埃斯考河畔的孔戴的圣母玛利亚大教堂。德普雷曾得到作家卡斯蒂利奥内和拉伯雷的赞扬，他还是马丁·路德喜爱的作曲家。他长达60年的作曲家生涯使人印象深刻，因此，他被认为是他的时代最杰出的作曲家。他的赞美歌具有独特的富于表现力的音域，而且，他为弥撒仪式写作的音乐通常紧扣歌词，结构上独具匠心。

迪费，纪尧姆（约1400—1474年），在他的时代法国最著名的作曲家之一。他曾在博洛尼亚从事音乐创作，在罗马担任教皇的专职教士，也效力于勃艮第和萨沃伊宫廷。他一生中最著名的音乐作品或许是1436年他为佛罗伦萨大教堂穹顶落成典礼而写作的赞美歌。最后，他成为尚贝里礼拜堂唱诗班指挥，为萨沃伊公爵阿马德效力，其间他写作了若干形式的音乐作品，包括赞美歌、弥撒曲和世俗的叙事歌谣。1434年，迪费为萨沃伊公爵的儿子的婚礼写作了音乐，这次婚礼是一次国际性事件，有勃艮第公爵及其侍从出席。

邓斯特布尔，约翰（约1390—1453年），

15世纪早期最杰出的英国作曲家，归于他名下的作品有70部，其中许多能在欧洲大陆有抄本可寻。在1422年至1435年间，他作为音乐家在法国为贝德福德公爵效力，这可能提高了他在英国之外的声誉。邓斯特布尔的音乐作品包括弥撒组曲、赞美歌以及典型的英国圣诞颂歌。他的作品可以通过其清晰的和声而被辨认出来。

贡贝尔，尼古拉（约1490—约1566年），创作了结构繁复的音乐作品，这些作品常常有重叠的乐句，只为歌手留有非常少的休止停顿，他更喜欢五声部或六声部演唱而不是四声部。他曾经为若干重大宫廷活动，如1527年腓力二世的诞生和1530年查理五世在博洛尼亚的加冕礼写作赞美歌和弥撒曲。有六十多首赞美歌被认为是他的作品，其歌词通常取自圣经经文，尤其是《诗篇》。他最著名的一首赞美歌是《朱庇特的缪斯》（*Musae Jovis*），是写来献给他的老师若斯坎·德普雷的，其利用得自德雷普的旋律作为主旋律。贡贝尔还留下了七十多首歌谣，大多数歌词是叹息不幸爱情的诗句。他精巧的风格影响了整整一代作曲家，部分原因是他的作品通过1539年和1552年出版的歌曲集得到广泛传播。

拉叙斯，奥兰多·迪（1530/1532—1594年），16世纪最受人倾慕的法裔弗兰德尔作曲家。他的音乐作品非常有表现力和独创性。他的许多宗教音乐作品以准确的声乐总谱写作和弦乐和声为特色。在他还是孩子的时候，拉叙斯就到了费兰泰·贡扎加家中，费兰泰是曼图亚统治家族的成员，其宫廷设在巴勒莫（在西西里）。年轻时候的拉叙斯居住在那不勒斯和罗马，于1553年（帕莱斯特里纳到来前两年）成为圣约翰·拉特兰教堂的唱诗班指挥。在1556年，他接受了巴伐利亚公爵阿尔布雷希特五世的邀请，来到在慕尼黑的公爵宫廷担任宫廷礼拜堂唱诗班的男高音歌手。拉叙斯作为歌手、作曲家和演奏家留在了慕尼黑。他去世时声望非常高，以至于他的两个儿子先后继承了他的职位。奥兰多·迪·拉叙斯至少写了60首弥撒曲和101首圣母玛利亚颂歌，其中许多改编自世俗音乐，如帕莱斯特里纳的一首牧歌。他的圣母玛利亚颂歌以抄本和印刷本形式传播广泛。他还写作了许多赞美歌，包括为向哈布斯堡家族和其他的宫廷杰出人物致敬而举行的特定仪式而写作的歌曲。这些作品常常要用古典歌词，或把文艺复兴时期的人文主义者的诗歌作为歌词。

奥克格姆，约翰内斯（约1420—1497年），法裔弗兰德尔大师。虽然他写作的弥撒曲相当少，但是，他得到同时代人的高度评价。有趣的是他的两首未完成的弥撒曲的旋律来自他自己的世俗歌谣，他把歌谣的多声部转变为弥撒曲的不同部分。奥克格姆的赞美歌通常是赞颂圣母的，以音色的变化和其他形式的装饰音为特色。在其音乐生涯中，他曾有两年在穆兰为波旁公爵查理一世写作音乐，随后许多年效力于法国国王查理七世和路易十一世宫廷。奥克格姆在法国工作期间，没有任何一个作曲家在创造性地利用音乐素材方面能与他媲美。若阿内斯·坦克托里在其《论对位法》（*Liber de arte contrapuncti*）一书中称赞奥克格姆的音乐甜美悦耳。

帕莱斯特里纳，乔万尼·皮耶尔路易吉·达（1525/1526—1594年），在罗马圣玛利亚·马吉奥雷教堂作为一位唱诗班男童开始了他的音乐生涯。在15世纪40年代，他在帕莱斯特里纳大教堂演奏管风琴和教授音乐。他于1551年回到罗马，几年后被任命为圣约翰·拉特兰教堂唱诗班指挥。帕莱斯特里纳对用于赞美歌和弥撒曲写作的音乐技巧和风格具有全面的知识。虽然他在晚年为自己写作的欢闹的牧歌作品道歉，但是，他一生中写作了约140首这种体裁的作品。他人生的最后23年在罗马圣彼得大教堂为著名的卡佩拉·朱利亚担任唱诗班指挥。作为宗教音乐作曲家，帕莱斯特里纳作品数量巨大，而且，104首弥撒曲中的43首以及177首赞美歌在他生前就出版发行了。他是支持反宗教改革的最伟大的宗教音乐作曲家之一。

鲍尔，莱昂内尔（卒于1445年），与邓斯特布尔一道于15世纪上半期倡导统一弥撒组曲，是当时英国音乐的领军人物。明确归在鲍尔名下的宗教音乐作品有40首。《老厅抄本》（*Old Hall Manuscript*）收录了好几个人的作品，他收入其中的作品以洪亮的音调和多切分音的节奏为特色。鲍尔以其新颖的节奏段落而非常出名，这些节奏段落有不对称的乐句，其在现代记谱法中是用起伏的小节长度来表示的。他还是一位音乐教师，曾担任坎特伯雷圣母礼拜堂唱诗班的指挥，在那里负责训练唱诗班男童。

维多利亚，托马斯·路易斯·德（1548—1611年），16世纪西班牙最受人尊重的作曲家。他只写宗教音乐，并且只用拉丁语写歌词。维多利亚出生于阿维拉，曾是阿维拉大教堂的唱诗班男童歌手，也感受到当地的精神生活氛围，当时圣特雷莎正在那里遵照其改革的赤脚加尔默罗修会教规建立严格的女修院生活方式。从阿维拉的耶稣会学校毕业后，1565年左右，维多利亚被派往罗马耶稣会日耳曼学校。四年后，维多利亚成为罗马阿拉贡教堂的歌手和管风琴演奏者，而且于1572年出版了他的第一部赞美歌集。到那时，他已经成为了日耳曼学校的唱诗班指挥，与他的德国学生用拉丁语交流。维多利亚把他1583年出版的弥撒曲集题献给国王腓力二世，恳请调回祖国西班牙。他一生的最后30年是在马德里度过的，在那里他是专职教士、唱诗班指挥和管风琴演奏者。维多利亚效力于马克西米连二世的遗孀皇后玛丽亚（查理五世的女儿），她居住在方济各会女修院，即皇家赤脚女修院，该女修院是由她的妹妹葡萄牙王后胡安娜赞助的。这座女修院的小礼拜堂非常漂亮，吸引着富裕的商人和王室成员。这样的听众也有助于传播维多利亚的弥撒曲和赞美歌。在他生前，他能把自己创作的几乎所有音乐都出版发行了（这对于一个文艺复兴时期的作曲家来说是一个不寻常的业绩）。

维拉尔特，阿德里安（约1490—1562年），弗兰德尔作曲家和歌手，效力于费拉拉的埃斯泰宫廷是他成年生活的开始。他的名字曾出现在红衣主教伊波利托一世德·埃斯泰的账簿中，这位具有良好社会关系的红衣主教或许为他提供了极佳的社会机会和政治机会，借助于此，这位作曲家的音乐逐渐广为人知。在1527年，维拉尔特被任命为威尼斯圣马可教堂唱诗班指挥，他在那里一直工作到1560年。维拉尔特以多才多艺著称，他既写作拉丁语弥撒歌、赞美歌和圣歌，还写作意大利牧歌和法国歌谣。

参考书目

Knighton 2003: listing of important manuscripts and their locations in index, genres in glossary.

宗教音乐

H. Brown 1999: (general study); Burgess 2000: England; Fernandez Collado 2001: Spain (choir books); Haggh 2001: performance, musical culture; Harper 2000: liturgy; McIver 2002: art and music; Nelson 2000: Spain; Oettinger 2001: German Reformation; Pointer 2002: colonial Mexico.

世俗音乐

H. Brown 1999: (general study); Bryce 2001: Florence (women performers); Haar 2003: humanism; Henze 2001: love songs; Peters 2000: southern France.

创作环境和赞助

H. Brown 1999: (general study); Macy 2003: women; Mateer 2000: court patronage.

乐器

Leach 1973: (general survey); McGrattan 2001: wind instruments; Montagu 1976: cultural contexts; Munrow 1980: instruments and their uses; Paganelli 1988: (general study); Polk 2001: Brussels (instrumental music); Smith 2003: plucked instruments.

音乐书籍的出版

Fallows 2003: polyphony; Haines 2004: manuscripts; Noone 2003: manuscripts.

第七章

战争

虽然英法百年战争在1453年结束了，1454年的《洛迪和约》又结束了意大利城邦之间的争斗，但是，在15世纪期间，欧洲从来没有免除战事。英国的内战，即红白玫瑰战争，从1452年持续到1487年，这时期法国却在为争取控制布列塔尼和勃艮第而战。斐迪南一世（1503—1564年）和天主教徒伊莎贝拉女王所统一的西班牙于1492年对穆斯林在伊比利亚半岛上的最后一个据点发动了一次成功的战役。当西班牙国王在16世纪早期成为神圣罗马帝国皇帝查理五世（1500—1558年）时，这些君主国之间的势力均衡的天平开始向西班牙倾斜。西班牙在新大陆的征服所带来的收入加强了查理五世的地位。

15世纪晚期和16世纪期间，意大利和德国的地方统治势力遭到削弱，前者是由于外国军队的入侵，后者则是因为宗教冲突。尤其是法国的宗教冲突演变为天主教徒与胡格诺教徒之间的内战，从1560年一直持续到1598年。最后，西班牙对尼德兰的不当处置导致了1567年至1609年间的若干次流血反抗。西欧的各种势力偶尔也联合起来对付共同的敌人。例如皇帝、教皇和威尼斯的联合舰队在1571年的勒班托战役中打败了土耳其人。表面看发动这次战役是为了阻止“异教”的传播，但同时也是图谋控制贸易路线。除了几次宗教战争外，经济因素在每一次主要冲突中都是重要的。

殖民战争诡称是为了向土著传播基督教，但它们也具有经济动机，因为欧洲人获得了新的领土。尽管许多这些新的领土并非想象的那样遍地都是金银，但是，来自于土地的其他财富，如木材和香料，也证明值得付出军事征服的代价。欧洲的殖民战争包括葡萄牙人在非洲和亚洲的战争、荷兰人在巴西的战争以及西班牙人在墨西哥和南美洲进行的战争。殖民战争影响了西欧，但这一主题超过了本书的范围。

技术和建筑方面的进步，尤其是冶金技术、欧洲的火药制造以及防御工事设计方面的进步导致了战术、铠甲和武器制造方面的变化。在百年战争中，法国的小型炮被证明是一个决定性因素，因为它有效地促使了战斗在开阔的战场进行。因为伤亡的增加，就需要更多的士兵，所以，随着16世纪时间的推移，更多的雇佣军被招募。到1550年，防御工事由于增添了防御性的棱堡而得到更新，再一次使抵御炮队发起的围攻战成为可能。军事医学有了一些发展，因为随着解剖知识的增加，截肢手术具有了更高的把握性。然而，创伤继续威胁着士兵的生命，因为感染的机理并不为人所知。

主要的战争

进行战争通常是为了获取另外的或收回失去的领地，提出领土要求依据的是继承权和通过婚姻或条约取得的权利。当谈判没能导致相互冲突的权利要求得到解决时，这些权利要求就是发动战争的理由。潜在的失去领土的威胁，例如法国对神圣罗马帝国领地可能会阻断其通往欧洲其余地区的陆上通道的恐惧，也会激起军事反应。不管各国统治者是否正式处于交战状态，大多数君主国的边境地区都容易受到攻击。甚至在公开战争之间的相当短暂的间歇期，散兵游勇团伙还利用沿国际边界地区的动荡不安来劫掠城镇和庄园。在15世纪的许多时间内，冲突是地区性的。除了外来势力对意大利土地的威胁外，意大利各城邦之间相互争斗不已；西班牙的历代统治者镇压了他们的穆斯林邻国；瑞士联邦的士兵抗击皇帝军队，成功地维护了联邦的独立；英国国内的各种势力为取得王位而斗争。法国为把布列塔尼和勃艮第置于法国王权控制之下而进行的斗争，使其有可能在下个世纪与拥有勃艮第的神圣罗马帝国发生冲突。

在16世纪，法国和英国的统治者以及神圣罗马帝国统治者（在16世纪的部分时间内其就是西班牙国王）支配着国际军事冲突中的战争行为。他们在北欧及南欧进行战斗，而个人间的仇恨和竞争性的自尊都促使他们要决一胜负。在他们漫长统治时期的大多数时间内，法国国王弗朗西斯一世（1494—1547年）、英国国王亨利八世（1491—1547年）和查理五世彼此处于交战状态，而他们的忠诚对象常常变动不居。引发英国与法国之间、法国王室的华洛瓦家族与查理五世的哈布斯堡家族之间的冲突的则是次要的敌意。在不同的时期，教皇或其同盟者支持这三位君主中的一位或两三位，尤其在共同抗击土耳其军队的问题上是如此。威尼斯总督反复将自己的军队与任何一位反土耳其的人结成同盟，因为威尼斯容易遭受来自东方邻国的攻击。到16世纪60年代，宗教骚乱在法国

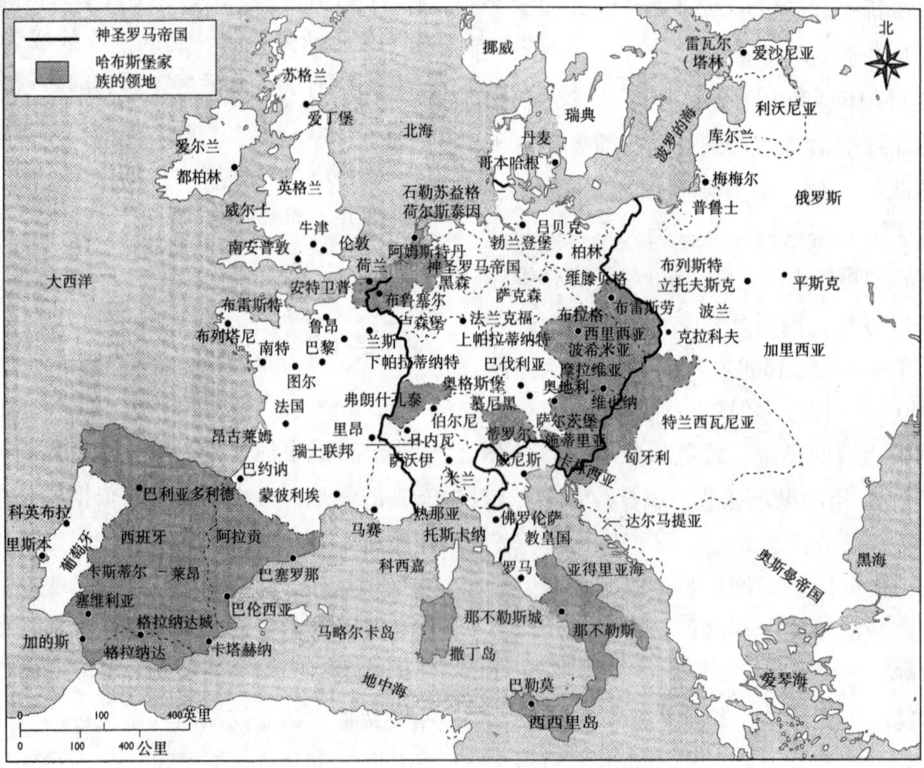

地图3　约1519年的欧洲

导致了宗教战争（见第二章），在整个北欧则导致了各地的分裂。若干君主，尤其是英国女王伊丽莎白一世（1533—1603 年）就利用当时的情况，派自己的军队进驻尼德兰和其他地区。这些军队名义上是为了帮助荷兰新教徒抵抗西班牙人，然而，它们也使英国得到了两个重要的荷兰港口的控制权。正像当今世界一样，表面上并不“处于战争状态”的国家仍然可以在其境外保持一个相互敌对的存在。

接下来讨论的主要战争是对 1400 年至 1600 年间军事冲突的一个概述。这些战争常常与婚姻契约和商业谈判纠缠在一起，当战争与殖民地领土之争有关时，战争则时常发生在殖民地。

百年战争

严格说来，英法百年战争是从 1337 年一直持续到 1453 年，其间有断断续续的和平时期。战争的缘起是英国国王根据婚姻关系对法国王位提出要求，彼此的敌意又得到法国勃艮第和布列塔尼公爵的煽动。英国在冲突中失去了加斯科尼和诺曼底，但直到 1558 年仍然控制着港口城市加莱。战争以签订《图尔条约》结束，但是，文艺复兴时期英法之间的其他冲突的根源是百年战争所引起的难以消除的敌视，而 16 世纪 30 年代后的宗教分歧更加深了彼此的敌意。

玫瑰战争

15 世纪的玫瑰战争是争夺英国王位继承权的内战，战争在兰开斯特家族与约克家族之间进行。两个家族都以玫瑰作为家族纹章图案。从一开始，兰开斯特家族就不那么受欢迎，因为他们要对巨大的男丁消耗和百年战争中丧失的其他资源负责。那些从法国归来的愤怒的士兵随意加入交战的任一方，他们仅仅是为了有机会打仗和劫掠，所以，战争非常残酷。玫瑰战争开始于 1455 年，结束于 1485 年的博斯沃思战役，之后，亨利七世（1457—1509 年）加冕为王，兰开斯特家族被打败。亨利七世是都铎家族的成员，是约克家族的外甥，同时他娶了约克家族的伊丽莎白为妻。

西班牙最后的“收复失地运动”

西班牙的收复失地运动（西班牙语拼作“Reconquista”）开始于 13 世纪，当时西班牙的基督教徒从穆斯林手中夺回了科尔多瓦城。到 13 世纪晚期，只有格拉纳达地区仍然在穆斯林控制下。在 1491 年，伊莎贝拉和斐迪南集结军队，于 1492 年 2 月攻占格拉纳达。这一胜利标志着收复失地运动进入最后阶段，其作为对“异教徒”的胜利在全欧受到歌颂。

瑞士战争

瑞士联邦由操德语的为军事防御需要而联合起来的各州组成，在 15 世纪期间，联邦因其士兵的组织和技能而著名。1456 年至 1477 年间，他们在若干次遭遇战中打败了勃艮第军队。在重要的抗击皇帝马克西米连一世（1459—1519 年）的瑞士战争中，联邦于 1499 年战胜了皇帝军队。联邦因此获得了独立，瑞士雇佣军在西欧成为最受欢迎的士兵。

意大利战争

在意大利战争期间，奥地利哈布斯堡王朝与法国华洛瓦王朝为争夺在意大利的霸权而战。战争从1494年一直持续到1559年通过《卡托—堪布累齐和约》(下文将讨论)才正式结束。在15世纪期间，意大利主要的北部城市中地方性战争普遍存在，而意大利战争的显著特点在于国际上外部势力的卷入。起初，教廷支持它传统上的盟友神圣罗马帝国皇帝查理五世，后来由于害怕哈布斯堡家族在意大利日益增长的势力，转而与法国国王弗朗西斯一世结成同盟。若干意大利城邦的统治者也参与了这次冲突，相对于受邻近城邦的控制来说，他们常常更愿意接受或许是暂时的外国统治。在1559年，法国放弃了它在意大利的全部权利要求。

奥地利—土耳其战争

16世纪期间，土耳其军队曾两次进犯奥地利，在1529年和1532年，土耳其军队推进到了维也纳，但没能攻占这座城市。最著名的维也纳围城战发生在1529年，当时守城士兵有两万，而土耳其军队的数量是他们的10倍。具有讽刺意味的是，挫败苏丹的恰好是他这支数量庞大的军队，因为离军需供应地太远使数量如此大的围城士兵的补给难以为继。守城军队卓越的保卫战以及皇帝将派军队增援奥地利人的威胁，使土耳其人解除了对维也纳城的围攻。

施马尔卡尔登战争

施马尔卡尔登战争是在皇帝查理五世的军队与1531年结成施马尔卡尔登同盟的德国新教诸侯之间进行的，战争只持续了两年，即1546年至1547年。查理五世得到萨克森公爵莫里斯(1521—1553年)及其军队的支持，在米尔堡战役取得了决定性的胜利。

英格兰—苏格兰冲突

在16世纪60年代和70年代，受到法国支持的苏格兰女王玛丽的影响，英格兰与苏格兰之间就共同边界的小摩擦迅速演变为一次国际冲突。玛丽是一位吉斯家族成员的女儿，在一个法语占优势、对法国有好感的家庭环境中长大成人。作为亨利七世的后代，玛丽有权继承英格兰王位，且其为天主教徒，因而得到法国国王的支持。在1558年，她嫁给了法国王位继承人弗朗西斯二世(1544—1560年)，这次婚姻提高了她对法国人的吸引力，但却使她疏离了苏格兰新教集团和信奉新教的英格兰。在1567年，当玛丽自己的臣民起而反对她的时候，她逃到英格兰寻求避难，在那儿她被伊丽莎白软禁了起来。玛丽与法国人不间断的反英密谋最终导致她被处以极刑。

尼德兰起义

在1555年，西班牙国王腓力二世(1527—1598年)成为勃艮第公爵，勃艮第公爵在当时控制着尼德兰地区。由于他想生活在西班牙，于是，他任命其异母姐姐帕尔玛的玛格丽特作为摄政者。腓力还派遣耶稣会士去尼德兰打击新教徒，建立宗教裁判所。尼德兰各省的反抗开始于1567年，腓力用冷酷无情的镇压来回应。在奥兰治的威廉

（1533—1584 年）的率领下，新教军队夺取了荷兰和泽兰。然而，在 1576 年劫掠成性的西班牙军队在所谓“西班牙的愤怒”中攻占了安特卫普城，屠杀了数千人，摧毁了整个邻近地区。在 16 世纪 80 年代，随着英国和法国参战支持联省共和国，战事变得非常惨烈。对于法国来说，这次行动是上文论及的哈布斯堡家族与华洛瓦家族之间的敌对行为的继续。虽然 1609 年宣布的休战使荷兰拥有了在西印度群岛的殖民权利，但是，从来没有签订一个条约。这些敌意导致了三十年战争，其是 20 世纪之前欧洲历史上最为残暴的战争。

土耳其战争

土耳其战争是匈牙利与奥斯曼土耳其之间进行的战争，时间是 1593 年至 1606 年。奥地利军队给匈牙利人提供了援助，目的是断绝土耳其人进一步向欧洲扩张的企图。土耳其人取得了好几个战役的胜利，并在 1602 年展开对布达的围攻，但是，联盟军队夺取了佩斯。战争以 1606 年签订的条约而结束，根据该条约，土耳其正式承认了神圣罗马帝国。

铠甲和传统兵器

在 15 世纪期间，随着武器越来越致命，尤其是火器开始在战争中使用，人体铠甲和战马甲胄得到改进，以便提供更好的保护。然而，增加保护性就意味着减少机动性，而且用回火钢片做成的全身铠甲并没有厚到足以抵挡短射程的火器。在西方社会，只有文艺复兴时期才在战争中使用覆盖全身的金属铠甲。到 17 世纪，火器在短射程内成为非常有威力和效力的武器，结果是防御手段的提高必然催生好枪法，好枪法则要求身手敏捷。文艺复兴时期的人体铠甲多少有些限制身体活动，因而就成为了过时的东西。马上比武铠甲与实战铠甲不同，它又重又厚，目的是防止致命伤害。节庆仪仗铠甲纯粹是仪式性的，用各种金属加工技术对其进行了繁复的装饰。

铠甲

野战铠甲

中古时代的人体铠甲是锁子甲，即由小铁环构成的坚固网状铠甲。虽然这种铠甲有很大的灵活性，但此种特性恰恰是它的弱点。它对箭头和长矛没有很强的抵御能力，也不能很好地抵御来自投射武器发射的石头等物的重击。后来人们用坚固的骨片、经过沸煮硬化处理的皮革以及钢片来加固锁子甲。到 14 世纪，士兵们披挂连缀在厚重编织背心上的金属板，同时配上独立的金属护臂和护腿，戴上金属头盔来保护自己。然而，回火钢弩和有效火器的发展必然需要另外的防护措施。在 1400 年至 1600 年间，因为技术的进步提高了进攻能力，所以防御手法和武器也得到改进，军事费用急剧增长。文艺复兴早期最熟练的铠甲制造人士在米兰，到 1420 年他们已造出了全身板甲。用皮带和铆钉来连接金属板，使其相互交叠和连锁在一起，这样，板甲就有了适度的灵活性。即便对于相当魁梧的战士来说，一套野战铠甲的重量很少超过 60 磅，笨重不灵活的铠甲在战争中会导致灾难。15 世纪铠甲用钢硬度非常高，目的是

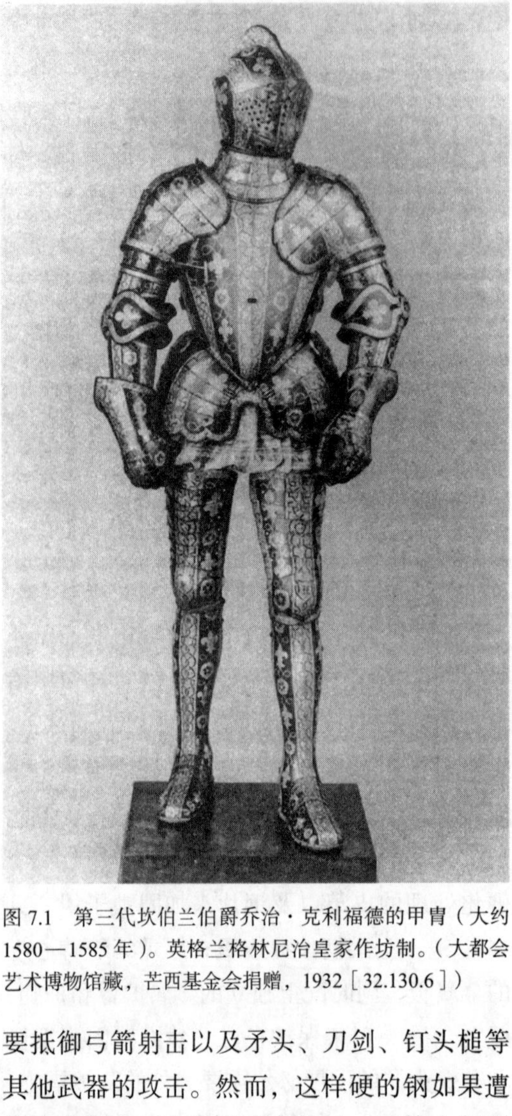

图 7.1　第三代坎伯兰伯爵乔治·克利福德的甲胄（大约1580—1585年）。英格兰格林尼治皇家作坊制。（大都会艺术博物馆藏，芒西基金会捐赠，1932［32.130.6］）

要抵御弓箭射击以及矛头、刀剑、钉头槌等其他武器的攻击。然而，这样硬的钢如果遭到枪炮射击则会碎裂和破损。一个体内留有钢铁碎片的士兵比一个只是负了枪弹击伤的士兵更容易感染。虽然铠甲制造者试图造出更柔韧易弯而不是易破碎的钢材来，但是，他们不是很成功。最后，造出能抵御火器攻击的铠甲唯一有效方法是将铠甲做得更厚，结果是一旦穿上厚到能抵御枪弹的全身铠甲，士兵就不能作战了。解决方法是集中保护身体致命的部位，包括头部和躯干，所以，到16世纪末厚重的护胸和护背取代了全身铠甲。中古时期的战马铠甲是锁子甲，覆盖着马的全身直到马腿上方，同时还有锁子甲马头盔。文艺复兴时期的战马也要披挂铠甲，要戴上覆盖大部分马头的头盔。马身铠甲用弧形金属板或连锁在一起的金属板做成，金属板上还带有防御箭头以及其他枪弹的凸起。然而，为了马的速度和灵活性，马腿没有防护。

马上比武铠甲和节庆仪仗铠甲

在中世纪马上比武铠甲与实战铠甲没有差异。在这时期马上比武会（马上长矛打斗）是实战训练和准备。常常有人在马上比武时被杀，所以，比武会是残忍血腥的。到15世纪，公开的马上比武已与运动赛事相似了，因而每一种竞赛都要披挂特定的铠甲。由于马上比武铠甲只是在一个短暂时间内为了一个特定目的而披挂，所以，为了给参与者提供最大限度的保护，它更厚更重。披挂上这种铠甲往往需要用绞车来把骑士吊上马背，而且，任何一个披挂这类铠甲的人一旦落马常常不能站起来。文艺复兴时期的比武不用火器，马上比武通常用长矛，徒步格斗用刀剑和战斧。

节庆仪仗铠甲是16世纪初出现的，它不在包括马上比武的任何一种战斗中使用。虽然只是在铠甲边缘雕刻有一个窄窄的装饰带，但是，所有文艺复兴时期的铠甲都有装饰，而且骑士披挂的和战马穿戴的节庆仪仗铠甲还有华丽的装饰。像霍尔拜因和丢勒那样的艺术家也为铠甲设计蚀刻装饰图案。铠甲装饰的三种技术是蚀刻装饰、凸花雕饰和镶嵌装饰，另外还有镀金和上蓝。镶嵌装饰材料常常是金银。节庆仪仗铠甲是地位和权势的象征，因而古罗马的图案也被用在装饰图像中。古代人物像与圣经经文和圣徒像并置在一起，还绘有显示持有者身份和等级的纹章图案。节庆仪式盾牌为艺术家创作精致的图案提供了非常协调的画面，这些盾牌朝里的一面常常用织物来做衬里，同时绘有狩猎场景或其他适当的图案。

传统兵器

手持兵器

在文艺复兴上半期，由于冶金技术的进步而得到改良的手持兵器继续为士兵们所使用。传统兵器主要类型是利刃武器、有柄尖头武器和射击武器（包括发射箭矢的弓箭和作为其补充的投石器）。利刃武器包括短剑和长剑。要双手才能挥舞砍杀的笨重中古长剑变成了更轻更窄的武器，这样就能从板甲连接处刺进身体。骑士最常用的是长矛，矛尖为钢，柄长 10 至 12 英尺。一个有经验骑士骑着训练得很好的战马，手持长矛全速冲击时，长矛是一件令人生畏的武器。步兵使用的是戟或长枪，柄长约 6 英尺。瑞士的长枪手常常能面对骑士冲击，坚守住他们的阵地，他们是这个时代最受尊敬的步兵。弓箭手使用石弓或大弓，英国人就以其在大弓上的优势而闻名。大弓与石弓相比有一个优势，即它的发射速度至少要快两倍。装弹和张弓使石弓在战斗中耽误了决定性的时间。

弩炮

在围城战斗中，非常大的投石器和弩炮被用来发射石头轰击城墙，以便能造成一个供军队进攻的缺口。其中最有威力的当数抛石机，它最初是由一组人操作，通过他们拉紧绳索产生的张力来投射出炮石。在 12 世纪期间，重物取代了人力。用绞车把重物拉下来，然后，这个发射装置就能相当准确地发射沉重的炮石。到 15 世纪，圆形射弹，包括铁球的使用，提高了弩炮的准确性。用抛石机对中古城墙实施的进攻性炮击必然会造成重大损坏。然而，这种中古机械攻城装置的一个不利之处是操作它的士兵容易受到防御火力的攻击。弩炮需要有开阔空间，因此发炮时每一个人都可能受伤。

火器

火药起源于中国，13 世纪时很可能已传到西欧。到 14 世纪，西欧有了火枪以及较大的火炮，而且，在欧洲能生产火药后，火药价格也大大降低了。火药价格的降低是较大的火炮在接近 14 世纪末成为可用武器的原因。到 1409 年，勃艮第公爵有了一门可发射重达 900 磅炮石的火炮。15 世纪最著名的火炮是弗兰德尔制造的“蒙斯蒙哥”（Mons Meg）大炮（现藏于爱丁堡），它有一个直径近 20 英寸的炮膛。发射这样一门大炮所需火药的量非常大，也就是说单独一门火炮在一次攻城战中通常要用一百多磅火药。到 15 世纪中期，军事指挥官设计了一套当炮兵在重新向炮膛填充火药时利用较小型的火器来提供掩护火力的方法。轻型火器拿来与火炮以及更传统的武器一道使用，而且，轻型火器在攻城战中非常有效。例如，胡斯派教徒就设计了一种被称为“车载城堡”（Wagonburg）的武器，身藏其中的一组士兵用火绳钩枪攻击侧面的手持石弩的弓箭手。火药导致了新的战术和各种铠甲的产生，最终还导致了世界从未经历过的毁灭性的战争。在1620年，哲学家弗朗西斯·培根声称，火药是导致西方社会变化的主要因素。在1400年至1600年间，火器的制造及其在战争中的应用不仅改变了技术方法，而且改变了欧洲的政治面貌。

火枪

枪弹和枪的口径都没有标准，然而，我们还是能够对火枪的若干方面做某些概述。枪管逐渐造得越来越长，弹药装填量也在增加，高质量的火枪用铸铜来造，而锻铁被用来制造更小更廉价的武器。在文艺复兴时期，铸铁技术刚起步。显然，整体铸造的火枪比若干部分分别锻造的要更安全、更可靠。尽管火枪的弹道有点儿不可预测，但是，野战战术的发展使火枪的威力和响声得到充分利用。例如，“瑞士方阵”战斗队形由一大群持长矛的士兵组成一个牢固的方阵，方阵两侧是配备火绳钩枪的两组士兵。直到17世纪弹道学取得重大的进步之前，持火枪的士兵通常都需要装备有传统手持武器的士兵的辅助。在文艺复兴时期的战争中，除非在非常近的距离内，士兵不会瞄准一个特定的个人。他们只是朝着敌人开火，希望能射中某个人。他们的子弹多半射不中。

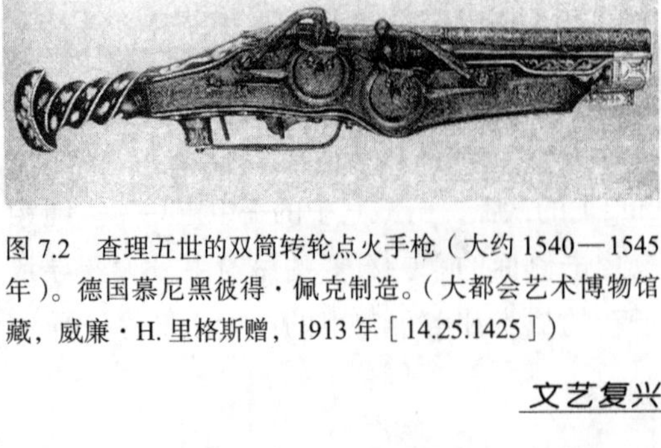

图7.2 查理五世的双筒转轮点火手枪（大约1540—1545年）。德国慕尼黑彼得·佩克制造。（大都会艺术博物馆藏，威廉·H. 里格斯赠，1913年［14.25.1425］）

火炮

在这时期，与小型火器相比，用火药来发射的火炮是有效得多的武器。在15世纪20年代的波希米亚内战，即所谓胡斯战争中，小型火炮在起义军队取得的决定性胜利中发挥了重要作用。对胡斯派教徒进攻的惧怕促使德国人致力于枪械生产，把火炮纳入军事编制。在结束了百年战争的最后阶段后，法国炮兵已是全欧闻名，而西班牙的火炮更在1492年把穆斯林赶出了格拉纳达。对于16世纪初的军事家来说，炮兵显然是未来征服的关键因素。由于16世纪期间的战争发生了重大变化，尤其是在开阔地进行的野战，所以，骑兵逐渐不再是战争的重要组成部分了。1494年至1559年间的意大利战争就是新武器和新战术的试验场，尤其对西班牙军队是如此，他们得益于格拉纳达战役的经验。虽然后膛炮在意大利已被使用，但是，大多数火炮都是前装式的。士兵们有用来清扫和装填大炮，以及把炸药封堵进大炮后膛的特殊工具。还有刀刃上刻有刻度的短剑，用它们来称量弹药重量。炮兵用一个象限仪来瞄准目标，以便确定炮管抬起的高度。

士兵

在文艺复兴时期的军队中居于支配地位的是雇佣兵，他们常常根据开价高低来确定自己的立场，如果没有得到钱，他们会拒绝作战。到16世纪，这些雇佣兵之外有常备职业军队以及民兵部队作为补充。在15世纪期间，像意大利的雇佣兵首领那样的骑兵雇佣兵是在开阔的野外作战的重要因素。随着枪

图 7.3　描绘持矛手和骑士作战场景的木刻版画。见塞巴斯蒂安·弗兰克的《日耳曼编年史》（1538 年）。（经拥有该照片 2003 年版版权的索斯比公司的同意使用）

炮技术的进步，训练有素的步兵成为在战略上更有用的兵种。

虽然妇女不作为士兵投入战斗，但在围城战发生时，她们也被命令登上堡垒城墙进行防御。构筑防御工事必然要运送大量的泥土，而且工事常常必须在很短时间修建完成。12 岁到 50 岁的各阶层妇女都要参与铲土，并用独轮手推车运土。她们偶尔也得到承认，并因为参与防御战得到报酬。例如在 1472 年，博韦地区（法国）放松了对妇女的戒奢法令，因为她们帮助勃艮第公爵逃脱了被俘的命运。

军队

雇佣兵

雇佣兵是为了获取报酬而打仗的士兵，而且，他们通常被他们对其没有效忠关系的国家所雇佣。文艺复兴期间大多数士兵是雇佣兵。16 世纪欧洲的雇佣兵总数平均为 50 万人。例如当我们提到“1490 年为梅斯打仗的军队”时，那些士兵中包括阿尔巴尼亚人、法国人、意大利人、弗兰德尔人、德国人和西班牙人。在 15 世纪晚期和 16 世纪初法国入侵意大利期间，瑞士长矛兵就是法国步兵的主力。正像瑞士和德国雇佣兵一样，文艺复兴时期大多数小规模雇佣军是由从一个地区集体招募来的士兵组成。一般说来，这些地区，如加斯科尼、士瓦本和苏格兰都是为高失业率和萧条的经济所困扰的地区。因为语言障碍可能是一个难题，所以，其内部能轻松沟通的高度协调一致的士兵队伍在战略上是非常重要的。到 1500 年，这些雇佣兵队的士兵数可能有一百多人。重装骑兵和长矛兵支配着15世纪的雇佣兵市场，而且，1500年至1600年间，在使用火炮和小型火器方面有经验的士兵逐渐在取代大多数骑兵。15世纪最著名的马背上的雇佣兵是意大利的雇佣兵首领（下文要讨论）。

固定薪金只是作为雇佣兵打仗所得报酬中的一项。在文艺复兴时期的战争中，抓获俘虏索取赎金是一项赚钱的买卖。雇佣兵还劫掠敌军辎重车队，以及在被征服城市夺取战利品。他们偶尔也会失去控制，就像1527年劫掠罗马和1576年洗劫安特卫普那样。在这些事件中，雇佣兵从礼拜堂和大教堂的圣器收藏室以及被摧毁了的宫殿庄园中窃取了无价珍宝。他们还因为残酷无情和性暴力而臭名昭著。雇佣兵的生活或许对一些性格孤僻自私的人具有吸引力。然而，雇佣兵也有他们自己的道义准则，当与其同胞对阵时，他们常会拒绝作战，或只是假装作战。

雇佣兵首领

意大利的雇佣兵首领（condottieri）是根据合同提供服务的（主要是）骑兵首领，在合同中他们承诺在一个有限的时期内提供一定数量的士兵。雇佣兵首领及其所属士兵是15世纪意大利最有战斗力和最受尊重的战士。大多数雇佣兵都不出生于他们正在为之打仗的城邦，因而他们可能发现自己置身家乡，与母邦军队对阵交火。显然，雇佣兵制度对那些以此为业的士兵来说是可接受的。许多在首领率领下打仗的意大利雇佣兵来自翁布里亚、罗马尼阿或马尔凯这些偏远的或经济萧条的地区。虽然有屠夫的儿子，也有面包师的儿子当了雇佣兵首领，但是，这类首领通常不是逐级提拔上来的。大多数雇佣兵首领出身贵族，好几个最值得注意的首领是他们城邦的君主，如埃斯泰家族和贡扎加家族。几乎所有雇佣兵首领都是意大利人，或半个意大利人，但也有几个著名的外国人统帅意大利的雇佣兵队。最著名的是英国人约翰·德·霍克伍德（约1320—1394年）。

常备军和民兵

到15世纪中期，随着战争成为生活中可预料的方面，所以，军事指挥官也开始考虑如何为下一次冲突做好充分准备。法国是第一个建立了一支常备军队的国家：查理七世（1403—1461年）下令组建了一支常备骑兵队，路易十一世（1482—1515年）建立了一支常备步兵队。自然，一旦有一个主要的欧洲大国组建了常备军，其他国家便必定会仿效。意大利各邦，尤其是米兰、威尼斯和那不勒斯很快也有了常备军队。为打仗而存在的常备军是一个难以对付的问题。在和平时期，这些士兵常常骑着马去劫掠城镇和乡村，造成重大破坏，使民众感到恐慌。另外，他们常常与妓女和其他名声不好的人混迹在一起。贴身保卫全欧各统治者的常备警卫完全达到了类似的规模，其数量也相当可观。例如伊莎贝拉女王的卫队有1100名步兵和130名骑兵，而弗朗西斯一世有720名士兵保卫其家庭。这些士兵不只是担任警卫工作，他们常常随他们的主人出征，还要指导新兵。

16世纪期间欧洲编组了民兵队伍，但其成员几乎没受过训练，也没有什么机会操练武器，而且他们使用的是手持武器。这时期的军事指挥官的作战方针靠的是调动作为单一作战单位的相当大的士兵群体，如炮兵两侧的长矛兵。然而，欧洲的小城镇通常没有成群的人全部都持同样武器作战的情况。下面的报道描述了一次典型的英国乡村备战的情况："上述铠甲和弹药……都藏于各城镇的某个专门的地点，这由全体教区居民同意来确定，要求在一小时的警报时间内人们总是易于从那儿得到装备，并穿戴停当……当然，在英国几乎没有哪个村庄如此贫穷（即便它非常小），以至于没有能力……愿意派出三四个士兵，来充作弓箭手、枪手，起码也要作为一个钩镰手（即手持钩镰刀的人）。"（Scott 1976, p. 244, 引自威廉·哈里森 1587 年出版的《英格兰纪实》）这些士兵到出发时也全然不知在实战中怎样听号令使用他们的武器。此种情况到 16 世纪末甚至变得更糟了，当时打仗所用的火器并不总是与狩猎所用的火器相同，因此，民兵不仅必须以陌生的队形打仗，而且必须用陌生的武器打仗。当然，这些状况也有例外，如宫廷中心附近的民兵，他们偶尔会由君王的卫兵来训练。

军事联络和军需供应

一支军队的推进速度不能快于其军需供应的跟进速度，同时，重炮也放慢了辎重马车的每天的行进速度。一支运输大炮的军队的速度取决于天气和地形，每天向前推进不过三到九英里。火器所用的弹药必须运输，因为士兵们不再能够就地取用石头来攻城了。虽然小麦或其他谷物时常可从当地供应商购得，但是，每一支军队都要带上面粉磨和便于携带的烘炉一道行军，这是制作大量面包供应部队所必需的东西。而且，因为板甲较重，如果敌军不在附近，士兵不会再穿着它长途行军。铠甲也必须要辎重车来运输，这会增加重量，减慢行军速度。需要提供食物供应的人数惊人，一般情况下，士兵与非战斗人员之比是一比一，由此需要食物供应的人数翻了一番。每一个贵族成员都有若干随从，他们中的一些人甚至带上了他们的"妻子"，这种做法即使没被禁止，但也受到劝阻。当法国国王亨利二世（1519—1559 年）与路德派诸侯一道对抗查理五世时，他估计他统帅的 50 000 人的军队可能有几乎同样数量的非战斗人员相随。

战时沟通联络受到军队构成国际化的阻碍。雇请雇佣军的一个优势是至少每一支雇佣军成员内部能轻松沟通。某些基本口令得通过手势和信号旗来传达，战斗通常在黄昏时分结束。当作战人员需要侦察情报时，就要派出传令兵来递送。军事传令兵还要负责前线指挥官与总指挥官之间的联络。对于这类距离相当远的联络，需要使用骑马的传令兵。当土耳其人向整个东欧推进时，由骑马传令兵负责的与军事指挥总部之间的联络的实际限制就变得明显起来。土耳其人对维也纳的围攻毫无成效，原因就是维也纳离君士坦丁堡太远，作战计划不能有效地传送。

指挥系统

在文艺复兴时期，军事指挥系统的主要目的是用纪律来约束一个散漫的人群，使他们能协调一致。封建战争中骑士是最小的战斗单位，从封建战争发展来的 15 世纪最早的指挥系统就是雇用一名带甲骑士来负责小的战斗队。这种战斗单位叫"枪骑兵队"（lance），最早在法国组建起来。它由一个骑士及其随从和见习骑士，加上几个骑马弓箭手和一个仆人组成。为了作战需要若干枪骑兵队可编为不到一百人的"护卫队"（convoy），编组是以地区和语言为基础的。护卫队随数量相等的雇佣兵队以及瑞士长矛兵队一道作战。

随着15世纪期间战争的职业化以及瑞士长矛兵的纪律成为效仿的标准，作战团队的观念在雇佣兵中发展起来。军队被要求集结起来接受检阅，其间要对新兵宣读军役条款，同时，他们还要跟随其长官宣誓。各团（四百人左右）由一位团长管理，每40人一个组成一个分队，各分队选举自己的队长。其他指定的官员负责调解分队长之间的纷争以及执行纪律措施。这种团队体制为其他地区的军事指挥官所采用，他们认识到了在分队中培养起来的团队精神的价值。总指挥官当然是国王或公爵，他们的将军指挥负责各团的团长。当君主亲临战场时，他通常指挥一支特别后备军队，假如将军畏缩不前，他们就会冲锋陷阵。

战术

发起一次野战战役关键是要挑选适合特定条件和交战对象类型的作战人员。例如山地就需要更多的步兵和弓箭手，而不是重装骑兵。无论是怎样的士兵配置，比敌方拥有更多军队都是个关键因素，因为足够的数量常常赢得胜利。军事指挥官通常按照前锋、后卫和两翼这样一种主要的战术来部署自己的军队。战术是多种多样的，采用什么样的战术取决于地形和可用的战斗人员，受欢迎的阵形是密集牢固的长矛兵方阵或密集的步兵新月形阵式。弓箭手或枪手常常充任两翼的军队。这时期的战术包括先袭击敌人，接着用长矛兵、重装骑兵或炮兵对其实施打击的“突袭”战术。不管怎样，突然袭击时常是有效的，最佳的奇袭是要造成敌军士兵的溃逃。被用作最后一招而且一用就会非常成功的战术是一大群士兵佯装逃跑。于是，打乱队形来追赶他们的敌军就容易受到藏身森林中或山丘后面的侧翼军队的进攻。

海军

在15世纪晚期，海战中的水兵经历了相当大的变化，16世纪更是如此。在舰船大炮发明之前，海军官兵通常是在茫茫大海上通过短兵相接的肉搏战来赢得战斗胜利的。主要供选择的方法是撞击舰船舷侧，这是非常危险的一招。火药发明前，在海岸附近的海上遭遇战中，可以用中古作战机械来投掷或发射炮石攻击敌军舰船甲板。在浩渺的大海上，可用小型作战机械从舰船上发起攻击。如果遭到燃烧着的抛掷物攻击，可能造成水兵受伤以及舰船局部着火。在帆船的时代，如果索具和船帆受到严重损坏，舰船就失去了战斗能力。炮石可能会对舰船造成损害，但对敌军水兵个人的伤害是有限的。在开阔的大海上，一艘攻击舰船必须要划行或张帆航行到能向敌船舷栏抛出挂钩的近距离，将其强拖在自己旁边，以便登船作战。由于大海的颠簸，弓箭通常不如其在陆上那么有效。水兵常常不得不登上敌船，用短剑、长刀、棍棒以及其他中古武器来拼杀。常常要安排一组攻击者负责搜查舰长室和驾驶舱，寻找地图和海图。当敌人的进攻迫在眉睫之时，某些船长会把航海图抛入大海，而不让它们有落入敌手为敌所用的危险。例如葡萄牙人就以面临进攻毁掉海图而著名。

舰船大炮由车载炮构成。虽然早在14世纪的海战中就使用了大炮，但是，它们需要在舰船主甲板上设置笨重的支架。这种炮位使较小的舰船头重脚轻，失去平衡，也使大炮和炮手暴露在敌军炮火下。直到16世纪初军事工程师才设计了一种更好的方法来安放舰船大炮。舰船上增添了炮甲板，而且为保持更好的稳定性，炮甲板安装在较接近水线处，同时，在船舷上开有供炮弹发射的炮眼。主要的不利是因为大炮安放在接近水线处，如果舰船受损开始下沉，水会从炮眼灌入，大炮的重量就会把舰船拖往水线以下。1545年，英国军舰“玛丽·罗斯号”就曾发生了这种情况，当时，它在朴次茅斯海岸附近与法军作战。大多数文艺复兴时期的舰船大炮都是用铁以及耐火石或耐火铁件造的。青铜炮要轻得多，但其造价也要昂贵得多。（某些古代青铜塑像在这时期也被熔化来铸造大炮和其他武器。）这类大炮的重量和部署最终使以全帆装备的、相当大的帆船作为战舰盛行起来。

欧洲在舰船大炮上的优势为团结起来对抗土耳其人的基督教联盟赢得了1571年勒班陀战役的胜利，这是文艺复兴时期最伟大的军事胜利。人们用歌谣、诗歌、绘画和挂毯来颂扬这次胜利。此次遭遇战在军事史上也非常著名，因为它是使用桨船的最后一次重要战役。神圣同盟的战舰与土耳其舰队相遇于科林斯海湾附近，共有五百多艘战舰参与了这次战役。担任帆船桨手的包括奴隶、囚犯和被强制征用者，加上双方水兵，至少有十四万人参与了战斗。基督教同盟的舰长们命令其军官近距离平射，结果，弹击、火烧或水淹共夺去了大约两万多名土耳其水兵的生命。反复的炮火轰击对战舰船员的伤害是可怕的，如1596年英国进攻西班牙加的斯港，当时战舰在燃烧：“敌方的状况非常糟糕，许多人遭溺毙；许多烧伤严重的人跳进了大海；许多人水都淹到了嘴边还拽着船边的绳头；许多人身负重伤在游泳，他们中弹落水，浑然不觉自己的伤痛。尽管有如此强大的火力，有伟大的‘菲利普号’战舰上如此猛烈的大炮等，但是，当炮火袭向他们时，似乎任何一个人都有了见到地狱本身的感觉，地狱在那里得到最生动的表现。”（Scott 1976, p. 259, 沃尔特·罗利爵士的书信）在这个港口中，英军几乎击沉了全部敌舰。

军事医学

16世纪期间，解剖学知识的进步为更有效的外科方法产生提供了条件，而在军事医学方面的一个直接结果就是更成功的截肢手术。如果骨头断裂处是整齐的，骨头没有弄碎，那么，断骨也能勉强接上。在处理开放性创伤，如刀剑伤时，外科医生开始对主要血管的位置和扎住血管防止流血的方法有了更充分的了解。法国外科医生安布鲁瓦兹·帕雷（1510—1590年）就是文艺复兴时期军事医学的一位先驱。虽然他不理解微生物的性质，但是，他做了各种防止感染的战地敷料试验，而且试图用更人道的方法来为士兵疗伤。然而，16世纪火器的日益普及加剧了战争的残酷性，这对该时期医学专家的科学知识构成挑战。

感染

士兵常常死于创伤感染，刀伤和枪伤医治起来特别困难，因为这样的伤口都很深。当安布鲁瓦兹·帕雷起初开始做战地外科医生时，一般对枪伤的治疗是要往伤口里灌注滚油来对其进行烧灼。有一次没有合适的油，帕雷偶然发现了一个更好的、更人道的这类创伤的包扎方法："最后我的油用完了，被迫用蛋黄、玫瑰油和松脂调配的药膏来作为替代……［第二天早上］，我发现用了我的药膏的那些人几乎没有了疼痛，并且他们的伤口没有炎症或肿胀……其他用了上述滚油的人，我发现他们在发烧，伤口剧烈疼痛，伤口边缘有肿胀。自那以后，我决心不再如此残忍地烧灼那些负了枪伤的可怜人了。"（Ross and Mclaughlin 1968, p. 561）在他从医的晚期，帕雷收买了一位意大利外科医生，从他那里得到了一个非常成功的战地敷料秘方，它的成分是松脂、百合花油和与新生小狗一道煮沸的捣碎的蚯蚓。虽然这类方法以当今现代医学来看也许似乎是野蛮的，但是，我们必须认识到枪伤是战地医学中相当新的问题。伤口严重感染会引起坏疽，而截肢通常是唯一的医治方法。

战地伤病

富裕的军队长官和指挥官出征作战都带着自己的医生，而雇佣兵队的士兵则要花钱请理发师兼外科医生为他们服务。然而，对于一般的士兵来说，士兵与医生之比大约是150 ∶ 1。这个比例在和平的乡村或许是可接受的，但在战争时期就不够了。伤员分类处理的方法会让一个"只有"枪伤的士兵躺在肮脏的地方无人理会，直至感染恶化到不可收拾的地步。总的来说，因中枪弹死亡的士兵要比受刀矛等类似武器伤害而死的士兵更多，但是，后一类武器常常引起更多的流血和更明显的外伤，这些也必须加以处理。文艺复兴时期的其他战时伤病是霜冻和冰冻，得了冻疮的手指头和脚趾头或鼻子和耳朵必须被截除，那么，霜冻就导致了外形毁损，而冰冻则会引起死亡。例如1552年梅斯包围战期间，许多睡在梅斯周围野外的士兵被冻死。在中古时期，欧洲北部的军队通常冬天要回家，而与中古时期不同，在文艺复兴时期，战争成为了全年性的事情，尤其是包围战更是如此。还有，在一个人们对微生物没有适当知识的时代，任何一个像战时士兵那样紧密聚集一起的人群中，流行病都是猖獗的。在有几次战役中，痢疾、汗热病和伤寒特别严重，更多的士兵死于这些疾病而不是作战。

战争的后遗症

军事医学的一个与打仗本身无关的方面是大量疾病缠身和截了肢的老兵的返乡，老兵们发现他们没有养老金，没有任何回报。而且，那些需要更多关心的人得不到医疗，比如对他们没有接好的骨头进行外科矫正，或者对他们失败的截肢手术留下的残肢进行清理。在一个没有工业化机器及其相伴随的事故的时代，很少每天在公众场所看见有这类伤病的人。心理伤害肯定是很严重的，尤其是对于那些不再能够养家糊口被迫成为乞丐的人。这种情况也有一个著名的例外，那就是在威尼斯共和国对受伤的和阵亡的雇佣兵首领的关照。为了激发更大的忠诚，威尼斯为伤者提供医疗，给阵亡者发放抚恤金，举行国葬，偶尔还为伟大的战士修建纪念碑。

防御工事

在文艺复兴初期，由于大炮的发展，防

御工事必须被完全重新予以考虑。在中古时期，带有饮水源、贮备充分的堡垒很有希望赢得反攻城战。这类攻击通常在春天和初夏开始，假如胜利似乎不是马上要来到，冬天一到敌军就要回家。因为对中古建筑进行反复炮轰常常见效迅速，所以，到15世纪后半期，战事全年不间断进行。即便冬天或许正在临近，只要部队有给养，确信再有几天或者几周就能突破包围，军事指挥官就会冒着连续不断的炮火坚持下去。这就需要一种新型的防御工事，结果，它在意大利被设计了出来。

文艺复兴早期

中古的设防建筑有高高的外墙和带有狭小窗户的塔楼，建筑由砖或石料砌成。这些建筑是为抵抗敌军长期包围而设计的。要攻占这样一座堡垒只有如下方法:（1）把木制攻城梯推来靠住堡垒外墙，然后爬上去，但是，这类攻城梯相当易燃，会受到墙上发射的燃烧物的威胁;（2）冒着如雹子般倾泻而下的箭矢、滚热的沥青和其他武器的攻击，把堡垒的外墙撞垮一部分;（3）从堡垒地基下面挖隧道进入，这一方法要花费很长的时间。传统的塔楼和高高的外墙经不起炮火的轰击，进攻方可以从远处实施炮轰，而不会对自己构成威胁。另外，中古堡垒的外墙和塔楼不能安放和使用重型防御大炮。在15世纪，城镇开始紧靠主防御墙建造低矮厚重的墙体，这样大炮就能在墙上推动，根据需要安放在适当位置。外墙常常向外倾斜，或者稍微呈圆形，使投射物以不可预测的角度弹向敌人。堡垒通常用泥土、木材和石料建造成“U”形的，用以保护正门，同时为防御大炮提供炮位。在中欧和北欧，许多城镇都建有炮楼，其唯一的目的就是部署防御大炮。这些建筑中有若干类型的炮，但通常比城墙上用的那些炮更轻，口径更小。重型武器会在发射它们的小空间内产生难以忍受的噪声和烟雾。若干传统中古塔楼都去掉了房顶且设置有炮台。

文艺复兴晚期

在15世纪末，意大利建筑师和工程师绘制了一种新型的防御工事设计图，改进了堡垒设计。在“意大利设计图”中，有厚重且向外倾斜墙面的三角形棱堡，从主防御城墙斜伸出来，其顶部与城墙一样高。在罗马附

图7.4　士兵正在攀缘的木制攻城梯。木刻版画，见费格蒂乌斯的德文版《军事手册》(1529年)。(经拥有该照片2003年版版权的索斯比公司的同意使用)

近教皇国海军的一个港口奇维塔韦基亚，其城墙在1520年加筑棱堡，这是整个绕防御墙修建棱堡的第一个实例。棱堡解决了堡垒体系的若干难题，尤其是棱堡与城墙连成一体，而不是离城墙有一段短距离，这样军队就不会被敌军切断。最重要的改进是消除了圆形塔楼和堡垒造成的盲点，枪手能清晰地看到下面壕沟里的敌军士兵。棱堡设计在意大利的发展是对1494年查理八世军队的入侵和当时法国的优势大炮，以及土耳其人连续不断的威胁的回应。地中海沿岸修建的耸立着棱堡的防御工事形成了一条抵御海上进攻的防线。在北欧，从1544年安特卫普修建的棱堡开始，若干这样的防御工事被建造起来。在某些情况下，由于地形非常多山，或者由于那些不愿意失去财产的庄园主的反对等诸如此类的原因，修建防御工事也是行不通的，而且在某些地区，军事威胁还没有严重到有必要修建新型防御工事的地步。在那种情况下，会对现存堡垒进行修缮和加强，使其成为城堡。自治城市常常反对建造象征着专制暴政的城堡，因为军阀们在被打败的城市强建城堡。然而，在敌人进攻时，城堡被证明是提供保护性场地的有效方法。到16世纪中期，防御工事的花费是很高昂的。例如，亨利八世就把他总收入的四分之一花在防御工事上，而那不勒斯王国在这方面的花销更超过其总收入的一半。

主要的同盟、战役、围攻战与和约

同盟

下面讨论的每一个同盟都卷入了宗教差异引起的冲突，不是天主教对新教徒，就是一个新教派别对另一个新教派别，或者基督徒对穆斯林。

康布雷同盟

康布雷同盟结成于1508年，表面上是为了控制土耳其的威胁。同盟由法国、英国、西班牙和波希米亚/匈牙利等国国王，以及神圣罗马帝国皇帝、教皇、曼图亚侯爵和费拉拉公爵组成。可是，他们秘而不宣的目的是攫取威尼斯在大陆上的领土。在1509年，他们取得了阿尼亚德罗战役的胜利，但是，同盟于1510年因为内部冲突解体。八年后，威尼斯重新收回了失去的大多数领土。

天主教同盟（法国神圣同盟）

1576年成立的激进天主教徒同盟，领导人是吉斯公爵，其目的是抵抗新教的发展。在1584年，该同盟集中反对亨利四世作为法国王位继承人，后来，吉斯公爵遭到谋杀。

纽伦堡天主教同盟

纽伦堡天主教同盟是德国天主教诸侯的同盟，成立于1538年，是对施马尔卡登同盟的回应（下文讨论）。

神圣同盟

在1495年至1571年之间，除了法国天主教同盟外，有四个同盟被称为“神圣同盟”或“同盟”。1495年的神圣同盟，或称威尼斯神圣同盟，由威尼斯、米兰、皇帝、教皇和西班牙国王组成，结成同盟的目的是要把查理八世赶出意大利。最重要的神圣同盟由英国和西班牙国王，以及教皇和威尼斯共和国构成，虽然其形成于1511年，但是，通常提到它时不加时间。在1512年，皇帝敌视法国的立场明朗化后，他参与了该同盟。1538年的神圣同盟由教皇、皇帝和威尼斯结成，他们联合起来打击土耳其和北非海盗。

1571 年教皇、西班牙国王和威尼斯结成的同盟也是为了同样目的。科尼亚克反皇帝同盟（1526 年）虽然没有称为“神圣”同盟，但是，它包括了教皇，以及米兰公爵和威尼斯共和国，还有法国和英国的国王。针对该同盟的威胁，皇帝查理五世于 1527 年洗劫了罗马。

施马尔卡登同盟

施马尔卡登同盟是 1531 年若干新教城市和诸侯国结成的同盟，由萨克森选帝侯约翰·弗里德里希一世（1503—1554 年）和黑森的菲利普（1504—1567 年）领导，目的是抗击查理五世及其天主教军队。

士瓦本同盟

士瓦本同盟是位于今天德国南部的若干城市于 1488 年结成的同盟，目的是确保其直接管辖领土的和平。同盟逐渐扩大，包括了拜罗伊特、巴登以及整个巴伐利亚地区。在 1534 年，同盟因为对新教改革意见不一致而解散。

战役和围攻战

1415 年——阿金库尔战役

百年战争期间，英国的亨利五世入侵法国，他率领的 10 000 人的军队被法国人击退。随后，当他的士兵试图撤回加莱（当时属英国领土）时，又遭到阻击。尽管只有五千弓箭手和大约一千名其他步兵，但是，亨利把弓箭手部署在一条泥泞溪谷的两边的作战方针为英国赢得了胜利。地形使两万法国骑兵放慢了速度，在他们发起进攻时，遭到英军歼灭。作为结果而来的《特鲁瓦条约》把诺曼底归还给了英国，同时还有其他一些条款（见下文的讨论）。

1429 年——奥尔良围攻战

1429 年，当英军正在围困奥尔良城时，贞德重整法国军队，击退了敌军，并且陪伴查理七世到兰斯加冕。

1450 年——福尔米尼战役

查理七世率领法军在福尔米尼抗击英军，把诺曼底重新置于法国王权控制下。

1453 年——君士坦丁堡围攻战

土耳其军队进攻君士坦丁堡，于 1453 年攻陷该城。许多拜占庭学者逃往意大利，带去了古代和早期基督教希腊语作家的写本和学问。

1485 年——隆达战役

斐迪南和伊莎贝拉率领西班牙军队成功地将穆斯林军队围困在隆达（位于格拉纳达西部），西班牙的大炮在战斗中起了关键作用。

1503 年——切里尼奥拉之战

那不勒斯战役中，贡扎罗·费尔南德斯·德·科尔多瓦（1453—1515 年）率领的神圣同盟军队曾在切里尼奥拉城附近击败法国军队。他的成功标志着火绳钩枪首次在赢得军事胜利过程中起了作用。神圣同盟的军队仅仅是挖好战壕等待法国人进入射程。

1509 年——阿尼亚德罗战役（吉亚纳达达战役）

阿尼亚德罗战役发生于威尼斯与米兰两个城邦的边境地区。雇佣兵首领吉安·贾科莫·特里乌尔齐奥（1441—1518 年）率领的康布雷同盟军队在那里使威尼斯军队遭到了其历史上最惨重的损失。波旁公爵查理在这次战役胜利中起了重要作用。

1512 年——拉韦纳战役

虽然法国人取得了拉韦纳战役的胜利，但是，双方伤亡如此之大，以至于该战役是到此刻为止意大利战争中最血腥的冲突。

1513年——诺瓦拉战役

在诺瓦拉，为米兰打仗的瑞士军队在吉安·贾科莫·特里乌尔齐奥的率领下打败了法国军队。

1515年——马里尼亚诺战役

吉安·贾科莫·特里乌尔齐奥统帅的法国军队和德国雇佣兵在马里尼亚诺（米兰附近）一次不光彩的胜利中打败了瑞士联邦的士兵，该战役为法国占领米兰开了方便之门。大炮在这次胜利中起了很大的作用。

1522年——比奥卡战役

费尔迪南多·达瓦罗斯（1489—1525年）率领德国和西班牙的皇帝军队在比奥卡（米兰附近）打败了法国军队。

1525年——帕维亚战役

费尔迪南多·达瓦罗斯和波旁公爵查理率皇帝军队向法军进攻，包围帕维亚。他们打败了法国军队，并且俘虏了弗朗西斯一世。

1527年——莫哈克斯战役

苏莱曼的土耳其军队在莫哈克斯打败了匈牙利军队，杀害其国王。胜利的土耳其军队从莫哈克斯向布达挺进，并且以苏丹的名义占领了该城。

1527年——罗马之劫

波旁公爵查理（1490—1527年）在意大利战争中曾为路易十二世打仗。后来，弗朗西斯一世任命他为法兰西元帅，要他掌管法国军队。在他担任米兰总督后，查理疏远法国国王，投奔了皇帝查理五世。1527年查理在进攻罗马时被杀，之后，他的士兵在罗马胡作非为，洗劫了该城。

1535年——突尼斯战役

阿方索·达瓦罗斯指挥的帝国陆军和安德烈亚·多里亚指挥的一支海军，在查理五世的亲自统领下，从穆斯林手中夺取了突尼斯城。哈里发穆罕默德六世作为西班牙的陪臣，负责掌管该城。

1529年——维也纳保卫战

在若干次维也纳之围中，最著名的是1529年的包围。在这次战役中，维也纳城抵抗了苏莱曼一世的土耳其军队。因为苏丹的军队太远离君士坦丁堡，造成通信联络遇到困难，给养紧张。随着冬季的开始和皇帝援军的接近，苏莱曼撤走了他的军队。

1547年——米尔堡战役

米尔堡战役是天主教军队在施马尔卡登战争中取得的决定性的胜利。皇帝军队和萨克森军队打败了新教军队。

1553年——马齐亚诺战役

马齐亚诺战役以交战双方，即皇帝军队和锡耶纳—法国联军引人注目的防御战术而闻名。在长达一周的对峙后，法军给养短缺，试图撤退。在随后的战斗中，法军至少失去其一万两千士兵中的三分之一。

1557年——圣昆廷战役

为反击法国重新占领那不勒斯的企图，驻扎在尼德兰的西班牙军队于1557年向皮卡尔迪进军。虽然为西班牙打仗的士兵取得了巨大的胜利，本来可以攻占巴黎，但是，他们因为没有得到报酬而拒绝前进。

1571年——勒班陀战役

勒班陀海战是在科林斯海湾附近进行的，它是16世纪最著名的事件之一。奥地利的唐·胡安指挥的神圣同盟的两百多艘战舰打败了土耳其海军。这次胜利被看作基督教的一次大的成功。

1588年——西班牙舰队

也被称为“无敌”舰队的这支西班牙舰队进攻英国，结果，它根本就没有到达英格兰海岸，这在一定程度上是因为恶劣的气候条件。这次海战是西班牙军事史上最著名的失败之一。由130艘军舰组成的西班牙舰队从里斯本从发，目的是去弗兰德尔海岸带上帕尔玛公爵的军队，然后入侵英格兰。英国指挥官，诸如弗朗西斯·德雷克爵士（1540/43—1596年）和约翰·霍金斯，用速度更快的船舰装载的远程大炮阻止了无敌舰队抵达弗兰德尔。小规模的冲突持续了两周，最后，连续不断的暴风雨袭击西班牙舰队，使它溃不成军。

和约与协议

1420年——特鲁瓦和约

特鲁瓦位于巴黎东南部，英法百年战争期间的1419年至1425年，它是法国政府所在地。《特鲁瓦和约》标志着战争一个阶段的结束，作为该和约的结果，英国国王亨利五世娶法国国王查理六世的女儿凯瑟琳为妻。查理六世指定亨利五世为法国王位继承人，驳回合法继承人查理七世的权利要求。

1435年——阿拉斯和约

由善良的菲利普领导的勃艮第集团在《阿拉斯和约》中承认查理七世为法国国王。

1444年——图尔和约

通过《图尔和约》，英法之间长达百年的战争状态最终结束。

1454年——洛迪和约

《洛迪和约》是米兰和威尼斯之间签订的和约，和约导致了签约双方以及佛罗伦萨、教皇国和那不勒斯王国的互不侵犯条约的签订。

1485年——博斯沃思战役

博斯沃思战役结束了号称“玫瑰战争”的英国内战。亨利七世被承认为英格兰国王，这样就为都铎家族获得了王位继承权。

1494年——托尔德西拉斯条约

经由教皇批准的《托尔德西拉斯条约》在西班牙与葡萄牙之间瓜分了“新大陆”，使葡萄牙拥有了对巴西的所有权。

1526年——马德里条约

《马德里条约》是弗朗西斯一世和查理五世签订的条约，条约准予释放监禁于西班牙的法国国王。同时规定，将法王的两个年轻儿子送往西班牙，取代法王作为人质。

1529年——萨拉戈萨条约

《萨拉戈萨条约》是对《托尔德西拉斯条约》的修订，根据条约，葡萄牙拥有了对摩鹿加群岛（即香料群岛）的权力。

1529年——康布雷和约

又被称为“女士和约”，因为和约是弗朗西斯一世的母亲萨沃伊的路易丝与查理五世的姑母奥地利的玛格丽特协商签订的。除了领土交换之外，弗朗西斯一世的两个在西班牙做人质近三年的儿子也回了家，同时，法国国王娶查理的妹妹埃莉诺为妻。

1555年——奥格斯堡和约

《奥格斯堡和约》结束了新教改革的宗教战争，根据和约，天主教和路德教（虽然没有加尔文教）被承认为德国的合法宗教。（第二章讨论了奥格斯堡帝国会议，这次会议是在和约和全面宗教战争之前。）

1559年——卡托—堪布累齐和约

《卡托—堪布累齐和约》是一套条约，其结束了开始于1494年的旷日持久的意大利战争。萨沃伊被归还给了萨沃伊公爵，西班牙对意大利属地的占有权得到承认，勃艮第重归法国，佛罗伦萨得到了锡耶纳。另外，法国尊重苏格兰女王玛丽的自主决定，同时，西班牙的腓力二世娶法国国王的女儿伊丽莎白·华洛瓦为妻。

1598年——韦尔万和约

《韦尔万和约》是腓力二世与亨利四世之间签订的和约。和约重申了为西班牙和法国所同意的《卡托—堪布累齐和约》对领土的分配，同时，法国重新获得在弗兰德尔的土地。西班牙把西属尼德兰的控制权交给了国王腓力二世的女儿伊莎贝拉和她未来的丈夫阿尔布雷希特·冯·哈布斯堡。

主要人物

阿尔布雷希特三世勃兰登堡的阿基利斯（1414—1486年），霍亨索伦选帝侯，曾与皇帝军队一道对胡斯教徒作战，后又与波兰人作战。他在勃兰登堡确立了长子继承制。

教皇亚历山大六世（原名罗德里戈·德·博尔贾-多姆斯，1431—1503年），出生于巴伦西亚（西班牙），曾在博洛尼亚研究法律。他是15世纪最任人唯亲的教皇，把自己的私生子安插于有权力的职位。这些都涉及西班牙与法国有争议的那不勒斯领土，从而挑起了查理八世对意大利的入侵。

阿拉贡国王阿方索五世（即那不勒斯国王阿方索一世，1396—1458年），曾入侵科西嘉和西西里，将其纳入阿拉贡帝国统治。在那不勒斯王位继承战争后，那不勒斯城成为其领土的文化中心。

阿尔巴公爵阿尔瓦雷斯·德·托莱多（1507—1582年），效力于西班牙王权的最有权威的军事人物之一。他是查理五世时期驻意大利的西班牙军队的总司令，后又在腓力二世时期担任那不勒斯总督。1580年，他率领西班牙军队征服了里斯本。

布列塔尼的安妮（1477—1514年），布列塔尼公爵弗朗索瓦的女儿，后继位成为女公爵。通过婚姻，她两次成为法国王后。她的女儿克劳德嫁给了未来的法王弗朗西斯一世，于是，布列塔尼被置于法国王权控制下。

阿滕多罗，米凯莱托（约1390—1451年），常胜雇佣兵首领，曾替那不勒斯、教皇国、佛罗伦萨和威尼斯打仗。他帮助佛罗伦萨取得了阿吉亚里战役的胜利。

达瓦罗斯·德尔·瓦斯托，阿方索（1502—1546年），佩斯卡拉侯爵，曾在帕维亚战役中与神圣罗马帝国军队一道作战，在突尼斯战役中率领查理五世的陆军部队。1538年，他成了米兰的帝国总督。

佩斯卡拉侯爵达瓦罗斯，费尔迪南多·弗朗切斯科（1489—1525年），曾为西班牙和皇帝查理五世作战。作为皇帝的副官，他在帕维亚战役中指挥军队，并俘获了法王弗朗西斯一世。

班德罗，马泰奥（1485—1561年），意大利的外交家和军人，也是一位作家。西班牙进攻米兰时，他失去了他所拥有的一切，最终移居法国。

巴巴罗萨（原名海拉丁，约1465—1546年），或叫“红胡子”，是土耳其海军将领。他与其兄弟霍鲁克一道，骚扰每个地中海强国的舰队，并征服了北非海岸。查理五世的舰队好几次被巴巴罗萨指挥的军舰打败。在法王弗朗西斯一世与土耳其苏丹短暂结盟期间，他还为法王作战。

血腥玛丽　见英格兰女王玛丽·都铎。

博尔贾，切萨雷（1475—1507年），教皇亚历山大六世的四个私生子之一。作为教皇的使节，他巴结法国国王路易十二世，国王使他成为瓦伦蒂诺公爵。博尔贾率军征战，收回了教皇国的部分失地，被他的父亲任命为教会的正义旗手。

博泰罗，乔万尼（1544—1617年），萨沃伊的政治哲学家，在其著作中主张用基督教道德来指导国家生活。他反对由马基雅维利倡导的政治道德。

布朗托姆爵爷布尔代耶，皮埃尔·德（1540—1614年），是一位曾参与宗教战争的贵族军人。在一次负伤后，他开始写作他战友们的传记（直到1665年才出版）。

布拉乔·达·蒙托内 见弗尔泰布拉乔，安德烈亚。

布索内·达·卡马里奥拉，弗朗切斯科（约1385—1432年），米兰公爵菲利波·维斯孔蒂最重要的雇佣兵首领，曾在阿尔贝多打败瑞士军队。米兰和威尼斯都需要他的效力，所以，卡马里奥拉摇摆于两个强大城邦之间。他最后上了威尼斯人的当，被处以斩首。

卡拉乔利，乔万尼（1487—1550年），为佛罗伦萨共和国作战的雇佣兵首领，后来成为法国王权统治下的马赛和皮埃蒙特的总督。

卡斯泰尔诺，米歇尔·德·西厄尔·德·拉莫维-西耶尔（约1520—1592年），军人和外交家，曾参与意大利战争。他连续许多年参加与英国的各种谈判。

神圣罗马帝国皇帝查理五世（西班牙国王查理一世）（1500—1558年），他当选神圣罗马帝国皇帝使他成为了法王弗朗西斯一世终其一生的敌人，因为法王也曾竞争皇帝这一高位。查理五世的统治为对法战争、土耳其的敌视、新教改革和西班牙的叛乱所困扰。虽然他取得了突尼斯战役的著名胜利，但是，基督教军队却不能占据这座城市。

法国国王查理七世（1403—1461年），借助贞德的帮助，于1419年加冕。他统治的头几年致力于对英国及其勃艮第支持者的战争。随后，他创建了一支常备军，以便用来镇压法国境内的封建领主势力。勃艮第公爵仍然心怀敌意，另外，惧怕其父的王太子路易十一世在成为国王前一直生活在勃艮第宫廷。查理娶了安茹的玛丽，安茹家族拥有那不勒斯王国。

法国国王查理八世（1470—1498年），路易十一世唯一的儿子，曾参加意大利战争。1494年，他入侵意大利，次年征服那不勒斯，主张其安茹遗产的继承权。他死后其表兄即法国王位，称路易十二世。

瑞典国王查理八世（1408/1409—1470年），于1436年参加反丹麦王朝统治的起义。1448年瑞典等级会议选举他为瑞典国王。

法国国王查理九世（1550—1574年），允许其母凯瑟琳·德·美第奇甚至在其成年后依然摄政实施统治。凯瑟琳要对圣巴托罗缪节大屠杀（见第二章）和谋杀加斯帕尔·科利尼负部分责任。

勃艮第公爵大胆的查理（1433—1477年），领导了最后一次勃艮第对法国君主制的威胁。由于他娶了英国国王的妹妹约克的玛格丽特为妻，所以，英国支持查理对法国王位和勃艮第王国的争取。他率军与洛林和瑞士联邦的军队作战，结果战死沙场。

波旁公爵查理（1490—1527年），意大利战争期间为路易十二世作战。弗朗西斯一世任命他为法兰西元帅，负责法国军事。在担任米兰总督后，查理疏远了法国国王，投奔了皇帝查理五世。1527年查理在进攻罗马时被杀，之后，他的士兵在罗马胡作非为，洗劫了该城。

丹麦国王克里斯蒂安四世（1577—1648年），于1598年加冕。他在17世纪初建立了一个辉煌的宫廷，尤以其意大利、荷兰和英国歌唱家和演奏家而著名。在文艺复兴时期的军事事务方面，克里斯蒂安改进了丹麦的防御工事。

克里斯蒂娜·德·皮桑（约1364—约1430年），出生于威尼斯，是一位占星学家的女儿。因为其父被任命为法王查理八世的皇家占星学家，所以，克里斯蒂娜在法国宫廷长大成人。她成了一位作家和翻译家。她的一部与军事史有关的法语译著是维吉修斯的《论军事》（*Epitoma rei militaris*），她用当代军事知识对该书进行了更新。

教皇克莱芒八世（原名伊波利托·阿尔多布兰迪尼，1536—1605年），作为教皇使节开始了他的外交生涯。他的外交成就之一是曾在波兰谈判促成哈布斯堡家族王朝与西吉斯蒙德三世·瓦萨签订了一项协议。他承认亨利四世是法国国王，帮助策划了《韦尔万和约》。

科利尼，加斯帕尔·德（1519—1572年），法国海军将领，胡格诺教徒军队总司令。在他被俘之前，他效力于法国国王，参加意大利战争。在狱中，他皈依了新教，疏远了有权势的王太后凯瑟琳·德·美第奇。他的死是圣巴托罗缪节大屠杀中最不幸的个人死亡之一。

科莱奥尼，巴托罗梅奥（1400—1475年），一生绝大部分时间效力于威尼斯共和国的雇佣兵首领。《洛迪和约》签订之后，他被任命为威尼斯军队总司令。

科敏纳，菲利普·德（约1446—约1511年），弗兰德尔历史学家和外交家，担任过法国国王路易十一世的特使。他也是一位战士，曾参加福尔诺沃战役。

科尔特斯，埃尔南（1485—1547年），西班牙征服者，于1521年春天通过围城三月，包括切断饮水等方法，征服了阿兹特克的首都特诺奇提特兰。查理五世任命他为新西班牙总督。在重建首都特诺奇提特兰后，科尔特斯继续探险和征服了部分墨西哥和中美洲地区。

佛罗伦萨公爵和托斯卡纳大公科西莫一世德·美第奇（1519—1574年），通过暗杀嫌疑敌人并夺取他们的财产来获取他主要在托斯卡纳进行的扩张战争所需的资金。

埃塞克斯伯爵德弗罗，罗伯特（1566—1601年），于1596年率领海军占领了加的斯，后被派去镇压爱尔兰的蒂龙起义。在爱尔兰的行动失败后，他回到英格兰，后以叛逆罪被处死。

多里亚，安德烈亚（1466—1560年），雇佣兵首领，后成为了海军司令，曾在突尼斯战役中统帅查理五世的军队。他曾促使法国对热那亚的控制，徒然希望在其下取得自治，后来借助皇帝的支持建立了热那亚共和国。他参与的许多次海战都是对土耳其劫掠者和北非海盗的战斗。

德雷克，弗朗西斯爵士（1540/1543—1596年），曾于1577年至1580年间进行环球航行。他率领英国军队与西班牙海军作战。在打败西班牙无敌舰队的战役中起了重要作用。

莱斯特伯爵达德利，罗伯特（1532—1588年），伊丽莎白一世的宠臣，是女王在尼德兰的军队的将军。他还担任过女王的私人顾问。

英国女王伊丽莎白一世（1533—1603年），在她统治时期除导致了处死苏格兰女王玛丽的苏格兰纷争，以及英国对西班牙无敌舰队的胜利外，英国比较和平安宁。

费拉拉公爵德·埃斯泰，阿方索一世（1486—1534年），意大利战争时期一位重要的军事人物。他对大炮感兴趣，建立了一所铸造大炮的铸造作坊。借助这类火器，阿方索被教皇朱利乌斯二世任命为教皇军队司令。

帕尔玛公爵法内塞，亚历桑德罗（1545—1592年），战士和外交家，在其母奥地利的玛格丽特的尼德兰宫廷接受教育。未来的查理五世和奥地利的唐·胡安与他一道成长，他曾同唐·胡安一起参加了勒班陀战役。在征服了尼德兰南部后，亚历桑德罗参加了法国宗教战争，为西班牙天主教作战。

神圣罗马帝国皇帝斐迪南（1503—1564年），查理五世的弟弟。早年他娶了匈牙利公主，参与争夺匈牙利的最高权力。他参与主要的军事行动是对土耳其的战斗。

西班牙［卡斯蒂尔和莱昂］国王斐迪南五世（阿拉贡国王斐迪南一世，1452—1526年），于1469年娶了伊莎贝拉为妻，巩固了非摩尔人的西班牙。他也被称为"天主教徒斐迪南"。在他与伊莎贝拉漫长的统治时期，建立了宗教裁判所，从其领土上驱逐了犹太人，征服了格拉纳达，进行了对新大陆的探险。

费尔南德斯·德·科尔多瓦，贡扎罗（1453—1515年），西班牙的战士，1492年接受格拉纳达的摩尔人投降的西班牙指挥官之一。他在把法国人从西班牙在意大利的领地上赶出去的战斗中表现突出，赢得了"伟大统帅"（El Gran Capitán）的称号。瑞士方阵（上文已有讨论）就是费尔南德斯·德·科尔多瓦发明的。

那不勒斯国王费兰特一世（1423—1494年），作为阿方索五世的私生子，他统治的大部分时间都在捍卫自己对王位的权利。他死在法王查理八世进攻那不勒斯城之前不久。

内穆尔公爵富瓦，加斯东·德（1489—1512年），国王路易十二世的侄子，意大利战争期间指挥法国军队与神圣同盟作战。虽然他战胜了西班牙人和威尼斯人，但他在拉韦纳战役中战死。

弗泰布拉乔，安德烈亚（即布拉乔·德·蒙托内，1368—1424年），雇佣兵首领，曾担任教皇约翰二十三世的军队总司令，攻占了佩鲁贾。他在军事上擅长同时使用彼此补充的多兵种小单位士兵。

法国国王弗朗西斯一世（1494—1547年），皇帝查理五世一生的敌人，部分原因是因为弗朗西斯想当神圣罗马帝国皇帝。他曾参加意大利战争，赢得了马里尼亚诺战役的胜利，因而确保了法国对米兰的统治，但是，他在帕维亚战役遭到失败，被俘押往西班牙。把两个儿子作为人质送往西班牙来换取自己的自由，这一交易是他统治的低潮时期。

安茹公爵弗朗索瓦（1554—1584年），法王亨利二世和凯瑟琳·德·美第奇的第四子。在宗教战争中，他支持胡格诺教派。由于伊丽莎白一世（亨利二世差点娶了她）的支持，"亲王"（Monsieur，他被这样称呼）试图占领安特卫普，但被赶了回去。

弗伦茨贝格，格奥尔格·冯（1473—1528年），皇帝军队中的一位杰出的战士。他曾劝告马克西米连一世实施军事改革，后来指挥士瓦本同盟的军队。他的儿子和孙子也都是帝国的战士。

加塔梅拉塔，伊尔（埃拉斯莫·达·纳尔尼，1370—1443年），雇佣兵首领，绰号"斑猫"（Tabby Cat），以为佛罗伦萨打仗开始其生涯。在1434年，他开始为威尼斯效力，率军抗击米兰军队，最后成为军队总司令。

乔尔乔·马尔蒂尼，弗朗切斯科·迪

（1439—1501年），画家、雕刻家、建筑师和工程师。他关于军事工程学的著作以抄本的形式为他的同时代人所熟知，这些著作对防御工事中棱堡的发展很重要。

乔万尼·德拉·班达·内雷 见美第奇，乔万尼·德。

圭斯蒂尼亚尼，波姆佩奥（1569—1616年），雇佣兵首领，绰号“铁臂”，因为他在战场上失去了一只手臂，后装了一个假肢。他在尼德兰为亚历桑德罗·法内塞效力，在克里特与土耳其人作战。

贡扎加，吉安弗朗切斯科一世（1395—1444年），雇佣兵首领，初为威尼斯作战，接下来为米兰打仗，后又在支持和反对威尼斯之间摇摆不定。从前他是军队统帅，1433年成为曼图亚侯爵。

曼图亚侯爵贡扎加，吉安弗朗切斯科二世（1466—1519年），战士，曾担任威尼斯的军队总司令。他长期远离自己的宫廷，先后为法国、佛罗伦萨和教皇朱利乌斯二世打仗，随后被威尼斯人囚禁了一年。在侯爵不在时，他的妻子伊莎贝拉·德·埃斯泰（1474—1539年）成为了重要的艺术赞助人。

曼图亚侯爵贡扎加，卢多维科二世（1412—1478年），军队指挥官，曾为威尼斯和米兰作战。在成为侯爵的头十年，卢多维科卷入了与威尼斯的战争，后最终由于《洛迪和约》的签订而得到调停。

格朗韦勒，安东内·佩雷诺特·德（1517—1586年），西班牙国家驻尼德兰的外交使节，也是一位主教。以这种双重身份，他参与和约的谈判、王室婚姻的商定以及教会会议的安排。格朗韦勒最终成为了红衣主教和那不勒斯总督，对勒班陀战役的作战计划的制订有贡献。在其生涯快要结束时，他回到了西班牙，建议国王入侵葡萄牙。

威尼斯总督格里蒂，安德烈亚（1455—1538年），反康布雷同盟斗争中的一位军事领袖。他对威尼斯的大陆防御体系的研究导致了防御工事的改进。

圭查迪尼，弗朗切斯科（1483—1540年），文艺复兴时期最著名的历史学家，在其《意大利史》（*Storia d'Italia*，在他死后出版，很快就被翻译成六种文字）中记载了1494年至1534年的意大利战争。

瑞典国王古斯塔夫斯·瓦萨（1496—1560年），瑞典瓦萨王朝的建立者。他参与了瑞典从丹麦统治争取独立的运动。1520年的斯德哥尔摩大屠杀导致了一次剧变，结果是1523年古斯塔夫斯当选国王。在他统治时期，瑞典君主于1544年成为继承君主而不是选举君主。他还定路德教为国教。

梅迪纳—西多尼亚公爵古斯曼，阿隆索·佩雷斯·德（1550—1619年），西班牙无敌舰队指挥官。

霍克伍德，约翰·德爵士（约1320—1394年），英国雇佣兵首领。在为法国打仗后，他率部在意大利度过了35年，效力于各个统治者。他在佛罗伦萨结束了自己的生涯，为纪念他，佛罗伦萨大教堂内绘有他的壁画肖像。

赫尔姆施米德家族，奥格斯堡在一个多世纪中很著名的制造铠甲的家族。在15世纪，这个家族把最初的姓氏科尔曼改为了赫尔姆施米德（Helmschmied，字面意思是“头盔制造者”）。他们的许多作品，尤其是蚀刻节庆仪仗铠甲，都是为神圣罗马帝国皇帝做的。例如洛伦茨·赫尔姆施米德（1445—1516年）就为皇帝弗里德里希三世及其马匹制作了一整套铠甲。

英国国王亨利七世（1457—1509年），在博思沃斯打败理查三世后，于1485年加冕。他通过娶约克的伊丽莎白为妻，结束了约克家族和兰开斯特家族之间的内战。

英国国王亨利八世（1491—1547年），当他建立英国国教、废除教皇权威时，他就在英国国内发动了他自己的宗教战争。他在其统治末期又挑起了与法国和苏格兰的无益的战争。

法国国王亨利二世（1519—1559年），在一次庆祝《卡托—堪布累齐和约》签订的比武会上受了致命伤。虽然亨利披戴着全套比武铠甲，但是，木制长矛的尖儿还是通过他头盔的眼孔扎进了他的脑子。

法国国王亨利三世（1551—1589年），曾参与宗教战争。他要对于圣巴托罗缪节大屠杀负部分责任。"三亨利之战"期间，在他镇压胡格诺教徒的战斗中，亨利三世却与那瓦尔的亨利结盟对付吉斯公爵亨利。在吉斯公爵和亨利三世两人都遇刺身亡后，那瓦尔的亨利成为了国王亨利四世。

法国国王亨利四世（1553—1610年），被培养成为一个新教徒。在他成为国王后，于1593年皈依天主教，为其扰攘不宁的国家带来了和平，其名言是："为了巴黎，完全值得做弥撒。"

胡斯，扬（约1372—1415年），波希米亚的一位宗教改革家，他追随约翰·威克利夫原则来进行改革。胡斯批评社会等级制度，抨击私有财产制度，拥有众多追随者。他被开除教籍，从布拉格驱逐出去。胡斯出席了1414年的康斯坦茨公会议，对开除教籍的判决提起上诉，结果，他遭到逮捕，并被处以火刑。在他被杀害后，胡斯战争爆发了。

西班牙[卡斯蒂尔和莱昂]女王伊莎贝拉一世（1451—1504年），于1469年嫁给阿拉贡的斐迪南二世，巩固了非摩尔人的西班牙。她还被称为"天主教徒伊莎贝拉"。在他们漫长的统治时期，建立了宗教裁判所，从其领土上驱逐了犹太人，征服了格拉纳达，进行了对新大陆的探险。

第一位俄国沙皇伊凡四世（即恐怖伊凡，1530—1584年），虽然大大地扩张了俄国的领土，但是，在与波兰争夺波罗的海的战争中遭受失败。其绰号"恐怖者"（Terrible）应更确切地理解为"强有力者"（Mighty）。

贞德（又称奥尔良少女，the Maid of Orléans，1412—1431年），有预见的军事领袖，她唤醒法国人起来解除奥尔良之围，使查理七世在兰斯大教堂加冕。后来，由于勃艮第公爵的背叛，她被出卖给英国人，遭火刑处死。

萨克森选帝侯约翰·弗里德里希一世（1503—1554年），与黑森的菲利普共同领导新教施马尔卡登同盟。1547年，他在米尔堡战役中被俘，一直被囚禁到1552年。

拜占庭帝国皇帝约翰八世·巴列奥略（1390—1448年），曾参与佛罗伦萨公会议，该次公会议教令规定了教皇的最高权力。约翰八世试图组织一次对土耳其的十字军讨伐，但是，军事尝试失败了，他的统治仅局限于君士坦丁堡及其附近地区。

瑞典国王约翰三世（1537—1592年），于1569年打败其兄弟埃里克成为国王。他在1570年得以与丹麦缔结和约。作为一个天主教的同情者，他安排他的天主教徒儿子西吉斯蒙德作为波兰国王。

勃艮第公爵无畏的约翰（1371—1419年），参加过打击土耳其人的尼科波利斯战役。在法国，他与阿马尼亚克家族长期不和，曾拒绝率部参与阿金库尔战役，因而有利于英军的胜利。1418年，他下令在巴黎对阿马尼亚克家族成员进行了大屠杀。次年，约翰被法王的一名士兵刺杀。

奥地利的胡安（奥地利的唐·胡安，1545—1578年），其时代最杰出的西班牙战士之一。他是皇帝查理五世的私生子，在皇帝死时，他作为腓力二世的同父异母兄弟的身份得到承认。他最初的名声得自他从格拉纳达赶走反叛的摩里斯科人后不久，指挥一支舰队打击北非海盗。后来，唐·胡安成为了尼德兰总督，曾于1578年打败尼德兰起义者。

教皇朱利乌斯二世（原名朱利亚诺·德拉·罗维雷，1443—1513年），曾身披全套作战铠甲，率教皇军队对佩鲁贾和博洛尼亚作战，因而在军事史上享有盛誉。他把过多的精力花在打仗和谈判上，试图扩张教皇国。

海拉丁　见巴巴罗萨。

拉努，弗朗索瓦·德（1531—1591年），法国胡格诺派战士，人称"铁臂"，因为他在战斗中失去一只手臂后装了铁假肢。他的《论政治和军事》（*Discours politiques et militaires*, 1587年）是新教观点的关于宗教战争的重要文献。

蒙吕克爵爷拉瑟朗-马塞科姆，布莱兹·德（1520—1577年），法国战士，曾参加锡耶纳围城之战。在参加宗教战争后，他成为了亨利三世麾下的骑兵军官。

教皇利奥十世（原名乔万尼·德·美第奇，1475—1521年），曾深深地卷入了意大利战争。利奥起初反对法国对那不勒斯和米兰的权力要求，最后他求和以确保美第奇对佛罗伦萨的统治。

列奥纳多·达·芬奇（1452—1519年），卓越的艺术家和工程师，留下的笔记包含多种军事机械的设计。这些设计均不为他的同时代人所知。

吉斯公爵洛林，亨利·德（1550—1588年），宗教战争期间天主教军队的统帅。他参与了圣巴托罗缪大屠杀的谋划，以及对加斯帕尔·德·科利尼的谋杀。

法国国王路易十一世（1423—1483年），与有权势的勃艮第集团疏远。借助瑞士联邦和法国本国的同盟者的帮助，通过占领勃艮第和其他领地，路易十一世勉力缔造了一个统一的法兰西。

法国国王路易十二世（1462—1515年），以试图从摄政者手中夺回政权开始自己的军事生涯，曾被监禁三年。在其统治时期余下的大部分时间内，他卷入了意大利战争，结果没有取得实际的政治成就。

孔戴亲王路易·德·波旁（卒于1569年），作为一位战士效力于王权，后来成为胡格诺教派的领袖。在雅尔纳克战役后，他一投降就被天主教敌人射杀。

昂古莱姆女公爵萨沃伊的路易丝（1476—1531年），弗朗西斯一世的母亲。在弗朗西斯一世出征意大利期间，她实际上统治着法国。

马基雅维利，尼科洛（1469—1527年），以其关于君王品性的论著而非常闻名，也著有《论战争艺术》（*Dell'arte della guerra* 1519—1520年），该书读者遍及西欧大部分地区。瓦图里奥的《论军事》（*Dere militari*）对该书有影响。

马莱斯皮尼，切利奥（1531—约1609年），雇佣兵首领。他是威尼斯人，效力于西班牙军队，曾征战尼德兰和意大利。后来，他成为了一位把西班牙语译成意大利语、法语译为西班牙语的文学翻译家。

萨沃伊女公爵奥地利的玛格丽特（1480—1530年），从1507年到她死，一直是尼德兰摄政女王。她的父亲是皇帝马克西米连一世。

帕尔玛的女公爵玛格丽特（1522—1586年），从1559年到1567年被迫辞职为止，一直是尼德兰摄政者。她辞职是由于她对宗教裁判所的煽动遭到猛烈反对。之后，继摄政位的是她的儿子亚历桑德罗·法内塞。

苏格兰女王玛丽（玛丽·斯图亚特，1542—1587年），苏格兰女王和法国王后。她对英格兰王位的要求得到天主教同盟的支持。她被伊丽莎白处以斩首之刑。

英国女王玛丽·都铎（玛丽一世，或称"血腥玛丽"，1516—1558年），1553年至1558年统治英国。在她统治时期，她试图恢复天主教作为英国的官方宗教，所以，有若干新教殉教者被处火刑。

马提亚·科尔温（1443—1490年），匈牙利国王，他统治时期的大部分时间是在征战中度过，包括争夺波希米亚王位的斗争，以及打击波斯尼亚的土耳其人的战争。马提亚还曾与皇帝交战，于1485年攻占维也纳。后来，维也纳与布达的宫廷一道成为宫廷中心。

拿骚伯爵莫里斯（1567—1625年），尼德兰起义期间的军事统帅。他研究战争论著，把军队重组为小规模部队，其中包括大炮和给养方面的专家。1588年至1598年，他的军队把西班牙人从尼德兰北部地区赶了出去。

神圣罗马帝国皇帝马克西米连一世（1459—1519年），统率着在法国、意大利及其在东欧领地的帝国军队。他对法国的权力要求源于他与勃艮第的玛丽的婚姻，为占有勃艮第地区，他徒劳无益地对路易十一世开战。他参加意大利战争主要是与法国为敌。他设法把匈牙利人赶出维也纳，并在菲拉赫挫败了土耳其人。他的军事改革措施之一是建立了步兵部队，这些持长矛作战的步兵可以与炮兵或骑兵一道部署。

法国王后美第奇，凯瑟琳·德（1519—1589年），在其儿子们统治时期是一位有权势的人物。虽然起初她试图通过对新教让步来保持和平，但是，宗教战争在1562年还是爆发了。

美第奇，乔万尼·德（乔万尼·德拉·班达·内雷，1498—1526年），来自于佛罗伦萨的雇佣兵首领。他为教皇利奥十世打仗，后又效力于法国国王。

"亲王"　见安茹公爵弗朗索瓦。

乌尔比诺公爵蒙泰费尔特罗，费德里戈二世·达（1422—1482年），雇佣兵首领，曾为米兰、佛罗伦萨，最值得注意的是为那不勒斯国王打仗，率领来自这三个地区的联合部队对抗教皇军队。在1474年，教皇封授他为乌尔比诺公爵，之后，费德里戈便率领教皇军队作战了。

莫罗，伊尔　见斯福扎，卢多维科。

纳尔尼，埃拉斯莫·达　见加塔梅拉塔，伊尔。

纳尔瓦埃斯，潘菲罗·德（1470/1480—1528年），西班牙征服者，在迭戈·维拉斯克斯麾下效力。在墨西哥，他与维拉斯克斯试图解除其指挥权的科尔特斯作战，结果失去了一只眼睛。

纳瓦罗，佩德罗（约1460—1528年），西班牙军事工程师，以在非洲的作战经历开始其职业生涯。意大利战争期间，他专门研究爆破，如突破防御城墙的地雷和炸药。他于1515年开始效力于弗朗西斯一世，担任炮兵司令。

内格罗利家族 16世纪期间，大约有二十多个内格罗利家族成员在米兰家庭铠甲作坊工作。他们以制作精工凸花装饰的节庆仪仗铠甲最为著名。菲利波·内格罗利（全盛于1531—1551年）曾为查理五世制作节庆仪仗铠甲。

尼科洛·达·托伦蒂诺（尼科洛·莫鲁齐·德拉·斯塔乔拉，约1350—1435年），雇佣兵首领，其职业生涯的大部分时间为佛罗伦萨率军与米兰军队作战。1431年，他成为了佛罗伦萨军队的总司令。

蒂龙伯爵奥尼尔，休（约1540—1616年），爱尔兰的一位反叛者，借助大陆天主教徒的支持，阻击英军达七年之久。

帕雷，安布鲁瓦兹（1510—1590年），在巴黎从事医学研究。他于1537年开始担任随军外科医生，彻底革新了对枪伤的治疗，引进了一种更为安全的截肢方法。帕雷在1545年出版了《滑膛枪和其他火器造成的枪伤的治疗》（*La methode de traiter les plaies faites par arquebustes et autres bastions a feu*）一书。

西班牙国王腓力二世（1527—1598年），在阿尔巴公爵率军于1580年入侵葡萄牙之后，他也成为葡萄牙国王。在他统治的头三年，即1556年至1559年，他住在布鲁塞尔，发动对法国的战争。在1559年，他回到西班牙，驱逐了反叛的摩里斯科人。虽然他的舰队赢得了勒班陀战役的胜利，但西班牙在随后对土耳其的战争中失利，又被迫给予南部尼德兰自治权。

黑森的菲利普（1504—1567年），德国的一位领主，施马尔卡登同盟的领导人之一。因为他皈依了路德教派，所以，他派遣自己的军队去援助法国的胡格诺教派和尼德兰的新教起义者。

勃艮第公爵善良的菲利普（1396—1467年），曾与英国人联合对抗法国王权。1420年，他勉强承认查理八世为国王。之后，在他统治时期余下的大部分时间中，他集中精力镇压反叛的尼德兰。他在加维雷战役歼灭大约两万敌军士兵，取得大捷。

皮奇尼诺，尼科洛（1386—1444年），雇佣兵首领，一位在其职业生涯最重要的岁月效力于米兰的骑士，曾为米兰率部与教皇军队、佛罗伦萨和威尼斯作战。

波尔托，路易吉·达（1485—1529年），后来成为了历史学家的战士，曾作为骑兵军官主要为威尼斯打仗。他写有一部回忆录，记载了1509年至1524年之间威尼斯的大陆领土上的战事，名为《历史书简》（*Lettere storiche*）。

罗利，沃尔特爵士（1554—1618年），作为廷臣和探险家非常著名，也是一位海军司令官。他与埃塞克斯一道于1596年进攻加的斯。

雷克森斯-祖尼加，路易斯·德（1528—1576年），曾负责镇压格拉纳达的摩里斯科人，后成为西班牙驻尼德兰的总督。他担任总督的岁月中冲突不断，这在一定程度上是因为他拒绝宽容新教徒。

桑皮耶罗·达·巴斯泰利卡（桑皮耶罗·科尔索，1498—1567年），雇佣兵首领，科西嘉人，曾为乔万尼·德·美第奇和法国打仗。作为其故乡科西嘉岛的一位重要人物，他与皇帝的在热那亚的军队一道抗击法国人支持的土耳其军队，在岛上引起过若干年的流血冲突。

葡萄牙国王塞巴斯蒂安一世（1554—1578年），曾参加对北非摩尔人的十字军征讨。他痴迷于战事，在第二次远征非洲时战死沙场。

弗利女伯爵斯福扎，卡泰里娜（约1462—1509年），意大利军事史上少有的杰出妇女之一。在她丈夫死后，她占领了要塞，亲自指挥她丈夫的军队。他们坚守弗利和伊莫拉近两年。

米兰公爵斯福扎，弗朗切斯科一世（1401—1466年），雇佣兵首领，曾为威尼斯和教皇打仗，也曾带兵对威尼斯和教皇作战。他扩张了米兰的领土，与科西莫·德·美第奇一道促使《洛迪和约》的缔结。

米兰公爵斯福扎，卢多维科（1442—1508年），参加意大利战争之初支持那不勒斯和佛罗伦萨，但是，他于1493年转而与威尼斯和教皇结盟。在1500年法国攻占米兰后，卢多维科被俘押往法国，后来他死在那里。

西金根，弗朗兹·冯（1481—1523年），以在马克西米连一世麾下的帝国军队中效力，开始其作为德国战士的生涯。随后，他成为了一名索取大笔钱财的雇佣兵，以此增加他的财产。使冯·西金根闻名于世的是1519年皇帝选举期间，他率军进入法兰克福，帮助查理五世当选皇帝，虽然事前他曾接受弗朗西斯一世的贿赂，反对查理。

神圣罗马帝国皇帝西吉斯蒙德（也是匈牙利和波希米亚国王）（1368—1437年），直到1433年才加冕为皇帝。他统治时期的军事大事包括对土耳其十字军讨伐的惨败，在匈牙利维护自己权威的斗争以及对胡斯教徒的战斗。

波兰国王西吉斯蒙德一世（1467—1548年），在位大多数时间是在打仗。他于1521年最终镇压了条顿骑士团，还发动过若干次对俄国伊凡四世的战争。

波兰国王西吉斯蒙德三世·瓦萨（1566—1632年），曾就他对瑞典王位的继承权挑起对瑞典的战争。他的军队占领莫斯科时，他宣称他的儿子应该继沙皇位，同时，在摩尔达维亚抗击土耳其人。由于把宫廷从克拉科夫迁至华沙，西吉斯蒙德还影响了波兰的文化史。

苏莱曼（约1494—1566年），奥斯曼（土耳其）的苏丹，在位长达46年，其间使土耳其帝国版图扩张到最大。假如他1529年夺取维也纳的努力不遭挫败，西欧部分地区可能会落入土耳其人的统治。

巴亚尔爵爷泰拉伊，皮埃尔（约1473—1524年），来自于萨沃伊的卓越的军事战术家，意大利战争期间为三位法国国王打过仗。他曾率1000人坚守梅济耶尔，抗击35 000人的帝国围城军队，从而阻止了对法国的入侵，这使他声誉大振。巴亚尔是典型的骑士，他反对使用火器。

特里乌尔齐奥，吉安·贾科莫（1441—1518年），出身贵族的米兰雇佣兵首领，先在布列塔尼为路易十一世作战，接着在意大利为斯福扎家族打仗。后来，他又转而为法国效力，指挥康布雷同盟的军队，在阿尼亚德罗战役打败威尼斯。特里乌尔齐奥还率部取得了马里尼亚诺战役的胜利。

瓦尔图里奥，罗贝托（1405—1475年），意大利作家，专门研究战争。他作为外交家效力于里米尼的西吉斯蒙多·马拉泰斯塔宫廷，并且出版了一部有影响的论著《论军事》（*Dere militari*，1472年）。这部著作附有82幅插图，讨论了武器、战略以及其他相关论题。

维拉斯克斯·德·奎拉尔，迭戈（1461/1466—1524年），西班牙的征服者，1511年入侵古巴军队的统帅。三年后，他被任命为古巴总督。他还在征服墨西哥的过程中协助科尔特斯。

拿骚伯爵奥兰治的威廉（1533—1584年），年轻时与哈布斯堡家族结盟，后逐渐疏远这个皇帝家族。他是尼德兰起义的一位领袖，率部打击西班牙军队，曾被腓力二世宣布为叛徒。他被一个西班牙勤王者暗杀。

参考书目

主要战争

Burne 2002: Hundred Years War; Goodman 1981: Wars of the Roses; Hale 1985: effects of major conflicts; Kaeuper 1988: Anglo-French conflicts; Seward 1978: Hundred Years War; F. L. Taylor 1973: Italian Wars.

铠甲和传统兵器

Blair 1958: (general survey); Domínguez Ortiz 1991: illustrations of armor, including details; Hall 1997: information on the effectiveness of armor against gunfire; Vale 1981: England, France, and Burgundy; Verbruggen 1977: armor in warfare.

火器

Hale 1986: the effect of firearms battle on formations; Hall 1997: extensive information on the manufacturing of gunpowder; Rice 1994, 10–18: guns and the balance of power.

军队

Gouwens 1998: accounts of the sack of Rome; Hale 1986, proportions of cavalry to infantry in 12 battles between 1474 and 1610, p. 53; Hall 1997: weapons' effects on the daily life of soldiers; Mallett 1974: mercenaries; Martines 1988: Italy; Millar 1980: mercenaries; Murrin 1994, 79–102: literary depictions of sieges; 179–196: literary depictions of officers; Showalter 1993: command structure; Vale 1981: England, France, and Burgundy; Verbruggen 1977: (general history).

军事医学

Hale 1986, 120–121: hospitals; Lindemann 1999, 141–147, especially military hospitals; Siraisi 1990, 181–183: field surgeons.

防御工事

Hale 1986, 206–209, 234–235: modification of existing structures; Hall 1997, 163: illustration of the Italian trace.

第八章

商业

1400年至1500年间，欧洲经历了一次经济革命，资本主义萌芽在发展，更古老的经济制度也同时存在。生活中许多方面的相互作用导致了这种变化，其中包括海船的全新设计，它使以贸易为目的的远洋航行成为了欧洲商业的重要组成部分。在这时期繁荣起来的大规模制造业包括采矿、纺织和建筑，其中第一项在美洲依靠的是奴隶劳动。奴隶本身被当作商品来对待，不仅可以作为物品来买卖，而且也作为生产者和消费者。由于有来自殖民地的新产品，包括异域的农作物，所以，各公司开发了新的市场。书籍印刷开始于15世纪后半期，到1600年印刷书籍的出版繁荣起来。这一新兴行业本身就有助于欧洲经济的发展，它传播和改进了商业活动的各个方面的信息。书籍中有对实际问题，如复式簿记、轮作制和水力泵的操作技术的解释。书籍也有助于人们学习阅读和算数的基本技能，如果没有这样的知识，文艺复兴时期相当复杂的经济就不能够成功地运作。

为市场生产商品的企业依赖于度量衡标准，而缺乏统一的标准是文艺复兴时期的一个难题。长度、重量和容积的度量名称和单位有成百种。15世纪之前很久，统一的罗马制度便已被地方用法弄得混乱不堪了，结果是欧洲没有国际标准。而且，既存标准缺乏管理。管理的努力也是随意的和混乱的，因为许多官员都在插手标准的制定和维护。标示和校准度量衡仪器是用木头和铁一类的材料制成的，其由于经常使用以及随着天气变化，会有轻微改变。不同的度量衡单位常常是基于各不相同的标准，甚至在同一个国家中也是如此，这就使情况更乱了。另外，像英尺这样的度量单位，虽然在不同语言中都是同一个词，但是，它在不同的国家并不表示相同的实际尺寸。同一长度单位在海上使用的通常比陆上使用的要长。例如，一法国里格在大海上使用时大约要长三分之一。面积的丈量基于若干因素，如土地预计的租金或年收入。体积的大小常常由把各项捆绑在一起所需的绳索长度来测定。最后，同样一个单位常常有两种或三种说法，例如，英国的品脱（pint）又曾被称为“jug”或“stoup”。只有很少国家有一些度量单位是其更小单位的倍数。然而，英国确实就有这类制度。就容积来说，1夸脱（quart）等于2品脱，1加仑（gallon）等于4夸脱，1桶（barrel）等于31.5加仑，1大桶（hogshead）等于63加仑，1巴特（butt，或叫pipe）等于126加仑，1图恩（tun）等于252加仑。1英里被定为5280英尺，1弗隆（furlong）等于660英尺，1英寻（fathom）合6英尺，1步（pace）等于5英尺，1码（yard）等于3英尺，1肘尺（cubit）等于18英寸，1拃（span）等于9英寸，1掌宽（palm）合3英寸。

银行业和会计学

1400年至1600年间，银行业发生了剧烈的变化。到16世纪，收取过高利率的典当商不得不与国家所有的银行机构竞争了。在文艺复兴时期，有实力的商人银行继续在国际上发挥着作用，尤其是在汇兑业务上，而私人所有的地方储蓄银行逐渐倒闭，因为其顾客转向了国有银行。总的说来，因为分类账和日记账为新兴的复式记账制度提供了补充，金融凭证开始变得更专业了。

银行业

文艺复兴时期的银行业开始于14世纪后半期漫长的衰退期，导致衰退的主要原因是瘟疫、到期不还的贷款和严重的市场波动。意大利若干重要的银行都破了产，包括著名的阿奇亚约利家族的银行。随着15世纪早期银行业在巴塞罗那和热那亚的发展，以及佛罗伦萨美第奇银行的建立，金融逐渐趋于更加稳定。到15世纪末，德国城市奥格斯堡作为北欧金融中心繁荣起来。富格尔家族、韦斯勒家族和赫希施泰特家族拥有的在奥格斯堡的银行成为了整个地中海区域著名的银行。富裕的个人担任了国王们和其他统治者的银行家。如阿戈斯蒂诺·奇基（1465—1520年）就担任教皇的银行家。

文艺复兴欧洲有四种贷款机构：典当商、商人银行、地方储蓄银行和国家银行。某些典当行的利率是相当高的，高达40%，甚至于达到60%。早期文艺复兴时期的大多数典当商是基督教徒而不是犹太人，尽管天主教会禁止高利贷（借贷获利）。到15世纪，出现了许多犹太典当商，他们因为放高利贷而受到抨击。在意大利，天主教徒开办的当铺（*montes pietatis*，字面意思是“虔诚之山”）是一种特殊的非营利的银行。它们向平民发放小额贷款，以换回典当的财物。这些银行于1461年由方济各修道会创建，目的是为了使人们免遭高利贷，尤其是犹太人的高利贷的“罪”。在1515年，第五次拉特公会议（见第二章）批准了这一办法，于是，各分支机构在法国、西班牙、德国和尼德兰开办起来。

商人银行作为国际机构在发挥作用，它们发放信贷，刺激市场。这些银行主要由富裕的商人大家族来管理，它们的业务包括保险（尤其是船舶保险）、金融投机和国际汇兑。汇票促进了商人银行的运作。这些汇票包含有借贷给汇票发放人的钱，这笔钱可于日后在另一家银行用另一种货币支付。虽然并不收取利息，但是，利润常常是通过汇率差价来实现。这样，贷方得到的钱就比原来贷给借方的要多。到16世纪，贷方背书担保他们的汇票，使它们转变为可转让的商品，非常近似于支票。然而，在威尼斯共和国，汇票持有人不能将汇票转让给第三方，实际上，必须到该银行去完成这项交易。除了为贷方挣取一小笔利润外，汇票还使商人及其同事能够在国际旅行时无须运输装满钱币的笨重钱箱。遭到拦路抢劫的危险也大大降低。（见第九章有关商人和旅行的更多资料。）

地方私人银行，以及最终要取而代之的更大的国家银行所起的作用有点像今天的银行。活期账户或短期账户都挣不到任何利息。长期账户与现代的储蓄账户相似，它在储蓄期内要生息。地方储蓄银行显然是中古时代开始于热那亚的，而到15世纪，威尼斯在这一市场居于支配地位。到该世纪末，这些银行逐渐走向衰落，部分原因是它们愚蠢地用储蓄来投机，大大减少了必需的资金储备。国家银行是由政府雇用的公务员来监管的，政府经营这些借贷机构。不同的地区有不同的规则，某些国家银行并不允许贷款给私人。然而，钱都可以存进储蓄账户。在16世纪期间，若干国家银行都从南美金银的大量流入中获利。在中欧发现白银刺激了德国国家银行的发展，因为采矿所得的白银铸造成了钱币。

货币

在文艺复兴时期银行业中使用汇票的同时，纸质货币却并不存在。用作货币的金属币铸造由政府控制，大多数用铜和银的合金来制造。因为这些硬币是手工使用锤子和模具铸造的，所以，形状常常不规则，重量也略有不同。1550 年左右，在奥格斯堡人们用从金属薄板上切割的方法来制造硬币，这样批量生产的硬币为文艺复兴时期的钱币创立了新的精确标准。硬币是在造币厂生产的，造币的金属是商人、银行家以及其他与金融有关的人士提供的。造币厂向那些提供金属的人支付钱币，它们生产一些钱币以税的形式交纳给政府，一些则由造币厂自己留下来作为业务开支。各种金属被造成重量各不相同的硬币，当然，最重的价值最高。一些最大的硬币相当重，例如西班牙的“八字银元”每个重达 30 克。在 1400 年，若干城市和国家都有同等价值的金币，每个大约是 24 开金 3.5 克：匈牙利的叫达克特（ducat），阿拉贡的叫杜卡多（ducado），法国的叫萨吕（salut），威尼斯的叫杜卡特（ducat），热那亚的叫杰诺维诺（genovino），佛罗伦萨的叫弗罗林（florin）。然而，这类等值在文艺复兴时期的金融中绝非一个恒定值。硬币成色的降低是一个反复出现的问题，这部分是战争的过度花费所致，政府为应付战争开销制造了越来越多的钱币。然而，尽管有通货膨胀，较大的金币通常每一个要值今天的数百美元。

图 8.1　称金人。阿德里恩·伊森布兰特作，约 1515—1520 年。（大都会艺术博物馆藏，弗里德萨姆家族收藏品，由迈克尔·弗里德萨姆遗赠，1931［32.100.36］）

会计学

到文艺复兴晚期，除了在德国各领地外，复式簿记已在整个西欧流行开来。这种方法或许在 13 世纪晚期起源于托斯卡纳，在热那亚的商人首先使用了它。根据其最简单的形式，复式簿记一页有两栏，每栏页头标有同一日期。左栏记借方款项，右栏记贷方款项。某些商人还记日记账和分类账，以便两项相互参照。数学家卢卡·帕乔利通过其《算术、几何学和比例概要》（1494 年）一书，最早在印刷出版物中论述了复式记账方法。复式记账方法及其辅助性单据除了使经营企业更有利可图之外，它还帮助商人更好地记录库存货物，以及从改进记账方法中得益的企业的其他方面的情况。

采矿业

采矿是一项需要具有专门经验的管理人员和工人的大规模作业。中欧有若干采矿中心，有银矿、铜矿和岩盐矿。英国的康沃尔

图 8.2　采矿使用的水力泵。木刻版画，见格奥尔格·阿格里科拉的《论冶金》（1561 年）。（经拥有该照片 2003 年版版权的索斯比公司的同意使用）

郡曾以其锡矿著名，而在 16 世纪期间煤矿开采开始在英国占据了重要地位。到 16 世纪后半期，南非的金银矿也在向西班牙输送大量的金属。对奴隶劳动的剥削在秘鲁和墨西哥特别严重，那儿的奴隶们世世代代在矿场和冶炼工场（见后面的“奴隶制”）劳作到死。虽然旧大陆和新大陆的矿工常常在工作中遭遇死亡，但是，由于新机械的使用，文艺复兴时期的采矿工作比以前更安全了。直径达 30 英尺的巨大水轮被用来推动绞车，提起装满矿石的篮子。一些这类轮子不是用水力来推动，而是由两三个人在轮子里跑动来推动（就像仓鼠在它们笼子里的轮子上跑一样）。矿井常常有机械通风设备，更有效率的水泵设计不仅有助于采矿安全，而且加快了采掘进度。

在文艺复兴时期，金属矿的提炼越来越依靠机器，如用来捣碎矿石机械锤。有更多的个人把钱投资于采矿业，同时困扰着欧洲的战争也需要更多的金属和合金来制造武器和铠甲。这种前所未有的各种经济因素的结合导致了技术的改进和劳动的专业化。冶金成为了一个科学研究领域，而且像格奥尔格·阿格里科拉的《论冶金》（*De re metallica,* 1556 年）那样的论著，更用插图来非常详细地说明论题。解释检测矿石方法的手册得到印刷出版，这有助于程序和术语的标准化。这些论著还强调了机械和工程技术在商品生产中的作用，从而提高了机械化方法在其他领域应用的可能性。

投资采矿使若干北欧家族发了财。例如雅各布·富格尔（1459—1525 年）曾在 1487 年借钱给蒂罗尔大公，在各种贷款抵押中，他接受了最有利可图的蒂罗尔银矿的控股权益。三年后，皇帝马克西米连一世（1459—

1519年）成为蒂罗尔政府首脑，向富格尔家族举债以应付军事开支。因此，雅各布甚至通过谈判商定了从他的银矿获取收入的更优惠的条件。由于皇帝拥有造币垄断权，所以，富格尔家族取得了一项特许权，即所造每一个银币（马克）收益的50%归富格尔家族。每个银币合8个弗罗林，这大约是足够一个节俭的四口之家生活一个月左右的开销。因为这时期白银买卖在奥地利和匈牙利是被禁止的，所以，雅各布·富格尔就控制了白银市场。他最初贷给大公的20 000达克特投资，奠定了16世纪富格尔家族价值数百万美元庞大企业的基础。

纺织业

纺织品的制作是每个家庭生活的一部分。农民为自己生产衣物和其他纺织用品的家庭生产，应该与行会（见后面的“行会”）经营的作坊从事的纺织品制造区分开来。为销售所生产的纺织品包括羊毛织品、亚麻制品以及各种厚度和图案的丝织品，如丝绒和锦缎。生产毛织品有五道工序，即梳毛、纺纱、织布、缩绒和染色。在14世纪，佛罗伦萨以其生产的毛织品的品质和数量而享有国际声誉，文艺复兴时期，它的丝织奢侈品又成为了重要的商品。

佛罗伦萨支配着15世纪欧洲高档纺织品的供应，包括为教廷生产的裘皮衣服和精纺织物。从勃艮第宫廷到土耳其后宫都有佛罗伦萨纺织品的顾客。通过向移居佛罗伦萨的丝织工提供减免税优惠，该城确保拥有一大批熟练的纺纱工和织布工。另外，丝绸新品

图8.3　金银线绣锦缎，15世纪晚期或16世纪早期。（大都会艺术博物馆藏，罗杰斯基金会捐赠，1912［12.49.8］）

种也被开发出来，其中最受欢迎的是以不同颜色的经线和纬线采用平纹织法织成的“闪色绸”。用这种织物设计制作的长袍的颜色会随穿着者的移动造成的明暗变换而发生变化。这类新奇的特征提高了丝绸在全欧及其以外地区的吸引力。

毛织和丝织衣料本身就是昂贵的，剪裁以及刺绣一类的装饰更增加了它们的成本。某些刺绣线是金银丝，从而使它们的价格的确不菲。在佛罗伦萨，丝织工比毛织工的工资高，这就是为什么丝织品的价格要比毛织品高五到六倍的一个重要原因。虽然毛呢纺织需要经过27道工序，丝绸纺织只需要9道工序，但是，到15世纪毛织品较低的价格还是由于毛织工的工资相当低的缘故。另外，用文艺复兴时期的手动织机进行纤细的丝线纺织是相当费时的。一个丝织工可能需要长达三个月的时间来织出一件无袖袍服所需的锦缎丝绒。有用金线或银线作为添加纬线织成的衣料，而金线织物价格非常昂贵，一套衣服只有衣袖可能会用这种奢华的料子来做。带有可拆分衣袖的新奇袍服是大约1450年后佛罗伦萨的时尚，这种式样使穿着者能够用单独一件袍服来展示各种奢华的衣料。染色工序也增加了丝织品和毛织品的成本，尤其是因为深红色为许多人所喜爱，而这种颜色得自一种非常昂贵的染料。价格因素也许是贵族要摆阔性地穿戴这种颜色的衣服的原因之一。实际上，那种红色染料是用晾干了的、研成粉的胭脂虫制成的，产于远东，通过轮船运至佛罗伦萨。

15世纪中期欧洲经济正在蓬勃发展，此时投资像丝绸这样的奢侈品是明智的金融策略。正如毛线是从羊身上剪下来的纤维精制而成一样，丝质纤维也是一种动物生产的。养蚕就要栽桑，蚕依靠桑树来喂养，直至它们产出蚕丝。丝织品的制造自然与养蚕相关，有自己的养蚕业的地区在丝织品制造中获利更丰，因为它们的生丝不仰仗第三方供应。欧洲相当温和的气候使养蚕业的传播成为可能，甚至在英格兰也能养蚕。

除了原材料产于欧洲的纺织品制造外，棉织品也是欧洲市场所需的受欢迎的贸易商品。棉织品在经济贸易平衡中的作用是与中东舶来的其他商品的作用相关联的。例如，来自叙利亚的棉纱和成包的棉花经由威尼斯港输往欧洲各城市。而大多数这种纤维被用来纺织一种价格低廉的实用布料，即所谓粗斜纹布，其纬线用棉纱，经线是亚麻纱（即纺织亚麻布的纤维）。（关于纺织业更多的资料，见第十二章。）

农业

谷物是文艺复兴时期最为重要的农产品，尤其是小麦和稻米。人口调查员并不清点一个家庭的人数，而是要检点谷物消费者数（这就意味着幼小的孩子通常不计算在内）。农学的主要目的就是要提高各种谷物产量。文艺复兴时期的农学从研究这方面的古典著作，当然包括与地中海盆地有关的古罗马资料为开端。另外，因为大部分西欧地区气候温和，在一个地区的成功的试验会有助于提高另一些地区的农业生产。两个非常重要的变化是消除了休耕地（被留下来一季或更多季不耕种的土地）和交叉犁耕的方法。由于以前的休耕地用于耕种，所以，在较温暖的地区每年可有三熟。施肥的增加有助于完成这一革新。交叉犁耕会产生垂直相交的犁沟，与其相反的是在田垄间沿平行线犁耕的方法，该方法能翻起更多的土壤，以便容纳播下的种子。按照这种耕作方法，作物轮作期间栽种的饲料作物提供了更多的饲料，这些饲料能够在冬季喂养更多的牲畜。新增添的牲畜则带来更多的肥料，更多的肥料又使这周而复始的丰收连续不断。主要的饲料作物新品种是苜蓿（alfalfa, 这是一个阿拉伯语单词），它能够提供氮，三叶草叶是对它的补充。在古代以后，大部分欧洲地区不再种植苜蓿，但是，穆斯林统治的西班牙仍然栽种苜蓿。16 世纪期间，苜蓿在意大利称西班牙草，成为了主要的牲畜饲料。

在文艺复兴时期，灌溉方法得到改进，出现了能排干湿地以供耕种的新型水力机械，从而使未开垦的土地能为农业所用。园艺学家加布里埃尔·阿隆索·德·埃雷拉（大约生于 1470 年）在其《农书》（*Obra de agricultura*, 1513 年）一书中坚持认为，经常浇水比施肥更重要。埃雷拉工作在格拉纳达，所以，他直接观察到西班牙南部精巧的穆斯林的灌溉方法。欧洲农业的其他改进包括产生于 16 世纪植物园中的新型耕耘机，以及引进了美洲的植物新品种。1500 年以前，玉米就在西班牙得到栽种，16 世纪期间西欧有了白薯的生产。然而，马铃薯并不作为食物来食用。与烟叶一道，栽种马铃薯是为了药用。这时期，西红柿被认为是不能食用的，是作为观赏植物来栽种的。

在进一步的研究中，应该有对当地地形决定了农业技术的各个地区更详细的分析来对本节的概述给予补充。例如意大利半岛曾经有（现在也有）三个大的农业区，即北部的伦巴第地区、中部的托斯卡纳地区以及意大利南部地区。伦巴第地区地势平坦，土壤黏重，因此，农田易于灌溉，栽种各种农作物供市场所需。该地区乳牛养殖业繁荣，在 15 世纪期间，帕尔玛周围地区生产的奶酪非常著名。托斯卡纳是丘陵地区，土壤较为瘠薄，降雨稀少，宜于种植葡萄和橄榄。农民还生产供自己消费的粮食，所以，每年就是这三种庄稼轮种。虽然那儿也可以养绵羊，但是，生产的羊毛品质不很高。南部大部分地区土地贫瘠，分成个大的庄园，其中许多种植柠檬和柑橘。土地还被用来放牧。由于只能有两种庄稼轮种，生产粮食的农场也可以放牧。随着大量的树木被砍伐来造船和当燃料，到 16 世纪，整个半岛开始意识到砍伐森林的影响。

在这时期，国家对调节和管理乡村土地使用有了更大的兴趣，所以，地方官员也在收集农业生产方面的资料。城市自然与其乡村邻居连接起来，因为城市的大部分食物供应得依靠当地。农场和较大的庄园也为城市地区提供另外一种重要的未经训练的劳力，即农民，他们从事疏通道路、原材料运送以及作坊清扫等粗活儿。城市下层阶级的死亡率是非常高的：他们中大约只有一半能活过 20 岁。以现代标准来衡量，城市贫民的生活状况是很可怕的，城市居民随时都接触到日常生活垃圾（见第十二章）。

葡萄酒、啤酒和烈性酒

葡萄酒和啤酒是文艺复兴时期最受欢迎的饮料。一般说来，上层阶级饮葡萄酒，下层阶级喝啤酒，而且北欧人和东欧人比南欧人更喜欢喝啤酒。人们更愿意饮用新酿啤酒和葡萄酒，因为酒桶不能很好地保存它们。

每个当令期新酒到来之时都要举行庆祝仪式，同时开启第一桶酒。虽然烈性酒最早作为饮料来饮用是在文艺复兴时期，但到1600年后，烈性酒的酿造和日常消费才更为普及。

葡萄酒

上层阶级以及栽种葡萄的农人每天都饮用葡萄酒。葡萄栽培在南欧是一个有利可图的生意，商业性运作的葡萄园一直远达北纬49度线。在法国卢瓦尔河口是大规模葡萄酒生产的分界线。在这时期，欧洲酿制的葡萄酒并不装瓶贮存，而是装在木制大琵琶桶或一般木桶里，而且葡萄酒的酒精度相当高。在炎热的天气条件下运输，没有很好陈化的葡萄酒常常会变成醋。新酒的品质更好，其价格常常比老酒高八倍。一般说来，贮放在木桶里五六年以上的红葡萄酒和白葡萄酒都被认为是不能饮用的。

亚速尔群岛和马德拉群岛以及加那利群岛都有繁荣的葡萄酒市场；轮船停泊在亚速尔群岛，以便运载新的酒桶，在马德拉群岛和加那利群岛的葡萄园也通过水路向英国和美洲发送葡萄酒。在16世纪，虽然来自智利的葡萄酒已经有了名声，但是，欧洲人饮用的主要是欧洲产的葡萄酒。因为葡萄酒对于上层阶级是如此必不可少，所以，政府认识到他们能够轻易地向葡萄酒商人征税，这样就能为开征这种税的市政当局提供稳定的收入来源。为逃避征税，许多商人都在城墙外开设销售点。

图8.4　描绘葡萄采摘和葡萄酒制作的图饰首字母E。普林尼《自然史》的羊皮纸写本，意大利15世纪。（意大利威尼斯马奇亚纳图书馆藏/劳罗斯/吉罗东/布里奇曼艺术图书馆提供）

啤酒

啤酒是下层民众的标准饮品，尤其在北欧地区，因为葡萄酒从更远的产地运来，它的价格就更贵。北欧的贵族也喜欢喝啤酒，最著名的例子是皇帝查理五世（1500—1558年），他是在弗兰德尔长大的。啤酒是用谷物，如大麦发酵酿成的，还添加了其他成分来增加它的风味。在文艺复兴时期，酿酒人试验了各种添加物，如蜂蜜和月桂叶等，这是为了提升啤酒风味，也许会有防腐作用，以及为了添加物潜在的药用效果。在有影响的葡萄酒生产地，尤其是在法国，法律并不允许酿制啤酒，但啤酒非常受欢迎，所以，这些地区的酒馆要输入桶装啤酒。农民是主要的啤酒饮用者，常常每天要喝一加仑多（大约十二瓶）啤酒。

烈性酒

直到16世纪，从用蒸馏法制作的葡萄酒中提取出来的酒精常在修道院中被当作药物使用，那些修道院在蒸馏葡萄酒中添加香料和草药。白兰地是最普通的烈酒，适当饮用被认为具有预防瘟疫、医治牙痛、保持青春的功能，还能带来其他益处。到15世纪末期，人们开始较大量地饮用烈酒，特别是在公共节庆活动中。在十年之内，法国的城市政府就依靠征收通关费和税把白兰地生产作为一项新的收入来源。虽然关于作为一项商业投资的烈性酒的传播的文献资料缺乏，但是，我们确实知道，到 16 世纪晚期白兰地已通过海船在国际上运销。白兰地和其他烈酒在船舶货舱中占用的空间与葡萄酒桶是一样的，因为白兰地和其他烈酒更昂贵，所以能赚取更大的利润。

手工业

文艺复兴时期生产的几乎每一样东西都是个人手工制作的。造币（见前一章的论述）和印刷书籍是两个例外，当然，制造它们的冲压机和印刷机也是手动的。工业时代尚未开始。在纺织业、采矿业和制造领域中，工场和作坊是按照准工业方式来运作的。大多数手工产品是由行会成员制作的，而且每一个作坊都由工匠师傅（总是男人）负责。虽然作坊中也有妇女做帮手，但她们是作为行会成员的妻子或女儿在干活儿。

造船

造船是制造业的一个分支，它需要特殊的技术和工具，而且造船作坊必须建在靠近水的地方。威尼斯兵工综合工场是文艺复兴时期最著名造船场，它雇用了数千工人。工人中有为数众多的妇女，她们被雇来缝制船帆。有趣的是，16 世纪期间威尼斯兵工作坊正在实行改革：文艺复兴时期通常的师傅带学徒和雇工的作坊体制被废止，每个工人被迫重复完成一项单一任务。这种劳动模式提高了生产力，但在这时期的制造业中它是相当少见的。频繁的海战以及随之带来的舰船损失或许使新体制成为必需。北欧的造船作坊有能雕刻装饰性船头雕像的工匠，他们制作的这些雕像在 16 世纪中期以后开始安装在船的前方。这种在旧式船只上非常流行的船头雕像，由于大帆船设计的缘故而没有出现在这些大帆船上。现代人通常会把船头雕像想象为一个美人鱼或类似的女性形象，但是，16 世纪最流行的船头雕像是动物或神话中的神祇，如海神尼普顿。

行会

中世纪后期，随着欧洲城市成为重要的经济中心，富裕的商人和政府官员不仅有能力购买昂贵的绘画作品、挂毯和雕刻作品，而且也能购置精美的皮革、金属和木材等材料制作的家具。这些手工制品都出自组织成行会的工匠之手，在 1400 年，甚至画作也被认为是手工艺品。在某些城市，每一个行会各垄断一种行业的生产。在别的由若干工匠团体组成的较大的行会中，各个团体专门从事特定的手工行业。参加一个行会首先需要当学徒（见第十一章，关于教育），然后做雇工，最后才能自己开作坊成为师傅。师傅的数量常常是有限的，这是为了防止行会内部过度竞争。虽然不允许妇女参加行会，但是，师傅通常必定是要结婚的，因为指望妻子在作坊中做个帮手。行会成员有助于支撑城市的经济福利，因为他们能够为年老不能工作的师傅以及孤儿和师傅的遗孀提供帮助。行会也是艺术的赞助者。若干件最令人难忘的祭坛装饰品是行会委托制作的，行会还为其成员精心安排的教堂葬礼承担费用。在节日和城市庆典活动期间，行会成员要聚在一起，着统一服装游行，类似于兄弟会成员（见关于宗教的第二章）。事实上，行会成员组成了许多兄弟会，从而把他们对城市社会福利的贡献延伸到与行会自身直接相关的家庭以外。这样，某些行会不仅在欧洲城市体系内成为了有影响的商业势力，而且也成为了重要的政治组织。

到16世纪，许多行会都在以“散工制”（putting-out system）生产商品，即由较富裕的师傅来投资，由贫穷家庭来生产手工制品。它不是一个工匠在其作坊中完成整个产品，而是产品可以从一个作坊传递到另一个作坊，直到完成整个生产工序。这种制度有点像一条灵活的组装线，它能比单纯的作坊制更快地制造手工制品。然而，对于工匠个人来说，实行这种制度的结果是，他们的影响降低了，他们的收入通常也降低了。

印刷业和出版业

欧洲最早的印刷书籍是木刻版书，每一页都是用单块木刻刻制的。这些书偶尔也被印制成双色的。因为在木板上刻字是相当辛苦的活儿，所以，这类书籍常常只有几页。在15世纪中期，美因茨的金匠约翰内斯·谷登堡（约1394/1399—1468年）发明了一种制造冲压和铸模活字的方法，这就使他能够用活字来印刷一本书（《谷登堡圣经》）。最初的这类活字是哥特体，仿效的是抄本中的哥特书写体。

文艺复兴时期出版业有两个创新，一个是从仿效人文主义手写体而来的更易读的斜体字，另一个是袖珍版书籍。这两项创新都是由威尼斯印刷商和出版商阿尔杜斯·马努蒂乌斯（约1450—1515年）研制出来的。因为他接受过专门教育，是一位人文主义希腊语学者，所以，他最初印制的是价格昂贵的大型对开本的希腊语著作。他印制的书籍十年后都还有库存。于是，他决定销售廉价的古典作家著作。虽然他创办的阿尔丁出版社因为战争两次关闭（分别在1506年和1510—1515年），但是，阿尔杜斯（他通常被这样称呼）最终出版了大多数学者都买得起的书籍。他的出版社在利润上的波动说明了出版业在其存在的头一个世纪作为一个商业企业的试验性质。其他出版社则希望针对更广泛的市场，它们出版了各种俗语书籍，这又转过来鼓励了俗语著作的写作。16世纪期间，像教材、地理和文学类的世俗出版物与圣经和灵修书籍一道销售，而圣经和灵修书籍早在欧洲书籍出版业的头几十年就已经很受欢迎了。

印刷业

欧洲第一本标注有日期的活字印刷品是1454年美因茨印刷的教皇赦免令。在15世纪60年代，德国印刷商就在罗马、威尼斯和巴塞尔（当时属于德国版图）开设了印刷作坊。到15世纪60年代末，一个建于巴黎的出版社印刷出版了索邦大学课程教学用书。到1480年，在乌得勒支、纽伦堡、克拉科夫和布达佩斯，以及英国、法国、意大利、尼德兰、葡萄牙和西班牙等国的若干城市都有重要的印刷作坊在活动。在研究古版书（1501年之前所印的书籍）时，要确定准确的出版地会很困难，因为许多印刷商带着他们的制版模具和字模在城市之间流动。许多早期书籍都没有标题页，只在末尾处有出版者或印刷商的名字以及出版日期。这些早期的印刷商是富于想象力和创造性的，到1465年他们就能印刷带有希腊字的书籍，1473年能印刷音乐书籍，1482年能印刷数学书。虽然大多数最早的印刷书籍是拉丁语的，但到1500年，俗语书籍成为了欧洲市场的重要组成部分。

作为投资的书籍出版

由于所需的工具和机器，开办一间书籍印刷作坊是一个花销很大的事情。早期的印刷商又是自己书籍的出版人，但是，到16世纪，越来越多印刷商从其他个人得到资金来源，这些人承担了大多数费用和金融风险。许多文艺复兴时期的书籍的标题页下端都声明该书是“由xxx为xxx印制”。这个“为”后面的名字即为该书出版人或销售者的名字，他常常要负担印刷作坊的部分设备和必需品的费用，同时，常常也要与印刷商分享每版印刷量所带来的收入。从15世纪80年代起，地方银行也出现在最早的出版业投资人之中。在日内瓦，像富格尔家族那样的商人银行家就投资加尔文派著作的出版发行。许多书籍是在重要的赞助人，如教皇、君主或富裕的红衣主教的资助下出版的。例如，阿尔杜斯就在教皇的资助下出版了若干种书籍。

大多数出版计划都是为了赢利，但未必立即就能获利。每版印刷量非常之大，这说明大多数出版商必定对他们的市场相当有信心。某些用途特殊的印刷品，如纪念性小册子的印数或许只有50到100册，而通常书籍每版印刷量在1000至1250本之间。圣经和灵修小册子常常有更大的单次印刷量，约三四千本。马丁·路德（1483—1546年）的德译本圣经的第一版印了4000本。即便在书籍印刷工作的间隔期，印刷作坊的专业技工也绝不会在工作日闲而无事。他们印制许多单张（单面印刷）的印刷品，如祈祷文和灵修木刻，还印制小开本儿童启蒙读物和小型流行诗歌集。

印刷特许权

因为出版在时间和资金上需要极其特别的投资，所以，印刷商和出版商自然地想保护他们的投资。在出版一本特定的著作之前，印刷商会向管理机构申请独家印刷该书的“特许权”。一般说来，这些特许权有一个相当长的时效，在10—20年之间。它们实际上起着版权的作用，但是，这是对印刷商而不是作者和编者而言。可是，盗版很盛行，尤其是当颁授特许权的管理机构对盗版发生地没有管辖权的时候更是如此。例如佛罗伦萨的印刷商就盗版了教皇特许出版的阿尔杜斯1528年版的《廷臣》。假如盗版充斥市场，一本书大部分的投资就会遭到损失。

相关行业

书籍出版需要数量极大的纸张和油墨，以及制作活字的金属。纸张占了成本的最大部分，大约是生产成本的三分之二。大多数出版社平均每天要使用1500张纸。由于在16世纪期间有数千家印刷作坊在开工，所以，对纸张的需求极大。为了保证稳定的纸张供应，某些印刷商就越过经销纸张的商人直接从造纸厂大量购买纸张。印刷商与造纸商有长期订单，而且，有的印刷商还提前若干年从纸厂订购大量纸张。对于一些印刷商来说，最好的解决办法是投资他们中意的造纸厂，签订一个纸张长期供应协议。虽然书籍装订通常不归印刷商负责，他们出版的书籍带有纸质书皮，但是，16 世纪期间印刷业的激增导致了书籍装订工场的发展。书籍装订转而刺激了欧洲的皮革制造以及皮革进口。书籍贸易还有助于每年一次的法兰克福集市发展为每年春天举行的国际交易会（甚至在今天，书籍贸易在法兰克福交易会上继续发挥着重要作用）。

奴隶制

在古代世界，沦为奴隶的人们从事划船、家内劳动、手工艺和其他劳动。在中世纪，由于使用了沦为农奴的农民，庄园所有者不再需要购买奴隶来从事田间劳动和其他苦活儿。然而，富人家庭继续拥有家内奴隶。许多家内奴隶是其主人的性伴侣。14 世纪的黑死病导致成千成万的农奴丧失生命，这造成对大量勤劳而廉价的劳工的急迫需求。在 15 世纪早期，从切尔卡西亚山区和其他地区来到东方的奴隶被卖给了热那亚等沿海城市的个人。这种既有男性奴隶也有女性奴隶的“白奴贸易”是在西班牙南部和北非实行的穆斯林方法的翻版。其他城市，尤其是威尼斯使用年轻的契约奴，他们是被自己在达尔马提亚沿岸地区和亚得里亚海岛上的父母卖给船长们的。契约奴与奴隶不同，他们通常是在特定年限内为其主人干活儿，契约到期即被释放。契约奴也与因始于 15 世纪中期的非洲奴隶贸易而沦为奴隶的人不同，他们并不在法律上被界定为财产。

随着其航海技术的发展及其对非洲海岸的接近，葡萄牙人冒险进入了北非，并且于 1415 年征服了休达。从这个活动据点出发，葡萄牙商船船员慢慢开始与非洲人做生意，从摩洛哥人那里购买谷物和纺织品。在 1434 年，葡萄牙探险队到达博哈多尔角，海员们为了买卖奴隶，开始捕捉沿岸的非洲人。奴隶相当快就成为一项值钱的商品。塞维利亚是西欧奴隶人数最多的城市之一，在 16 世纪中期，其奴隶人数超过了居民总数的 7%。许多拥有奴隶的人是工匠，他们在自己的作坊里使用购买来的奴隶。英国的船长们以及葡萄牙人参与了奴隶贸易，他们向西班牙殖民地提供劳动力。（在 1620 年，把奴隶卖给弗吉尼亚詹姆斯城的英国殖民地的是一位荷兰船长。）非洲奴隶被认为是其主人合法的财产，被当作商品来对待。与谷物、纺织品以及类似的商品不同，非洲奴隶不能被消费掉，通常在很长时间内不会用坏。而且，如果给他们配偶的机会，他们会生产出更多的奴隶。对于不把非洲人当人看待的奴隶贩子来说，奴隶就是一项好的投资。在文艺复兴期间，有三四十万非洲人作为奴隶被迫辛苦劳作，这些奴隶大多数在大西洋各岛上和美洲新大陆。（在 17 世纪期间，奴隶数量急剧增加。）在欧洲的非洲奴隶的数量相当小，他们大多数在葡萄牙、西班牙和意大利。

巴托洛梅·德·拉斯·卡萨斯（1474—1566 年）是西属美洲的奴隶的维护者，他曾经是一位神父，后来在古巴成为了一位富裕的地主。由于对美洲印第安人遭受的残酷对待感到震惊，他建议让每一个解放了土著美洲人的地产所有者可以拥有一打非洲奴隶作为替换，他最初试图以此种方法来解放美洲印第安奴隶。然而，几年后，拉斯·卡萨斯竭力反对的正是人类奴役的观念，因而他发表了好几本书来表达自己的关注。因为美洲殖民者在经济上依赖奴隶制，所以，变革这一制度是一项艰难工作。在去西班牙旅行期间，他最终说服那些当权者，至少印第安人不应该被作为奴隶。这是一个妥协的办法，他因此而出了名。尽管1543年通过的新《西印度法》禁止使印第安人为奴，但是，立法几乎没有改善大多数土著美洲人的境况。他们不被当作奴隶使用，但为了换取食物和住所，他们干的活儿与奴隶一样苦。

甘蔗种植园

大西洋各岛，如马德拉群岛和加那利群岛的甘蔗种植园是后来在美洲大规模使用奴隶劳动的那种种植园的典型实例。巴西的葡萄牙人以及新大陆其他地方的西班牙人很快耗尽了当地劳动力资源。部分原因是印第安人从来没有遇见过像天花那样的欧洲疾病，所以，他们死于各种疾病。另外，从1543年起，西班牙政府禁止把土著美洲人作为奴隶，因为他们被认为是国王的臣民。上述两个因素促使殖民者投资非洲奴隶，用他们种植甘蔗，为其开办的制糖厂提供艰苦繁重的劳动。制糖需要大量的木材作为燃料，所以，奴隶们必须要砍树劈柴。种植园主更喜欢非洲奴隶，据说他们干活儿能当四个或更多的美洲印第安人用。一个非洲黑奴事实上不可能获得自由（即获得解放）。因为他们的肤色，奴隶可能逃跑，但不易隐藏，通常他们会被抓回来，即便不被处死，也会受到严厉惩罚。另外，奴隶贸易破坏了奴隶的家庭，即使他们的亲属能承担解放的费用，其亲属也不可能找到他们。

采矿

在西属美洲矿山工作的奴隶的处境比那些在甘蔗种植园的要糟得多。工作条件即便按照文艺复兴时期的标准来看也是可怕的，一连许多小时在高温、多灰、昏暗的缺氧环境中度过。当时的银矿在矿井入口之下是来回蜿蜒曲折的矿坑，而不是木梁支撑的整齐的矿井。工人用绳索和梯子上下，从井下背出矿石，这是一个非常缓慢的过程。开采金银矿商业成功的关键是高生产率，而且，采矿没有淡季。与农业生产活动不同，采矿可以不分昼夜地干，是一项非常辛苦的工作。此外，像水银那样的有毒化学品被用于金银提炼，同时，矿工们在坑道中还会遭到有毒气体的侵袭。用于采矿的奴隶的死亡率相当高，但有更多的奴隶来填补死去奴隶留下的空缺。采矿花钱最多的方面是劳动力，但与拿工资的工人相比奴隶是便宜的。

主要人物

阿奇亚约利家族 其家族银行的总部在佛罗伦萨，在罗马、那不勒斯和雅典设有分支机构。1350年，当英国国王拒绝还贷时，该家族银行破产。

阿格里科拉，格奥尔格（1494—1555年），德国的矿物学家，担任过位于主要矿产地区的切米茨市的市长。他写有一本关于采矿和冶炼的著作《论冶金》（*De re metallica*，1556年）。

巴尔巴里戈，安德烈亚（1399—1449年），威尼斯商人家族的成员。他的账簿是关于早期文艺复兴时期商业活动的重要资料。

比林古乔，瓦诺乔（1480—约1539年），冶金学家和工程师，以担任教皇兵工厂厂长一职结束其职业生涯。他于1540年出版的《火法技艺》（*Pirotechnia*，即英语“Fireworks”，比今天该词的含义更广）一书，阐明了采矿和冶炼、玻璃和火药的制造以及其他与火或高温相关的工艺程序。这本书被翻译成其他语言，发行了若干版。

波丹，让（1530年—1596年），哲学家和经济学家，他的《论当代法国的过度通货膨胀》（*Discours sur les causes de l'extreme cherte qui est aujourd'en France*, 1574年）一书详细分析了16世纪法国的通货膨胀。他讨论的主题包括工资、物价和货币供应。

奇基，阿戈斯蒂诺（1465—1520年），锡耶纳一个富裕家庭的成员，在罗马开有一家银行，曾帮助若干任教皇举办的工程筹措资金。他还拥有托尔法的明矾矿的开采权。

克尔，雅克（1395—1456年），一个法国商人的儿子。通过经营来自于大马士革的纺织品，他成为了一个非常富有的人，曾被任命为铸币厂厂长和皇家财政大臣。克尔借钱给法国国王，资助其在诺曼底的对英国的战役。

富格尔家族 是德国奥格斯堡最著名的银行家家族，西欧最富裕的商人家族之一。除了银行业外，他们的主要商业活动领域是纺织品的制造和销售、采矿和香料贸易。皇帝马克西米连一世就依赖富格尔家族的贷款，该家族还资助查理五世的皇帝选举。作为回报，他们获得了管理西班牙采矿收入的权利，这包括在西班牙和在美洲的采矿收入。

格雷沙姆，托马斯爵士（1519—1579年），英国商人，作为伊丽莎白一世的财政顾问，他在安特卫普度过了二十年时间。他还负责管理女王的贷款。

格里马尔迪家族 是一个重要的热那亚银行家族。他们在1485年成为了摩纳哥的统治者，这一王朝一直持续到今天。

霍赫施泰特家族 在奥格斯堡开办有一家重要的银行，但在其家族首领于1529年垄断水银市场的企图失败后，家族终于破产。

拉斯·卡萨斯，巴托洛梅·德（1474—1566年），第一位在美洲得到圣职任命的神父。他反对奴隶制，在说服西班牙政府于1543年通过新法禁止使用土著美洲人为奴的过程中起了推动作用。

马努蒂乌斯，阿尔杜斯（约1450—1515年），威尼斯的印刷商和出版商。他是第一个出版斜体字（手写体）书籍的人，同时，他第一个出版了袖珍版书籍，这使阅读材料更便于携带。

美第奇家族 在佛罗伦萨开办有银行，后来又在其他地方设立分支机构，著名的是在安特卫普的分行。由于是意大利最富裕的家族之一，所以，他们用金钱来安排其家族成员担任教皇、红衣主教以及其他教会官职。在1494年佛罗伦萨被法国国王占领后，美第奇银行破产。

奥雷姆，尼科尔（约1320—1382年），法国经济学家，其论著《论货币》（*De moneta*）初次出版于1488年，有好几个文艺复兴时期的版本。

帕乔利，卢卡（约1445—1517年），数学家，曾在意大利北部若干个宫廷从事研究，其著作《算术、几何学和比例概要》（*Summa de arithmetica, geometria, proporzioni et pro-*

portionalita, 1494 年）是阐述复式记账方法的第一本书。

皮科罗米尼家族 是锡耶纳商人家族，拥有一个很赚钱的商业网络，从港口城市热那亚和威尼斯，一直延伸到法国和德国。他们还在不动产上有重要投资。

斯特罗齐家族 这个家族及其银行都是佛罗伦萨的美第奇家族的主要竞争对手。他们建立了一个令人印象深刻的商业帝国。

韦尔泽家族 在奥格斯堡建立了一个银行家族集团，其分支机构遍布整个西欧。他们投资远东贸易，而且，由于贷款给查理五世，所以，他们还拥有好几处在美洲的矿山的采矿权。

参考书目

Appuhn 2002: economic development; Berriman 1953: weights and measures; Braudel, *Perspective* 1992, pp. 1–174: (general survey); Brotton 2002: “A Global Renaissance,” pp. 33–61, on trade between the Ottomans and Europe; Frick 2002: p. 97 table listing estimated annual earnings in Florence during the 15th century for 19 categories of employment, from lawyer to carpenter, in descending order; Kula 1986: weights and measures; Miskimin 1977: (general history).

银行业和会计学

Center for Medieval and Renaissance Studies 1979: banking; De Roover 1966: Medici bank; Edwards 1989: accounting; Ehrenberg 1963: banking; Goldthwaite 1987: banking; Lane 1985: banking; Munro 1992: banking; Tenenti 1991: (character study).

采矿业

Braudel, *Structures*, 1992; (general survey); Hatcher 1973: English tin; Tylecote 1992: metallurgy.

纺织业

Braudel, *Structures*, 1992; (general survey); Frick 2002: Florence; Molà 2000: Florentine silk.

农业

Ambrosoli 1997: botanical studies; Appuhn 2002: economic development; Braudel, *Structures*, 1992: (general survey); Fusell 1972: classical Roman methods of farming.

葡萄酒、啤酒和烈性酒

Braudel, *Structures*, 1992 (general survey).

手工业

Appuhn 2002: economic development; Braudel, *Wheels* 1992: markets; Frick 2002: Florence.

出版业

Eisenstein 1983: social context of printing; Hindman 1991: social context of books; Hirsch 1974: literacy and the book market; Jardine 1998: “The Triumph of the Book,” pp. 135–180: popularity of printed books.

奴隶制

Knight 1993: Spain and Portugal; Marino 2002: economic impact; Panzer 1996: papal involvement; Philips 1993: the Americas; Solow 1993; Atlantic basin.

第九章

旅行和探险

大城市以外的欧洲范围之内的旅行与中世纪的旅行没多大差异，同样肮脏、缓慢，常常还很危险。用来邮递的驿道几乎没有什么改善，某些地区的邮递到16世纪已由国家来管理了。不管是陆路旅行还是水路旅行，文艺复兴时期的人们都要遭遇携带钱款的难题。因为所有的钱都是硬币，所以，常常需要一头驮畜来搬运沉重的钱袋，或者需要一辆马车来运载钱箱。这类运输工具使旅行者容易成为拦路强盗和其他品行不端的人的攻击目标。大多数旅行者都在既拥挤又多跳蚤的路边客栈住宿，然而，在有足够房间时，朝圣者会被允许在旅客招待所过夜。

古代的地理著作、来自阿拉伯的航海知识和工具以及根据亲身观察绘制的地图，所有这些都有助于文艺复兴时期的欧洲人形成其对新大陆的印象。在1400年至1600年间，世界的大小似乎翻了一番。然而，这种情况并没有使大多数欧洲人不再认为他们自己是地球上最强有力的人。来自地理学家、探险家和其他旅行者的描述使教皇和其他统治者们相信，信仰天主教的欧洲人在道德上和精神上都优越于新近探险和征服的领土上的“异教徒”。因为使土著居民皈依基督教与对外贸易几乎是同等重要的，所以，探险航海的目的是双重的。这种虔诚的态度并不妨碍奴隶贸易的发展，奴隶贸易成为了航海到非洲的一个动力。

鉴于现代世界越洋旅行方式的舒适和可靠，人们或许难以理解文艺复兴时期在浩瀚的大洋中航行的极端危险性。15世纪和16世纪的书信、航海日志和文学作品以比喻和文学描述的方式提到了礁石嶙峋的海角、巨大的海浪、冰风暴以及毁灭性的大风。世界各大洋探险是民众为之神往的事情。在本书涵盖的时期中，葡萄牙和西班牙在航海探险中处于支配地位，法国和英国派出的只有寥寥几个探险者。到16世纪后半期，荷兰和弗兰德尔的制图员支配着地图市场。

地理学和制图学

地理学和制图学是相互补充的学科，制

图9.1 异域他邦的“野蛮人”和“异形”种族的图示。木刻标题页，见约翰·曼德维尔的《奇事录》(1531年)。(经美国西班牙学会同意使用)

图学是以图示的方式描述通过地理研究所获得的地球的知识。在文艺复兴时期，由于有了新的数学计算方法，所以，在1400年至1600年间，这两个领域都取得了重大发展。来源于古代著作以及中古阿拉伯的知识被翻译成了拉丁语，这促进了地表研究水平的提高。写本地图和航海图在文艺复兴时期急剧增加。另外，铜版雕刻的新技术导致了能够多次印刷的精绘地图的产生。在16世纪中期，意大利的地图出版商出售雕版地图，他们偶尔也出售成册的小型地图集。一个弗兰德尔制图者于1570年出版了第一本描绘整个已知世界的地图册。人们通过把雕版印刷的地球仪图块贴在圆形的石膏球上来造出地球仪。这些地球仪图块上有一幅世界地图，它是印成一系列杏仁形图块的，跨赤道部分较宽，然后在南北两极逐渐缩小到一点。只要把地球仪图块剪开，并沿边修剪整齐，正好可以拼贴在一个圆球上。

描述性地理学和装饰性制图学提供了有关异域自然和文化方面的知识。出版的探险者报告和旅行家游记常常言过其实，但它们为欧洲人提供了他们最早有关西非的植物和动物、印度的风俗习惯以及新大陆的土著居民的知识，并且使他们渴望得到美洲的黄金和沃土。

地理学

在文艺复兴期间，地理学，或者说关于地球的论述，发展成为了一门科学学科。宇宙志（见第十章）是叙述地球与已知宇宙的关系，而地理学与其不同，它重点在于描述地球本身各部分。地方志（chorography, 来源于希腊词“choro”，意即“地方”）是地理学的一个分支，由地形学和对各区域或地区的历史描述组成。在文艺复兴时期，这一专门领域常常包括谱系知识在内。地理测量大大地得益于数学的发展，地理数学则因为1410年之后托勒密（约100—约170年）的希腊语地理学论著翻译成拉丁语而得到促进。这一数学领域被用来确定地球表面各部分的位置和面积，而且，领航员和测量员补充了关于海岸线形状和江河轮廓的知识。托勒密描述地球表面的技术，包括经纬线的使用，为文艺复兴时期的地理学研究奠定了基础。（文艺复兴时期的航海者还不能确定经线的位置，因为他们没有轻便的精确时钟。地图和航海图上的经线多半被那些为船舶绘制航海图的人忽略掉了。）希腊作家斯特拉波（约公元前63—约公元20年）是描述性地理学的古代榜样。文艺复兴时期的作家描述了欧洲和异域的政治和自然的特征。

许多描述性地理著作都包括人种学知识。在这时期，新近发现的关于旧大陆的地理详情有助于民族认同的发展。另外，关于欧洲人在东方和西方的殖民地的详细情况常常是以帝国主义的语汇来描述的，这加强了欧洲人对其他社会的优越感。当欧洲人用数理地理学方法测量了地球的其他部分时，他们就自以为他们能够控制地球的其他区域。当欧洲人通过描述地理学了解了其他地方和文化时，他们就决定他们应该控制地球的其他区域。一个法国冒险家在1556年写下了如下一段对巴西土著的描述：“那些生活在接近赤道的上游地区的人是邪恶而又凶险的，他们吃人肉。那些离赤道更远的低地人要更温顺些。上述上游的和下游的所有野蛮人都是赤身裸体，他们的棚屋和房子都是用树叶和树皮盖的。”（Lestringant 1994, p. 134）欧洲读者还读到了其他来自非洲和远东的关于“野蛮人”生活状况的报告，这促使基督教欧洲试图在开发“异教徒”的自然资源的同时，使他们皈依基督教。

一位葡萄牙历史学家戈梅斯·埃亚内斯·德·祖拉拉（1410/1420—1474年）利用里斯本的政府档案，写出了第一本出自欧洲之手的关于热带非洲的知名著述。然而，祖拉拉的著作虽然有抄本流传，但直到文艺复兴时期才印刷出版。这类报告被认为是国家机密，不能与外国人分享。来自于瓦斯科·达·伽马（约1460—1524年）、佩德罗·卡布拉尔（约1467—约1520年）等探险家的第一手的地理知识仍然被翻译成了意大利语，在1507年以《新近发现的土地》（*Paesi novamente retrovati*）为书名出版。虽然这本非常畅销的书所描述的大部分地区是在美洲，但它也包括了关于部分东方地区的报告。仅这本书在16世纪就出了14版，另外还有许多其他人的“改编本”。大多数欧洲读者或许都是通过阅读该书来了解异域他邦的。

第一本对部分美洲地区的描述是皮耶特罗·马蒂雷·德·安杰拉（1457—1526年）的《新世界》（*De orbe novo*，第一部，1511年）。他与为西班牙航海探险家的对话是该书大部分资料来源。如在描述海地岛时就以说它形似栗树叶开始。在赞美了岛上的气候和肥沃的土地后，作者描述了河流密布的河谷：“那儿所有河流的沙子中都富含黄金。”还有报告称那儿的天然块金如胡桃、橘子一般大小，有的甚至有小孩儿的头那么大（Ross and McLaughlin 1968, pp. 148—149）。第一个欧洲人在称之为弗吉尼亚的地区的探险报告出版于1589年，其中说到当地土著是“英俊漂亮的人”，“[劳诺克]岛上有漂亮的森林，充满鹿、穴兔、野兔和飞鸟”，还有“世界上最高、最红的雪松”（Scott 1976, p. 264）。这类报告把美洲称赞为绝美的地方，劝说欧洲人离开自己的故乡和家庭，来这“天堂”定居。由于认为土著人并不了解这块土地及其丰富资源的潜力，所以，欧洲认为他们有权利这样做。

制图学

制图的艺术和科学是以图解的方式来描绘地理学知识。文艺复兴时期的制图学在视觉上强化了地理学所描述的地球各区域（天体图绘制，见第十章）。铜版地图比大多数木刻版地图要精详得多，这种铜版地图既有单张发行的，也有印制成地图集出版的。许多人都有能力购买单张印刷的地图。在16世纪期间，单独的法国、英国、西班牙等政治实体地图的出现对欧洲内部发展中的民族观念有促进作用，而且，欧洲地图突出了欧洲大陆众所周知的，与非洲、亚洲和美洲等未知地区形成对照的多样性。

1506年的孔塔里尼世界地图只有孤本传世（藏于大英博物馆），它是第一个展示新近探险成果的印刷地图。图上描绘了美洲，但没有标明。图上的一条说明文字称（当然是不正确的）哥伦布到达了日本以西的亚洲海岸。最早的标有新大陆名字“美洲”（*America*，该名取自阿梅里戈·维斯普奇[Amerigo Vespucci]，1454—1521年）印刷地图是一张1507年的雕版世界地图。这张相当大的地图由德国制图学家马丁·瓦尔德泽米勒（1470—1518年）绘制，该图把南北美洲划分成了两个分离的大陆，而把北美洲画得非常狭小（该图的传世孤本藏于维滕贝格的沃尔费格城堡）。第三张绘有美洲的早期世界地图是约翰内斯·鲁伊希绘制的，收入他所著《宇宙志导论》(*Cosmographiae introductio*, 1507—1508年）一书的印本中。鲁伊希地图的准确令人吃惊，它是根据一次去新大陆探险的亲身观察来绘制的。

遥远地区的印刷地图常常在装饰框中有异域情调的图画，尤其是有装饰地图本身的对土著居民以及动植物的描绘。文艺复兴时期的航海家们对地图绘制的装饰性外观很熟悉，因为它们时常出现在写本航海图中。许多航海图是艺术品，既根据其装饰也同样根据其地理知识来评价它们。最好的航海图是由行会中的插图画家精心绘制的，偶尔还用镀金增加效果，这些航海图是委托定制的。大型航海图是画在羊皮纸上的，需要一整张小羊的皮。从现存的特别与航海图有关的合同中，我们知道委托人要为额外的罗盘刻度盘、人物画像、镀金细部以及其他附加装饰付更多的钱。

14世纪期间，在伊比利亚半岛和那不勒斯王国，国王曾颁布命令鼓励航海图生产。每一艘船必须携带至少两张所航行路线的航海图。许多这些航海图都是马略卡海图制作者精心绘制的，他们是阿拉贡国王的臣民。在葡萄牙国王诱使一个马略卡制图家到葡萄牙后，葡萄牙艺术家也学会了制作航海图。除了从马略卡海图制作中获得的地理知识外，葡萄牙制图者还吸收了来自亚洲、非洲和巴西等海外帝国的“秘密”报告。到16世纪，葡萄牙人制作的航海图在欧洲各主要宫廷都有销路。然而，这些航海图并不容易得到，因为航海报告就像根据葡萄牙人的原始资料写成的描述性地理学著作一样，是秘密国家档案。假如一艘葡萄牙舰船遭到进攻，船长认为他的船可能被夺取，他的命令就是毁掉航海图。好几个葡萄牙航海图制作者应该对传播他们制作的航海图中的秘密负责。他们离开葡萄牙，在其他国家办的领航员学校工作。有一位葡萄牙制图者还成为了塞维利亚领航员学校的首席领航员。他们绘制的航海图得到探险航海的船长和领航员的尊重。例如乔万尼·达·维拉扎诺（1485—1528年）的船上就备有葡萄牙人绘制的航海图。

随着文艺复兴时期在精确制图法方面的进步，在一个平面上描绘地球曲面各部分时出现的差异开始变得非常明显。对于航海图上从一个中心点呈辐射状延伸开去的，被称为风玫瑰的罗盘方位线，航海者在使用时也相当随意。虽然这类追随主要风向的方位线对于沿海岸航行或大海短距离航行是适用的，但是，它们并不符合地球的曲线形，因而在航海中导致严重误差。在1569年，弗兰德尔制图家杰勒德·墨卡托（1512—1594年）使用改进了的投影图方法绘制了一张世界地图。今天的地图制作者仍在使用墨卡托投影图方法，该方法通过把纬线和经线画作曲线改进了文艺复兴时期的制图方法。到16世纪后半期，地球仪（描绘地球表面的），尤其是那些用墨卡托投影图方法制作的地球仪既用在海船上，也为研究全球市场的商人们所使用。这些地球仪通常安放在一个有雕饰的木制架子上，地球仪本身由手工上色来区分各政治区域。许多地图册都以手工着色地图为特色，那些由弗兰德尔的亚伯拉罕·奥泰利乌斯（1527—1598年）的作坊制作的地图册特别受人追捧。在1575年，奥泰利乌斯被任命为西班牙国王的制图师，这是一个卓越版画家、制图家和地图销售商职业生涯的顶

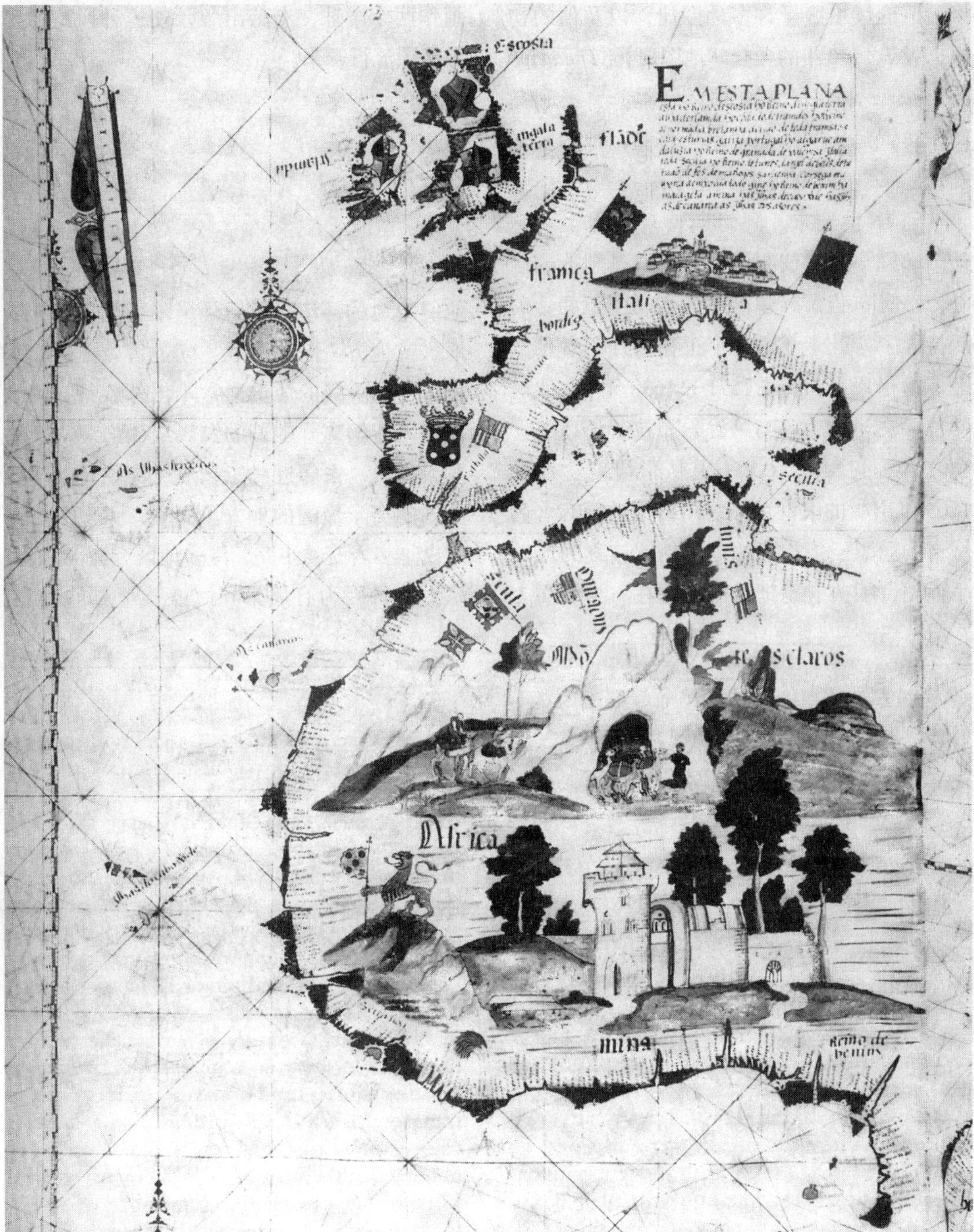

图 9.2　西欧和西北非的航海图。葡萄牙制图家路易斯·拉萨罗绘制，16 世纪。（葡萄牙里斯本，里斯本科学院藏 / 布里奇曼艺术图书馆提供）

峰。他继续出版了许多地图册，以及他的初次出版于1570年的《全球地图册》（*Theatrum orbit terrarum*）的三个翻译版本。奥泰利乌斯作坊就是一间地图着色工作室，他的女儿安妮是那里的天才水彩画艺术家。

到16世纪末，阿姆斯特丹成为了一个地图印刷、地球仪制作和航海工具制造的中心，当时布劳家族建立了一个制图王朝，前后持续了好几十年。这个王朝的开创者是威廉·扬祖恩·布劳（1571—1638年），他是一位天文学家，曾与第谷·布拉赫（1546—1601年，见第十章）一道从事研究。他在1605年出版的大型世界地图沿边插画有著名城市的风景。他出版的世界地图被称为地球平面图，因为它是把球形地球在一个平面上画作两个半球，布劳出版社使这种风格的世界地图流行开来。

旅行

在1400年，大多数人的世界首先局限于他们当地的环境，然后是局限于他们所在的地区或地方。除了商贩、朝圣者、士兵和水手，下层阶级的成员通常不出外旅行，因为他们不能够离开他们的农场或作坊。对于这些人来说，去邻近村庄赶集或许就是他们所能到的离家最远的地方。而且，大多数道路仅仅是多岩石的小路，许多地区有盗匪之险，海上旅行因为有风暴和海盗甚至更加危险。

图9.3　世界地图。铜版地图，见奥泰利乌斯1574年出版的拉丁文版地图集。注意图中的南极洲异常地大，覆盖了地球的整个南部。（经拥有该照片2003年版版权的索斯比公司的同意使用）

进行跨国或越洋旅行的商人、传教士、外交家、艺术家和学生等所用的交通工具是马匹、骡子、两轮马车、四轮轻便马车、四轮大马车、内河航船、沿岸航船以及能运载近千人的航海大帆船。当然，一些人的旅行比另一些人的更舒适。成百的奴隶挤在货舱中，他们确实经历了文艺复兴时期最糟糕的旅行，而王室成员则乘坐优雅漂亮的铺有软垫的马车，他们的旅行就相当舒适了。从1493年至1600年，发现新土地和新机会的报告席卷欧洲，因而促使许多人离开相对安全的家乡，知道或许再也不会回来了。到1600年，甚至那些留在家乡的人也意识到，世界比前一个世纪更大了。旅行文学和描绘遥远地方的版画使他们了解了世界。

内陆水路交通和港口

内陆水路交通

人和货物在内陆可以通过江河、湖泊和运河来旅行和运输。乘船渡过一个大湖会相当快，而在江河和运河中旅行却非常慢。当然，江河有有利于或不利于旅行者的水流。大多数江河或运河运输的货物由驳船来装载，然后用马匹在岸上拉着前进。如果是顺水，一艘载重适度的驳船在没有其他交通妨碍的情况下，或许用不了24小时就能跨过三分之一的法国。在理想天气条件下，江中又没有障碍物，水位也不低，这一速度是可以达到的。在同一条江中的逆水旅行可能要花一周多时间。人们旅行通常乘坐单独行驶的小船或大船旅行，而像谷物和纺织品一类的货物则是用编在一起的一队驳船来运输，其速度确实很慢。另外，某些江河和运河有收费关卡，当若干船只排队交费时，旅行速度就降低了。17世纪前，欧洲只有极少的内陆运河。虽然有人认为列奥纳多·达·芬奇（1452—1519年）在1487年曾为米兰运河设计了好几座船闸，但是，用船闸来将船只从一个水位移动到另一个水位，这在文艺复兴期间也不大为人所知。然而，在像尼德兰这样的平坦地区，运河是非常实用的。马拉驳船在运河中航行的速度不超过每小时三英里。虽然船只能够航行得更快，但它们的尾流会毁损运河的泥土河岸。只有极少数内陆运河是用石头或砖修筑河堤。最后，江河和运河并不总是靠得住的运输途径，因为在枯水季节它们根本保持不了足够的水量。

港口

若干欧洲的江河都有足够的深度，而船只又很小，所以，远洋船舶可以在江河港口，如斯海尔德河边的安特卫普港靠港停泊。即便在这类港口附近江流很浅的地方，新设计的挖泥机械通常能保持交通顺畅。15世纪和16世纪期间，欧洲建造和翻修了若干个港口，尤其是里窝那的托斯卡纳港。里窝那位于意大利半岛西北海岸的比萨附近，在比萨港开始以惊人的速度淤塞时，科西莫一世·德·美第奇（1519—1574年）选定它来取代比萨。佛罗伦萨的艺术家和建筑师参与了一个雄心勃勃的计划，他们要开拓沼泽地，修建码头，还要在里窝那与比萨之间开挖一条运河。佛罗伦萨政府鼓励人们，包括犹太人、摩尔人和土耳其人（这些人在西欧许多地区是不受欢迎的）去那里定居，因此，到16世纪末它成功把里窝那转变成了一座繁荣的港口城市。

西欧最大的也是最繁忙的内陆港口是塞维利亚港，它距大西洋只有 55 英里。塞维利亚在西地中海的航运中居于支配地位，就像威尼斯在东地中海航运中领头一样。在 1505 年西印度群岛贸易公司（the Casa de Contratacion）建立之后，塞维利亚港垄断了与西班牙殖民地的贸易，包括银锭贸易。宏伟的新建筑被修建起来，它们是供服务于西班牙航海和贸易的船舶驾驶员学校和其他机构使用的。在 16 世纪，进入拥挤的塞维利亚港的旅行者必定会感到他们正处于欧洲财富和权力的中心。

近海航行

虽然近海航行的船只都在看得见陆地的水域，但近海航行还是需要航海图。在比较好的航海图中要标明水中的礁石和沉船的残骸、危险的水流以及港湾，这类航海图在制图上的准确性是无懈可击的。为了帮助航海的水手，航海图还有对港口城市以及像高山和灯塔一类显著的地面物体的图像描绘。若干传世的航海图沿边都有小孔，表明这些航海图要么是被钉在桌子上或墙上，要么是在上面穿细绳子，然后被固定在一个架子上。风玫瑰中心的针孔表明有一个测量罗盘被置于风向的正中，将其成弧形旋转来确定航行方向。在早期文艺复兴时期，来自热那亚、威尼斯、马赛和加泰罗尼亚等港口的船只控制着地中海，它们借助航海图、磁铁罗盘以及伊斯兰天文学家使用的仪器星盘的帮助，通常沿着海岸航行。在 16 世纪，对于航海者来说，最著名的北方港口是法国海岸的迪耶普港，它的制图学校因其绘制的航海图而著名。除了向南沿海岸航行到地中海出口外，迪耶普的水手还冒险航行到非洲以及跨越大西洋。在 15 世纪晚期，水手们已经意识到磁铁罗盘没有考虑地球的磁偏角，因而有方位罗盘的发明。一般说来，这一仪器促进了导航的准确性。借助星盘（又称“测星仪”），航海者能够确定他们在特定纬度范围内的位置。

远海航行

15 世纪，在非洲海岸和远洋航行的葡萄牙船长们面临这样一个难题，即航海时看不见北极星。北极星是北方海域确定纬度的参照点。在航海者亨利王子（1394—1460 年）创办的学校中，地理学家和天文学家要对太阳偏角校准表进行修订，因太阳每天都要移动到一个与地平线相关的不同位置。有关黄道（地球绕日轨道）的知识的提高使航海者有了更好的航海工具，能很有把握地在赤道以南航行，去到遥远的大洋。虽然早期葡萄牙和西班牙航海文献留下来的相当少，但是，这少数留存下来的文献，尤其是航海日志，记录了远洋航海的过程。最著名的一本是达·伽马第一次远航的航海日志，编者是探险队的一个成员。最有价值的文艺复兴时期的航海文献是（今天仍是）克里斯托弗·哥伦布（1451—1506 年）第一次航行时记下的航海日记，它以一个可信的 16 世纪的版本留存下来。这本航海日记经过大量删节后，于 1493 年在四个城市出版，使欧洲读者了解到了哥伦布的重大“发现”。

到 15 世纪晚期，商船已配备了大型直角帆，这是要把沉重的船货运过汹涌的大海必不可少的装备。然而，要紧跟易于改变的风向来驾驶这样的船是不可能的。许多探险航行所用的较小的轻快帆船都装有三角形主帆，它可以有一张或更多的直角帆来补充。文艺复兴时期这一把三角帆和直角帆结合起来的创新，使能够更灵活地适应远洋航行不可预测条件的船只得以被建造。使用三角帆，就是遇到十级大风，航海者也能慢慢航行，或者迎着风沿“之”字形路线航行。虽然操纵三角帆相当花费时间，但是，速度上的提高使其最终胜过了直角帆船。一旦用三角帆确定了风向，配备有两种船帆的船只就可以升起直角帆，迅速沿着其航线行进。

从16世纪后半期起，理查德·哈克卢伊特（约1552—1616年）出版了许多英国航海者的报告。除言及其他主题外，这些报告还证实了在北方海域航海的特殊危险。例如，马丁·弗罗比舍（1535—1594年）探险队在试图寻找到东方的西北通道的过程中，于1576年遭遇了一次冰风暴。巨大的尖锐冰块逼向船只，有撞穿三英寸厚的船板的危险：“（水手们）用吊挂在船舷外的成堆的缆索、床、桅杆、木板等来加固船舷……这些东西会更好地保护船只，使其能抵御上述冰块的猛烈摇晃和撞击……一些人甚至不在船甲板上而在冰面上，一些人则在船舷的甲板上，他们手拿着木棒、铁镐、木板和船桨，几乎不眠不休地日夜奋斗，忍受不可思议的痛苦，冒着巨大的危险，战胜了风暴，制服了冰块的摇晃，其情景令人惊叹。”（Scott 1976, p. 248）这类叙述为公众热切阅读，它们把探险家描写成了英雄，鼓励年轻的冒险探索者参加将来的探险。

陆路旅行

人们陆路旅行的目的有许多，包括经商、外交、朝圣、邮递、教育、温泉疗养和战争（见第七章，战争）。商品运输途径也是多种多样的，有两轮马车、驮畜和大型运货马车。商人常常以若干驮畜或运货车组成商队的方式来运输货物。若干旅行者组成商队，能提供某种防盗匪的安全保证，而且还有专门的驮畜为商人和他们的牲畜驮运食物。正像今天的汽车需要燃料一样，运载人和货物的牲畜也必须要喂养。路边客栈收费过高，客栈老板知道，他们有一个垄断市场。而且，在客栈的吃住都不是令人愉快的事，因为三个以上的陌生人不得不同睡一张床，床上还跳蚤成群。客栈也吸引了品行不端的人，尤其是那些在寻找打劫对象的雇佣兵，还有妓女。

绝大多数陆路旅行者，特别是那些宗教朝圣者是靠步行的。这些旅行者路过当地圣地时能得到纪念品，如佩戴在帽子和衣服上的金属的朝圣徽章。罗马、耶路撒冷、圣地亚哥·达·孔波斯特拉以及坎特伯雷都是很受欢迎的目的地，商贩们在那儿兜售朝圣徽章以及小雕像、蜡烛等其他宗教崇拜物品。到16世纪，印刷的各大教堂风景画和朝圣路线简图也能够买到。朝圣是一件雄心勃勃的事业，常常需要若干周的旅行。例如，有目的地从美因茨步行到威尼斯就需要15到20天的时间，两地距离是370英里。既通过陆路也走海路，一个朝圣者能够在三个月内很从容地从德国到达耶路撒冷。

步行通常与乘坐两轮马车或四轮马车旅行的速度是一样的，因为城市和城镇之外的道路非常糟糕，与中古时期相比没有什么改善。车轮会陷在车辙或泥淖里，拉车的马或骡在这恶劣的条件下艰难地行进。在干旱季节，乘坐马车的旅客会遭受马匹掀起的尘雾的困扰。马车车厢架置在木轮车轴上，所以，甚至带坐垫的私人马车也相当不舒服，路上的每一道车辙和转弯都会引起颠簸。更舒适的新式马车车厢或用粗皮带悬挂起来，或者前后各一匹马托着悬挂在木棒上的轿舆（轿子）。骑马是最快的旅行方式。在某些地区，旅行者可以在沿路的客站租借马匹，因而能像旧时美国西部的快马邮递员那样更换马匹。骑马信使是文艺复兴时期欧洲最快的旅行者。每12英里左右更换一匹马，一个有经验的信使一天能行进50英里。到15世纪后半期，法国和西班牙都有了使用信使的邮递服务。在16世纪期间，教廷的和哈布斯堡家族帝国的邮递系统是有效率的信使服务的典范。

旅行文学

文艺复兴时期的朝圣者有参考类出版物作为旅行指南，这些出版物不仅记载和描述旅行的主要路线，而且要描述风景美好的或激发灵感的顺路旅游点。这些书和小册子是相当流行的。例如在16世纪的法国，大约全部印刷书籍的百分之八是朝圣者指南书。英国最早的印刷书之一是《圣地朝圣者指南》（1498年），因为耶路撒冷是一个主要的旅行目的地。外方传教士发回的书信也有对遥远地方的叙述，这些能为不能或不愿出外旅行的人所欣赏，正像出售给在国外读书的大学生的旅行指南也能为他们的家庭和家乡的朋友们所喜爱一样。16世纪期间出版了若干本实用的旅行道路指南，有两三本还声称描述了世界所有的旅行道路。在文艺复兴时期，把人生比喻为旅行逐渐流行开来，这或许是在欧洲以及海外实际旅行兴趣提高的结果。

探险

直到文艺复兴时期的航海探险之前，世界就局限于欧洲中心地区。虽然从政治上来说，这一思想观点在1600年仍然适用，但是，在地理上它已被证明是错误的。在1400年，一般受过教育的欧洲人拥有的地理知识范围是，从斯堪的纳维亚半岛跨海到不列颠诸岛，沿欧洲西海岸到非洲北部海岸，跨海上溯至黑海东岸，然后折回沿多瑙河进入东欧。虽然航海的船长们知道今天冰岛、格陵兰岛等许多岛屿的存在，但是，它们的大小以及在地球上的准确位置对大多数人来说都是个谜。欧洲关于撒哈拉以南的非洲、南亚和远东的知识得自少数旅行者，他们曾旅行到那儿，并记下了他们的经历。他们的观察常常是夸大了的或歪曲了的。然而，写本地图确实描绘了非洲及其全部海岸线，并附带有关于西非盛产黄金地区的文字说明。

在文艺复兴初期，甚至没有数学家能够测量地球的周长（虽然他们知道它大体上是一个球体），地球赤道地区也被认为太炎热，没有人能在那里生存。通过葡萄牙资助的在非洲和东方的探险，以及西班牙、法国和英国资助的在美洲的探险，到1600年在欧洲人想象中的世界扩大了。把商业活动扩大到欧洲以外的遥远地区，以及使成千成万的人皈依基督教的可能性，促使政府和个人去进行更多的探险活动。1400年至1600年间所进行全部探险航海中，非常重大的是由费迪南德·麦哲伦（1480—1521年）开始的环球航行（1519—1522年）。麦哲伦是一个为西班牙国王航海的葡萄牙人。虽然大大地低估了太平洋（由他命名）的面积，麦哲伦还是带领他的五艘船绕过南美洲的南端，到达了菲律宾群岛，并且宣称它们归西班牙所有。虽然麦哲伦死于与当地土著人的战斗，但是，他的同伴胡安·塞巴斯蒂安·德尔·卡诺

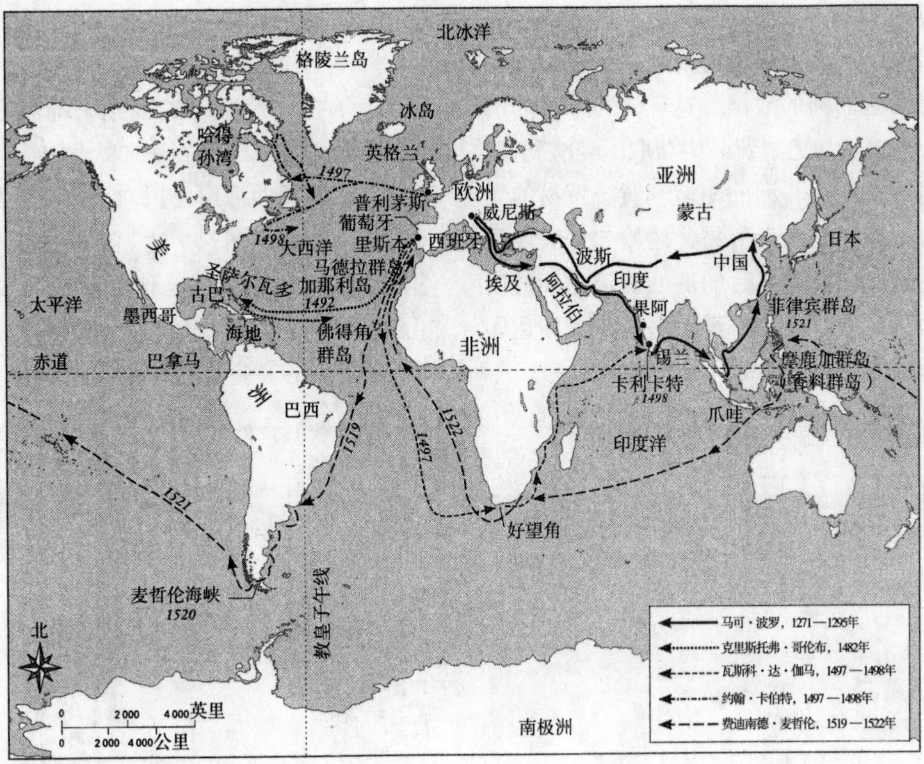

地图 4　主要的探险航路

（1476—1526 年）最终驾驶剩下的唯一一艘船达到了西班牙。麦哲伦的航行是一个关键性事件。这次航行不仅确定了太平洋的浩瀚，而且，它也有助于划定葡萄牙和西班牙未来贸易和殖民的范围。

在非洲的探险

在 1479 年，西班牙和葡萄牙统治者商定，西班牙船只不在葡属大西洋各岛或在西非地区进行贸易，而西班牙（卡斯蒂尔和莱昂）取得对加那利群岛的所有权，同时获得其他一些让步。葡萄牙人侵入非洲主要是为了进行商业活动，但葡萄牙国王约翰二世（1455—1495 年）的确曾派遣佩罗·达·科维良（鼎盛于 1487 年，卒于 1525 年）去寻找埃塞俄比亚及其传说中的基督教国王长老王约翰（Prester John）。科维良先由陆路和海路到达卡利卡特（在印度），随后给葡萄牙国王送回一个关于当地赚钱的香料贸易的报告。他于 1490 年到达埃塞俄比亚，被迫留在那儿直到去世。一位曾访问过他的葡萄牙教士写作了《长老王约翰的国度实录》（*Verdadera informacam das terras do Preste Joao*, 1540 年）。葡萄牙人曾做过一些把基督教引入西非的尝试，因而刚果国王皈依了基督教。对于那个地区的其他非洲统治者来说，基督教仅仅是一个稀奇的东西。

在 1483 年，迪奥戈·康（鼎盛于 1482—1486 年）从葡萄牙出发去非洲西海岸探险。他是第一位航行到刚果河的欧洲人，并且虏获了非洲人，把他们带回葡萄牙作为奴隶出售。康在1486年又回到刚果，与当地统治者达成协议，从他们那里得到更多奴隶，这些奴隶通常是非洲的战俘。这样，一个西非的基督教国王就从黑奴贸易中获取了经济利益。伴随着葡萄牙在非洲的胡椒和黄金贸易的繁荣，以及新兴的奴隶贸易，约翰二世决定派出一支探险队，为以后的商站确定非洲的南部界限，以及寻找一条经海路从非洲到达印度和远东的可能的航线。

向东的探险航行

巴尔托洛梅乌·迪亚斯（鼎盛于1478年，卒于1500年）曾随迪奥戈·康一道航海，熟悉非洲西海岸的风向。迪亚斯担任过设在几内亚的圣若热·达·米纳设防非洲商站的皇家仓库负责人。他可能还是15世纪70年代活动在热那亚海域的私掠船船长。他对非洲海岸的经验及其具备的航海专门知识，

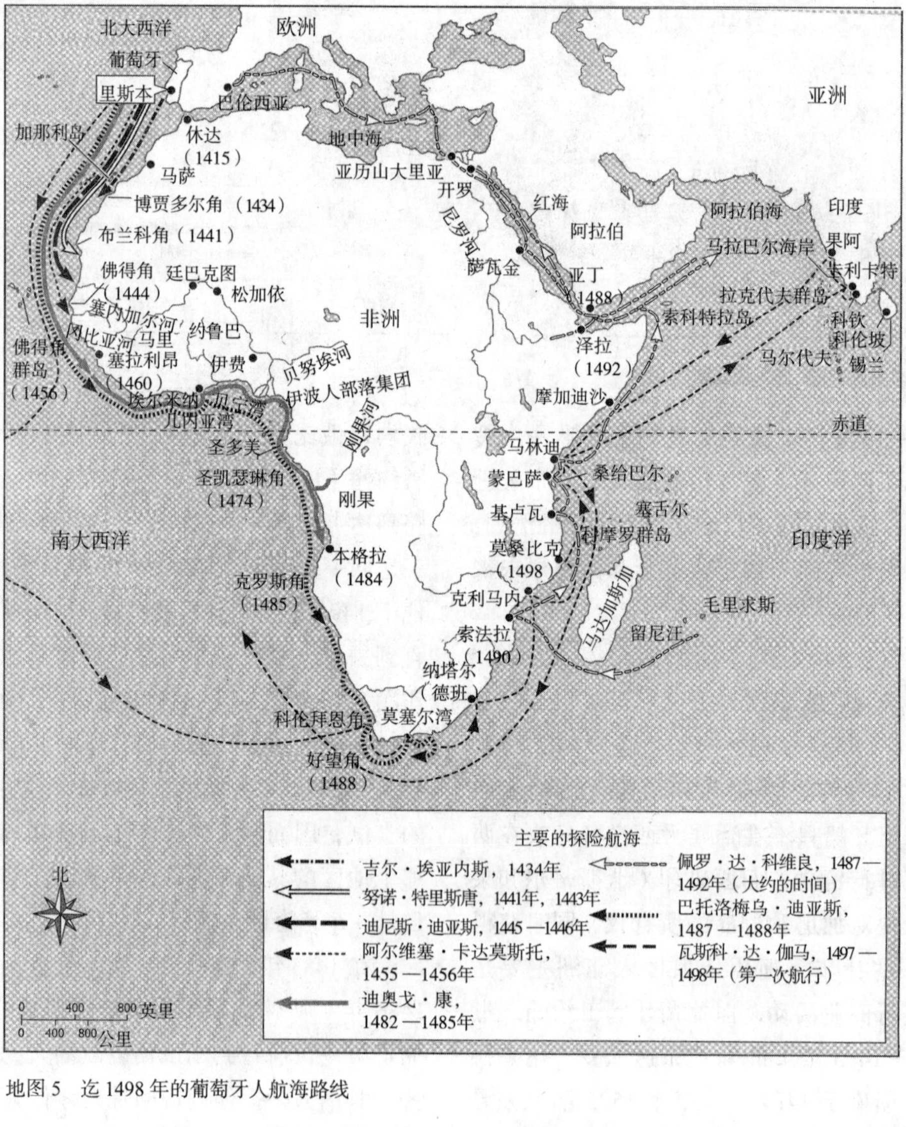

地图5　迄1498年的葡萄牙人航海路线

使约翰二世任命他为船长，率领三艘轻快帆船于1487年从里斯本港口出发驶往非洲。航行期间，迪亚斯遭遇了沿非洲西南海岸向西北吹的盛行风，因而船队难以向南行进。由于船队进入了未知海域，并且要与盛行风搏斗，所以，迪亚斯决定转而进入外海，在外海航行了近两周时间。当感到空气变得凉爽起来时，他驾船折回向东航行，结果发现他已经绕过了好望角。迪亚斯胜利回到里斯本时，哥伦布正在那里，他必定知道迪亚斯的成功。

在哥伦布完成了他的第二次远航（见下文）之后，葡萄牙国王还是委托进行了一次最有雄心的探险航行，即从里斯本到印度。由于假定哥伦布已经到达了远东，所以，葡萄牙就需要探查绕过非洲南端，跨越印度洋航线的可能性，以便确立对香料贸易的控制。在1497年，瓦斯科·达·伽马（约1468—1524年）被委托率领首次经好望角航往印度的探险队。由于受盛行风的影响，要想紧靠着非洲海岸航行几乎是不可能的，因此，达·伽马从佛得角群岛出发，向外海航行。在此次大胆的航海行动中，他在外海航行了93天，最终到达非洲南部海岸。他在海上航行的时间对任何一艘欧洲船只，至少是对任何一艘安全返航的船只来说是一项从未达到的纪录。要正确评价达·伽马取得的成就（或许是他撞上的大运），我们应该注意到哥伦布1492年的航海只有36天。绕过非洲南端后，达·伽马进入了欧洲人从未航行过的海域。通过与厄加勒斯洋流搏斗，他终于到了莫桑比克。在莫桑比克，他的阿拉伯翻译雇用了当地领航员，帮助他航行到马林迪。在那里，他又雇用了另一位领航员艾哈迈德·伊本·马吉德，来为到卡利卡特（科泽科德）余下的航程领航。这个繁忙的港口是东西方贸易重要的商业中心。虽然达·伽马损失了一半船只，有一半以上的水手死于坏血病，但是，他带着一船胡椒和肉桂回到了里斯本。更重要的是，他现在知道怎样向南航行到达印度了。葡萄牙国王迅速派出了另一只船队，由佩德罗·阿尔瓦斯·卡布拉尔（约1467—约1520年）指挥。根据达·伽马的指导，卡布拉尔试图利用盛行风来把船队吹向非洲南端。结果，他的船队反而被风吹得过分深入大西洋了，因而发现了今天的巴西海岸。卡布拉尔命令一艘船回里斯本报告这块在西方的未知土地，他自己率船队继续向印度航行。相当偶然地，卡布拉尔发现，印度洋盛行风在夏季（夏季季风期）能够帮助航海者从非洲到达印度。因此，卡布拉尔用17个月时间完成了达·伽马两年的旅程。

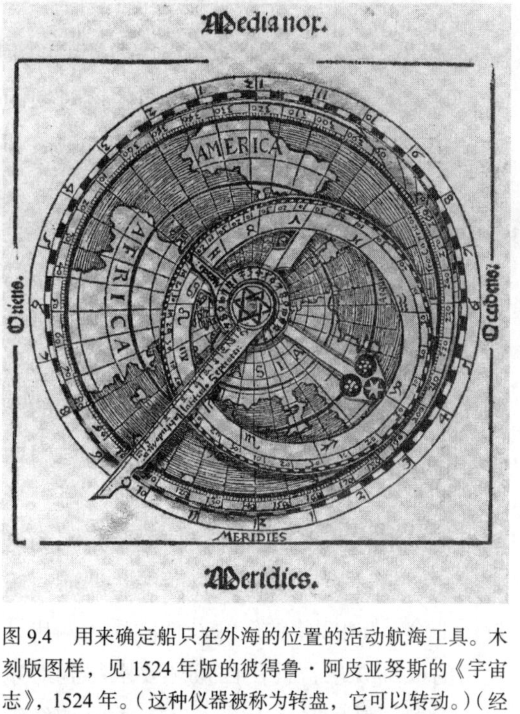

图9.4　用来确定船只在外海的位置的活动航海工具。木刻版图样，见1524年版的彼得鲁·阿皮亚努斯的《宇宙志》，1524年。（这种仪器被称为转盘，它可以转动。）（经拥有该照片2003年版版权的索斯比公司的同意使用）

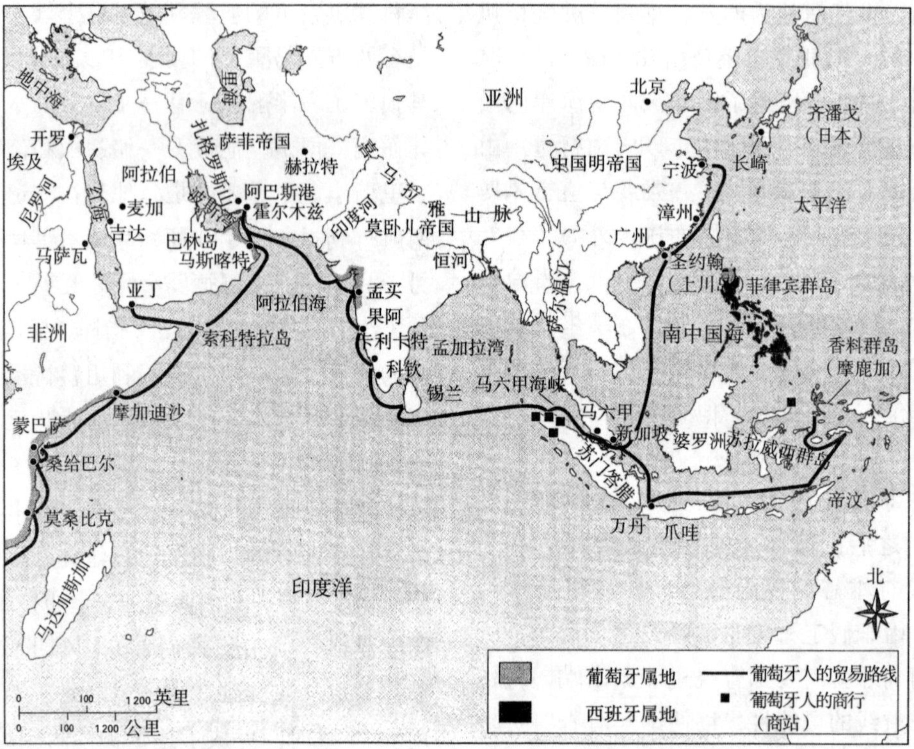

地图 6　16 世纪的亚洲和印度洋

（不幸的是，我们对葡萄牙人在巴西探险的头十年的情况知之甚少。许多葡萄牙这时期的历史档案毁于 1755 年里斯本可怕的大地震和海啸。）

哥伦布的航海刺激了葡萄牙人在外交上和航海上与西班牙国王的竞争。在哥伦布结束 1492 年的航行（下文讨论），回到西班牙之后，他宣布他已经到了东方，西班牙和葡萄牙的君主都声称对传说中的所谓印度的土地拥有所有权。他们同教皇商议，要他出面为他们瓜分世界。在 15 世纪初期，葡萄牙就得到了对东印度的所有权，主要是因为这个地理区域被想当然地认为位于非洲海岸附近。哥伦布 1492 年的航海及他随后为西班牙提出的权利要求，促使西班牙要求得到对东印度群岛及其贸易商品，尤其是香料和纺织品（丝织品和精纺棉织品）的部分权利。在 1494 年，经教皇批准的《托尔德西拉斯条约》确立的分界线在英格兰格林尼治以西 50 度经线附近，因而把巴西划归了葡萄牙。在 1529 年，两国又签订了《萨拉戈萨条约》，对前一个条约进行了修订。根据《萨拉戈萨条约》，葡萄牙为取得摩鹿加群岛，或称香料群岛，要向西班牙提供补偿。因此，葡萄牙绝不与西班牙争夺位于葡萄牙范围内的菲律宾群岛。（16 世纪，尤其是 17 世纪期间，由于香料贸易的竞争越来越激烈，没有一个欧洲其他国家政府接受这些条约。）

摩鹿加不应该与马六甲相混淆，后者是东亚的主要港口，离新加坡不远。对葡萄牙人来说，马六甲是重要的中间城市，大约位于印度与中国以及印度与摩鹿加的中途。葡萄牙军队在1510年占领了印度港口城市果阿，次年航行到了马六甲。由舰队司令阿方索·德·阿尔布开克（约1453—1515年）率领的舰队，赶走了穆斯林，开始了对该城长达一个多世纪的控制。阿尔布开克曾遣使赴罗马，在葡萄牙使节及其随从展示来自东方的奇异动物和财富时，教皇公开颂扬这次基督教徒对“异教徒”的胜利。葡萄牙人与中国和日本进行贸易，并于1557年建立了澳门殖民地。16世纪出版的欧洲旅行者的亚洲游记纠正和澄清了有关地球上那一遥远地区的地理知识。到16世纪末，新地图的出版开始使远东地区对受过教育的欧洲人来说不再神秘了。

向西的探险航行

在文艺复兴时期，率领船队从欧洲出发向西航行去探险的好几个船长，从哥伦布到汉弗莱·吉尔伯特爵士（约1539—1583年）都在寻找一条去日本、中国和东印度群岛更近的航线。在哥伦布1492年航行之前的近二十年间，他一直与学者们就地理和制图等问题有通信往来。他推断出的亚洲大陆要比实际的大得多，这一错误的观点会把日本放在太接近欧洲的位置。在1485年哥伦布就开始讨论他的向西航行到远东的理想，他试图说服西班牙国王资助他的探险。同时，他的兄弟也与法国国王和英国国王接触过，他们拒绝了。最后，伊莎贝拉一世女王（1451—1504年）决定资助这次探险活动。在1492年，哥伦布认为，他已经到达了靠近东方的岛屿。实际上，他第一次看见的是今天巴哈马群岛中的华特林岛，他的旗舰“圣玛利亚号”，以及“平塔号”和“尼娜号”在那里停留了三天。在到达伊斯帕尼奥拉（今天海地和多米尼加共和国的所在地）之前，“平塔号”的船长驾船离去，一时下落不明。在宣布西班牙拥有伊斯帕尼奥拉岛，并对该岛进行了考察后，哥伦布开始跨越大西洋的回航。“圣玛利亚号”随即触礁被毁，“尼娜号”因而返回港口。哥伦布没有选择，只得留下一些水手定居当地，命令他们用遇难船只上的木材建造一个小型要塞。当哥伦布指挥“尼娜号”回航西班牙时，有39个水手留在了伊斯帕尼奥拉岛。在回航的路上，哥伦布遇见了“平塔号”，但是，那艘船的船长再一次离开了他，并在他之前回到了西班牙。伊莎贝拉女王拒绝接见那位船长，所以，此次探险的成功归于哥伦布。在他描述了海岛巨大的财富，展示了他带到巴塞罗那宫廷的土著美洲人后，哥伦布得到一个重大命令，要他率领17艘船和大约1500人前往伊斯帕尼奥拉岛。他的乘客中包括工匠、政府官员、一名外科医生，以及其他受到在西班牙新领土上发财的传说诱惑的潜在殖民者。

在伊斯帕尼奥拉登陆后，哥伦布建立了另一个殖民点（伊莎贝拉），因为第一批定居者被当地居民杀了。在花五个月的时间考察了古巴和牙买加海岸后，哥伦布回到伊莎贝拉殖民点，看到了心怀敌意的土著，同时发现定居者中有人得病。当他回西班牙时，他的兄弟把伊莎贝拉的定居者沿海岸搬迁到圣多明戈，从而创建了美洲最古老的欧洲城镇。由于带回了黄金和其他财富的可靠证据，哥伦布又一次在西班牙被颂扬为征服英雄。在他第三次航行中（要不就是在第二航行期间——这一点有争议），哥伦布于1498年到

图 9.5　哥伦布肖像。铜版画，见让-雅克·布瓦萨德的《名人肖像》(1597—1599 年)。(经拥有该照片 2003 年版版权的索斯比公司的同意使用)

达了美洲大陆。与海湾珍珠采集者一道，他进入了帕里亚湾，宣称委内瑞拉归西班牙所有。到达圣多明戈后，哥伦布发现殖民地已到了暴动的边缘，而且，他获悉当地的这些情况已经上报西班牙当局。哥伦布和他两个据称掌管着殖民地的兄弟被戴上镣铐，押回了西班牙。然而，女王伊莎贝拉释放了他，并要他负责第四次航行。在洪都拉斯海岸外，他曾上了一艘独木舟，舟上的土著人有铜器皿和其他相当高级的文明（玛雅和阿兹特克）的标志。哥伦布没有考察他到达的地区（尤卡坦），而是坚持要寻找一条通过它就能到达东方的海峡。这是他最后一次探险航行，结果以其遭遇船难告终，被困孤岛一年后才回到西班牙。

哥伦布关于他第一次航海的书信一发表，英国和法国国王就开始对寻找新土地产生了兴趣。16世纪早期的报告渐渐使欧洲人相信，那个地区的确不是东方，而是一个新世界，它逐渐被称为美洲。在西班牙人确立了对加利福尼亚海岸、加勒比诸海岛、墨西哥、中美洲、南美洲以及北美洲东南部地区的统治的同时，法国和英国在北美洲建立了殖民地。约翰·卡伯特（是一位威尼斯公民）于1497年从布里斯托尔港出发远航，于是，英国第一次正式进行了向西发现新土地的航行。卡伯特跨越了大西洋，到达了美洲大陆东北沿岸某些地方。在他的第二次探险航行中，卡伯特或许沿海岸向南最远到达了北卡罗来纳的哈特勒斯角。虽然卡伯特没有建立殖民地，但是，他使英国人知道了纽芬兰岛以外的大浅滩。对于文艺复兴时期的水手来说，大西洋的这部分海域是一个丰饶的渔场。第一个英国殖民地是沃尔特·雷利爵士（1554—1618年）于1585年建立的，地点在罗阿诺克岛（位于今天北卡罗来纳海岸外）。然而，殖民遭到失败，幸存者由一艘弗朗西斯·德雷克的私掠船带回了英国。德雷克的那些私掠船一直对西班牙的船只构成威胁。同一个岛上的第二批殖民者被称为“失落的殖民者”，因为他们全部消失得无影无踪了。

在1523年，乔万尼·维拉扎诺（一个佛罗伦萨人）在法国的资助下出海探险，寻找通往东方的航线。他曾在北卡罗来纳海岸登陆，后又转而向北航行，成为了考察今天纽约港的第一位欧洲人。法国国王决心要寻找一条经海路到东方的西北通道，结果却导致了法国人对后来的加拿大地区的探险活动。由于得到法国国王的赞助，雅克·卡蒂埃于1534年从圣马洛出发，对加斯佩半岛及附近沿海地区进行了考察。卡蒂埃回到法国，报告说发现了三个可与富裕的墨西哥诸王国媲美的北方印第安王国，因此，法国国王又为他的再一次的航行提供了装备。借助俘获的土著人的向导，卡蒂埃沿圣劳伦斯河向上航行了近1000英里，到达了今天蒙特利尔的所在地。卡蒂埃登上蒙特利尔山，看到土地伸向目力能及的远方，因此，他满怀希望，带着更多的俘虏和潜在财富的故事回到了故乡。在1541年他最后一次航行期间，卡蒂埃建立了鲁热角殖民地（在今天魁北克城附近）。然而，当土著人发现他们待如“宾客”的这些亲戚没有回家的意思时，他们不再友好，不再给殖民者提供帮助，而且殖民者还遭受到严冬的折磨。在殖民者于1543年乘船回到法国后，这次殖民活动结束了。

主要的探险和征服活动一览表

1434 年	吉尔·埃亚内斯到达西非海岸的博哈多尔角
1484 年	迪奥戈·康航行进入刚果河河口湾
1488 年	巴尔托洛梅乌·迪亚斯绕过好望角
1492 年	克里斯托弗·哥伦布航行到达加勒比诸海岛
1497 年	约翰·卡伯特到达北美
1497—1498 年	瓦斯科·达·伽马绕过非洲南端，航行到达印度
1500 年	佩德罗·卡布拉尔发现巴西海岸
1511 年	葡萄牙军队占领马六甲城
1513 年	瓦斯科·努涅斯·德·巴尔博厄发现太平洋
1513 年	胡安·庞塞·德·莱昂探险佛罗里达海岸
1519—1522 年	费迪南德·麦哲伦出发进行环球航行，死于途中。这次环球航行由塞巴斯蒂安·德尔·卡诺最后完成
1519—1538 年	埃尔南·科尔特斯探险和征服墨西哥
1523 年	乔万尼·达·维拉扎诺从法国出发进行探险航行，沿北美东海岸航行，进入今天的纽约港
1534—1535 年	雅克·卡蒂埃进入圣劳伦斯湾
1539—1541 年	埃尔南多·德·索托探险今天的美国东南部
1540 年	埃尔南多·德·阿拉孔到达加利福尼亚
1540—1542 年	瓦斯克斯·德·科罗纳多穿越今天美国东南部和中南部
1576—1578 年	马丁·弗罗比舍试图寻找一条西北通道
1577—1580 年	弗朗西斯·德雷克爵士环球航行
1583 年	汉弗莱·吉尔伯特到达纽芬兰
1585 年	沃尔特·雷利爵士及其同伴在罗阿诺克岛建立英国在美洲的第一个殖民地
1596 年	威廉·巴伦支在北极地区探险

主要人物

阿拉孔，埃尔南多·德（约 1500—约 1542 年），于 1540 年率领西班牙探险队到达加利福尼亚。在下加利福尼亚海岸探险之后，他断定下加利福尼亚并非像人们所认为的那样是一个岛，而是一个半岛。

阿尔布开克，阿方索·德（约 1453—1515 年），葡萄牙的海军将军，曾担任第二任印度总督，大大扩大了葡萄牙的东方帝国。

阿皮亚努斯，彼得鲁斯（1501—1552

年)，天文学家和数学家，在因戈尔施塔特大学讲授数学。他1520年出版的《宇宙志》(*Cosmographia*)一书应用从文艺复兴时期探险活动得来的知识，对托勒密的古代地理学著作进行更新。

阿祖拉拉，戈梅斯·埃亚内斯·德，见祖拉拉，戈梅斯·埃亚内斯·德。

巴尔博厄 见努涅斯·德·巴尔博厄，瓦斯科。

巴尔巴罗，吉奥索法特(1413—1494年)，威尼斯商人，曾在俄罗斯和高加索地区经商达15年。随后，他被任命为威尼斯共和国派驻波斯的使节，在那儿待了四年时间。因此，巴尔巴罗集文艺复兴时期两种类型的旅行者，集商人和外交家于一身。

巴伦支，威廉(1550—1597年)，荷兰航海家，曾于16世纪90年代在北极地区探险。

巴罗斯，若昂·德(1496—1570年)，于1539年率领一支探险船队到达巴西北部。在回到葡萄牙之后，他著书叙述葡萄牙人对亚洲的征服。

贝海姆，马丁(约1436—1507年)，德国地理学家，约翰二世统治时期在葡萄牙宫廷从事研究。贝海姆曾参与了迪奥戈·康的第二次非洲探险航行。在1492年，他制作了第一个著名的地球仪(现藏于贝海姆故乡的纽伦堡国家博物馆)。

布劳，威廉·扬祖恩(1571—1638年)，荷兰的制图家和地图出版商，曾随丹麦天文学家第谷·布拉赫从事研究。布劳出版社出版地球仪和地图册，而且，在1605年他出版了一张著名的大型世界地图。

布里，特奥多雷·德(1528—1598年)，弗兰德尔雕刻家，在法兰克福建立了一间印刷作坊，专门从事旅行书籍及相关资料的出版。他曾出版了拉斯·卡萨斯1552年关于残害新大陆土著的暴行的报告。德·布里和他的儿子们为欧洲人提供了关于文艺复兴时期探险和殖民的视觉材料。

卡贝扎·德·瓦卡，阿尔瓦·努涅斯(约1500—约1564年)，是一次去佛罗里达探险航行的少数幸存者之一，曾浪迹今天美国南部地区约九年时间。他关于这次经历的记述发表于1537年。卡贝扎·德·瓦卡后来成为了拉普拉塔河口和巴拉圭的总督。

卡伯特，约翰(乔万尼·卡博托，约1450—约1498年)，效力于英国的意大利人，曾两次从英国出发跨越大西洋。在1498年之后，他的儿子塞巴斯蒂安继续他在北大西洋的探险航行。

卡伯特，塞巴斯蒂安(1476—1557年)，约翰·卡伯特的儿子，曾在今天美国东北海岸进行探险，试图发现通往远东的西北通道。

卡布拉尔，佩德罗·阿尔瓦斯(约1467—约1520年)，葡萄牙探险家，在开始经由非洲到印度的航行后，于1500年在巴西海岸登陆。他宣布葡萄牙拥有对该地区的主权，然后，继续向印度航行。

卡达莫斯托，阿尔维塞·德(1432—1488年)，威尼斯航海家，曾效力于葡萄牙，为其在非洲西海岸进行探险。他的航海报告发表于1507年。

卡诺，胡安·塞巴斯蒂安·德尔(1475—1526年)，麦哲伦五艘航船中一艘船的船长，在麦哲伦被杀后担任船队指挥。当他驾驶剩下的唯一一艘船最终到达塞维利亚时，被当作第一位环球航行的人来欢迎。

康，迪奥戈(鼎盛于1482—1486年)，葡萄牙探险家，第一个在刚果河航行的欧洲人。他回葡萄牙时带回了一船非洲奴隶。

卡蒂埃，雅克（1491—1557 年），为寻找通往远东的西北通道，曾三次探险航行。他为法国宣示对加拿大的主权，并带回若干土著美洲人。

卡文迪什，托马斯（1560—1592 年），船长和探险家，成为了第二个环球航行的英国人。

尚普兰，塞缪尔（1567—1635 年），在加勒比海进行探险，曾指出可以挖一条运河来跨越巴拿马地峡。后来，他在罗亚尔山（即今天的蒙特利尔）建立了一个商站，并成为了新法兰西（加拿大）的总督。

钱塞勒，理查德（卒于 1556 年），曾在北极地区进行探险，因而从白海经陆路去俄罗斯，与其建立了贸易联系。

科隆，迭戈（1478/1479—1526 年），克里斯托弗·哥伦布的儿子，继承其父的头衔，成为了伊斯帕尼奥拉的总督。

哥伦布，克里斯托弗（1451—1506 年），出生于热那亚，曾在加勒比诸海岛探险，坚持认为它们是远东的一部分。他到死也不知道，他在 1492 年到达了世界上一个为欧洲人所不知道的地区。

孔塔里尼，安布罗乔（1429—1496 年以后），威尼斯旅行家，曾与吉奥索法特·巴尔巴罗一道在波斯旅行。

孔蒂，尼科洛·德（约 1395—1469 年），于 1419 年离开威尼斯，在中东、印度和爪哇旅行了 25 年。

科罗纳多，见瓦斯克斯·德·科罗纳多，弗朗西斯科。

科尔特·雷亚尔一家，一个探险家家庭。父亲若昂曾于 1472 年左右航行到纽芬兰，其子加斯帕尔（约 1450—1501 年）和米格尔（约 1450—1502 年）都是探险家。后一个儿子米洛尔可能在今天的马萨诸塞地区进行过探险。

科尔特斯·德·阿尔巴卡，马丁（约 1510—1582 年），著有《航海术》（*El arte de navigar*, 1551 年）一书，其中有关于磁偏角的知识。

科耶特，托马斯（约 1577—1617 年），徒步旅行了大部分西欧地区，并在 1611 年出版了游记。次年，他开始由陆路旅行到印度，前后花了四年时间。

科萨，胡安·德·拉（卒于 1510 年），哥伦布第二次去加勒比海探险航行时的制图员，之后，他曾航行到新大陆。在 1500 年，他出版了一张世界地图，第一次把美洲包括了进去。

科维良，佩罗·达（鼎盛于 1487 年，卒于 1525 年），受葡萄牙国王委派去发现肉桂产地以及通往埃塞俄比亚的陆路。科维良航海到了印度，并向葡萄牙送回了报告，其中有瓦斯科·达·伽马采纳的最佳航海路线的建议。然后，他于 1490 年到达埃塞俄比亚。虽得到了当地国王的礼遇，但他在软禁中度过余生。

库尼亚，特里斯唐·达（约 1460—1540 年），曾在南大西洋和非洲东海岸探险，后来，参加了阿方索·德·阿尔布开克领导的一次探险航行。在 1513 年，他向教皇利奥十世奉献了从东印度群岛带回来的纪念品。

戴维斯，约翰（1550—1605 年），曾为寻找一条西北通道而进行探险航行。他还发明了反向高度观测仪。观测者用这一仪器可以不面对太阳而从太阳的阴影来测量它的高度，从而计算纬度。

迪亚斯，巴尔托洛梅乌（鼎盛于1478年，卒于1500年），是航海绕过好望角（非洲南端）的第一位欧洲人。他还与达·伽马一道航海远达亚速尔群岛，随卡布拉尔到过巴西。

迪亚斯·德尔·卡斯蒂洛，贝尔纳尔（1492—约1581年），于1514年航海到达中美洲，最终在危地马拉定居下来。他关于征服墨西哥的叙述出版于1632年，成为了相当流行的书籍。

迪亚斯·德·索利斯，胡安（1470—1516年），曾对北美洲南部的大西洋进行探险，并继亚美里哥·韦斯普奇之后，担任皇家总领航官。

德雷克，弗朗西斯爵士（1540/1543—1596年），私掠船船长，在打败西班牙无敌舰队的战斗中起过作用。他于1577年至1580年进行过环球航行。

埃尔卡诺，胡安·塞巴斯蒂安·德尔，见卡洛，胡安·塞巴斯蒂安·德尔。

埃斯基韦尔，胡安·德（鼎盛于1494年—1519年），曾参加哥伦布的第二次航行。他后来征服了牙买加，其对当地土著人的残暴是臭名昭著的。

费德曼，尼古劳斯（约1501—1542年），韦尔泽银行驻奥格斯堡的代理人，曾在委内瑞拉，随后又在奥里诺科河流域进行探险活动。他的探险报告出版于1557年。

芬顿，爱德华（卒于1603年），曾与弗罗比舍一道航海，试图发现一条西北通道。

费尔南德斯，阿尔瓦罗（鼎盛于15世纪40年代），曾在非洲西海岸进行探险航行，是航海过佛得角的第一位欧洲人。

费尔南德斯，胡安（约1536—约1604年），曾在南美西海岸进行探险，他断定，通过远离海岸利用洋流航行可以缩短秘鲁到智利的航程。

费尔南德斯·德·基罗斯，佩德罗（1570—1615年），为西班牙航海的葡萄牙航海家（在西班牙统治着葡萄牙的时期）。他职业生涯的大部分时间是在寻找南大陆，即澳大利亚。

弗罗比舍，马丁爵士（1535—1594年），曾试图发现一条西北通道。巴芬岛外的弗罗比舍湾就从他得名。

伽马，瓦斯科·达（约1460—1524年），曾进行过两次从葡萄牙到印度的重要航行，卡蒙伊斯的《卢苏斯的儿子们》就取材于他的第一次航行。由于当地人杀害了卡布拉尔留下的人，所以，达·伽马在第二次航行中炮轰卡利卡特作为报复。

加雷，胡安·德（1528—1583年），曾对将阿根廷开拓为殖民地有贡献。他奴役土著人，后来为几个奴隶所刺杀。

杰马·弗里西斯，雷纳鲁斯（1508—1555年），曾制作地球仪和地图。他在其论著《天文学和制图学原理》一书中提出，经线可以用时钟来确定。虽然这对16世纪来说并不实际，但是，在有了非常精确的便携式时钟后，这一想法被证明是正确的。

吉尔伯特，汉弗莱爵士（约1539—1583年），曾于1583年航行到纽芬兰，试图寻找一条西北通道。他还出版有关于西北通道的论著，促使其他人也去寻找它。

戈梅斯，迪奥戈（鼎盛于1440年，卒于1482年），曾在非洲西海岸探险，写有关于非洲地理和居民的著作。

戈斯诺德，巴塞洛缪（卒于1607年），曾沿北美东海岸航行，与土著美洲人进行贸易。他还对建立詹姆斯敦殖民地有贡献，其死于该城。

格里雅尔巴，胡安·德（约 1480—1527 年），曾参与 1511 年西班牙征服古巴的探险。他沿着墨西哥东海岸航行，与阿兹特克人建立了联系。

哈克卢伊特，理查德（约 1552—1616 年），编辑了第一手的英国探险报告，最早于 1589 年收入他的《英国主要航海、航行、交通和地理发现》一书出版。

哈利奥特，托马斯（约 1560—1621 年），是雷利的数学家庭老师。他参与了雷利在弗吉尼亚的探险航行，担任测量员，而且在 1588 年出版了《新发现的弗吉尼亚纪实简编》。

霍金斯，约翰爵士（1532—1595 年），海船船长和奴隶贩子。

黑姆斯克尔克，雅各布·凡（1567—1607 年），陪伴巴伦支进行了两次探险航行。他后来拥有了自己的船，最终死于一次抗击西班牙军队的海战后。

航海者亨利（亨利王子，1394—1460 年），葡萄牙国王约翰二世的第五个儿子。他指挥了许多次从他在葡萄牙南端的驻地萨格雷斯角出发去非洲的探险航行，而且给予探险航行大量精良的航海用具和天文仪器的赞助。

埃尔南德斯·德·科尔多瓦，弗朗西斯科（卒于 1517 年，不要将其与同名的南美征服者相混淆），曾参与征服古巴的探险，后继续深入尤卡坦地区，成为第一位与玛雅人建立联系的欧洲人。他猎捕美洲当地居民为奴隶。

希尔施富格尔，奥古斯丁（1503—1553 年），蚀刻匠人、陶工和制图师，以其蚀刻的地图和风景画而著名。

洪迪乌斯，约多库斯（约瑟·德·洪特，1563—1611 年），制图雕刻师，在伦敦和阿姆斯特丹开有商铺。他购买墨卡托的雕刻图版，于 1606 年出版了一本地图集，其中包括 37 幅新图。这一地图集成为了畅销书。

哈得孙，亨利（卒于 1611 年），为莫斯科公司工作的一位探险家。他还为荷兰沿哈得孙河探险航行，进入了切萨皮克湾。

兰开斯特，詹姆斯爵士（约 1555—1618 年），东印度公司派出的第一支探险船队的负责人。

拉斯·卡萨斯，巴托洛梅·德（1474—1566 年），第一位在美洲新大陆被授圣职的神父，他一生致力于废除奴隶制和改善土著美洲人的生活状况。在他一生中写作并出版了若干本有关论题的著作。

勒克莱尔，弗朗索瓦（装木腿者，或装假腿者），信仰胡格诺教的海盗。他效力于法国，在加勒比海袭击西班牙人。

利奥·阿非利加努斯（约 1495—约 1550 年），来自格拉纳达的摩尔人，曾遍游非洲北部，并到达近东地区。他的游记在 16 世纪被翻译出版。

林斯肖滕，扬·哈伊根·凡（1563—1611 年），曾在印度生活过若干年，后又因船难被困亚速尔群岛两年。他的印度游记最早出版于 1595 年。

麦哲伦，费迪南德（1480—1521 年），最初与阿尔梅达一道航行到印度，他在那里待了七年。1519 年，在西班牙的赞助下，他率领五艘船出发去寻找一条向西通往香料群岛的航线。南美洲南端的麦哲伦海峡就得名于他。他在与菲律宾一个海岛上的土著武士的交战中被杀。

马蒂雷·德·安吉拉，皮耶特罗（1457—1526 年），人文主义者和军人，作为教师效力于西班牙宫廷。由于被任命为负责西班牙美洲殖民地的行政官员，所以，他会见过许多探险家，包括哥伦布。马蒂雷·德·安吉拉所著的《新世界》（*De orbe novo*, 1511—1530 年）是一本最早出版的关于美洲的重要叙述。这本书于 1555 年翻译成英语。

莫罗，弗拉（卒于 1459 年），一位威尼斯僧侣，曾受葡萄牙国王委托，利用得自同时代探险活动的资料，绘制了一幅极大的圆形世界地图（直径长 75 英寸）。在完成了这幅地图的委托后，莫罗又绘制了一个该地图的副本，现藏于威尼斯马尔奇亚纳图书馆。

墨卡托，杰勒德（1512—1594 年），制图家和宇宙志学者，以做杰马·弗里西斯的助手开始自己的职业生涯。他制作地球仪地图和平面地图，发明了墨卡托投影图法。使用该方法制作地图，图上的经纬线就能成直角相交。今天制作地球仪依然在使用这种投影图法。

明斯特尔，塞巴斯蒂安（1489—1552 年），巴塞尔大学数学教授。作为一个宇宙志学者和希伯来语学者，他于 1544 年出版了他重要的宇宙论著作。

纳尔瓦埃斯，潘菲洛·德（1470/1480—1528 年），参与征服古巴的探险。随后，他被派往墨西哥，在一次与科尔特斯的暴力冲突中，他失去了一只眼睛。在 1528 年，纳尔瓦埃斯率领一大队士兵进入佛罗里达，结果，许多人死在那里。

尼诺，佩德罗·阿隆索（1468—约 1505 年），与葡萄牙探险家一道在非洲西海岸探险，后来参与了哥伦布的第三次航行。

努内斯，佩德罗（1492—1577 年），是科英布拉大学的数学教授，1529 年被任命为皇家宇宙志专家。他著有《航海技艺和方法》（*De arte atque ratione navigandi*, 1546 年）一书，其中包括舰船使用科学仪器的知识。

努涅斯·德·巴尔博厄，瓦斯科（1475—1519 年），来自偏远的西班牙西部地区埃斯特雷马杜拉的许多征服者之一。在从伊斯帕尼奥拉因破产逃出来后，巴尔博厄（他常常被这样用英语来称呼）对巴拿马地峡进行了探险，并率领一队欧洲人第一次看见了太平洋。他在巴拿马建立了一个今称“安提瓜”的殖民地，成为了新殖民地的第一任总督。他的接替者逮捕了他，并将其斩首。

奥杰达，阿隆索·德（1465—1515 年），参与过哥伦布的第二次航行。他曾在南美加勒比海岸进行探险，并为委内瑞拉命名。奥杰达被任命为加勒比哥伦比亚海岸地区的总督。

奥泰利乌斯，亚伯拉罕（1527—1598 年），雕刻师和制图师，1575 年成为腓力二世的皇家制图师。他于 1570 年出版的世界地图册到 1600 年已印刷了 25 版。

佩雷拉，杜阿尔特·帕谢科（约 1460—1533 年），对非洲西海岸进行探险，并与卡布拉尔一道航行到了巴西。在印度度过一段时间后，佩雷拉被任命为西非的埃尔米纳的总督。他出版了一部地理学论著，其中有关于非洲的资料。

皮加费塔，安东尼奥（鼎盛于 1491—约 1526 年），意大利水手，麦哲伦环球航行幸存下来的 18 人之一。他关于这次航行的叙述最早出版于 1524 年或 1525 年。

平托，费尔南·门德斯（约 1510—1583

年），曾在埃塞俄比亚游历21年，后又去过远东地区。他出版的关于这次冒险的游记具有相当多的夸张成分。

平松兄弟，指马丁·阿隆索（约1440—1493年）、维森特·亚涅斯（鼎盛于1492—1509年）和弗朗西斯科。前两位是船长，后一位是马丁的引航员。在哥伦布的第一次探险航行中，哥伦布本人指挥“圣玛利亚号”，马丁任“平塔号”的船长，维森特则是“尼娜号”的船长。1499年维森特率探险船队去巴西，他在卡布拉尔之前三个月在巴西登陆。

皮萨罗兄弟，指秘鲁的征服者弗朗西斯科（1476—1541年）及其同父异母的兄弟费尔南多（鼎盛于1530—1560年）和贡萨洛（1511/1513—1548年）。两位兄弟都是哥哥弗朗西斯科的助手。三兄弟的结局都不好，弗朗西斯科遇刺身亡，贡萨洛被判处死刑，费尔南多则在监狱中度过了他生命的最后20年。

庞塞·德·莱昂，胡安（约1460—1521年），参与对伊斯帕尼奥拉的征服，后成为博里基恩（今天的波多黎各）的总督。他于1513年在佛罗里达海岸登陆，命名该地为圣奥古斯丁。虽然他在佛罗里达西海岸建立了一个殖民地，但是，它的位置已不为人知。

长老王约翰（Prester John，“Prester”源于“presbyter”），显然并不实际存在的人物，他被认为统治着东方某地的一个基督教王国。到14世纪，人们认为该王国就是埃塞俄比亚。

雷利，沃尔特爵士（1554—1618年），曾在弗吉尼亚海岸探险，并建立了一个殖民地罗阿诺克，后来该岛的殖民者失踪了。他把烟叶和马铃薯引进了英国。

拉穆西奥，乔万尼·巴蒂斯塔（1485—1557年），曾搜集第一手的旅行者报告，还翻译了其中几部，并且于1550年至1559年间将它们印刷出版。

里博，让（1520—1565年），法国的胡格诺教徒，他负责为避难者在北美南部地区建立了一个殖民地。虽然他的殖民失败了，但是，他于1563年出版了《佛罗里达最新发现实录》（英文版）一书。在另一次远航北美的过程中，他遭西班牙人俘虏，被当作异端处死。

鲁伊希，约翰内斯（卒于1533年），德国地理学家，曾参与了一次去北美海岸的探险航行。他绘制的世界地图包括美洲，该图于1507年或1508年印刷出版，被插入其《宇宙志导论》（*Cosmographiae introductio*，1507—1508年）一书的印本中。

萨尔米恩托·德·甘博阿，佩德罗（1532—1592年），历史学家和航海家，曾游历秘鲁，著有《印第安人的历史》（*Historica Indica*，抄本，1570—1572年），描述印加人所遭受的暴力和不公。这本书直到1906年才出版。

萨克斯顿，克里斯托弗（约1542—1611年），曾考察英格兰和威尔士各郡，并绘制了各郡地图。这些地图出版于1579年，是第一部地方地图册。

斯考滕，威廉·科内利斯祖恩（鼎盛于1590—1619年），荷兰东印度公司的一位船长，曾绕过南美洲南端航行到香料群岛。他根据自己故乡霍恩的地名命名了合恩角。

索托，埃尔南多·德（约1500—1542年），于1519年参与征服危地马拉的军队。在他率军协助在秘鲁的皮萨罗后，索托是最早进入印加都城库斯科城的欧洲人之一。后来，他用了三年时间来对今天美国东南部进行探险，所到地区正好在密西西比河以西。

斯皮德，约翰（约1552—1629年），制图师，于1611年出版了《大不列颠帝国的舞台》。

托斯卡内利，保罗·达尔·波佐（1397—1482年），佛罗伦萨的数学家，他断定向西航行可以到达亚洲，但是，他计算的地球要比实际的稍微小了一些。哥伦布有机会知道托斯卡内利的观点，这或许鼓励了他向西航行抵达东方的计划。

特里斯唐，努诺（卒于1446年），效力于航海者亨利，曾多次对非洲西海岸进行探险。他死于自己试图掳掠为奴的非洲人之手。

瓦尔泰马，卢多维科·德（约1470—1517年），意大利旅行家，曾深入中东地区若干年，后来又转赴印度。他的《旅行日记》（*Itinerario*）叙述了他的这些经历，出版于1510年。

瓦斯克斯·德·艾隆，卢卡斯（约1473—1526年），伊斯帕尼奥拉的行政管理官员和商人。他曾在北美大西洋海岸建立了一个殖民地（具体地点不详），非洲奴隶是当地人口的一部分。在殖民失败后，许多奴隶逃入了荒野。

瓦斯克斯·德·科罗纳多，弗朗西斯科（约1510—1554年），探险家，后成为新加利西亚的总督。科罗纳多（人们通常这样用英语称呼他）领导过两次雄心勃勃的寻宝探险，包括寻找传说中的“基维拉”城，此次寻宝使他远达今天的堪萨斯。他关于这些冒险的叙述中有对美洲野牛和大峡谷的描述。

维拉扎诺，乔万尼·达（1485—1528年），曾为法国寻找西北通道而进行探险航行。他在北美东海岸探险，是第一位到达现在纽约城的欧洲人。在1528年，他又率领一支探险队进入小安的列斯群岛，在那里，他为加勒比人所杀。

维斯普奇，阿梅里戈（1454—1512年），美洲（America）即得名于他。他曾担任一家美第奇家族公司驻塞维利亚的航运代理商，由此开始了自己的人生历程。他的各次到美洲的航行，以及他可能曾效力于葡萄牙国王的经历一直受到质疑。与其说他是一个勇敢的探险家，还不如说他或许是一个精明的宣传家。由于他那些可疑的成就，他被授予了西班牙公民权，并且被任命为设在塞维利亚的印度群岛贸易公司的首席航海家（该公司的建筑现在是西班牙印度群岛档案馆）。

维尔盖尼翁，尼古拉·迪朗·德（1510—1571年），曾为法国在巴西建立了一个新教徒殖民地，后该殖民地遭到葡萄牙人的攻击和摧毁。

瓦格赫纳尔，卢卡斯·扬祖恩（约1534—1605年），制图师，他的航海图集《航海宝鉴》（*Spieghel der zeevaerdt*）出版于1588年。

瓦尔德泽米勒，马丁（1470—1518年），制图师，他把一幅绘有美洲的世界地图收入了他的《宇宙志导论》（*Cosmographiae introductio*，1508年）中。

赖特，爱德华（1558—1615年），英国数学家。在一次航海去亚速尔群岛后，他致力于航海误差的研究。他曾就这一题目向东印度公司的成员发表演讲。

祖拉拉，戈梅斯·埃亚内斯·德（1410/1420—1474年），是历史学家和描述地理学专家，他的《几内亚的发现和征服编年史》（*Cronica do descobrimeno e conquista de Guine*）包含现存最早的关于在西非的葡萄牙人的报告。

参考书目

地图学和制图学

Buisseret 1992: political applications; Cormack 1997: England; Gambi 1997: Vatican map gallery; Lestringant 1994: cartography; Mundy 1996: Americas; Penrose 1967: "The Geographical Literature of the Renaissance," pp. 274–326: (bibliographic information); Randles 2000: nautical astronomy; Sider 2000: portolan charts; Woodward 1991: cartography and concepts of space.

旅行

Allen 1972: postal service; Braudel *Wheels*, 1992: (general survey); Febvre 1977: "The Renaissance Merchant," pp. 91–121: (character study); Gardiner 1994: ships; Lay 1992: roadways; Massing 1991: exotic images; Penrose 1967: "Some Free-Lance Travelers of the Early Renaissance," pp. 21–32: individual journeys.

探险

Albuquerque 1991: Portugal; Chiappelli 1976: Americas; Dutra 1995: Brazil; Elliott 1970: Americas; Hale 1968:(general history); Jackson 2001: ethnography; Manchester 1993: "One Man Alone," pp. 223–296; Magellan; Morison 1974: Americas; Ptak 1995: China; Sauer 1971: North America; Thornton 1992: Africa; Thornton 1995: West Africa; Todorov 1991: cross-cultural contact; Verlinden 1995: Portugal.

第十章

科学和医学

科学和医学的发展影响了文艺复兴时期生活的每一个方面。虽然科学研究的许多领域，如物理学和化学其本身还不存在，但是，在15世纪和16世纪，天文学、数学、光学、植物学和解剖学取得了巨大的发展。在整个文艺复兴时期，保存于阿拉伯文献中为中古学者所校订的古希腊科学著作得到人们研究，而且还拿来与新近发现的希腊文献相比较。因此，文艺复兴时期的古代著作校订者利用多种资源来进行新的学术讨论。研究科学论题的个人开始把中古方法与先进的观念结合起来。尤其是到16世纪末期，对抗的和顺势的医疗方法可能都要应用新的器械和技术。新数学知识，例如三角测量，就导致了用于测量和航海的更精确的科学仪器的产生。比例缩放仪（reduction compass）和比例规（proportional compass）都是这时期发明的，而磁罗盘则得益于威廉·吉尔伯特（1544—1603年）关于磁学的著作。

文艺复兴时期的自然史研究由许多科学领域组成，包括植物学和地质学。对作为一个整体的自然的全面研究被称为自然哲学和自然科学（"scientia"一词在拉丁文中是知识的意思）。自然哲学主要源自亚里士多德的著作，它分成两个学派，一个偏重理论，一个偏重实用。例如医学和解剖学就归属后一类。文艺复兴时期从事自然科学研究的学者之间的一些争论是由主张"书本知识"还是提倡实际经验引发的。文艺复兴时期的最优秀科学家二者都不偏废。

文艺复兴时期的天文发现影响巨大，因为到17世纪初地球就不再被认为是宇宙的中心了。地球定位的这一改变动摇了全部科学思想的基础。尼古拉·哥白尼（1473—1543年）证明了托勒密的宇宙地球中心说不成立。直到死前不久，他都不允许他的著作《天体运行论》（*De revolutionibus orbium calestium*）印刷出版，因为这样一种见解有可能被当作异端思想。事实上，天主教会也竭力阻碍任何对哥白尼宇宙论的讲授。到16世纪末，研究地球与各天体的关系的中古宇宙学不得不被改写。承担这一任务的天才是伽利略·伽利莱（1564—1642年），他的主要贡献超出了本书的范围。我们应该特别提到，他著名的比萨斜塔落体实验或许从来就不曾发生过；然而，到1609年，他知道落体的速度随其坠落持续时间而改变，与其重量无关。约翰内斯·开普勒（1571—1630年）像伽利略一样，在1600年后写出了他大多数重要的天文学著作。他早年受哥白尼著作的影响，与第谷·布拉赫（1546—1601年）一道在布拉格从事研究。开普勒的《宇宙的奥秘》（*Mysterium cosmographicum*, 1596年）一书支持了哥白尼的日心说。他还正确地把重力界定为天体间彼此的吸引力。

天文学和占星术

在15世纪和16世纪初，文艺复兴天文学是以宇宙地球中心说为基础的，虽然也有几个富于想象的神学家相信不那么刻板、具有无限可能性的宇宙。哥白尼是第一个发表著作科学地描述宇宙太阳中心说的天文学家。

第谷·布拉赫并不支持哥白尼的学说，然而，他通过驳斥宇宙是封闭在一个固定的水晶球中的假说，促使天文学取得了更大的进步。布拉赫还提出了一个地心说，根据他的学说，地球仍然被固定在宇宙的中心，行星绕着太阳运行，而太阳又绕着地球运行。借用这一伪装，地心说一直到 17 世纪早期还流行。

在文艺复兴时期，占星术还是非常盛行的，当时的印刷本算命天宫图和预言书都增加了它对民众的吸引力。人们要请教占星术家的理由有很多，而且，那些拥有合适的算命天宫图的占星术家还被鼓励参与从商业冒险到婚姻的各项事宜。军队指挥官常常根据占星预言来决定发起进攻的准确时间，而根据月相和星象编订的历书也为农夫建议播种和收获的适当日子。尽管 1400 年至 1600 年间有了更伟大的宇宙知识，或许正是因为有了这些知识，占星术依然得到与当时的天文学同样的严肃对待。

天文学

早在 16 世纪的天文学家开始提议改变宇宙观念以前很久，神学家们，如尼古拉·库萨（1401—1464 年）就描述了一个无穷无尽的由许多有人居住的星球组成的宇宙。库萨还相信，地球是在旋转的，而不是固定不动的。激进的多明我会修士乔尔达诺·布鲁诺（1548—1600 年）走得更远，他宣称太阳仅仅是许多同类星星中的一颗，宇宙是由多个太阳系组成的。布鲁诺相信，无数与地球类似的行星绕着许多个太阳运行，这是一个异端观点，他因此被处以火刑。在一个多世纪中，反宗教改革的政策和宗教裁判所的权威对天文学的进步构成威胁。

天文学是古希腊人辛勤研究的一个领域，它把天体的位置、运行和大小作为物理事实来研究。占星术（见下文的讨论）研究的是天体对世间事件可能有的影响。一个文艺复兴时期的天文学家可能要预测一次行星合相的准确日期，而一个占星术家则要解释这次合相对特定个人或城市可能是什么预兆。天文学起源于古代宇宙学，中世纪对托勒密的《大综合论》等著作的宇宙结构图解都把地球表现为宇宙固定不动的中心。地球上的日、年、季被解释为由太阳、恒星和行星的运行所造成。因为哥白尼把反托勒密体系作为自己宇宙日心说的发现的基础，所以，出版于 1496 年的《托勒密〈大综合论〉概要》（*Epitome in Almagestum Ptolemaei*）就是一个重要起点。这本书部分是由格奥尔格·冯·波尔巴赫（1423—1461 年）所编，他自己关于行星运行的研究在 16 世纪也印刷了好几版。波尔巴赫的学生雷吉奥蒙塔努斯（1436—1476 年）最后完成《概要》一书的编写。

在其正式出版之前二十多年，哥白尼就开始阐述自己的理论了。行星运行和其他天体活动的异常现象使哥白尼相信当时流行的宇宙观点有误。当他把太阳置于我们星系的中心时，若干不一致和误差就没有了。哥白尼认为，这一矫正恢复了天体的和谐：“因此，根据这一有序的安排，我们在宇宙中看到了一种奇妙的对称，在天体的运行和大小中看到了一种清晰的和谐，这是其他任何方法不可能达到的对称与和谐。”（Ross and McLaughlin 1968, p. 596）通过对日心体系的阐述，哥白尼把地球描述为一颗每天绕地轴自转，每年绕太阳运行的行星。然而，对完美和谐的追求使他坚持行星运行圆形轨道的同心圆观念。到 17 世纪初，开普勒将对哥白

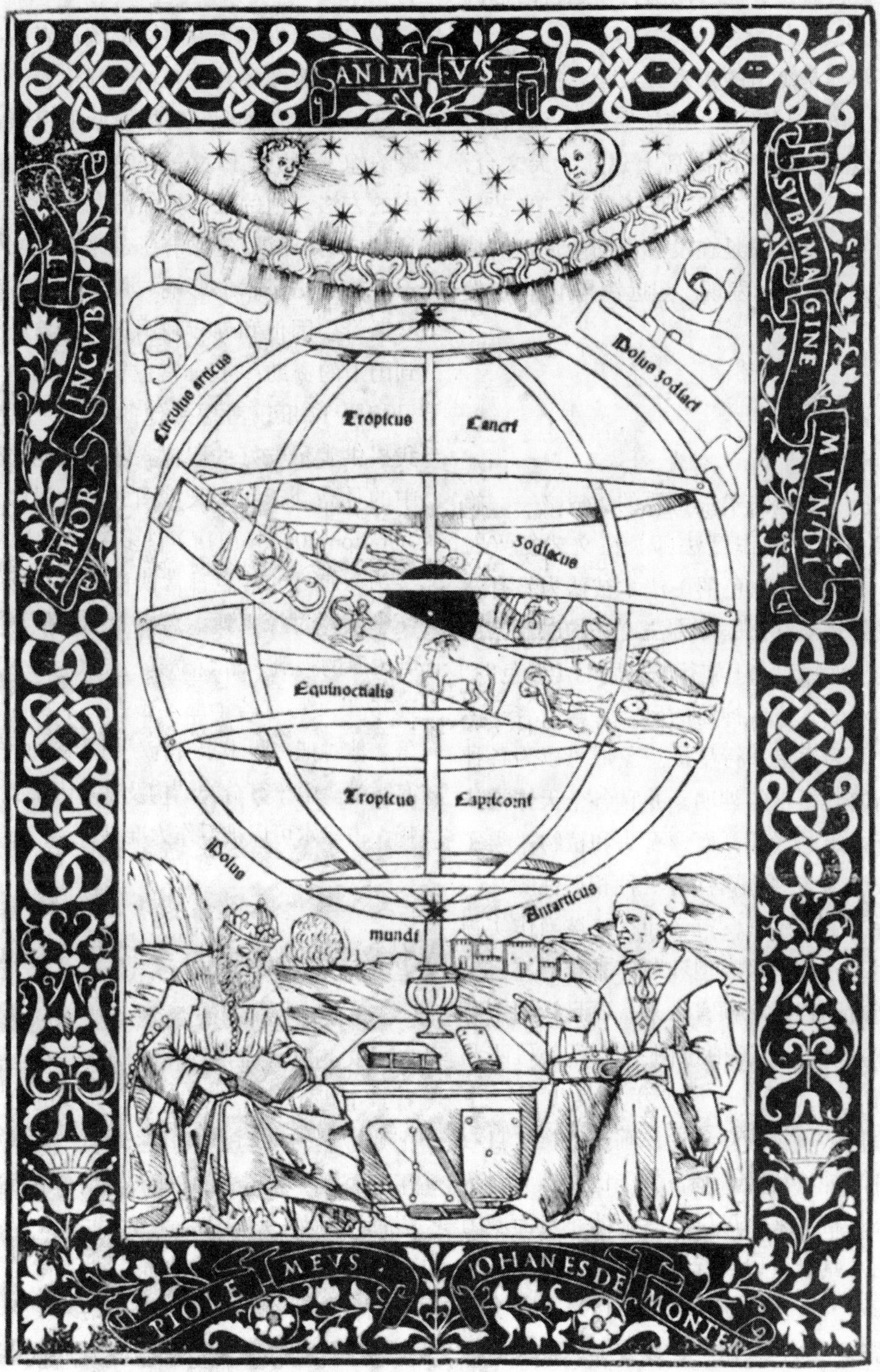

图 10.1　浑天仪图示。木刻版图，见约翰内斯·雷吉奥蒙塔努斯的《托勒密〈大综合论〉概要》的第一版，1496 年。图中地球上的水平箍带标出的是地球的气候带。（经拥有该照片 2003 年版版权的索斯比公司的同意使用）

尼体系进行矫正，他会阐明行星运行的椭圆形轨道。

开普勒是杰出的丹麦天文学家第谷·布拉赫（1546—1601年）的学生。第谷曾在由一个丹麦国王给他的海岛上建立了天文台，自己设计天文仪器。值得注意的是，文艺复兴时期的天文学家是在没有借助望远镜的情况下完成了他们的发现。望远镜是17世纪发明的。

占星术

占星术是魔法术最重要的组成之一，施行法术的人被称作魔法师。在文艺复兴时期，自然的（或白色的）法术被认为是有益的，尤其是当它与医疗方法有关的时候。白法术是与巫师和术士施行的恶魔的（黑色的）法术相对的。这些神秘的研究常常附着于占星术，因为恒星和行星被想象成可以为各种目的而向其祈求的神明。并且各个天体被认为拥有特定的属性，而像石头和植物一类实物则被认为与这些属性有一种相似性。某些魔法诉诸全部感官，声音和气味被当作实物来使用，并且按照类型和顺序来排列。占星术在当时不仅用来预言未来，而且被用来影响未来。伟大的新柏拉图主义学者马西利奥·费奇诺（1433—1499年）提出了一个关于超自然事物的新理论，阐述了产生自心灵本身的神秘智慧。基督教卡巴拉认为，数字组合、希伯来字母以及其他防止负面魔力影响的工具都可以唤起正面的超凡力量，皮科·德拉·米兰多拉（1463—1494年）支持这一思想观念。根据上述以及文艺复兴时期大多数其他关于占星术实质的见解，人类是一个小宇宙，它反映大宇宙，并与大宇宙融为一体。

占星术贯穿于许多欧洲统治者的决策过程中，就像今天某些政治领袖依赖于占星术的建议一样。供职于英国宫廷的皇家占星术家约翰·迪伊（1527—1608年）提倡一种折中的方法。他的预言把航海和气候知识与来自梦中的神秘直觉结合了起来。天文学家也不免受到占星术的影响。例如，雷吉奥蒙塔努斯希望因他和匈牙利国王的星象相合而得到国王的资助："我命宫位置与他的命宫位置只相隔12度；考虑到他的出身，他应该给我提供表示友好的职位。同样，他的天宫图中的月亮处于我的天宫图中的木星的位置。"（Grafton 2001, p. 114）许多关于王室的婚姻、签约、旅行，甚至日常饮食的预言都是由天文学家经过深思熟虑后宣布的，他们为此得到丰厚的报酬。吉罗拉莫·卡尔达诺（1501—1576年）写有若干部关于占星术和医学的论著，他对把占星术提升为一门严格的知识体系有贡献。由于其分类结构及其对因果关系的依赖，占星术可以被看作为准科学。

化学

文艺复兴时期的化学研究是在炼金术的背景下进行的，而炼金术所涉及的远不只是把贱金属转变为金银。这时期，化学主要应用于医疗（见下文的讨论）、冶金和手工艺等方面。例如，瓦诺乔·比林古乔（1480—约1539年）曾研究过火药的特性、冶炼方法以及酒精和醋经过蒸馏过程的结果。化学在手工艺上的应用包括玻璃制造和纺织品染色的工艺改良。对于纺织品染色来说，用作固色媒染剂的明矾的配制在15世纪成为了一个重要的化工行业。

早期的化学家受到哲学家和医生帕拉塞尔苏斯（1493—1541年）的影响，他们的工作从盐、硫、汞三要素入手。从物质的固有特性来说，这三要素是实验中的组织性元素。盐具有稳定的特性，流动性和易熔性则是汞的特性，硫的特性是燃烧。在任何特定实验中，都要使用或配用若干盐、硫、汞。至于说空气，帕拉塞尔苏斯把它叫作“混沌”（chaos），这一术语在17世纪讹化为“气体”（gas）。由于是在矿城长大成人的，所以，帕拉塞尔苏斯熟悉冶金学中的化学以及炼金术著作中的化学，他把从其中得来的方法用于自己的研究。然而，他自己的工作的主要目的集中在化学的医学应用，或称医疗化学（见下文的讨论）。

安德烈亚斯·利巴菲乌斯（约1540—1616年）受过历史学家的训练，所以，他用历史学者敏锐的眼光来审视同时代的炼金术士以及他们的方法。虽然利巴菲乌斯称自己为炼金术士，认为把贱金属炼制为贵金属是可能的，但是，他发现了若干种新的物质，或者说他首先发表了关于它们的著作。硫酸铵就是他的发现之一，而且他找到了一种生产硫酸的新方法。利巴菲乌斯关于化学的主要著作以《炼金术》为题，于1597年出了第一版。该书第二版出版于1606年，配上了许多熔炉和玻璃容器的插图，还有关于建立一间化学实验室的操作说明。

数学

文艺复兴时期的数学家没有解题的基本工具，尤其是没有合适的对数表、解析几何学和微分学。然而，在代数学和几何学方面还是取得了重要进步。在14世纪以前，代数题就像在文学课本中那样，主要是用叙述语言来表达的。大多数数字和算式都要用文字写出来，这就妨碍了问题的直观化。后来，在14世纪初，欧洲数学家开始向印度—阿拉伯人学习，用一种速记法写出他们的问题，该速记法就包括今天代数学中使用的符号字母。常见代数学中的成套符号是文艺复兴时期的一个发明。一般说来在数学中，欧洲人在这时期采用了阿拉伯十进位制计算方法。由于人体比例得到更好的表现，直线透视也被用于绘画（见第三章），所以，几何学的进步对艺术是重要的。新的几何学知识有助于测量、航海和制图等方面（见第九章）的进步。三角学开始为人所知晓，而且倍角公式被用来计算三角函数。把重新发现的古希腊资料与越来越复杂的需要计算的商业问题结合起来，为数学家创造了实验和学习的机会。

代数学

算术以及几何、天文和音乐一道构成四艺，它们是中古时期大学的高级研究科目。数学学科（见第十一章，教育）就包含上述四个领域，人们所研究的是与天文学相关的几何学，与音乐的理论方面有联系的算术。总之，算术纯粹是有关实数的计算工具，而不是总的数的科学。在文艺复兴时期，作为一门抽象科学的数学开始出现，而16世纪出版的著作为17世纪科学革命的某些重要发现指引了道路。

到16世纪，欧洲人才能完全成功地求解三次方程（即方程中求知数的指数之和最大为3）。文艺复兴时期的第一部重要的数学著作为卢卡·帕乔利（约1445—约1514年）所著，他在书中指出，用代数方法不可能求解三次方程。尼科洛·塔尔塔尼亚（约1499—1557年）是维罗纳的一位数学教师，他求出了用代数解这类方程的方法。他因拥有这一知识而闻名意大利学术界。吉罗拉莫·卡尔达诺劝说塔尔塔尼亚透露他的秘密，并承诺不让任何人知道。结果，卡尔达诺在其《大术》（*Ars magna* [*The Great Ait*], 1545年）一书中发表了它，这本书对于文艺复兴时期的读者来说，或许是最好的代数学著作。塔尔塔尼亚大发雷霆，他理所当然地想得到该项成就的荣誉，但是，他的方法今天被人们称为卡尔达诺解法。

在卡尔达诺发表《大术》一书时，数学家们还不习惯在代数学著作中用缩写式和符号。卡尔达诺是用实际的数字，而不是用代表原型的符号写出解式的。在16世纪后半期，数学记法开始变得更符号化和更抽象了。例如罗伯特·雷科德（约1510—1558年）写作了《智慧的磨石》（*The Whetstone of Wit*, 1557年），该书是第一本使用等号（=）的数学书。就在德国数学家首先使用平方根根号（$\sqrt{\quad}$）时，与其同时代的意大利人还在用字母R表示平方根。16世纪的数学家论述了某些代数学更深奥的特性，例如佩德罗·努内斯1532年就已经在写作关于平方根和二次方程的著作了。他的《算术和几何学中的代数》（*Libro de algebra en arithmetica y geometria*）出版得非常晚，时间是1567年。

法国人文主义学者弗朗索瓦·维耶特（1540—1603年）在某些方面对代数的发展做出了贡献。他第一个把方程式置于正文中的单独区域，这样就使方程式清楚醒目，突出了其重要性。在1572年出版的《数学准则》（*Canon mathematicus*）一书中，维耶特曾尝试编制了一个三角学表，但随后他发现书中有许多错误，于是，将大多数印本销毁了。在1593年，他解了一个45次方程，取得了一次代数竞赛的胜利，从而确立了自己在数学家中的地位。维耶特还发表了代数学文献中第一个用来表示Π的无穷级数。西蒙·斯蒂温（1548—1620年）曾在莱顿大学讲授数学。在文艺复兴时期的著名数学家中，他是一个与众不同的人，因为他是一个会计师，他把自己关于数的知识用来解决财政问题。作为尼德兰财政主管，斯蒂温出版了一个有用的计算复利的表。他阐明了符号能够用来表示各不相同数字，这就对方程理论做出了贡献。另外，他普及了小数的使用，而小数的使用则很好地简化了商贸交易。

几何学

文艺复兴时期在几何学方面的发现对建筑学、艺术、光学、制图学、航海术（见第九章中关于墨卡托投影图法的讨论）和测量学等至关重要。在1400年，大学几何学的基础教材是欧几里得《几何原本》的头几卷。欧几里得的著作主要论及三角形和圆形，自古代以来一直被学校用作教材。可是，其他希腊几何学著作都失传了。随着它们的发现，人文主义者又出版了这些著作的新版本，并常常附加有冗长的注释。一本重要的论述圆锥形的希腊著作于1566年出了拉丁文版，而阿基米德的著作则在1588年印刷出版。同时，在讲授技术学科的算盘学校（见第十一章），立体几何开始得到发展。测量学所需的三维技术也被应用于建筑和绘画，卢卡·帕乔利和达尼耶莱·巴尔巴罗（1513—

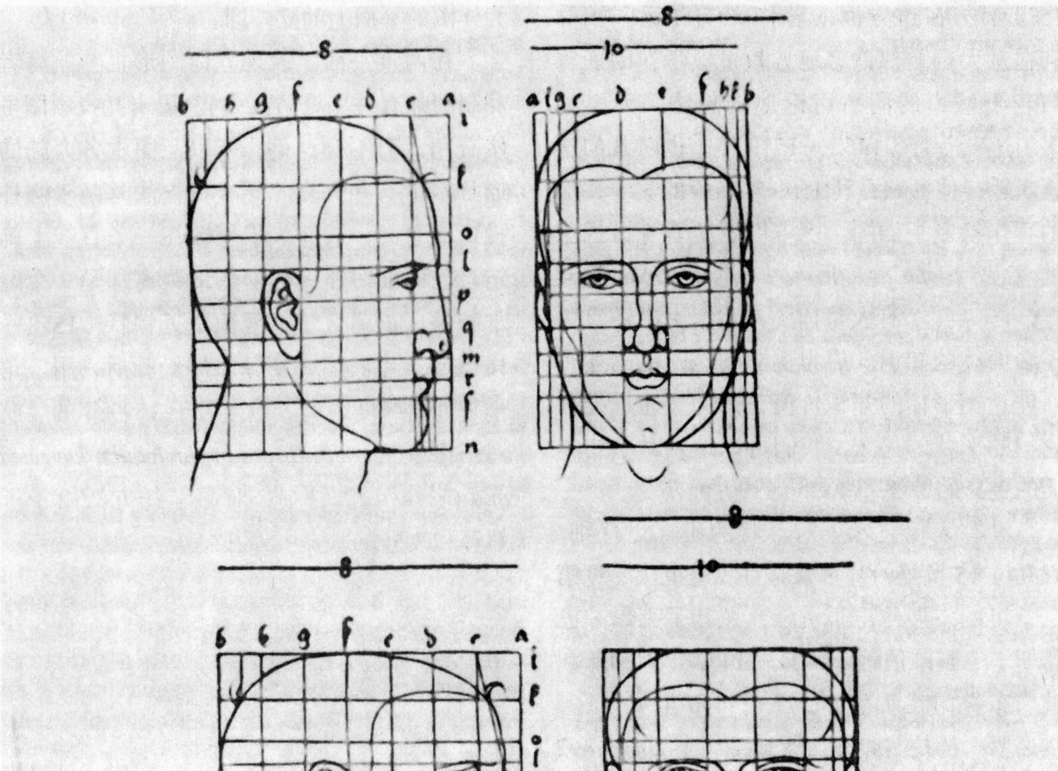

Es ist im cubo noch weyter zu verendern (dardurch das haubt anderst gestalt wirdt) einer solchen meynung/wie hernach folgt / also das der cubus auff dem obersten plano oder ebnen auff allen seyten gleych erweytert werde/vnd als vil er oben auß gelent wirdet das er vnden auff dem vndern plano als vil vnd gleych eyngezogen werd.

Darnach thut man disem widersins / So nun der cubus durch die zweyerley weg verkert ist/das erst mal oben weyt vnden eng/ vnd widerumb oben eng vnden weyt/als dann zeuch ich die gestrackten linien des erst beschribnen haubts wider durch den weler verendert darein mit sambt den gestalt linien des angesichts / So werden die zweyerley sort der angesicht/das erst haubt wirdt oben groß vnden kleyn / aber das ander haubt wirdt oben klein vnd vnden groß/ Solichs mag man durch den gantzen leyb brauchen.

Vnd eben wie die verkerung im cubo oben vnd vnden gebracht wirdet / Also brauche man das im cubo hinden vnd forn / dan so der cubus forn auff seim blano erweytert wirdt er hinden in seinem blano so vil eyngezogenn / Des gleychen so man dem widersins thut

图 10.2 人类面部的几何学研究。木刻版图，见丢勒《论人体比例》的第一版，1528 年。这本书中有描述空间几何学最早的印刷文字；丢勒本人在去世前不久曾对书中的证据予以检验。（经拥有该照片 2003 年版版权的索斯比公司的同意使用）

1570年）在这方面的著作影响深远。帕乔利在意大利北部许多地方教过数学，因而曾与若干城市的同事讨论他的想法。列奥纳多·达·芬奇（1452—1519年）也对几何学感兴趣，他为帕乔利1509年出版的关于比例的著作绘制了插图。巴尔巴罗所著《透视法的实践》（*La practica della perspettiva*, 1568年，1569年）有大量插图，这本书中还有关于多面体的知识。更为重要的是，他阐述了研究这类形体的知识价值，因为"通过把握它们的形状的秘密，我们可以达到对事物本质的更高的思考"（Kemp 1990, p. 76）。

没有人比艺术家对形状的研究更仔细。好几位15世纪的艺术家对直线透视法（见第三章）的发展作出了贡献，尤其是莱昂·巴蒂斯塔·阿尔伯蒂（1404—1472年）和菲利波·布鲁内莱斯基（1377—1446年）。画家皮耶罗·德拉·弗朗切斯卡（约1420—1492年）所著的《论绘画中的透视》（*De prospettiva pingendi*）虽然没有出版，但在大约1474年后以抄本形式流传。这部论著是从实用的观点来写的，它用几何图示说明在一个两维空间画出三维物体的技术。皮耶罗从欧几里得的原理入手，描述了另外的比例关系，对几何形体的边和对角线给予了特别的注意。阿尔布雷希特·丢勒于1525年发表了《测量论》（*Underweysung der Messung*），全书共四个部分。因为丢勒作为艺术家很有名，也因为该书是德国第一本印刷出版的几何学著作，所以，这本书相当流行。除了用插图来说明理论观点外，丢勒还把几何多面体应用于几个如凸版印刷一类的手工艺论题。书的第一部分论述线条，作者用插图来说明如何绘制锥体剖面图；第二部分论述多边形的理论和应用；第三部分讨论立体图的属性；第四部分论述多面体。这本权威著作阐明了展开作为样图的平面上的立体图。

在两维平面上表现立体图形也与航海者和制图师有关（见第九章）。墨卡托投影图虽然有用，但不合比例，所以，图中各大陆的形状多少有些失真。墨卡托方法是基于圆柱投影概念的，它使水手能够在一条直线上确定自己的航海路线，但测量距离却是一个疑难问题。英国数学家爱德华·赖特（1558—1615年）在具有了实际航海经验后，用三角学来计算纬度距离。他出版于1599年的《航海纠谬》（*Certain Errors in Navigation Detected and Corrected*）一书，对墨卡托方法给予了解释和改进。

光学

文艺复兴时期的光学研究，从测量星光的折射表到解释网膜视像的几何图示都得益于几何学的进步。虽然在1400年至1600年之间，人们对视觉本身已有较好的认识，但是，文艺复兴时期的眼镜只是凹透镜。眼镜发明于13世纪晚期，甚至在14世纪它都还是稀罕之物。艺术中的证据表明，到16世纪，眼镜成为了某种地位的象征。当然，眼睛也被理解为接受全部视觉知识的途径。文艺复兴时期的学者和艺术家都认识到，眼睛是形象的接收器官，而不是一个投影器官。博学的法国人彼得吕斯·拉米斯（1515—1572年）与弗里德里希·里斯纳（卒于1580年）合作，于1572年编辑出版了一本书，其中包含两个重要光学文献的学术版。这本书题为《光学宝典》（*Opticae thesaurus*），它影响了以后几十年的光学研究。该书包括的两个文献中有中古阿拉伯学者阿尔哈森的著作，他研究了古希腊科学著作，从而提出了他自己的视觉理论；另一个是罗吉尔·培根的学生维特罗从阿尔哈森的著作得出的结论，大约写于1270年。一位本笃会修士弗朗切斯科·莫罗利科（1494—1575年）的光学著作直到1611年才印刷出版。假如这本书当时为人所知的话，它会是一部重要的著作。莫罗利科用几何学术语解释了暗箱原理，测定了不同形状的镜子的反光量，并且讨论了眼睛的屈光。

解剖学的发现引起了关于眼睛和视觉的假设的重大变化。列奥纳多通过对眼球的解剖，认识到视网膜上所接受的外部形象是颠倒的。因此，他能够将眼睛比作暗箱，并对瞳孔直径的变化进行了实验。虽然文艺复兴时期的研究者不完全理解作为晶状体的眼睛的作用机理，但他们确定了晶状体的位置，称其为晶状液。开普勒的实验对与天文学相关的光学发生了影响，进一步区分了视觉的不同功能。吉安巴蒂斯塔·德尔·波尔塔（约1535—1615年）是一位那不勒斯人，他研究他所谓的“自然魔法”。他的著作就以《自然魔法》（*Magia naturalis*）为题，该书的第二版讨论了他的光折射实验。这一主题对德尔·波尔塔很有吸引力，他随后又写了一本书专论折射问题，题为《论折射》（*De refractione*, 1593年）。他对凹透镜和凸透镜以及眼睛瞳孔的研究有助于人们对远距离视力的研究，也对17世纪初望远镜的发明做出了贡献。

植物学和药材

文艺复兴时期的植物研究集中于植物的药用性能研究，还有对古代作家描述过的植物，以及旅行家和探险家引入欧洲的未知植物的正确识别。关于每一种植物的药用知识和基本情况是以草药书的形式出版，这类书为社会各阶层所参考查阅。人文主义者校订的古典植物学文献包括亚里士多德、泰奥弗拉斯托斯、盖仑、普林尼，尤其是迪奥斯科里德斯的著作。文艺复兴时期的植物学家也通过阿拉伯资料源获悉许多其他植物。在16世纪，大量的植物被增添进古代植物名录，其中许多有写实的与原物一样大小的木刻插

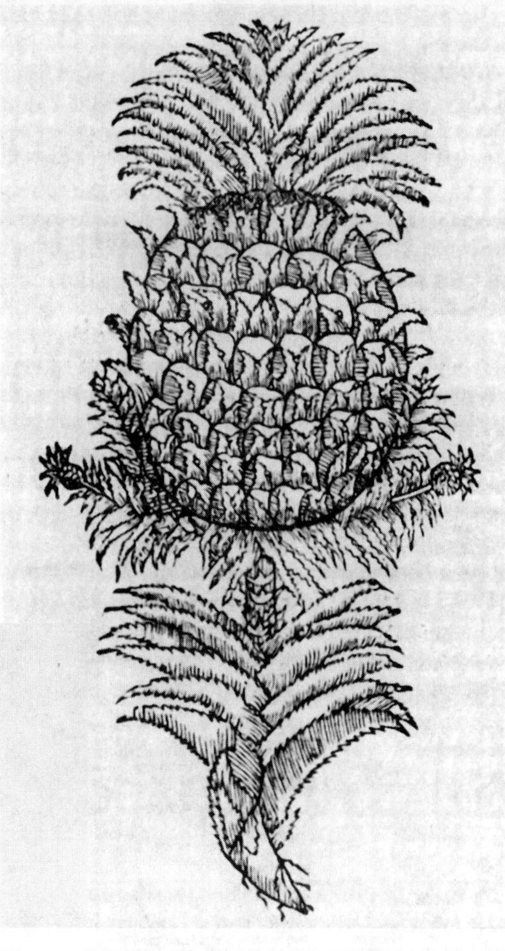

图10.3 菠萝图例。木刻版图，见克里斯托巴尔·德·阿科斯塔的《东印度群岛的药物和医术及其植物》第一版（1578年）。许多异域的植物因其潜在的药用价值在书中得到研究。（经拥有该照片2003年版版权的索斯比公司的同意使用）

图说明。到 1600 年，植物学家描述的植物比迪奥斯科里德斯所知道的 600 种大约多出了五千种。每一种植物都被认为有药用性能，而不管是否对这些植物有充分的了解。植物园在若干城市建立起来，使研究者能研究人为控制环境中的活的植物。第一批成功的植物样本在 16 世纪 40 年代至 16 世纪 50 年代之间被种植于意大利北部。草本植物也借助压干植物标本集来进行研究，已知最早的这种植物标本集出现于 1532 年。

植物学

在学者和研究者们面临识别和描述来自美洲和亚洲的新植物的任务的同时，植物学真正发展成为了一门科学学科。另外，许多欧洲植物在不同的地方有不同的名字。同一种植物在希腊语、阿拉伯语、拉丁语以及各种俗语中会有不同的名字。一些作家在从希腊语和阿拉伯语将植物名译为拉丁语时，直接采用音译的方法，而另一些则用的是意译。这一事实又引起了进一步的混乱。结果，同一种植物可能有若干个名字，甚至更糟的是不同的植物可能有同一个名字，或者非常相似的名字。每一位文艺复兴时期的植物学家都必须对付这些分类学上的困难。教皇的医生安德烈亚·切萨尔皮诺（1519—1603 年）于 1583 年建议植物应该根据其用途来描述。根据亚里士多德的分类方法，蔷薇花可以归于一类，果树又是另一类，如此等等。这时期其他植物学家却依照别的分类原则，如医药用途、可食用性或形态特征等。

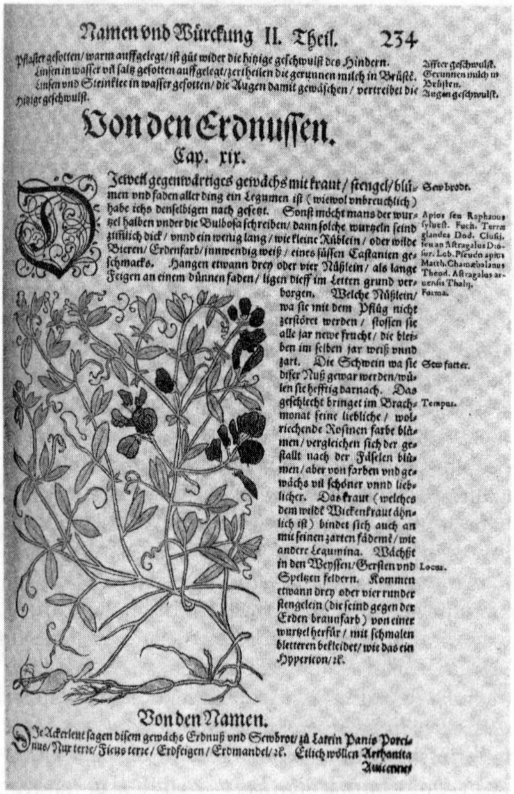

图 10.4　植物图例和分析文字。见希罗尼穆斯·博克的《草本植物志》（1595 年）。（经拥有该照片 2003 年版版权的索斯比公司的同意使用）

15 世纪的人文主义者使学者们可以利用中古时代得不到的古代植物学知识。例如埃尔莫罗·小巴尔巴罗（1454—1493 年）就连续若干年致力于他最著名的著作《普林尼著作校订》（*Castigationes Pliniae*, 1493 年）。他对普林尼的自然史做了数千处订正，断定普林尼本人错误地描述了某些植物。迪奥斯科里德斯所著《药材论》（*De materia medica*, 1544）的权威版本是医生皮耶尔安德烈亚·马蒂奥利（1500/01—1577 年）校订的版本。他把若干欧洲植物以及其在异邦旅行的朋友寄给他的外来植物收入了这本书。该书有漂亮的插图，在 16 世纪期间被广泛重印。克里斯多夫·普兰丁（约 1520—1589 年）或他的女婿扬·莫雷图斯（1543—1610 年）出版了好几本生物学家的著作。普兰丁拥有北欧最大的印刷工场，同时在安特卫普和莱登开设有作坊，经营管理的出版社多达22家。（他在安特卫普的商铺现在是普兰丁—莫雷图斯博物馆，仍然被建成为16世纪的印刷作坊。）该家公司出版的《草本植物志》和其他植物学书籍有艺术家和雕刻家制作的木刻版画插图，这些艺术家和雕刻家是专门为普兰丁工作的。这些插图的卓越品质有助于植物学研究的普及。卡洛鲁斯·克鲁西乌斯（1526—1609年）曾为普兰丁工作，翻译荷兰语、法语、葡萄牙语和西班牙语的植物学论著。这类翻译也有助于植物学知识的发展。

药材

药物治疗是文艺复兴时期最盛行的治病方法。主要的替代方法是静脉切开放血术（放血术，见下文的讨论），这种方法有其免不了的各种危险。大多数文艺复兴时期的治病方法即便不为古代世界所了解，也为中世纪所知晓。例如用柳树皮制成的茶汤就被用来退烧。（我们现在知道柳树皮含有水杨酸钠，是阿司匹林的一个主要成分。）来自远东和美洲殖民地的植物产品大大改进了文艺复兴时期的药物学。其中最有益的药物是吐根，它能够消除胸腔充血。甚至巧克力、咖啡和烟草最早也因其药用性能受到推荐。虽然欧洲人也对异域的如犰狳那样的动物很好奇，但是，他们对异域植物的研究却是很认真的，因为这些植物有潜在的药用价值。

配药通常由药剂师来做，他们在行会体系中学会他们的技艺。在许多城市，药剂师与医生形成竞争。这些医生为人诊病，也提供他们的医药产品。在16世纪，像阿姆斯特丹那样的若干城市通过法令禁止药剂师在没有医生处方的情况下出售药物。大多数药剂师表面上遵守地方法规，但明显是在继续诊治"病人"，而其中一些病人只是想要药店出售的酒精调合剂。药剂师事实上也要像许多医生一样学习药典。他们要对不同的药物配方进行实验，尽其所能地学会用替代药材来取代古代处方中无法再找到的配料。

莱昂哈特·富克斯（1501—1566年）是图宾根大学医学系的教授，他写作了16世纪上半期最优秀的药用草本植物志。他的《植物史》（*De historia stirpium*, 1542年）确立了一个新的优秀植物书籍的标准。木刻插图特别重要，因而对它们的制作也就非常用心。加西亚·德·奥尔塔（约1500—约1568年）是一个生活在果阿的葡萄牙医生，他于1563年出版了关于印度药材的葡萄牙文报道，该书为卡罗鲁斯·克鲁西乌斯所翻译，是其译著中的一种。奥尔塔关于肉桂的条目是其著作明晰风格的代表。该书的作者强调，肉桂既是一种香料，也是一种药材，他解释道，由于语言上的讹误，肉桂在马来西亚有两个名字。他非常详尽地描述了肉桂树及其树皮。现代学者认为，文艺复兴时期估量和确定殖民地这类商品数量的冲动，是获取对陌生的未知土地和居民的控制可能导致的一个后果。

许多研究药用植物的研究者就在家乡附近工作。乌利塞·阿尔德罗万迪（1522—1605年）是博洛尼亚大学的自然史教授，他在他创立的植物标本馆中研究植物，今天我们依然能够造访该场所。（更多的关于药材的知识，见第十二章。）

解剖学和医学

西方世界的解剖学著作始于古希腊医

生盖仑，他解剖过猴子，因为这种动物与人类最相似。在中古时期，萨莱诺（在南部意大利）的著名医学院的学生们曾对猪进行解剖。直到13世纪，解剖人类是普遍被禁止的。因此，中古时代理解人体结构的企图有一个动物学背景，不同哺乳动物的身体都被认为有相似的器官和同样的骨骼结构。在文艺复兴初期开始进行人类解剖之时，使用的常常是那些被处死刑的罪犯的尸体。被解剖的既有男性也有女性，在16世纪的博洛尼亚，还解剖过一位孕妇。在某些情况下，医学教授会坐在解剖台后面一个高高的椅子上阅读盖仑或另一位古代权威的著作，而由一位助手来对尸体施以刀锯。其他像安德烈亚斯·维萨利乌斯（1514—1564年）那样的教授则是亲自做解剖。身体上的异常情况常常被忽略，因为解剖的目的是要用实例说明盖仑著作中的知识。在文艺复兴时期，解剖学家逐渐对身体本身给予更多的注意。列奥纳多·达·芬奇曾从佛罗伦萨一家医院获得解剖所用的尸体，他是第一批直接从人体本身的证据来了解人体的解剖学家之一。他绘制的人体器官和裸体人像表明这种方法是明智的。然而，列奥纳多的著作在文艺复兴时期并没有发表。维萨利乌斯在帕多瓦讲授解剖学，他以其《论人体结构》（*De humani corporis fabrica*, 1543年）一书影响了文艺复兴时期的解剖学学科。（解剖学知识与文艺复兴艺术，见第三章。）

文艺复兴时期的从医者分成两类，即内科医生和外科医生。与今天的薪酬非常高、享有同行尊重的外科医生不同，文艺复兴初期的外科医生与理发师和屠夫同在一个社会阶层。到16世纪，这种态度有所改变，理发师—外科医生只施行较小的治疗，专业外科医生由于其技术而得到尊重。内科医生几乎不检查病人的躯体，他们用其他方法来做诊断，如检查尿液和粪便。这些人曾在大学学习，通常有医学学位。他们为病人开药，就一般的健康常规为病人提供建议。另一方面，外科医生是通过在行业中当学徒来接受职业培训的，没有大学对他们进行能力鉴定。由于没有有效的麻醉药，大多数人都非常害怕外科手术。另外，外科医生还与分娩失败的意思相联系。在接生婆已没有能力把孩子从产道接生下来后，一个外科医生会被叫来肢解和取出死胎婴儿以便挽救产妇的性命。（直到17世纪，接生时一般都没有使用产钳。）一般说来，外科医生不得不与遭受剧烈疼痛的病人打交道，这些病人流血过多，非常容易导致感染和截肢。由于其著作和声誉，法国军医安布鲁瓦兹·帕雷（1510—1590年）提高了外科医生在他同时代人中的地位。（更多的关于医学，包括医院的资料，见第七章和第十二章。）

解剖学

文艺复兴时期的人体解剖显然开始于发生在博洛尼亚的应司法调查之需而做的尸检。从做尸检出发到为了教学目的而进行人类尸体解剖只差一小步。到1400年，博洛尼亚大学和帕多瓦大学的医学院就通过尸体解剖来讲授解剖学，而且，大学章程规定至少每年做一次尸体解剖。这些解剖都必须在冬季实施，解剖过程要在尸体器官开始腐烂前迅速完成。死囚的行刑常常要安排在解剖学教授方便的时候。直到16世纪，人体解剖只是向学生展示人体各部位和器官的位置和生理特征。解剖学家对身体机能的理解并没有超过盖仑全集中所讲授的东西，他的全集由他的著作及后来的评注组成。中世纪关于某些人体器官的知识到文艺复兴时期依然流行，如认为子宫有七个部分的观点。右边那些“较温暖的”部分被认为是怀男孩的，左边那些“较冷的”部分则是怀女孩的，而中间的一个部分是怀两性人的。

16世纪解剖学的基本假定是，通过对自然的观察，会产生超越传统权威的成果，这一观念确保了它的成功。盖仑公开承认，他自己的人体解剖学工作受到只局限于研究猴子解剖的障碍。像维萨利乌斯那样的研究者用一生的心血来矫正盖仑的观点，为他对人体的基本描述增添资料。维萨利乌斯或许是第一位在大学中亲自做人体解剖的教授。维萨利乌斯步希腊医生盖仑的后尘，按照他做猴子解剖的顺序来做人体解剖，从骨骼开始，到大脑结束。他毫不犹豫地纠正了流传数世纪的盖仑的错误观点，如盖仑认为肝有五片肝叶，而实际上没有。他的《论人体结构》出版的是对开本，其中有许多整页插图，这提高了该书的教育价值。书中插图是在维萨利乌斯的监督下，由提香（约1489—1576年）的一个学生画的。除了他自己的代表作外，维萨利乌斯还对盖仑著作的编订有贡献，尤其是关于动脉和静脉解剖的著作。

其他解剖学家依靠维萨利乌斯的发现，常常也试图与他竞争，因而他们集中对人体的特定部位和器官进行解剖研究。比较解剖学吸引了加布里耶莱·法罗皮奥（约1523—1562年），还有教皇的医生巴托罗梅奥·埃乌斯塔基奥（约1520—1574年）。输卵管就以法罗皮奥命名，叫“法罗皮奥氏管”（fallopian tubes）。他在帕多瓦大学著名的医学院讲授解剖学。他的《解剖观察》（*Obervationes anatomice*, 1561年）包含有关于女性生殖器官的新知识，该书着重描述了人体各器官的机能。埃乌斯塔基奥是在出版著作中正确描述肾上腺的第一人，人耳中的耳咽管以他命名，叫“埃乌斯塔基奥氏管”（eustachian tubes）。法罗皮奥的最著名的学生是威廉·哈维（1578—1657年），他在17世纪发现了人体血液循环。然而，16世纪期间，哈维在帕多瓦的前辈们做过动物活体解剖。他们知道血液在被心脏输往全身之前是怎样从肺动脉进入肺脏得到空气的。这一发现是通向下述知识的第一步，即不断更新的相同血液以循环方式流动，而且血液流动由瓣膜（它们也被称为“小门”）所控制。

医学

整个文艺复兴时期的医学都基于这样一个观点，即人体内有四种体液：黑胆汁、黄胆汁、黏液和血液。这四种体液与冷、干、湿、热四种原始特质相联系，又与土、气、水、火四要素相关联。这种理论认为，每个人体内都有全部四种体液，而其中一种体液对其他体液处于支配地位，这样就形成了个人的身体类型和性格。对抗疗法就是用一种病来治疗“另外”一种病（这就是对抗的意思）。例如，一个多血质的发烧的人要用一种冷性药物来治疗。针对每种占优势的体液都推荐有特殊的饮食，与今天有的人根据血型决定饮食没多大差异。在美洲和亚洲发现的每一种新材料都被纳入体液说，该学说一直盛行到17世纪。体液被解释为一种人体的实际物质成分，它们能够被损坏或者被败坏，从而威胁到生命。虽然其逻辑有错，但是文艺复兴时期的医生认识到，人体一个部位产

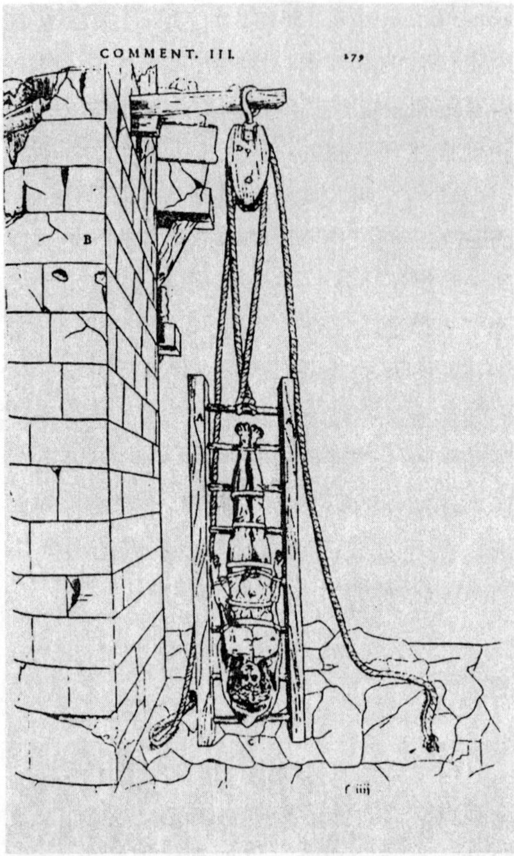

图 10.5　一个进行全身牵引的病人的图例。通过研究古希腊著作和解剖学实践导致了治疗方法的创新，如图中所描绘的那样。图中的病人可能是背部受了伤。木刻版图，见圭多·圭迪的《外科学》（1544 年）。（经拥有该照片 2003 年版版权的索斯比公司的同意使用）

生的病痛或不适可能是由身体另一部分的问题引起的。重新分配或修复体液被认为是一种可能的治疗方法。

文艺复兴时期的内科医生是接受过大学教育的人，他们中的大多数是学者，对于这些人来说，希波克拉底和盖仑的古代医书与他们的同事新发表的著作是同等重要的。帕拉塞尔苏斯却不是这样，他激烈地批评盖仑的医学。虽然他的许多医学思想是怪诞的，甚至于在那个时候也是不同寻常的，但是，他或许预见到了接种起作用的原理。帕拉塞尔苏斯认为，一种疾病的轻微症状可以防止同种疾病的严重症状。他还推荐了顺势疗法，根据这一疗法，制作某种药物的植物与该药物医治的人体器官或其他部位有某种可见或不可见的相似性。他对医学的主要贡献是化学疗法，尤其是用盐、矿物和金属的混合物来治病。用在医疗化学中的泡腾素和发酵素后来被应用于人类基本生理机能。医疗化学被用来治疗叫作“梅毒”的新疾病。梅毒是从美洲传入欧洲的，它成为了 16 世纪的灾难。这种疾病主要用汞来治疗，而汞却使病人慢慢中毒，并败坏了他们的骨头。对欧洲来说幸运的是，在 16 世纪杀死数千人的这种致命病菌发展成了一种不那么致命的疾病。吉罗拉莫·弗拉卡斯托罗（1478—1553 年）是一位维罗纳的医生，他曾写有题为《梅毒，或叫法国病》（*Syphilis, sive morbus Gallicus*, 1530 年）的拉丁语诗歌。他在诗中讨论了若干种可能的梅毒治疗方法，以及梅毒可怕的症状。

理发师—外科医生可以施行较小的治疗方法，如水蛭放血或拔火罐等。拔火罐的方法是先加热玻璃杯内部，然后迅速将其置于皮肤上，通常是背部的皮肤上。这样，轻微的真空状态会破坏较小的毛细管。虽然切开静脉被认为是要由真正的外科医生来做，但是，理发师—外科医生也常常施行静脉切开放血。要避免切到动脉，让病人冒流血至死的危险，或者切断神经，引起部分瘫痪，基本的解剖学知识是必不可少的。一般都是切开手臂上的静脉来放血，除非是特殊情况下，需要从身体另一部位放出坏体液。是应该从身体害病的一边放血，还是应该由相对的另一边放血来把疾病从其所在位置排出，关于这个问题医生们有争论。医生们对放血量也有争论，一些人主张在规定的时间中放少量的血，而另一些则建议放大量的血，直到病人晕倒为止。静脉切开放血术是作为整体医学来实施的，治疗过程是围绕病人的饮食、日常活动、体液和特定疾病来计划的，同时还要注意季节和月相。尽管在解剖学和一般医学知识上有进步，这类治疗方法还是继续存在到文艺复兴以后。

考虑到文艺复兴时期的外科医生可用的只是刀子、剃刀和刺血针等简单工具，所以，他们所达到的医术水平还是十分惊人的。外科医生知道怎样除去白内障（即摘除晶状体露出眼睛的玻璃体）、取出肾结石，还知道怎样诊断和切除恶性乳腺肿瘤，甚至能施行环锯术，尽管很少做这种手术。虽然文艺复兴时期的许多治疗方法自古以来就为人所知，但是，15 世纪后半期和 16 世纪期间的外科知识还是得益于战争中使用火器造成的严重外伤。安布鲁瓦兹·帕雷（1510—1590 年）是一位法国随军外科医生，他通过处理枪伤改进对伤口感染的治疗。他还大大提高了截肢手术的水平，以前截肢手术流血和休克是主要的死亡原因（见第七章）。帕雷出版了若干本外科手册，包括《外科学两卷》（*Deux livres de chirurgie*, 1572 年），书中阐述了他翻转宫中臀位胎儿术。由于赏识他的技术专长，他被任命为法国国王亨利二世（1519—1559 年）的外科医生。在一次马上比武赛会上，木制长矛的尖刺进了亨利二世的太阳穴，留在了他的脑子中。帕雷和维萨利乌斯就在他身边救治，但他们竭尽全力也没能挽救他的生命。

产科学

怀孕并不被认为是一种病，虽然有许多妇女死于分娩，间或也死于产后的感染。（直到很久之后更多的孩子在医院借助干净的器械生产，产褥热才不是一个严重的问题。）虽然医生要医妇科病，但是，他们不是产科医生。直到 18 世纪男外科医生才照惯例接诊正常的妇女分娩。在文艺复兴时期，胎儿是在家中由接生婆接生。接生婆由社区中的较年长妇女担任，她们通常从其家庭中的妇女那里学得接生技术。接生婆没有职业组织，也不在行会中当学徒，而且，对于她们中的大多数来说，接生的收入仅仅是其收入的一部分，因为她们许多是工匠或农夫的妻子。

一旦有妇女临产就得叫接生婆到场。接生婆用手伸进产道检查产妇，会用手指来检测宫颈扩张。假如分娩在几个小时内就要发生，接生婆会与产妇在一起，并且鼓励她，帮助她保持良好情绪。在此期间，产妇全家可能会与产妇在一个房间里。积极的精神状态和家庭支持被认为对一次成功的分娩是重要的。分娩过程中，接生婆知道怎样理顺产道中胎儿扭曲的四肢，而且，有的接生婆还知道怎样翻转子宫中的臀位胎儿。在分娩之后，接生婆要扎好脐带，帮助孩子母亲取出胎盘，还要清洁和检查孩子。接生婆要向生头胎的母亲提供哺乳建议。虽然接生婆不允许对分娩中或分娩后的妇女用药，但是，许多接生婆有她们自己的镇定药方和帮助睡眠的手段。

主要人物

阿科斯塔，何塞·德（1539—1600 年），在秘鲁传教的西班牙耶稣会会士。他用印第安方言写作了一本教义问答，还著有一部有影响的关于新世界动植物的著作《西印度自然和精神的历史》(*Historia natural y morale de las India*, 1590年)。

阿尔德罗万迪，乌利塞(1522—1605年)，博洛尼亚大学自然史教授，曾在博洛尼亚建立了一个植物园。他在1574年出版的关于药材的论著部分基于对该植物园中的植物的研究。

阿皮亚努斯，彼得鲁斯(1501—1552年)，因戈尔施塔特大学数学教授。他于1520年出版的《宇宙志》包含了从文艺复兴时期探险航行得来的知识。他还出版有天文学著作。

阿尔吉罗波洛斯，约翰内斯(约1415—1487年)，来自君士坦丁堡的希腊语和医学教师，曾将亚里士多德的包括《物理学》在内的著作翻译成拉丁语。

培根，弗朗西斯(1561—1626年)，曾在剑桥大学学习，后成为归纳法的倡导者，主张研究自然之书。他的《学术的进展》(1605年)对17世纪的科学革命有贡献。

巴尔巴罗，达尼耶莱(1513—1570年)，威尼斯人文主义者和外交家，曾将维特鲁威的拉丁语古典建筑著作翻译成意大利语。利用佩德罗·德拉·弗朗切斯卡的著作，巴尔巴罗写作了一本有影响的透视学著作，其中还讨论了多面体，书名叫《透视法的实践》(*La practica della perspettiva*, 1568年，1569年)。

小巴尔巴罗，埃尔莫罗(阿尔莫罗·迪·扎卡里亚，1454—1493年)，威尼斯人文主义者和外交家，曾出版校订和评注希腊古典作家的著作。他最著名的著作是《普林尼著作校订》(*Castigationes Pliniae*, 1493年)，书中有数千处订正和增补，尤其是在与植物学相关的部分。

博安，加斯帕尔(1560—1624年)，生于巴塞尔，其父母是法国人，后来，他在巴塞尔大学任希腊语和植物学教授。博安的植物学著作整理了数千种当地植物。

拜尔，约翰(1572—1625年)，天文学家，他发明了用希腊字母来表示各星座中的星星的亮度的方法。

贝内戴蒂，乔万尼·巴蒂斯塔(1530—1590年)，数学家，专门从事几何学研究。在1574年，他出版了关于日晷的重要论著。

本齐，乌戈(1376—1439年)，医生，曾用意大利语写有一本关于健康的论著(1481年第一次印刷)。

比安德拉塔，乔治(约1515—1588年)，专攻妇科病的医生，曾担任波兰孀居王后的医生，后来在特兰西瓦尼亚宫廷为王室妇女服务。他还因其一位论信仰而著名。

比林古乔，瓦诺乔(1480—约1539年)，研究可燃物、蒸馏法和冶金术的化学家。他的《火法技艺》(*De la pirotechnia*)出版于1540年。

蓬贝利，拉法耶尔(1526—1572年)，一生大部分时间是一个工程师。他也是一个卓越的数学家，其出版于1572年的《代数学》(*L'algebra*)一书讨论了负数(虚数)的平方根。

布拉赫，第谷(1546—1601年)，文艺复兴时期最杰出的天文学家之一。丹麦国王曾在1574年把赫威恩岛赐予他。他在岛上建立了自己的天文台，名为乌拉尼堡，他还自己设计仪器。后来，在布拉格的鲁道夫二世宫廷，他成为了皇家数学家。

布伦费尔斯，奥托(约1489—1534年)，植物学家，著有一本文艺复兴时期重要的草本植物志。该书出版于1530年至1536年，附有照实物绘制的插图。

卡尔达诺，吉罗拉莫（1501—1576年），医生和数学家，他的工作使代数学研究水平有了重大提高。他还写作有若干占星术和医学方面的论著。

切萨尔皮诺，安德烈亚（1519—1603年），是一位医生，同时是比萨植物园的负责人。晚年去了罗马，担任教皇的医生。

克拉维乌斯，克里斯托弗（1537—1612年），耶稣会的天文学家，支持教皇格列高利十三世历法改革。在17世纪初期，他赞同伽利略的工作，但不同意宇宙日心说。他还编写有数学教材。

克鲁西乌斯，卡洛鲁斯（1526—1609年），16世纪最著名的植物学家之一，受马克西米连一世之邀，在维也纳建立了一个药用植物园。他还创建了莱登植物园。克鲁西乌斯在全欧收集植物标本，还有人从土耳其送标本给他，同时，他对郁金香的研究也是开创性的。

哥白尼，尼古拉（1473—1543年），波兰的医生，也研究天文学。在其研究中，他抛弃了托勒密的宇宙地球中心说。哥白尼断定，宇宙的中心是太阳，但他明白这一理论会被认为是异端。他的论著《天体运行论》（*De revolutionibus orbium calestium*）直到他去世前不久才出版。

当蒂，埃尼亚齐奥（1536—1586年），数学家，对1582年历法改革有贡献。他也是一位地理学家，被教皇格列高利十三世任命为教廷宇宙志学者。

迪伊，约翰（1527—1608年），英国女王玛丽一世的占星学家，后在女王伊丽莎白一世宫廷做占星术和航海术方面的演讲。他还曾在波兰和波希米亚做过神秘学的实验。

德拉·波尔塔，吉安巴蒂斯塔（约1535—1615年），出生于那不勒斯。由于受新柏拉图主义的影响，他研究原因不明的自然现象，包括光的折射。他关于该主题的著作《论折射》（*De refractione*）出版于1593年。在1560年，德拉·波尔塔创建了文艺复兴时期最早的科学研究院，即自然秘密研究院。

迪格斯，伦纳德（约1515—约1559年），著有几何学和测量学的实用手册。托马斯·迪格斯是他的儿子。

迪格斯，托马斯（约1546—1595年），伦纳德·迪格斯的长子，曾求学于约翰·迪伊门下。他编订了他父亲的著作，并出版了他自己的关于立体几何的论著。

多多恩斯，朱尼乌斯·伦伯特（1517—1585年），弗兰德尔的医生，受莱昂哈特·富克斯的影响，出版有一部重要的草本植物志。

丢勒，阿尔布雷希特（1471—1528年），雕刻家和画家，他于1525年出版了第一部德语的几何学著作《测量论》（*Underweysung der Messung*）。

艾蒂安，夏尔（1504—1564年），出版有一部解剖学论著。他还在巴黎从事印刷出版业长达十年。

埃乌斯塔基奥，巴托罗梅奥（约1520—1574年），教皇的医生，《论解剖》（*Opuscula anatomica*, 1564年）一书的作者。这本书第一次描述了肾上腺，包含有关于肾脏和耳朵的知识。埃乌斯塔基奥氏管和埃乌斯塔基奥氏瓣膜都是以他命名的。

法布里奇，吉罗拉莫（1537—1619 年），曾与法罗皮奥一道从事研究，后成为帕多瓦大学解剖学教授。法布里奇对胚胎和静脉系统进行了开创性的研究。

法罗皮奥，加布里耶莱（约 1523—1562 年），继法布里奇之后任帕多瓦大学解剖学教授，指导其所在系的解剖学研究，该系正是以解剖学而闻名。他关于女性生殖和性器官的重要解剖学报告收入其《解剖观察》（*Obervationes anatomice*, 1561 年）一书。法罗皮奥氏管就是从他得名。

费内尔，让·弗朗索瓦（1497—1558 年），迪亚娜·德·普瓦捷及其情人法国国王亨利二世的医生。他 1554 年出版的医学教科书曾被重印了许多次，该书是第一部将“psychology”（心理学）作为医学术语使用的出版物。

费拉里，卢多维科（1522—1565 年），卡尔达诺的助手，以擅长代数学著名，后成为博洛尼亚大学的数学教授。

弗拉卡斯托罗，吉罗拉莫（1478—1553 年），维罗纳的一位医生和作家。他非常有名的著作是题为《梅毒，或叫法国病》（*Syphilis, sive morbus Gallicus*, 1530 年）的新拉丁诗歌，书中描述了梅毒的各种症状及其对该病建议的治疗方法。

富克斯，莱昂哈特（1501—1566 年），图宾根大学医学系的教授。他于 1542 年出版了一本有影响的关于药用植物的论著，书中有对北美物种的描述。显花植物倒挂金钟（fuchsia）根据他的名字（Fuchs）命名。

伽利莱，伽利略（1564—1642 年），17 世纪上半期最著名的天文学家，通常简称其名伽利略。虽然他的大多数著作不在本书所涵盖的年代范围内，但是，在这儿提及他是因为他关于宇宙的观点受到了哥白尼日心说的影响。

杰勒德，约翰（1545—1612 年），具有广泛草本植物知识的医生。他的草本植物志出版于 1597 年，成为了该领域的一部经典著作。

格斯纳，康拉德（1516—1565 年），隐居苏黎世若干年，潜心研究植物学和动物学，发表了许多著述。他的五卷本的动物学概观是其非常重要的贡献之一。

吉尔伯特，威廉（1544—1603 年），在伊丽莎白一世在位的最后几年担任女王的御医，他有影响的磁学著作发表于 1600 年。

开普勒，约翰内斯（1571—1630 年），与伽利略一样，大部分重要著作都写于 1600 年后。开普勒早年受哥白尼著作的影响，跟随布拉赫在布拉格从事研究。他的《宇宙的奥秘》（*Mysterium cosmographicum*, 1596 年）一书支持哥白尼的太阳中心体系。

利巴菲乌斯，安德烈亚斯（约 1540—1616 年），帕纳塞尔苏斯的一个追随者，其著作《炼金术》（*Alchemia*）出版于 1597 年。该书以有条不紊的方式介绍了化学研究，促进了更进一步的实验。

洛贝利乌斯，马蒂亚斯（1538—1616年），法国植物学家，于 1571 年发表了一部草本植物志，书中植物根据它们的叶子组织安排。由于他还是一名技术熟练的草药医生，所以，他曾担任拿骚伯爵奥兰治的威廉（1533—1584 年）的医生。他以在英国宫廷担任皇家园艺师结束了自己的职业生涯。

洛佩斯，罗德里戈（卒于 1594 年），犹太医生，于 1559 年离开西班牙，定居英国。在担任伊丽莎白一世的首席御医时，法庭裁定他犯叛逆罪，被处以绞刑，从而引发了一波反犹浪潮。

马蒂奥利，皮耶尔安德烈亚（1500或1501—1577年），曾在意大利和布拉格行医。他于1544年出版了古希腊人迪奥斯科里德斯的草药书的校订版。这个版本成为了经典文献，被重印了若干次。

米勒，约翰内斯 见雷吉奥蒙塔努斯。

努内斯，佩德罗（1492—1577年），葡萄牙数学家，于1529年成为皇家宇宙志学者。他发表的著作包括托勒密著作校订、航海术论著，以及一本题为《算术和几何学中的代数》（*Libro de algebra en arithmetica y geometria*, 1567年）的数学著作。

奥尔塔，加西亚·德（约1500—约1568年），移居果阿的医生，供职于葡萄牙在那里的宫廷。他于1563年出版了关于印度药材的著作。

帕乔利，卢卡（约1445—约1514年），曾在整个北部意大利许多地方讲授数学。列奥纳多·达·芬奇为他1509年出版的关于比例的著作绘制了插图。帕乔利的主要著作是出版于1494年的算术和几何学著作，题为《算术、几何学和比例概要》（*Summa de arithmetica, geometrica, proportioni et proportionalita*）。

帕拉塞尔苏斯（1493—1541年），个性独特的医生，他也涉猎炼金术。他认为，一种疾病可以通过诱导这种疾病的温和症状来防治，他或许是提出这一方法的第一人。因此，他预见了接种的原理。

帕雷，安布鲁瓦兹（1510—1590年），先在法国军队中担任随军外科医生，后从事普通外科学研究。他出版有关于枪伤、截肢、骨折和产科等方面的开创性著作。他最后一本著作题为《外科学两卷》（*Deux livres de chirurgie*, 1572年），书中阐述了他翻转子宫中臀位胎儿的方法。

波尔巴赫，格奥尔格·冯（1423—1461年），奥地利天文学家，写有一部关于行星运行的基础论著。该书初次出版于15世纪80年代，16世纪期间重印了若干次。

皮耶罗·德拉·弗朗切斯卡（约1420—1492年），对艺术理论感兴趣的画家。在1474年左右，他写作了《论绘画中的透视》（*De prospettiva pingendi*）。这是一本以抄本形式被传阅的几何学论著。

拉米斯，彼得吕斯（1515—1572年），与弗里德里希·里斯纳合作，出版了《光学宝典》（*Opticae thesaurus*, 1572年）一书。

雷科德，罗伯特（约1510—1558年），威尔士数学家，出版有多种著作，包括《智慧的磨石》（1557年）一书。该书是第一本用英语印刷出版的代数学书籍，也是第一本使用等号（=）的出版物。雷科德还行过医，为爱尔兰做过两年的矿藏勘测员。

雷吉奥蒙塔努斯（约翰内斯·米勒，1436—1476年），曾在维也纳大学波尔巴赫门下学习天文学，后成为波尔巴赫的同事。他后来在纽伦堡建立了一座天文台，并受教皇西克斯图斯四世之邀，帮助实行历法改革。可是，他在四十岁时就去世了。波尔巴赫出版了多种雷吉奥蒙塔努斯的数学论著。

赖因霍尔德，伊拉斯谟（1511—1553年），德国天文学家，与格奥尔格·雷蒂库斯一道，对提出宇宙日心说的哥白尼的《天体运行论》的出版有贡献。赖因霍尔德后来在1551年利用哥白尼的理论，制作了自己的天文表。

雷蒂库斯，格奥尔格（1514—1576年），曾与伊拉斯谟一道说服哥白尼在1543年他死之前出版了《天体运行论》。雷蒂库斯曾在莱比锡大学担任数学教授长达九年时间。

里斯纳，弗里德里希（卒于1580年），曾与彼得吕斯·拉米斯合作出版了《光学宝典》（*Opticae thesaurus*, 1572年）。

罗宾，让（1550—1629年），植物学家，1597年他应邀在巴黎设计了一个植物园，即今天的巴黎植物园。

龙德莱，纪尧姆（1507—1566年），海洋动物学家。在他游历意大利，研究了标本之后，他在蒙彼利埃大学讲授医学。他出版有两种重要的鱼类学著作，都附有许多插图。

萨克罗博斯科，约翰内斯·德（全盛于1250年左右），中世纪的作家，他的《论天体》（*De sphaera*）一书在文艺复兴时期成为受欢迎的天文学教科书。

斯蒂温，西蒙（1548—1620年），弗兰德尔数学家，曾作为工程师效力于拿骚的莫里斯，并在莱登大学教书。他的许多著作讨论音乐、天文学、航海术、静水力学等知识，而且，他提出了流体压力的概念。他的数学著作《论十进制》（*De Thiende*）出版于1585年，同年被翻译成法语，从而使这本教科书能为更多的人所阅读。

塔尔塔尼亚，尼科洛（约1499—1557年），维罗纳的数学教师。他发现了一种解三次方程的方法，并向卡尔达诺解释了这一方法，卡尔达诺随即发表了它。于是，他们两人之间爆发了激烈争吵，其间，他们两人还参加了一次著名的解题竞赛。

维萨利乌斯，安德烈亚斯（1514—1564年），以在巴黎讲授解剖学开始自己的职业生涯。在1537年至1543年间，他解剖了被处死刑的罪犯的尸体，并发表了他的研究成果，其著作题为《论人体结构》（*De humani corporis fabrica*, 1543年）。随后，维萨利乌斯担任了查理五世以及后来的腓力二世的宫廷医生。

维耶特，弗朗索瓦（1540—1603年），对代数研究有贡献的法国数学家。最重要的是，他把方程式看作是与其解释性正文相当的部分，在他的著作中，他将二者直观地对照起来。大多数其他作家都将方程式的各组成部分与解释性正文混在一起。

维戈，乔万尼·达（1450—1525年），教皇朱利乌斯二世的外科医生。他出版有两本实用外科手册。

黑森伯爵威廉四世（1532—1592年），在卡塞尔建立天文台来研究恒星。他的工作对布拉赫的研究有帮助。

赖特，爱德华（1558—1615年），数学家。在一次到亚速尔群岛的航行中，他认识到了在实际航海中应用墨卡托投影图的困难。赖特于1599年出版论著《航海纠谬》（*Certain Errors in Navigation Detected and Corrected*），就墨卡托方法向领航员做了解释。

扎卡里亚，阿尔莫罗·迪 见小巴尔巴罗，埃尔莫罗。

扎库托，亚伯拉罕（约1450—约1515年），作为数学家在萨拉曼卡开始自己的职业生涯，当西班牙驱逐其犹太居民时，他于1492年移居葡萄牙。他在那儿做瓦斯科·达·伽马的顾问，但在1497年他又从葡萄牙被驱逐出去。哥伦布出海远航时，带着复制的扎库托天文表。

参考书目

Gilbert 1960: scientific method; Hawkes 1981: instruments; Michel 1967: instruments; Turner 1987: instruments.

天文学和占星术

Biagioli 1993: Galileo; Gingerich 1975: Copernicus; Grafton 2001: astrology; Pedersen 1993: early physics; Rosen 1971: Copernicus; Westman 1975: Copernicus.

化学

Debus 1977: Paracelsus; Sarton 1958: chemistry, pp. 104–115; Shumaker 1972: occult sciences.

数学

Field 1997: art and mathematics; Hay 1988: printing mathematics; Rose 1975: Italian humanists; Sarton 1958: "Mathematics and Astronomy," pp. 23–76; Struik 1986: (general survey).

光学

Kemp 1990: art and optics; Kubovy 1986: perspective; Lindberg 1976: vision; Veltman 1986: Leonardo da Vinci.

植物学和药学

Greene 1983: (important landmarks); Morton 1981: (general history of botany); Reeds 1991: botany in the universities; Riddle 1997; gynecological drugs; Sarton 1958: "Natural History," pp. 128–171.

解剖学和医学

Cipolla 1976: public health; Goodrick-Clarke 1990: Paracelsus; Lind 1975: anatomy before Vesalius; Loudon 1997: medicine (many illustrations); Lyons 1978: medicine (illustrations); Sarton 1958; "Anatomy and Medicine," pp. 172–218: (general history); Sawday 1995: dissection; Wear 1985; medicine in the 16th century.

第十一章

教育

文艺复兴人文主义是15世纪和16世纪期间教育方面最最伟大的创新。教育上的第二个重要浪潮是新教改革运动，它导致了新教大学的创立。直到15世纪，中世纪的用拉丁语授课的文法学校数百年来没有什么变化，课本是基础拉丁语再加小祈祷书和圣经《诗篇》或者其他灵修读物。这些学校教培养的是基本读写能力。中世纪的大学要授神学、医学和法学的博士学位，该体制到文艺复兴时期依然继续存在，但是，由于在这些领域使用了人文主义的教材以及对古典修辞学的强调，这一体制得到了改进。大学授予的较低学位是文科硕士；文科七艺是指人文三艺（修辞学、逻辑学和语法）和数学四艺（算术、几何学、天文学和音乐）。到1500年，整个西欧大约有一百所大学，比1400年增加了三分之一。教育，尤其是对年轻人的教育在这一时期繁荣起来。在欧洲，主要是在意大利游历的学者，以及在1453年君士坦丁堡为土耳其人攻陷后逃到意大利来的学者，使希腊文化研究的水平得到了提高。另外，印刷机使更多的教科书能为广大的学生所获得。这些书不仅包括人文著作，而且也传授商业技巧，如会计学的实用手册。

人文主义教育

在15世纪和16世纪的文艺复兴之前很久，西欧就有其他的古典复兴的时期。希腊和罗马的学术知识从来没有完全消亡，但是，它只存于修道院中，古典时代的文献在那里得到研究和复制。在公元800年查理曼加冕称帝后，他开始在整个西欧复兴罗马的文学、法学和艺术。这种复兴的努力包括用优雅的圆体字（即加洛林小写体）复制大量的古代抄本，当时用的字体后来为15世纪的人文主义者所使用。他们认为，这种书写风格得自罗马，所以，新的抄本在形式和内容上都是“再生”。由于比中世纪紧凑尖长的哥特体文献读起来更容易，因此，人文主义圆体字促进了阅读。因为新学术起源于意大利，所以，我们在这一节中首先聚焦意大利，然后再讨论人文主义教育（人文主义学科）在西欧其他地区的传播。

基于人文主义教科书的教育的兴起有助于我们理解文艺复兴作为一个复兴时期的真正含义。希腊语和拉丁语的古典古籍失而复得，像流传中的凤凰从古代的灰烬中涅槃。在文艺复兴初期，拉丁语在上层阶级中是更受人喜爱的书写语言，记住这点很重要。新校订的古典拉丁语文献为人们提供了文体和雄辩的新典范。长期被认为已遗失的著作的重新发现，在学术界引起了前所未有的兴奋。伴随古典文献的重新发现而来的是，罗马共和时期文明优雅的社会的复兴，以及对罗马帝国时期辉煌的向往。意大利人非常彻底地吸收了古典文化的这些方面，以至于英国上层阶级的成员常常因为摆“意大利”架子而被嘲笑。人文主义教育不仅产生了新的思想方式，而且带来了新的行为和态度。文艺复兴时期意大利的学术状况可与古罗马时期的学术状况类比，正如列奥纳多·布鲁尼（1370—1444年）在他的《但丁和彼特拉克传》（*Le vite di Dante e di Petrarca*, 1436年）

图 11.1 《课堂情景》。木刻版画，见纪尧姆·洛里斯和让·德·默恩的法文版《玫瑰传奇》(1531 年)。(经拥有该照片 2003 年版版权的索斯比公司的同意使用)

中所说："拉丁语非常繁荣，并且在西塞罗时代臻于完美……人们能够说，学术和拉丁语的研究是与罗马共和国的状况相关联的。"(Brown 1997, pp. 95—96)

排在拉丁学术之后的是希腊学术，这是一门更深奥的研究科目。然而，那些钻研这门更困难的学科的人能够使人了解罗马文化的希腊基础。古代历史的这一方面成为了人文主义课程的一个组成部分。总之，先进的人文主义教育产生于私人学校或研究协会中。许多文法学校还是迅速地采纳了初级人文主义课程方案。例如卢卡城市政府于 1499 年发布命令，要求其教师纳入他们的日常课程的有下列内容：文法、历史、雄辩或书信、诗歌和基础希腊语。在 1499 年至 1574 年间，这一课程学习大纲至少修订过三次。新建大学立刻就接受了新的古典课程，而大多数中古机构直到进入 16 世纪还在抵制人文主义的侵入。

教育学论著

一位古希腊作家(人文主义者认为是普鲁塔克)和一位叫昆体良的古罗马作家的教育学论著有助于提高 15 世纪初意大利的新教育哲学。那本希腊著作《论儿童教育》(*De pueris educanis*)是由瓜里诺·瓜里尼(1374—1460 年)于 1411 年翻译成拉丁语的。在 1417 年，波基奥·布拉乔利尼(1380—1459 年)在圣高尔修道院发现了的昆体良的

《演说家的培养》(*Institutio oratoria*)。这两本书以抄本传播，它们告诫教育者和上层阶级的父母们，孩子们会从我们现在称之为正面强化中得益。课程要适合不同的年龄段和能力层次，涉及面要更广泛，要用娱乐活动来协调更严肃的学习。昆体良的著作成为了文艺复兴时期的一本畅销书——发行了一百多版。这本书也是修辞学训练的基本教材，而修辞学训练是人文主义教育的一个重要组成部分。

除了昆体良的著作和伪普鲁塔克希腊语著作外，四部15世纪的论著是人文主义教育者的基本指南。它们的作者是皮耶罗·保罗·老维杰里奥(1370—1444年)、列奥纳多·布鲁尼、埃利亚·西尔维奥·皮科罗米尼(1405—1464年，后于1458年成为教皇庇护二世)和巴蒂斯塔·瓜里尼(生于1434年)。维杰里奥和布鲁尼都曾于14世纪末在佛罗伦萨随曼努埃尔·克里索罗拉斯(约1350—1415年)学习希腊语。克里索罗拉斯是一个外交家，皇帝曼努埃尔二世的朋友。他帮助创立了意大利的人文主义希腊语研究，而且，他还在君士坦丁堡教过居住在该城的瓜里诺·瓜里尼等外国人希腊语。列奥纳多·布鲁尼在罗马开始了自己的职业生涯，于1410年至1415年间担任教皇秘书。后来，他回到佛罗伦萨，于1427年最终成为执政团秘书长，利用担任这一职务之便来提倡人文主义学术以及文艺复兴文化的其他方面。布鲁尼以从事翻译而著名，他的译著包括柏拉图和亚里士多德的主要著作。皮科罗米尼曾在锡耶纳和佛罗伦萨接受人文主义教育，弗朗切斯科·菲莱尔佛(1398—1481年，见下文的讨论)是他的老师之一。他后来卷入了教廷政治，并且作为外交家效力于皇帝弗里德里希三世，同时，他继续写作人文主义著作，如本节所讨论的论著。巴蒂斯塔·瓜里尼是瓜里诺·瓜里尼的儿子，在费拉拉其父创办的著名学校(见下文讨论)接受教育。巴蒂斯塔·瓜里尼的教育学著作描述了他父亲的学校的课程。

皮耶罗·保罗·维杰里奥的著作完成于1403年左右，题为《与自由民子弟相称的品格和课程》(*De ingenuis moribus et liberalibus adulescentiae studiis liber*)。该书是为一位青年贵族写的，书中强调指出，一个受过教育的有德行的人必须既在身体能力上(即在膂力方面)也在智力活动中出类拔萃。维杰里奥的一个非常重要的教育学观点是，教学课程必须适应学生的长处和短处。要学习和操练的体育包括摔跤、拳击、掷标枪、射箭、滚石、驯马和游泳。尽管有告诫，但娱乐还是需要的:“和着音乐跳舞以及与妇女跳群舞或许似乎是一个男人不应有的享乐。不过，倘若这些娱乐不使青年男子好色又虚荣而败坏了好的行为的话，其中也会有某种益处，因为它们运动了身体，使四肢灵活。”(Kallendorf 2002, p. 87)对于教材学习，维杰里奥坚持学生必须尽可能多记忆:“在这点上，我们应该知道，离开了才智的记忆没多大价值，而没有记忆的才智也几乎毫无意义，至少对各学科的学习来说是如此。既然我们可能要用笔记下已完成的事或必须要做的事，以此弥补记忆力差的弱点，所以，对行动而言，上述见解仍然是有价值的。然而，就学习书本知识而言，我们对我们不能熟记的东西，或者不能轻松回忆起来的东西，似乎是全然不知的。”(Kallendorf 2002, p. 57)

列奥纳多·布鲁尼的《论文学学习》(*De studiis et litteris liber*, 约1424年)是这些论

著中唯一一本题献给一位妇女的，这位妇女就是蒙泰费尔特罗的巴蒂丝塔·马拉泰斯塔。虽然他告诫她雄辩术不适合于妇女，人们并不期望女性在公共场合演讲，但是，布鲁尼还是就其他方面勾勒出了一个广泛的古典书籍阅读和研究的大纲："总之，我所说的卓越只产生于广泛而多样的知识。大量的阅读和理解是必不可少的，而且要下大功夫钻研哲学家、诗人、演说家和历史学家以及所有其他作家的作品。这样才能拥有我们所需的完备充分的知识，以使我们表现得雄辩健谈、兴趣广泛、举止优雅、全面发展。我们也有必要具备健全得体的文学技能。上述两个方面相互促进，相得益彰。"（kallendorf 2002, p. 123）最后，布鲁尼建议，她的人文主义教育应该把道德哲学和宗教放在首位，当然，古典作家的作品必须从属这两门高级学科。而那些可能会助长任何邪恶的作家则要回避。

埃利亚·西尔维奥·皮科罗米尼著有《论男孩的教育》（*De liberorem educatione*, 1450年），该书是为匈牙利、奥地利和波希米亚国王拉迪斯劳斯五世（1440—1457年）而作。这位国王是在他父亲去世后几个月出生的，他的母亲伊丽莎白是皇帝西吉斯蒙德的女儿。如果他不是17岁就撒手人寰，这位年轻的国王可能会在欧洲政治事务中，以及在早期人文主义教育向北欧的传播中成为一个有影响的人物。这部冗长的论著是应拉迪斯劳斯的老师之请而写的。皮科罗米尼教导这位年轻国王首先要注意自己的宗教教育，然后要接受一套兼顾体育锻炼和古典作家学习的课程教育。在这本著作的开头，作者颂扬了拉迪斯劳斯高贵的血统，接着，他指出拉迪斯劳斯必须要与这样的列祖列宗相称："你是那些地位崇高者的继承人，所以，你要留意在美德上同样应成为他们的继承人。既有高贵的出身又具备神圣道德的人值得赞扬。品行不端绝非高贵。一个与自己的家族不相称，徒有其名的人，有谁认为他是高贵的呢？"（kallendorf 2002, p. 129）这部论著的整个目的是要帮助拉迪斯劳斯成为一位更优秀的国王，因而要其充分学习各个学科的知识，但又不至于使他忘了总的目标："你应该知道演说家的职责是什么，同时，你应该知道怎样适当地选择论题、安排论点、表达论点、记忆内容和发表演讲。然而，我们的愿望是，你应该成为一位完美的国王，而不是成为一个优秀的演说家，所以，我们并不要求你具有西塞罗式的或像德摩斯梯尼那样的滔滔雄辩。"（Kallendorf 2002, p. 245）除了在耶稣会和其他严格的修会举办的学校外，这一教育要适度的观念在文艺复兴时期成为了一个普遍原则。

巴蒂斯塔·瓜里尼的《论教学课程》（*De ordine docendi et studendi*）写于1459年。这部论著记载了他父亲瓜里诺在费拉拉宫廷制定的教学大纲。由于瓜里诺的学生创办了他们自己的学校，所以，这一大纲也对西欧许多地区的人文主义教育产生了影响。因为瓜里诺是第一位在课程中将希腊部分和拉丁部分并重的意大利人，所以，他的儿子的论著就是教学方法的重要记录。书中对许多希腊词汇，包括它们的语境给予了解释，同时，文法被突出作为人文主义学术的主要组成部分。他推荐了有序的日常学习习惯："学生不应该不加区别地阅读各类书籍。他们应该为特定的阅读安排固定的时间。这是广泛阅读和完成功课最最有用的方法。"（Kallendorf 2002, p. 301）

意大利和意大利城邦

加斯帕里诺·巴齐扎（约1360—1431年）是最早的人文主义教师之一，他校订了新近发现的西塞罗的著作。在1387年至1392年间，他曾受业于帕多瓦大学著名修辞学教授乔万尼·特雷维西·达·克雷莫纳。巴齐扎后来在帕多瓦、帕维亚和博洛尼亚等大学教书。1407年至1421年期间，他还为寄宿在他家的学生授课，常常同时上课的多达20人。巴齐扎想通过利用新的书信材料，尤其是西塞罗的书信来改革中古书信写作艺术（*ars dictaminis*, 即学习写作散文书信）。虽然巴齐扎的教学方法仍然是中世纪的，但是，他对人文主义文献的热情通过他的学生传遍了意大利许多地区。

在从君士坦丁堡回来后（见前文的讨论），瓜里诺·瓜里尼在佛罗伦萨和威尼斯创办了人文主义学校。在1418年，他娶了一位维罗纳的富有的女士，于是，随妻移居了到她的母邦。他于1419年在维罗纳城创建了独立学校，并于次年得到维罗纳城市政府的承认。市政府给了他一个为期五年的任命，薪酬丰厚，多达150金杜卡。瓜里诺在1420年得到的这一教学合同是文艺复兴时期拉丁语教育的重要一步。十年后，瓜里诺应邀到了费拉拉，被荣幸地任命为莱奥内罗·德·埃斯泰（1407—1450年）的家庭教师，莱奥内罗后来于1441年成为费拉拉的君主。在1442年，瓜里诺被任命为费拉拉大学教授。

维托里诺·达·费尔特雷（1378—1446年）曾在曼图亚宫廷创办了著名的“快乐之家”（Casa Giocosa，即“游戏之家”或“快乐之家”）。他的学校的名字就表明，维托里诺要把娱乐活动纳入其教育方案。在威尼斯随瓜里诺·瓜里尼学习希腊语后，他在帕多瓦教书，然后于1423年在威尼斯创办了一所学校。同年，他接受了吉安弗朗切斯科·贡扎加的邀请到了曼图亚。贡扎加是一个雇佣兵首领（见第七章，关于战争），他统治着曼图亚，并在该城建立了他的人文主义学校。挑选来快乐之家的穷孩子与贡扎加家族的孩子，其中包括几个女孩和只有四岁的小孩子一道读书。快乐之家不收学费。所有孩子都要接受希腊语和拉丁语的读、说、写等能力的训练。学校名字中所谓“游戏”包括上文所提及的那类体育锻炼。高年级的学生要学习道德哲学，尤其是斯多葛哲学，而且，所有学生都要恪守他们参加弥撒和忏悔的宗教义务。学校雇有其他教师来教数学，包括天文学。

到15世纪30年代，巴齐扎、瓜里尼和维托里奥的学生们都开办了自己的学校，接管他们城市的领导权，还有好几例彼此联姻的情况。玛格丽塔·贡扎加是维托里奥的学生，她于1435年嫁给莱奥内罗·德·埃斯泰。这样的婚姻确保了人文主义的遗产将会由他们自己的孩子以及宫廷中其他人的孩子传承下去。因为受业于第一批人文主义教师的大多数学生都是有权威的统治阶级成员，所以，新的教育方法开始迅速取代中古的课程设置。

弗朗切斯科·菲莱尔佛（1398—1481年）就是第二代人文主义学者的一个实例。他在1416年至1417年间受业于巴齐扎，随后于1420年赴君士坦丁堡担任威尼斯使馆秘书。他在那儿学习希腊语，并娶了一位希腊妇女为妻。菲莱尔佛于1427年回到意大利，带回来大约四十部古希腊著作写本。他不辞辛劳地翻译这些著作，以便他的学生能用拉丁语阅读它们。许多早期人文主义教师的学生对西欧教育哲学的变革有贡献，菲莱尔佛是其中之一。

法国

虽然法国的小城市和乡村几乎不知道人文主义教育，但是，新的教学课程受到弗朗西斯一世宫廷和城市精英阶层的欢迎。由意大利统治阶级所传播的令人兴奋的新学术，被看作是复兴法兰西和效忠国王的工具。然而，一些法国教师对强调拉丁语学习的教学大纲持谨慎态度，他们觉得那是意大利风格的。因此，法语课本仍然是学习计划的一个组成部分。许多城市和若干大学的文法学院在16世纪30年代建立起来，它们被称为“colléges”（学院），依照人文主义课程大纲安排教学。在巴黎，一些大学的学院把古典作家研究纳入教学大纲，作为人文学科和神学课程学习的基础。人文主义者和法学家纪尧姆·比代（1467—1540年）是法国人文主义教育的推动力之一。比代是第一任皇家图书馆馆长（见第五章），他也负责后来发展成为法兰西学院（*College de France*）的研究团体。作为一位严肃的希腊语研究者，他翻译了普鲁塔克的著作，而且，他的语文学研究，如《论希腊语》（*Commentarii linguae Graecae*, 1529年），为学生提供了有用的教材。通过提倡详尽的原典分析以及利用人文学资料进行法学史研究，比代还提高了罗马法研究水平。

几所教区学校也接受了人文主义教育大纲，例如红衣主教雅科波·萨多莱托（1477—1547年）在卡尔庞特拉主办的学校。萨多莱托受过人文主义教育，是一位教皇秘书，能写纯正西塞罗风格的文章，并且用受人喜爱的人文主义者字体（即档案体，*chancery cursive* 或 *cancelleresca corsivo*）来抄写它们。他于1542年受教皇委派去帮助在法国国王与皇帝查理五世（1500—1556年）间议订一个休战协定，就因为这次徒劳无益的使命，他在法国度过了许多时光。萨多莱托写有一本教育学论著，题为《有关男孩的教育》（*De pueris recte instituendis*），书中引用了一些古典作家的作品。卡尔庞特拉的教区学校得益于他的知识专长和兴趣爱好。然而，到16世纪后半期，宗教冲突以及缺乏受过良好训练的教师，导致了整个法国许多学校的教学质量降低。反宗教改革的信条越来越强调宗教教育，法国沙文主义又排斥古罗马拉丁文化。虽然耶稣会的私人学校（当然只收男孩子）有一个严格控制的古典课程大纲，但是，它们依然把重点放在宗教历史和宗教教义上。

西班牙、葡萄牙以及西班牙的阿拉贡、那不勒斯和西西里王国

到16世纪后半期，耶稣会的中等教育体制深刻影响了葡萄牙和西班牙；到1600年，西班牙有近一百二十所耶稣会的学院，每年有大约一万名男孩子毕业。对于文艺复兴时期在这两个国家出版的公共学校教育的课程大纲显然一直缺乏广泛的研究，所以，我们不能假定，人文主义教育达到了其公民与宫廷没有密切联系的小城市。然而，在耶稣会事实上接管中等教育之前，西班牙和葡萄牙宫廷都对15世纪和16世纪初的人文主义教育者有积极的回应。西班牙的大学以拥有若干著名的希腊语，甚至希伯来语的教师而自

豪，他们都曾在意大利人文主义者门下求学。其中最伟大的是安东尼奥·莱布里雅（1442—1522年），他于1473年从意大利回来，在萨拉曼卡大学教书，后来又执教于埃纳雷斯堡大学。他的西班牙语—拉丁语词典被用于西班牙学校教育，他写作的古典修辞学概要成为了人文学课程的一部分。

在15世纪期间，由阿方索五世（1396—1458年）统治的在那不勒斯的西班牙人宫廷是一个重要的人文主义中心，阿方索五世从1416年到1458年是阿拉贡的国王（部分领土有争议，见第一章）。在1443年，那不勒斯成为阿方索五世的都城，该城延揽人文主义者、艺术家和建筑家，如弗朗切斯科·菲莱尔佛。阿方索五世在墨西拿创建了一所希腊语学校，同时在卡塔尼亚（在西西里）建立了一所大学，而且他还对那不勒斯大学进行了扩建。国王好读古典作品，例如其在率军出征时都携带着儒略·恺撒和李维著作的抄本，这被传为佳话。某些意大利大学有单独的招收来自其他国家的学生的人文学院，著名的有博洛尼亚大学的圣克莱门特学院，许多西班牙学生就读于此。其他学生则在罗马或佛罗伦萨的大学学习，他们通过意大利的人文主义课程来学习古典作家。伊莎贝拉一世（即天主教徒伊莎贝拉，1451—1504年）是卡斯蒂尔和阿拉贡的女王，她是在宫廷举办人文主义教育的第一位西班牙君主。她雇请了著名的人文主义者皮耶特罗·马蒂雷·德·安杰拉（1457—1526年）来主持一所贵族子弟学校（也有几个贵族女孩就读）。马蒂雷·德·安杰拉是一个著名的教师，也是一位有名的战士，曾参加1492年从格拉纳达驱逐摩尔人和犹太人的战斗。无疑，这一经历使他更加有资格训练未来的伊比利亚的领袖们。

由于法国宫廷与葡萄牙宫廷之间的联系，所以，来自葡萄牙宫廷的学生常常去巴黎的大学求学。到16世纪初，国王曼努埃尔一世（1469—1521年）把人文主义引进到他的宫廷。在1496年，他娶了伊莎贝拉一世的一个女儿，她去世后，他又娶了她的妹妹玛丽亚，姐妹二人都是在西班牙人文主义宫廷中长大成人的。国王延请葡萄牙学者阿里亚斯·巴尔博扎在葡萄牙宫廷创办一所学校。巴尔博扎曾在意大利师从安杰洛·博里齐亚诺（1454—1494年，著名的希腊语学者和诗人）学习希腊语，是一位杰出的希腊语教授，执教萨拉曼卡大学长达20年。葡萄牙人文主义者和诗人加西亚·德·雷森德（约1470—1536年）是西班牙人奥东尼奥·莱布里雅的学生，他担任了曼努埃尔一世的私人秘书。

德国和尼德兰

在14世纪晚期，一个叫“共同生活兄弟会”的宗教组织在德国创立，其成员是新虔敬（*devotio moderna*, 见第二章）的主要支持者。虽然共同生活兄弟会到17世纪就消失了，但是，在15世纪和16世纪期间，他们对个人虔敬的重视大大有助于教育的改进。他们认为，一个人要越是有学问，那么，他的理解力才可能发展得越充分。许多著名的人文主义者是在兄弟会创办的学校接受教育的，包括德西德里乌斯·伊拉斯莫（约1466—1536年）在内，他可以说是文艺复兴时期最重要的人文主义学者（见后面的“英格兰和苏格兰”）。总之，北欧的人文主义课程中有一股宗教潜流，圣经研究是其教学大纲的核心组成部分。菲利普·梅兰希通（1497—1560年）是新教改革运动中的主要神学家之一（见第二章）。作为一位希腊语教授，梅兰希通曾校订路德的《新约》德语译文，他也是一位教育改革家。他在自己的家乡创办了一所人文学校，而且，他的把圣经经文与拉丁古典著作结合在一起的拉丁语课程大纲在整个德国得到采用。

在文艺复兴时期，斯特拉斯堡（今天的法国东部）是德国的一部分。在1538年，宗教改革家约翰内斯·施图尔姆（1507—1589年）迁居斯特拉斯堡，创办了一所高级中学（公立中等学校），它将成为人文主义课程教学的典范。在这所学校就读的学生有时多达500人。施图尔姆曾在共同生活兄弟会举办的学校学习，后又在卢万人文主义大学求学。在移居斯特拉斯堡之前，他在巴黎与讲授古典文学的人文主义者们生活在一起。他是斯特拉斯堡的高级中学的校长，该校的教学大纲包括古典戏剧表演。这一教学方法也为西欧其他地区的耶稣会学校所利用，到16世纪末成为教育中非常盛行的方法。施图尔姆的课程教学是把学生分成八个级（如同今天的年级），每级有严格的升级标准。他的学校有一个卓越的教师队伍，其中许多人出版有文法著作和教材。这些著作由德国出版商传播到全欧。

胡安·路易斯·维韦斯（1492—1540年）是一位来自瓦伦西亚、曾在巴黎求学的人文主义学者。他先后在布鲁日和卢万担任过私人教师，在英国做了五年王后的教师和顾问，后又回到了布鲁日。尼德兰的公立学校对人文主义的提倡是由于维韦斯的论著《论教育》（*De disciplinis libri XX*, 1531年）的影响。他主张用俗语以及拉丁语和希腊语教学，倡导联想学习和对教育尽心尽责的献身精神。他的其他教学著作包括《拉丁语练习》（*Linguae latinae exercitatio*, 1539年，是为初级学生编写的对话）。由于维韦斯及其同时代人的影响，尼德兰建立起了一个严格而又全面的人文教育体制，时至今日仍有影响。

英格兰和苏格兰

坎特伯雷基督堂创办了英格兰第一所人文学校，本笃会修士威廉·塞林司铎（卒于1494年）从1472年到他去世为止一直主持该校。塞林曾经在意大利学习希腊语，他把荷马和欧里庇得斯的写本带回了英格兰。他是一位在演说中应用古代作家的修辞原则的著名拉丁语演说家，所以，他的课程以演讲术为特色。文艺复兴时期最著名的人文学校是伦敦圣保罗教堂人文学校，该校是由约翰·科利特（约1466—1519年）用其家庭遗产重建的。从1505年到1519年他担任学监期间，他任命希腊语学者威廉·利利（约1468—1522年）为第一任校长。科利特和利利是托马斯·莫尔爵士（1478—1535年）和伊拉斯莫的朋友。莫尔曾教自己的女儿们学习古典知识。1509年至1514年，伊拉斯莫在英格兰教书，在此期间，他还写了《论学习方法》（*De ratione studii*, 1511年）一书，该书主张除了熟记文法外，要及早熟练掌握拉丁语和大量阅读。托马斯·埃利奥特爵士（约1490—1546年）在其《统治者》（1531年）一书中阐述了人文主义教育怎样有益于国家，怎样更好地为君主效力。他用英语发表这本论著有助于人文主义教育的普及。

英格兰宫廷中教育孩子的学校也提供最先进的人文主义教育。从1526年到1528年，胡安·路易斯·维韦斯生活在英格兰宫廷，担任阿拉贡的凯瑟琳王后的顾问，这有助于英格兰宫廷的人文主义氛围。罗吉尔·阿沙姆是《教师手册》(1570年)的作者，他用人文主义方法来教育王室子弟(见下文的讨论)。少年国王爱德华六世(1537—1553年)在1548年至1552年记的笔记为他在约翰·奇克爵士(1514—1557年)的思想指导下所受的古典教育提供了文献证据，奇克是同时代人中最杰出希腊语学者之一。在英格兰用希腊语印刷的第一本书是他于1543年编订的圣约翰·克里索斯托的布道书。他为年轻的国王制订的学习计划是由剑桥大学圣约翰学院的大学生教学课程发展而来，该学院的课程把历史著作的研究与拉丁语散文和希腊语演讲，以及道德哲学、数学、地理学、音乐(他会演奏鲁特琴)和新教教义结合起来。

到16世纪中期，苏格兰有了人文主义教师，但是，没有一致的教学课程大纲，因为每一位教师都为特定的学校制订了单独的学习大纲。人文主义诗人乔治·布坎南(1506—1582年)在圣安德鲁斯大学制订了一个古典知识学习课程大纲，该大纲可能也在苏格兰其他地区被使用。布坎南担任过苏格兰女王玛丽(1542—1587年)的儿子的家庭教师，女王的这个儿子就是后来的英格兰国王詹姆斯一世(1566—1625年，即苏格兰国王詹姆斯六世)。这段经历令布坎南间接影响了不列颠群岛的人文主义的发展。到16世纪末，爱丁堡享有盛名的文法学校也把布坎南的人文主义课程大纲吸收进了自己的教学课程中。

大学教育

在文艺复兴初期，大学继续维持中世纪的教育模式，即对现存的教材进行阅读和辩论(争论)。新近对古典文体风格和演讲的重视导致了某些大学基本教学方法的缓慢改变，与此同时，增添人文主义文献也使经典的范围扩大了。在文艺复兴时期，实验科学并不是大学教育的组成部分，大学教育集中于几门人文学科和职业学科。文艺复兴时期学生数量的增加导致了新大学的建立。15世纪期间建立的大学包括莱比锡大学、特里尔大学、巴塞尔大学、美因茨大学、哥本哈根大学、乌普萨拉大学、普瓦捷大学、南特大学、布尔日大学、圣安德鲁斯大学和格拉斯哥大学；16世纪创建的大学是在西班牙的城市，其中有埃纳雷斯堡大学、塞维利亚大学、瓦伦西亚大学和格拉纳达大学等。

通材教育的学习

为了达到教育目的，七门通材教育学科被分成了两部分，即文法、修辞、逻辑(或逻辑论证)三学科与算术、天文、几何和音乐(主要是乐理上的)四学科。许多学生进入大学前都有文法方面的先期学习，他们早在学读和写的时候就学过文法。新进入大学的学生要学习文法以及修辞和逻辑。这些表达和辩论的基本技巧是升级学习数学四学科必不可少的。算术是与音乐理论问题一道学的，而几何学则是理解天文学所必需的。几何学教材是希腊作者欧几里得的《几何原本》，主要是前几章关于三角的内容。算术是根据欧几里得著作后几章的一个增补本来讲授的，对确定比例，如音乐间歇的比例，给予了特别重视。

职业训练

神学

直到新教改革发生前，神学训练意指天主教会的基督教神学。从字面上讲，神学是“对诸神的研究”，而在西欧，神学所指的就是一个神，即基督教的上帝。在圣奥古斯丁（354—430 年）的神学中，上帝是遥远的、全知的神，这位教父对文艺复兴时期许多人的宗教思想有决定性影响。所有大学教师都以他的著作为根据，他的十一卷著作集于 1577 年在安特卫普出版。圣奥古斯丁的命定论和神恩观念是神学院争论的两个主题。圣托马斯·阿奎那（卒于 1274 年）的神学著作为其修会的成员所提倡，他是多明我（Dominicans, 字面意思是“上帝的狗”）修会成员。圣托马斯的上帝要比圣奥古斯丁的上帝更人性化一些，而到文艺复兴时期，上帝被具体化为一个智慧的老人。圣托马斯的神学被称为“托马斯主义”，它对特伦托会议（1545—1563 年，包括若干次分别召开的会议）所制订的许多教令有贡献。神学研究包括的主题有：七圣事、圣三一、圣经传统、祈祷、炼狱以及奇迹在教会史上的地位。大多数人文主义者抨击神学辩论的理智的、逻辑论证的方法，这种辩论中的所有结论都是基于预定的权威的。而人文主义者倡导教学和辩论的修辞学方法，如该方法有效，它就可打动听者的情感。德西德里乌斯·伊拉斯莫相当坦率地反对经院式的辩论练习，神学就是以这种方法在传授。在他的《愚颂》（*Moriae encomium*, 1511 年）中，伊拉斯莫猛烈抨击神学家们费解的劝诫，他抱怨甚至连使徒都不能理解这样的辩论。

医学

1328 年左右，皇帝腓特烈二世在帕多瓦建立了一所大学（另有一说：帕多瓦大学建立的时间不是 1328 年，而是 1222 年；皇帝腓特烈二世在位时间是 1220 年至 1250 年，他于 1224 年创立了那不勒斯大学，没有在帕多瓦建立大学。——译者注），后来这所大学拥有了文艺复兴时期最著名的医学院。本书关于科学和医学的第十章所讨论的好几位人物是帕多瓦大学的学生。一些大学有独立的医学院，而在另一些大学的医学系则与人文学科在一起。医学院毕业的学生是医生，他们被认为了解疾病的性质和治疗方法的理论根据，因而能够治疗内科疾病。虽然外科医生并不上大学，但是，他们也要在重视实际经验的学徒培养制度中接受训练，著名的外科医生也能成为医学教授。当然，接生婆没有任何正式训练，她们通过其他接生婆（常常是她们的母亲或姑、姨母）的传授逐渐获得专业技能。文艺复兴时期的医生训练直接得益于对盖伦和希波克拉底的古希腊医学著作的人文主义研究。盖仑的著作在 16 世纪印刷了将近六百次，使医学学生有了大量的教科书。不仅这些教科书本身提供了指导，而且人文主义者对某些解剖学观点的评注也有教益。人的尸体，大多数是判处死刑的罪犯的尸体的解剖对年轻医生的训练至关重要。这样的教学方法在 14 世纪引入了欧洲的医学院。安德烈亚·维萨利乌斯（1514—1564 年）是一位曾在巴黎接受教育的弗兰德尔医生，他于 1537 年到帕多瓦大学医学院执教。他的配有大量插图的解剖学手册《论人体结构》（1543 年）使解剖学研究发生了革命性变革。

法学

11、12 世纪城市社会遍布整个西欧，以及十字军东征期间商贸的增长，对世俗的商业和政治社会对法律的和政治的管理制度提出了新的需要。总的来说，虽然宗教继续在日常生活中起着重要作用，但文化变得更加世俗了。实际上，在 12 世纪有一次古典学术的“文艺复兴”，许多学者认为它比 15 世纪和 16 世纪的文艺复兴更有意义。伴随着对罗马法（民法）的新的关注，宗教法规（教会法）的研究也得到复兴。在中古时代，博洛尼亚大学的法学家研究教会法和民法的原始资料，并写出注释（即评注）。他们争论的问题既涉及现时的法律事务，也包含法律文本问题。法学学生是被期望要对眼下讨论的问题进行研究、要参与这些争论的。意大利各城市的法学家渐渐编写了汇编法律的法令全书，这是一个在英国国会称之为普通法的法律体系。另外，某些宫廷和城市也编写有汇编当地法律的法令集，文艺复兴时期的法学学生在他们审议案件时就必须考虑这些额外的法律。法学训练是复杂的，因为西欧各地区实行着不同的法律。医学训练较具普遍性，因为身体的疾病有共同的治疗方法，而与医学训练不同，法学训练需要具备地区性解释和当地判例的知识。

中古时代发展起来的法学教育方式到文艺复兴时期继续行之有效，而且，随着更多的法律被用文字记录下来，这一方式还变得更加复杂了。以前其教学课程不包括法学教育的各大学创建了法学院，而且，法学教授的职位也得到亨利八世（1491—1547 年）等君主们的资助。法学学生必须学习怎样为法律程序和合同提供书证，这需要公证人的技能。写信和抄写其他简单文件的抄写员并不适宜书写法律文书。公证人成了法学院的重要的人才，组织了他们自己的行会。若干意大利人文主义者，包括彼特拉克（1304—1374 年）、萨卢塔蒂和莱昂·巴蒂斯塔、阿尔伯蒂（1404—1472 年）都受过法学训练，是这类行会的成员。他们首先学会用罗马法的权威原始资料来解释古典文献。

新教大学

第一所新教大学在黑森伯爵高贵的菲利普（1504—1567 年）的赞助下于 1527 年在马尔堡建立。他的动机纯粹是政治性的，因为他为了组织一个反哈布斯堡王朝的新教领袖同盟，在 1524 年皈依路德教。马尔堡大学对德国以及别的地区的其他新教大学的建立是一个鼓励。到 16 世纪晚期，有若干所新教大学出现在尼德兰，而且，圣三一学院也在都柏林建立起来。新教本身就部分基于对同时代宗教权威的怀疑，因而也对天主教固有的思想体系质疑。新教大学教导学生，个人无须教士或教皇的中介，用他们自己的语言阅读和解释圣经及相关文献，就会揭示宗教的真理。到 16 世纪中期，新教学者根据他们研究手头的文献得出的不同的语文学结论来进行神学论题的争论，而且宗教法规条款被弃置一旁或遭到质疑。学生会认为，形而上学的真理是靠不住的，而自我省悟则引发了对真理本身性质的哲学质疑。这种在某些校订古典文献的人文主义者身上已经觉醒了的、具有批判精神的、爱钻研的态度或许有助于 17 世纪实验科学的发展。

俗语教育

“Vernacular”（俗语、土话）一词来源于拉丁语单词“vernaculus”（本地的），而后者又源于另一个拉丁单词“verna”（意为一个在主人家出生的奴隶）。正如第五章所述，拉丁语在文艺复兴期间是西欧知识阶层的通用语言。这些男人（妇女不被接受）除了教士是在神学院提高自己的拉丁语水平外，其他都通过上大学来成为医生、律师和神学家。这一知识阶层做统治者的顾问，管理城市和州郡，而且，他们本人也做大学教授。西欧人口的大多数干着维持经济运转的营生，并不属于这个阶层。虽然律师需要拉丁语来处理商业交易，但商人和工匠都没有必要自己懂得这门语言。新教改革主张，基督徒应该能够用自己的母语阅读圣经，这就支持了俗语教育。

俗语初等教育

俗语初等教育是为非大学生的各阶级青少年举办的。基础读写技能（即能阅读简单的文字，能写学校的习作，能算数）学习有好几种不同类型的学习环境，并非都在正式的教室里学习。许多孩子是在家里跟随家庭教师或家庭成员学习。到16世纪初期，西欧许多地区使用了印刷的文法书和学习阅读的入门书，这些书籍也很可能为家庭所使用。印刷书籍使学习和阅读成为了私人的、自主的事情，尤其是对于那些确要成为商人或者以其他方式涉足商业界的人来说是如此。在德国、英国、法国和西班牙，用俗语印刷出版的书籍超过了拉丁语书籍，因而就为那些不能或不愿阅读拉丁语书籍的人提供了丰富的阅读材料。这些书籍包括适合于年轻人和妇女的新教宗教手册。威尼斯印刷商和出版商阿尔杜斯·马努蒂乌斯（约1450—1515年）是出版开本小、便于携带的“袖珍本”书籍的第一人。他出版的书籍几乎都是古典书籍，但俗语书籍，包括入门书和文法书的出版商，很快就效仿他的做法。只有那些打算上大学或从事教会职业的人才需要老师的正式指导，而且，这些个人除了在俗语学校、在家里，或者像一些学徒在工作中学习基础的读写技能外，他们还要上拉丁文法学校学习。

中等教育课程和学习方法

在印刷术发明之前，学生的学习正像今天的一样，还是听老师讲课，动手记笔记。与今天学校学习不同的是，学生不能通过互联网或很容易在学校图书馆借到的书籍来核实自己获得的知识信息。学生们所学各科都没有标准的教科书。因此，如果学生们想学习优秀，就要学会认真听讲。人文主义教育主要使用古典著作作为教材，而俗语教育的教材主要是老师决定使用的或父母能够提供的任何课本。没有对学校的鉴定系统，也没有教学大纲的指导方针。孩子父母读过的俗语课本基本上就是孩子的老师所教的那些。除了教义问答、圣徒故事以及那些用来激发良好行为的材料外，普遍使用的还有中古骑士传奇。这些题目或许今天听起来是乏味的，但是，在一个没有漫画书、没有电视或电影的时代，拒绝诱惑的圣徒们的有趣的冒险故事是能够吸引年轻学生的注意力的。教师们也把虔敬的宗教训练作为日常俗语课堂活动的组成部分。在意大利被广泛阅读的课本是《美德菁华》（*Fior di virtu*），该书出版于1471年左右，使人吃惊的是，到1501年之前就印刷了56次。其中一些版本带有木刻插图，这就能增加书籍对学童的吸引力。这些基础教材的内容是相当简单的词汇和语法。对于那些完成了初级俗语学习的学生，尤其是家中父母能帮助他们的学生，这些课本都很容易阅读。家长（包括父亲）都被鼓励参与他们孩子的教育。托马斯·埃利奥特在其《统治者》一书中写道："对于一个贵族来说，教育自己的孩子不应该是丢脸的事……因为皇帝屋大维·奥古斯都也并非不屑给他的孩子和侄子诵读西塞罗和维吉尔。"（Brown 1997, p. 103）

实用数学的学习

在人文学校和大学讲授的数学集中于理论方面，而不为文艺复兴时期商界的实用目的服务。打算进入商界的学生需要另一种数学，这种数学会教他们怎样确定商品价格，怎样处理多种多样的度量衡标准，即度量衡单位，以及怎样应付日常事务中的类似难题。在实用数学中，每个问题都是自然而然地得以解决的，常常是用有一定经验根据的猜测来检验可能的结果。学习实用数学的基本教科书是《算术书》（*Liber abbaci*, 13世纪初）。虽然书名得自在木棍上滑动筹码来计算的算盘，但是，在意大利这一称为"abbaco"（计算）的推理过程是在纸上完成的。这本书的作者是中古数学家列奥纳多·菲博纳奇（约1170—1240年后），或称"比萨的列奥纳多"。菲博纳奇是一位商人，曾学习阿拉伯语，游历阿拉伯地区，他对在西欧普及印度—阿拉伯记数法有贡献。印度—阿拉伯数字就取代了罗马数字，从而使计算更为简便。"Abbaco"被不准确地译为"会计"（accounting），

图11.2　算术的寓言图。格雷戈尔·赖施的木刻版画，见《哲学菁华》（1504年）。（法国巴黎医学院图书馆藏/沙梅尔档案馆/布里奇曼艺术图书馆提供）

这是任何一位文艺复兴时期的商人最最重要的技能。算术课本常常有木刻插图，如做长除法和乘法时用的手指计算图表。用左手手指不同的屈伸组合来计算，同时，用右手把答案记在纸上。学习算术数学的最后阶段是代数，包括解三次方程式。

学徒制

"做学徒"（apprenticing）这个说法源自拉丁语"apprendere"（意为学习），学徒培养就是年轻人学习一个职业的制度。今天的许多年轻人要通过学徒培养来学习做一个手艺人，如成为电气技师或管子工。尽管到1500年欧洲有许多大学，但是，大多数人不上大学，而是学手艺或从事商业活动，如银行业。

图 11.3　劈木柴的木匠学徒。这幅 15 世纪的法国木刻版画描绘了学徒们所做的卑微的工作。(法国巴黎装饰艺术图书馆 / 沙梅尔档案馆 / 布里奇曼艺术图书馆提供)

这时期的一些伟大艺术家也从不上大学，他们从高明的画家、雕刻家和建筑师那里学习色彩、线条、形式和材料方面的知识。学徒培养制度是严格的，今天的学生会对新学徒年龄的幼小（通常是 12 岁到 14 岁）以及严格的工作条件感到震惊，而且学徒要在这样的条件下劳作若干年（间或长达 12 年）。

学徒培养的一般情况

学徒期的合同和工作条件是由行会规定的，行会成员希望提高他们所生产的产品的质量。关于一个师傅能同时带的学徒的数量和学徒应该服务的时限都有规章制度可遵循。学徒在作坊以外去出售他们的产品或者更换师傅都是被禁止的。假如违背了这两条规定，签订了合同的学徒父母或监护人就要承担法律的和经济的后果。学徒的誓约是严格的，1504 年英国一位学徒对绸缎（商业的）公司所立誓约的一部分就是一个例证："你应该坚定不移地、秘密地、有意识地遵守绸缎行会或绸缎业的相关行业的每一条合法的任何规定，还有……根据所立的这一誓约，你应该遵守、坚持和维护它们，而不得违犯它们，除了对这些具有绸缎行会成员资格的在场的人之外，不得向任何人泄露、公开或展示其中任何一条。"（Scott 1976, p. 130）他们的衣着同样刻板简朴，蓄有短发的头上戴一顶朴素的低顶圆帽，身穿粗布外套。

当学徒期完成后，学徒个人通常要出外开始"漫游年"（Wanderjahr，游历学艺年），这常常要延长为在不同地点度过若干年。英语中"journeyman"（满师学徒，该词的字面意思是游历者——译者注）一词在字面上就表达了这个意思。今天的学生在"间歇年"（gap year）可以作为旅游者出外旅游，或者作为志愿者参加慈善工作。与此不同，满师学徒是为不同的师傅工作，目的是从每个师傅那里学习特殊的技术或工艺。他（而且总是一个男性）的工作是有报酬的，许多满师学徒就通过漫游年来存钱，以便回乡作为师傅开设自己的作坊。然后，他们也可以培养学徒，这样，他们就延续了他们曾经在其中进行职业学习的学徒培养制度。漫游年对新技术和新工艺的传播是有意义的，而且，在文艺复兴时期艺术的发展过程中，艺术家的漫游年起了非常重要的作用。新的画像风格以及新技术和新方法被游历的学徒带回了家。

艺术家的学徒期

我们对文艺复兴时期艺术家和工匠的学徒期学习有相当的了解，部分是由于对该课题已进行的广泛的研究。还有若干当时的艺术家留下的文献资料做证。例如切尼诺·切尼尼（约1370—约1440年）就在《艺术手册》（*Il Libro dell' Arte*，约1400年）这本文艺复兴时期最早的关于绘画的论著中，记载了他在阿尼奥诺·加迪（卒于1396年），即著名的塔德奥·加迪（见第三章）的儿子门下做学徒的情况。虽然切尼尼没有画作传世，但是，仅仅这篇论著就使他成为文艺复兴艺术史上的一位重要人物。除了其他一切之外，他学徒生活最重要的是学习绘画，以复制和临摹他人的绘画和素描作品起步。在跟随加迪学习的全部期间，他都在练习绘画。学习方法是模仿，因为学徒可以向好的榜样学习。切尼尼跟随加迪学艺12年，其学徒的前半期是调色等技术学习，后半期则重点学习在木板和墙上着色。托斯卡纳地区其他学绘画的学徒或许都按照一个类似的学习计划在学习。

女童和妇女教育

与大多数西方社会一样，文艺复兴时期的西欧社会是一个父权制社会。正如学者们最近指出的，文艺复兴并非是妇女的新生。直到17世纪，女孩子和妇女只是在家庭和修道院中有位置。青年妇女的教育通常是在宗教环境，而且往往是在修道院中完成的，这几乎与中古时期没什么区别。虽然在16世纪有几所专门招收贵族家庭女孩子的学校建立起来，但是，宗教培养和道德训练还是教育的主要目的。这类学校的一个著名的例子是瓜斯泰拉公爵的女儿卢多维卡·托雷利（1500—1569年）于1557年在米兰建立的耶稣会学校。可以预料得到的是，有可能成为统治者伴侣的年轻妇女要进行宫廷礼仪和语言方面的培训。王室成员，如公主常常与其兄弟一起上课学习，得益于优秀的家庭教师。15世纪的北部意大利和16世纪的西欧许多地区的有权势的妇女的实例表明，某些上层阶级的妇女接受过历史、治国之术以及对统治阶级有用的其他知识学科的教育。虽然卢多维科·多尔切（1508—1568年）在他的《关于女士教育的对话》（*Dialogo della institutione delle donne*, 1545年）中建议妇女不应该学得像男人那样多，但是，他还是鼓励注定要拥有权位的妇女学习全部人文课程。

女童教育

孩童被认为是一张白纸，到满周岁前几乎全然不被看作是人。母亲有向她的孩子灌输道德戒律的任务。虽然文艺复兴接受像昆体良等古典作家的教导，主张父母双方都应该为他们的孩子树立道德榜样，但是，母亲要负责教育幼小的孩子。这反过来意味着，女孩子幼小时就已意识到，如果她们做了母亲，她们就将承担这一责任。缝纫、纺纱、简单编织，常常还有花边制作等，都是女孩的童年教育的组成部分，她们以后是要为她们自己的家庭提供衣料和纺织物的。上层阶级的女孩子被期望掌握刺绣技艺，这是有教养妇女的一个标志。例如玛丽·都铎（1542—1587年）在被女王伊丽莎白一世（1533—1603年）囚禁期间，精工制作了刺绣枕头罩。到14世纪，只要课程内容是道德或宗教方面的，女孩子们就可以学习读和写，尤其是俗语的读写。虽然许多父母希望她们年轻的女儿能学习唱歌和演奏乐器，但是，某些教育理论家认为，这类“虚浮无用

图 11.4 《为玛利亚读书的圣安妮》。尼德兰橡木雕刻，16 世纪早期。圣安妮为其女儿读书是一个民间流传的儿童教育榜样。（经拥有该照片 2003 年版版权的索斯比公司的同意使用）

的东西”不应该耽误了其他功课的学习。一位女孩的社会阶级决定了她的基础教育的范围，上层阶级的女孩甚至于要学一些算术知识，而下层阶级的女孩只学读和写，穷人家的女孩如果要学，也只是学会阅读，以便能理解祈祷书。只有一小部分（大约不到百分之十）的教师是妇女。她们用俗语教初级学校的学生，学生中有女孩也有男孩。

青年妇女的人文教育

青年妇女的人文教育通常出现在宫廷文化的辅助性环境中，开始于 15 世纪的北部意大利。主要的例外是由各宗教修会成员所教授的青年妇女的教育课程，如 16 世纪后半期的乌苏拉会。在她们的学校——主要在北欧和威尼斯，除了通常的宗教教育外，学生们要学拉丁语、地理和作文。在上层阶级青年妇女的人文教育中，古希腊、罗马有学问的妇女是被看作行为榜样的。这一知识的基本教材是乔万尼·薄迦丘（1313—1375 年）的《名女传》（*De claribus mulieribus*, 约 1362 年）。它是西欧历史上第一次把古代著名妇女的传记收录在一本书中。理应指出的是，薄迦丘将贞洁典范与因行为不端遭受严厉惩罚的妇女一道呈现出来，这就为文艺复兴时期的妇女树立了“正派的”角色榜样。然而，这本课本以及类似的其他书籍都有助于开启妇女学习古典知识的门，因为她们是用拉丁语在阅读这些书籍。另外，青年妇女在学校了解到，妇女也能因为做出了显著的成就而在家乡和家庭以外得到认可，例如人们把字母和一种书写语言的发明归功于“埃及女王”伊希斯。同时，学校鼓励女学生崇敬那些作为织工或纺纱工得到赞颂的历史上的伟大妇女。

我们应该注意到，那些不打算成为修女到人文学校读书的年轻妇女被要求学习管理家庭必需的家政技能，而且，所有的年轻妇女都被告诫，应该优先考虑她们的精神的和宗教的教育。然而，青年男子却能够几乎心无旁骛地致力于古典知识的学习。少数论及女孩的学校教育的教育学论著，甚至那些支持青年妇女接受中等教育的论著都告诫道，她们应该学的（以及能够学的）东西是有限度的。高级演讲术就被认为对妇女是不适合的和不必要的，数学方面的高级培训也同样如此。西班牙人文主义者胡安·路易斯·维韦斯写作了文艺复兴时期专论妇女教育的最全面的论著《基督教妇女的教育》(*De institutione feminae christianae*, 1523 年)。这本有影响的著作的西班牙文版出版于 1528 年,1540 年出了英文版,该书在文艺复兴期间出了好几十版。虽然书中的课程大纲倡导,除了圣经经文和教父著作外,学生要阅读(用拉丁语)西塞罗、柏拉图和塞涅卡,但是,维韦斯暗示,年轻妇女应该学会沉默、贞洁和顺从。她们不受能够教她们表达自己见解的修辞学和演讲方面的教育,也不受能够教她们怎样论辩的逻辑学方面的训练。最重要的是,年轻妇女被忠告不要为了学习而忽略她们的家庭。尽管有所有这些障碍,文艺复兴时期还是产生了一些杰出的有学问的妇女,正像如下实例所证明的那样。然而,在大多数情况下,这类妇女对其他妇女的教育没多少影响。

女学者举要

克里斯蒂娜·德·皮桑(约 1364—约 1430 年)受过良好教育,她父亲在法国宫廷担任皇家占星学家。克里斯蒂娜青年丧夫,携幼子寡居,后来成为了一位作家。她的拉丁语和法语写作都很机智风趣,显然,她了解古典作家的著作。由于她有诗人的名声,所以,她的《妇女城》(*Livre de la cite des dames*, 约 1405 年)一书在同时代人中也很著名。她在书中指出,假如给予机会,女孩子学习起来会比男孩子更轻松,而且,她在文学上的"玫瑰争论"中面对若干男性对手,继续为妇女的能力辩护。她反对中世纪的《玫瑰传奇》(*Roman de la rose*)中对妇女的贬损。虽然克里斯蒂娜的著作在贵族中很受欢迎,该书抄本上有给王后和其他贵族成员的献辞,但是,她的前人文主义的女权主义却对女孩教育没什么影响。在 15 世纪的法国,经院哲学的地位依然非常稳固。

而在 15 世纪初期,意大利北部的各宫廷也在经历人文主义教育的影响。在文艺复兴时期,曼图亚、乌尔比诺、莫德纳、费拉拉和维罗纳等宫廷的博学妇女最多,在这些宫廷,聪明的妇女学习希腊语,用拉丁语发表演讲,还用拉丁语与著名的男性人文主义者通信。虽然她们中的大多数一结婚显然就放弃了学习,但是,也有几个借教她们的孩子的机会或者干脆拒绝婚嫁,从而继续学习。曼图亚宫廷的切奇利娅·贡扎加(1425—1451 年)七岁时在"快乐之家"随维托里诺·达·费尔特雷读古希腊语,到十岁时她就能写希腊语作文了。费拉拉的奥林匹娅·莫拉塔(1526—1555 年)既学希腊语,也学拉丁语,并且用这两种语言写作诗歌和对话。维罗纳宫廷的伊索塔·诺加罗拉(1418—1466 年)说一口流利的拉丁语,能在学术讨论会上发表演讲。她曾经在瓜里诺·瓜里尼的一个学生的门下接受拉丁语的人文主义教育。在她二十多岁时,除了学习古典课程外,伊索塔还从事神学研究。她在自己家中闭门独处,以便能潜心从事她的研究,她因这一举动在同时代人中很有名声。后来,伊索塔把阅读兴趣转向了辩证逻辑和哲学,这得到了同时代人文主义者的赞扬,但她也被告诫,要继续保持童贞,以便能维持其学术专注。纠缠于日常生活和肉体需要的妇女被认为是不适合追求精神快乐的。

到 15 世纪晚期,西欧其他地区的年轻贵族妇女都有古拉丁语和希腊语的家庭教师。这些知识妇女中的大多数进了修道院,其中一些在那里继续她们的学习。卡丽塔斯·皮克海默（生于1467年）是这时期德国知识妇女的一个最好例子，她是纽伦堡的学者和翻译家维利巴尔德·皮克海默（1470—1530年）的姐姐。维利巴尔德还曾对自己女儿进行人文教育。卡丽塔斯·皮克海默被认为几乎能与德国人文主义者相媲美。然而，在她被任命为她所在女修院的院长时，她的上级指示她，她不再被允许用拉丁语写作，她遵从了这一指示。她逃脱了父权制的家庭生活，却又落入了父权制教会的羁绊中。在法国，国王的姐姐玛格丽特·德·那瓦尔（1492—1549年）是第一位著名的女人文主义者。作为艺术和学术的赞助者，她自己也是一位作家。她的短篇故事集题为《七日谈》（*Heptameron*, 到她死后才于1558年出版），该书是对薄迦丘不严格的效仿，书中对妇女的社会地位谈了许多。

西班牙人文主义传统恰好通过维韦斯影响了英国都铎王朝宫廷。维韦斯曾被阿拉贡的凯瑟琳（1485—1536年）雇请为年幼的玛丽·都铎的家庭教师。亨利八世的第一任妻子凯瑟琳本人就是一位学者，她是女王伊莎贝拉一世的女儿，女王在成年之后学过拉丁语。或可统治英国的玛丽·都铎学过读写希腊语和拉丁语，她同父异母的妹妹伊丽莎白也受过同样的教育。英国的人文主义者罗吉尔·阿沙姆被亨利八世请来担任伊丽莎白的家庭教师，她最终成为了伊丽莎白一世。阿沙姆的教育学论著《教师手册》（最初出版于1570年）概述了一个年轻人应接受的适当的人文教育，该书是作者在担任伊丽莎白的家庭教师期间为她制订的一个大致的课程大纲。她早晨阅读古希腊作家的作品，然后，在下午阅读拉丁作家以及教父的作品和圣经新约。不幸的是，对于在伊丽莎白统治时期希望学习古典知识的年轻妇女来说，英国的反教皇情绪阻碍了对拉丁语的任何严肃的研究。由于亨利八世在16世纪的上半期关闭了女修院，所以，那些曾在女修院中被允许的人文主义学习也不再可能了。

主要人物

阿沙姆，罗吉尔（1515—1568年），著有《教师手册，或简易完美的儿童拉丁语教学法》（1570年出版），曾担任过玛丽一世女王（玛丽·都铎，1516—1558年）的拉丁语秘书，后又作为伊丽莎白一世和爱德华六世的家庭教师。他还写过一本箭术手册《箭术爱好》（*Toxopholus*, 1545年出版），是一部典型的对话体著作。

巴尔博扎，阿里亚斯，于曼努埃尔一世统治时期在葡萄牙宫廷建立了一所人文学校，教国王的孩子阿尔方索和恩里克。他曾在意大利随安杰洛·博里齐亚诺学习希腊语，后在萨拉曼卡大学担任希腊语教授长达20年。

巴尔齐扎，加斯帕里诺（约1360—1431年），于15世纪初在帕多瓦建立了古典拉丁语学校。1407年至1421年间，他在帕多瓦教学生拉丁语，学生都寄宿他家。巴尔齐扎一生的目标是要校订古典文献，使它们恢复最初的纯正状态。他的拉丁语书信成为了其他人文主义者文辞风格的范文。

布拉乔利尼，波基奥（1380—1459年），在教皇文书房工作多年。1453年，他回到佛罗伦萨，成为城邦执政团秘书长。波基奥倡导把拉丁语作为一种活的语言来教，反对罗伦佐·瓦拉（1407—1457年）的严格的西塞罗风格。他与瓦拉就拉丁语有过著名的争论

（见第五章）。在他担任城邦执政团秘书长期间，佛罗伦萨的人文主义繁荣兴旺。

布鲁尼，列奥纳多（1370—1444年），担任教皇的秘书，于1415年回到佛罗伦萨。1427年，他成为佛罗伦萨执政团秘书长，并且从这样一个有权威的位置来支持人文主义学术研究。布鲁尼曾把若干古希腊作家的著作翻译成拉丁语，还根据古典修史方法写作了一部重要的佛罗伦萨人民史。

布坎南，乔治（1506—1582年），苏格兰的人文主义者和哲学家。他曾在法国和葡萄牙的大学执教，后于1561年作为一个新教徒回到苏格兰。布坎南是圣安德鲁斯大学的圣伦纳德学院的院长，也是未来的詹姆斯一世的家庭教师。他告诫詹姆斯一世，人民是一切政治权力的源泉。

比代，纪尧姆（1467—1540年），人文主义法学家，曾任法国国王路易十二世（1462—1515年）派往教皇利奥十世（1475—1521年）教廷的使节，后来在国王弗朗西斯一世时代，担任枫丹白露的皇家图书馆馆长一职。他是一位著名的古典语文学家，发表的著作内容涉及罗马法、度量衡和希腊语。

科利特，约翰（约1466—1519年），英国有影响的教学改革家之一，他在圣保罗学校开创了人文主义教学。他与威廉·利利一道编写了一本拉丁语文法书，该书在英国被广泛使用。他的教育哲学以《论学习的基本原则》（1511年）为题出版。

克里斯蒂娜·德·皮桑（约1364—约1430年），生于威尼斯，是一个占星学家的女儿。由于其父被法国国王查理五世任命为皇家占星学家，所以，皮桑成长于法国宫廷。她是诗人，在文艺复兴之前的法国维护妇女的利益，主张给青年妇女以平等的教育机会。

埃利奥特，托马斯爵士（约1490—1546年），写作了《统治者》（*Book Named the Governor*, 1531年出版），阐释人文主义教育怎样有益于国家。托马斯爵士翻译了若干关于治国之术的论著，并且作为外交家效力于英国国王。

伊拉斯莫，德西德里乌斯（约1466—1536年），出身于鹿特丹一个卑微的家庭，后被教育成为人文主义者，主张在天主教内部实施改革。他的语文学著作包括为阿尔杜斯·马努蒂乌斯等出版商校订的文献，他还在若干个国家教过书。他曾在剑桥大学讲课，并在那里成为了科利特和莫尔的朋友。他的教育学著作和国际通信对人文主义教育影响非常大。

瓜里尼，巴蒂斯塔（生于1434年，不要与16世纪意大利同名剧作家相混淆）是瓜里诺·瓜里尼的儿子。巴蒂斯塔的著作《论教学课程》（*De ordine docendi et studendi*）写于1459年，该书记载了其父的教学方法。

瓜里尼，瓜里诺（或叫瓜里诺·达·维罗纳，1374—1460年），曾于1403年至1408年期间生活在君士坦丁堡，在那里学习希腊语，搜集古典文献写本。先在威尼斯、佛罗伦萨、帕多瓦和维罗纳教书，后被选中到费拉拉宫廷创建一所人文学校。他在那里工作了30年，完善了他著名的古典文学课程。他是巴蒂斯塔·瓜里尼的父亲。

莱布里雅，安东尼奥（也叫安东尼奥·内布里雅，1442—1522年），曾在萨拉曼卡大学和博洛尼亚大学学习。一生的大部分时间是在埃纳雷斯堡大学讲授古典文学，他在那里成为了西班牙非常著名的人文主义学者。除了关于古代文献的著作外，莱布里雅还写作了第一本卡斯蒂利亚西班牙语语法著作（1492 年出版）。他还是康普鲁顿多语种合参本圣经编委会成员（见第二章）。

马蒂雷·德·安杰拉，皮耶特罗（1457—1526 年），意大利的人文主义者和战士。他移居西班牙，在女王伊莎贝拉一世的宫廷教书。他创建了一所人文学校，国王的孩子以及贵族的儿子在那里接受教育。因为马蒂雷·德·安杰拉参与了西班牙殖民帝国的管理，所以，他熟识那些效力于西班牙王室的探险家。他的著作《新世界》（*De orbe novo*, 1511 年）是第一部关于西班牙探险活动的全面叙述。

莫尔，托马斯爵士（1478—1535 年），支持人文主义教育，包括他女儿的人文教育。他于 1529 年成为效力于亨利八世的大法官，但是，由于他反对新的宗教制度以及国王对天主教制度的攻击，于 1535 年被国王处死。

玛格丽特·德·那瓦尔（也叫玛格丽特·德·昂古莱姆，1492—1549 年），是那瓦尔的王后，弗朗西斯一世的姐姐。她是学术和艺术的赞助人，自己也写作有宗教诗歌以及探究两性关系和妇女社会地位的故事集《七日谈》（*Heptameron*, 1558 年出版）。

内布里雅，安东尼奥 见莱布里雅，安东尼奥。

梅兰希通，菲利普（1497—1560 年），是路德的朋友，死后葬于维滕贝格路德墓旁边。他是一位著名的希腊语学者，参与过他的时代主要的宗教争论。他的拉丁语课程大纲把圣经经文与拉丁古典作品结合在一起，这在全德国被采用。

皮科罗米尼，埃利亚·西尔维奥（1405—1464 年），于 1458 年当选教皇，称庇护二世。因为他是一个人文主义者，所以，在其任期内委派人文主义者在教廷任职。虽然他在位的大部分时间忙于试图领导另一次反土耳其的十字军远征，但是，庇护二世于 1459 年创建了巴塞尔大学，同时支持人文学校。

萨卢塔蒂，科卢乔（1331—1406 年），曾担任佛罗伦萨城邦执政团秘书长达 30 年，把人文主义学者，如曼纽尔·克里索罗拉等吸引到佛罗伦萨来。萨卢塔蒂创作诗歌，根据古典材料写作道德哲学著作，同时还写古典风格的书信。佛罗伦萨在 15 世纪初成为文艺复兴人文主义的圣地，这部分要归功于萨卢塔蒂的努力。

塞林，威廉（卒于 1494 年），曾在意大利学习，并且在奉英王之命出使期间，多次游历意大利。他的坎特伯雷基督堂修道院是英国古典希腊文学最早的研究中心之一。塞林曾从旅行中带回来可用作教材的希腊写本的复制品。

施图尔姆，约翰内斯（1507—1589 年），新教皈依者，曾在斯特拉斯堡（当时是德国的一部分）创建了一所重要的人文高级中学。他的著作中包括一部贝亚图斯·雷纳努斯（1485—1547 年）的传记，雷纳努斯是一位德国的人文主义文献的印刷商和伊拉斯莫的朋友。

老维杰里奥，皮耶罗·保罗（1370—1444 年），人文主义者，曾在 1406 年至 1409 年效力于两任教皇。从 1418 年直到去世，他都在皇帝宫廷工作。他的《与自由民子弟相称的品格和课程》（*De ingenuis moribus et liberalibus adulescentiae studiis liber*）一书是文艺复兴时期第一部关于人文课程的全面的著作。

维萨利乌斯，安德烈亚（1514—1564 年），担任过皇帝查理五世和西班牙国王腓力二世（1527—1598 年）的私人医生，以其解剖学杰作《论人体结构》（*De humani corporis* *fabrica*, 1543 年）一书而赢得国际声誉。虽然他的著作中依赖于盖仑的古典著作，但是，他在解剖学方面取得的进步以及书中的医学图示，使维萨利乌斯的著作成为了医学教育的权威著作。

维托里诺（南巴尔多尼）· 达 · 费尔特雷（1373/78—1446/47 年），曾师从瓜里诺 · 瓜里尼学习希腊语，后在威尼斯办学。在被选入曼图亚宫廷教贵族子弟后，他移居曼图亚，在那里创建了他的“快乐之家”。这是在意大利教希腊语的第一所学校，其著名的老师包括泰奥多雷 · 加扎（约 1415—1475/76 年）和特雷比佐恩德的乔治（1396—1472/73 年）。

维韦斯，胡安 · 路易斯（1492—1540 年），曾在巴伦西亚和巴黎求学，在英国宫廷短期工作后，他最终定居于布鲁日。他的教育学著作包括一部学习拉丁语的对话手册，以及有影响的《基督教妇女的教育》（*De institutione feminae christianae*, 1523 年）。

参考书目

Huppert 1984: education in France.

人文主义教育

Grafton 1986: general survey; Grendler 1989: Italy; Kallendorf 2002: translations of Renaissance pedagogical treatises; Kekevich 2000: impact of humanism; Nauert 2000; cultural contexts.

大学教育

Carlsmith 2002: Jesuits; Lxoen Goudriaan 2004: Netherlands; Ruggiero 2002: medicine; Rummel 1998: theology; Schwinges 2000: Germany.

俗语教育

Grendler 1989, 273–329: Italy; Pardoe 2000: Germany.

女童和妇女教育

Adelman 1999: Jewish women; Donawerth 1998: conversation; Grendler 1989, 87–102: Italy; King 1991; Italy; Michalove 1999: aristocratic women; Stevenson 1998: humanism; Watson 1972: Vives.

第十二章

日常生活

文艺复兴时期的日常生活取决于性别、阶级、地理位置、特定时期以及其他如个人信仰一类的因素。本书前面的章节已经论述了日常生活的若干方面，尤其是论及了教育、宗教、旅行和战争等方面。本章要探究的是文艺复兴时期世俗的、普通的和基督教徒的生活的可能状况，还要研究直接影响生活在男女修道院之外的大多数个人的经验和经历的因素。在1400年，欧洲有两个主要的社会阶级，即贵族与农民或劳动者，而且，某些农民和劳动者因为在富人家中做仆人和工匠，所以，接触到了上层阶级的生活。到1600年，飞快膨胀的货币经济破坏了这种相当简单的社会结构，使其成为一个多阶级的社会，除了新兴的中产阶级和赤贫的社会底层外，还包括上层阶级和下层阶级。一个城市可能有多达百分之八的居民依靠慈善救济来度日，偶尔需要帮助才能生活的人占其总人口的大约百分之二十。这些人挣扎在生存的边缘上，其经济状况最轻微的下滑都会使他们陷入赤贫。

当然，城市生活不同于乡村生活。常住于一个有相当规模（人口在十万以上）的城市中的人口只占欧洲人口的百分之五，而且完全生活在一个城市的人口也只占百分之二十五。城市越大，其情况就越复杂。虽然大城市有更多的富裕公民纳税来维持基础设施，但是，更大的城市也有更多的公共卫生方面的问题，以及与公共卫生相关的其他问题。本书的大量内容集中论及城市，但大多数个人却生活在乡村地区，生活在村庄或小城镇。大多数人都在同一个地方或附近地区出生、婚嫁和死亡，他们去同一个乡村教堂做礼拜，他们的生活根据教堂的钟声和日出日落来安排。无论是在城市还是在乡村，日常生活环境都是臭烘烘的，假如让我们回到文艺复兴时代，我们首先注意到的或许就是那种空气。乡村中的家禽家畜以及到处散落着干草的肮脏地面或许对现代人的感觉器官是一个冲击，而污水横流的城市街道可能就是更糟糕的事情了。随便哪里的人都有强烈的体味，因为至少可以说，人们并不经常洗澡，而且很少洗外套。婴儿也气味刺鼻，因为除了富裕家庭外，婴儿的襁褓布一天只换几次。

各阶层的男子都被认为优于女子，女子

图12.1　君王断案的法庭。木刻标题页，见一本1507年的关于《萨利法典》（萨利法兰克人的法典）的论著，该法典支配着北欧私人生活的若干方面。尤其是该法典规定，女儿不能继承土地。（经拥有该照片2003年版版权的索斯比公司的同意使用）

在订婚或成婚前一直是姑娘（被称为处女，要求她们在婚前保持童贞）。所有孩子在大约七岁前都由母亲养育，男孩子到了七岁会由家庭教师来教育，或交给有权势的伯父或其他亲戚来照管。如果不被送进修道院，姑娘仍然留在家中，帮助父母干农活儿或照看店铺或做家庭杂务。姑娘要学会管理家务的技能，尤其要学会与纺织有关的技艺。文艺复兴时期的像脚踏式纺车那样的发明使纺织活儿比在过去时代稍微轻松了些。在欧洲大多数地区，除了去商店、去教堂或拜访附近的亲戚，母亲和女儿都不能离开她们的家。男孩子可以在达到一定年龄后在街上自由游荡，而女孩子绝不可以单独出现在公众场合。因为她们最要紧的是要做一个贞洁的新娘，她们的贞操及其父亲的荣誉必须得到保护。住在家中，从没有出嫁的姑娘绝不会被当作一个完全的成年人看待。基于性别的差异也反映在法律体系中，这将在下文讨论。

时间和历法

到16世纪，城市钟楼的设置、怀表的出现以及关于历法的争论使时间成为人们能感知到的力量。对于摆脱了乡村生活节奏的城市居民来说，工作日被武断地划分成了小时或钟点。与大约每隔三小时敲响一次的祈祷钟不同，钟点把白天和晚上分成了更小而又武断的部分。历法与春分和秋分二分点不一致，所以，复活节每个世纪都在提前。16世纪70年代的历法改革虽然对复活节的日期进行了调整，但这次改革也导致了持续许多年的政治冲突。

时间

在文艺复兴时期，日常时间的观念在变化，尤其是在城市中心地区是如此，在那里有公共时钟每小时在报时。虽然教堂的钟声每天可能会在某些或全部祈祷时间敲响，但是，每小时都报时的时钟必定会令人产生更强烈的时间流逝的意识，因为它把一天的时间分成了更小的单位。早期文艺复兴时期的时钟要通过连续敲响的钟声次数来报出24小时中每一小时，但人们发现要数清如此多次的钟声很困难。由于这个原因，一天24小时被平均分成两部分，这样，时钟敲响的次数就不会超过12次。中世纪的时钟是笨重的靠重力驱动的装置，所以它们必须保持竖立和固定不动。在15世纪，发条驱动的时钟发明了，这就促进了更小的家用便携时钟的生产。在16世纪初期，怀表的出现使个人能够随时知道时间。这些最初的怀表由于它们的产地及其椭圆的形状被称为“纽伦堡蛋”。虽然这些怀表不那么精确，但是，必定还是使它们的拥有者每天要看它们若干次，并且向别人炫耀。早期的怀表是相当贵的，不过，人们还有便携日晷以及被称为手日晷（hand dial）的一根短棍可用。用大拇指握住短棍置于手掌上，指向北极，短棍会在伸开的手掌上投下阴影，这样就使人可以确定大约的时间。正午12点阴影位于手掌的外侧边，一点钟阴影则在小指头根部，如此等等。（“o'clock”一词的意思就是“时钟的”，或者显示在钟面上的时间。）

正像今天一样，时间是根据一个年历来安排的，而季节和宗教庆典节日就是年历的内容。季节围绕着播种和收获这两个一年中特别忙碌的时节周而复始地循环。在基督教

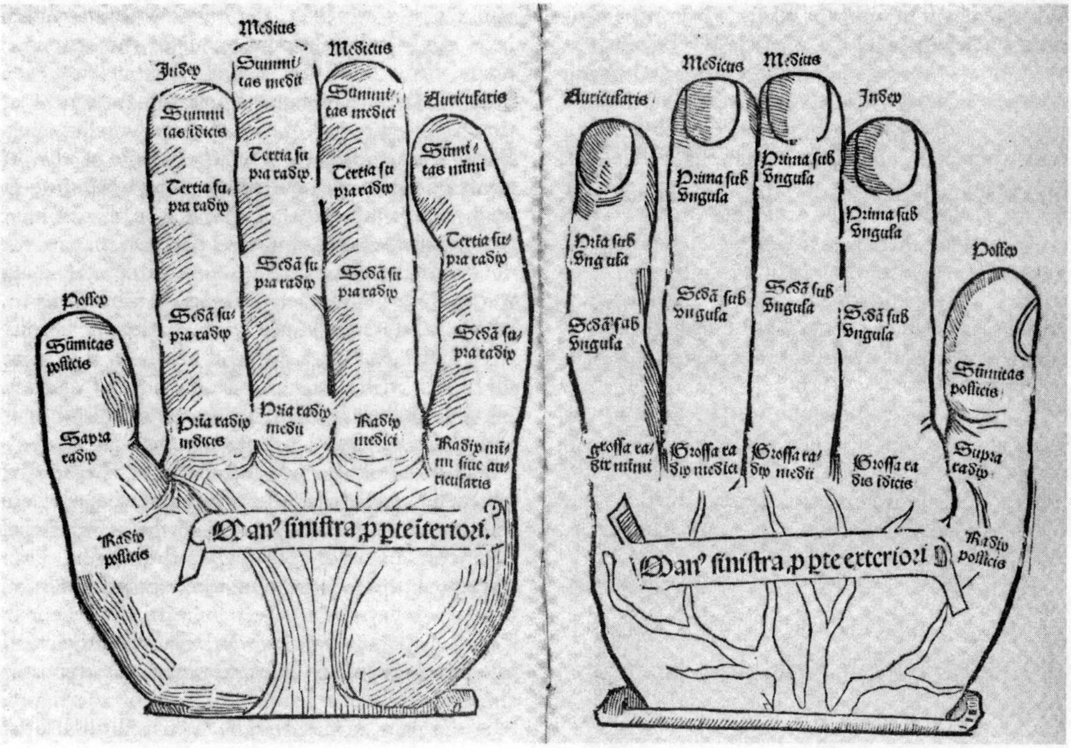

图 12.2　指算方法。木刻版画，见阿里亚努斯的《论计算》(1490/91 年)。时间、度量衡和钱都能用指头和手掌的助记方法来计算。(经拥有该照片 2003 年版版权的索斯比公司的同意使用)

历法上的那些重大日子，尤其是复活节和圣诞节，每一个城市、城镇和村庄都要举行宗教庆典。各地还有自己的守护圣徒节，这也是一年中最盛大的庆典之一。然而，在新教统治的地区不再庆祝圣徒节了。文艺复兴时期人们的时间就用在上述这些活动上，正如大多数人都在可预报的、熟悉的活动的循环往复中过日子，同时，每周星期天还要去教堂做礼拜。

历法

在 1400 年，欧洲历法是基于儒略·恺撒所订立的罗马历法的。这一历法被称为"儒略历"，它假定一年刚好 $365\frac{1}{4}$ 天，而地球绕日运转轨道实际上要稍微短一些。儒略历实行每四年一闰，这样就解决了 $\frac{1}{4}$ 天的问题。因为儒略年要比实际年多 11 分 42 秒，到 14 世纪，多出来的时间就相当明显了，尤其是这涉及基督教仪式中复活节的安排。尽管大多数天主教节日都是在固定日期，但复活节是一个非固定日期的节日，它是根据太阴历来定的。复活节是在过春分月圆后庆祝的节日。虽然春分点固定在 3 月 21 日，但是，实际的春分点却在 10 天前。复活节及其全部伴随的户外庆典活动渐渐提前到了冬季，所以，特别是对于北欧人来说，某些改革行动是不得不采取的了。在 16 世纪 60 年代初，特伦托公会议宣称，教皇应该改革历法。

教皇格列高利十三世(1502—1585 年)召集了一个改革历法的专门委员会，该委员会持续了近十年。为了对历法进行长期的校正，也为了眼下问题的改正，委员会成员对历法做了若干改革。要从400年中去掉三个闰年，所以，任何一个能被100整除的闰年（如1900年）将改为平年，而任何一个能被400整除的闰年仍然是闰年。然后，从历法中去掉10天，以使实际的春分点正好在3月21日。在1582年，日历上的10月4日被改作10月15日，这是一个在欧洲部分地区不受欢迎的决定，而且，在新教国家是肯定不受欢迎的，因为负责历法改革的是教皇。到1583年，大多数天主教地区都采用了格列高利历，还有其他许多地区却没有采用。实际上，某些国家直到20世纪初才开始采用格列高利历。英国不仅直到1752年都拒绝采用新历，而且，一直到那个时候坚持把3月25日作为新年的开始。若干其他国家和城市，如佛罗伦萨直到1582年都在3月25日庆祝新年。（这就是为什么1582年以前的一些日期现在记为两个年份，如1526/27年。发生在1月1日到3月24日之间的相关事件因此不属于现在格列高利历的1527年，而属于当时的1526年。当然，对于英国来说，1527年以前的日期都存在这种异常情况。）

家庭生活

家庭由已婚夫妇及其子女构成，偶尔也有别的直系亲属同住。妻子居家，丈夫出外劳作，年岁较长的孩子常帮助家人照管店铺或干农活。结婚就是为了生儿育女，所以，性和生育是人们谈论的重要话题，在15世纪有许多这方面的手册问世。随着印刷术的出现，这些小册子流传全欧。那些神父们用来指导订了婚的青年男女的小册子也相当普遍，其他一些则是关于性交体位和和性活动的。虽然丈夫支配妻子是合法的，但如果他想有“不当”之举，即任何不能引起怀孕的性行为，妻子可以向神父控诉丈夫。妇女常常生育10至15个孩子，但能活到成年的只有两三个。

夫妻共同享受家庭娱乐，包括游戏和音乐，小孩子则玩宠物、滚铁环、打球，以及参与一些有诸如布娃娃和竹马一类简单手工玩具的活动。较年长的孩子要帮助家长干活或专注于他们的学习（参见第十一章，教育）。除了上层阶级外，住宅都相当狭小，常不超过两间房，天花板低矮，通常一个四口之家睡在一张大床上。冬季的北欧住房阴冷、潮湿、昏暗。大多数家庭有既用来煮饭也用来取暖的壁炉，这就意味着不管天气是温暖还是潮湿，只要没有金属烟囱，房间内都会烟雾弥漫。夏季的南欧房舍白天非常闷热，吃饭等许多家务活动都在户外进行。例如小型织机就可以安放在露台上。各个家庭根据日照来安排生活，黎明即起，日落就寝。每一天的开始和结束都是全家的跪拜祷告。城市以外的人们相对而言是自给自足的，几乎生产自己所需的一切。直到16世纪晚期消费社会出现前，大多数家庭的需求非常简朴：每人一两套衣服和一双鞋，全家有一些厨具、一张床、一只便壶、一张桌子、一条长凳、一口箱子和几盏灯，余下就是干农活的农具或做工的工具。

婚姻

文艺复兴时期的作家在一个反映国家政治等级制度的社会关系中，把正当的妻子与丈夫之间的关系，比作唯命是从的行政官员

图 12.3　威尼斯漆绘木箱，约 1580 年。在漆绘作品和阿拉伯风格的装饰中可以看到伊斯兰文化的影响。（经拥有该照片 2003 年版版权的索斯比公司的同意使用）

与高级长官之间的关系。男人是家庭的主管，他可以殴打妻子儿女，可以使他们挨饿，或者采用其他方法虐待他们。这不是说大多数丈夫都这样做，而是说司法体制不禁止这样的行为。教会是受虐待的妻子唯一求助的对象。神父能够在国家无能为力的情况下使虐待妻子儿女和通奸的丈夫蒙受羞辱。这类不道德行为并不一定就是违法行为，但信众和社群对此种行为是持谴责态度的。一户人家通常由一个带有几个存活下来的孩子的核心家庭组成，尤其在城市中心地区是这种情况。拥有土地的乡村家庭，不论其土地面积大小，都会有更大的亲属网来帮助管理农场。正常的估计寿命大约是 40 岁，只有相当少的祖父母会在他们的儿女家度过晚年的一段时光。考虑到死亡来得那样快，人们结婚可以说是相当晚。绝大多数经历第一次婚姻的夫妇在年龄上都相当接近，通常妻子要年轻一些。有时也有十四五岁的少女嫁给年长得多的男人，这部分是由 14 世纪的瘟疫造成的，那时候人口平衡被打破了。在绝大多数文艺复兴时期的欧洲社会中，这类老夫少妻被看作是不适当的现象，所以，有在他们新婚之夜闹婚的习俗（参见下文的讨论）。

寡妇

只有行使家长职责的寡妇才被看作是成年的世俗妇女，她们在社会上的地位并不明确。一方面，她们由于其家长地位而得到尊重；另一方面，她们又因为在性方面的主动而时常受到猜疑。由于妻子比丈夫要年轻一些，所以寡妇的数量远远超过鳏夫。年轻的寡妇总是能再嫁，而年龄较大，尤其是那些处在育龄尽头的妇女则常常不再婚。寡居是她们一生中第一次体验独立自主，而且，那些有钱的寡妇没有必要再婚。在某些地区，如果一个寡妇要再嫁，必须失去一部分其丈夫的遗产。在欧洲大陆绝大多数国家，孩子归其父亲所有，而不为其母亲所有。假如其夫有权威的男性亲属出面干涉，寡妇不一定被允许拥有自己的孩子。某些夫妇的婚姻协议特别规定，如果丈夫死在妻子前，妻子是孩子和财产的监护人，这样来保护女方的权利。贫穷不堪的寡妇由家庭成员或慈善机构照管。

订婚

除了贫家青年女子，新娘都被期望带着嫁妆出嫁。绝大多数情况下，嫁妆即为妇女指望从其父亲那里继承的全部财产。作为嫁妆的现金或地产由丈夫管理，实际上是归他所有，但假如婚姻关系被解除，新娘通常有权索回嫁妆。订婚是一项庄严的誓约，具有与结婚誓约同样的约束力。订婚需要当众宣布，常常是在教堂门前，有神父出席的情况下宣布，所以，只有双方同意，婚约才可解除。有婚约的青年男女偶尔也有性行为，这种性行为使他们合法地结合在一起，就像他们已经正式结婚了一样。因为订婚仪式与婚礼常相互混淆，所以，在16世纪人们并不主张举行正式的订婚仪式。后来，实际婚礼就开始具有了更重要的意义。结婚曾经是（现在也是）天主教会的一项圣礼，但它是青年男女之间的一项圣礼，而不是个人与神父之间的圣礼。根据特伦托宗教会议制定的教规，只要当着神父和证人的面立誓结婚，该婚姻即为有效。天主教徒的婚姻并不需要父母的同意（即父亲的同意），而大多数新教宗派则要求得到父母的允许。

性生活指南和性行为

文艺复兴时期有许多关于性生活的指南，其中一些来自古希腊。性生活指南都是针对已婚夫妇的，因为只有已婚夫妇才被认为应有性生活。这类书籍的相当部分谈的是生殖力和怀孕，而且许多指导都很具体，例如建议用一根线系住左边睾丸，这样就能怀上男孩子。虽然并不希望已婚夫妇沉醉于性生活，那样会被认为是“淫荡”，但满足性欲也被看作是夫妻双方应尽的义务。一些作家，如佛罗伦萨的布道士吉罗拉莫·萨沃纳罗拉（1452—1498年）就同意古希腊医生盖仑的观点，认为妻子必须达到性高潮才能怀孕。（强奸从来不被认为会导致怀孕。一个被强奸的妇女如果怀孕，则被认为是喜欢被强奸，没有想办法惩罚强奸者。）

新婚夫妇被告诫要喝甜酒和鸡汤，要多休息，要节省体力，因此，节制至关重要。假如男人禁欲一段时间，他的精子被认为更有活力。那些希望使自己的妻子怀孕的年岁较老的男人，被忠告要利用四旬斋的四十天时间来储存更多精子和提高精子的活力。不仅在四旬斋期间要求禁欲，星期天、宗教节庆日以及拜受圣餐的前后三天都要求禁欲。神父要求男人尊重要领受圣餐的妻子的愿望，即便她想一年领受若干次。怀孕期、哺乳期和月经期也被建议要禁欲。有些人的性生活非常有趣：必须制定不允许在公共场合和教堂内性交的禁令，因为这类行为也曾发生过。

在社会各阶层通奸都是一项严重的犯罪。犯事者被强迫坐在教堂里，身披白床单，或带着别的耻辱标志。一个通奸的妇女会被剃光头发，撕破衣服。已婚的行会成员，尤其是在北欧，一旦所犯通奸罪被知晓，会被逐出行会。玷污婚约被认为就是玷污行会，而且，减少一个行会成员也可以减少揽活时的竞争。此外，假如一个男人的妻子犯了通奸罪，而他继续与其同居，那么，他通常会被驱逐出行会。总之，妻子通奸被看作是比丈夫玩女人更严重的犯罪。如果丈夫在妻子苟且时现场捉奸，并且杀了她，他通常不会受到惩罚。

儿童

已婚妇女的任务就是生儿育女，而且，妇女也愿意多生育，因为只有少数几个孩子能正常地长大成人。一些妇女成年时期的大部分光阴都在怀孕生子。贫穷家庭的妇女自己为孩子哺乳，而大多数孩子都有奶妈，奶妈由孩子的父亲负责挑选，主要从奶妈的健康状况和道德品质两方面来考察。奶妈根据与孩子的父亲签订的合同来得到服务报酬。许多奶妈一干就是好几年，因为只要孩子不断奶，健康的妇女可以持续哺乳。出来做奶妈的妇女，一些带着自己的婴儿，另一些则是孩子较大了或新近夭折了。不为自己的孩

图 12.4 《逗猫的两个孩子》。阿尼巴莱·卡拉奇的作品，16 世纪末期至 1609 年。（大都会艺术博物馆藏，1994 年格温·安德鲁斯基金会购买，科利斯·P. 亨廷顿和奥格登·米尔斯通过交换遗赠［1994.142］）

子哺乳的妻子更可能很快再次怀孕。文艺复兴时期的医生不明究竟，他们以为子宫与乳房相连接，分娩后经血转变成了母乳。

一般不会让蹒跚学步的小孩子在房间和庭院里自由走动。他们被安放在木制学步车里，这种学步车与今天的学步车功能相当，其底部圆形边缘装有四五个轮子，较狭窄的上部边缘装有一个放置孩子的座位。同时，也有将学步的小孩子用一条长皮带或绳子与奶妈、母亲或固定物系在一起的。小孩子不得靠近壁炉，炉里有燃烧的木材，火炉上有沸水和热油。户外活动时，孩子们必须远离垃圾、沟渠、水井，以及防不胜防的流浪狗等动物。男孩子长到七岁左右就不再成天待在母亲身边了，因为他们必须学习做一个男子汉。这个年龄的孩子被认为是能够懂道理的了。一些较年长的孩子已经有了家庭教师，另外一些就近上了文法和算术学校（参见第十一章），还有一些则离开家庭到宫廷或有身份的亲戚家里去接受教育。到 14 岁左右男孩子就成长为青年人了，他们可以开始学徒生活，成为水手，参加军队，为担任神职而继续学习，或者仅仅是从事卑微的劳作。穷苦家庭的孩子往往在九岁，甚至更小就被送到富人家里去做仆人，这主要是他们的父母无能力再抚养他们。尽管这样早地进入了成人世界（8 至 14 岁），但是大多数男孩和女孩要到 15 岁，甚至更晚才进入青春期。

图 12.5　15 世纪的商人住宅（法国迪南）。商店在一楼，而楼上是居室。（经桑德拉 · 塞德尔同意使用）

孤儿

父母亡故了的婚生孩子为孤儿，他们在文艺复兴社会中享有一个特殊的地位，与一般称为私生子的弃儿（被抛弃了的孩子）形成对照。15 世纪期间，上述两类没有父母的孩子都由功能犹如救助中心的慈善收养院来照管。一些这样的慈善机构在其内墙边装有一架水平转盘，该转盘能够从墙外转动，正好放置在墙上的开口前面。弃婴被放在转盘上，然后再转动转盘，这样婴儿就被匿名地送进了收养院。有些社团首领抱怨道，把不想要的孩子送给慈善机构就是鼓励伤风败俗的行为。但也有人认为，相比之下更不愿意看到的选择是杀婴。活下来并长到一定岁数的弃婴常常能够在这个世界上找到自己的出路，他们可以做工，可以当仆人，偶或甚至可能被没孩子的夫妇收养。到 16 世纪，救助孤儿的专项基金开始设立，孤儿在教育、衣服以及别的生活必需品等方面得到资金捐助。然而，一个不幸的结果是弃儿受到甚至更大的歧视。

住宅

住房就像衣着一样，上层阶级与中产阶级明显不同，这两个阶级又与下层阶级截然区分。赤贫的人们生活在贫民窟，棚屋用泥土和茅草搭建。农民的住房用木材和泥土建成，茅草屋顶，夯土或砖铺地面。房间的窗户就是一个装有窗板的长方形孔洞。大多数住宅的底层在夏季被掩映在花草之中，冬季则到处是枯草，正好遮盖了各种臭味。许多城镇中产阶级的住宅都以石板和瓦作屋顶，完全是用木材建造，或者用木材和灰泥混合建造成所谓都铎式建筑。由于临街的立面狭窄，这些房屋通常每层只有两三间小房间，楼层之间以占空间不多的螺旋式楼梯连接。石头比木材丰富的地区，往往用石头来做内外墙，屋顶则用茅草或瓦盖成。黏土丰富的地区才以砖修建住房，到16世纪末期，砖建住宅越来越流行。木屋虽然要便宜一些，但是，在拥挤的城市中心，它们存在严重的火灾之险。（参见第四章关于庄园别墅等上层阶级的住宅。）窗户也有若干种设计方案，采用哪一种取决于气候和房主的预算。一个精巧的方案是建造一扇大的窗户，其上半部安装固定的铅条玻璃以便采光，下半部安装木窗板，可以通风，就临街而言也更安全。文艺复兴时期的工匠还没有生产大而平的单张窗格玻璃的技术。早在1600年前就有人试验抽水式厕所了，但直到17世纪欧洲才出现了室内管道。

图12.6　16世纪西班牙的铁门扣。（经美国西班牙学会同意使用）

游戏和运动

游戏

15世纪的中、上层阶级都喜爱下象棋，棋戏是通过在西班牙的阿拉伯玩家传入欧洲的。最初象棋中有一个棋子叫“大臣”（vizier，伊斯兰国家的大臣），而不是陪伴国王的王后。在伊莎贝拉统治时期（1451—1504年），人们用王后取代了大臣。而且，王后不是像大臣那样只能走对角线，王后可以向任何方向移动。现代学者认为，王后在欧洲象棋中的出现及其权威，或许反映了伊莎贝拉女王的权威。到16世纪晚期，随着象棋走棋速度加快，它成为男人们更常玩的游戏。虽然王后们，如凯瑟琳·德·美第奇（1519—1580年）和伊丽莎白一世（1533—1603年）

都是忠实的象棋爱好者，但操持家务的妇女往往要受到许多干扰。她们要照顾孩子，要做饭或者要监督仆人干家务。文艺复兴时期妇女们玩的优雅而又闲适的象棋游戏后来变化越来越快，越来越专业化，妇女们就不再喜欢它了。

许多人都玩扑克牌，还有一些非常漂亮的手绘扑克牌从文艺复兴时期留存至今，它们或许是那些痴迷的玩家委托制作的。到反宗教改革时期，玩扑克牌成为不光彩的事了，因为布道士和神父告诫人们，此种消遣会助长赌博的恶习。然而，战场上的士兵、航海途中的水手、冬季闲居家中的无数夫妇都继续玩扑克牌。还有别的赌运气的游戏，包括掷骰子、抛硬币、多米诺骨牌等。孩子们或许有自己的棋类游戏，它们制作起来很简单。另外还有音乐娱乐，以及为唱歌做伴奏等活动。

运动

许多户外娱乐活动可以称为运动，因为它们要求积极的身体参与。教会团体之间有球赛，村社成员之间有彼此挑战的赛跑，规模更大的是搬演中世纪骑士比武的赛会。除了像在五月花柱庆典仪式上参加跳舞之外，妇女和姑娘们通常是户外赛事的观众。文艺复兴时期的人文主义者教导人们古希腊的思想观念，即按照摔跤、狩猎、游泳等活动方式均衡安排生活，体育锻炼是有益于青年人的。虽然各阶级可混在一起进行体育活动，但人们并不期望农夫打败贵族。16 世纪期间，网球在上层阶级中非常流行。高尔夫球在它的故乡苏格兰重新受到欢迎，英格兰人喜欢玩一种足球。像逗熊等与动物有关的比赛也吸引着大量的观众，尽管这类赛事的暴力性质遭到宗教领袖的批评。

典礼仪式、节庆活动以及其他公众活动

欧洲大多数地区首要的节庆活动是狂欢节，在它到来之前一连数周，人们沉溺于丰盛的食物、酒饮料、性活动以及狂热的街头戏剧表演。虽然狂欢节有其宗教起源，但是，人们是以非常世俗的方式来庆祝这一节日的。圣徒节的庆祝活动、市民游行、婚礼和凯旋入城仪式也会使公众聚在一起。这类节庆活动中的娱乐包括哑剧、公开演讲、诗歌朗诵、唱歌和集体舞。艺术家创作有关皇家节庆活动的画作，常常还有为庆祝这些活动而编织的挂毯。宫殿和城堡的参观者只要一看到这些大规模的场景，就会想起节庆场面。

狂欢节

作为基督教历法中的一部分，狂欢节正好在斋戒和禁绝肉体快乐四十天的四旬斋开始之前。狂欢季节在狂欢节本身的实际日期前几周就开始了，狂欢节本身的日期在意大利是指圣灰礼拜三（四旬斋首日）之前的礼拜四，而在欧洲其他地方是指圣灰礼拜三之前的礼拜二。法语中称其为“mardi gras”（油腻礼拜二），这一词语在英语中常常被使用。“狂欢节”（*carnival*）一词意即告别肉食，因为四旬斋期间是不允许基督徒吃肉的。肉食成了狂欢节的象征，人们带着巨大的阴茎形状的香肠游行穿过街道，还要制作宣传屠宰

行会的彩车。狂欢季节是一个杀猪和大吃香肠和烤肉等各种肉食品的时候。对于那些买得起各种配料的人，丰盛的餐后甜点也是狂欢节膳食的一部分。在私人节日庆祝活动中，世界是颠倒的，仆人衣着华丽，主人假扮奴仆伺候仆人进餐。穿异性服装是造成狂欢节混乱世界的部分原因，普通人也要演出即兴街头戏，而且通常以一种滑稽和讽刺的方式来表演。在新教欧洲，狂欢节彩车常常拿教皇和当地牧师来取笑。由于公众庆典活动伴随着酒饮料的饮用，所以，民众会变得吵闹粗暴。体育竞赛活动也比平常要暴力一些，而且，骚乱会接踵而至。戴假面具和穿化装服增添了狂欢节的节日气氛，威尼斯过去是（现在也是）特别以其艺术假面具和化装服而闻名。戴上假面具的夫妻相互调情，翩翩起舞，从而突出了狂欢节的性内涵。狂欢节使人们的性欲得到提高，所以，狂欢节期间怀上孩子的妇女比一年中其他任何时候都要多。（虽然欧洲最北部地区，如英格兰等地的基督徒要庆祝狂欢节，但是，他们主要的户外节庆活动都出现在春季和夏季。）

市民游行和公众聚会

定期举行的市民游行有两类，一类是颂扬当地圣徒的仪式性游行，另一类是市民团体举办的庆典游行。守护圣徒被认为保佑着崇敬他们的地区，他们负责城市公民与圣母玛利亚之间的沟通。许多委托制作的绘画作品以神圣对话（*sacra converzatione*）为主题，描绘圣母玛利亚带着圣婴耶稣与这些代祷圣徒在一起。当庆祝圣徒节时，常常要求公民要参与庆祝活动，这是他们应尽的市民义务的一部分。在南欧地区，这些庆祝游行是精心策划的。大多数城市都有一两件它们守护圣徒的遗物，游行队伍带着这些圣徒遗物从教堂出发，穿过街道又回到教堂，一路上人们求圣徒保佑，颂扬圣徒之名。游行队伍也可以从城门开始，绕城一周，最终回到安放圣徒遗物的教堂。市民团体举办的游行得自于对圣徒游行的效仿，只是游行时团体中每一位官员的位置都按照严格的等级顺序来安排。参加游行的团体包括民兵组织、行会和兄弟会。这些活动是多姿多彩的，因为每一个团体都要展示他们的旗子和统一的服装。参加节庆活动的公众喜欢活画表演（*tableaux vivants*），它是由化装演员在舞台上表演不说话的静态场景。他们也喜欢剧中演员一言不发的活动哑剧，以及演员要说台词的雄辩表演。这些表演的内容都具有相当重的政治色彩和宣传色彩，甚至神话布景常常就是为了掩盖涉及时事。

北欧地区两个最奢华的市民游行，一个是16世纪后半期的伦敦市长就职典礼游行，另一个是安特卫普行会游行（Ommegangen）。在文艺复兴时期，伦敦市长照例是一个行会成员，而且，他所在的行会要负责举办这些庆典活动。受一种竞争精神的驱动，每一个行会都试图超越以前庆典仪式的盛况，各种船只、四轮马车、彩车、固定舞台都派上了用场，还有昙花一现的艺术品、戏剧表演以及为庆典而做的诗歌。安特卫普的每一个行会都拥有一辆游行时使用的大车或四轮马车。安特卫普的行会游行与8月15日圣母升天节有关，它总是在接下来的星期天举行。彩车的主题可以是宗教的，也可以是世俗的，常常与旅行、手艺和商业的某一方面相关。

因为安特卫普是重要的艺术中心，所以，游行队伍中的雕塑、绘画和音乐常常具有专业水平。

蠢人节

蠢人节，或叫蠢驴节，是一个喜气洋洋的冬日节庆活动，其间混乱盛行。这一节庆活动在圣诞节之后不久举行，活动内容包括在教堂学驴叫，还有一个年轻人假扮成主教或其他教会高官。猴子可以被带进教堂内殿，而且，包括神父在内的每一个人在举行礼拜仪式时学驴叫。这种不虔诚的狂欢遭到反宗教改革的强烈阻止，最后，至少在教堂建筑内，它渐渐消失了。

死刑和肉刑

虽然到16世纪末公开执行死刑的数量已有所下降，但是，成千上万的城市居民都亲眼目睹绞刑、火刑和肢刑的行刑过程。谋杀犯和暴力窃贼通常被处以这些严酷的刑罚，但在某些地区，尤其是在佛罗伦萨像鸡奸一类人身侵害罪也可以处以绞刑。刑罚偶尔也要对罪犯尸体施行污辱。一个被绞死的人的尸体可能会任其腐烂，让食腐鸟类来啄食，或者对其施行"肢解"，这是一种将尸体摊开，肢解为四块的刑罚。活人被这样处死，或者在火刑柱上被烧死是很少见的。文艺复兴时代是一个暴力的时代，目睹此类公众活动的人们，尤其是儿童，必定要受这种场面的影响。

凯旋入城式和国葬

君主和其他王族正式访问一个城市和城镇通常会举行一个盛大的欢迎仪式，即在豪华宴会和迎宾会之前，有一个称为凯旋入城式的公众游行。这些入城仪式源于罗马皇帝和其他统帅作为征服英雄回来时所举行的游行活动。这类庆典活动都有凯旋门，以及用木料和石膏建成的两三层高的临时建筑，它是以仿古风格来绘饰的，上面有象征性圣经经文、家族盾形纹章、寓言故事场景和圆形肖像。其他临时建筑，如讲台和舞台都建在游行路线两边，供演员和音乐家演出所用。游行通常从一道城门开始，市民首领在城门迎接受到礼遇的宾客。典礼在大教堂结束，由主教或别的教会官员在那里带领人群做虔诚的祈祷。游行途中的娱乐节目包括机械巨人或动物，如由列奥纳多为1507年法国国王进入米兰的入城式而制作的自动狮子。窗户和阳台上飘动的挂毯和锦旗增添了节庆气氛，还有焰火照亮夜空。实际上，挂毯为许多公众活动提供了装饰，因为它们较为轻便。君王的葬礼，包括葬礼游行都是精心设计的，可与凯旋入城式媲美。若干城市为皇帝、国王和王后举行过象征性葬礼，其临时灵柩台与凯旋门一样豪华。

凯旋入城式和市民游行是重要的活动，到时候人们都停止了工作，以便能参与活动，为其欢呼喝彩。对于许多农民和其他下层劳动者来说，这些游行活动的装饰仅仅是古典文化对他们所看到的文艺复兴上层文化的影响的反映。生活在乡村地区的人们从来没有在典礼活动举行之时亲身经历这样的壮丽的场面，但他们有机会看到对其盛况的再现。例如安德烈亚·曼泰尼亚（1430/31—1506年）就在若干幅绘画中真实地描绘了罗马凯旋入城式，后来这些画还被制成版画出版。虽然大多数人买不起描绘这些活动的印刷版

图 12.7　阿尔布开克公爵夫人墓碑，16 世纪。这幅 19 世纪的图由阿瑟·伯恩绘制。（经美国西班牙学会同意使用）

的和雕版的节庆图书，但许多人都买得起单张印刷品，用来钉在墙上或在朋友中传看。这类印刷品有效地提醒民众注意到文艺复兴时期君王的崇高地位。

婚礼

结婚仪式的差异取决于宗教信仰和社会地位，但通常有结婚戒指、新人握手以及新娘的父亲把新娘交给新郎等内容。除了新教徒夫妻外，婚礼庆典都有新人穿过街道的游行，在这个过程中新娘子穿戴着漂亮的服饰。音乐是这类庆典活动的重要组成部分，假如天气好，还有户外的唱歌跳舞。在某些社会中，新娘要骑在马上被引着穿过城市。上层阶级的婚礼的主要目的是为了赞美新娘，炫耀新郎的财富和社会地位。新娘的父亲要给女儿婚礼带来嫁资和嫁妆，新郎则要送丰厚的彩礼，包括珠宝。虽然天鹅绒或锦缎的结婚礼服可以借或租，但是，其他华丽服饰则是夫妻财产的一部分，意味着它是为丈夫所有的。王室婚庆活动是这时期所有公众庆典中最盛大的仪式。扮演美少年和美少女的演员跳着芭蕾舞，表演模拟战争，“爱之舟”航行在人工湖上，神话中的夫妻赞美着婚姻生活，还有其他主题适宜的表演娱乐着新婚夫妇、宾客和旁观者。

图 12.8　身穿锦缎、头戴皮帽的塞巴斯蒂安·布兰特的肖像。木刻版画，见尼古拉斯·罗伊斯纳的《名人肖像》(1587 年)。布兰特是一位杰出的法学家,《愚人船》的作者。(经拥有该照片 2003 年版版权的索斯比公司的同意使用)

闹婚活动

闹婚(charivari)，或写作“shivaree”，该词得自古希腊语，意思是“令人头大的事”，或头痛的事。闹婚是一个非常吵闹的活动，年轻人敲打着锅碗瓢盆，扯着嗓子高声喧哗。闹洞房起着一种民间审判的作用，它针对的是那些不合社会常规者，如通奸者、打丈夫的悍妇、没有生育孩子的夫妻以及年龄悬殊的新婚夫妻。受害者可能会被追赶着穿过城市，被浸入水中，或者遭受其他方式的公开嘲弄。人们也会让不得人心的市长和税吏倒骑驴子，游街示众。闹婚活动起着社会冲突的安全阀的作用，但如果这种行为升级为暴力，它也能演变为危险的活动。

服装和服装式样

由于禁奢法令的缘故，人们的衣着便凸显出了阶级差异。例如下层阶级的成员不被允许穿着某种裘皮或丝绸。关于文艺复兴时期欧洲以及其他地区的服装的极好的文献证据，在档案材料、书籍以及其他视觉资料中都可以得到。1400 年至 1600 年间的时尚趋势是女士服装的领口越来越低，男士裤子越来越紧身，而突起的下体盖片就出现于 16 世纪。上层阶级的成员迷恋精美的丝绸，如天鹅绒和锦缎，对珍珠、金银和宝石制成的珠宝饰物也情有独钟。

禁奢法令

控制消费和炫耀的法令最早可追溯到 12 世纪。虽然这类规定源于天主教会，但是，到 15 世纪它们就作为政府法规来颁布了。对违规行为的罚金因而也交给地方当局。关于裘皮衣穿着的条款用实例说明了这些法规的阶级划分的性质。只有王族才可以穿貂皮衣，劳动者只能穿一些廉价毛皮衣，如猫皮、狐狸皮和兔皮。女性衣服的领口是禁奢法令特别关注的问题，尤其是当低领口被用来炫耀金项链和贵重珠宝饰物的时候。文艺复兴时期的风纪警察会阻止违法妇女并处以罚款。在欧洲某些地区，做违法衣服的裁缝也可能被罚款。在佛罗伦萨，穿着违法服装的妇女要被罚款，对其裁缝则要加倍罚款。

服装

我们关于文艺复兴时期服装的知识比日常生活其他许多方面的知识都要更全面，因为行会档案、公证记录，以及像绘画、版画和挂毯一类视觉资料都提供了文献证据。现存的挂毯就是服装研究非常好的资料，因为挂毯尺寸很大，能看清装饰细节。特别是在 16 世纪，好几个艺术家画有关于服装及其式样的人种学绘画，而且，服装式样手册以及附有服装插图的书籍也得到印刷出版。其中一些作品将欧洲服装与其他地区，如美洲和非洲的服装进行比较，有几件作品还对所描绘的那些人的职业或从事的活动做了注解。文艺复兴对外国服装感兴趣，这可能与人们喜爱新的地理学和地形学出版物有关。例如 1572 年出版的《世界的城市》（*Civitates orbis terraarum*）一书中的城市风光版画的前景，就描绘有衣着各个阶级的服装的男人和女人的形象。

下层阶级的服装朴素而又单调，根据气候的不同，有的用原色亚麻布缝制，有的则用相当粗糙的毛呢制成。因为染料相当昂贵，下层阶级的服装通常色彩暗淡，多半是黑色、灰色或褐色。男人下身穿齐膝盖的裤子，上身着带扣子的短上衣。女人穿长裙，系围裙，上身还要穿紧身马甲。在欧洲许多地区，下层阶级是不允许穿戴绢缎和丝绒的。袖长、褶裥、暗线等服装细节以及各种朴素的装饰在欧洲各地各不相同，但全套服装的式样是相似的。妇女要为全家编织帽子和围巾，男人一般戴宽边帽。上层阶级支配时尚，中产阶级在其经济条件和禁奢法令允许的范围内模仿上层时尚的细节。新教中产阶级，尤其是加尔文教派的中产阶级，通常衣着简单朴实。反对圣像崇拜的倾向延伸到对鲜艳色彩和闪亮装饰的排斥。

上层阶级的男装与女装一样有繁复的装饰，所以，穿戴时要花很长时间。在 16 世纪，男士的短上衣倾向于显出更宽大的轮廓，因而肩部都有麦草和其他衬垫。许多男女服装都是用“尖包头系带”（points）联结在一起的，所谓尖包头系带就是用以联结服装各部分的丝带或缎带。因为穿戴者不可能够到所有的结，所以需要仆人的协助。主要的衣料是毛呢和亚麻布，但纺织得比下层阶级所用的更精美，常常染有鲜艳的色彩。红色是非常流行的色彩，尤其是在意大利。随着哈布斯堡王朝在16世纪获得权威，西班牙时装的深黑色呢绒和天鹅绒在全欧流行开来。一般说来，意大利风格统治了15世纪，而西班牙和德国风格则在16世纪居于支配地位。与上层阶级的绅士们所炫耀的凸起的下体盖一样，有泡裥和嵌缝的男士服装于16世纪后半期起源于德国和瑞士。当时男士衬衣和外套的长短只到大腿，小腿则穿有紧身长筒袜。整个文艺复兴时期的女装一直很长，但女装的领口却起伏变化很大，在好几个宫廷出现了部分袒胸的服装。到16世纪末，领口又往上提了，在英国和北方地区还用轮状皱领来装饰。丝织的精美衣料相当奢华，还有用双色丝纺织的绸缎，这样的衣料做的服装随着穿着者的移动和光的变化，衣服的色彩看起来会变幻不定。绸缎因其螺旋形图案非常招人喜爱，有的绸缎还织有纹章图案。贵族服装除了有珍珠和其他珠宝装饰外，还会有华丽的绣饰。还应该提到的是，到15世纪，大多数人都穿内衣了。在文艺复兴时期，上层阶级的妇女开始穿胸衣，其中一些非常合身，并且用一个插栓来收紧固定。

珠宝和其他首饰

男士戴戒指和索状金银项链，在他们的帽子上装饰珠宝或佩戴徽章。到16世纪末，上层阶级男士的帽子都相当扁平，用漂亮的羽毛来装饰。1525年左右，妇女又开始佩戴耳环，这一首饰在中世纪和文艺复兴初期不为人们所喜爱。妇女还戴戒指和手镯，甚至下层阶级的妇女也有订婚和结婚戒指。（正像今天某些人一样，当时的人们并不佩戴订婚和结婚戒指。）长串珍珠项链是富裕妇女渴望得到的首饰，还有一种带有挂件的项链也同样为妇女所喜爱，其挂件是在金银框中镶嵌宝石。在一些特殊的场合，妇女们还要将珍珠、宝石、丝带和花朵系在发辫上或编进她们的发辫。宝石还被用来装饰鞋子，甚至是扇子。在文艺复兴初期，光滑的凸圆形宝石更受人喜爱，随后到16世纪，多面体宝石流行起来。金匠也制作小巧的中空穿孔球，将其装上丁香或其他香料，作为香丸来佩戴。好几种宝石，如蓝宝石被认为具有医疗价值，因而被镶嵌在一个框子内，使宝石能与皮肤接触。

食物和烹饪

涉及食物和饮料的公众活动必须遵守法律，相关法律规定了向不同阶级的人们提供食物的种类和数量。像婚礼这类特殊场合由当地官员来管理，要限制花在食物上的金额。以现代人的标准来看，进餐过程是粗俗的，没有分餐用具，每个人都在共用的盘子中大快朵颐。进餐时的优雅风度直到17世纪才逐渐形成，而且即便是那时候，它们也被认为矫揉造作。上层阶级的成员消费更多的肉食，下层阶级则食用更多的谷物和蔬菜。非常贫穷的人除外，每个人都要食用大量的面包。

食物

禁奢法令既与服装和珠宝有关，也与食物和饮料有关，如在16世纪的苏格兰，贵族一餐可有八盘（道）以上的菜，而中产阶级成员一餐则不允许有超过三道以上的菜。在欧洲各地婚宴和其他节庆餐会的花销金额是有严格规定的，这在一定程度上防止了家庭因组织一次公众活动由于经济负担而陷于破产。家庭内部的进餐是没有法规约束的，与当时世界其余地区的大多数人相比，欧洲人，尤其是富人，肉食消费量极大。他们一餐可能会有三四种不同的肉食，烹饪时常常用一种包裹另一种。酱香的小鸟腹中又有其他种类的肉食。欧洲人在气候和地形方面一般说来是幸运的，其气候和地形条件使牲畜易于饲养。在南方，淡水鱼是食物的重要部分，因为星期五是禁止吃肉的。而在北方食用的更多的是海产鱼，特别是鲱鱼和鳕鱼。

全欧洲都食用鸡蛋和奶酪，北方人消费更多的黄油和猪油，南方人则食用更多的橄榄油。因为黄油是动物油，所以，四旬斋期间禁止食用，这就意味着斋戒期间大家都用橄榄油来烹饪。以我们现在的观点来看，下层阶级的饮食更有益于健康，因为他们没有能力购买许多肉食、油腻的食品或甜食。他们标准的一餐可能包括黑面包，如裸麦面包、蚕豆或豌豆以及奶酪或海产鱼，饮料则是啤酒、苹果酒或者红酒。很少人喝白水，但水被用来稀释烈性葡萄酒。下层阶级的饮食中有许多另外的蔬菜，更穷的人则以浓汤和稀粥的形式消费大量的谷物。非常穷的人大部分日子里只有几片面包吃。大多数较大的家庭生产他们自己的饮料，北方人酿造啤酒和浓啤酒以及榨取苹果汁，南方人则要酿造葡萄酒。中古饮料，即用发酵蜂蜜制作的蜂蜜酒，在文艺复兴时期仍然很受欢迎。（更多的关于酒饮料的资料请参见第八章，商业。）

烹饪与进餐

大多数人都没有炉灶。面包是用公用面包炉共同烤制的，或由面包师制作的。有盖短支脚的铁锅用作炖锅，被置于炉火边。（这样的铁锅如今叫荷兰炖锅。）虽然肉类食品可用烤架炙烤或油煎，但是，随处可见的烹饪方法是铁锅煨炖。熬稀粥也是用这种铁锅。用来悬挂有柄铁锅的大吊钩可以伸进壁炉里面，它通常既能旋转到炉火上去，又能转回房间来。烘烤架被用来把面包、鱼、蔬菜和肉类等固定在一个烤箱内，以便将其置于炉火上烘烤。有较大壁炉的更为富裕的家庭则把肉类和家禽穿在一根横铁杆上轮转炙烤。食盐以及芥末、欧芹、罗勒、百里香等本地香料是文艺复兴烹饪的常用调味品。虽然欧洲人相当喜好胡椒、糖等外国香料，但是，只有上层阶级有经济能力在烹饪时经常使用

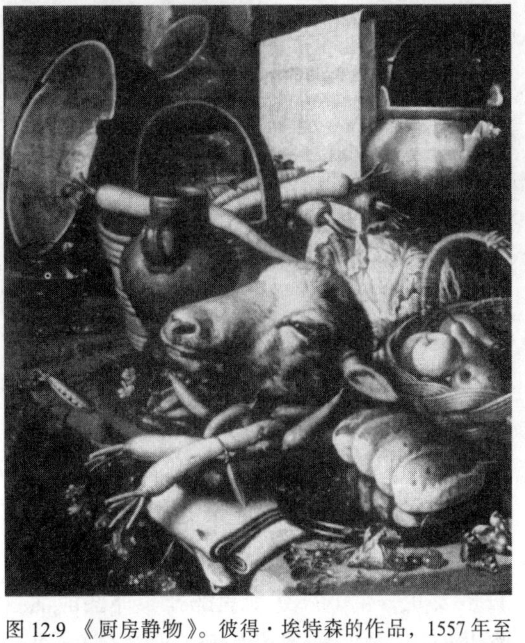

图 12.9 《厨房静物》。彼得·埃特森的作品，1557 年至 1575 年。（经拥有该照片 2003 年版版权的索斯比公司的同意使用）

这些东西。

在15世纪，人们常常以中古方式来进餐，从桌子中央的餐盘中拿取食物。下层阶级的餐盘可能是一只长长的木碗，或者甚至于就是一条长长的面包，其顶部被切成片供取食，还用长柄勺把炖菜和豆子也舀到面包上。面包片被拿来当勺子用，还被用来吸食汤汁儿，如我们所知，他们不太注意进餐礼仪，大多数人都用手吃饭。上层阶级家庭的餐盘或许不是木制的而是金属的，但进餐方式非常相似。每个进餐者有自己餐盘的分餐观念直到16世纪中期才确立起来，叉子也大约在这个时期被采用。南欧人使陶瓷餐具普及开来，到16世纪晚期，整个欧洲都在使用陶瓷餐具。甚至相当穷的家庭也买得起彩绘陶瓷壶或盘子。

疾病和死亡

在文艺复兴初期，大多数医院都与我们现代的医疗机构不同。它们能起收容所的作用，为病弱垂死者提供帮助和少量的医疗，它们也是朝圣者、寡妇、遭受虐待的妻子以及孤儿的临时栖身地。到16世纪，意大利的某些医院把医治严重疾病纳入其任务范围，而且，还有好几个相当大的机构建立的目的就是治病。例如，博洛尼亚的几家医院开始在现场培养医生。更有雄心的医疗机构在有需要时能找到药剂师和外科医生。这样，医疗的服务专业化就在文艺复兴时期开始了。

不分阶级的所有初生婴儿中的至少20%，多到40%在一岁之内夭折。由于这一原因，许多婴儿一生下来立刻受洗礼。那些能活过婴儿期的人中，有一半死于10岁之前。虽然有学者认为，父母听任婴儿的死亡，到孩子两岁前父母与孩子不会有什么感情，但是，有许多第一手的证据反驳这样一种观点。有父亲写信给朋友诉说自己失去幼子之痛，也有母亲为她们的孩子感到欣喜。贝亚特丽斯·德·埃斯泰（1475—1497年）在给她的姐姐伊莎贝拉·德·埃斯泰（1474—1539年）的信中谈到她的还是婴儿的儿子时说："我常常希望你能在这儿看到他，因为我敢肯定你会不断地爱抚他，亲吻他。"（Durant 1953, p. 587）婴儿和幼童睡在摇篮里，而摇篮常常悬挂在房屋的天顶上，这样能防止老鼠和臭虫爬上孩子的腿，也使孩子接触不到冰冷的地面。这些摇篮常常有防蚊虫的帐子。不幸的是，为了取暖，大多数摇篮都放在壁炉旁边，所以，小孩儿的毯子或帐子偶尔会着火。蹒跚学步的小孩子与父母或较大的兄弟姐妹一起在床上睡觉，他们常常也有因意外窒息而导致死亡的，或者以文艺复兴时期的司法用语叫"覆闷致死"（overlaid）。另一个会致婴儿于死地而不一定能伤害较大孩子的危险是被污染了的饮水，这也就是为什么水在这时期并不是一种受欢迎的饮料的原因。

大多数普通疾病用家庭偏方来治疗，所以，姑娘们都被她们的母亲培养成了相当能干的护理员。例如，芦荟汁就被用作通便药和烧伤敷料。人们知道欧铃兰的花、茎和根有助于防治中风，这种花确实具有今天用作心脏病药物的毛地黄的一些性能。许多其他的草本植物和花朵被用来治疗头虱、胸腔充血、轻度流行感冒、体内寄生虫、牙痛等类似病症。文艺复兴时期，人们还没有办法来抗击侵袭许许多多人的主要疾病，这些疾病包括痢疾、白喉、麦角中毒、肺结核、天花、梅毒以及一种或许是斑疹伤寒的疾病，当然还有瘟疫。人们知道天花和瘟疫传播迅速，但对其流行性特性的准确机理并没有弄清楚。城市政府试图通过隔离家庭，甚至隔离街坊来控制它们的传染。假如一个家庭中有一个染上瘟疫或天花，那么，整个家庭就会被封闭隔离在家中数周。到 16 世纪晚期，欧洲生活于赤贫中的人常常比 1400 年还要多。那时候，饥饿几乎是一种疾病，确实有人被饿死。那些硬撑着活下来的人也由于其虚弱的身体状况，非常容易染上各种疾病。

有人著文论述“得体的死亡”以及为必然到来的死亡所做的准备。指挥死之舞的骷髅的木刻版画在北欧很流行。这些出版物构成了一种艺术类型，被称为“ars moriendi”（死亡艺术）。斯多葛学派对死亡的态度是基于古代关于死亡的哲学观念的，这样一种态度据说有助于进入炼狱。因为对于基督徒来说，死亡被认为是通往永生之路，因而使悲哀得以减轻。一个得体的死亡包括要通过一个法律上有约束力的遗嘱来处置自己的世俗财产，而且，要把做葬礼弥撒的钱留出来，这一仪式会促使死者快速进入炼狱。天主教徒的葬礼会很奢华，而新教徒的葬礼一般说来相当朴实无华。所有遗体要埋葬的葬礼都要在死后尽快举行，因为遗体不做防腐处理。在北欧有死神胜利的视觉纪念物。陵墓雕刻常常描绘的是骷髅形象。因为大多数人都活不过四十岁，所以，死亡和垂死是一种经常发生的事，完全是一个严酷的生活现实。

图 12.10 《关于贪婪的寓言及骷髅》。雅科波·利戈齐的作品，16 世纪后半期至 1626 年。（大都会艺术博物馆，埃里克·塞勒和达西·布拉德伯里，以及爱德华·A. 和卡伦·S. W. 弗里德曼 1991 年赠［1991.443］）

参考书目

Clark 1976: urban life; Cowan 1998: urban life.

时间和历法

Gregorian Reform of the Calendar 1983; Philip 1921: calendar history; Richards 2000: cultural contexts.

家庭生活

Ariès 1989: private life; Bell 1999: sex; Cavallo 1999: widows; Cunningham 1995: children; Gelis 1991: childbirth and other topics; Harrington 1995: marriage; Houlbrooke 1983: England; Howell 1998: marriage; Jordan 1986: feminism; King 1991: women; Klapisch-Zuber 1985: women and ritual in Italy; Moulton 2002: sex, crime; Ozment 1983:

Reformation families; Pullan 1988: orphans; Weinstein 2004: marriage in Italy; Wiesner 1986: cloth production; Yalom 2004: chess, women.

典礼仪式、节庆活动和其他公众活动

Bergeron 1971: England; Bryant 1986: Paris; Burke 1978: popular culture; Cunningham 1965: England (dancing); Davis 1975: social contexts; Mitchell 1986: Italy; Muir 1981: Venice; Saslow 1996: Medici wedding; Strong 1984: festivals and art; Yates 1975: France (evidence in tapestries).

服装和服装式样

Davenport 1948: (costume survey); Frick 2002: Florence; Hackenbroch 1979: jewelry; Jordan 1999: Oriental fans; Laver 1951: (fashion survey); Victoria and Albert Museum 1980: jewelry; Weiditz 1994: Germany (facsimile of costume book).

食物和烹饪

Braudel *Wheels* 1992: markets; Freeman 1943: herbs; Henisch 1876: feasts and fasting; Jeanneret 1981: banquets; Mintz 1985: sugar; Revel 1982: cultural contexts; Riley 1993: recipes.

疾病和死亡

Brockliss 1997: France; Cipolla 1976: public health; Cohn 1992: Italy; Freeman 1943: medicinal herbs; Gittings 1984: England (burial); Herlihy 1997: Black Death; Lindemann 2002: cures; Marland 1993: midwifery; Strocchia 1992: Florence (death rituals).

第十三章

结语：文艺复兴的遗产

学术

对文艺复兴遗产的任何讨论都应该考虑到那些重要的历史学家和批评家，他们用自己的观点向同时代的人解释着文艺复兴。每一个历史时期都是透过后世作家的眼光才得以看到，而那些作家各有其有意识的或下意识的动因。那些在20世纪前的西方文化中具有很大影响的作家有乔尔乔·瓦萨里（见第三章和第四章）、朱尔斯·米舍莱（1798—1874年）、雅各布·布克哈特（1818—1897年）、约翰·拉斯金（1819—1900年）、约翰·阿丁顿·西蒙兹（1840—1893年）和沃尔特·佩特（1839—1894年）。对我们关于文艺复兴的观点有重大影响的20世纪的作家包括三位艺术史专家，即伯纳德·贝伦森（1865—1959年）、阿比·沃伯格（1866—1929年）和埃尔温·帕诺夫斯基（1892—1968年），还有历史学家约翰·胡伊岑加（1872—1945年）、汉斯·巴龙（1900—1988年）、欧金尼奥·加林（1909年生）和保罗·奥斯卡·克里斯特勒（1905—1999年）。

朱尔斯·米舍莱是19世纪法国最杰出的历史学家之一。然而，他的著作则基于人性与自然密切相关的浪漫主义观念。米舍莱对文艺复兴的论述不承认天主教教义和教会政治策略在其中的持久作用，而强调文艺复兴是异教古代所引发的个人主义新时代。雅各布·布克哈特的历史方法是试图不借助真实的文献资料，而是通过阅读文学作品和其他出版物来把握时代精神。正像米舍莱那样，布克哈特集中论述了他相信是一种个人主义新态度的东西，从而把所看到的文艺复兴时期与此前时代的差异过分简单化了。然而，布克哈特关于人性发展一致的神话激发了许多学者转向文艺复兴，将其作为一个研究领域。约翰·拉斯金热爱威尼斯，他的著作主要关于建筑和艺术。他以19世纪批判的眼光来评判文艺复兴艺术，所以，他批评大多数16世纪的作品太重分析，过分精确，而他喜欢他所谓15世纪后半期的更自然的风格。正像许多批评家那样，拉斯金不是以当时的标准，而是根据他自己的审美标准来判断以前时代的创造性作品的。约翰·阿丁顿·西蒙兹的多卷本著作向英国读者解释了布克哈特的观点，并且充分阐述了他关于个人的概念。与布克哈特一样，无论在文艺复兴文化积极的还是消极的表现中，他都没有看到有组织的宗教对文艺复兴文化持续的重要性。沃尔特·佩特的著作对其他许多学者有重要影响，尤其是他关于文艺复兴时期的艺术家精神的印象性的然而又非常有力的论述。虽然他的许多批评是根据一个艺术家的作品来对其个性所做的武断假设，但是，那种观点还是为以后的研究提供了富于成果的领域。

伯纳德·贝伦森自己的遗产包括佛罗伦萨附近的塔蒂山庄（Villa I Tatti），他将其遗赠给哈佛大学，作为该校的意大利文艺复兴研究中心。贝伦森练就了自己在艺术鉴定方面的能力，他主要通过形态特征（艺术品的细部，如耳朵和眼睛的形状）来辨别艺术家及其流派。他关注的总是艺术品本身，而不是它们产生于其中的文化。贝伦森出版的著作有助于普及文艺复兴艺术，他认为文艺复兴时期是一个艺术创造的黄金时代。与贝伦森不同，阿比·沃伯格是一位文化历史学家。他个人的部分遗产就是他的图书馆，即伦敦沃伯格研究所。沃伯格的图像研究是一个跨学科的研究，其预示了盛行于今天文艺复兴学术中的多学科研究。他对古代异教神祇的深入研究不仅渗透了他自己的著作，而且也充满了他学生的那些著作。埃尔温·帕诺夫斯基是沃伯格的一个犹太学生，他于1934年逃往美国。随后，他的大多数用英语出版的著作对在他移居的国家作为一个新兴学术领域的艺术史非常有影响。帕诺夫斯基讲授图像研究（iconography）和图像学（iconology），前者是探究文艺复兴艺术的“实质”（what），后者是分析“原因”（why），阐释其文化背景中的文艺复兴艺术品。

约翰·胡伊岑加批判了布克哈特及其追随者对个人的强调。他不把文艺复兴时期看作一个黄金时代，而相反将其看作是中世纪与近代之间的一个骚动的过渡时期。胡伊岑加或许会同意今天一些学者的观点，他们用“近代早期”取代“文艺复兴”来描述这一时代。汉斯·巴龙为避纳粹迫害，于1938年逃往美国。与帕诺夫斯基的那些著作一样，他的主要著作也是用英语出版的，因而使他的观点比如果他用德语出版拥有了多得多的第一批读者。巴龙认为15世纪的人文主义比运动早期更多地卷入政治和社会事务，所以，他使人们认识到文艺复兴时期的市民人文主义包含着近代共和主义的萌芽。他对马基雅维利著作的详细研究揭示出这位16世纪作家所具有的新生的共和主义倾向。欧金尼奥·加林是一位哲学教授，他探究了文艺复兴人文主义的哲学方面。“哲学”（philosophy）这一术语本身的意思就是“智慧之爱”，因而加林的著作描述了对文艺复兴时期的人文主义者至关重要的若干智慧和学术的根源。保罗·奥斯卡·克里斯特勒也是从德国逃到美国的，他于1939年开始在哥伦比亚大学执教。他在20世纪发表的文艺复兴方面的论著比任何其他美国学者都要多。他大量的论著和幸运的长寿加强了意大利在文艺复兴方面的霸权。克里斯特勒强调了人文主义在文艺复兴教育中的意义，而且，他还将其职业生涯的部分时间用于发现15世纪和16世纪的学者们还能得到的文献写本。

文艺复兴的影响

人文主义教育模式在西方世界一直存留到20世纪中叶，它强调的是语言和语文学教育，用拉丁语授课直到19世纪。课堂所用的许多古典文献是文艺复兴时期的人文主义者发现和校订的。在18世纪，由文艺复兴所传播的对古罗马共和主义的崇尚在欧洲和美国得到效仿。策划法国和美国革命的那些个人都为文艺复兴时期威尼斯和佛罗伦萨的共和榜样所激励。几个欧洲国家，尤其是波兰，其近代民族形成于19世纪，它们也受到自己文艺复兴时期的榜样的鼓舞。

当18世纪晚期和19世纪早期的新兴共和国开始建造值得注意的建筑时，最流行的建筑榜样是帕拉迪奥设计的建筑。例如托马斯·杰斐逊就拥有一本帕拉迪奥建筑学著作的抄本，并且仿效帕拉迪奥设计的圆形别墅设计了他自己在弗吉尼亚家乡的蒙蒂切洛山庄。在英国和美国，帕拉迪奥都因为其与威尼斯共和国的联系，同样也因为他的建筑技能而受人欢迎。半古典风格的宫殿曾一度到受 19 世纪和 20 世纪初的银行家和其他富裕商人的喜爱。它们使人联想到文艺复兴时期的美第奇家族和其他有权势的金融家，这就赋予它们一种权威和永恒的气质。

17 世纪的科学革命始于文艺复兴时期的人文主义者，他们对古典文献的权威性提出了质疑。新校订和翻译的希腊数学家的著作使学者们注意到这一研究领域，而且代数学和几何学方面的进步最终导致了一个世纪后的科学发现。17 世纪和 18 世纪的医学研究源于 16 世纪的解剖学著作。随着学生在医院中观察老师的治病过程，临床医学也就在文艺复兴时期开始了。尤其是取代了宇宙地球中心说的哥白尼宇宙体系使人们认识到，最基本的科学假设也应该被检验，或许还要被修正。

所有艺术都得益于文艺复兴的贡献。在这时期，第一次有了配乐抒情诗的表演，牧歌就是一个典型的实例。歌剧常常取材于文艺复兴时期的历史，威尔第的《唐·卡洛》（*Don Carlo*, 1867 年）是创造性地处理历史事实的著名例子。现代文学的基础是由文艺复兴时期的学者奠定的，他们讨论了文学的目的等问题。文艺复兴期间讨论过的文学体裁的概念有助于后世批评家系统阐述自己的理论观点。再生于文艺复兴时期的现实主义人物雕刻仍然是今天许多委托制作的纪念性作品的准则。画家们遵循着文艺复兴的榜样，在两维画面上创造三维幻觉。绘画班上仍然在讲授文艺复兴时期的透视学原则。文艺复兴期间发展起来的版画技术绵延不断地存在了数个世纪。今天创作凹雕版画的版画家依然使用着与他们的前辈同样的工具和技术。在图像方面，文艺复兴对艺术家的影响或许超过了其他任何时代。例如，甚至在今天，摄影家辛迪·舍曼还以文艺复兴肖像风格来表现自己。无论是对文艺复兴时期的艺术家的戏仿还是对其才能的心悦诚服，他们的作品总是赋予视觉艺术家以灵感。

在大众文化方面，文艺复兴仍然活着，虽然其常常被歪曲和夸张。莎士比亚戏剧是现代剧院和电影院中最为流行的文艺复兴时期的文化产品。莎士比亚戏剧中大约有二十多部拍成了电影，另外，从 1985 年黑泽明导演的《乱》（改编自《李尔王》）到一部现代版的《哈姆雷特》，有十多部电影是根据他的戏剧改编的。取材于文艺复兴时期历史的电影有三十多部，几乎所有都集中描述该时代的无节制现象——贪婪、性欲、残酷、暴力等。这些影片中有好几部是著名艺术家和统治者的传记片，它们进一步加强了一个现代人的假设，即文艺复兴时期的人物不同寻常。而与他们的不同寻常形成对比的正是我们自己的寻常生活。文艺复兴时期有它自己的行为标准和期望水平。如果我们要理解西方历史上这一时期的任何事情，我们都必须根据其本身的情况来探究它。

术语汇编

abatis **鹿砦**　法语名词，指一种防御工事。该工事由若干排朝向敌方一端削尖了的树枝或小树干组成，这些树枝有时用铁丝或绳索捆绑在一起。

all'antica **古风的**　意大利术语，意即“古代（罗马）风格的”。

altarpiece **祭坛装饰画或雕刻**　是表现耶稣受难或其他基督教主题的绘画或雕刻作品。它可以是单独一件，或者由合叶连在一起的若干部分组成。祭坛装饰画或雕刻被置于教堂或礼拜堂的祭坛的上面，或者祭坛的后面，也可以悬挂在祭坛上方。

anamorphosis **变形影像**　指须斜着眼或者用曲面镜才看得到的歪曲了的影像。

Annunciation **天使报喜**　指天使加布里埃尔通报圣母玛利亚，她已怀上了基督。

Apocalypse**《启示录》**《圣经》中关于天启的一卷书，其中充满着象征性的预示邪恶势力巨大破坏力的描述。

arcade **连拱廊**　指建于列柱或扶垛上的连续的若干拱廊。

arcuated **拱式的**　意思是“有任何形式的拱廊的”。

arquebus **火绳钩枪**　是重型而又便携的火绳枪，通常要从一个支架上发射。

artillery **大炮**　是用来发射炮弹的武器（此处指不能由单个士兵运送的火炮）。

azimuth compass **方位罗盘**　是考虑到了地球的磁偏角的航海罗盘（“azimuth”是一个阿拉伯语单词的复数形式，该词的意思为“方向”）。

ballade **叙事歌**　是法国中世纪的配乐诗歌体裁，韵式通常是AAB，其在15世纪非常流行。

barrel vault **桶形穹顶**　又叫“隧道”穹顶，是半圆筒形的穹顶。

bas relief **半浮雕**　法语名词，意思是“浅浮雕”，即所雕图案浅浅地凸出于底面的雕刻。

basse danse **巴斯舞曲**　是一种法国和意大利

的舞曲，由一组简单舒缓的旋律组成，是为优雅的宫廷舞蹈提供伴奏的即兴音乐的主要成分。

bastion 或 bastion trace **棱堡**　是一个防御建筑的凸出部分，它从主防御城墙斜伸出来，通常是底部比顶部更宽大。

billhook 或 bill **长柄钩镰**　是带有钩形刀刃的长柄矛。

blank verse **无韵诗**　无韵抑扬格五音步诗歌，在英语诗歌中很重要。

block book **木版书**　是 15 世纪主要在德国和尼德兰出现的木版印刷的图画书。

blunderbuss **大口径短程火枪**　见 musket（火枪）。

bombard **臼炮**　是一种射石炮。

boulevard **壁垒**　见 bulwark（堡垒）。

bulwark **堡垒**　是坚固的防御性墙体，通常用泥土、木材和石头垒砌成 U 字形。

burin **雕刻刀**　指带有锋利的斜尖头的刻制版画的工具。

caltrop **铁蒺藜**　一种防御性器具。是在一块中心木上安装至少向四个方向伸出的铁刺或铁钉来制成的，使用时将其伪装起来或抛在地上即可，是为阻止步兵和骑兵而设计的（该词源于古英语，是指植物“星蓟草”）。

cameo **阳雕宝石**　指一种雕刻宝石，所雕图案以浮雕的形式凸出于宝石表面。参见 intaglio（阴雕宝石）。

cantus **歌**　拉丁语名词，意为“歌”。歌曲的统称，也指复调乐曲中的高声部。

cantus firmus **固定旋律**　拉丁语名词，意为“固定旋律”。指一种构成复调乐曲的基本成分的旋律，常常写作“plainchant”或“plainsong”。

capital **柱头**　立柱的顶部，常常带有雕饰细部。

cartoon **草图**　指画在纸上的全尺寸样图，供制作绘画、挂毯、壁画、镶嵌画以及其他艺术品时使用。

cartouche **涡卷饰**　带有涡卷形边的装饰性设计，通常用作家族纹章的一个横带或一个边框。

cavalry **骑兵**　军中骑马作战的部队。

centric point **中心点**　见 persective（透视法）。

chanson **歌谣**　一种抒情诗歌的统称，也指复调歌曲（其是一个法语名词，意为“歌曲”）。

cheval-de-frise **弗里斯兰马**　法语名词，指一种防御装置，由安装有许多铁钉的粗大木架、圆木或大桶构成，常常用来堵城墙缺口。该词的复数形式是“chevaux-de-frise”。

chiaroscuro **明暗对照木刻技法**　意大利名词，

意为“明暗”，最早于17世纪用来描述有显著的明暗差别的版画。

chivalric romance **骑士传奇** 强调中世纪宫廷的优雅风度和崇高理想的散文和诗歌作品。

clerestory **气楼** 是屋顶上高于周围较低矮组成的部分，通常带有窗户。

coat of arms **盾徽** 纹章设计图案，常常在其上方有饰章，以识别个人、社团或机构。

coffers **天顶镶板** 装饰天花板的镶板。

column **立柱** 竖立的支柱，通常是圆柱形的。

comedy **喜剧** 有愉快结局的逗笑的戏剧作品。

compass rose **罗经花** 在波多兰航海图（Portolan chart）上绕着辐辏的罗盘方位线画出的圆环形图案，用来标明风向。16世纪的罗经花色彩鲜艳，制作精巧。

condottiere **雇佣军首领** 意大利语名词，指率领至少由一队穿戴护甲的骑兵组成的雇佣军的首领。该词的复数形式是“condottieri”。

contrapposto **对应法** 意大利语术语，原意为“对应的”，此种技法被用来设计直立的仿古人物雕像。如雕像一条腿微微向前，那么，（通常）与之对应的手臂就要伸出或弯曲。

copla **短歌** 西班牙的抒情诗体裁，通常其韵式为ABCB。

cornice **上楣** 由屋顶轮廓线向外伸出的柱头盘的构成部分。

crossbow **弩** 一种与其底座成直角交叉的短弓，它是由摇动绞盘产生的拉力来开弓的。当箭矢发射时，弓与地面是平行的。

Crucifixion **耶稣被钉死在十字架上的图或雕像** 描绘耶稣被钉在十字架上的图画或雕像，其在文艺复兴时期的每一个天主教家庭都有。

damascene **金银镶花** 用贵金属镶花图案（来自于大马士革的）装饰金属器皿，也指装饰作品本身。

Dance of Death **死神之舞** 通常以骷髅形状出现的死神与生者在一起跳舞的场景。

Deposition **从十字架上放下** 把基督从十字架上放下来的举动。

device **题铭** 见 impresa（纹章题铭）。

diptych **双联画** 由折叶连在一起的两幅绘画组成的祭坛画或其他绘画作品。

drypoint **铜版雕刻术** 用锋利的针在一块铜板上刻制图案的方法，有时要刻绘主要图样，有时要放大图样。这一方法产生的线条要柔和一些。

earthwork **土木工事** 战地防御工事，如堤防，需将泥土搬运到指定位置。

eclogue **牧歌** 一种短诗，常常以对话形式描写田园生活（该词来自希腊语，原意为“选择”，意指一首精选的诗歌）。

elegy **挽歌** 哀歌，通常是以诗歌形式来悼亡的作品。

emblem **寓意画** 结合文学和图画的作品，出现于16世纪初期，其由箴言、图画和诗歌或短文构成。

emboss **用浮雕装饰** 在一个平面上或圆形的表面上做浮雕装饰。

embossed **压花的** 指在金属上压制浮雕图像或图案的。

enfilade fire **纵射火力** 从侧翼纵向射击敌军的火力。

engraving 或 intaglio **凹雕版画制作法** 一种版画制作方法，即用雕刀在金属或木板上刻制图案，将涂在这些图案上的墨用滚筒压印到纸上或羊皮纸上。

entablature **檐部** 古典建筑正立面的上部，由额枋（底部）、檐壁（中部，有装饰或铭文）和檐口（顶部）组成。

epic **史诗** 通常是相当长的歌颂英雄人物（历史的或虚构的）的叙事诗。

epigram **警句** 短小而又常常机智的表现单一主题的诗歌。

Epiphany **主显日** 东方三贤在伯利恒见到新生耶稣的日子（1月6日）。

epitaph **墓志铭** 陵墓上的铭文或纪念死者的短文。例如“安息吧，与天使同在”。

etch **蚀刻术** 用酸一类化学药剂依照所刻样图在材料表面腐蚀出装饰图案的方法。

Eucharist **圣餐礼** 信徒分享圣餐用面包（圣饼），有时也要分享象征基督的血的红酒的弥撒仪式。

euphuism **尤弗伊斯体** 使用对偶（意思上两相对比的语句）到了极端的文体（该词源于黎里1578年的散文传奇作品《尤弗伊斯》）。

faience **法恩扎彩釉陶器** 意大利的花饰陶器，其在大多数欧洲其他地区被称为法恩扎彩釉陶器，因为它产于法恩扎。

farce **滑稽戏** 幽默讽刺剧，剧中有荒谬可笑的情节，常常有讽刺的或粗俗的成分。

fire lance **喷火枪** 原始的火焰喷射器。

firearm **火器** 用来发射枪弹的武器（这里指能够由单个士兵携带的枪，如火绳枪或火枪）。

fletch **箭** 一种箭矢。该词源于法语名词flèche。

flintlock **燧发机** 在枪的击铁上安装一块燧石，以便敲击出的火星能点燃炸药的装置。

fresco **湿壁画** 指壁画的一种，该意大利术语原意为“新近的”，因为湿壁画的绘制方法是用溶于水中的颜料在新近抹了灰泥的墙上作壁画。也参见 secco（干壁画）。

friar **托钵僧**　托钵修会的成员。

gabion **石笼**　装满泥土的柳条筐，用作屏障防御来自地面或战壕里的士兵的射击。

galliard **加利亚德舞**　轻快的三拍子舞曲，16 世纪晚期在英国非常流行。

gauffering **烫花装饰法**　一种装饰装订书和抄本的金边的技术，即用一种加热的工具来烫出点、花等简单花纹。

genre painting **风俗画**　表现日常生活主题和场景的绘画作品（最早于 18 世纪被用来作为描述艺术的一个术语）。

gesso **石膏**　用来铸型和装饰家具细部的石膏料，也用来涂在木版表面作为木版画的底子。

gonfalone **旌旗**　意大利语名词，意指“军旗”。

gonfaloniere **旗手**　指意大利境内一个行政区的行政长官（在佛罗伦萨也被用来指执政团的首脑）。

graffito **刻画装饰法**　是一个意大利语术语，其复数形式为“graffiti”，指在墙体、器物等表面刻画出来的图案，尤其是指通过刮透上一色层以制出画于其下的另一种颜色的图案。

grisaille **灰色单色画法**　法语术语，意为“带灰色的”，指用单色绘画。

grotesque **奇异风格**　古罗马的奇形怪状的墙上装饰图案，文艺复兴时期发现于洞穴（grotto）之中（因而是“洞穴画风格”，而不是现代带有可怕意思的“奇异风格”）。

guild **行会**　具有共同利益的，通常是为销售而生产产品的人们结成的团体，其具有组织结构（该词源于古英语中的“payment”一词）。

gunpowder **火药**　硫黄、木炭和硝酸钾在一起研磨而成的混合物。

halberd **戟**　是将矛头和战斧合一安装在大约六英尺长的长柄上的一种武器。

harquebus **火绳枪**　见 arquebus（火绳钩枪）。

heraldry **宗谱纹章学**　指追溯宗谱的行为，也指设计和记录纹章。

Huguenot **胡格诺教徒**　指法国的加尔文教徒。“Huguenot”这个词源于一个德语词，意思是“同盟者”。

Hussite **胡斯信徒**　宗教改革家胡斯的追随者。

iconoclasm **破坏圣像**　指对圣像或者一般的画像的毁坏，尤其指新教徒对天主教画像的毁坏。

impresa（复数形式是“imprese”）**纹章图案**　意大利语名词，指配有题铭的象征性图案（英语写作“device”）。

incunable 古版书 1501 年之前在欧洲印刷的书籍。该词源于拉丁语，意为“摇篮”，即印刷术的发端时期。

infantry 步兵 徒步作战的士兵。

intaglio 阴雕宝石 雕刻宝石，所刻图案凹于宝石表面。也参见 cameo（阳雕宝石）和 engraving（凹雕版画制作法）。

intarsia 细木镶嵌工艺 木器镶嵌装饰工艺。该词源于意大利语词“tarsia”。也参见 marquetry（镶嵌细工）。

intermedio 间奏曲 幕间演奏的戏剧音乐插曲，产生于 15 世纪末。

Lamentation 哀悼基督 在基督从十字架上被放下后，对基督尸体的致哀。

Landsnechte 雇佣步兵 德语名词，意为“平原上的人”，通常指 16 世纪日耳曼皇帝的军队（步兵）。

lantern 穹隆顶拱 穹隆的顶部，常常是用来采光和通气的。

Last Supper 最后的晚餐 基督在被犹大出卖的那夜与其门徒一起共进的晚餐。也参见 Eucharist（圣餐礼）。

loggia 凉廊 一边或两边敞开的拱廊。

Lollard 罗拉德 宗教改革家约翰·威克利夫的追随者。

longbow 大弓 手持木制弓箭，射箭时弓垂直于地面。

lunette 月牙形 半圆形。该词源于拉丁语 luna，意为“月亮”。

madrigal 牧歌 配有优美音乐的世俗的不分节诗歌，其始于 16 世纪（晚期中古牧歌是另外一种体裁）。

Magnificat 圣母玛利亚赞美歌 为《路加福音》第一节第 46 行至第 55 行，赞美圣母的经文配的圣乐。

majolica 马略尔卡陶器 锡釉陶器。也参见 faience（法恩扎彩釉陶器）。

Mannerism 风格主义 描述大约 1520 年以后某些文艺复兴艺术中的夸饰的、奇巧的表现形式。

mantlet 活动掩体 通常指安装有轮子的掩体，它能够保护进攻被围建筑的军队。

marquetry 镶嵌细工 装饰工艺，将小木块、珍珠母、象牙和其他材料镶嵌入一块木镶板。也参见 intarsia（细木镶嵌工艺）。

mass 弥撒曲 起源于 7 世纪的庆祝圣餐礼的音乐。到 16 世纪，大多数弥撒音乐都是复调音乐，也有特殊类型的弥撒音乐，如为死者作的安魂弥撒曲。

matchlock 火绳 用来慢慢燃烧以点燃火枪后膛内的炸药的导火线。

mercenary **雇佣兵** 在外国军队中为酬金而作战的士兵。

militia **民兵** 被组织起来的愿意提供军事服务的公民。

miniature **彩饰或小肖像** （1）写本中彩绘的（“彩饰的”）图片，源于拉丁语“miniare”（装饰）；（2）小型肖像，通常是胸像或头像。

monk **修道士** 居住于修道院中的宗教僧团的男性成员。

monstrance **圣体匣** 陈列圣餐用面包（圣饼）的容器。该词源于拉丁语“monstrare”，意为“展示”。

Morisco **摩里斯科人** 生活在西班牙的摩尔人。

mosaic **马赛克** 用小块彩色玻璃、陶瓷片、大理石或石子镶嵌于灰泥或水泥上所形成的图像或几何图案。

motet **圣歌** 中古时期一个用得非常广泛的音乐术语；是一种重要的复调音乐体裁。

musket **火枪** 轻便的肩扛式长枪，通过枪口装子弹。

Nativity **基督诞生** 基督的出生。圣诞节是12月25日。

novel **长篇小说** 虚构的散文叙事作品，有复杂而冗长的故事情节。

novella **中篇小说** 中等长度的虚构散文故事（比长篇小说的篇幅短）。

nun **修女** 居住于女修院中的宗教僧团的女性成员。

octava rima **八行诗体** 韵式为ABABABCC的八行诗节的意大利诗歌形式。

ode **颂诗** 题材严肃、诗句复杂严谨的诗歌。在文艺复兴时期，颂诗常常用来纪念国事活动，如加冕礼或国葬。

order **柱式** 建筑立柱的描述性分类法，根据立柱的柱头和比例分为托斯卡纳柱式、陶立克柱式、爱奥尼亚柱式、科林斯柱式和混合柱式。

ordnance **大炮** 见 artillery（大炮）。

palisades **栅栏** 用尖桩修成的防御围栏。

parchment **羊皮纸** 用来印刷和绘画的不经制革处理的、用绵羊或山羊皮制作的皮纸。也参阅 vellum（精制皮纸）。

parody **滑稽戏仿** 对另一个作者的风格的模仿，通常是为了搞笑。

Passion **耶稣受难** 紧挨着耶稣被钉上十字架前后的那些事件，其具有与各个事件相关的特殊象征。

pastoral **田园诗或剧** 以乡村为背景的诗歌或戏剧作品，其中通常有牧羊人和牧羊女。

pavan **帕凡舞曲** 庄重的两拍子舞曲。

pediment **三角墙** 由两个斜楣和一个水平底部形成的三角形墙体，常常建在神庙的正立面。

pendentive **帆拱** 是支撑一个方形基础上的穹顶的过渡性石建筑。

Pentateuch **摩西五经** 见 Torah（托拉）。

Pentecost **圣灵降临节** 基督的门徒迎接圣灵的节日，圣灵通常以一只鸽子的形式到来。又叫降灵节，时间在复活节后第七个星期天。

perspective **透视画法** 在一个两维平面上造成三维立体错觉的艺术技法，它利用了平行线条在远处汇聚到了一个灭点的概念。文艺复兴时期称其为“中心点”。

Petrarchism **彼特拉克风格** 对弗朗切斯科·彼特拉克文学作品，通常是他的诗歌作品的效仿。

piazza **广场** 意大利语单词，意指城市广场。

picaresque novel **流浪汉小说** 以第一人称讲述异域冒险故事的散文体小说。该词源于西班牙语单词“picaro”，意为“流浪汉的”。

pier **支墩** 通常指体积巨大的直立的方形支座；也可以用来指其他竖立的构件（如窗户）之间的主体部分。

pike **长矛** 长柄重矛。

pilaster **壁柱** 稍微凸出于墙面的扁平柱状物，通常是长方形的。

platitude **陈词滥调** 陈腐的论调，常常是相当枯燥无味的，有时还是令人厌烦的，例如，“我知道你的感受”。

Pléiade **七星诗社** 七位法国诗人组成的团体，从古代亚历山大里亚的诗人团体普勒阿得斯诗社（Pleiades）得名（普勒阿得斯诗社又从昴星团七星，即神话中阿特拉斯的七位女儿得名）。

polyptych **多联画** 由三幅以上的一组画作组成的祭坛画或其他绘画作品。

portico **门廊** 建筑入口处有屋顶的柱廊。

portolan **航海指南** 用于近海航行的航海指南。

portolan chart **波多兰航海图** 通常指绘制在羊皮纸上的航海图，标明了海岸线，绘有从中心点向外呈辐射状伸出的罗盘方位线；在北欧也被称为航道图（rutter，因为它标明了航海路线）。也参阅 compass rose, wind rose（罗经花，风玫瑰）。

predella **祭坛背壁绘画** 意大利语术语，（通常）指祭坛画底部的小型绘画作品，常常描绘的是某位圣徒、圣母或基督的生平故事。

prie-dieu **祈祷台** 法语名词（意为“向上帝祈祷”，复数形式为“prie-dieux”），指带有一个放置祈祷书的架子，用于私人祷告的跪祷台。

putto **男小天使**　拉丁语名词，意为“男孩”（复数形式是 *putti*），其被描绘为带着翅膀的裸体小男孩，通常与爱神厄洛斯（丘比特）联系起来。

regulars **修道士**　发愿清贫和顺从的修道士，常常远离世俗世界，生活在隐修团体中。该词源于拉丁语词“regula”，意为“规则”，即他们教团的教规。

reliquary **圣盒**　常常是一个贵重而又精美的器物，圣徒遗物藏于其中。

Resurrection **基督复活**　基督从其墓中复活。

rhumb lines **罗盘方位线**　航海图上从中点向外呈辐射状伸出的直线，用来标明航海方向；也参阅 compass rose, wind rose（罗经花，风玫瑰）。

rifle **来复枪**　枪膛内凿制有螺旋形的膛线的枪。

romance **传奇**　见 chivalric romance（骑士传奇）。

rondeau **回旋歌**　是带有叠歌的歌曲，该词来源于“ronde”（回旋），意指在每节诗歌结尾部分反复出现叠句。在 15 世纪，回旋歌是西欧居于支配地位的歌曲形式。

rustication **粗面石工**　在石面上凿出粗纹的石工技术。

rutter **航道图**　见 portolan chart（航海图）。

sacra converzatione **神圣对话**　意大利语词组，意为“神圣的对话”；也指描绘圣母、圣婴与一位或几位圣徒在一起的绘画作品。

satire **讽刺作品**　常常使用反讽或讥讽的手法，嘲笑或挖苦邪恶和人类弱点的任何体裁的作品。

secco **干壁画**　意大利语名词，意为“干的”，指用溶于水中的颜料在干的灰泥墙上作画的壁画绘制方法；也参阅 fresco（湿壁画）。

serpentine **蛇形大炮**　回旋炮。

sfumato **晕涂**　意大利语单词，意为“烟雾朦胧的”，该词被用来描述对深色调的巧妙的转换，而不用线条来勾勒。

siege tower **攻城塔**　用来攻击高大建筑外墙的装有轮子的塔楼。

siglo de oro **黄金时代**　西班牙语词组，意为“黄金时代”，是指西班牙盛期文艺复兴的文学和艺术。

smoothbore **滑膛枪**　枪膛光滑没有凿制来复线的枪。

sonnet **十四行诗**　抑扬格五音步（法语十四行诗是六音步）十四行诗，常在八行或十二行之后有一个思想转折，结尾处是一个联句。该词源于意大利语单词“sonetto”，指小曲。

tempera **蛋彩画**　用另类的溶剂，通常是蛋黄来调和的颜料，它被以薄薄地分层设色的方法来使用。用这种方法会由于让白色底子透出来而显得有光泽。

terra-cotta **赤陶** 意大利语词，意为“烧过的土”，指不上釉的红色陶器，主要是陶砖和陶瓦；也用来指称与那种陶器的颜色相似的颜色。

terza rima **三行诗节隔句押韵诗体** 意大利诗歌形式，三行一小节，韵式为ABA、BCB……如此类推。但丁的《神曲》就是以三行诗节隔句押韵诗体写的。

Torah **托拉** 圣经《旧约》的头五卷，也叫《五经》或《摩西五经》，是写在犊皮纸或羊皮纸书卷上的。

trace **示意图** 防御工事的平面图。

tragedy **悲剧** 一种戏剧，其主角与更强大的势力抗争，有一个凄惨的或可怕的结局。

tragicomedy **悲喜剧** 结合喜剧和悲剧的一种戏剧作品，其中既有“高贵的”也有“卑下的”人物角色。

trebuchet **投射机** 一种攻城机械装置，它或者被用来投掷各种投射物，包括牛和俘虏，或者被用来投射石头轰击防御城墙。

triptych **三联画** 三幅一组的祭坛画或其他绘画作品，常常是用折叶连在一起的。

trompe l'oeil **错视画** 法语词组，意为“它愚弄了眼睛”，用来指在两维绘画或镶嵌作品（木制镶嵌作品）中的虚幻的三维建筑和物体。

trou de loup **有尖桩的陷阱** 法语词组，原意为狼阱。指一个加了伪装的圆形陷坑，坑壁向内倾斜，有一人多深，其底部土中插有尖桩。

vellum **精制皮纸** 用来印刷和绘画的不经制革处理的小绵羊、小山羊或牛犊的皮制作的皮纸；也指用死胎或新生动物皮制作的皮纸。

villancico **维兰西科歌** 是西班牙的配乐民谣。它始于15世纪，在16世纪，牧歌曾对其复调式附加部分有影响。大约到16世纪末，它的内容变得更具宗教性质了。

virelai **维勒莱歌** 是15世纪流行于法国的一种配乐诗歌形式，其韵式通常是ABBAA。

volley fire **群射** 一组发射物（如箭矢）同时射击。

Wagenburg **车阵** 德语词，意为“车的堡垒”（字面意思是车山），是15世纪胡斯信徒所实施的一种防御策略。它是将若干辆车子，有的可能被倒放着，用链子连在一起，围成圆形或半圆形的车阵，其中央安排有15到20个持火器和石弩的士兵（这与美国西部的“环形车阵”同一概念）；该词也指载有若干小型火炮的大型马车。

wheel lock **转轮点火机** 一种前装式枪上的点火装置，它通过一个转轮来击打出火星点燃火药。

wind rose 风玫瑰 是航海图上的罗经方位，图中有聚于一点的恒向线；也参阅 compass rose（罗经花）。

woodcut relief 木刻凸雕版画制作法 一种版画制作方法，是用雕刀在木版上雕刻，由未雕去的部分来形成图案，然后将涂在这些图案上的墨用滚筒压印到纸上或羊皮纸上。

年代序列表

1400 年	杰弗里·乔叟逝世
1401 年	洛伦佐·吉贝尔蒂赢得为佛罗伦萨洗礼堂建造青铜门的竞赛
1407 年	第一家国家银行在热那亚成立
1414—1418 年	康斯坦茨公会议
1415 年	扬·胡斯被火刑处死
1415 年	阿金库尔战役
1417 年	教廷大分裂结束
1420 年	《特鲁瓦条约》
1428 年	奥尔良围攻战
1430—1432 年	多那泰罗创作青铜雕塑《大卫》
1431 年	贞德被火刑处死
1431—1449 年	巴塞尔公会议
约 1432 年	《根特祭坛画》完成
1434 年	吉尔·埃亚内斯到达西非海岸的博哈多尔角
1435 年	菲利波·布鲁内莱斯基完成佛罗伦萨大教堂穹顶
1435 年	莱昂·巴蒂斯塔·阿尔伯蒂写作了他的关于绘画的论著
1436 年	《阿拉斯协定》
1438 年	哈布斯堡家族确立对神圣罗马帝国的控制
1438 年	皮萨内罗铸造了第一枚著名的文艺复兴时期的像章
1438—1445 年	佛罗伦萨公会议（费拉拉—佛罗伦萨公会议）
1444 年	《图尔条约》
1450 年	福尔米尼战役
约 1450 年	马拉泰斯塔诺教堂的翻新工程完成
15 世纪 50 年代	活字在印刷中的成功应用
1453 年	土耳其军队攻占君士坦丁堡
1454 年	《洛迪和约》

1455—1460 年	皮耶罗·德拉·弗朗切斯卡绘制湿壁画《真十字架传奇》
1469 年	通过伊莎贝拉与斐迪南的婚姻西班牙实现合并
1484 年	迪奥戈·康航行进入刚果河河口湾
1485 年	博斯沃思战役
1485 年	隆达围攻战
1488 年	巴尔托洛梅乌斯·迪亚斯绕过好望角
1490 年	第一次印刷出版盖仑著作的拉丁文版
1492 年	西班牙军队在格拉纳达打败穆斯林
1492 年	克里斯托弗·哥伦布航行到达加勒比诸海岛
1494 年	法国军队入侵意大利
1494 年	萨沃纳罗拉被绞死并烧尸于火刑柱
1494 年	《托德西拉斯和约》
1497 年	约翰·卡伯特抵达北美
1497—1498 年	瓦斯科·达·伽马绕过非洲南端，航行到达印度
1498 年	阿尔布莱希特·丢勒发表版画《启示录组图》
1500 年	佩德罗·卡布拉尔发现巴西海岸
1503 年	切里尼奥拉战役
约 1505 年	怀表的发明
1509 年	阿尼亚德罗战役（吉亚纳达达战役）
1511 年	葡萄牙军队占领马六甲城
1512 年	拉韦纳战役
1512—1517 年	第五次拉特兰公会议
1513 年	诺瓦拉战役
1513 年	胡安·庞塞·德·莱昂探险佛罗里达海岸
1513 年	努涅斯·德·巴尔博厄发现太平洋
1513 年	尼科洛·马基雅维利写作《君主论》
1515 年	马里尼亚诺战役
1517 年	马丁·路德把《九十五条论纲》钉在了维滕贝格教堂的门上
1519—1522 年	费迪南德·麦哲伦出发进行环球航行，死于途中；这次环球航行由塞巴斯蒂安·德尔·卡诺最后完成
1519—1538 年	埃尔南·科尔特斯探险和征服墨西哥
1521 年	特诺奇蒂特兰围攻战
1522 年	比奥卡战役
1523 年	乔万尼·达·维拉扎诺从法国出发进行探险航行，沿北美东海岸航行，进入今天的纽约港

1525年	帕维亚战役
1526年	莫哈克斯战役
1526年	《马德里条约》
1527年	皇帝军队洗劫罗马
1528年	巴尔达萨雷·卡斯蒂利奥内写作《廷臣》
1529年	《康布雷和约》
1529年	维也纳围城战
1529年	《萨拉戈萨条约》
1532年	弗朗索瓦·拉伯雷开始发表他的讽刺小说
1534年	亨利八世宣布了其至尊统治地位并没收了天主教会的财产
1534年	伊纳爵·罗耀拉建立耶稣会
1534—1535年	雅克·卡蒂埃进入圣劳伦斯湾
1535年	突尼斯战役
1539—1541年	埃尔南多·德·索托探险今天的美国东南部
1540年	埃尔南多·德·阿拉孔到达加利福尼亚
1540—1542年	瓦斯克斯·德·科罗纳多穿越今天美国东南部和中南部
1541年	让·加尔文在日内瓦开始新教改革
1543年	安德烈亚·维萨利乌斯发表他的第一部解剖学论著
1543年	尼古拉·哥白尼发表他的宇宙太阳中心说
1545—1563年	特兰特公会议（其间有若干次长时间的中断）
1547年	米尔堡战役
1550年	乔尔乔·瓦萨里出版《艺苑名人传》
1553年	马齐亚诺战役
1555年	《奥格斯堡和约》
1556年	格奥尔格·阿格里科拉出版他的《论冶金》
1557年	圣昆廷战役
1559年	《卡托-堪布累齐和约》
1567年	帕拉迪奥开始建造维琴察的圆形别墅
1569年	墨卡托投影图被第一次发表
1571年	勒班陀战役
1576—1578年	马丁·弗罗比舍试图寻找一条西北通道
1577—1580年	弗朗西斯·德雷克爵士环球航行
1580年	西班牙开始统治葡萄牙
1582年	格列高利历法改革
1583年	汉弗莱·吉尔伯特爵士到达纽芬兰

1585 年	沃尔特·雷利爵士及其同伴在罗阿诺克岛建立英国在美洲的第一个殖民地
1588 年	米歇尔·德·蒙田写作他的《随笔》
1588 年	西班牙无敌舰队进攻英国失败
1594—1597 年	威廉·巴伦支在北极地区探险
1598 年	《韦尔万和约》
1616 年	威廉·莎士比亚去世

博物馆和其他美术馆

奥地利，维也纳：	艺术史博物馆（Kunsthistorisches Museum）
比利时，安特卫普：	普兰丁—莫雷图斯博物馆（Musée Plantin-Moretus）
加拿大，蒙特利尔：	美术馆（Museum of Fine Arts）
加拿大，多伦多：	国家美术馆（National Gallery）
英国，利兹：	皇家军械博物馆（Royal Armouies Museum）
英国，伦敦：	大英图书馆（British Library）
英国，伦敦：	大英博物馆（British Museum）
英国，伦敦：	国家美术馆（National Gallery）
英国，伦敦	国家航海博物馆（National Maritime Museum）
英国，伦敦：	维多利亚和阿尔伯特博物馆（Victoria and Albert Museum）
英国，伦敦：	华莱士收藏馆（The Wallace Collection）
英国，牛津：	阿什莫利恩艺术和考古博物馆（Ashmolean Museum of Art and Archaeology）
英国，牛津：	科学史博物馆（Museum of the History of Science）
英国，牛津：	萨克勒图书馆（The Sackler Library）
法国，尚蒂伊：	孔戴博物馆（Musée Condé）
法国，里昂：	装饰艺术博物馆（Musée des Tissus er des Arts Décoratifs）
法国，巴黎：	国家图书馆（Bibliothèque Mationale）
法国，巴黎：	卢浮宫博物馆（Musée Du Louvre）
德国，柏林：	国家美术馆（Gemäldegalerie, Staatlishe Museen）
德国，德累斯顿：	国家博物馆军械陈列馆（Rüstkammerm Staatlishe Kunst-sammlungen）
德国，汉堡：	美术馆（Kusthalle）
德国，美因茨：	谷登堡博物馆（Gutenberg Museum）
德国，慕尼黑：	旧美术馆（Alte Pinakothek）
德国，纽伦堡：	国立日耳曼民族博物馆（Germanisches Nationalmuseum）

意大利，法恩扎：	国际陶瓷博物馆（Museo Internazuioinale delle Ceramiche）
意大利，佛罗伦萨：	乌菲齐美术馆（Galleria degli Uffizi）
意大利，佛罗伦萨：	学院美术馆（Galleria dell'Accademia）
意大利，佛罗伦萨：	科学史博物馆（Instituto e Museo di Storia della Scienza）
意大利，米兰：	安布罗西图书及美术馆（Biblioteca-Pinacoteca Ambrosiana）
意大利，米兰：	布雷拉美术馆（Pinacoteca di Brera）
意大利，罗马：	国家乐器博物馆（Museo Nazionale degli Strumenti Musicali）
意大利，梵蒂冈城：	梵蒂冈博物馆（Musei Vaticani）
意大利，威尼斯：	学院美术馆（Galleria dell'Accademia）
荷兰，阿姆斯特丹：	国家博物馆（Rijksmuseum）
荷兰，阿姆斯特丹：	航海博物馆（Scheepvaaritmuseum）
荷兰，莱登：	波尔哈夫博物馆（Museum Boerhaave）
荷兰，鹿特丹：	波伊曼·凡·布尼根博物馆（Museum Boijmans-van Beuningen）
葡萄牙，里斯本：	国家图书馆（Biblioteca Nacional）
葡萄牙，里斯本：	音乐博物馆（Museu da Música）
葡萄牙，里斯本：	国家瓷砖艺术博物馆（Museu Nacional do Azulejo）
俄罗斯，莫斯科：	格林卡国家音乐文化博物馆（Glinka State Museum of Musical Culture）
俄罗斯，圣彼得堡：	遗产博物馆（Hermitage Museum）
苏格兰，爱丁堡：	国家美术馆（National Gallery）
西班牙，巴塞罗那：	海事博物馆（Museu Maritim）
西班牙，马德里：	国家图书馆（Biblioteca Nacional）
西班牙，马德里：	蒂森—博尔内米萨博物馆（Meseo Thyssen-Bornemisza）
瑞士，日内瓦：	阿里亚纳博物馆（Musée Ariana）
美国，波士顿：	美术馆（Museum of Fine Arts）
美国，芝加哥：	芝加哥艺术博物馆（Art Institute of Chicago）
美国，洛杉矶：	J. 保罗·格蒂博物馆（J. Paul Getty Museum）
美国，洛杉矶：	洛杉矶郡立美术馆（Los Angeles County Museum of Art）
美国，纽约城：	大都会艺术博物馆（Metropolitan Museum of Art）
美国，纽约城：	摩根图书馆（The Morgan Lirary）
美国，纽约城：	弗里克美术馆（The Frick Collection）
美国，帕萨迪纳：	诺顿·西蒙博物馆（Norton Simon Museum）
美国，费城：	费城美术馆（Philadelphia Museum of Art）
美国，华盛顿哥伦比亚特区：	福尔杰·莎士比亚图书馆（Folger Shakespeare Library）
美国，华盛顿哥伦比亚特区：	国家美术馆（National Gallery of Art）

参考书目

基本参考书目

The Cambridge Modern History. Vol. 1, *The Renaissance*. New York: Macmillan, 1902.

Campbell, Gordon, ed. *The Oxford Dictionary of the Renaissance*. Oxford: Oxford University Press, 2003.

Durant, Will. *The Renaissance: A History of Civilization in Italy from 1304–1576 A.D. The Story of Civilization: Part V.* New York: Simon & Schuster, 1953.

Fletcher, Stella. *The Longman Companion to Renaissance Europe, 1390–1530*. New York: Longman, 1999.

Grendler, Paul, ed. *Encyclopedia of the Renaissance*. 6 vols. New York: Scribner in association with the Renaissance Society of America, 1999.

Hale, John Rigby, ed. *A Concise Encyclopedia of the Italian Renaissance*. New York and Toronto: Oxford University Press, 1981.

Hillerbrand, Hans J., ed. *The Oxford Encyclopedia of the Reformation*. 4 vols. New York and Oxford: Oxford University Press, 1996.

Ross, James Bruce, and Mary Martin McLaughlin, eds. *The Portable Renaissance Reader*. New York: Viking Press, 1968.

Rundle, David. *The Hutchinson Encyclopedia of the Renaissance*. Boulder, Colo.: Westview Press, 1999.

Whitlock, Keith. *The Renaissance in Europe: A Reader*. New Haven, Conn.: Yale University Press, 2000.

阅读参考书目

Ackerman, James. *The Architecture of Michelangelo*. Harmondsworth: Penguin Books, 1971.

Adams, Kenneth, Ciaran Cosgrove, and James Whiston, eds. *Spanish Theatre: Studies in Honour of Victor F. Dixon*. Woodbridge, Suffolk, U.K.: Tamesis, 2001.

Adelman, Howard. "The Literacy of Jewish Women in Early Modern Italy." In Barbara J. Whitehead, ed. *Women's Education in Early Modern Europe: A History, 1500–1800*. New York: Garland, 1999, pp. 133–158.

Agrippa, Henricus Cornelius. *The Nobility and Preeminence of the Female Sex*. Edited and translated by Albert Rabil, Jr. Chicago: University of Chicago Press, 1996.

Alberti, Leon Baptista. *On Painting*. Translated by John R. Spencer. New Haven, Conn., and London: Yale University Press, 1966.

———. *On the Art of Building in Ten Books*. Translated by Joseph Rykwert, Neil Leach and Robert Tavernor. Cambridge, Mass.: MIT Press, 1997.

Albuquerque, Luís. "Portuguese Navigation: Its Historical Development." In Jay Levenson, ed. *Circa 1492: Art in the Age of Exploration*. Washington, D.C.: National Gallery of Art, 1991, pp. 35–39.

Alden, Dauril. *The Making of an Enterprise: The Society of Jesus in Portugal, Its Empire, and Beyond, 1540–1750*. Stanford, Calif.: Stanford University Press, 1996.

Allen, E. John B. *Post and Courier Service in the Diplomacy of Early Modern Europe*. The Hague: Nijhoff, 1972.

Ambrosoli, Mauro. *The Wild and the Sown: Botany and Agriculture in Western Europe*. Translated by Mary McCann Salvatorelli. Cambridge: Cambridge University Press, 1997.

Amico, Leonard N. *Bernard Palissy: In Search of Earthly Paradise*. Paris and New York: Flammarion, 1996.

Amos, N. Scott, Andrew Pettegree, and Henk van Nierop, eds. *The Education of a Christian Society: Humanism and the Reformation in Britain and the Netherlands*. Aldershot, Hants, U.K.: Ashgate, 1999.

Amussen, Susan D., and Adele Seeff, eds. *Attending to Early Modern Women*. Newark: University of Delaware, 1998.

Appleby, John C., and Paul Dalton, eds. *Government, Religion and Society in Northern England 1000–1700*. Stroud, U.K.: Alan Sutton, 1997.

Appuhn, Karl. "Tools for the Development of the European Economy." In Guido Ruggiero, ed. *A Companion to the Worlds of the Renaissance.* Oxford: Blackwell, 2002, pp. 259–278.

Aretino, Pietro. *The Letters of Pietro Aretino.* Edited and translated by Thomas Caldecott Chubb. N.p.: Archon Books, 1967.

Ariès, Philippe, and Georges Duby. *A History of Private Life.* Vol. 3. Edited by Roger Chartier and translated by Arthur Goldhammer. Cambridge, Mass., and London: Belknap, 1989.

Armour, Rollin S. *Islam, Christianity, and the West: A Troubled History.* Maryknoll, N.Y.: Orbis Books, 2002.

Arnold, Thomas F. "Violence and Warfare in the Renaissance World." In Guido Ruggiero, ed. *A Companion to the Worlds of the Renaissance.* Oxford: Blackwell, 2002.

Aylmer, Gerald, and John Tiller, eds. *Hereford Cathedral: A History.* London: Hambledon Press, 2000.

Babelon, Jean. "Mannerism in Northern Europe and the School of Fontainebleau." In René Huyghe, ed. *Larousse Encyclopedia of Renaissance and Baroque Art.* Middlesex, U.K.: Hamlyn House, 1968, pp. 203–215.

Bainton, Roland H. *The Reformation of the Sixteenth Century.* Boston: Beacon Press, 1956.

Balázs, György. *The Magyars: The Birth of a European Nation.* Budapest: Corvina, 1989.

Baldwin, Charles Sears. *Renaissance Literary Theory and Practice: Classicism in the Rhetoric and Poetic of Italy, France, and England, 1400–1600.* Gloucester, U.K.: P. Smith, 1959.

Barasch, Moshe. *Light and Color in the Italian Renaissance Theory of Art.* New York: New York University Press, 1978.

Barkan, Leonard. *Unearthing the Past: Archaeology and Aesthetics in the Making of Renaissance Culture.* New Haven, Conn., and London: Yale University Press, 1999.

Barker, Nicolas. "A Contemporary Panegyrist of the Invention of Printing: The Author of the *Grammatica Rhythmica.*" In Martin Davis, ed. *Incunabula: Studies in Fifteenth-Century Printed Books Presented to Lotte Hellinga.* London: British Library, 1999, pp. 187–214.

Barolsky, Paul. "Naturalism and the Visionary Art of the Early Renaissance." In Andrew Ladis, ed. *Franciscanism, the Papacy, and Art in the Age of Giotto.* New York: Garland, 1998, pp. 317–324.

Baron, Hans. *The Crisis of the Early Italian Renaissance: Civic Humanism and Republican Liberty in an Age of Classicism and Tyranny.* 2 vols. Princeton, N.J.: Princeton University Press, 1955.

Barraclough, Geoffrey. *The Origins of Modern Germany.* New York: Norton, 1984.

Baskins, Cristelle Louise. *Cassone Painting, Humanism, and Gender in Early Modern Italy.* Cambridge and New York: Cambridge University Press, 1998.

Baumgartner, Frederic J. *France in the Sixteenth Century.* Basingstoke, U.K.: Macmillan Press, 1995.

Baxandall, Michael. *Painting and Experience in Fifteenth Century Italy.* Oxford: Clarendon Press, 1972.

Bayne, Diane Valeri. "The Instruction of a Christian Woman: Richard Hyrde and the Thomas More Circle," *Moreana* 12 (February 1975): 5–15.

Becker, Marvin. *Civility and Society in Western Europe, 1300–1600.* Bloomington: Indiana University Press, 1988.

Beckingham, Charles Fraser. *Between Islam and Christendom: Travelers, Facts, and Legends in the Middle Ages and the Renaissance.* London: Variorum Reprints, 1983.

Bell, Rudolph M. *How to Do It: Guide to Good Living for Renaissance Italians.* Chicago and London: University of Chicago Press, 1999.

Belloc, Hilaire. *Characters of the Reformation.* Rockford, Illinois: Tan Books, 1992.

Berenson, Bernard. *The Italian Painters of the Renaissance.* London: Phaidon, 1952.

Bergeron, David M. *English Civic Pageantry, 1558–1642.* Tempe: Arizona Center for Medieval and Renaissance Studies, 2003.

Bergsma, Wiebe. "The Intellectual and Cultural Context of the Reformation in the Northern Netherlands." In N. Scott Amos, Andrew Pettegree, and Henk van Nierop, eds. *The Education of a Christian Society: Humanism and the Reformation in Britain and the Netherlands.* Aldershot, U.K.: Ashgate, 1999, pp. 243–261.

Berriman, A. E. *Historical Metrology.* London: Dent, 1953.

Biagioli, Mario. *Galileo, Courtier: The Practice of Science in the Culture of Absolutism.* Chicago and London: University of Chicago Press, 1993.

Binns, J. W., ed. and trans. *Latin Treatises on Poetry from Renaissance England.* Signal Mountain Tenn.: Published for the Library of Renaissance Humanism by Summertown, 1999.

Birnbaum, Marianna D. *Humanists in a Shattered World: Croatian and Hungarian Latinity in the Sixteenth Century.* Columbus, Ohio: Slavica, 1985.

Black, Christopher. *Italian Confraternities in the Six-*

teenth Century. Cambridge and New York: Cambridge University Press, 1989.

Blair, Claude. *European Armour, circa 1066 to circa 1700*. London: Batsford, 1958.

Blanks, David R. *Images of the Others: Europe and the Muslim World before 1700*. Cairo: American University in Cairo Press, 1997.

Blunt, Anthony. *Art and Architecture in France 1500–1700*. London: Viking Penguin, 1991.

———. *Artistic Theory in Italy 1450–1600*. London: Oxford University Press, 1973.

Boccaccio, Giovanni. *Famous Women [De mulieribus claribus]*. Edited and translated by Virginia Brown. Cambridge, Mass.: Harvard University Press, 2001.

Bohanan, Donna. *Crown and Nobility in Early Modern France*. Houndmills, U.K., and New York: Palgrave, 2001.

Böker, Hans J., and Peter M. Daly, eds. *The Emblem and Architecture*. Turnhout, Belgium: Brepols, 1999.

Bonfil, Roberto. *Rabbis and Jewish Communities in Renaissance Italy*. Oxford: Oxford University Press, 1990.

Bosher, J. F. "Government and Private Interests in New France." In A. J. R. Russell-Wood, ed. *Government and Governance of European Empires, 1415–1800*. Aldershot, U.K.: Ashgate, 2000, pp. 519–532.

Bowen, Barbara C. *Humour and Humanism in the Renaissance*. Aldershot, U.K.: Ashgate, 2004.

Braudel, Fernand. *The Perspective of the World: Civilization and Capitalism, 15th–18th century*. Vol. 3. Translated by Siân Reynolds. Berkeley and Los Angeles: University of California Press, 1992.

———. *The Structure of Everyday Life: Civilization and Capitalism, 15th–18th century*. Vol. 1. Translated by Siân Reynolds. Berkeley and Los Angeles: University of California Press, 1992.

———. *The Wheels of Commerce: Civilization and Capitalism, 15th–18th century*. Vol. 2. Translated by Siân Reynolds. Berkeley and Los Angeles: University of California Press, 1992.

Brockliss, Laurence, and Colin Jones. *The Medical World of Early Modern France*. Oxford and New York: Oxford University Press, 1997.

Brotton, Jerry. *The Renaissance Bazaar: From the Silk Road to Michelangelo*. Oxford and New York: Oxford University Press, 2002.

Brown, Alison, ed. *Language and Images in Renaissance Italy*. Oxford: Clarendon Press, 1995.

Brown, Alison. *The Renaissance*. New York and London: Longman, 1997.

Brown, David. *Virtue and Beauty: Leonardo's Ginevra de' Benci and Renaissance Portraits of Women*. Washington, D.C.: National Gallery of Art, 2001.

Brown, Howard M., and Louise K. Stein. *Music in the Renaissance*. Upper Saddle River, N.J.: Prentice-Hall, 1999.

Brown, Jonathan. "Spain in the Age of Exploration: Crossroads of Artistic Cultures." In Jay Levenson, ed. *Circa 1492: Art in the Age of Exploration*. Washington, D.C.: National Gallery of Art, 1991, pp. 41–49.

Brown, Michelle. *Understanding Illuminated Manuscripts: A Guide to Technical Terms*. Malibu, Calif.: Getty Museum, 1994.

Brown, Patricia Fortini. "*Renovatio or Concilatio?* How Renaissances Happened in Venice," In Alison Brown, ed. *Language and Images in Renaissance Italy*. Oxford: Clarendon Press, 1995, pp. 127–154.

———. *Venice and Antiquity: The Venetian Sense of the Past*. New Haven, Conn., and London: Yale University Press, 1996.

Brucker, Gene. *The Civic World of Early Renaissance Florence*. Princeton, N.J.: Princeton University Press, 1977.

Bryant, Lawrence M. *The King and the City in the Parisian Royal Entry Ceremony: Politics, Ritual, and Art in the Renaissance*. Geneva: Librairie Droz, 1986.

Bryce, Judith. "Performing for Strangers: Women, Dance and Music in Quattrocento Florence," *Renaissance Quarterly* 54, no. 4.1 (2001): 1074–1107.

Buisseret, David, ed. *Monarchs, Ministers, and Maps: The Emergence of Cartography as a Tool of Government in Early Modern Europe*. Chicago and London: The Newberry Library, 1992.

Burckhardt, Jacob. *The Civilization of the Renaissance in Italy*. New York: Harper, 1958.

Burgess, Clive. "Mapping the Soundscape: Church Music in English Towns," *Early Music History* 19 (2000): 1–46.

Burke, Peter. *The European Renaissance*. Oxford: Blackwell, 1998.

———. *Popular Culture in Early Modern Europe*. New York: New York University Press, 1978.

Burne, Alfred Higgins. *The Hundred Years' War*. London: Penguin, 2002.

Burnett, Charles, and Anna Contadini, eds. *Islam and the Italian Renaissance*. London: The Warburg Institute, 1999.

Burns, James Henderson. *The True Law of Kingship: Concepts of Monarchy in Early Modern Scotland*. Oxford: Clarendon Press, 1996.

Campbell, Lorne. *Renaissance Portraiture: European Portrait-Painting in the 14th, 15th and 16th Cen-*

turies. New Haven, Conn., and London: Yale University Press, 1990.

Campbell, Thomas, et al. *Tapestry in the Renaissance: Art and Magnificence*. New York: Metropolitan Museum of Art, 2002.

Cantor, Norman. *In the Wake of the Plague: The Black Death and the World It Made*. New York: Perennial, 2002.

Cardini, Franco. *Europe and Islam*. Translated by Caroline Beamish. Oxford: Blackwell, 2001.

Carlsmith, Christopher. "Struggling toward Success: Jesuit Education in Italy, 1540–1600," *History of Education Quarterly* 42, no. 2 (2002): 215–246.

Carsten, F. L. *Princes and Parliaments in Germany, from the Fifteenth to the Eighteenth Century*. Oxford: Clarendon Press, 1959.

Cavallo, Sandra, and Lyndan Warner, eds. *Widowhood in Medieval and Early Modern Europe*. New York: Longman, 1999.

Cellini, Benvenuto. *The Autobiography of Benvenuto Cellini*. Translated by George Bull. Harmondsworth, U.K.: Penguin Books, 1976.

Cennini, Cennino. *The Craftsman's Handbook*. Translated by Daniel V. Thompson, Jr. New York: Dover, 1954.

Center for Medieval and Renaissance Studies, University of California, Los Angeles. *The Dawn of Modern Banking*. New Haven, Conn.: Yale University Press, 1979.

Cereta, Laura. *Collected Letters of a Renaissance Feminist*. Edited and translated by Diana Robin. Chicago: University of Chicago Press, 1997.

Chapuis, Julian et al. *Tilman Riemenschneider: Master Sculptor of the Late Middle Ages*. Washington, D.C.: National Gallery of Art, 1999.

Chiappelli, Fred, ed. *First Images of America: The Impact of the New World on the Old*. 2 vols. Berkeley and Los Angeles: University of California Press, 1976.

Cipolla, Carlo. *Public Health and the Medical Profession in the Renaissance*. Cambridge and New York: Cambridge University Press, 1976.

Claridge, Amanda. *Rome: An Oxford Archaeological Guide*. Oxford: Oxford University Press, 1998.

Clark, Peter, ed. *The Early Modern Town*. New York: Longman, 1976.

Cohn, Samuel K., Jr. *The Cult of Remembrance and the Black Death: Six Renaissance Cities in Central Italy*. Baltimore and London: The Johns Hopkins University Press, 1992.

Cormack, Lesley B. *Charting an Empire: Geography at the English Universities, 1580–1620*. Chicago: University of Chicago Press, 1997.

Corteguera, Luis R. *For the Common Good: Popular Politics in Barcelona, 1580–1640*. Ithaca, N.Y.: Cornell University Press, 2002.

Courtenay, William J., ed. *Universities and Schooling in Medieval Society*. Leiden: Brill, 2000.

Cowan, Alexander. *Urban Europe, 1500–1700*. London and New York: Arnold, 1998.

Cox, Virginia. *The Renaissance Dialogue: A Literary Dialogue in Its Social and Political Contexts, Castiglione to Galileo*. Cambridge and New York: Cambridge University Press, 1992.

Crowder, C. M. D. *Unity, Heresy, and Reform: 1378–1460*. New York: St. Martin's Press, 1977.

Cunningham, Hugh. *Children and Childhood in Western Society since 1500*. New York: Longman, 1995.

Cunningham, James P. *Dancing in the Inns of Court*. London: Jordan, 1965.

Cuttler, Charles. *Northern Painting from Pucelle to Brueghel*. Fort Worth, Tex.: Holt, Rinehart & Winston, 1991.

D'Amico, Jack. *The Moor in English Renaissance Drama*. Tampa: University of South Florida Press, 1991.

———. *Renaissance Humanism in Papal Rome: Humanists and Churchmen on the Eve of the Reformation*. Baltimore and London: The Johns Hopkins University Press, 1991.

Darby, Graham, ed. *The Origins and Development of the Dutch Revolt*. London and New York: Routledge, 2001.

Darling, Linda T. "The Renaissance and the Middle East." In Guido Ruggiero, ed. *A Companion to the Worlds of the Renaissance*. Oxford: Blackwell, 2002, pp. 55–69.

Davenport, Millia. *The Book of Costume*. New York: Crown Publishers, 1970.

Davids, Karel, and Jan Lucassen, eds. *A Miracle Mirrored: The Dutch Republic in European Perspective*. Cambridge and New York: Cambridge University Press, 1995.

Davis, Martin, ed. *Incunabula: Studies in Fifteenth-Century Printed Books Presented to Lotte Hellinga*. London: British Library, 1999.

Davis, Natalie Zemon. *Society and Culture in Early Modern France*. Stanford, Calif.: Stanford University Press, 1975.

Debus, Allen G. *The Chemical Philosophy: Paracelsian Science and Medicine in the Sixteenth and Seventeenth Centuries*. New York: Science History Publications, 1977.

Decker, Heinrich. *The Renaissance in Italy: Architecture, Sculpture, Frescoes*. New York: Viking Press, 1969.

DeMolen, Richard L., ed. *Religious Orders of the Catholic Reformation.* New York: Fordham University Press, 1994.

De Roover, Raymond. *The Rise and Decline of the Medici Bank.* New York: W. W. Norton, 1966.

Diefendorf, Barbara B. *Beneath the Cross: Catholics and Huguenots in Sixteenth-Century Paris.* New York and Oxford: Oxford University Press, 1991.

Domínguez Ortiz, Antonio et al. *Resplendence of the Spanish Monarchy: Renaissance Tapestries and Armor from the Patrimonio Nacional.* New York: Metropolitan Museum of Art, 1991.

Donaldson, Gordon. *All the Queen's Men: Power and Politics in Mary Stewart's Scotland.* London: Batsford, 1983.

Donawerth, Jane. "Changing Our Originary Stories: Renaissance Women on Education, and Conversation as a Model for our Classrooms." In Susan D. Amussen and Adele Seeff, eds. *Attending to Early Modern Women.* Newark: University of Delaware, 1998, pp. 263–277.

Donnelly, John P., ed. *Confraternities and Catholic Reform in Italy, France, and Spain.* Kirksville, Mo.: Thomas Jefferson University Press, 1999.

Doyle, Daniel R. "The Sinews of Habsburg Governance in the Sixteenth Century: Mary of Hungary and Political Patronage," *Sixteenth Century Journal* 31, no. 2 (2000): 349–360.

Dutra, Francis A. "The Discovery of Brazil and Its Immediate Aftermath." In George D. Winius, ed. *Portugal, the Pathfinder.* Madison, Wis.: Hispanic Seminary of Medieval Studies, 1995, 145–168.

Edington, Carol. *Court and Culture in Renaissance Scotland: Sir David Lindsay of the Mount.* Amherst: University of Massachusetts Press, 1994.

Edwards, John Richard, ed. *A History of Financial Accounting.* London and New York: Routledge, 2000.

Ehrenberg, Richard. *Capital and Finance in the Age of the Renaissance: A Study of the Fuggers and Their Connections.* New York: A. M. Kelley, 1963.

Eisenstein, Elizabeth. *The Printing Revolution in Early Modern Europe.* Cambridge and New York: Cambridge University Press, 1983.

Elliott, John Huxtable. *Imperial Spain, 1469–1716.* London: Penguin, 2002.

———. *The Old World and the New, 1492–1650.* Cambridge: Cambridge University Press, 1970.

———. *Spain and Its World.* New Haven, Conn. and London: Yale University Press, 1989.

Elmer, Peter, ed. *The Renaissance in Europe.* New Haven, Conn., and London: Yale University Press, 2000.

Elsky, Martin. *Authorizing Words: Speech, Writing, and Print in the English Renaissance.* Ithaca, N.Y.: Cornell University Press, 1989.

Etty, Claire. "A Tudor Solution to the 'Problem of the North'? Government and the Marches toward Scotland," *Northern History* 39, no. 2 (2002): 209–226.

Eyck, Frank. *Religion and Politics in German History: From the Beginnings to the French Revolution.* New York: St. Martin's Press, 1998.

Fallows, David. "Polyphonic Song." In Tess Knighton and David Fallows, eds. *Companion to Medieval and Renaissance Music.* Oxford and New York: Oxford University Press, 2003, pp. 123–126.

Febvre, Lucien. *Life in Renaissance France.* Translated by Marian Rothstein. Cambridge, Mass., and London: Harvard University Press, 1977.

Ferguson, Margaret W., Maureen Quilligan, and Nancy J. Vickers, eds. *Rewriting the Renaissance: The Discourses of Sexual Difference in Early Modern Europe.* Chicago and London: University of Chicago Press, 1986.

Ferguson, Wallace. *The Renaissance in Historical Thought: Five Centuries of Interpretation.* Boston: Houghton Mifflin, 1948.

Fernández Collado, Angel. "The Mozarabic Chant Books of Cisneros," *Sacred Music* 128, no. 4 (2001): 14–18.

Field, Judith Veronica. *The Invention of Infinity: Mathematics and Art in the Renaissance.* Oxford and New York: Oxford University Press, 1997.

Finlay, Robert. *Politics in Renaissance Venice.* New Brunswick, N.J.: Rutgers University Press, 1980.

Fleming, Peter, Anthony Gross, and J. R. Lander, eds. *Regionalism and Revision: The Crown and Its Provinces in England.* London: Hambledon, 1998.

Foster, Verna A. *The Name and Nature of Tragicomedy.* Aldershot, U.K.: Ashgate, 2004.

Fowler, Alastair. *Renaissance Realism: Narrative Images in Literature and Art.* Oxford and New York: Oxford University Press, 2003.

Fowler, Elizabeth, and Roland Greene, eds. *The Project of Prose in Early Modern Europe and the New World.* Cambridge and New York: Cambridge University Press, 1997.

Franklin, David. *Painting in Renaissance Florence 1500–1550.* New Haven, Conn., and London: Yale University Press, 2001.

Freedman, Luba. *The Revival of the Olympian Gods in Renaissance Art.* Cambridge: Cambridge University Press, 2003.

Freeman, Margaret B. *Herbs for the Medieval Household for Cooking, Healing, and Divers Uses.* New

York: The Metropolitan Museum of Art, 1943.

Frick, Carole Collier. *Dressing Renaissance Florence: Families, Fortunes, and Fine Clothing.* Baltimore and London: The Johns Hopkins University Press, 2002.

Friedrich, Karin. *The Other Prussia: Royal Prussia, Poland, and Liberty, 1569–1772.* Cambridge and New York: Cambridge University Press, 2000.

Frigo, Daniela, ed. *Politics and Diplomacy in Early Modern Italy: The Structure of Diplomatic Practice, 1450–1800.* Translated by Adrian Belton. Cambridge and New York: Cambridge University Press, 2000.

Frojmovic, Eva, ed. *Imagining the Self, Imagining the Other: Visual Representation and Jewish–Christian Dynamics in the Middle Ages and Early Modern Period.* Leiden: Brill, 2002.

Fubini, Riccardo. "Diplomacy and Government in the Italian City-States of the Fifteenth Century (Florence and Venice)." In Daniela Frigo, ed. *Politics and Diplomacy in Early Modern Italy: The Structure of Diplomatic Practice, 1450–1800.* Translated by Adrian Belton. Cambridge and New York: Cambridge University Press, 2000, pp. 25–48.

Fuchs, Barbara. *Mimesis and Empire: The New World, Islam, and European Identities.* Cambridge and New York: Cambridge University Press, 2001.

Fuller, Mary C. "English Turks and Resistant Travelers: Conversion to Islam and Homosocial Courtship." In Ivo Kamps and Jyotsna G. Singh, eds. *Travel Knowledge: European "Discoveries" in the Early Modern Period.* New York: Palgrave, 2001, pp. 66–73.

Fumerton, Patricia, and Simon Hunt, eds. *Renaissance Culture and the Everyday.* Philadelphia: University of Pennsylvania Press, 1999.

Fusell, G. E. *The Classical Tradition in West European Farming.* Newton Abbot: David and Charles, 1972.

Gaimster, David, and Paul Stamper, eds. *The Age of Transition: The Archaeology of English Culture 1400–1600.* Oxford: Oxbow Books, 1997.

Gambi, Lucio. *The Gallery of Maps in the Vatican.* Translated by Paul Tucker. New York: George Braziller, 1997.

Gardiner, Robert, ed. *Cogs, Caravels, and Galleons: The Sailing Ship, 1000–1650.* London and Annapolis, Md.: Conway Maritime Press, 1994.

Garin, Eugenio, ed. *Renaissance Characters.* Translated by Lydia G. Cochrane. Chicago and London: University of Chicago Press, 1991.

Gelderen, Martin van. *The Political Thought of the Dutch Revolt, 1555–1590.* Cambridge and New York: Cambridge University Press, 1992.

Gelderen, Martin van, and Quentin Skinner, eds. *Republicanism: A Shared European Heritage.* Vol. 1, *Republicanism and Constitutionism in Early Modern Europe.* Cambridge: Cambridge University Press, 2002.

Gelis, Jacques. *The History of Childbirth: Fertility, Pregnancy, and Birth in Early Modern Europe.* Cambridge: Polity Press, 1991.

Gentrup, William F., ed. *Reinventing the Middle Ages and the Renaissance.* Turnhout, Belgium: Brepols, 1998.

Giedion, Sigfried. *Space, Time and Architecture.* Cambridge, Mass.: Harvard University Press, 1967, pp. 1–100.

Gilbert, Felix. *Machiavelli and Guicciardini: Politics and History in Sixteenth-Century Florence.* Princeton, N.J.: Princeton University Press, 1965.

Gilbert, Neal Ward. *Renaissance Concepts of Method.* New York: Columbia University Press, 1960.

Gilmore, Myron. *Humanists and Jurists: Six Studies in the Renaissance.* Cambridge, Mass.: Belknap Press of Harvard University Press, 1963.

———. *The World of Italian Humanism.* New York: Harper & Row, 1962.

Gingerich, Owen, ed. *The Nature of Scientific Discovery: A Symposium Commemorating the 500th Anniversary of the Birth of Nicholas Copernicus.* Washington, D.C.: Smithsonian Institution Press, 1975.

Gitlitz, David M. *Secrecy and Deceit: The Religion of the Crypto-Jews.* Philadelphia: Jewish Publication Society, 1996.

Gittings, Clare. *Death, Burial, and the Individual in Early Modern England.* London: Croon Helm, 1984.

Goldschneider, Ludwig. *Unknown Renaissance Portraits: Medals of Famous Men and Women of the XV and XVI Centuries.* London: Phaidon Press, 1952.

Goldthwaite, Richard. "The Medici Bank and the World of Florentine Capitalism," *Past and Present* 14 (1987): 3–31.

Gombrich, Ernst. *New Light on Old Masters: Studies in the Art of the Renaissance.* Vol. 4. Chicago: University of Chicago Press, 1986.

Goodare, Julian. *State and Society in Early Modern Scotland.* Oxford: Oxford University Press, 1999.

Goodman, Anthony. *The Wars of the Roses.* New York: Dorset, 1981.

Goodrick-Clarke, Nicholas. *Paracelsus: Essential Readings.* Wellingborough, Northamptonshire: Crucible, 1990.

Goudriaan, Koen, Jaap van Moolenbroek, and Ad Tervoort, eds. *Education and Learning in the Netherlands, 1400–1600.* Leiden: Brill, 2004.

Gouwens, Kenneth. *Remembering the Renaissance: Humanist Narratives of the Sack of Rome.* Leiden: Brill, 1998.

Grafton, Anthony. *Cardano's Cosmos.* Cambridge and London: Harvard University Press, 2001.

———. "The Vatican and Its Library." In Anthony Grafton, ed. *Rome Reborn: The Vatican Library and Renaissance Culture.* Washington, D.C.: Library of Congress, 1993, pp. 3–46.

Grafton, Anthony, ed. *Rome Reborn: The Vatican Library and Renaissance Culture.* Washington, D.C.: Library of Congress, 1993.

Grafton, Anthony, and Lisa Jardine. *From Humanism to the Humanities: Education and the Liberal Arts in Fifteenth- and Sixteenth-Century Europe.* Cambridge, Mass.: Harvard University Press, 1986.

Greenblatt, Stephen. *Marvelous Possessions: The Wonder of the New World.* Chicago: University of Chicago Press, 1992.

———. *Renaissance Self-Fashioning, from More to Shakespeare.* Chicago: University of Chicago Press, 1980.

Greene, Edward Lee. *Landmarks of Botanical History.* 2 vols. Edited by Frank N. Egerton. Stanford, Calif.: Stanford University Press, 1983.

Gregorian Reform of the Calendar. Rome: Pontifica Academia Scientiarum, 1983.

Grendler, Paul F. *Schooling in Renaissance Italy: Literacy and Learning, 1300–1600.* Baltimore and London: Johns Hopkins University Press, 1991.

———. "The University of Bologna, the City, and the Papacy," *Renaissance Studies* 13, no. 4 (1999): 475–485.

Griffiths, Gordon. *Representative Government in Western Europe in the Sixteenth Century.* Oxford: Clarendon Press, 1968.

Gschwend, Annemarie Jordan. "In the Shadow of Philip II, El Rey Lusitano: Archduke Albert of Austria as Viceroy of Portugal (1583–1593)." In Werner Thomas and Luc Duerloo, eds. *Albert and Isabella, 1598–1621.* Turnhout, Belgium: Brepols, 1998, pp. 39–46.

Gundersheimer, Werner L., ed. *French Humanism 1470–1600.* London: Macmillan, 1969.

Haar, James. "Value Judgments in Music of the Renaissance." In Tess Knighton and David Fallows, eds. *Companion to Medieval and Renaissance Music.* Oxford and New York: Oxford University Press, 2003, pp. 15–22.

Hackenbroch, Yvonne. *Renaissance Jewelry.* London, Sotheby Parke Bernet: 1979.

Haggh, Barbara, ed. *Essays on Music in Honor of Herbert Kellman.* Paris: Minerve, 2001.

Haines, John, and Randall Rosenfeld, eds. *Music and Medieval Manuscripts: Paleography and Performance.* Aldershot, U.K.: Ashgate, 2004.

Hale, John Rigby. *Renaissance Europe: Individual and Society.* Berkeley and Los Angeles: University of California Press, 1971.

———. *Renaissance Exploration.* New York: British Broadcast Corporation, 1968.

———. *War and Society in Renaissance Europe, 1450–1620.* Baltimore: Johns Hopkins University Press, 1986.

Hall, Bert S. *Weapons and Warfare in Renaissance Europe.* Baltimore: Johns Hopkins University Press, 1997.

Hallman, Barbara McClung. *Italian Cardinals, Reform, and the Church as Property, 1492–1563.* Berkeley: University of California Press, 1985.

Hampton, Timothy. *Literature and Nation in the Sixteenth Century: Inventing Renaissance France.* Ithaca, N.Y.: Cornell University Press, 2001.

Hankins, James. "The Popes and Humanism." In Anthony Grafton, ed. *Rome Reborn: The Vatican Library and Renaissance Culture.* Washington, D.C.: Library of Congress, 1993, pp. 47–85.

Hannay, Margaret, ed. *Silent but for the Word: Tudor Women as Patrons, Translators, and Writers of Religious Works.* Kent, Ohio: Kent State University Press, 1985.

Harper, John. "Music and Liturgy, 1300–1600." In Gerald Aylmer and John Tiller, eds. *Hereford Cathedral: A History.* London: Hambledon Press, 2000, pp. 375–397.

Harrington, Joel. *Reordering Marriage and Society in Reformation Germany.* Cambridge and New York: Cambridge University Press, 1995.

Hatcher, John. *English Tin Production and Trade before 1550.* Oxford: Clarendon Press, 1973.

Hawkes, Nigel. *Early Scientific Instruments.* New York: Abbeville Press, 1981.

Hay, Cynthia, ed. *Mathematics from Manuscript to Print, 1300–1600.* Oxford and New York: Oxford University Press, 1988.

Hay, Denys. *The Church in Italy in the Fifteenth Century.* Cambridge and New York: Cambridge University Press, 1977.

Hayum, Andrée. *The Isenheim Altarpiece: God's Medicine and the Painter's Vision.* Princeton, N.J.: Princeton University Press, 1989.

Henisch, Bridget Ann. *Fast and Feast.* University

Park: Pennsylvania State University Press, 1976.

Henze, Catherine A. "Women's Use of Music to Motivate Erotic Desire in the Drama of Beaumont and Fletcher," *The Journal of Musicological Research* 20, no. 2 (2001): 97–134.

Herlihy, David. *The Black Death and the Transformation of the West.* Edited and with an introduction by Samuel K. Cohn, Jr. Cambridge, Mass., and London: Harvard University Press, 2001.

Herman, Peter C., ed. *Opening the Borders: Inclusivity in Early Modern Studies: Essays in Honor of James V. Mirollo.* Newark: University of Delaware Press, 1999.

Heydenreich, Ludwig H. *Architecture in Italy 1400–1500.* Revised by Paul Davies. New Haven, Conn.: and London: Yale University Press, 1996.

Hillgarth, J. N. *Spain and the Mediterranean in the Later Middle Ages.* Aldershot, U.K.: Ashgate, 2003.

Hindman, Sandra, ed. *Printing the Written Word: The Social History of Books, circa 1450–1520.* Ithaca, N.Y.: Cornell University Press, 1991.

Hirsch, Rudolf. *Printing, Selling, and Reading 1450–1550.* Wiesbaden, Ger.: Harrassowitz, 1974.

Holt, Elizabeth Gilmore, ed. *A Documentary History of Art.* Vol. 1. Princeton, N.J.: Princeton University Press, 1981.

Holt, Mack P. *The French Wars of Religion, 1562–1629.* Cambridge and New York: Cambridge University Press, 1995.

Holyoake, Sydney John. *An Introduction to French Sixteenth-Century Poetic Texts.* Manchester: Manchester University Press, 1973.

Hood, William. "Creating Memory." In Alison Brown, ed. *Language and Images in Renaissance Italy.* Oxford: Clarendon Press, 1995, pp. 157–169.

Houlbrooke, Ralph A. *The English Family 1450–1700.* London and New York: Longman, 1984.

Housley, Norman. *Crusading Warfare in Medieval and Renaissance Europe.* Aldershot, U.K.: Ashgate, 2001.

Howard, Maurice. "Civic Buildings and Courtier Houses: New Techniques and Materials for Architectural Ornament." In David Gaimster and Paul Stamper, eds. *The Age of Transition: The Archaeology of English Culture 1400–1600.* Oxford: Oxbow Books, 1997, pp. 105–114.

Howell, Martha. *The Marriage Exchange: Property, Social Place, and Gender in Cities of the Low Countries, 1300–1550.* Chicago: University of Chicago Press, 1998.

Hunter, George Leland. *Tapestries, Their Origin, History, and Renaissance.* New York: John Lane, 1912.

Huppert, George. *Public Schools in Renaissance France.* Urbana: University of Illinois Press, 1984.

Huyghe, René, ed. *Larousse Encyclopedia of Renaissance and Baroque Art.* Middlesex, U.K.: Hamlyn House, 1968.

Jackson, Peter. "Christians, Barbarians and Monsters: The European Discovery of the World beyond Islam." In Janet L. Nelson, ed. *The Medieval World.* London and New York: Routledge, 2001.

Jardine, Lisa. *Worldly Goods: A New History of the Renaissance.* New York: Norton, 1998.

Jeanneret, Michel. *A Feast of Words: Banquets and Table Talk in the Renaissance.* Translated by Jeremy Whiteley and Emma Hughes. Chicago: University of Chicago Press, 1991.

Johnson, Charles. *Religion and Politics: The Renaissance Print in Social Context.* Richmond, Virginia: Marsh Art Gallery, 1999.

Jordan, Annemarie. "Exotic Renaissance Accessories: Japanese, Indian and Sinhalese Fans at the Courts of Portugal and Spain," *Apollo* new series, 150, alt. no. 453 (1999): 25–35.

Jordan, Constance. "Feminism and the Humanists: The Case for Sir Thomas Elyot's *Defense of Good Women.*" In Margaret W. Ferguson et al., eds. *Rewriting the Renaissance: The Discourses of Sexual Difference in Early Modern Europe.* Chicago and London: University of Chicago Press, 1986, pp. 242–258.

———. *Renaissance Feminism: Literary Texts and Political Models.* Ithaca, N.Y.: Cornell University Press, 1990.

Jourdain, Margaret. *English Decoration and Furniture of the Early Renaissance (1500–1650).* London: Batsford, 1924.

Kaeuper, Richard W. *War, Justice, and Public Order: England and France in the Later Middle Ages.* Oxford: Clarendon Press, 1988.

Kallendorf, Craig W. *Humanist Educational Treatises.* Cambridge, Mass., and London: Harvard University Press, 2002.

Kamps, Ivo, and Jyotsna G. Singh, eds. *Travel Knowledge: European "Discoveries" in the Early Modern Period.* New York: Palgrave, 2001.

Kavaler, Ethan Matt. "Renaissance Gothic in the Netherlands: The Uses of Ornament," *The Art Bulletin* 82, no. 2 (2000): 226–251.

Kekewich, Lucille, ed. *The Renaissance in Europe: A Cultural Enquiry: The Impact of Humanism.* New Haven, Conn., and London: Yale University Press, 2000.

Kelley, Donald R. *The Beginning of Ideology: Consciousness and Society in the French Reformation.* Cambridge and New York: Cambridge University Press, 1981.

Kemp, Martin. *The Science of Art: Optical Themes in Western Art from Brunelleschi to Seurat.* New Haven, Conn., and London: Yale University Press, 1990.

Kempers, Brian. *Painting, Power, and Patronage: The Rise of the Professional Artist in the Italian Renaissance.* Translated by Beverley Jackson. London and New York: Penguin Press, 1992.

King, Margaret L. *Venetian Humanism in an Age of Patrician Dominance.* Princeton, N.J.: Princeton University Press, 1986.

———. *Women of the Renaissance.* Chicago and London: University of Chicago Press, 1991.

Kinney, Arthur F. *The Cambridge Companion to English Literature 1500–1600.* Cambridge: Cambridge University Press, 2000.

Klapisch-Zuber, Christiane. *Women, Family, and Ritual in Renaissance Italy.* Translated by Lydia Cochrane. Chicago: University of Chicago Press, 1985.

Kloczowski, Jerry. *A History of Polish Christianity.* Cambridge and New York: Cambridge University Press, 2000.

Knecht, Robert J. "Francis I and Charles V: The Image of the Enemy." In *(Re)constructing the Past = Het verleden als instrument = Le passé recomposé: Proceedings of the Colloquium on History and Legitimisation Organised by the Charles V 2000 Committee: 24–27 February 1999, Brussels, Belgium.* Brussels: Colloquium on History and Legitimisation, 1999, pp. 47–65.

Knight, Franklin W. "Slavery and Lagging Capitalism in the Spanish and Portuguese American Empires, 1492– 1713." In Barbara L. Solow, ed. *Slavery and the Rise of the Atlantic System.* Cambridge: Cambridge University Press and the W. E. B. Dubois Institute for Afro-American Research, 1993, pp. 62–74.

Knighton, Tess, and David Fallows, eds. *Companion to Medieval and Renaissance Music.* Oxford and New York: Oxford University Press, 2003.

Koenigsberger, H. G. *Estates and Revolutions: Essays in Early Modern European History.* Ithaca, N.Y.: Cornell University Press, 1971.

Kristeller, Paul Oskar. *Renaissance Thought: The Classic, Scholastic, and Humanist Strains.* New York: Harper & Brothers, 1961.

Kubovy, Michael. *The Psychology of Perspective and Renaissance Art.* Cambridge and New York: Cambridge University Press, 1986.

Kula, Witold. *Measures and Men.* Translated by Richard Szreter. Princeton, N.J.: Princeton University Press, 1986.

Labalme, Patricia, ed. *Beyond Their Sex: Learned Women of the European Past.* New York: New York University Press, 1980.

Ladis, Andrew, ed. *Franciscanism, the Papacy, and Art in the Age of Giotto.* New York: Garland, 1998.

Landau, David, and Peter Parshall. *The Renaissance Print: 1470–1550.* New Haven, Conn.: Yale University Press, 1994.

Lane, Frederic C., and Reinhold Mueller. *Money and Banking in Medieval and Renaissance Venice: Coins and Moneys of Account.* Baltimore: Johns Hopkins University Press, 1985.

Langmuir, Gavin. *History, Religion, and Antisemitism.* Berkeley: University of California Press, 1990.

Laver, James. *Costume of the Western World: Fashion of the Renaissance in England, France, Spain and Holland.* New York: Harper & Brothers, 1951.

Lay, Maxwell G. *Ways of the World: A History of the World's Roads and of the Vehicles That Used Them.* New Brunswick, N.J.: Rutgers University Press, 1992.

Leach, Lois Elaine Triller. *Renaissance Instruments.* Welland, Canada: Welland County Roman Catholic Separate School Board, 1973.

León, Vicki. *Outrageous Women of the Renaissance.* New York: John Wiley & Sons, 1999.

———. *Uppity Women of the Renaissance.* Berkeley: Conari Press, 1999.

Le Roy Ladurie, Emmanuel. *The Royal French State, 1460–1610.* Translated by Juliet Vale. Oxford: Blackwell, 1994.

Lestringant, Frank. *Mapping the Renaissance World.* Translated by David Fausett. Berkeley and Los Angeles: University of California Press, 1994.

Le Sylvain. *The Orator, handling a Hundred several Discourses, in Forme of Declamations.* London: Adam Islip, 1596.

Levenson, Jay A., ed. *Circa 1492: Art in the Age of Exploration.* Washington, D.C.: National Gallery of Art, 1991.

Lewis, C. S. *English Literature in the Sixteenth Century Excluding Drama.* Oxford and New York: Oxford University Press, 1954.

Lillie, Amanda. "The Humanist Villa Revisited." In Alison Brown, ed. *Language and Images in Renaissance Italy.* Oxford: Clarendon Press, 1995, pp. 193–215.

Lind, Levi Robert. *Studies in Pre-Vesalian Anatomy.* Philadelphia: American Philosophical Society, 1975.

Lindberg, David C. *Theories of Vision from Al-Kindi to Kepler.* Chicago and London: University of Chicago Press, 1976.

Lindemann, Mary. *Medicine and Society in Early Modern Europe.* Cambridge: Cambridge University Press, 1999.

———. "Plague, Disease, and Hunger." In Guido Ruggiero, ed. *A Companion to the Worlds of the Renaissance.* Oxford: Blackwell, 2002, pp. 427–443.

Lockwood, Lewis Henry. *Music in Renaissance Ferrara 1400–1505: The Creation of a Musical Center in the Fifteenth Century.* Oxford: Clarendon Press, 1984.

Loudon, Irvine, ed. *Western Medicine: An Illustrated History.* Oxford: Oxford University Press, 1997.

Lowe, Kate, ed. *Cultural Links between Portugal and Italy in the Renaissance.* Oxford: Oxford University Press, 2000.

Lübbeke, Isolde. *Early German Painting, 1350–1550.* Translated by Margaret Thomas Will. Stuttgart: Klett-Cotta, 1991.

Lubkin, Gregory. *A Renaissance Court: Milan under Galeazzo Maria Sforza.* Berkeley: University of California Press, 1994.

Lyons, Albert et al. *Medicine: An Illustrated History.* New York: H. N. Abrams, 1978.

Mack, Peter, ed. *Renaissance Rhetoric.* New York: St. Martin's Press, 1994.

Macy, Laura W. "Women's History and Early Music." In Tess Knighton and David Fallows, eds. *Companion to Medieval and Renaissance Music.* Oxford and New York: Oxford University Press, 2003, pp. 93–98.

Mallett, M. E. *Mercenaries and Their Masters: Warfare in Renaissance Italy.* Totowa, N.J.: Rowman, 1974.

Manchester, William. *A World Lit Only by Fire: The Medieval Mind and the Renaissance, Portrait of an Age.* Boston: Little, Brown, 1993.

Marino, John A. "Economic Encounters and the First Stages of a World Economy." In Guido Ruggiero, ed. *A Companion to the Worlds of the Renaissance.* Oxford: Blackwell, 2002, pp. 279–295.

Marland, Hilary, ed. *The Art of Midwifery: Early Modern Midwives in Europe.* London and New York: Routledge, 1993.

Martín González, J. J. "Sculpture in Castile." In Jay Levenson, ed. *Circa 1492: Art in the Age of Exploration.* Washington, D.C.: National Gallery of Art, 1991, pp. 51–54.

Martines, Lauro. *Power and Imagination: City-States in Renaissance Italy.* Baltimore: The Johns Hopkins University Press, 1988.

Mason, Roger A. *Kingship and the Commonweal: Political Thought in Renaissance and Reformation Scotland.* East Lothian, U.K.: Tuckwell Press, 1998.

Massing, Jean Michel. "The Quest for the Exotic: Albrecht Dürer in the Netherlands." In Jay Levenson, ed. *Circa 1492: Art in the Age of Exploration.* Washington, D.C.: National Gallery of Art, 1991, pp. 115–119.

Mastnak, Tomáz. *Crusading Peace: Christendom, the Muslim World, and Western Political Order.* Berkeley: University of California Press, 2002.

Mateer, David, ed. *The Renaissance in Europe: A Cultural Enquiry. Courts, Patrons, and Poets.* New Haven, Conn., and London: Yale University Press, 2000.

McDonald, William L. *The Pantheon: Design, Meaning, and Progeny.* Cambridge, Mass.: Harvard University Press, 2002.

McGinness, Frederick J. *Right Thinking and Sacred Oratory in Counter-Reformation Rome.* Princeton, N.J.: Princeton University Press, 1995.

McGrattan, Alexander. "Italian Wind Instruments at the Scottish Royal Court during the 16th Century," *Early Music* 29, no. 4 (2001): 534–551.

McIver, Katherine A. *Art and Music in the Early Modern Period: Essays in Honor of Franca Trinchieri Camiz.* Aldershot, U.K.: Ashgate, 2002.

McKendrick, Malveena. *Theatre in Spain 1490–1700.* Cambridge: Cambridge University Press, 1992.

Meiss, Millard. *French Painting in the Time of Jean de Berry. The Limbourgs and Their Contemporaries.* New York: Braziller, 1974.

———. *The Great Age of Fresco.* New York: George Braziller, 1970.

Meyers, Charles, and Norma Simms, eds. *Troubled Souls: Conversos, Crypto-Jews, and Other Confused Jewish Intellectuals from the Fourteenth through the Eighteenth Century.* Hamilton, New Zealand: Outrigger, 2001.

Michalove, Sharon D. "Equal Opportunity? The Education of Aristocratic Women 1450–1550." In Barbara J. Whitehead, ed. *Women's Education in Early Modern Europe: A History, 1500–1800.* New York: Garland, 1999, pp. 47–74.

Michel, Henri. *Scientific Instruments in Art and History.* Translated by R. E. W. Maddison and Francis R. Maddison. New York: Viking, 1967.

Millar, Gilbert J. *Tudor Mercenaries and Auxiliaries, 1485–1547.* Charlottesville: University Press of Virginia, 1980.

Miller, Gregory. "Luther on the Turks and Islam," *Lutheran Quarterly* 14, no. 1 (2000): 79–97.

Milward, Peter, ed. *The Mutual Encounter of East and West, 1492–1992.* Tokyo: The Renaissance Insti-

tute, Sophia University, 1992.
Minchilli, Elizabeth Helman. *Deruta: A Tradition of Italian Ceramics.* San Francisco: Chronicle Books, 1998.
Mintz, Sidney W. *Sweetness and Power: The Place of Sugar in Modern History.* New York and London: Sifton, 1985.
Miskimin, Harry A. *The Economy of Later Renaissance Europe, 1460–1600.* Cambridge and New York: Cambridge University Press, 1977.
Mitchell, Bonner. *The Majesty of the State: Triumphal Progresses of Foreign Sovereigns in Renaissance Italy (1494–1600).* Princeton, N.J.: Princeton University Press, 1981.
Molà, Luca. *The Silk Industry of Renaissance Florence.* Baltimore: Johns Hopkins University Press, 2000.
Montaigne, Michel de. *The Autobiography of Michel de Montaigne.* Translated by Marvin Lowenthal. Jaffrey, N.H.: David R. Godine, 1999.
Montagu, Jeremy. *The World of Medieval and Renaissance Musical Instruments.* Woodstock, New York: Overlook Press, 1976.
Morgan-Russell, Simon. "St. Thomas More's Utopia and the Description of Britain," *Cahiers élisabéthains* 61 (2002): 1–11.
Morison, Samuel Eliot. *The European Discovery of America: The Southern Voyages, A.D. 1492–1616.* New York: Oxford University Press, 1974.
Morton, Alan G. *History of Botanical Science.* London and New York: Academic Press, 1981.
Moulton, Ian Frederick. "The Illicit World of the Renaissance." In Guido Ruggiero, ed. *A Companion to the Worlds of the Renaissance.* Oxford: Blackwell, 2002, pp. 491–505.
Muir, Edward. *Civic Ritual in Renaissance Venice.* Princeton, N.J.: Princeton University Press, 1981.
Mulcahy, Rosemarie. *The Decoration of the Royal Basilica of El Escorial.* Cambridge: Cambridge University Press, 1994.
Mulgan, Catherine. *Renaissance Monarchies, 1469–1558.* Cambridge: Cambridge University Press, 1998.
Mulsow, Martin, and Richard H. Popkin. *Secret Conversions to Judaism in Early Modern Europe.* Leiden: Brill, 2004.
Mundy, Barbara E. *The Mapping of New Spain: Indigenous Cartography and the Maps of the Relaciones Geográficas.* Chicago: University of Chicago Press, 1996.
Munro, John H. A. *Bullion Flows and Monetary Policies in England and the Low Countries, 1350–1500.* Aldershot, U.K., and Brookfield, Vt.: Variorum, 1992.
Munrow, David. *Instruments of the Middle Ages and Renaissance.* London: Oxford University Press Music Department, 1980.
Murray, Peter, and Linda Murray. *Art of the Renaissance.* New York: Thames & Hudson, 1985.
Murrin, Michael. *History and Warfare in Renaissance Epic.* Chicago and London: University of Chicago Press, 1994.
Nauert, Charles G., Jr. *Humanism and the Culture of Renaissance Europe.* Cambridge: Cambridge University Press, 2000.
Navarrete, Ignacio. "Francisco Sà de Miranda, Garcilaso de la Vega, and the Transfer of Italian Poetic Forms to Portugal and Spain," *Viator* 31 (2000): 291–309.
Nelson, Bernadette. "Ritual and Ceremony in the Spanish Royal Chapel," *Early Music History* 19 (2000): 105–200.
Nelson, Janet L., ed. *The Medieval World.* London and New York: Routledge, 2001.
Nichols, Fred J., ed. and trans. *An Anthology of Neo-Latin Poetry.* New Haven, Conn.: Yale University Press, 1979.
Nogarola, Isotta. *Complete Writings: Letterbooks, Dialogue on Adam and Eve, Orations.* Edited and translated by Margaret L. King and Diana Robin. Chicago: University of Chicago Press, 2004.
Noone, Michael. "A Manuscript Case-Study." In Tess Knighton and David Fallows, eds. *Companion to Medieval and Renaissance Music.* Oxford and New York: Oxford University Press, 2003, pp. 239–246.
Oakley, Francis. *The Western Church in the Later Middle Ages.* Ithaca, N.Y.: Cornell University Press, 1979.
Oberman, Heiko Augustinus. *The Impact of the Reformation.* Grand Rapids, Mich.: W. B. Eerdman, 1994.
Oettinger, Rebecca Wagner. *Music as Propaganda in the German Reformation.* Aldershot, U.K.: Ashgate, 2001.
———. *The Roots of Antisemitism in the Age of the Renaissance and Reformation.* Translated by James I. Porter. Philadelphia: Fortress Press, 1984.
O'Malley, John W. *Praise and Blame in Rome: Rhetoric, Doctrine, and Reform in the Sacred Orators of the Papal Court, c. 1450–1521.* Durham, N.C.: Duke University Press, 1979.
Ormrod, Mark. *The Black Death in England.* Stamford, Conn.: Paul Watkins, 1996.
Ozment, Steven. *When Fathers Ruled: Family Life in Reformation Europe.* Cambridge, Mass.: Harvard University Press, 1983.
Paganelli, Sergio. *Musical Instruments from the*

Renaissance to the 19th Century. London: Cassell, 1988.

Panofsky, Erwin. *Early Netherlandish Painting: Its Origin and Character*. 2 vols. Cambridge, Mass.: Harvard University Press, 1953.

———. *Renaissance and Renascences in Western Art*. New York: Harper & Row, 1972.

Panzer, Joel S. *The Popes and Slavery*. New York: Alba House, 1996.

Pardoe, Elizabeth Lewis. "Education, Economics, and Othodoxy: Lutheran Schools in Württemberg, 1555–1617," *Archiv für Reformationsgeschichte* 91 (2000): 285–315.

Partner, Peter. *The Lands of St. Peter: The Papal State in the Middle Ages and the Early Renaissance*. Berkeley: University of California Press, 1972.

———. *The Pope's Men: The Papal Service in the Renaissance*. Oxford and New York: Oxford University Press, 1990.

Payne, Alina. *The Architectural Treatise in the Italian Renaissance*. Cambridge and New York: Cambridge University Press, 1999.

Pedersen, Olaf. *Early Physics and Astronomy*. Cambridge and New York: Cambridge University Press, 1993.

Pelikan, Jaroslav, Valerie R. Hotchkiss, and David Price. *The Reformation of the Bible/The Bible of the Reformation*. New Haven, Conn.: Yale University Press, 1996.

Penrose, Boies. *Travel and Discovery in the Renaissance, 1420–1620*. Cambridge, Mass.: Harvard University Press, 1967.

Perrone, Sean. "Clerical Opposition in Habsburg Castile," *European Historical Quarterly* 31, no. 3 (2001): 325–352.

Peters, Edward. *Inquisition*. New York: Free Press, 1988.

Peters, Gretchen. "Urban Minstrels in Late Medieval Southern France: Opportunities, Status and Professional Relationships," *Early Music History* 19 (2000): 201– 235.

Pevsner, Nikolaus. *A History of Building Types*. Princeton, N.J.: Princeton University Press, 1976.

Philip, A. *The Calendar, Its History, Structure and Improvements*. Cambridge: Cambridge University Press, 1921.

Phillips, William D., Jr. "The Old World Background of Slavery in the Americas." In Barbara L. Solow, ed. *Slavery and the Rise of the Atlantic System*. Cambridge: Cambridge University Press and the W. E. B. Du Bois Institute for African and African American Research, 1993, pp. 43–61.

Pointer, Richard W. "The Sounds of Worship: Nahua Music Making and Colonial Catholicism in Sixteenth-Century Mexico," *Fides et Historia* 34, no. 2 (2002): 25–44.

Polk, Keith. "Instrumental Music in Brussels in the Early 16th Century," *Revue Belge de Musicologie* 55 (2001): 91–101.

Pollard, A. J. "The Characteristics of the Fifteenth-Century North." In John C. Appleby and Paul Dalton, eds. *Government, Religion and Society in Northern England 1000–1700*. Stroud, U.K.: Alan Sutton, 1997, pp. 131– 143.

Pope-Hennessy, John. *Italian Renaissance Sculpture*. San Francisco: Chronicle Books, 1996.

Preminger, Alex, ed. *Princeton Encyclopedia of Poetry and Poetics*. Princeton, N.J.: Princeton University Press, 1965.

Prodi, Paolo. *The Papal Prince: One Body and Two Souls: The Papal Monarchy in Early Modern Europe*. Translated by Susan Haskins. Cambridge: Cambridge University Press, 1987.

Ptak, Roderich. "Early Sino-Portuguese Contacts to the Foundation of Macao." In George D. Winius, ed. *Portugal, the Pathfinder*. Madison, Wis.: Hispanic Seminary of Medieval Studies, 1995, pp. 269–289.

Pullan, Brian. *Orphans and Foundlings in Early Modern Europe*. Reading: University of Reading, 1989.

Quint, David. *Origin and Originality in Renaissance Literature: Versions of the Source*. New Haven, Conn.: Yale University Press, 1983.

Rabb, Theodore K. *Renaissance Lives: Portraits of an Age*. New York: Basic Books, 2000.

Rabil, Albert, Jr., ed. *Renaissance Humanism: Foundations, Forms, and Legacy*. 3 vols. Philadelphia: University of Pennsylvania Press, 1988.

Racaut, Luc. *Hatred in Print: Catholic Propaganda and Protestant Identity during the French Wars of Religion*. Aldershot, U.K.: Ashgate, 2002.

Rae, Thomas I. *The Administration of the Scottish Frontier, 1513–1603*. Edinburgh: Edinburgh University Press, 1966.

Raggio, Olga. *The Liberal Arts Studiolo from the Ducal Palace at Gubbio*. New York: Metropolitan Museum of Art, 1996.

Raitt, Jill, Bernard McGinn, and John Meyerdorff, eds. *Christian Spirituality: High Middle Ages and Renaissance*. New York: Crossroad, 1987.

Randles, W. G. L. *Geography, Cartography and Nautical Science in the Renaissance*. Aldershot, U.K.: Ashgate, 2000.

Rebhorn, Wayne A., ed. and trans. *Renaissance Debates on Rhetoric*. Ithaca, N.Y., and London: Cornell University Press, 2000 (including 25 texts by Renaissance authors).

(Re)constructing the Past = Het verleden als instrument = Le passé recomposé; Proceedings of the Colloquium on History and Legitimisation Organised by the Charles V 2000 Committee: 24–27 February 1999, Brussels, Belgium. Brussels: Colloquium on History and Legitimisation, 1999.

Reeds, Karen Meier. *Botany in Medieval and Renaissance Universities.* New York: Garland, 1991.

Reinharz, Jehuda, and Daniel Swetschinski, eds. *Mystics, Philosophers, and Politicians: Essays in Jewish Intellectual History in Honor of Alexander Altmann.* Durham, N.C.: Duke University Press, 1982.

The Renaissance in Europe: An Anthology. Edited by Peter Elmer, Nick Webb, and Roberta Wood. New Haven, Conn., and London: Yale University Press, 2000.

Revel, Jean-François. *Culture and Cuisine.* Translated by Helen R. Lane. Garden City, N.Y.: Doubleday, 1982.

Rhodes, Neil, ed. *English Renaissance Prose: History, Language, and Politics.* Tempe, Ariz.: Medieval & Renaissance Texts & Studies, 1997.

Rice, Eugene F., Jr., and Anthony Grafton. *The Foundations of Early Modern Europe 1460–1559.* New York and London: W. W. Norton, 1970.

Richards, E. G. *Mapping Time: The Calendar and Its History.* Oxford and New York: Oxford University Press, 2000.

Richardson, Glenn. *Renaissance Monarchy: The Reigns of Henry VIII, Francis I and Charles V.* London and New York: Arnold and Oxford University Press, 2002.

Riddle, John M. *Contraception and Abortion from the Ancient World to the Renaissance.* Cambridge, Mass., and London: Harvard University Press, 1994.

———. *Eve's Herbs: A History of Contraception and Abortion in the West.* Cambridge, Mass., and London: Harvard University Press, 1998.

Riley, Gillian. *Renaissance Recipes.* San Francisco: Pomegranate Artbooks, 1993.

Robinson, Marsha. *Writing the Reformation: Actes and Monuments and the Jacobean History Play.* Aldershot, U.K.: Ashgate, 2002.

Rodrigues, Dalila. "Italian Influence on Portuguese Painting in the First Half of the Sixteenth Century." In Kate Lowe, ed. *Cultural Links between Portugal and Italy in the Renaissance.* Oxford: Oxford University Press, 2000, pp. 109–123.

Rose, Paul Lawrence. *The Italian Renaissance of Mathematics: Studies on Humanists and Mathematicians from Petrarch to Galileo.* Geneva: Droz, 1975.

Rosen, Edward, ed. and trans. *Three Copernican Treatises.* New York: Octagon Books, 1971.

Ross, James Bruce, and Mary Martin McLaughlin, eds. *The Portable Renaissance Reader.* New York: Viking Press, 1968.

Roth, Cecil. *The Jews in the Renaissance.* Philadelphia: The Jewish Publication Society of America, 1989.

Rouse, A. L. *The Elizabethan Renaissance: The Cultural Achievement.* New York: Charles Scribner's Sons, 1972.

———. *The Elizabethan Renaissance: The Life of the Society.* New York: Charles Scribner's Sons, 1971.

Rowland, Ingrid. *The Culture of the High Renaissance: Ancients and Moderns in Sixteenth-Century Rome.* Cambridge: Cambridge University Press, 2000.

Rubenstein, Nicolai. *The Government of Florence under the Medici (1434–1494).* Oxford and New York: Oxford University Press, 1997.

Ruderman, David B. *Essential Papers on Jewish Culture in Renaissance and Baroque Italy.* New York: New York University Press, 1992.

———. *The World of a Renaissance Jew.* Cincinnati: Hebrew Union College Press, 1981.

Ruggiero, Guido, ed. *A Companion to the Worlds of the Renaissance.* Oxford: Blackwell, 2002.

Ruiter, David. *Shakespeare's Festive History: Feasting, Festivity, Fasting and Lent in the Second Henriad.* Aldershot, U.K.: Ashgate, 2003.

Rummel, Erika. *The Humanist–Scholastic Debate in the Renaissance and Reformation.* Cambridge, Mass., and London: Harvard University Press, 1998.

Russell-Wood, A. J. R., ed. *Government and Governance of European Empires, 1415–1800.* Aldershot, U.K.: Ashgate, 2000.

Sagerman, Robert. "A Kabbalistic Reading of the Sistine Chapel Ceiling," *Acta ad Archaeologiam et Artium historiam Pertentia* 16 (2002): 91–177.

Sarton, George. *Six Wings: Men of Science in the Renaissance.* London: The Bodley Head, 1958.

Saslow, James M. *The Medici Wedding of 1589: Florentine Festival as "Theatrum Mundi."* New Haven, Conn.: Yale University Press, 1996.

Sauer, Carl O. *Sixteenth Century North America: The Land and the People as Seen by the Europeans.* Berkeley and Los Angeles: University of California Press, 1971.

Sawday, Jonathan. *The Body Emblazoned: Dissection and the Human Body in Renaissance Culture.* London: Routledge, 1995.

Schmitt, Charles B. *Aristotle and the Renaissance.* Cambridge, Mass.: Harvard University Press,

1983.
Schwinges, Rainer C. "On Recruitment in German Universities from the Fourteenth to Sixteenth Centuries." In William J. Courtenay, ed. *Universities and Schooling in Medieval Society.* Leiden: Brill, 2000, pp. 32–48.
Scott, A. F. *Every One a Witness: The Tudor Age, Commentaries of an Era.* New York: Thomas Y. Crowell, 1976.
Serlio, Sebastiano. *The Five Books of Architecture: An Unabridged Reprint of the English Edition of 1611.* New York: Dover, 1982.
Seward, Desmond. *The Hundred Years War.* New York: Atheneum, 1978.
Shepherd, Simon, ed. *The Women's Sharp Revenge: Five Women Pamphleteers from the Renaissance.* New York: St. Martin's Press, 1985.
Showalter, Dennis F. "Caste, Skill, and Training: The Evolution of Cohesion in European Armies from the Middle Ages to the Sixteenth Century," *The Journal of Military History* 57 (July 1993): 407–430.
Shumaker, Wayne. *The Occult Sciences in the Renaissance: A Study in Intellectual Patterns.* Berkeley: University of California Press, 1972.
Sider, Sandra. "Manneristic Style in Portuguese and Italian Compass Roses on Manuscript Portolan Charts." In Kate Lowe, ed. *Cultural Links between Portugal and Italy in the Renaissance.* Oxford: Oxford University Press, 2000, pp. 125–138.
Signorotto, Gianvittorio, and Maria Anto Visceglia, eds. *Court and Politics in Papal Rome, 1492–1700.* Cambridge and New York: Cambridge University Press, 2002.
Silver, Isidore. *Ronsard and the Hellenic Renaissance in France. Vol. 2, Ronsard and the Grecian Lyre, Part 1. (Travaux d'Humanisme et Renaissance, no. CLXXXII.)* Geneva: Librairie Droz, 1981.
Siraisi, Nancy. "Life Sciences and Medicine in the Renaissance World." In Anthony Grafton, ed. *Rome Reborn: The Vatican Library and Renaissance Culture.* Washington, D.C.: Library of Congress, 1993, pp. 169–197.
———. *Medieval and Early Renaissance Medicine: An Introduction to Knowledge and Practice.* Chicago and London: University of Chicago Press, 1990.
Smith, Hopkinson. "Plucked Instruments: Silver Tones of a Golden Age." In Tess Knighton and David Fallows, eds. *Companion to Medieval and Renaissance Music.* Oxford and New York: Oxford University Press, 2003, pp. 135–137.
Snyder, James C. *Northern Renaissance Art: Painting, Sculpture, the Graphic Arts from 1350 to 1575.* New York: Abrams, 1985.
Solow, Barbara L., ed. *Slavery and the Rise of the Atlantic System.* Cambridge: Cambridge University Press and the W. E. B. Du Bois Institute for African and African American Research, 1993.
Sparrow, John. *Visible Words: A Study of Inscriptions in and as Books and Works of Art.* Cambridge: Cambridge University Press, 1969.
Stadtwald, Kurt. *Roman Popes and German Patriots: Antipapalism in the Politics of the German Humanist Movement.* Geneva: Droz, 1996.
Staikos, Konstantinos. *The Great Libraries: From Antiquity to the Renaissance (3000 B.C. to A.D. 1600).* New Castle, Del., and London: Oak Knoll Press and the British Library, 2000.
Stefoff, Rebecca. *The Young Oxford Companion to Maps and Mapmaking.* New York and Oxford: Oxford University Press, 1995.
Stephenson, Barbara. *The Power and Patronage of Marguerite de Navarre.* Aldershot, U.K.: Ashgate, 2004.
Stevenson, Jane. "Women and Classical Education in the Early Modern Period." In Yun Les Too and Niall Livingstone, eds. *Pedagogy and Power: Rhetorics of Classical Learning.* Cambridge and New York: Cambridge University Press, 1998, pp. 83–109.
Stock, Jan van der. *Printing Images in Antwerp: The Introduction of Printmaking in a City.* Translated by Beverley Jackson. Rotterdam: Sound & Vision Interactive, 1998.
Strocchia, Sharon T. *Death and Ritual in Renaissance Florence.* Baltimore: Johns Hopkins University Press, 1992.
Strong, Roy. *Art and Power: Renaissance Festivals, 1450–1650.* Berkeley: University of California Press, 1984.
Struik, Dirk Jan, ed. *A Source Book in Mathematics, 1200–1800.* Princeton, N.J.: Princeton University Press, 1986.
Strunk, Oliver, ed. *Source Readings in Music History: The Renaissance.* New York: Norton, 1965.
Sullivan, Robert G. *Justice and the Social Context of Early Middle High German Literature.* New York: Routledge, 2001.
Swerdlow, N. M. "The Recovery of the Exact Sciences of Antiquity." In Anthony Grafton, ed. *Rome Reborn: The Vatican Library and Renaissance Culture.* Washington, D.C.: Library of Congress, 1993, pp. 125–168.
Taunton, Nina. *1590s Drama and Militarism: Portrayals of War in Marlowe, Chapman and Shakespeare's Henry V.* Aldershot, U.K.: Ashgate, 2001.
Taylor, F. L. *The Art of War in Italy, 1484–1529.* Westport, Conn.: Greenwood, 1973.

Taylor, James H. M., and Lesley Smith, ed. *Women and the Book: Assessing the Visual Evidence*. London and Toronto: The British Library and University of Toronto Press, 1997.

Tedeschi, John. *The Prosecution of Heresy: Collected Studies on the Inquisition in Early Modern Italy*. Binghamton, New York: Medieval & Renaissance Texts & Studies, 1991.

Tenenti, Alberto, "The Merchant and the Banker." In Eugenio Garin, ed. *Renaissance Characters*. Translated by Lydia G. Cochrane. Chicago and London: University of Chicago Press, 1991, pp. 154–179.

Thomas, Werner, and Luc Duerloo, eds. *Albert and Isabella, 1598–1621*. Turnhout, Belgium: Brepols, 1998.

Thornton, John Kelly. *Africa and Africans in the Making of the Atlantic World, 1400–1680*. Cambridge and New York: Cambridge University Press, 1992.

———. "Early Portuguese Expansion in West Africa: Its Nature and Consequences." In George D. Winius, ed. *Portugal, the Pathfinder*. Madison, Wis.: Hispanic Seminary of Medieval Studies, 1995, pp. 121–132.

Tilmans, Karin. "Republican Citizenship and Civic Humanism in the Burgundian-Habsburg Netherlands." In Martin van Gelderen and Quentin Skinner, eds. *Republicanism: A Shared European Heritage*. Vol. 1, *Republicanism and Constitutionism in Early Modern Europe*. Cambridge: Cambridge University Press, 2002, pp. 107–125.

Todorov, Tzvetan. "Voyagers and Natives." In Eugenio Garin, ed. *Renaissance Characters*. Translated by Lydia G. Cochrane. Chicago and London: University of Chicago Press, 1991, pp. 250–273.

Too, Yun Lee, and Niall Livingstone, eds. *Pedagogy and Power: Rhetorics of Classical Learning*. Cambridge and New York: Cambridge University Press, 1998.

Trachtenberg, Marvin, and Isabelle Hyman. *Architecture from Prehistory to Postmodernity*. New York: Harry N. Abrams, 2002, pp. 212–325.

Trapp, J. B., ed. *Manuscripts in the Fifty Years after the Invention of Printing: Some Papers Read at a Colloquium at The Warburg Institute on 12–13 March 1982*. London: The Warburg Institute, 1983.

Turner, Anthony. *Early Scientific Instruments: Europe, 1400–1800*. London: Published for Sotheby's Publications by Philip Wilson Publishers, 1987.

Turner, James Grantham. "Literature." In Guido Ruggiero, ed. *A Companion to the Worlds of the Renaissance*. Oxford: Blackwell, 2002, pp. 366–383.

Turner, Jane, ed. *Encyclopedia of Italian Renaissance and Mannerist Art*. 2 vols. London: Macmillan Reference, 2000.

Tylecote, R. F. *A History of Metallurgy*. London: Institute of Materials, 1992.

Unghváry. A. Sándor. *The Hungarian Protestant Reformation in the Sixteenth Century under the Ottoman Impact*. Lewiston, N.Y.: E. Mellen Press, 1989.

Vale, Malcolm. *War and Chivalry: Warfare and Aristocratic Culture in England, France, and Burgundy at the End of the Middle Ages*. Athens: University of Georgia Press, 1981.

Vasari, Giorgio. *The Lives of the Artists*. Translated with an introduction and notes by Julia Conway Bondanella and Peter Bondanella. Oxford and New York: Oxford University Press, 1998.

Vecellio, Cesare. *Vecellio's Renaissance Costume Book*. New York: Dover, 1977 (facsimile).

Veltman, Kim H. *Studies on Leonardo da Vinci I: Linear Perspective and the Visual Dimensions of Science and Art*. Munich: Deutscher Kunstverlag, 1986.

Verbruggen, J. F. *The Art of Warfare in Western Europe during the Middle Ages*. Antwerp: North Holland, 1977.

Verlinden, Charles. "Economic Fluctuations and Government Policy in the Netherlands in the Late XVIth Century," *The Journal of European Economic History* 10, no. 1 (1981): 201–206.

———. "European Participation in the Portuguese Discovery Era." In George D. Winius, ed. *Portugal, the Pathfinder*. Madison, Wis.: Hispanic Seminary of Medieval Studies, 1995, pp. 71–80.

Victoria and Albert Museum. *Princely Magnificence: Court Jewels of the Renaissance, 1500–1630*. London: Debrett's Peerage in association with the Victoria and Albert Museum, 1980.

Vives, Juan Luis. *The Education of a Christian Woman*. Edited and translated by Charles Fantazzi. Chicago: University of Chicago Press, 2000.

Von Barghahn, Barbara. *Age of Gold, Age of Iron: Renaissance Spain and Symbols of Monarchy*. Lanham, Md.: University Press of America, 1985.

Waite, Gary K. *Reformers on Stage: Popular Drama and Religious Propaganda in the Low Countries of Charles V, 1515–1556*. Toronto: University of Toronto Press, 2000.

Warnke, Martin. *The Court Artist: On the Ancestry of the Modern Artist*. Cambridge: Cambridge University Press, 1993.

Watson, Foster, ed. *Vives and the Renascence Education of Women*. New York: Kelly, 1972.

Wear, Andrew, Roger Kenneth French, and Iain M.

Lonie, eds. *The Medical Renaissance of the Sixteenth Century.* Cambridge and New York: Cambridge University Press, 1985.

Weber, Wolfgang. "'What a Good Ruler Should Not Do': Theoretical Limits of Royal Power in European Theories of Absolutism, 1500–1700," *Sixteenth Century Journal* 26, no. 4 (1995): 897–915.

Weiditz, Christopher. *Authentic Everyday Dress of the Renaissance: All 154 Plates from the "Trachtenbuch."* New York: Dover, 1994.

Weinberg, Bernard. *A History of Literary Criticism in the Italian Renaissance.* 2 vols. Chicago: University of Chicago Press, 1961.

Weinstein, Donald. *Savonarola and Florence: Prophecy and Patriotism in the Renaissance.* Princeton, N.J.: Princeton University Press, 1970.

Weinstein, Roni. *Marriage Rituals Italian Style: A Historical Anthropological Perspective on Early Modern Italian Jews.* Leiden: Brill, 2004.

Weiss, Roberto. *The Renaissance Discovery of Classical Antiquity.* Oxford: Basil Blackwell, 1969.

Weisser, Michael. *Crime and Punishment in Early Modern Europe, 1350–1850.* Hassocks, U.K.: Harvester Press, 1979.

Welch, Evelyn. *Art in Renaissance Italy 1350–1500.* Oxford: Oxford University Press, 2000.

Wells-Cole, Anthony. *Art and Decoration in Elizabethan and Jacobean England: The Influence of Continental Prints, 1558–1625.* New Haven, Conn.: Paul Mellon Centre for Studies in British Art by the Yale University Press, 1997.

Westman, Robert S. *The Copernican Achievement.* Berkeley and Los Angeles: University of California Press, 1975.

Whinnom, Keith. *Medieval and Renaissance Spanish Literature: Selected Essays.* Edited by Alan Deyermond, W. F. Hunter, and Joseph T. Snow. Exeter: University of Exeter, 1994.

Whitehead, Barbara J., ed. *Women's Education in Early Modern Europe: A History, 1500–1800.* New York: Garland, 1999.

Wiesner, Merry E. *Gender, Church, and State in Early Modern Germany.* London and New York: Longman, 1998.

———. "Spinsters and Seamstresses: Women in Cloth and Clothing Production." In Margaret W. Ferguson et al., eds. *Rewriting the Renaissance: The Discourses of Sexual Difference in Early Modern Europe.* Chicago and London: University of Chicago Press, 1986, pp. 191–205.

Willett, Laura, trans. *Poetry and Language in 16th-Century France: Du Bellay, Ronsard, Sébillet.* Toronto: Centre for Reformation and Renaissance Studies, 2004.

Winius, George D., ed. *Portugal, the Pathfinder.* Madison, Wis.: Hispanic Seminary of Medieval Studies, 1995.

Winn, Mary Beth. "Antoine Vérard's Presentation Manuscripts and Printed Books." In J. B. Trapp, ed. *Manuscripts in the Fifty Years after the Invention of Printing: Some Papers Read at a Colloquium at The Warburg Institute on 12–13 March 1982.* London: The Warburg Institute, 1983, pp. 66–74.

Wittkower, Rudolf. *Architectural Principles in the Age of Humanism.* New York and London: W. W. Norton, 1971.

Woods-Marsden, Joanna. "'Ritratto al naturale': Questions of Realism and Idealism in Early Renaissance Portraits," *Art Journal* 46, no. 3 (fall 1987): 209–216.

Woodward, David. "Maps and the Rationalization of Geographic Space." In Jay Levenson, ed. *Circa 1492: Art in the Age of Exploration.* Washington, D.C.: National Gallery of Art, 1991, pp. 83–87.

———. *Maps as Prints in the Italian Renaissance: Makers, Distributors and Consumers.* London: British Library, 1996.

Wright, George Thaddeus. *Hearing the Measures: Shakespearean and Other Inflections.* Madison: University of Wisconsin Press, 2001.

Wright, Georgia Summers. "The Reinvention of the Portrait Likeness in the Fourteenth Century," *Gesta* 39, no. 2 (2000): 117–134.

Yalom, Marilyn. *Birth of the Chess Queen: A History.* New York: HarperCollins, 2004.

Yates, Frances A. *The Valois Tapestries.* London: Routledge & Kegan Paul, 1975.

Zigrosser, Carl. *Six Centuries of Fine Prints.* New York: Garden City Publishing, 1939.

词汇译名对照

A

abatis 鹿砦
abbaco 算术
Abbate, Niccolò dell' 阿巴泰，尼科洛·德尔
Abrabanel, Judah ben Isaac 阿布拉巴内尔，茹达·本·伊萨克
Abrabanel, Isaac 阿布拉巴内尔，伊萨克
absolute power 绝对权威
accessories (fashion) 服饰配件（时尚）
Acciaiuoli, Donato 阿恰尤利，多纳托
Acciaiuoli family 阿恰尤利家族
accounting 会计
Acosta, José de 阿科斯塔，荷塞·德
adultery 通奸
Aeneid (Virgil)《埃涅伊德》(维吉尔)
Aertsen, Pierter 埃尔森，皮尔特
Afonso V (king of Portugal) 阿方索五世（葡萄牙国王）
Africa and Africans 非洲和非洲人
Agincourt, Battle of 阿金库尔战役
Agnadello, Battle of 阿尼亚德洛战役
Agostino di Duccio 阿戈斯蒂诺·迪·杜齐奥
Agricola, Georg 阿格里科拉，格奥尔格
Agricola, Rudolphus 阿格里科拉，鲁道夫努斯
agriculture 农业
Agrippa von Nettesheim 阿格里帕·冯·内特斯海姆
Alamanni, Luigi 阿拉马尼，路易吉
Alarcón, Hernando de 阿拉尔孔，埃尔南多·德
Alberti, Leon Battista 阿尔伯蒂，莱昂·巴蒂斯塔
Albigensian Crusade 镇压阿尔比教派的十字军
Albrecht (duke of Prussia) 阿尔布雷希特普鲁士公爵
Albrecht Ⅲ Achilles (elector of Brandenburg) 勃兰登堡选帝侯阿尔布雷希特三世（阿基里斯）
Albuquerque, Afonso de 阿尔布开克，阿方索·德
alchemy 炼金术
Alciati, Andrea 阿尔齐亚蒂，安德烈亚
alcohol 酒
Aldrovandi, Ulisse 阿尔德洛万蒂，乌利塞
Aldus 阿尔杜斯，见 Manutius, Aldus
Alemán, Mateo 阿勒曼，马泰奥
Alexander Ⅵ (pope) 亚历山大六世（教皇）
alfalfa 苜蓿
Alfonso Ⅱ (king of Naples) 阿方索二世（那不勒斯国王）
Alfonso V (king of Aragon) 阿方索五世（阿拉贡国王）
algebra 代数学
all'antica 按照古代方法
Allegory of Arithmetic (Gregor Reisch)《算术的寓言》（格雷戈尔·赖施）
Allegory of Avarice, with Skeleton (Jacopo Ligozzi)《关于贪婪的寓言及骷髅》(雅科波·利戈齐)
allopathic medicine 对抗疗法
aloe juice 芦荟汁
Alonso, Gabriel 阿隆索，加布里埃尔
Alphonse V of Aragon 阿拉贡的阿方斯五世
Alsace 阿尔萨斯
altar 祭坛
Altarpiece(s) 祭坛画
Altdorfer, Albrecht 阿尔特多费，阿尔布雷希特
Álvarez de Toledo, Fernando (duke of Alba) 阿尔瓦雷

arquebus 火绳钩枪
Arras, Treaty of《阿拉斯条约》
arrows 箭
Arruda, Diogo de 阿鲁达，迪奥戈·德
Arsenal（Venice）workshops 军火（威尼斯）工场
ars moriendi 死亡的艺术
Ars poetica（Horace）《诗艺》（贺拉斯）
art and artists 艺术和艺术家
Arthur, King 亚瑟王
artillery 火炮
artisans 工匠
Acham, Roger 阿沙姆，罗吉尔
Asia 亚洲
assembly line 装配线
Assumption of Mary, altarpiece of the 圣母升天，祭坛画
Assumption of the Virgin（Correggio）《圣母升天》（科雷乔）
astrolabe 星盘
astrology 占星术
astronomy 天文学
Attaingnant, Pierre 阿坦尼安，皮埃尔
Attendolo, Micheletto 阿滕多罗，米凯莱托
Augsburg 奥格斯堡
Augsburg Confession《奥格斯堡信纲》
Augustine, Saint 圣奥古斯丁
Augustinians 奥古斯丁教团教士
Aulic Council 枢密院
Aurelius, Marcus 奥勒留，马可
Austria 奥地利
Austrian Imperial Library 奥地利帝国图书馆
Autro-Turkish Wars 奥土战争
autobiography 自传
Avalos, Ferdinando Francesco d'（marquis of Pescara）达瓦罗斯，费尔迪南多·弗朗切斯科（佩斯卡拉侯爵）
Averroës 阿威罗伊
Avignon 阿维尼翁
Avis 阿维斯
azimuth compass 方位罗盘
Azores 亚速尔岛

B

babies 婴儿，见 infants
Bacon, Francis 培根，弗朗西斯
bagpipe 风笛
Baïf, Jean-Antoine de 巴伊夫，让-安托万·德
Balboa, Vasco Núñez de Balboa 巴尔博厄，瓦斯科·努涅斯·德·巴尔博厄
Baldovinetti, Alessio 巴尔多维内蒂，阿雷西奥
Baldung Grien, Hans 巴尔东·格里恩，汉斯
ballade 三节联韵诗
ballads 民谣
Baltic states 波罗的海国家
balustrades 回栏
Bandello, Matteo 班德罗，马泰奥
Báñez, Domingo 巴内兹，多明戈
banking 银行业
baptism 洗礼
Barbari, Jacopo de' 巴尔巴里，雅科波·德
Barbarigo, Andrea 巴尔巴里戈，安德烈亚
Barbaro, Daniele 巴尔巴罗，达尼耶莱
Barbaro, Giosofat 巴尔巴罗，吉奥索法特
Barbarossa 巴巴诺萨
Barbaro, the Younger, Ermolao 小巴尔巴罗，埃尔莫劳
barker-surgeon 理发师—外科医生，见 surgeons
Barbosa, Arias 巴尔博扎，阿里亚斯
Barcelona 巴塞罗那
Barclay, Alexander 巴克利，亚历山大
Bardi, Giovanni de' 巴尔迪，乔万尼·德
Barents, Willem 巴伦支，威廉
barges 驳船
Baro, Peter 巴罗，彼得
Baron, Hans 巴龙，汉斯
barrel vault 桶形穹隆
Barros, João 巴罗斯，若昂
Bartizza, Gasparino 巴尔蒂扎，加斯帕里诺
Bartolommeo, Fra 巴托罗梅奥，弗拉
Bazizza, Gasparino 巴齐扎，加斯帕里诺
basilica 大教堂，也见 Saint Peter's Basilica
bas relief 浅浮雕

Borgia, Cesare 博基亚，切萨雷
Borgoña, Juan de 博尔戈纳，胡安·德
Borja, Francisco de 博尔贾，弗朗西斯科·德
Borromeo, Carlo（cardinal）博罗梅奥，卡尔洛（红衣主教）
Bos, Cornelis 博斯，科尔内利斯
Boscan, Juan 博斯坎，胡安
Bosch, Hieronymus 博施，希罗尼穆斯
Bosworth, Battle of 博斯沃斯战役
botany 植物学
Botero, Giovanni 博泰罗，乔万尼
Botticelli, Sandro 波提切利，桑德罗
Boulogne 布洛涅
Bourbon, House of 波旁家族
Bourdeille, Pierre de（seigneur de Brantôme）布尔代耶，皮埃尔·德（布朗托姆的领主）
Bouts, Dieric 布茨，迪里克
boys 男孩
Bracciolini, Poggio 布拉乔利尼，波基奥
Brahe, Tycho 布拉厄，蒂科
Bramante, Donato 布拉曼特，多纳托
Brancacci Chaple of Santa Maria del Carmine 卡尔米内的圣玛利亚布朗卡奇礼拜堂
Brandenburg 勃兰登堡
brandy 白兰地
Brant, Sebastian 布兰特，塞巴斯蒂安
brass instruments 铜管乐器
Brazil 巴西
bread 面包
Bresse 布雷斯
Brethern of the Common Life 共生兄弟会
Breton, Gilles de 布勒东，吉拉·德
Breughel the Elder, Pieter 老勃鲁盖尔，彼得
bricks 砖
brides 新娘
Brittany 布列塔尼
bronze 青铜
Bronzino, Agnolo 布隆齐诺，阿涅奥罗
Brunelleschi, Filippo 布鲁内莱斯基，菲利波
Brunfels, Otto 布伦费尔斯，奥托
Bruni, Leonardo 布鲁尼，列奥纳多
Brussels 布鲁塞尔
Bry, Theodore de 布里，泰奥多尔·德
Bucer, Martin 比塞，马丁
Buchanan, George 布坎南，乔治
Buda, siege of 布达之围
Bude, Guillaume 比代，纪尧姆
buildings 建筑
Bullinger, Heinrich 布林格，海因里希
bulwark 堡垒
Buoncompagni, Ugo 鲍孔帕尼，乌戈，见 Gregory XIII
Burckhardt, Jakob 布克哈特，雅各布
Burgundy 勃艮第
burin 雕刻刀
burning at the stake 火刑
business 商业
Bussone da Carmagnola, Francesco 布索内·达·卡马里奥拉，弗朗切斯科
butter 黄油
Byne, Arthur 伯恩，阿瑟
Byrd, William 伯德，威廉
Byzantine Church 拜占庭教会
Byzantium 拜占庭

C

Cabala 卡巴拉
Cabeza de Vaca, Álvar Núñez 卡贝扎·德·瓦卡，阿尔瓦·努涅斯
Cabot, John 卡伯特，约翰
Cabot, Sebastian 卡伯特，塞巴斯蒂安
Cabral, Pedro Álvars 卡布拉尔，佩德罗·阿尔瓦斯
Caccini, Giulio 卡奇尼，朱利亚诺
Cadamosto, Alvise de 卡达莫斯托，阿尔维塞·德
Cádiz 加的斯
Caesar, Julius 恺撒，儒略
Cajetan, San 卡耶坦，圣
Cajetan, Tommaso（cardinal）卡耶坦，托马索（红衣主教）
Calais 加莱

conception 怀孕
condottiere 雇佣兵首领
confession 忏悔
confirmation 坚信礼
confraternities 兄弟会
Confraternity of Saint Ann（Louvain）圣安妮兄弟（卢万）
Confucianism 孔子学说
Congo 刚果
congregation 教区教徒
Congregation of the Index 审定《禁书目录》主教会议
conquistadores 征服者
Constantinople 君士坦丁堡
consubstantiation 同体论
Contarini, Ambrogio 孔塔里尼，安布罗乔
Contarini, Gasparo 孔塔里尼，加斯帕罗
contests, sculpture 竞赛，雕刻
Conti, Niccolò de 孔蒂，尼科洛·德
contrapposto 对应法
Convento do Cristo 基督女修院
convent（s）女修院
conversos 皈依基督教者
cooking and serving 烹饪与进餐
Coornhert, Dirck Volckertszoon 库尔赫特，德克·沃尔克茨祖恩
Copernicus, Nicolas 哥白尼，尼古拉斯
copla 短歌
copper 铜
copyrights 版权
Córdoba 科尔多瓦
cornet 音栓
cornice 上楣
Cornwall, England 康沃尔，英格兰
Coronado, Francisco Vázquez de 科罗纳多，弗朗西斯科·瓦斯克斯·德
corporal punishment 肉刑
Corpus Christi 圣体
Correggio 科雷乔
corsets 紧身衣
Corte Real family 科尔特·雷亚尔一家
the Cortes 议会
Cortés, Hernán 科尔特斯，埃尔南
Cortés de Albacar, Martin 科尔特斯·德·阿尔巴卡，马丁
Corvinus, Matthias 科尔温，马提亚
Coryate, Thomas 科耶特，托马斯
Cosa, Juan de la 科萨，胡安·德·拉
Cosimo, Piero di 科西莫，皮耶罗·迪
Cosimo I de' Medici（duke of Florence and grand duke of Tuscany）科西莫一世·德·美第奇（佛罗伦萨公爵和托斯卡纳大公）
cosmology 宇宙志
cotton 棉花
Couer, Jacques 克尔，雅克
Council of Basel 巴塞尔公会议
Council of Constance 康斯坦茨公会议
Council of Florence 佛罗伦萨公会议
Council of Lateran V 第五次拉特兰公会议
Council of Nine Hundred 九百人会议
Council of Pisa 比萨公会议
Council of Regency 帝国摄政会议
Council of Ten（Venice）十人委员会
Council of Trent 特伦托公会议
councils 议事会议
Counter-Refnrmation 反宗教改革
country houses 乡村住宅
couriers 信使
The Courtier（Baldassare Castiglione）《廷臣》（巴尔达萨内·卡斯蒂利奥内）
court libraries 宫廷图书馆
courtly romance 宫廷传奇
courts（ecclesiastical）法庭（教会的）
Coverdale, Miles 科弗代尔，迈尔斯
Covilhã, Pêro da 科维良，佩罗·达
crafts 手工业
Cranach the Elder, Lucas 老克拉纳赫，卢卡斯
Cranmer, Thomas（archbishop of Canterbury）克兰默，托马斯（坎特伯雷大主教）
Crete 克里特
crimes 犯罪
cristallo 水晶玻璃

D

Dieppe 迪耶普
the Diet 帝国议会
Diet of 1495 1495 年的帝国议会
Diet of Augsburg（1530）奥格斯堡的帝国议会（1530年）
Diet of Worms（1521）沃尔姆斯帝国议会（1521 年）
diets 议会
Digges, Leonard 迪格斯，伦纳德
Digges, Thomas 迪格斯，托马斯
diocese 主教辖区
Dioscorides 迪奥斯科里德斯
diptych 双连画
Discalced Carmelites 赤脚加尔默罗修会
disease and illness 疾病
dissection 解剖
Divine Comedy（Dante Alighieri）《神曲》（但丁·阿利格里）
divorce 离婚
Dodecachordon（Heinrich Glarean）《十二和弦法》（海因里希·格拉雷亚）
Dodoens, Junius Rembert 多多恩斯，朱尼乌斯·伦伯特
Dolce, Lodovico 多尔切，卢多维科
Dolet, Étienne 多雷，艾蒂安
dome 穹顶
domestic skills 家务技能
Dominicans 多明我修道会
Donatello 多那泰罗
Don Carlo（Verdi）《唐·卡洛》（威尔第）
Don Juan of Austria 奥地利的唐·胡安
Donne, John 多恩，约翰
Donne Triptych（Hans Memling）《多恩三联祭坛组画》（汉斯·梅姆林）
Don Quixote（Migucl de Cervantes Saavedra）《堂·吉诃德》（米盖尔·德·塞万提斯·萨阿维德拉）
Doria, Andrea 多里亚，安德烈亚
Doric order 陶立克柱式
Dovizi, Bernardo（Cardinal Bibbiena）多维齐，贝尔纳多（红衣主教比比耶纳）
dowry 嫁妆
Drake, Sir Francis 德雷克，弗朗西斯爵士
drama 戏剧，也参看 theater
drapery（in sculpture）衣饰（雕塑的）
drawing 素描
Drayton, Michael 德雷顿，迈克尔
dresses 女装
drinking songs 祝酒歌
drugs 药材
drummers 鼓手
drums 鼓
drypoint 铜版雕刻术
Du Bartas, Guillaume de Saluste 迪巴尔塔斯，纪尧姆·德·沙吕斯特
Du Bellay, Jean 迪贝莱，让，见 Bellay, Jean du
Du Bellay, Joachim 迪贝莱，若阿基姆，见 Bellay, Joachim du
Ducerceau, Baptiste 迪塞尔索，巴蒂斯特
Ducerceau the Elder, Jacques Androuet 老迪塞尔索，雅克·安德鲁埃
Dudley, Robert（earl of Leicester）达德利，罗伯特（莱斯特伯爵）
Dufay, Guillaume 迪费，纪尧姆
Dunstable, John 邓斯泰伯，约翰
Dupérac, Etienne 迪佩雷，艾蒂安
Dürer, Albrecht 丢勒，阿尔布雷希特
the Dutch 荷兰
the Dutch Revolt 尼德兰起义
dying of fabric 纺织品的染色

E

Eannes, Gil 埃亚内斯，吉尔
earrings 耳环
the Earth 地球
earthwork 土木工事
Easter 复活节
Eastern Orthodox Church 东正教
ecclesiastical buildings 教会建筑
ecclesiastical courts 教会法庭
ecclesiastical justice 教会司法权
Eck, Johann 埃克，约翰
eclogue 牧歌

F

fallowing 休耕地
family life 家庭生活
family portraits 家庭肖像
farce 滑稽戏
Far East 远东
Farnese, Alessandro（duke of Parma）法内塞，亚历山德罗（帕尔玛公爵）
Farrant, Richard 法兰特，理查德
Fasmacbtspiele 狂欢戏
Feast of Fools 蠢人节
Federmann, Nikolaus 费德曼，尼古劳斯
Fenton, Edward 芬顿，爱德华
Ferdinand Ⅰ（Holy Roman Emperor）斐迪南一世（神圣罗马帝国皇帝）
Ferdinand Ⅴ of Aragon（king of Spain）阿拉贡的斐迪南五世（西班牙国王）
Fernandes, Álvaro 费尔南德斯，阿尔瓦罗
Fernández, Juan 费尔南德斯，胡安
Fernández de Córdoba, Gonzalo 费尔南德斯·德·科尔多瓦，贡扎罗
Fernández de Quirós, Pedro 费尔南德斯·德·基罗斯，佩德罗
Fernel, Jean Francois 费内尔，让·弗朗索瓦
Ferrante Ⅰ（king of Naples）费兰特一世（那不勒斯国王）
Ferrara 费拉拉
Ferrari, Lodovico 费拉里，卢多维科
Ferreira, António 费雷拉，安东尼奥
fertility 生育
feudal society 封建社会
Fibonacci, Leonardo 菲博纳奇，列奥纳多
Ficino, Marsilio 费奇诺，马西利奥
fiction 虚构的文学作品
field armor 野战铠甲
field conditions 战地伤病
Field of the Cloth of Gold 金帐原
15th century 15 世纪
figureheads 船头雕像
Filarete 费拉雷泰
Filelfo, Francesco 费莱尔弗，弗朗切斯科
Filipepi, Alessandro 菲利佩皮，亚里桑德罗
films 电影
fingers（system for counting on）指算（指算方法）
Fior di virtù《美德菁华》
firearm（s）火器
fired projectiles 火器
fire lance 喷火枪
fireplaccs 壁炉
Fischart, Johann 菲沙尔特，约翰
fish 鱼
Fisher, John（cardinal）费希尔，约翰（红衣主教）
Five Wounds 五伤
Flanders 弗兰德尔
Flemish artists 弗兰德尔艺术家
Flemish tapestries 弗兰德尔挂毯
fletch 箭
Fletcher, John 弗莱彻，约翰
flintlock 燧发机
Florence 佛罗伦萨
Florida 佛罗里达
Florio, John 弗洛里奥，约翰
Floris de Vriendt the Younger, Cornelis 弗罗里斯·德·弗里恩特，小科内利斯
flowers 花
flute 笛子
Foix, Gaston de（duke of Nemours）富瓦，加斯东·德（内穆尔公爵）
folk literature 民间文学
folk music 民间音乐
Fonseca, Pedro da 丰塞卡，佩德罗·达
Fontainebleau 枫丹白露
Fontana, Domenico 丰塔纳，多梅尼科
Fontana, Lavinia 丰塔纳，拉维利亚
Fontanta, Prospero 丰塔纳，普罗斯佩洛
Fonte, Moderata 丰泰，莫德拉塔
food and cooking 食物与烹饪
forage crops 饲料作物
foreign missions 外方传教
fork 叉子
Formigny, Battle of 福尔米尼战役
Fortebraccio, Andrea 弗泰布拉乔，安德烈亚

G

面部的几何学研究》(木刻)
geometry 几何学
Gerard, John 杰勒德，约翰
Gerhsam, Sir Thomas 格雷沙姆，托马斯爵士
German language 德语
Germany and Germans 德国和德国人
Gesner, Conrad 格斯纳，康拉德
gesso 石膏
Ghent Altarpiece《根特祭坛画》
Ghent 根特
ghettos 犹太人隔离区
Ghiberti, Lorenzo 吉贝尔蒂，洛伦佐
Ghirlandaio, Domenico 吉兰达约，多梅尼科
Ghislieri, Antonio 吉斯利耶里，安东尼奥
Giambologna 吉安博洛尼亚
Gilbert, Sir Humphrey 吉尔伯特，汉弗莱爵士
Gilbert, William 吉尔伯特，威廉
Giorgio Martini, Francesco di 乔尔乔·马尔蒂尼，弗朗切斯科·迪
Giorgione 乔尔乔内
Giotto di Bondone 乔托·迪·邦多内
Giovio, Paolo 乔维奥，保罗
Giraldi, Giambattista Cinthio 吉拉尔蒂，吉安巴蒂斯塔·琴蒂奥
girls 女孩
Giulio Romano 朱利奥·罗马诺
Giustiniani, Pompeo 圭斯蒂尼亚尼，波姆佩奥
Glarean, Heinrich 格拉雷亚，海因里希
glass 玻璃器皿
glaze 上釉
globe gores 地球仪图块
Goes, Hugo van der 戈斯，雨果·凡·德尔
gold 金
goldsmiths 金匠
golf 高尔夫球
Gombert, Nicolas 贡贝尔，尼古拉
Gomes, Diogo 戈梅斯，迪奥戈
Gonçalves, Nuno 贡萨尔维斯，努诺
gonfalone(banner)旌旗
gonfaloni(sixteenths)旗手（旗手团成员）
gonfaloniere 旗手
Góngora y Argote, Luis de 贡戈拉-阿尔戈特，路易斯·德
Gonzaga, Cecilia 贡扎加，切奇利娅
Gonzaga, Gianfrancesco Ⅰ贡扎加，吉安弗朗切斯科一世
Gonzaga, Gianfrancesco Ⅱ(marquis of Mantua)贡扎加，吉安弗朗切斯科二世（曼图亚侯爵）
Gonzaga, Lodovico 贡扎加，卢多维科
Gonzaga, Ludovico Ⅱ(marquis of Mantua)贡扎加，卢多维科二世（曼图亚侯爵）
Gonzaga, Marguerita 贡扎加，玛格丽特
Gonzaga, Vincenzo 贡扎加，温琴佐
Gonzaga family 贡扎加家族
gores(globe)图块（地球仪）
Górnicki, Lukasz 戈尔尼基，卢卡斯
Gosnold, Bartholomew 戈斯诺德，巴塞洛缪
Gothic style 哥特风格
Goujon, Jean 古戎，让
government 政府
governors 总督
graffito 刻画装饰法
grain 谷物
grammar 文法
grammar schools 文法学校
Granada 格拉纳达
Grand Banks 大浅滩
Granvelle, Antoine Perrenot de 格朗韦勒，安东内·佩雷诺特·德
grape picking 葡萄采摘
The Great Art(Girolamo Cardano)《大术》(吉罗拉莫·卡尔达诺)
Great Bible《大圣经》
Great Council 大议会
Great Schism 大分裂
Greco, El 格雷科，埃尔
Greece and Greeks 希腊和希腊人
Greek language 希腊语
Greenland 格陵兰
Gregorian calendar 格列高利历
Gregory Ⅶ(pope)格列高利七世（教皇）

H

I

Johann Friedrich I（elector of Saxony）约翰·弗里德里希一世（萨克森选帝侯）
John Ⅰ（king of Portugal）约翰一世（葡萄牙国王）
John Ⅱ（duke of Bourbon）约翰二世（波旁公爵）
John Ⅱ（king of Portugal）约翰二世（葡萄牙国王）
John Ⅲ（king of Sweden）约翰三世（瑞典国王）
John Ⅷ Palaeologus（emperor of Byzantimn）约翰八世·巴列奥略（拜占庭帝国皇帝）
John the Fearless（duke of Burgundy）无畏的约翰（勃艮第公爵）
Jones, Inigo 琼斯，伊尼戈
Jonson, Ben 琼森，本
journeymen 满师学徒
Juan de Flandes 胡安·德·弗兰德斯
Juan of Austria 奥地利的胡安
Judaism 犹太教
Julian calendar 儒略历
Julius II（pope）朱利乌斯二世（教皇）
Junins, Franciscus 尤尼乌斯，弗朗西斯库斯
jurists 法学家
justice 司法
justice（ecclesiastical）司法权（教会的）

K

Kapelle 乐队
Karcher, Jan 卡彻，扬
Karcher, Nicolas 卡彻，尼古拉斯
Kepler, Johannes 开普勒，约翰内斯
kettledrum 铜鼓
Kildare, earls of 基尔代尔的伯爵们
King James Bible《钦定本圣经》
King Lear（William Shakespeare）《李尔王》（威廉·莎士比亚）
Kitchen Still Life（Pieter Aertsen）《厨房静物》（彼得·埃特森）
knot gardens 结纹园
Knox, John 诺克斯，约翰
Kochanowski, Jan 科恰诺夫斯基，扬
Koran（Qur'an）《可兰经》（《古兰经》）
Kristeller, Paul Oskar 克里斯特勒，保罗·奥斯卡
Kurosawa, Akira 黑泽明
Kyd, Thomas 基德，托马斯

L

Labé, Louise 拉贝，路易丝
lace 花边
Ladislaus V（king of Hungary, Austria, and Bohemia）拉迪斯劳斯五世（匈牙利、奥地利和波希米亚国王）
Lafréry, Antonio 拉弗雷里，安东尼奥
Laínez, Diego 莱内斯，迭戈
laity 俗人
Lamentation 哀悼基督
Lancaster, house of 兰开斯特家族
Lancaster, Sir James 兰开斯特，詹姆斯爵士
lance（fighting unit）枪骑兵队（作战单位）
lance（weapon）长矛（武器）
Landino, Cristoforo 兰迪诺，克里斯托弗罗
landlords 地主
Landsknechte 雇佣步兵
Langeais, Château de 朗热城堡
language（s）语言，也参看 literature and language
La Noue, François de 拉努，弗朗索瓦·德
lantern 穹隆顶塔
lard 猪油
Las Casas, Bartolomé de 拉斯·卡萨斯，巴托洛梅·德
Lassus, Orlando di 拉叙斯，奥兰多·迪
The Last Judgment（Michelangelo）《最后的审判》（米开朗基罗）
Last Supper 最后的晚餐
The Last Supper（tapestry）（Bernaert van Orely）《最后的晚餐》（挂毯）（贝纳尔特·凡·奥利）
Late Gothic culture 晚期哥特文化
Lateran Council, Fifth 第五次拉特兰公会议
Lateran Council, Fourth 第四次拉特兰公会议
Latimer, Hugh 拉蒂默，休
Latin 拉丁语
Latin America 拉丁美洲
Laurana, Francesco 劳拉纳，弗朗切斯科

M

N

notaries 公证人
Novara, Battle of 诺瓦拉战役
novel 小说
novella 中篇小说
Nunes, Pedro 努内斯，佩德罗
Núñez de Balboa, Vasco 努涅斯·德·巴尔博厄，瓦斯科，见 Balboa, Vasco Núñez de
nun(s)修女
Nuremberg, Germany 纽伦堡，德国
Nuremberg eggs 纽伦堡蛋
nypmhaeum 仙女泉

O

oarsmen 桨手
oath of apprenticeship 学徒的誓约
obedience 顺从
obelisks 方尖碑
Obrecht, Jacob 奥布雷希特，雅各布
Ockeghem, Johannes 奥克格姆·约翰内斯
octava rima 八行诗体
ode 颂诗
Odyssey(Homer)《奥德赛》(荷马)
Oecolampadius, Johannes 厄科兰帕迪乌斯，约翰内斯
Ojeda, Alonso de 奥杰达，阿隆索·德
Old Testament 旧约
oligarchy 寡头
olive oil 橄榄油
Ommegangen of Antwerp 安特卫普行会游行
On Educating Children《论儿童教育》
O'Neill, Hugh(earl of Tyrone)奥尼尔，休(蒂龙伯爵)
On Metallurgy(Georg Agricola)《论冶金》(格奥尔格·阿格里科拉)
opera 歌剧
optics 光学
Orange-Nassau, House of 奥兰治—拿骚家族
oratory 演讲，也参看 rhetoric
order 柱式
Order of the Golden Fleece 金羊毛骑士团
ordination 圣职授任
Ordo Predicatorum 小兄弟修道会
Orely, Bernaert van 奥利，贝纳尔特·凡
Oresme, Nicole 奥雷姆，尼科尔
organs(church)管风琴(教堂用)
the Orient 东方
Orlando furioso(Ludovico Ariosto)《疯狂的奥兰多》(卢多维科·阿里奥斯托)
Orléans, siege of 奥尔良围攻战
Orléans dynasty 奥尔良王朝
ornamentation 装饰
ornaments 装饰物
orphans 孤儿
Orta, Garcia de 奥尔塔，加西亚·德
Ortelius, Abraham 奥泰利乌斯，亚伯拉罕
Ortelius's atlas 奥泰利乌斯地图册
orthodoxy 正统
Ortiz, Diego 奥尔蒂斯，迭戈
Osiander, Andreas 奥西安德，安德烈亚斯
Os Lusíadas(Luis de Camões)《卢苏斯的儿子们》(路易斯·德·卡蒙伊斯)
Ospedale degli Innocenti 育婴堂
Ospedale Maggiore 马吉奥雷医院
Othello(William Shakespeare)《奥赛罗》(威廉·莎士比亚)
Ottoman Turks 奥斯曼土耳其
ovens 烤箱
Ovid 奥维德

P

Pacific Ocean 太平洋
Pacioli, Luca 帕乔利，卢卡
Padua 帕多瓦
painting 绘画，也参看专门索引条，如 Raphael
palaces 宫殿
Palatinate 巴拉丁
palazzo 宫殿，府邸
Palazzo Farnese(Rome)法内塞宫(罗马)
Palazzo Medici(Florence)美第奇宫(佛罗伦萨)
Palazzo Rucellai 鲁切莱宫

publishing 出版业
Pucelle, Jean 皮塞勒，让
Puritans 清教徒
putto 男小天使

Q

quarantining 隔离
Quintilian 昆体良
Qur'an《古兰经》，见 Koran

R

rabbi 拉比
Rabelais, François 拉伯雷，弗朗索瓦
Raimondi, Marcantonio 雷蒙迪，马坎托尼奥
Raleigh, Sir Walter 罗利，沃尔特爵士
Ramus, Perus 拉米斯，彼得吕斯
Ramusio, Giovanni Battista 拉穆西奥，乔万尼·巴蒂斯塔
Ran (*King Lear*) (Akira Kurosawa)《乱》(《李尔王》)(黑泽明)
rape 强奸
Raphael 拉斐尔
Ravenna, Battle of 拉韦纳战役
realism 现实主义
the Reconquest of Spain 西班牙的收复失地运动
Recorde, Robert 雷科德，罗伯特
recorders 舌簧八孔直笛
red (color) 红色（颜色）
reflective pools 沉思池
reform 改革
religious orders 宗教教团
Regensburg Synagogue 雷根斯堡犹太会堂
regiment (military) 团队（军事的）
Regiomontanus 雷吉奥蒙塔努斯
regulars 修道士
Reinhold, Erasmus 赖因霍尔德，伊拉斯谟
Reisch, Gregor 赖施，格雷戈尔
relics 圣徒遗物
relief sculpture 浮雕
religion 宗教，也见 witchcraft
religious celebrations 宗教庆典
religious freedom 宗教自由
reliquary 圣盒
Renaissance 文艺复兴
Renè of Anjou 安茹的勒内
representative body 代表机构
representative government 代议政体
republics 共和国
Requesèns y Zúñiga, Luis de 雷克森斯—祖尼加，路易斯·德
reredos 祭坛画
Resurrection 基督复活
retable 祭坛画
Reuchlin, Johannes 罗伊希林，约翰内斯
Reusner, Nicholas 罗伊斯纳，尼古拉斯
revenue 税收，也参看 taxation
Revolt of the Netherlands 尼德兰起义
Rheticus, Georg 雷蒂库斯，格奥尔格
rhetoric 修辞学，也参看 oratory
Rhetoric (Aristotle)《修辞学》(亚里士多德)
rhumb lines 罗盘方位线
Ribault, Jean 里博，让
ribbon 丝带
Ricci, Matteo 利玛窦
rice 稻米
Riemenschneider, Tilman 里门施奈德，蒂尔曼
rifle 来复枪
Rimini 里米尼
rings 戒指
Risner, Friedrich 里斯纳，弗里德里希
ritual bathing (washing) 仪式性的洗浴礼（洗浴）
rivers 江河
Roanoke Island 罗阿诺克岛
Robbia, Luca della 罗比亚，卢卡·德拉
Robin, Jean 罗宾，让
rock salt 岩盐
Rojas, Ferando de 罗雅斯，费尔南多·德
Rollaiuolo 波拉约罗
Romagna 罗马尼阿
Roman Academy 罗马学会

S

San Pedro, Diego de 圣佩德罗，迭戈·德
Sansovino, Jacopo Tatti 桑索维诺，雅科波·塔蒂
Santa Maria (ship) 圣玛利亚（船名）
Santa Maria della Pace, cloister of 和平圣玛利亚修道院
Santa Maria della Pieve, Church of (Arezzo, Italy) 圣玛利亚·德拉·皮耶维教堂（意大利阿雷佐）
Santa Maria Novella (Florence) 圣玛利亚·诺维拉教堂（佛罗伦萨）
Santa Maria Nuova, hospital of 新圣玛利亚医院
Santo Domingo 圣多明戈
Saragossa (Zaragoza), Treaty of 萨拉戈萨条约
sarcophagus 石棺
Sardinia 撒丁岛
Sarmiento de Gamboa, Pedro 萨尔米恩托·德·甘博阿，佩德罗
Sassetta 萨塞塔
Satan 魔鬼
satire 讽刺作品
Saturday 星期六
Savnarola, Girolamo 萨沃纳罗拉，吉罗拉莫
Savoy 萨沃伊
Saxony 萨克森
Saxton, Christopher 萨克斯顿，克里斯托弗
scale (musical) 音阶（音乐的）
Scaliger, Julius Caesar 斯卡利杰，朱利乌斯·恺撒
Scamozzi, Vincenzo 斯卡莫齐，温琴佐
Scandinavia 斯堪的纳维亚
scarves 围巾
scatology 淫秽文学
Scéve, Maurice 塞夫，莫里斯
Schlick, Arnolt 施利克，阿诺尔特
Schmalkaldic League 施马尔卡登同盟
Schmalkaldic War 施马尔卡登战争
scholarship 学术
Scholastics 经院哲学
The Scholemaster (Roger Ascham)《教师手册》(罗吉尔· 阿沙姆)
Schongauer, Martin 施恩告尔，马丁
School of Fontainebleau 枫丹白露画派
school (s) 学校，也参看 universities
Schouten, Willem Corneliszoon 斯考滕，威廉·科内利斯祖恩
science 科学，也参看 medicine，以及专门索引条，如 Copernicus Nicolas
scientific revolution 科学革命
Scotland 苏格兰
script 字体
sculpture 雕塑，也参看专门索引条，如 Michelangelo Buonarroti
seasons 季节
Sebastian I (king of Portugal) 塞巴斯蒂安一世（葡萄牙国王）
Sebastián del Cano, Juan 塞巴斯蒂安·德尔·卡诺，胡安
Sebastiano del Piombo 塞巴斯蒂亚诺·德尔·皮昂博
Sebillet, Thomas 塞比耶，托马斯
secco 干壁画
secondary education 中等教育
secretaries of state 国务秘书
Secret Council 机要委员会
secular clergy 在俗教士
secular imagery 世俗图像
secular sculpture 世俗雕塑
Secundus, Johannes 泽孔杜斯，约翰内斯
segregation of the sexes 性别隔离
Sellyng, William 塞林，威廉
Senate 元老院
Seneca the Younger 小塞涅卡
Senfi, Ludwig 森夫，路德维希
sericulture 养蚕
Serlio, Sebastian 塞尔利奥，塞巴斯蒂安
Sermons 布道
serpentine 蛇形大炮
Servetus, Michael 塞尔维特，米夏埃尔
Seville 塞维利亚
sexual advice and activity 性生活指南与性行为
Seyssel, Claude 西塞尔，克劳德
Sforza, Bianca Maria 斯福扎，比安卡·玛丽亚
Sforza, Caterina (countess of Forli) 斯福扎，卡泰里娜（弗利女伯爵）

spice trade 香料贸易
spirits（alcoholic）烈酒（酒精的）
Sponde, Jean de 斯蓬德，让·德
sports 体育运动
Sprenger, Jakob 施普伦格，雅各布
Squarcione, Francesco 斯夸尔乔内，弗朗切斯科
staircase（spiral）楼梯（螺旋式的）
Stampa, Gaspara 斯塔姆帕，加斯帕娜
standards（weights and measures）标准（度量衡）
standing armies 常备军
state funerals 国葬
Stevin, Simon 斯蒂温，西蒙
stewing 炖煮
storytelling 叙事
Stoss, Viet 施托斯，菲特
Strabo 斯特拉波
Strasbourg 斯特拉斯堡
stringed instruments 弦乐器
Strozzi family 斯特罗齐家族
Stuart dynasty 斯图亚特王朝
Stumpf, Johannes 施通普夫，约翰内斯
Sturnl, Johannes 施图尔姆，约翰内斯
sugar 糖
sugarcane plantations 甘蔗种植园
Suleiman（Ottoman sultan）苏莱曼（奥斯曼苏丹）
Summary of Major Explorations and Conquests 主要的探险和征服活动一览表
sumptuary laws 禁奢法令
the Sun 太阳
Sunday 星期天
sundials 日晷
supply lines 军需供应
surgeons 外科医生，也参看 physicians
Surrey（Henry Howard, Earl of Surrey）萨里（亨利·霍华德，萨里伯爵）
Swabian League 士瓦本同盟
Swan Theater（London）天鹅剧院（伦敦）
Sweden, house of 瑞典王朝
Sweynheim and Pannartz 斯韦恩海姆和潘纳茨
swimming 游泳
Swiss Brethren 瑞士兄弟会
Swiss Confederation 瑞士联邦
"Swiss Square" battle formation "瑞士方阵"战斗队形
Swiss Wars 瑞士战争
Switzerland and the Swiss 瑞士与瑞士人
swords 剑
symbols（mathematical）符号（数学的）
Symonds, John Addington 西蒙兹，约翰·阿丁顿
synagogue 犹太教会堂
syphilis 梅毒

T

tableaux vivants 活画表演
Talmud《塔木德经》
tambourine 铃鼓
Tani, Angelo 塔尼，安杰洛
tapestries 挂毯
Tartaglia, Niccolò 塔尔塔尼亚，尼科洛
Tasso, Bernardo 塔索，贝尔纳多
Tasso, Torquato 塔索，托尔夸托
taxation 税收
tea 茶
Teatro Olimpico（Vicenza）奥林匹克剧院（维琴察）
telescope 望远镜
tempera 蛋彩画
Tempietto di San Andrea 圣安德烈亚小教堂
Tempietto for the Church of San Pietro 圣皮耶特罗教堂的小礼拜堂
Tempio Malatestiano（Rimini）马拉泰斯塔圣堂（里米尼）
tennis 网球
Tenochtitlán, siege of 特诺奇蒂特兰包围战
Terence 泰伦斯
Teresa of Ávila 阿维拉的特雷莎
Terracina, Laura 泰拉奇纳，劳拉
terra-cotta 赤陶
Terrail, Pierre（siegneur de Bayard）泰拉伊，皮埃尔（巴亚尔爵爷）
terza rima 三行诗节隔句押韵诗体

U

V

X

Y

Z

图书在版编目(CIP)数据

文艺复兴欧洲社会生活/(美)塞德尔著；徐波译.—
北京：商务印书馆，2016(2019.7重印)
(古代社会生活史手册)
ISBN 978-7-100-11923-8

Ⅰ.①文… Ⅱ.①塞… ②徐… Ⅲ.①社会生活—历史—研究—欧洲—中世纪 Ⅳ.①K503

中国版本图书馆CIP数据核字(2016)第006732号

古代社会生活史手册
文艺复兴欧洲社会生活
〔美〕桑德拉·塞德尔 著
徐波 译

商 务 印 书 馆 出 版
(北京王府井大街36号 邮政编码100710)
商 务 印 书 馆 发 行
北 京 冠 中 印 刷 厂 印 刷
ISBN 978-7-100-11923-8

2016年6月第1版 开本 787×1092 1/16
2019年7月北京第2次印刷 印张 28 1/4

定价：85.00元